LÜTFÜ K

CW01657302

20—

LÜTFÜ KÖSELİOĞLU 1926 yılında Ordu'nun Mesudiye kazasında dünyaya gelmiştir. İlkokulu Mesudiye'de, ortaokulu Ordu'da, liseyi Ankara'da okumuştur. İstanbul Tıp Fakültesi'nin 1950 yılı mezunudur. Sungurlu'da iki yıl Sıtma Savaş Tabipliği'nden sonra iç hastalıkları dalında ihtisas yapmış, beş yıl Mardin Devlet Hastanesi'nde iç hastalıkları uzmanı ve üç yıl da aynı yerde başhekim olarak çalışmıştır. Ankara Onkoloji Hastanesi'nin Kurucu Başhekimi olarak on yıl kadar bu görevde bulunmuştur. Üç yıl Sağlık Bakanlığı Tedavi Hizmetleri Genel Müdürlüğü yapmıştır. Halen emeklidir. Çeşitli meslekî mecmualarda yazı ve tercümeleri çıkmıştır. Sağlıkla ve hastane hizmetleri ile ilgili konularda günlük gazetelerde yayımlanmış yazıları vardır.

İletişim Yayınları 631 • Anı Dizisi 26
ISBN 975-470-812-6
© 2000 İletişim Yayıncılık A. Ş.
1. BASKI 2000, İstanbul (1000 adet)

DİZİ KAPAK TASARIMI Ümit Kıvanç
KAPAK Fatoş Gencosman
KAPAK FİLMİ Diacan Grafik
DİZGİ Maraton Dizgievi
UYGULAMA Hüsnü Abbas
DÜZELTİ Serap Yeğen
MONTAJ Hasan Deniz
KAPAK BASKISI Sena Ofset
İÇ BASKI ve CİLT Şefik Matbaası

İletişim Yayınları
Klodfarer Cad. İletişim Han No. 7 Cağaloğlu 34400 İstanbul
Tel: 212.516 22 60-61-62 • Fax: 212.516 12 58
e-mail: iletisim@iletisim.com.tr • web: www.iletisim.com.tr

LÜTFÜ KÖSELİOĞLU

Kaf Dağı'nın Ötesi

iletişim

44 yıldır benimle yaşamı paylaşan
eşim Sevim (Çağlar) Köselioğlu'na sevgilerimle

İÇİNDEKİLER

İŞTE TÜRKİYE BU!

Cumhuriyet Türkiyesi'nin ve Türk insanının üç boyutlu resmini Dr. Lütfü Köselioğlu, kendi yaşam hikâyesini anlatırken çekmiş.

Şeker gibi tatlı bir ifade. Yalın ve içten bir dil, bazılarının adını orada farklı bulsanız bile, yaşadığınız ve tanıdığınız insanlarla dolu bir yaşam hikâyesi:

Çalışkan fakat olanakları sınırlı gencin başarılı olmak için verdiği zorlu kavga... Anadolu'nun ücra bir kasabasındaki yaşamdan kesitler.

Üniversite yılları...

Gençleri kendi siyasi amaçlarına alet etmek isteyenlerin oyunları:

Tan Matbaası baskını...

Demokrasiyle tanışan Türkiye...

Ve Anadolu'dan insan manzaraları... "İnsan" demeye değer insanlar. "İnsanlıkla" hiç ilgisi olmayan insanlar...

"Büyük Adam" sanılan küçük adamlar...

Meslektaş kazıkları... Hırsızlık hikâyeleri... Ve diplomalı cahiller sınıfı...

Kısaca tüm kesitleriyle son 65-70 yılın Türkiyesi...

Dr. Lütfü Köselioğlu kendisini değil, hepimizi anlatmış. Tüm zaaflarımızı kimsenin gözünün yaşına bakmadan ortaya dökmüş. Tüm bildiği çözüm önerilerini de, okuyanı yormayan bir üslupla tartışmaya açmış.

Mükemmel bir kitap.

Yazar, bir otobiyografi yazmak için masanın başına oturmuş ama kendini anlatırken, toplumumuzun yakın dönem tarihini kaleme almış.

Bu kitabı elinize, okumak için alacaksınız ama sonunda okumadığınızı, adeta içtiğinizi fark edeceksiniz.

Türkiye'yi bilenlerin de öğrenmek isteyenlerin de buluştuğu tek platform.

Köselioğlu sadece kendisini yetiştiren topluma borcunu bu kitapla ödemiş. Onu okumadıkça ne demek istediğimizi anlamanız mümkün değil.

OKTAY EKŞİ

"Vatandaşları iki ana gruba ayırıyorum. Birinci grup daima gadre uğradıklarından ve kazık yediklerinden yakınan memurlar, ikinci grup da bütün sorunların memurlarının başının altından çıktığını ileri süren memur olmayanlardır. Pazardan başka her gün kırk iki milyon vatandaş birleşip kırk üçüncü milyona karşı savaşırlar... Dairelerde işini izlemeye cesaret eden vatandaş bana yüzyıl savaşlarına gitmeye hazırlanan okçuyu hatırlatır. Canı sıkkın, dilinde küstah karşılıklar hazır ve işinin olmayacağına peşinen kararlıdır... Yönetim mekanizmasının sanki onu baştan yenik düşürmek istercesine müracaatçı diye ad taktığı bu saldırgan kişinin karşısında devlet memuru bulunmaktadır... Bazen ikisinin arasında bir cam bölme bulunur. Bu camda belli bir yükseklikte bir düzine kadar delik vardır... bunlar öyle bir yüksekliğe konmuşlardır ki tarafların ağızları o düzeye erişemediği için düşmanlar yüksek sesle birbirlerine haykırırlar."

PIERRE DANINOS

Önsöz

Bu kitaba ülkemizin son 65 yılını sığdırmaya çalıştım. Çok şeyi az lafla anlatmanın zorluğu takdir edilecektir.

Uğradığım güçlüklerden birisi de olayların sıralanması idi. Kronolojik olarak gidilse kitap yamalı bohçaya dönecekti. Benzeri olaylar bir araya getirilse zaman ve zemin ilişkileri kaybolacaktı. Orta bir yol izlediğimi zannediyorum. Yine de hatalarım olmuştur. Bunların bağışlanacağını umarım.

Olaylarda geçen bazı isimler değiştirilmiştir. Bazı olayları da isim belirtmeden nakletmeye uğraştım. Aslında isimlerin hiçbir önemi yoktur. Çünkü anlattığım olayları binlerce başka isimle tekrarlamak mümkün. Önemli olan kişiler değil, ortamın koşullarıdır. Düzen bozulmuş. Gitgide devlet ortalarda görülmez oldu. Bunun altını çizmeye çalıştık.

Yaşadıklarımı kitap haline getirmem için beni teşvik eden kuzenim Oktay Ekşi'ye, müsveddelerin daktilo edilmesinde emeği olan Hüseyin Yalman'a, acaba okumaya değer bir çalışma oldu mu diye endişelendiğim günlerde, yazdıklarımı okuyan ve beni cesaretlendiren kuzenim Çağbay Erarslan'ın okuma tutkunu eşi Ayten Erarslan'a ve çeşitli şekilde katkıda bulunanlara teşekkürü borç bilirim.

10 Haziran 1998, Ankara

Giriş

Amacım otobiyografi yazmak değildi. Gördüklerim ve duyduklarımla son altmış küsur yıllık yaşamı anlatmak istiyordum. Böylece içinde bulunduğumuz bozuk düzen ve onun nedenleri göz önüne serilecekti. Fakat gördüm ki olayları toplumun içinde bulunduğu koşullardan soyutlamak mümkün değil, o yüzden söylemek istediklerimi hayat hikâyemden kesitler içerisinde anlatmayı doğru buldum. Anılarım 1930'lu yılların ilk yarısından başlıyor. Oradan yola çıkmak istiyorum.

Dünyayı tanımaya başladığım zaman her tarafta, büyük bir coşku ile "Çıktık açık alınla on yılda on savaştan" diye başlayan Onuncu Yıl Marşı söyleniyordu.

Babalarımız Birinci Dünya Savaşı'nın dramını yaşamış, arkasından dişini tırnağına takarak ölüm kalım savaşı vermiş bir kuşaktı. Çanakkale'de, Yemen'de, Galiçya'da, Sakarya'da, Dumlupınar'da toprağa düşen yiğitler henüz unutulmamıştı. Kafkas cephesindeki dramı, bizzat içinde bulunan büyük dayım Yemen Ekşi'den dinlemiştim. Bir taraftan düşmanla, bir taraftan açlık, tifüs ve dondurucu kış ile savaşanların daha nice cehennemlerde yaşayanların hatıraları bütün canlılığı ile duruyordu. Kısa olsun, uzun olsun her ayrılıkta söylenen "Gidip de dönmemek gelip de görmemek var" sözleri herhalde o günlerden kalmadır. Bizler yakın geçmişin hikâyelerini dinleyerek ve çekilen acıları içimizde duyarak büyüdük. Milletin tükenmiş olan gücünün fedakârlıklarla, fakat şevkle yeniden kazanılmasına uğraşıldığı günleri yaşadık.

İnsanlarımız almaya değil, vermeye alışmışlardı. Onun için "bir lokma, bir hırka" mutlu olmalarına yetiyordu. Biz kendi vatanında özgürce yaşamanın fakirlikten ve yokluktan önce geldiği bir dünyaya gözlerimizi açtık. Tesellisi de "ağrısız başım, kaygısız aşım" özdeyişi idi.

Evet, halkın elinde, avucunda bir şey kalmamıştı. Yoksulluk dizboyu idi. Bu şartlarda halk bir de devleti ayakta tutmanın ağır yükünü üstlenmişti. Köylümüz ekmek kapısı olan bir karış toprağı, bir ineği, üç beş koyun veya keçisi için vergi ödüyordu. Yol mükellefiyeti vardı. 18 yaşını bitiren her erkek yılda ya on beş gün yol yapımında çalışacak, ya da 10 lira para ödeyecekti. Ben de 18 yaşımı bitirdiğim yıl on lira ödedim. Devlet benden bu parayı koparmayı beklemiş olmalı ki ondan sonra yol mükellefiyeti kaldırıldı. Kazamız köylülerinin Zonguldak kömür madenlerinde her yıl muayyen bir süre çalışma zorunluğu vardı. Oradan da dönemeyenler oluyordu.

Özgürlüğün bir bedeli vardır. Bu bedeli Lord Curzon Lozan'da İnönü'ye söylemişti. Bütün sıkıntılar Lord Curzonlar'ın kapısını çalmamak için çekilmiştir. O zaman insanlar, her şeye rağmen daha bir güleryüzlü idi. "Karnı tok, sırtı pek olmak" refaha yetiyordu. Böyle bir ortamda yetiştik. Onun için bir süre, bazılarının birtakım arayışlar içinde olmalarını, bazılarının kendilerine verilenden daha fazlasını istemelerini anlatmakta güçlük çektik. Günün birinde neler döndüğünü fark ettik. "Kimimiz bu vatan için ölmüş, kimimiz nutuk çekmiştik." Pastayı nutuk çekenler ele geçirmişti. "Vatan, millet, Sakarya" edebiyatı ile milleti avutanlar da onlardı.

Bütün kaynakları tükenmiş bir ulusun düzlüğe çıkması için her türlü fedakârlığa katlanan kuşakların çocuklarını ve torunlarını, bu memleketi kurtaranlara düşman etmeye uğraşanlar, 1919; 1920'lerde yaşasalardı acaba Damat Ferit'lerin ve işgalcilerin işbirlikçilerinin saflarında mı olacaklardı? Doğrusu cevaplanması gereken bir sualdir.

Bizim kuşağın hayatı o günlerden bu günlere gelişin hikâyesidir. Bu kuşak bir ömürde hem 19. hem de 20. asrı yaşadı. 21. yüzyılın eşiğinde yüzümüzü geriye döndürmek isteyenlerin çabaları ile karşı karşıya kaldık.

İşte hikâyemiz.

Çocukluk

1930'lu Yılların Bir Anadolu Kasabası

Ordu'nun Mesudiye ilçesinde dünyaya gelmişim. Doğum yılım 1926'dır. Babam, o dönemlerin geleneğine uyarak nüfusa bir buçuk yaş küçük yazdırmış. Mesudiye o zaman Şebinkarahisar'ın kazası imiş. Dedem Mesudiye Sandık Eminliği'ne atanmış. Evli olan iki kızını bırakarak hanımı ve iki oğlu ile yola çıkmış. Kısıtlı iletişim ve ulaşım olanakları yüzünden insanlar dünyayı yaşadıkları yerden ibaret zannettikleri için, yol git git bitmeyince, dedem, "Dünya ne kadar büyükmüş yahu!" demiş, "ben bu kadar yolu göze alıp geri dönmem." Gerçekten de sözünü tutmuş, biz de Mesudiyeli olmuşuz.

Babam bankacı Kâzım Efendi olarak tanınırdı. Mesudiye Ziraat Bankası Şubesi'ne girmiş, 1920'nin sonlarında Bayburt'a müdür olarak atanmış; orada bir memurunu, biraz da gereksiz olarak, müfettişe karşı korumaya kalkışması yüzünden görevden alınmış.

Mesudiye'ye döndük. Boşta kaldı. Kendisi dine verdi. Devlet memuriyeti kabul etmediğini hatırlıyorum. İyi bir bankacı olduğu söyleniyordu. Onuru zedelenmişti.

Daha sonraları, babamı, banka müfettişliği yaptığı dönemden tanıyan Fındık Tarım Satış Kooperatifleri Genel Müdürü Sadettin Bey'in yanına alması ile yapılan hata düzeltilmişti. O kadar gözü yılmış olmalı ki Sadettin Bey, bütün ısrarlarına rağmen babama sorumluluk gerektiren hiçbir üst görevi kabul ettirememişti.

Kâzım Efendi kasabada dürüstlüğü ve tevazuu ile tanınırdı. Yıllar sonra Mesudiye'ye gittikçe kim olduğunu öğrenen yaşlılar yanıma gelir, "Baban doğruluktan şaşmayan, hamalla hamal, vali ile vali olan bir insandı. Sen de onun gibi ol!" derlerdi. Bu nasihatı o kadar çok dinledim ki, ömürboyu kulağımda küpe olarak kalmıştır.

Otuzlu yılların başlarında Arazi Vergisi'ne esas olmak üzere köylerde Arazi Tahrir Komisyonu adı altında komisyonlar kurulmuştu. Bunlardan birinin başkanı babamdı. Diğer komisyonların bu görevi çıkar aracı yaptıkları söylenirdi. Babam komisyonun üyesi olan Osman Efendi ile ellerinde bir şerit metre, tarlaları tek tek ölçerek doğru kayıt yapmaya son derece özen göstermişlerdi. Babamın ilçede yaygın bir şekilde tanınması ve saygı görmesinde bu görevin rolü vardır.

Annem Rahime Hanım çok geniş bir sülâle olan Ekşioğulları'nın, Mesudiye'ye gelip yerleşen kolundandır. Hayatım anne tarafının ailesi içinde geçtiği için onlarla bağlılığım hısımlıktan ötede oldu. Halen de kendimi Ekşioğulları'nın bir ferdi gibi hissederim.

Ekşioğulları Rize'nin İkizdere kazasından Türkiye'nin dört bir yanına dağılmışlardır. Bu kadar kalabalık bir grubun doğal olarak çok iyisi de çok kötüsü de vardır. Bugün çeşitli işlerde ve mesleklerde başarılı olmuş, ülke çapında üne kavuşmuş olanları çoktur. Dayım Hüseyin Ekşi* içlerinde önemli yere gelen ilklerdendir. Üstün meziyetleri olan bir insandı. Ben Zonguldak Devlet Hastanesi'nde asistan iken yengemle (Fatma Ekşi) beraber bize gelmişlerdi. Ev sahibimiz, Anadolu geleneğine uyarak bizi bir akşam yemeğe çağırmıştı. Yemekte dayımın Ekşioğulları'ndan olduğunu öğrenince:

(*) Gazeteci-yazar Oktay Ekşi'nin babasıdır.

"Doktor bey, Ekşioğulları'ndan bulaşığın olduğunu bilsem, sana ev mi verirdim?" dedi. "Niye" diye sordum.

"Ben onların şerrinden evimi, barkımı bıraktım. İkizdere'den buraya kaçtım, burada da beni buldunuz!"

Dayım gülmekten katılmıştı.

Dedemi (annemin babası) hatırlıyorum. Gözlerinin içi gülen nur yüzlü bir ihtiyardı. Annemler üçü erkek, üçü kız olmak üzere 6 kardeştiler. Büyükannem fevkalâde otoriter bir kadındı. Kasabanın "Fatma Hatunu" idi. Ailenin bütünlüğünü sıkı bir şekilde korurdu. Erkek kardeşler onun yönetimi altında bir arada yaşarlardı. Mesudiye'de oturduğumuz zaman ayrı evimiz olmasına rağmen biz de o ailenin bir parçası gibiydik. Yaz aylarında dışarıda olanlar da gelir, dedemlerin köy evinde toplanırdık. Çocuk, büyük otuz beş kişinin bir araya geldiğini hatırlıyorum. Sabah kahvaltı için kurulan sofra akşam yemeğinden sonra kalkardı.

Küçük dayım (Hasan Ekşi), babadan kalma manifatura dükkânı ile meşgul olurdu. Köydeki tarım işleri büyük dayıma (Yaman) aitti. Ortanca dayım Hüseyin Ekşi de, siyasetle uğraşırdı. Kendimi bildiğim zaman İl Daimi Encümen Üyesi idi.

Mesudiye, Melet Irmağı ile Eskidir (Kavaklıdere) Deresi denen bir derenin birleştiği yerde daracık bir alana sıkışmış, kuş uçmaz, kervan geçmez büyük bir Anadolu kasabasıdır. Büyükannem (Fatma Hatun) gençliğinde kasabanın çam ormanı içerisinde olduğunu, kışın ayıların, kurtların kapılarının önüne kadar geldiğini söylerdi. Benim çocukluğumda ormanlar uzaklara çekilmişti. Tepelerin üzerlerinde birkaç çam ağacı o günlerin hatırası gibi duruyordu. Bu tahribat köylerde de yapılmıştı. Büyükanne bu sonucu "Rumlar gitti, bereket bitti" diye ifade ederdi. Mübadele ile Rumlar gidince kasabada birçok zenaatta boşluklar ortaya çıkmış, köylerde de arazinin üzerindeki verimli topraklar yağmur suları ile akıp gitmişti.

Çocukluğumda kasabada topu topu elli kadar ev vardı. Mahalleler, Melet Irmağı ile Eskidir Deresi'ne inen yamaçlarda idi. Mahallelerin arasında kalan düzlükte de çarşı vardı.

Kasaba, çatılı, beyaz badanalı evleri, beylere ait selâmlıklı konakları, yontma taş hükümet konağı ile minyatür bir şehir gibiydi. Evler genelde bir veya iki katlı ve bahçe içerisindeydi. Bunların arasında bir tane yüksek bina vardı: Sahibi Rum'un adıyla anılan "Manizaların Konağı". Konağın üst tarafındaki kesme taş yapı kilise olduğu gibi duruyordu.

Kasabanın yukarısında, ırmaktan bir arkla getirilen su ile çalışacak şekilde büyük bir un fabrikası yapılmış, fakat nedense terk edilmiş duruyordu. Binası bir süre sonra, su tribünü ile çalışan elektrik santrali olarak kullanıldı.

Çarşı dediğimiz iş merkezi, ırmak üzerindeki ahşap köprünün başında bulunan camekânlı, oluklu çinko kepenkli mağazalar olarak anılan 3-4 kârgir dükkânla başlıyordu. Çarşının mağazalardan sonrasını, ortada kalan küçük meydana açılan Arnavut kaldırımlı sokakların iki yanına sıralanmış, çoğunluğu tahta kepenkli, önü açık ahşap barakalar teşkil ediyordu. Meydan geceleri birkaç yere konmuş cam mahfaza içerisindeki gaz lambaları ile aydınlatılırdı.

Irmağın öbür tarafında yolun iki kenarına sıralanmış demirci, bakırcı ve kalaycı dükkânları vardı. Yaz kış devamlı önleri açık olurdu. Buradan bütün gün çekiç sesleri gelirdi. Demirciler nal, saban demiri gibi ilkel araçlar ve baltalar, kazmalar yaparlardı.

O yıllarda köylerde harman savurmak için tahtadan yapılmış harman makinaları kullanılırdı. Bunlar kol gücü ile çalışırdı. Rüzgârlama işini yapan tahta kanatları döndürmek, elekleri hareket ettirmek için kullanılan sistemin demir çarklarını da demirciler dökerdi. Sungurlu'da görev yaptığım zaman tınazlar hâlâ rüzgârla savruluyordu.

Eskidir Deresi üzerindeki köprünün başında iki katlı Halkevi binası vardı. Çarşının diğer köşelerinden birisinde belediye binası, birisinde de bir otel vardı.

İlk Sinema ve İlk Radyo

Çarşı meydanından yukarıdaki hükümet konağına taş basamaklı uzunca bir merdivenle çıkılırdı. Merdivenin başlangıcında, altında meydana bakan dükkânlar bulunan büyükçe bir kahvehane vardı. Kahvehanenin giriş kapısı belediyeye giden, meydandan yüksekteki yola açılıyordu. Bağdadi denen tarzda inşa edilmiş güzel ve orijinal bir bina idi. Üç tarafı, üzeri çatıyla örtülü balkonla çevriliydi.

İlk sinemayı orada görmüştüm. Birisi birkaç kısa metrajlı film getirmiş gösteriyordu. Bir Ramazan'da da Karagözcü gelmişti. Karagöz'ü bu kahvede oynatıyordu.

Seyrettiğim oyunlar o kadar hoşuma gitmişti ki, gördüğüm tipleri mukavvalara çizerek çıkardım, perde yaptım, misafir hanımlara ve çocuklara Karagöz oynattım. "Perde kurdum, Şem'a (mum) yaktım..." diye başlayan tekerlemeyi, arkasından özel şarkısını söyleyerek oyuna girerdim. "Her ne kadar sürç-ü lisan eylemişsek affola" cümlesi ile sonlanan tekerleme ile bitirirdim.

Otelle de ilgili unutamadığım bir anım vardır. İlkokul ikinci veya üçüncü sınıfta idim. "Otele radyo gelmiş" dediler. Radyonun ne olduğunu bile bilmiyorduk. Ankara'da konuşulanları burada dinleyebileceğimiz söylendi.

Başöğretmen bu harikayı göstermek için öğrencileri otele götürdü. Otelin salonundaki sahnenin önüne bir masa konmuştu. Radyo da onun üzerinde idi. Kapıdan girince hepimiz birden masanın başına üşüştük. Başöğretmen, "Radyo uzaktan dinlenir, oradan bir şey duyamazsınız" dedi. Hemen karşı duvarın dibine koşuştuk. Sessizlik sağlandıktan sonra radyo açıldı. Çatırtılı bir gürültü başladı. Arada bir de pek anlaşılmayan konuşmalar geliyordu. Aramızda sesin nereden geldiği hakkında izahlar, yorumlar yapıyorduk. Tartışmaların, daha çok, radyonun içinde küçücük bir adam olduğu noktasında yoğunlaştığını hatırlıyorum.

Kasabadan Tipler

Çarşının enteresan tipleri vardı. Bunlardan birisi saatçi Talat Usta idi. Boş zamanlarda onun dükkânına gider, çalışmasını izlerdim. Büyük adammışım gibi benimle ahbaplık ederdi. Evdeki masa saatlerinin kırılan pandül (Talat Usta pantul derdi) direğini veya zembereğini (onun adı da zembelekti) değiştirecek kadar saatçilik öğrenmiştim. İlk saatim Talat Usta'dan 2,5 liraya aldığım kullanılmış cep saatidir. Sık sık bozulur, bir türlü ayar tutmazdı. O sene yaylada oruç tutanlar benim saatime göre iftar açıp sahur yemişlerdi. Tanrı hepimizi affetsin.

Kasabanın ikinci teknik adamı çilingir Hasan Usta idi. Hasan Usta'nın elinden gelmeyen iş yoktu. Kapı kilidinden gramofona kadar her şeyi tamir ederdi. Taklit edilemeyen ve kendi anahtarı dışında başka bir şeyle açılması mümkün olmayan kilit yapmaya uğraştığını hatırlıyorum.

Yalnız Hasan Usta'ya iş yaptırabilmek için ayık zamanını bulmak lazımdı. Kasabaya motorlu araçlar girdikten sonra işi araba tamirciliğine döndürmüştü.

Özellikleri olan hemşehrilerimizden birisi de köprü başındaki taş mağazaların sahibi, "beyler" olarak anılan aileye mensup Sami Bey'di. Sami Bey iri yarı göbekli birisi idi. Başkaları gibi çarşıda avare dolaştığı veya onunla bununla çene çaldığı görülmezdi. Çeşitli hünerleri vardı. Ya evinde, ya da mağazalardan birindeki camlı bölmede birşeyler yapardı. Mağazada iken zaman zaman saat tamir ettiğini görürdüm. Bana kıl testere ile kontrplağa oyma işler yapmayı öğretmişti. Çeşitli tavuklar yetiştirirdi. Kuluçka yatıranlara yumurta verirdi. Ben de bir sene ondan aldığım yumurtalarla etlik rodeylandlar, yumurtalık legornlar yetiştirmiştim. Çeşit çeşit bahçe çiçekleri vardı. İsteyene tohum verirdi. Hükümet konağının mimarı olduğu söylenirdi. Önündeki Atatürk büstünün kaidesini o tasarlamıştı. Bütün bu uğraşları amatörce idi.

Başı sıkışanlara akıl verirdi. Havanın nasıl olacağını önceden bildirirdi. "Sami Bey yağmur yağacak dedi", "Sami Bey yarın hava açılacak dedi" gibi meteoroloji haberleri duyardık. Sonra, evindeki odasında kahverengi çerçeveli barometre, higrometre, derece üçlüsünü gördüğüm zaman hava tahminlerini nasıl yaptığını anlamıştım.

Sami Bey'in iki şeyini sevmezdim. Birisi bizi avlu kapısının önünden bile geçirmeyen saldırgan küçük köpeği, diğeri hindi sürüsünün başındaki babahindi idi. Babahindi sürüyü bir çoban köpeği gibi korurdu. Bizi sürünün yanından bile geçirmezdi. Kabarır, ibiğini sarkıtır, kanat uçlarını yerde sürükleyerek üstümüze atılırdı.

Sami Bey'in evinin bulunduğu arsa içerisinde küçük fakat her şeyi ile tipik bir Türk hamamı vardı. Hamam ailenin ihtiyacı için yapılmıştı. Haftada bir iki gün de halka açılırdı. Hamamla ilgili iki anım vardır: Sınıfımızda Bedia isimli bir kız arkadaşımız vardı. Nedense onu görmek, onunla konuşmak beni heyecanlandırırdı. Bir gün biz hamamın soyunma yerinde soyunurken Bedia ve annesi geldi. Ben onları görünce donla dışarı kaçtım. O şekilde Bedia'ya gözükmekten utanmıştım. Annem beni içeri girmeye ikna edemedi. Sonunda elbiselerimi vermek zorunda kaldı. Giyindim ve gittim. Bir keresinde kadınların oturduğu kurnaların karşısına isabet eden bir kurnada oturuyordum. Kadınların peştemalla neyi gizlediklerini merak etmiş olmalıyım ki görmek için yavaş yavaş aşağıya doğru eğilmeye başladım. Başım yere değmek üzere iken bir el kulağımdan tuttu, yukarı kaldırdı. Elin sahibi anneme "Rahime Hanım, gelecek sefere kocanı da beraber getir" dedi. Bu da benim kadınlarla hamama gidişimin sonu oldu.

Kasabanın tek tekel bayisi tütüncü Selim Efendi idi. Selim Efendi hafif kamburca duran, zayıf yapılı yaşlıca birisi idi. Herkeste 6,5 kuruş verip bir paket köylü sigarası alacak kadar para bulunmadığı için paketi açar, tanesini yarım kuruştan tek tek de satardı. Bazen biz de alır kıyıda köşede tüttürürdük. İçinde bir kişinin zor döndüğü küçük dükkânın önünde birkaç tane sekmen dediğimiz küçük sandalye bulunurdu. Bazıları bunlara oturur, Selim Efendi'nin bardakla sattığı şarapları içerlerdi. Buranın değişmez müşterilerinden birisi nüfus memuru Adil Efendi idi. Verilen beyanname ne olursa olsun kütüğe kendi bildiğini yazmış olmalı ki okula başladıktan sonra çoğumuzun ismi değişiverdi. Soyadı Yasası çıkınca babam beyannameye aile lakabı olan Kösealioğlu yazmışsa da, nüfus memuru bunu uzun bulmuş olmalı ki Köseli olarak değiştirmişti. İlk çocuğumun doğumunda Mesudiye Nüfus Memurluğu yanlışı fark ederek soyadımıza "oğlu"nun eklenmesi icap ettiğini bildirmişti. Böylece soyadımız Köselioğlu oldu. Onlar da aradaki Ali'yi atlamıştı. İkinci çocukta "ali"nin ilavesini bekledimse de ses çıkmadı.

Kasabanın günlük eğlencesi erkeklerin çarşıda birbirleri ile şakalaşmaları idi. Başkalarına en çok takılan, dava vekili Cemal Efendi idi. Çok içerdi, zeki bir insandı. Lafını esirgemediği için de "deli" lakabı ile anılırdı. Koyu bir Atatürkçü idi. Yobazları pek sevmezdi. Onlara "Cennete sizler, cehenneme sazcılar, sözcüler, içkiciler gidecek. Dünyada sizin gibilerin suratını seyretmek yetiyor. Cennette de karşınızda azap çekeceğime cehenneme gider, oradakilerle vur patlasın, çal oynasın eğlenirim" derdi.

Bir dava vekili de Raif (Sarısoy) Hoca idi. Raif Hoca ortadan kısa boylu, tıknaz birisi idi. Hoşsohbetti. Konuşurken, zaman zemine uyup uymadığına bakmadan, aklına gelen her şeyi söylerdi. Kötü bir niyeti olmadığı için hoş karşılanırdı. Devr-i demokrasinin ilk yıllarında (1950 öncesi) birkaç münasebetsiz Raif Hoca'yı tahrik ederek ileri geri konuşturmuşlar, sonra da şikâyet etmişler. Bu yüzden hapis yatmıştı.

Yaz tatillerinde memlekete gidince arkadaşlarla zamanımızın bir kısmını onun yazıhanesinde geçirirdik. Bizlere "yiğen" diye hitap ederdi. Konuşurken de sık sık, gür bıyıklarını avucunun içi ile sıvazlardı. Osmanlıca ile karışık ağdalı bir konuşması vardı. Kendisinden dinlediğimiz hikâyeler çoktur. Hatırımda kalan ikisini aktarmak istiyorum.

Kocasından boşanmak için yazıhanesine gelen kadına "Git 16 kuruşluk pul bir tabaka kâğıt al gel, onun avradını s...im" demiş. (O zaman dilekçelere 15 kuruşluk damga pulu ve 1 kuruşluk tayyare pulu yapıştırılırdı.) Vekaletini aldığı bir kadına da pot kırabilir diye, "mahkemede sakın ağzını açma" diye tembih etmiş. Kadın, hakimin sorduğu suallerin birisine münasebetsiz bir cevap vermiş. Raif Hoca kadına dönerek; "Sıçtın be kadın, içine sıçtın," deyince, kadın gayri ihtiyari elini şalvarının arkasına atmış. "Oraya değil, davanın içine" demiş.

Yeni ayakkabı giymek bizim için korkulu bir rüya idi. Ayakkabıcı Hamit eniştemiz bir ayakkabı yapar, topuğumuzun arkası yara içinde kalırdı.

Gözümün önünden gitmeyen simalardan birisi de terzi Hüsnü Efendi'dir. Merzifon Amerikan Koleji'nde bir süre okuduğu için çat pat İngilizce bilirdi. İnce yapılı, zarif, saygı uyandıran, efendi bir tipti.

Çarşıdaki düzensizlik ve ilkel dükkânlar kasabanın genel görünümüne yakışır gibi değildi. Bir gece büyük bir gürültü ile uyandık. Çarşıdan gökyüzüne bir alev sütunu yükseliyor, her tarafa kıvılcımlar saçılıyordu. Kasaba halkı, başlarında kaymakam, yangını söndürmek için sabaha kadar uğraştı. Fakat sonuç alınamadı. Sabahleyin dükkânların yerinde kül, kömür ve üzerinden dumanlar tüten yarı yanmış tahta parçalarından ibaret yığınlar kalmıştı. Orta yerde ise sonradan yapılmış, kasabanın ileri gelenlerinden birisine ait taş dükkân duruyordu. Bu dükkân çarşı imar edildikten sonra da yeni plana aykırı olarak yıllarca yerinde kaldı.

Sonradan söylenenlere göre kaymakam dükkânların yıkılarak çarşının bir plan içerisinde yeniden kurulmasını istemiş, esnaf kabul etmemiş. Kaymakam da gece bekçisine çarşıyı yaktırmış. Suç zavallı bir berberin üzerinde kaldı. Çarşı bekçisi yangının onun dükkânından başladığını gördüğünü söylemiş, berber de mahkûm edilmişti. Böyle de olsa, bazılarına bakılırsa yapılan şey kazanın hayrına idi.

Bu olayın kahramanı kaymakam, 1950'den sonraki siyasi iktidar döneminde valilik yaptı. Uşak'ta İsmet Paşa'nın taşlanması olayının (1959) tertipçisi olduğu söylenmişti.

Aynı valinin 1950 öncesinde, Balıkesir'deyken memurlara kendisinin "Halk Partili" olduğunu söyleyerek, memurların siyasi eğilimlerini öğrenmek istediği anlatılır. 1950 seçiminden sonra da CHP'lileri sağa sola sürdürmüş.

Kendisi Mesudiye Kaymakamıyken bizim ailenin bir ferdi gibiydi. Dayım Hüseyin Ekşi yıllarca ahbaplığını sürdürmüştü. Ama bu marifetlerinden sonra dayım onunla ilişkisini kesti.

1800'lü yılların sonlarında Halil Rifat Paşa'nın Sivas Valisi, Orta Anadolu'yu Karadeniz'e bağlamak için açtırdığı yol Mesudiye'den geçer. Daha önce işlevine uygun kullanıldı mı, bilmiyorum. Bildim bileli Mesudiye-Ordu arasındaki ulaşımı sağlamaktan başka bir işe yaramamıştır. Dağlardan, tepelerden aştığı için kış aylarında kapanırdı. Mesafe 130 km olmasına rağmen, kamyonlarla Ordu'ya gitmek veya oradan gelmek 10-12 saati bulurdu. Yal dar virajlarla yükseldiğinden, kamyonlar bu virajları bir seferde alamaz, uçurumların başında ileri geri manevralarla dönerdi.

Kamyon gidiş gelişleri de pek seyrekti. Çarşıya inince arkalarından asılarak bir süre gitmek çocuklar için heyecanlı bir oyun olurdu. Açıkgöz ve çevik olanlar bu kısa yolculuğu kapıların altındaki basamaklara çıkıp bir eliyle kapıya tutunarak yaparlardı.

Kasabanın dünya ile bağlantısını Ordu-Mesudiye arasında gidip gelen atlı postacı sağlardı. Hatırladığım kadarı ile haftada iki sefer yapardı. Harp yıllarında kamyonlar daha da seyrekleştiği için postacı yolcu da götürür getirirdi. Tıp Fakültesi'nde okurken, bir tatil dönüşünde beni ilçeye getirmişti. Gece konakladığımız köyde binlerce bitin saldırısına uğradım. Bu yüzden o yıllar salgın olan uyuza yakalandım. Doktor ilacı ile iyileşemedim. Anneannem (Fatma Hatun)* tedavimi yaptı. Mandalarda sık görülen küçük bir parazitin yok edilmesi için "avuotu" (avu=zehir) olarak tanınan zehirli bir bitki yapraklarının kaynatılması ile elde edilen su kullanılırdı. Bununla beni üç sabah yıkayacaklardı. Mandanın parazitlerini öldürdüğüne göre daha küçük olan uyuz parazitlerini haydi haydi öldürür diye düşündüm ve kabul ettim. Yapraklar getirtildi, kaynatıldı, bir leğene oturtuldum. Suyu omuzlarımdan aşağı dökmeye başladılar. Dökülmesi ile bütün cildimde ateş düşmüş gibi şiddetli bir yanma başladı. Yeter diye bağırdımsa da dinleyen olmadı. Mosmor olmuştum. Önceden hazırlanmış olan bir kova ılık su başımdan aşağı boşaltıldı. İlaçlı su ile iki kere daha yıkanmam gerekiyordu, kabul etmedim. Bir seferi bile beni iyileştirmeye yetmişti.

Postacı bir haftalık *Halkevi* gazetesini toptan getirirdi. Portakal ve mandalinayı da postacı getirirse görürdük.

Dönemin hızlı haberleşme aracı telgraftı. Onun için ilkokul-

(*) Kasabada böyle anılırdı. Biz "cicianne" derdik.

da kısa ve özlü telgraf yazma da öğretilirdi. Uzun süre haber alınamayan yakınlara "Sıhhatinizin iş'arı", yolculuk varışı bildirilecekse, "Falan gün oradayım" demek yeterli oluyordu.

Acil durumlarda önemli kişiler jandarmaya ait manyetolu telefondan da yararlanabilirdi. Onunla konuşabilmek büyük bir sorundu. Ancak Ordu ile konuşulabiliyordu. Konuşma yol boyu karakolların birbirine aktarması ile mümkündü. Ordu ile bağlantı sağlandığı zaman da ya ses gidip gelmez ya da söylenenler iyi anlaşılmazdı. Bu durumda karakollardaki santralci erler bir sonrakine "Mahmudiye aradan çık, Gürgentepe aradan çık" diye bağırırlardı. O da sonuç vermezse söylenecek şeyler ilk karakol santralcisine söylenir, o söylenenleri kendinden sonrakine tekrarlar, bu suretle Ordu'ya iletilirdi. Cevap da aynı şekilde alınırdı.

Gurbetçilik

Benim çocukluğumda sosyal yapı esas itibariyle kendi ürettiğini tüketen, bütünlüğünü koruyan geniş aile düzenine dayanırdı. Topraksız ya da toprağı az olan köylüler geçimlerini gurbetçilikten sağlarlardı. Bir kısmı mevsimlik işçi olarak Samsun'un Çarşamba kazasına, bir kısmı da İstanbul'a giderdi. Mesudiye'de "Beyler" olarak tanınan ailenin bir kısmı Beykoz'a yerleşmişti. Bu yüzden kalabalık bir grup Mesudiyeli de Beykoz'a yerleşmiş, kalmıştır. Bir de Mecidiyeköy gecekondularda oturan grup vardı. Bunların bir kısmı Şişli taraflarında kapıcılık yaparlardı. Büyükada'da ve Heybeli'de eşeklerle ada turları organizasyonu da bizim hemşehrilerin işi idi. Çarşambaya gidenlere yorgancılar denirdi. Çünkü kap kacaklarını yorgana sarar ve sırtlarına alır giderlerdi. Yolculuk yaya yapılırdı. Geceleri buldukları çatı altlarında konaklarlarmış. Bir dönüşte erkek sabaha karşı tuvalete gitmiş. Gelmiş, karısının şalvarını aşağıya çekmeye uğraşırken kadın uyanmış, "Az önce yaptın ya herif" demiş. Adam fırlamış, baltayı eline alarak kapıyı kesmiş, başlamış bağırmaya; "Ulan az önce sef (yanlış) avrat yapan kimse dışarı çıksın."

Şimdi gurbetçiler Avrupa'ya gidiyor, uçak ve özel otomobillerle sılaya geliyorlar. İlçenin nüfusu elli binlerden yirmi bin civarına düşmüş. Köylerde artık yaşlılarla küçük torunlar oturmaktadır. Kırsal kesimin üretici insanları metropollerin varoşlarına taşınarak tüketici olmuş. O tarihlerin raptiyeli muhafazalarla göğüs cebine takılmış iki, üç kalem ve ucu aşağı sarkan bir mendil yerleştirilen lacivet ceketli ve haki renk külot pantolonlu, körük çizmeli sılacılarının yerini artık Mercedes marka arabalarla caka satanlar aldı. Türkiye değilse de onlar çağ atladı.

Gurbetçiliğin Mesudiye'nin yaşamında önemli etkileri olmuştur. İnsanlarımızın bilgi ve görgü düzeyi, emsali yerlerin çok üstünde idi. Çoğu köyümüzde ilkokul vardı. Bu sayede uyanık ve yeniliğe açık bir kuşak yetişmiştir. Ben memleketimde uzun yıllar yobaz görmedim. Tarikatçılık nedir bilmezdik. Çünkü kasabanın sosyal yaşamında etkisi olanlar, Cumhuriyet'in reformlarına sahip çıkmışlardır.

Kasabada Bir Aydın Adam

Mesudiye halkı kısa bir sürede bağnazlığı geride bırakmış, nadir toplumlardan birisi olmuştur. O günün gençlerinden birisi dayım Hüseyin Ekşi'dir. Kendisinden dinlemiştim: Bir hafta pazarı kurulduğu gün köylünün birisi telaşla dedemi arıyormuş. Birkaç defa da dayıma sormuş. O da sonunda "Niçin arıyorsun?" demiş. Bostanına "danaburnu" dadanmış, lahanalarını kesiyormuş, onun için muska yazdıracağını söylemiş. Dayım da "O kolay, babamdan icazetim var, ben de yazabilirim" demiş. Adam kabul etmiş. Dayım da muskayı yazmış, usulünce katlamış, nasıl kullanılacağını tarif etmiş. Adam 15 gün sonra gelmiş, "Allah razı olsun bey, sayende danaburnundan kurtulduk" diyerek elini öpmüş. Dayım bunları anlatırken gülerek, kâğıda "Ey danaburnu, lahanaların kalanlarını da kesmezsen vebalim, günahım senin olsun diye yazmıştım" demişti.

Yobaz yoktu, ama ne camiler kapanmıştı, ne de abdestinde namazında olanlara karışanlar vardı. Cumhuriyet'in yetiştirdiği kuşakların bugün evinde Kuran bulunanların hapsedildiğini iddia etmeleri anlaşılır gibi değildir. Ben memleketimde çarşaflı kadın görmedim. Mahalli deyimle kaç göç yoktu. Köy düğünlerinde bile kızlarla oğlanlar el ele tutuşur, horan çekerlerdi. Şimdi kasabada sosyal yaşamın en az 75 sene geriye gittiğini görerek üzülüyoruz.

Kasabada bir dernek kurulmuş ve imam hatip okulu yaptırılmış, açılması için uğraşıyorlar. Dernek başkanı küçük dayımın marangozluk yapan damadı Rasim Ekşi'yi çağırmış, "Okulun doğrama işini sana vereceğiz, elâleme karşı cuma namazlarına bari gel" demiş. O da başlamış cuma namazlarına. İşi aldıktan sonra verdiği sözden vazgeçmiş, dernek başkanına giderek, "Artık cuma namazlarına gelemiyorum. Önce senden, sonra da Tanrı'dan özür dilerim" demiş.

Kasabada Politika

Mesudiye'de politika daha ziyade il genel meclisi üyesi seçiminde ilgi kazanırdı. O zaman seçimler iki dereceli idi. Önce "müntehib-i sâni" denen, halk adına oy kullanacaklar seçilirdi. Milletvekili seçimleri parti tarafından gösterilen milletvekili adaylarının müntehib-i sâniler tarafından şeklen oylanmasından ibaret olduğu için pek ilgi çekmezdi.

İl genel meclisi seçimlerindeyse birden fazla aday olduğu için daha fazla seçime benzer bir seçim olurdu. Hatırladığım kadarı ile Ekşioğulları (Hızır Ekşi) ile Boduroğulları'ndan (Nuri Boduroğlu)* birer aday seçime girerdi. Her seferinde de Hüseyin Ekşi kazanırdı. Bu görevi milletvekili oluncaya kadar sürmüştü.

İl encümen azalığı seçiminin yarattığı rekabet iki ailenin erkekleri arasında dargınlıklara neden olurdu. Fakat kadınlar aralarındaki dostluğu devam ettirirlerdi. Bu siyasi rekabet çok partili dönemde de sürmüştür. Boduroğulları Demokrat Parti ilçe teşkilâtını kurmuş ve politikayı bu çizgide yapmışlar, Ek-

(*) Sonradan Ordu Milletvekili seçilen Ata Bodur'un babası.

şioğulları ise CHP çizgisinden sapmamışlardır. Yalnız Hasan dayım bir ara nedense Demokrat Parti'ye geçti. Sonra Millet Partisi ilçe teşkilâtını kurdu. Zannederim bir iki partiye daha emeği geçmişti. Onun için Oktay Ekşi, "Hasan amcamın Türkiye'de çok partili düzenin yerleşmesinde ve gelişmesinde önemli katkıları olmuştur" derdi.

Birçok devrede Mesudiye'den milletvekili çıkmıştır. 2-3 devrede de, biri Boduroğulları'ndan, diğeri Ekşioğulları'ndan olmak üzere Meclis'te Ordu'yu Mesudiyeli iki milletvekili temsil etmiştir. CHP'den milletvekili olanlardan biri Hüseyin Ekşi'nin oğlu Münir Ekşi, diğeri de küçük dayımın oğlu Memduh Ekşi'dir. Memduh Ekşi iki devre de Meclis Başkanvekilliği yapmıştır. Boduroğulları'ndan DP milletvekili seçilen ise Ata Bodur dostumuzdur.

Politikadan söz açılmışken, ilerideki yıllarda daha yoğun şekilde siyasete konu edilen bir olayın daha bidayetinde nasıl bir önyargı ile değerlendirildiğinden söz etmek istiyorum. Bunun yansımaları bizim kuş uçmaz kervan geçmez küçücük kasabamızda da görülmüştü. Olayın konusu köy enstitüleridir.

Köy Enstitüleri

Biz köy enstitüleri serüvenini başından sonuna kadar yaşadık. Bu benim hafızamda derin izler bırakmıştır.

Genel kural mıydı bilmiyorum, bizim köylerimizden yetim çocukları almışlardı. İçlerinde uzaktan bile olsa bir akrabamız da vardı. Enstitüler daha mezunlarını vermeden bir komünistlik hikâyesi ağızdan ağıza dolaşmaya başlamıştı. Biz çocuk olarak komünistlik nedir, neye yarar tabiî bilmiyorduk ama şimdiki aklımla kasabamızda bir tek kişinin bile bunun ne olduğunu bildiğini zannetmiyorum. Onun içindir ki, karşı propaganda halkın en hassas olduğu bir hususa dayandırılmıştı. Öğrencilerin kız erkek aynı yatakanede yattıkları söyleniyordu. Bu da komünistlikti. Tatile gelen enstitü öğrencilerine merakla bunun doğru olup olmadığını sorardık. "Değil," derlerdi, ama inanmazdık. Her fırsatta da onları bu konuda alaya alırdık.

Komünizm anti propagandasını planlayanlar böyle şahane bir buluşla milleti burnundan yakalamıştı. Komünistliğin aile, iffet ve namus kavramının bulunmadığı bir siyasi akım olduğu, toplumda halen de en geçerli kavramdır. İcat edenden Allah razı olsun! Bu memlekette komünizmin tutunacak bir dal bulamaması için bundan daha iyisi yapılamazdı.

Köy enstitüleri mezunlarının aleyhlerindeki cereyan köylerde görev yaparlarken de sürüp gitti. Köylerin ileri gelenlerinin ağzında bunların adı "komünist piçi" idi İçlerinden bir tanesinin ihbar üzerine ikide bir tutuklanarak kitapları ile kasabaya getirildiğini ve hapse atıldığını hatırlıyorum. Birkaç ay yatar, herhalde mahkemede suçu sabit bulunmazdı ki tekrar köye görevine dönerdi.

O dönemlerde köylü devletle ilişkisini kendi başına kuramazdı. Çünkü her ne kadar nüfusun % 70-80'ini teşkil eden köylünün memleketin efendisi olduğu resmen ilan edilmişse de, memurun "Halife-yi Müslimin", "Padişah-ı Ruyi Zeminin" temsilcisi değil, halkın hizmetkârı olduğu kavramı bilinmiyordu. Memur bir işi isterse yapar, istemezse yapmaz zihniyeti hâkimdi. Bu da, yıkılması resmî devlet politikası haline gelmiş olan, fakat fiilen ayakta kalan mütegallibenin hesabına geliyordu. Bunlar, köylü ile hükümet arasındaki ilişkinin zorunlu aracısı rolünü sürdürüyorlardı. Görünüşte halkın koruyucusu olan bu kişiler, maddi veya manevi olarak hizmetlerinin karşılığını alıyorlar, en azından saygınlıklarını koruyorlardı.

Enstitü mezunları bunların nüfuzunu kırma çabasına girdiler. Hiçbir karşılık beklemeden köylülere yol gösteriyorlar, memurların halkın işlerini yapmak zorunda olduklarını, hükümet kapısına gitmek için aracıya gerek olmadığını anlatıyorlar, dilekçelerini yazıyorlardı. Bu da geleneksel halk liderlerinin nüfuzunun kırılması demekti. Yani arı kovanına çomak sokmuşlardı. Ne yazık ki onların yanında olması gereken devlet de onların karşısında yer aldı. Atatürkçülerimiz milletin hakiki efendisini kula kul etmekte kendilerine düşeni fazlasıyla yapmışlardır. Genç Türkiye Cumhuriyeti'nde ağa, şeyh, bey gibi halkın sırtına binen bir zümre egemenliğine yer yoktu. Soyadı Kanunu'na göre bey, zâde gibi imtiyaz ve üstünlük ifade eden kelimelerin soyadlarına girmesi bile yasaklanmıştı. Bu tür yasakların ve şapka, pantolon giydirmenin yenileşmeye yeteceği zannedilmişti.

Kasabada Yaşam

Mesudiye'de günlük yaşam, yavaş ve sakin bir şekilde sürüp giderdi. İnsanlar sabahları aheste beste çarşıya inerler, açık havalarda dükkânların önlerinde, diğer zamanlarda kahvelerde sohbet ederler, şakalaşırlardı. Akşamları da aldıkları şeyleri mendillerine çıkın eder, ellerinde sallaya sallaya birbirleri ile konuşarak evlerine dönerlerdi. O kadar rahatlardı ki gören burayı gamsız, kasvetsiz insanlar kasabası zannederdi.

Kasaba, haftada bir gün, hafta pazarının kurulduğu cumartesi günleri hareketlenirdi. Köylüler kadın, erkek kasabaya dolarlardı. Bir kısmı ihtiyaç fazlası ürünlerini satmaya gelirdi. Çoğunluğun satacağı şeyler boğazından artırdığı bir bakraç yoğurt veya süt, bir topak tereyağı, 5-10 yumurta, ihtiyaç fazlası bir horoz veya tavuk, dereden tepeden toplanmış bir sırt yükü odun olurdu. Burada bir bakraç yoğurt 5 ilâ 10 kuruşa, bir yumurta 5 veya 10 paraya, bir okka tereyağ 15 kuruşa, bir sırt yükü odun 5-6 kuruşa satılırdı. Köylüler bu satışlardan ellerine geçen para ile gazını, tuzunu veya bezini alırdı. Zaten başka ihtiyaçları da yoktu. Pazarda ayrıca tahıl, hayvan alım satımları yapılır, kasabada oturanlar da haftalık veya yıllık ihtiyaçlarını buradan karşılardı.

Kasaba ulusal bayramlarda şenlenirdi. Çarşıda çam dalları ve bayraklarla süslenmiş taklar kurulur, üst ortalarına da bir Atatürk portresi yerleştirilirdi. Bayram süresince göğüslerimize Cumhuriyet Halk Partisi'nin dağıttığı küçük altı oklu bayrakları ve bir yüzünde Atatürk'ün kabartma bir portresi bulunan altın renkli madalyaları takar, dolaşırdık.

Bayramın ilk gününde hükümet konağının önündeki taş parke döşeli alanda tören düzenlenirdi. Törene kaymakam, hâkim gibi üst düzey memurlar melon şapka, jaket atay ve reyye pantolonla katılırlardı. Erkekler bayramlık denen yeni ve temiz kıyafetlerle tören alanına gelirler, kadınlar ve küçük çocuklar da alanın üst tarafındaki yüksek yerde toplanarak töreni seyrederlerdi. İlkokul öğrencileri, öğretmenleri başlarında olmak üzere sınıf sınıf muntazam sıralar halinde kürsünün karşısında yerlerini alırlardı. Kaymakam bir konuşma ile bayramı açar, arkasından öğretmenlerden birisi günün anlamını belirten bir konuşma yapar, öğrenciler de şiirler okurlardı. Gece de fener alayı düzenlenirdi. Ellerimizde bir sopanın ucuna içinde kül bulunan konserve kutusu takılarak yapılan meşalelerle okulun önünde toplanırdık. Okulun hademesi meşalelerimize gazyağı kor, meşale tutuşturulur, başöğretmen önde, diğer öğretmenler sınıflarının başında, yürüyüşe geçilirdi. Onuncu Yıl Marşı ile Gençlik Marşı olarak öğretilen "Dağ başını duman almış" mısraı ile başlayan marşı söyleyerek, çarşıyı dolaşır ve Halkevi'nin önüne gelirdik. Orada bize maytaplar dağıtılır, havai fişekler atılır, çarkıfelekler döndürülürdü. Özel harçlıklarımızla çatapatalar ve mantar tabancalarımıza mantarlar alır, onları patlatır dururduk.

Kasabadaki önemli olaylardan birisi de asker sevkıyatı idi. O gün hüzün ve sevinç bir arada yaşanırdı. Askerlik çoğu genç için yeni yerler görme, başka dünyaları tanıma fırsatı oluyordu. Ayrıca asker ocağı okuma yazma öğrendikleri, düzenli bir yaşama kavuştukları, yeni kişilikler kazandıkları bir yuva idi. Kazanılan onbaşılık, çavuşluk rütbeleri şeref payesi idi. Asalet unvanı gibi ömürboyu taşınırdı. Sıradan Ahmet'ler, Mehmet'ler, Ahmet onbaşı, Mehmet onbaşı, Mehmet çavuş olarak tanınır ve öyle anılırdı. Gidecekler, bunların sevincini yaşayarak, kalacaklar ayrılık acısının hüznü ile Askerlik Şubesi'nin önünde toplanırdı. Gidecekler isimleri okunarak sıraya sokulurdu. Nedense askere gidenler en eski elbiseleri ile gelirlerdi. Ellerinde kapağı açılmaması için iple bağlanmış tahta bavullar veya omuzlarında içinde çamaşır ve azık bulunan kaput bezi torbalarla perjmürde kıyafetli insanlardan meydana gelen bir başıbozuk alayı oluşur, o şekilde ya Onuncu Yıl Marşı'nı ya da Cezayir Marşı'nı çalan davul zurna eşliğinde yürüyüşe geçerler ve kasabadan çıkar, giderlerdi.

Kasabada Eğlence Hayatı

Ramazan kasabada yaşamı değiştiren bir olaydı. Gündüzler daha bir durgun ve hareketsiz geçer, geceler şenlenirdi. Halkevi ile otelin salonunda teravih namazından sonra başlayıp, sahur vaktine kadar tombala çekilirdi. Büyükler, daha fazla kartela ile çekilişlere katılabilmek için bizi de götürürlerdi. Tombala çekme ustaları vardı. Bunlar numaraları çekerken ve okurken çeşitli espriler yaparlardı. Kartelalardaki açık numaralar azaldıkça heyecan artar, boş numaraların çıkıp çıkmadığı sorular, tombalayı çeken heyecanı daha da artırmak için kasıtlı olarak sorulan numaralardan birisini söyler veya ilk rakamı okur ve bekler, herkesi ayağa kaldırırdı. Tek numarası kalanlar kendi numaraları okunmayınca homurdanarak yerlerine otururlardı.

O zaman kapı dışındaki gece hayatı erkeklerin imtiyazı idi. Kadınlar sahura kadar ya yemek hazırlarlar ya konu komşu bir araya gelerek sohbet ederlerdi. Bazı kış gecelerinde de tel helvası çekilirdi. Konken oyunu toplumumuza henüz girmediği için başka bir eğlenceleri yoktu.

Kasaba yaşamına renk katan olaylardan birisi de seyyar tiyatro gruplarının gelişi idi. Temsiller otelin salonunda verilirdi. Eğlencesi erkeklere, dedikoduları kadınlara düşerdi. Tiyatroya bizi de götürürlerdi.

Geldiklerini iki sırık üzerinde yürüyen yere kadar pantolonlu rengârenk kıyafetli ve acayip makyajlı birisi çarşıyı dolaşarak duyururdu. Kalabalık bir çocuk grubu olarak biz de arkasından giderdik.

Temsiller daima fasıl heyeti ile başlardı. Fasıl heyeti de, piyeste oynayanlar da aynı kişilerdi. Kadınlar genelde tombulca ve aşırı makyajlı olurdu. Fasılda sandalyelere otururlardı. Erkekler arkalarında saz heyetini teşkil ederdi. Genelde perde aralarında gösteriler yapan birisi de bulunurdu.

En sık gelen kumpanyanın göstericisi Raşit Pehlivan'dı. Tiyatronun el ilanlarında Raşit Pehlivan'ın uçları yukarı doğru dik duran bıyıkları ile ellerini göğsüne kavuşturmuş vaziyette kıspetli bir resmi olurdu. Tek başına bir kamyonu durdurduğu, üzerinden kamyon geçirdiği, güreştiği pehlivanları sakat bıraktığı kendinden naklen anlatılırdı. Önemli gösterileri, kolları üzerinden göğsüne sarılan zinciri koparmak, kalınca bir demir çubuğu bükmek, sırtüstü yatarak karnında balyozla taş kırdırmaktı. Bugün çocuklar için Süpermen'ler, Conan'lar neyse, bizim için de Raşit Pehlivan o idi. İnsan gücünü aşan şeyler söz konusu olunca, "Bunu yapsa yapsa Raşit Pehlivan yapar" derdik. Dünyada Raşit Pehlivan'ın yapamadığını yapacak birisi varsa o da Mustafa Kemal Paşa idi.

Gelen kumpanyalar oldukça uzun süre kalırlardı. Tiyatroya gösterilen ilgi, sanat aşkından değildi. İlgi odakları kadın oyunculardı. Kasabanın hovardalarının bunların bazılarını kapattıkları da olurdu. Eşleri de bunu pek yadırgamazdı. Çocuk olduğumuz için hanımlar bu konuları yanımızda konuşurlardı. Oradan biliyorum, başkasının yapamadığını kocasının yapması hanımı için biraz da gurur verici bir olay sayılıyordu. Çeşme başlarında bunu, "Duydun mu gıı falancanın kocası..." diye dedikodu konusu yapanlar da olurdu.

Kumpanyaların birisinde, alışılmışın aksine, sade giyimli, az makyajlı, güzel ve zarif bir hanım vardı. Oğlunu da beraber getirmişti. Okula kayıt ettirdi. Bizim sınıfa gelmişti. Temiz ve güzel giyimli, bakımlı bir çocuktu. Adı "piç" olmuştu. Kimse onunla arkadaşlık etmiyordu. Sürekli laf atıyorlardı. Ders aralarında bir köşeye çekilir, boynu bükük sessiz dururdu. Onun bu hüzünlü hali bana dokunurdu. Yanına gider kendisi ile arkadaşlık kurmaya çalışırdım. Okul haricinde otelden dışarı çıkmazdı. Hayatımda hiçbir kimseyi kendimden aşağı görmedim, görenleri de yadırgadım.

Kasabada tek başına yaşayan bir berber vardı. Tanas diye çağırılırdı. Tanas, Mesudiye Rumlarından birisinin ismi idi. Mübadelede gidenlerin hatıraları henüz taze olduğu için sık sık böyle benzetmeler yapılırdı. Hüseyin dayımın oğlu Münir'le benim adım da ciciannenin dilinde "Arakil"le, "Kirkor"du. Neremiz benziyordu bilmiyorum ama, bir araya geldik mi çeşitli ters işler yapardık. Bazen de cicianneyi kızdırırdık. O zaman da "Andon'un dölleri" diye bizi azarlardı.

Tanas kısaca boylu, tıknaz, kafası patates yumrusunu andıran çirkin bir adamdı. Sözünü ettiğim o güzel tiyatrocu hanıma tutulmuş. Her gece tiyatroya gider, en ön sırada hayran hayran sevgilisini seyredermiş. Nasıl oldu bilmiyorum, evlendiler. Kadıncağız belki de oğlunun geleceği için bu evliliğe razı olmuştu. Ne yazık ki birliktelikleri uzun sürmedi. Aradan birkaç ay geçtikten sonra kadın birdenbire kayboldu. Sivas'a giden bir kamyonla sabah erken kasabadan ayrıldığı söyleniyordu. Sevdiği tarafından terk edilmek Tanas'ın dünyasını karartmış olmalı ki, o da hanımını aramak üzere yollara düştü. Bir daha da geri dönmedi.

Genelde bizim büyüklerin iyi ve kötü günleri ile pek ilgimiz yoktu. Kendi âlemimizde alabildiğine özgür yaşıyorduk. O günlerin özlemini hâlâ çekiyorum.

Yaz aylarını dedemlerin köyünde (Aşağı Gökçe) ve yaylasında geçirirdik. Çelik çomak oynar, kendi yaptığımız çemberleri çevirir, rengârenk uçurtmalar uçururduk. Ağaçtan yapılmış bir top ve ucu topuzlu değneklerle oynanan İngilizlerin golfüne benzeyen bir oyunumuz daha vardı.

Kış aylarında en büyük eğlencemiz kendi yaptığımız bir kişilik kızaklarımızla mahallelerin üst başından çarşıya kadar kaymaktı. Ağabeylerimiz üç dört kişilik kızaklar yaparlardı. Arkalarına bizleri alır, ayakları ile kızağa yön vererek kayarlardı.

Dedemlerin mahallesinin yukarısında bir çeşme vardı. Bu çeşmenin suları aşağılara kadar uzanan bir buz tabakası oluştururdu. Dedemlere gidildiği geceler ay ışığı varsa, bu buz üzerinde merdivenle kayardık. Çeşmenin önünde merdiven basamaklarına arka arkaya oturur, aşağılara inerdik. Önde merdivene yön veren bazen kayışa hâkim olamaz, tepetaklak karlara yuvarlanırdık. Popomuz yere değdiği için pantolonlar ıslanırdı.

Mesudiye'de kışın tadına doyulmaz ayrı bir güzelliği vardı. Güneşli günlerde bacalardan veya pencerelerden uzatılan soba borularından incecik mavi dumanlar çıkar, tatlı kıvrımlarla yükselerek dağılırdı. Gökyüzü pırıl pırıl olurdu. Saçaklardan süngü gibi buzlar sarkardı. Mehtaplı gecelerde gökten adeta gümüşî bir ışık seli inerdi. Köydeki oyunlarımıza kavak dallarından yaptığımız atlarla tozu dumana katarak koşuşturmak da eklenirdi. Yaylada bir de hartama dediğimiz çatı örtüsü olarak kullanılan ince tahtalardan rüzgâr fırıldakları yapardık.

Büyük dayım (Yaman Ekşi) ailenin köydeki marangozluk işlerini de yapardı. Çalışmak için aletlerini çıkarması ben ve Münir için iyi bir oyalanma fırsatı olurdu. Alır biz de tahtadan birşeyler yapardık. Dayım bize bakar, "Bunlar top balta ile doğrama tavan yaparlar" derdi. Çalışırken arada sırada ona da akıl verirdik. O zaman da, "Bunlar okumadan alim, görmeden kâşif" derdi.

İlkokul

İlkokulda Hasan Bey isminde bir başmuallim (başöğretmen) vardı. Çocukların korkulu rüyası olmuştu. Okula başlamak bir şey değildi, Hasan Bey olmasa... Onun yüzünden okula başlama günlerinin gelmesini istemezdik.

Hasan Bey, saçları önden tepeye kadar dökülmüş olduğu için kafası arkaya doğru daha uzunmuş gibi gözüken ufak tefek birisi idi. Tembelliği, aylaklığı, haylazlığı asla affetmezdi. Öğrencileri okul içinde olduğu kadar, okul dışında da izlerdi.

İstemediğim gün gelmiş, kendimi, bayramlıklarımı giyinmiş, elimde içinde alfabe, defter, kalem, silgi ve kalemtraş bulunan bir çanta ile okulda bulmuştum. Hasan Bey'i her gördüğümde bacaklarımın titrediğini hatırlıyorum. Parmağında üzerinde kabartma olarak isminin baş harfi bulunan bir yüzük vardı. Tokadı attığı zaman yanakta yüzüğün izi kalırdı. Beş sene içerisinde ne tokadını yedim, ne de azarını işittim.

İlk hocam her zaman sevgi ve saygı ile andığım Tevhide Ege Hanımefendi'dir. Kendisine "Muallime Hanım" diye hitap ederdik. Eşi hükümet tabibi idi. Uzun yıllar, ilçemizde "Deli Celâl" olarak anılmıştır. Hükümetle çarşı meydanı arasındaki merdivenleri atla iner çıkardı. Atak kişiliği ve cesaretli girişimleri ile sevilir sayılırdı. 1980 öncesi İstanbul CHP milletvekili olan Çağlayan Ege onların kızıdır.

Tevhide Hanım'da üç sene okudum. Üzerimde büyük etkileri olmuştur. Beni çok severdi. Doktor olmamı telkin ederdi.

Mahalli şivemizde K harfleri G olarak telaffuz edilir. Ben de muallime hanım gibi konuşmaya özeniyordum, ama pek beceremiyordum. Yalnız kısa bir süre sonra her kelimedeki G'nin K gibi söylenmediğini fark ettim. O gün eve gelince annemle, teyzeme; "sakın kibarlık olsun diye gaziye kazi, gazyağına kazyağı demeyin, ayıp olur" demiştim.

Tevhide Hanım derslerini, ders dışı ilginç konularla süslerdi. Zaman zaman dünyadaki gelişmelerden söz ederdi. Bir keresinde "gün gelecek, telefonla konuşanlar birbirlerini görebilecekler" demişti. Bunu evde söylediğim zaman gülüp geçmişlerdi.

Bize okuma zevkini aşılamak için haftada bir gün bir dersinde tanınmış çocuk romanlarını okurdu. *Bir Çalgıcının Seyahatnamesi*'ni ne büyük bir merakla dinlediğimizi hâlâ hatırlıyorum. Okumam için bana bir sürü küçük masal kitabı vermişti. Onun tavsiyesi ile babama *Tarih Öğreniyorum*, *Coğrafya Öğreniyorum* isimli kitapları getirttirmiştim. Babam da kitaba çok meraklı bir insandı. Okuma merakımı bu ikisine borçluyum. Ondan sonra her bulduğumu okumaya başladım. En kolay bulabildiklerim *Hazreti Ali'nin Cenkleri, Hayber Kalesi, Köroğlu, Kerem ile Aslı* gibi, esansçıların Anadolu'yu dolaşarak sattıkları basit kitaplar oluyordu. Beşinci sınıfta Halkevi Kitaplığı'na dadanmıştım. Ortaokul, lise, üniversite yıllarında yaz boyu Halkevleri'nin kütüphanelerinden çıkmazdım. Babamın kitapları, bir iki istisnası ile eski yazılı kitaplardı. Onları da eski yazıyı öğrenince okumaya başlamıştım.

Üçüncü sınıfı bitirdiğimiz yıl Tevhide Hanım eşiyle birlikte başka yere nakledildi. Lise sonda olduğum sene Ankara'da karşılaştık. Elini öpmek istediğim zaman yüzüne baktı, ismimi ilkokul numaramla birlikte söyledi. Saygı ile anarım.

4 ve 5. sınıfları Yusuf Ziya Bey isminde bir öğretmende okuduk. Kalın bağa çerçeveli gözlüklü, ince yapılı zarif bir beyefendi idi. Şık giyinirdi. Kolalı takma yaka kullanırdı. Yalnız o değil, bütün öğretmenlerimiz giyimleri, davranışları ile öğrencilere iyi örnek olan insanlardı.

Evlerimizde genelde kışın bir yerde soba yakılırdı. Soba geçince korlar mangala alınır, bir süre de onunla idare edilirdi. Isıtılan yer daha çok mutfak olurdu. Aydınlatma gaz lambası ile yapılırdı. O da ailenin toplu olarak oturduğu yerde yanardı. Onun için hava kararmadan dersleri ve ev ödevlerini bitirmek zorundaydık.

Kışın diz boyu kar olurdu. Fotin ve lastik giyerdik. Fotinlerin metal düğmeleri vardı. Düğmeler, devamlı cebimizde taşıdığımız tir-buton denen özel bir araçla iliklenirdi. Sabahleyin karda ilk çığırı bizler açardık. Bazen okula varınca topalladığımı fark ederdim. Bakardım ki lastiğin biri çıkmış karların içinde kalmış.

Günün birisinde hiç bitmeyecek zannettiğim okul bitti. Okulun merdivenleri önünde toplandık. Başöğretmen yanında sınıf öğretmenleri ile merdivenlere geldi. Elindeki bir listeden isim okuyup "geçti", "ikmal" veya "ipka" (kaldı) diye sonuçları söylemeye başladı. Sıranın bize gelmesini büyük bir heyecanla bekliyorduk. Kimisi ağlıyor, kimisi sevinçle gülüyordu. Sıra bana gelince pekiyi derece ile mezun olduğumu öğrendim. Büyük bir coşku ile eve geldim. O yıllarda ilkokul mezunu olmak önemli bir aşama idi.

İlerisini okumak için hevesim var mıydı, hatırlamıyorum. Aile ne düşünüyordu, onu da bilmiyorum. O yıl boşta kaldım. Aylaklık hoşuma gitmişti. Halimden memnundum. Bizden büyük çocukların teşviki ile sigara alıyor, gizli gizli tüttürüyorduk. Arada sırada ortaklaşa bir şişe şarap alıp içtiğimiz de oluyordu. Sigara için babamdan unutamayacağım bir dayak yedim. Bu yediğim ilk ve son dayaktır. Ondan sonra hizaya geldim. Tavukçuluğa başladım. Evin bahçesinde çiçekler yetiştiriyor, kontrplaklara oyma işleri yapıyordum.

Babam eski yazıyı öğretti. Evdeki kitaplarını okumaya başladım. En çok ilgimi çeken Hüseyin Rahmi'nin romanları ile *Adab-ı Muaşeret* isimli kitaplar olmuştu. Liseden itibaren en büyük zevklerimden birisi her fırsatta *Adab-ı Muaşeret* kitabından öğrendiğim görgü kurallarını uygulamak olmuştur. Yalnız çarliston gibi dama fazla yakın durulan dansları yapmanın ayıp olduğuna dair tavsiye hariç.

Ve Kasabadan Şehre Gidiş: Ordu

Babam nasıl olduysa bir daha devlet memuriyeti yapmayacağına dair kararına rağmen Ordu Özel İdare Müdürlüğü'nde bir göreve atandı ve Ordu'ya taşındık. Böylece bir sene kayıpla ortaokula başlama olanağı bulmuş oldum.

Yaz sonuna doğru bir kamyonla ailece Ordu'ya hareket ettik. Bu bizim için büyük bir olaydı. Yol boyu sık sık daha önceden ismini duyduğum yerlere ne zaman geleceğimizi soruyor, gelince haber vermelerini istiyordum. Etrafta, göz görebildiğince şahane manzaralar vardı. Ormanlardan, rengârenk çiçeklerle süslenmiş yemyeşil yaylalardan geçiyorduk. Yüksekçe bir yerde "işte deniz" diyerek dağların bitimindeki puslu bir yeri gösterdiler. Ordu tarafında üzeri ağaçlarla kaplı ters bir şeker külahına benzeyen tepeler görünmeye başlamıştı. Sonradan bu tepelerin birinden çıkan suyu açıkgözün birisi şifalı diye tenekesi 25 kuruştan yıllarca sattı.

İki katlı bir ev tutulmuştu. Üst katında dayımlar oturuyordu. Alt katına da biz yerleştik.

Ordu Karadeniz'in en güzel illerinden birisidir. Boztepe'nin yamaçlarından başlayan yeşillikler, yeşillikler arasına serpilmiş beyaz badanalı, kiremit çatılı evlerin teşkil ettiği mahalleler aşağıdaki düzlüğe kadar iniyordu.

Mahalleler ile sahil arasındaki düzlükte gayet düzenli ve bilinçli olarak kurulmuş bir çarşı vardı. Çarşının planını bir belediye başkanının Batum'dan getirttiği mimara çizdirdiği söyleniyordu. Denize paralel olan caddeler, birbirine paralel sokaklar tarafından dikey olarak kesilmekte idi. Birer veya ikişer katlı dükkânlar bunların arasında dikdörtgen veya kare şeklinde adalar teşkil ediyordu. Sahilde güzel bir park, parkın önünde de şahane bir plaj vardı. Plajın kumları yüzeyleri düz ve düzgün, rengârenk şeffaf çakıllarla dolu idi. Bunlar toplanır, içerisinde su bulunan şişelere doldurulur, pırıl pırıl görünümler ile misafir odalarını süslerlerdi. Plajın batı tarafına düşen denizin içindeki kayalıklar üzerinde Recai Bey Köşkü denen renkli camlarla süslü bir ev vardı. Plajda gündüzleri erkek çocuklar ve gençler, geceleri de kadınlar entarileri ile denize girerlerdi. Bu harika plaj sahil yoluna feda edildi. Çarşının bulunduğu yere bitişik düzen zevksiz beton yığınları dikilmiş, arkalarına düşen evlerin manzaraları kapanmış, denizden seyrine doyum olmayan güzellikler yok olmuştu. İnsanların yaşadıkları çevreyi ve değerleri kendi elleri ile mahvetmelerine şaşmamak mümkün değil. Halk, kendi seçtiği belediye başkanlarının yarattıkları çirkinlikleri, hizmet adına ve birkaç rantiyenin çıkarı uğruna kadermiş gibi kabul ettiği sürece daha çok değerler kaybedilecektir.

Mesudiye halkının Ordu ile ilişkileri, belki de ulaşım güçlüğü yüzünden, uzun yıllar bir ilçe ile ili arasındaki normal ilişkilerin çok altında kalmıştır. Bunda örf ve adetlerin ve yaşam koşullarının farklı oluşunun da rolü vardır. Biz Ordululara "kabakçı", onlar bize "ahlatçı" demek suretiyle şaka yollu da olsa birbirimizi hafife aldığımızı ifade etmişizdir, halen de ederiz.

Ordu'da tarım fındığa ve mısıra dayalıydı. Tek gelir kapısı fındıktı. Temel gıda maddeleri, özellikle kırsal kesimde mısır, karalahana ve kabaktı. Mısır tüketimi "B" grubu vitamin eksikliğine, kara pancar da guatr teşekkülüne yol açıyordu. Düşük kaliteli beslenme tüberkülozun, iklimin üremelerini kolaylaştırdığı sivrisinekler sıtmanın, arazide yalınayak çalışma nekator denen barsak parazitinin yaygınlaşmasına neden oluyordu. Bu hastalıklar kazamızda hemen hemen hiç görülmezdi.

Bizim yaşamımızda kadının yeri biraz daha yukarıdadır. Ailenin binek hayvanı tekse bir yere giderken kadın biner, erkek yürür; Ordu'da ise erkek biner, kadın yürür. Eğer taşınacak bir şey varsa o da küfeye konarak kadının sırtına yüklenir.

Mardin'e daha önce Ordu'da görev yapmış bir jandarma yüzbaşısı gelmişti. Ordulu olduğumu öğrenince anlatmıştı. Atla bir köye göreve gidiyormuş. Yokuş bir yerde karı koca iki köylüye rastlamış, koca katırın üstünde, güneşten korunmak için şemsiyesini açmış, tahtına oturmuş Habeş Kralı gibi cigarasını tüttürerek gidiyor; kadın ise sırtında dolu küfe ile iki kat olmuş tıknefes katırın arkasında yürüyor. Bunları durdurmuş, adamı katırdan indirmiş, küfeyi kadından alarak onun sırtına yüklemiş, kadına katıra binmesini söylemiş. Kadın binmek istemiyormuş. Israr edince "elini, ayağını öpeyim bey, yapma, sen gideceksin, o beni indirecek, küfeyi sırtıma yükleyecek, bir de sopa çekecek" demiş. Sonunda zorla kadını katıra bindirmiş. Bir müddet gittikten sonra ne olduğunu görmek için dönüşlerini beklemiş. "Geldiler, yine yerler değişmişti" dedi.

Ortaokul

O yıllarda çoğu illerde sadece ortaokul vardı. Onun için ortaokul eğitimde önemli bir aşama oluyordu. Ortaokula başlamadan, bizden eskiler, hocaları bize öyle tanıtmıştı ki, ilk başladığım gün çektiğim heyecanı ve korkuyu hâlâ unutamıyorum. Ordu Ortaokulu gerçekten disiplinli bir okuldu. Değerli ve seviyeli öğretmenleri vardı. Tembel öğrencilerin anlattıklarından o kadar kötü etkilenmiştim ki, ilk günler ders zilleri bana bir felâket habercisi gibi geliyordu. Derslerde tedirgin ve huzursuz oluyordum. Hocalardan not alınması mümkün değil diyorlardı. Seneyi hiçbir kötü muameleye maruz kalmadan ve de birincilikle bitirdim. Artık hiç de söylendiği gibi olmadığını anlamış, rahatlamıştım. Ortaokul eğitimini okul iftihar listelerine ve iftihar kitaplarına geçerek bitirdim.

En çok korkulan üç hocamız vardı: Fransızca hocası Hikmet Bey, Tabiat Bilgisi hocası Huriye Hanım, Türkçe hocası Sıtkı Can. Sıtkı Can ayrıca müdür muavinliği de yapıyordu.

Hikmet Bey orta boylu ve göbekli idi. Saçlarını alabros kestirirdi. Yüzünün güldüğünü görmedim. Daima pantolon paçaları dar, lacivert takım elbise giyerdi. Ayakkabılarının üzerinde gri tozluklar vardı. Elinde devamlı kısa bir çubuk veya cetvel bulunurdu. Bunlarla tahtaya yazdıklarını gösterir, sorduğu sualleri bilmeyen, dersi dinlemeyen ya da yaramazlık yapan öğrencilerin avuçlarına vururdu. Fiillerin bütün zaman ve hallerinin çekimlerini ezberletirdi. Gramer kurallarını Fransızca olarak öğrenmek zorunda idik. "Conjuguez-moi l'indicatif present du verbe..." veya "Dis-moi la terminaison..." diye fiilerinin çekimlerini veya zamana göre aldığı ekleri sorardı. Cevaplar da Fransızca olacaktı. İleri sınıflarda ayrıca tahtaya Fransızca bir cümle yazar, gramer bakımından analizini isterdi. Ders kitabındaki metinleri okuyup tercüme etmek de vardı. Adı not vermeze çıkmıştı. "9 hocamın, 8 benim, 7 de bütün sualleri bilen öğrencinin hakkıdır" derdi. Ama yine de bilene hakkını verirdi. Ben 9'dan aşağı not almadım. Üçüncü sınıfta iken yabancı dil derslerindeki başarım dolayısı ile, okul bahçesinde yapılan bir törenle ödül olarak Milli Eğitim Bakanı Hasan Âli Yücel'in adıma imzaladığı *La Turquie Moderne* isimli Fransızca bir kitap verildi. Ondan sonra üç yıl lisede, üç yıl üniversitede yabancı dil dersi aldık, ne doğru dürüst iki kelimeyi bir araya getirecek kadar konuşma öğrendik, ne de ders kitapları dışındaki bir kitabı veya metni okuyup anlayabilecek düzeye geldik. Asistanlık tezimi hazırlamak için İngilizce öğrenmek zorunda kalmıştım. Altı ayda, haftada iki defa birer buçuk saat ders almak suretiyle Fransızcamdan çok daha ileri derecede İngilizce öğrendim. Biz Tıp Fakültesi'ndeyken, okumak üzere İran'dan öğrenciler gelmişti. Bir kısmı benim de kaldığım Kadırga Öğrenci Yurdu'na verildi. Hepsi de orta öğretimde öğrendikleri yabancı dille konuşup anlaşabiliyordu. Demek ki bizde yabancı dil öğretiminde bir yanlışlık vardı. Bu düzeltilmedikçe lisan derslerine ayrılan saatler heba olacaktır.

Huriye Hocahanım derste elinde ince metalden bir kurşunkalemle sıra aralarında dolaşırdı. Dersi dinlemeyen veya sorduğu sualleri bilmeyen öğrencinin başına dikilir, bir taraftan "n'apçiz bu kafayı" der, bir taraftan da kalemin sivri ucu ile kafasına vururdu. Huriye Hanım'ın her an sualine maruz kalmak mümkündü. Onun için derslerine günlük çalışmak zorunda idik.

Sıtkı Can Hoca orta boylu, tıknaz pehlivan yapılı bir insandı. Kalın ve iri parmakları vardı. Ders aralarında olsun, okul dışında olsun daima onun gözetimi altında yaşardık. Okulda görüldüğü yerde itişip kakışmalar durur, ses seda kesilirdi. Okul dışında göz önü yerlerde dolaşamazdık. Gece aile gezmelerine katıldığımız zaman görmemesi için mahalle aralarındaki sokaklardan giderdik. Çünkü görürse ertesi gün hesap sorardı. Haylazlık yapan veya kurallara uymayan birini gördüğü zaman iri parmakları ile bir omuzunu kavrar, "sarsak herif" diyerek birkaç defa ileri geri sallardı. Diğer taraftan çok iyi bir Türkçe öğretmeni idi. Türk edebiyatını yakinen tanırdı. Kendisi de şiir yazardı.

O tarihlerde şimdiki gibi siyasi bir canlılık yoktu, yolsuzluk olayları gazetelerde haber konusu yapılamazdı. Basının, okuyucuların ilgisini çekebilmesinin tek yolu edebiyatçıların tartışmalarına sütunlarını açmaktı. Bu tartışmalar bazen hakarete varacak derecede ağır sözlerle günlerce devam ederdi. Bunlardan hatırımda kalan bir tanesi Hasan Âli Yücel ile Nazım Hikmet arasındaki atışmadır. Bu atışma basında çıktı mı bilmiyorum ama, elden ele dolaşıyordu. Hasan Âli Yücel, Nazım Hikmet'in "Hazar" şiirine alaylı bir dille nazire yazmıştı. Nazım Hikmet'in de Yücel'e "Apis başlı, boynuz kaşlı" diye başlayan bir cevabı vardı. Modaya uygun olarak yerel *Gürses* gazetesinde de mahalli bir şair olan Maksudi ile Sıtkı Can arasında şiirle ilgili tartışmalar yapılırdı.

Dilimizle ilgili bilgilerimiz çoğunu Sıtkı Can'a borçluyumdur. Yıllarca sonra Ordu'da kendisi ile karşılaştım. Elini öpmek istediğimi söylediğim zaman okul numaramla ismimi söyleyerek, "Nerelerdesin, ne iş yapıyorsun?" dedi. Doktor olduğumu söyledim, pek memnun oldu. O asık suratlı insanı ilk defa güleryüzle görüyordum.

Hocalarımızın hepsi sert değildi. Hele bir Mebrure Hocamız vardı ki, dünya tatlısı bir hanımefendi idi. Eşi Ordu'nun ileri gelenlerinden Hüsnü Akyol'du. Ailece de görüşülürdü. Mebrube Hanım öğrenciler için anne gibi idi. Herkese şefkat ve sevgi ile yaklaşırdı. Bir öğretmen grubu içinde Finlandiya'ya seyahat yapmış, derslerinde zaman zaman bu seyahatinden ibret dersi alınacak izlenimlerini anlatırdı. Tavsiyesi ile *Beyaz Zambaklar Ülkesi* isimli kitabı okumuştum. Hem sayın hocamızın, hem de bu kitabın bende silinmez izleri kalmıştır. Eşi Hüsnü Akyol iki devre Ordu milletvekilliği yapmıştı. Gazeteci-yazar Mete Akyol bu saygıdeğer insanların çocuğudur.

İki dersten sıkıntım vardı: Müzik ve jimnastik. İkisi de özel yeteneği gerektiren konular olduğu halde, bütün öğrencilere aynı program uygulanırdı. Zorunlu derslerdi. Sınıfta kalanlar olurdu.

Ne sesim, ne de müzik yeteneğim vardı. En basit bir türküyü bile doğru bir şekilde mırıldanamazdım. Bu nedenle solfejden devamlı sıfır alırdım. Yazılı imtihanlardan on almak suretiyle durumu kurtarırdım.

Jimnastik derslerinde halata tırmanmak, kasadan atlamak zorunda idik. İkisini de beceremezdim. Halata tırmanma sırası bana gelince halatın yanına gelir beklerdim. Kasadan atlama sıram gelince de koşarak gelir, kasanın yanından öbür tarafa geçer, hazırolda dururdum. Hoca gözlerini kapayarak "ejek heriiiif, sıfır" diye bağırırdı.

Bir gece evimizde yangın çıkmıştı. Bizi, evin yakınındaki Halkevi'nin jimnastik salonuna götürdüler. Orada sabaha kadar uğraşa uğraşa halata tırmanmayı öğrendim. Ama kasadan hiçbir zaman atlayamadım. Her sene öğretmenler kurulunda bu iki dersin notları iftihara geçmeme engel olmayacak düzeye çıkartılırdı.

Ortaokul öğrencilik yıllarımın önemli olaylarından biri meşhur Erzincan zelzelesidir. Ordu'da da hasar meydana gelmişti. Ölenler de vardı. Bir aya yakın bir süre dışarıda kilimlerden kurulan çadırlarda kaldık. Okul binasında da çatlamalar olmuştu. Bir kısmı kullanılamadığı için eğitim sabah ve öğle olmak üzere ikiye ayrılmıştı. Kız öğrenciler sabahçı, erkek öğrenciler öğlenci olmuştu. Ben ve benimle beraber 3-4 arkadaş kızlarla birlikte sabahçı olmuştuk.

Üç sene bitti. Bizi mezuniyet imtihanlarının telaşı aldı. Mezuniyetten sonra liseye devam edebilmek için eleme imtihanlarına girip başarılı olmak gerekiyordu. Elemeler üç dersten yazılı olarak yapılıyordu. Sualler Milli Eğitim Bakanlığı'ndan gelirdi. Onu da pekiyi derece ile başarmıştım. Sıra liseye gelmişti.

Lise Yılları

Ankara'ya Gidiş

Bizim kuşaktan olup da küçük yerlerde yetişenler için sonuna kadar okuyabilme olanağı büyük ölçüde şansa bağlı idi. İlçelerde büyüyenlerin çoğunluğu ilkokul mezunu olarak kalmaya mahkûmdu. Lise, iki elin parmakları ile sayılacak kadar azdı. O zaman pansiyon ve yurt geleneği yoktu. Parası olan çocuğunu yatılı liselere gönderebilirdi. Bunun dışında bir de parasız yatılı okuma olanağı vardı. Onun için her sene imtihan açılırdı. Girdim, kazanamadım. Benden daha yamanlar varmış. Bu kapı kapanmıştı. Ama talih başka bir kapıyı açmıştı. O yıl dayım Hüseyin Ekşi milletvekili seçildi. Beni, küçük dayımın oğlu Memduh Ekşi'yi ve Memduh'un ablasını okutmak için Ankara'ya getirdi. Kendisinin beş oğlu vardı. Büyükanne de bizimle beraberdi. Hüseyin Ekşi böylece Ankara'da 11 kişilik bir aileyi yüklenmişti. Bu, o zamanki aile anlayışı içerisinde bize tabiî geliyordu. Bugün ne büyük bir fedakârlık olduğunu anlıyorum. Yıllar sonra Oktay Ekşi ile bunları konuşurken, "Bizim ailede daima bir kişi lokomotif olmuş, diğerlerini çekmiştir" demişti. Ne yazık ki bu görev bizim kuşakta son bulmuştu. Değişen yaşam koşulları içerisinde devam ettirilmesi de mümkün değildi.

1941 yılı sonbaharında 11 kişilik bu büyük aile kamyonla Mesudiye'den Sivas'a hareket ettik. Sivas'tan trenle Ankara'ya gidecektik. Okuma ile beraber başkenti görmenin de heyecanı içerisinde idim. Sivas'ta ilk işim istasyona gidip treni görmek oldu. Çok merak ediyordum. En çok merak ettiğim şey de kompartman denen küçük odacıklara 8-10 kişinin nasıl sığdığı idi.

Ertesi gün trenle Ankara'ya hareket edildi. 2. Dünya Harbi'nin yoklukları yaşanıyordu. Karayolu nakliyatı yok denecek kadar az olduğu için toplu taşımacılığın büyük yükü demiryollarına binmişti. Onun için tren, koridorlar dahil, hınca hınç dolu idi. O zaman trenlerde milletvekillerine mahsus kapalı tutulan bir kompartman olurdu. Milletvekili kompartmanının açılması için şeftren çağrıldı. Açıldı, içeride iki genç sere serpe oturuyordu. Şeftren çıkmalarını söyledi. Birisi bu isteğe uydu. Diğeri yerinden kıpırdamadı bile. Dayım nazikane bir şekilde uyardı. O ise devlete ait trende hiç kimseye ayrıcalık tanınamayacağını söyledi. Halk, çoluk çocuk ayakta duracak yer bulamazken, bir kompartmanın kapalı tutulması sürekli hoşnutsuzluk yaratan bir konu idi. Doğrusu hiçbirimiz her an harp tehlikesi ile karşı karşıya kalındığı bir dönemde milletvekillerinin süratle Ankara'ya gelebilmeleri için alınmış bir önlem olduğunu düşünemiyorduk. Bu durumda gereksiz bir ayrıcalık olarak değerlendirilmemesi gerekirdi. Her halükârda o devirde milletvekiline böyle bir çıkış yapmak büyük cesaret isterdi. Delikanlının şansı varmış, Hüseyin Ekşi'ye çatmıştı. Dayım itidalini kayıp etmedi, sakin hareket ediyordu. "Haklısın," dedi, "görüyorsun üçü küçük 8 çocuk, birisi yaşlı iki kadın var. Gel, hanımlarla küçük çocukları oturtalım, biz de boş yerlere sırası ile oturalım." Sorun halledilmişti. Üniversite öğrencisi olduğu anlaşılan genç Ankara'ya kadar aileden birisi oldu. Yemeklerini de bizimle yiyordu.

Ankara'da ilk işim resmini gördüğüm, gazetelerde ismini okuduğum yerleri görmeye çıkmak oldu. En çok da Ulus'taki Atatürk heykeli ile Türkiye Büyük Millet Meclisi binasını merak ediyordum.

O zamanın Ankara'sı eski ile yeni mimarinin içiçe girdiği bir şehirdi. Konservatuvar, Hamamönü, Samanpazarı'ndan Ulus'a inen yolun sağ tarafında ve Samanpazarı, Hal, Spor ve Sergi Evi (Bugünkü Opera) üçgeni içerisinde Arnavut kaldırımlı daracık sokakları ve eski tarz Ankara evleriyle eski şehir vardı. Burada Anadolu'nun geleneksel yaşamı, bütün özellikleri ile aynen devam ediyordu. Diğer tarafta modern mimarisi, geniş asfalt caddeleri ve sakinleri ile Yenişehir vardı. Ulus Meydanı'ndan İstasyon'a inen yolun sağında 19 Mayıs Stadyumu ve Hipodrom vardı. Sol tarafı Evkaf Apartmanlarının altından itibaren boş arazi idi. Yenişehir'i ikiye bölerek Çankaya'ya çıkan ağaçlıklı Atatürk Bulvarı etrafındaki meskûn mahalde Bakanlıklar ve Sefarethaneler sıralanmıştı.

O zaman Ankara'nın ağırlıklı iş merkezi Ulus'tu. Burada İş Bankası, Ziraat Bankası, Maliye Bakanlığı, Türkiye Büyük Millet Meclisi, Halk Partisi Genel Merkezi ve Ankara Palas gibi klasik mimari örneği binalarla, Sümerbank, Merkez Bankası gibi modern binalar ve eskiden kalma ahşap dükkânlar iç içe idi.

Gümrük ve Tekel Bakanlığı, Numune Hastanesi, yüksekçe bir yerde taç gibi duran Halkevi ve Etnoğrafya Müzesi bir devrin sembolü olan görkemli binalardı.

Modern apartmanlar arasında, bulunduğu semte ismini veren, küçük ama zarif Kızılay binası Yenişehir'i bir inci gibi süslüyordu. En azından bir dönemin hatırası olarak, örneğin müze yapılmak suretiyle muhafazası mümkünken, yıkıp yerine çok katlı bir beton yığını dikme isterisine o da kurban edildi. Yıkılan güzellikler bu kadar değil ki. İki katlı Bahçelievler, Mithatpaşa Caddesi'nin sağında ve solundaki bahçeli iki katlı binalar da yerlerini zevksiz apartmanlara bıraktı. Şehrin soluğunu kesmek için ne mümkünse yapıldı. Güzellikleri, aynı sokakta bile görünümü ve rengi ile birbirine uymayan ve hiçbir mimari özelliği olmayan beton yığınları arasında kaybolup gitti. Bu kadar mı? Daha nice güzellikler yok edildi. Hukuk ve mülkiye mektepleri önünde uzanan Cebeci Çayırı, iyi havalarda ortasındaki boşlukta sıralanan banklarda ders çalıştığımız asûde Kurtuluş Koruluğu, Samanpazarı'ndan şehrin panoramik olarak seyredildiği, taş merdivenlerle çıkılan park, Yenişehir'e hâkim bir tepedeki ağaçlarının altında piknik yapılan Hacettepe Parkı bunlar arasındadır.

Ankara o yıllarda öylesine temizdi ki, ayakkabılarımıza kışın çamur, yazın toz bulaşmazdı. Evlerin saçaklarından süngü gibi buzların sarktığı her tarafın bembeyaz olduğu pırıl pırıl kışlar da geçmişte kaldı. Ankara terbiyeli, birbirine saygılı insanların yaşadığı bir şehirdi. Sokaklarda yüksek sesle konuşulmazdı. Bugün Atatürk Bulvarı'nda, günün her saatinde galiz küfürlerle bağıra bağıra konuşan gençlerin de içine karıştığı bir insan seli akmaktadır. Kaldırımlarda yürünürken, sağdan gidilir, soldan gelinirdi. Şimdi itişe kakışa ve hamamböceği gibi zikzaklar çizerek yol bulmaya çalışıyoruz. Işıklı kavşaklarda yayalar karşılıklı birkaç sıralı saflar halinde toplanıyor, yeşil yanınca iki taraf göğüs göğüse çarpışa çarpışa karşıya geçmeye uğraşıyor. Bunu ben kılıç kalkanla savaş dönemindeki çarpışmalara benzetiyorum.

Otobüs duraklarında insanlar, gelişlerine göre arka arkaya sıralanır beklerdi. Yaşlılara ve hanımlara öncelik verilirdi. Binince de hiçbir hanım ve yaşlı ayakta bırakılmazdı. Şimdi bir itiş, kakıştır gidiyor. Sıra da, yer de güçlünün ve utanmazın. İstanbul tramvay duraklarında bekleyenleri sıraya sokmak için yapılmış daracık demirli yerleri gördüğüm zaman duyduğum hayreti hâlâ unutamıyorum. İnsanların hayvanlar gibi demir bariyerlerin arasına sıkışıp beklemeye razı olmaları akıl alır bir şey değildi. Ankara'da yaşayanların toplumsal terbiyesine öylesine alışmıştık.

Yine İstanbul'da Babıâli'den gelen yolla Sultanahmet'ten gelen yolun kesiştiği yerde devamlı trafik polisi bulunurdu. Bir gün karşıya geçmek için orada beklerken Babıâli tarafından gelen bir taksi hızla U dönüşü yaptı. Polisin ikazı üzerine sol kolu camdan dışarı sarkan, kapıya yan gelip yaslanmış ve tek eliyle direksiyonu çeviren şoför "Yürüüü be abi" diyerek çekip gitti, ben de hayretten donakaldım. Böyle şeyleri Ankara'da görmek mümkün değildi. Anadolu'da nezaket ve zarafetin adı İstanbul efendiliği idi. Sokakta o efendileri göremeyince hayal kırıklığına uğramıştım. Ama giderek şehrin düzensizliğine, sokaklardaki kargaşaya, tramvaylarda kimseye yer vermek zorunda kalmamak için sürekli pencereden dışarıyı seyretmeye ben de alıştım.

Ankara'da yabancıların ve devlet ricalinin öncülüğünü yaptığı modern bir sosyal yaşam vardı. Eski Ankara'nın genç kuşakları da bu yaşama katılıyordu. Kalburüstü insanların uğrak yeri Anafartalar Caddesi'nde Adliye Sarayı'nın karşısındaki pastahane ile Yenişehir'deki Özen Pastahanesi idi. Politikacılar daha çok Ankara Palas'ta bir araya gelirlerdi. Burası haber yakalamak için 1950'den sonra gazetecilerin de uğrak yeri olmuştu.

İleri gelenlerin dışarıda yemek yedikleri yer, Beyaz Ruslardan Karpiç'in kendi adı ile işlettiği Ulus'taki lokanta idi. Dışarıdan gösterişsiz bir yerdi. Orada yemek yiyebileceğimiz günleri düşlerdik. Ne yazık ki o olanağa kavuştuğumuz zaman kapanmıştı.

Ankara'nın gözde gece eğlence yeri Gar Gazinosu idi. En önemli sanat olayı Devlet Tiyatro ve Balesi'nin temsilleri idi. Temsiller Konservatuvar'ın tatbikat sahnesi olarak kullanılan Halkevi Tiyatro Salonu'nda verilirdi. Salonun her tarafı altın yaldızlı oyma ve kabartmalarla süslenmişti. Her temsilin ilk gecesinde İsmet Paşa muhakkak gelirdi. Onu yakından ilk defa orada görmüştüm.

Sık sık Halkevi Kitaplığı'na giderdik. Prova olduğu günlerde kütüphanenin önündeki mermer merdivenlerden gizlice yukarı çıkar, merdivenin karşısına gelen şeref locasında bir köşeye saklanarak provaları seyrederdik.

En popüler eğlence sinema idi. Her zümreye ve her yaşa hitap eden sinema vardı. Anafartalar Caddesi'nde Çocuk Esirgeme Kurumu'na ait binadaki sinemada (Sus Sineması) Mısır filmleri gösterilirdi. Buraya daha ziyade eski Ankara sakinleri gelirdi. En çok ilgi gören filmler Yusuf Vehbi'nin dramları ile Abdulvahap ve Ümmü Gülsüm'ün şarkılı, ama acıklı filmleri idi. Hepsi de Türkçe sözlü idi. Jeneriğin fon şarkıları ve konu ile ilgili orijinal şarkılar yerine Selahattin Pınar'ın veya Sadettin Kaynak'ın şarkıları konurdu. Film "Enginde yavaş yavaş günün minesi soldu", "çile bülbülüm çile", "otomobil uçar gider" gibi şarkılarla başlar, yazılar geçerken bir küçük yelkenlinin Nil Nehri'nde bir kıyıdan diğer kıyıya gidişi verilir, yelkenli karşı kıyıya yanaşırken birdenbire başladığı yere geri zıplar, bu gidip gelmeler şarkılar ve jenerik bitinceye kadar devam ederdi. Konu ile birlikte salonda hıçkırıklar, ahlar vahlar başlar, film seyircilerin gözyaşları ile biterdi.

Sus Sineması'nın altında kapısı Denizciler Caddesi'ne açılan salaş Sümer Sineması vardı. Bu sinemada 30 kısım tekmili birden kovboy filmleri oynardı. Buranın seyircisi çocuklarla kopuk takımından gençlerdi.

Ulus'taki Yeni Sinema ile Yenişehir'deki Ulus Sineması'nda alt yazılı Amerikan filmleri oynardı. Bunlara üst tabaka seyirciler gelirdi. En kaliteli filmler Yeni Sinema'da gösterilirdi. Buralarda film haftada bir, pazartesi suarede değişirdi. İlk gece, özellikle Yeni Sinema'da opera galası gibi olurdu. Herkes ciddi kıyafetlerle gelirdi. En büyük zevkimiz balkonun yeşil kadifeli koltuklarından film seyretmekti. Yer gösteren madam, bileti olsa bile herkesi buraya sokmazdı.

Ulusal bayramlarda Hipodrom ve Stadyum'da yapılan resmi geçitleri ve gösterileri seyir için erkenden gider, saatlerce beklerdik. Merasim biter bitmez devlet büyüklerini, milletvekillerini, paşaları, yabancı misyon mensuplarını görmek için kapalı tribünlerin çıkış kapısına koşardık. Tanıdıklarımızı birbirimize gösterirdik.

Cumhuriyet Bayramı'nda ve 30 Ağustos'ta Ankara Palas'ta verilen resmi balolar Ankara'nın önemli sosyete olaylarındandı.

Hamamönü'nde, hamamın yanındaki sokakta, etrafı duvarla çevrili geniş bir bahçe içinde bulunan iki katlı eski tarz bir evde oturuyorduk. Oradaki yaşama yabancı olmadığımız için komşular bizi yadırgamıyordu, biz de komşuları.

Yakınımızda polis karakolu vardı. Buradan bazı geceler feryatlar gelirdi. Bunu doğal sayardık. Yine bir serserinin ıslahına çalışıyorlar, diye düşünürdük. Sungurlu'da görev yaptığım yıllarda ileri gelenlerden 3-4 kişi Ankara'ya gelmişti. Gece Bomonti Bahçesi'ne gitmişler. İçkiyi biraz fazla kaçırmış olmalılar ki, bazı taşkınlıklar yapmışlar. Bir jeep'e bindirildiklerini hatırlıyorlardı. Ayıldıkları zaman kendilerini Elmadağ'da karlar içinde yatar bulmuşlar. Bir daha da Ankara'da içki içmeye tövbe etmişlerdi.

Dayım Hüseyin Ekşi iyi yaşamasını bilen bir kişi idi. Yakışıklı, güzel giyinen, hovarda meşrep bir insandı. Her şeyi adabınca yapardı, ne yapsa yakışırdı. Mazbut bir yaşantısı vardı. Evine, ailesine bağlı idi. Ankara'da bizleri okutmak için bazı fedakârlıklara katlanmıştı. Dayım da, yengem Fatma Hanım da bizi kendi çocuklarından ayırmadılar. Yengem melek gibi bir insandı. Sekiz çocuğun yükünü güleryüzle sırtında taşıdı. Ciciannemiz öz halası olmasına rağmen, arada sırada kaynanalığını gösterirdi. Buna rağmen bir gün surat astığını görmedim. 11 kişilik aileyi tek başına çekip çevirirdi. Fazilet timsali bu iki insan hayatta iken hepimizin iyi günlerini görmüşlerdir. Hayatlarının en büyük mutluluğu da bu olmuştur. En büyük oğulları, subay olarak Türk ordusunda görev yapmış, emekli olmuş, onurlu bir yaşamdan sonra hayata veda etmişti. Onun küçüğü Münir Ekşi hayata yargıç olarak atılmış. Bir devre Ordu milletvekilliği yapmıştır. Behiç Ekşi, Anadolu Ajansı Genel Müdürlüğü'ne yükseldi. Oktay Ekşi bugün ülkenin önde gelen gazetecilerindendir, babasının ideallerini, hayati risklerine rağmen, yılmadan savunmaktadır. Yeğeni Memduh Ekşi Ordu milletvekili olarak parlamentoya girmiş, Millet Meclisi Başkanvekilliği yapmıştır. Ben hekim ve yönetici olarak geçtiğim yerlerde iz bırakarak yüzakı ile emekli olma şerefine erişmiştim.

Turancılar ve Komünistler

Hüseyin Ekşi laik Cumhuriyet'e başından beri sahip çıkmış bir insandı. Türkiye'de Turancılık adı altında gelişen ırkçılık cereyanı İkinci Dünya Savaşı yıllarında Hitler'in zaferlerine paralel olarak güçlenmeye başlamıştı. Alman ordularının Trakya hududuna dayandığı günlerde, akımın ileri gelenlerinin Almanlar hududu aştığı zaman idareyi ele almak üzere bir hükümet kurdukları söylentileri yayılmaya başlamıştı. Ne derecede gerçektir bilemem. Bizler de Turancılık ideailinin savunucuları olmuştuk. *Çınaraltı* mecmuası gibi bu ideolojinin yayınlarını okuyorduk. Parmaklarımıza üzerinde kabartma bozkurt başı olan altın veya gümüş şövalye yüzükler, okul şapkalarımızın kokartlarına pirinçten yapılmış bozkurt takıyorduk. O kadar bu işe sarılmıştık ki ders kitaplarımızın kapaklarına, "Her ırkın üstünde Türk ırkı" sloganını yazıyor, okulda arkadaşlarımızın kafatası indeksini çıkarıyorduk. Asırlardan beri birçok ırkların gelip geçtiği, çeşitli medeniyetlere sahne olmuş topraklarda yaşıyorduk. Bunların sonuncusu olan Osmanlı İmparatorluğu'nun varisi idik. Osmanlı'yı, her dil, din ve ırktan insanlar meydana getiriyordu. O derece ki padişahların pek azının anası Türktür. Devletin üst kademelerinde her ırktan insan görev yapmıştı. Avrupa ve Balkanlar'dan devşirilen yeniçeriler belli bir yaştan sonra ocaktan ayrılıp Anadolu'ya yerleşiyordu. Bunları uzatarak, kaç tane bulabileceksek, yedi göbek Türk olmayanlara bu topraklarda yaşama hakkı tanımıyorduk! Akımın öncüleri başta Nihal Atsız olmak üzere "Adsıza Yoldaş" takma adı ile şiirler yazan Askerî Hakem Fethi Tevetoğlu, Alparslan Türkeş, Reha Oğuz Türkkan'dı.

Bizim gibi düşünmeyenlere vatan haini olarak bakıyorduk. Hepsi de komünistti. Ama komünistliğin ne olduğunu doğru dürüst bilmiyorduk. Bildiğimiz kadarı ile din ve aile kavramı olmayan, isteyenin isteyenle yattığı, doğan "piçlerin" devlet tarafından toplanıp yetiştirildiği bir rejimdi. Sonraki yıllarda da halkı bir ülke etrafında toplamak için ortaya atılan aşırı milliyetçilik akımları hep aynı propagandayı kullanmıştır. Gençler, en büyük milliyetçinin kendileri olduğuna, olmazlarsa vatanın elden gideceğine inandırılırlar. Artık ülkelerin bütün kapı ve pencerelerinin açık olduğu bir dünyada insanları, kafaları böyle dar kalıplara sokularak nasıl şartlandırabildiklerine şaşmamak mümkün değil.

Türk milli eğitimine en büyük katkıda bulunan Hasan Âli Yücel'in de komünist olduğuna inandırılmıştık. İsmet Paşa da onun oyuncağı olmuştu. Bunu temsil eden bir karikatür elden ele dolaşıyordu. Başında takke, ağzında biberonla bebek arabasında yatan İnönü'yü, Rusya'yı temsil eden birisi gezdiriyordu.

Cumhurbaşkanı Sayın İsmet İnönü, bir 19 Mayıs Bayramı'nın (1944 veya 45) açılış konuşmasında ırkçılık aleyhinde sözler söyledi. Bu halk için bir uyarı mı idi, yoksa görevliler için hareket işareti mi bilmiyorum ama hemen arkasından Turancıların ileri gelenleri tutuklandı. Tabutluk denen hücrelerde Alparslan Türkeş'in tırnaklarının söküldüğü iddiaları o günlerden kalmadır. Türkeş, son yıllarda bir gazetede çıkan anılarında bu tutuklanmadan söz ederken, nedenini anlayamadığını söylüyordu. Eğer Turancılık ona göre o tarihlerde Mussolini-Hitler faşizminin benzeri bir ırkçı siyaset değil idiyse, bizlerin bu yönde kimler tarafından ve nasıl şartlandırıldığı izaha muhtaçtır.

Tutuklamalar üzerine Ankara'daki yüksek tahsil öğrencileri korsan mitingler düzenlemeye başladılar. Reha Oğuz Türkkan'ın mahkemeye getirildiği gün Adliye Sarayı'na yürüdüler. Liseye haber geldi. Biz de toplantıya katılacaktık. İdare farkına vardı. Bahçe kapıları kapatıldı. Dışarıya çıkamadık. Ama bize hiçbir şey söylenmedi. İdare sanki hiçbir şeyin farkında değil gibi davrandı.

Emniyet güçleri, mitinglere müdahale etmemişlerdi. Sadece resim çekmekle yetindikleri söyleniyordu. O zaman Hukuk Fakültesi'nde öğrenci olan kuzenimiz Münir Ekşi mitinglerin önünde gidenlerdendi. Onun için çekilen fotoğraflardan tanınarak götürüleceğinden endişe ederdi. Yakalanmasını önemsemiyordu. Dayımın durumu öğrenmesinden korkuyordu. Fakat hiç kimseyi ne sorguladılar, ne de tutukladılar. Yönetim fevkalâde basiretle hareket etmişti. İlk heyecan birkaç gün içerisinde geçti ve ortalık kendiliğinden yatıştı.

Turancıların tutuklanmaları yapıldığı zaman bulundurulması yasak kitaplar aranma ihtimali olmadığı için bizim eve getirilmişti. Bunları yatak odamızdaki yüklükte yığılı duran misafir yataklarının altında saklıyorduk. Geceleri çıkarır, gizli gizli okurduk. İçlerinden Rıza Nur tarafından yazılmış ve yurtdışında basılmış olan büyükçe kitabı hatırlıyorum. Bu kitapta ülkenin önde gelen insanları tek tek karalanmıştı. Hatırımda kalanlar Ahmet Emin Yalman'ın Yahudi asıllı, Hüseyin Cahit Yalçın'ın Arnavut olduğu iddialarıdır.

Dayım, bizim bu işlere bulaşmamızdan kuşkulanmış olmalı ki zaman zaman uyarılarda bulunur, nasihat ederdi. Bir keresinde Turancıların ileri gelenlerinden birisinin babasını tanıdığını (hatırımda kaldığına göre bir yerde genel müdür düzeyinde görevi vardı) oğlunun tutumunu tasvip etmediğini; hatta "sen herkesin yedi göbek Türk olmasını arıyorsun, senin deden Arap asıllı" dediği zaman, "Senin baban Arapsa Arap, bana ne!" diye karşılık vereceğini söylediğini nakletmiş, "Bunların samimiyetine inanmak mümkün değildir, peşlerinden de gidilmez" demişti. Nitekim o günün ateşli ırkçısı bugün yabancı bir ülkede yaşamaktadır. Bir diğeri ile Amerika'da beraber bulunan bir arkadaşım, bunun Türkiye'den giden Ermenilerle gayet içli dışlı olduğunu, yaşlılara amca dediğini, amcalarının arabalarını ödünç alarak gezdiğini anlatmıştı.

Bir Milletvekili Evinde Savaş Yılları

Ankara'da İkinci Dünya Savaşı'nın sıkıntılarını herkesle beraber biz de çektik. Her şey karne ile veriliyordu. Eski nüfus cüzdanımın her tarafında "Kartı verilmiştir", "Pamuklusu verilmiştir" damgası vardır. O günlerin hatırası olarak hâlâ saklamaktayım.

Ekmek kişi başına bir gün 250 gram, bir gün 125 gram olarak veriliyordu. Dedemlerin köydeki arazileri ekilip biçildiği için Mesudiye'de yiyecek sıkıntısı yoktu. Bir yerden bir yere tahıl ve tahıl ürünlerinin nakli yasak olduğu için Ankara'da sıkıntı çekiyorduk. Fırından ekmek gelir gelmez ilk iş, hisselerin ayrılması idi. Herkes payını alır, bir yere kordu. Özellikle ekmeği 125 gramlık parçalara ayırmak zordu. Onun için ortaklıklar kurmuştur. Büyükanne (Cicianne) pek ekmek yemediği için en makbul ortak o idi. Bu durum, hayatında böyle bir sıkıntı görmemiş büyükanneyi üzüyordu. her sene okul tatilinde memlekete gidilir, dönüşte de fıçı içerisinde yağ getirilirdi. İkinci sene iki fıçı yağ geldi. Büyükanne fıçının birisine un doldurmuş, üstünü de 2 kilo kadar yağla örtmüş. Öğle yemeklerinde bu undan tava böreği yapılıyor, ekmeğimizi de akşama bırakıyorduk. Bu saltanat pek uzun sürmedi. Bir öğle üzeri biz yemek yerken dayım, adeti olmadığı halde, geldi. Elimizde börekleri görünce, "Bunlar da nereden çıktı?" dedi. Büyükanne sinirlendi.

"Nereden çıkacak, tarlamızda yetişen buğdayın, değirmenimizde öğütülen unundan. Evimizde unumuz varken, çocuklar burada aç mı gezecek?"

Büyükanne otoriterdi. Oğulları bile kendisine son derece saygılı davranırlardı. Dayım yengeme döndü.

"Devletin kanunlarına biz uymazsak, kimsenin de uymasını bekleyemeyiz. Ben gidiyorum, akşam eve geldiğimde bir gram un göremeyeceğim."

Bir fıçı dolusu un o gün komşulara dağıtıldı.

Bir akşam ajansında şekerin kilosunun 25 kuruştan, beş liraya çıkarıldığı ilan edildi. Yengem, dayıma; "Sen bunun böyle olacağını bilmiyor muydun?" diye sordu. Hüseyin Ekşi sinirlenmişti.

"Biliyordum, ne olacak?" dedi.

"Bari bir miktar alsan da, bir kenara koysaydık."

Yengem bunu söyledi ama, söylediğine de pişman oldu, düzeltmek zorunda kaldı:

"Canım evde yarına şeker yok, hiç olmazsa o kadarını alırdık."

Gerçekten de ertesi gün, günlük ihtiyaç beş liradan alındı.

Her yoklukta olduğu gibi, o zaman da stokçular, karaborsacılar ve nüfuz ticareti yapanlar vardı. Şeker fiyatının artışında vurgun vuranlardan söz edilirdi. Bazı yeni yapıların "şeker evleri" diye anıldığını hatırlıyorum. Hüseyin Ekşi'nin ise, milletvekilliği sona erdiği zaman üç bin lira kadar borcu vardı. Bu borcu ödemek için birkaç arkadaşı ile birlikte ortak aldıkları eskiden kalma handaki hissesini satmak zorunda kalmıştı.

Stokçuluk ve karaborsa ile savaşmak için Milli Korunma Kanunu çıkarılmıştı. Bunun ne kadar işe yaradığını bilemiyorum. İşini bilen fırsatı değerlendiriyordu. Hacı Ağa diye har vurup harman savuran, cebi para dolu bir tip türemişti. Kimisi Ankara'da bar kapatıp cigara (Sipahi Ocağı), kravatlı rakı (Kulüp rakısı) istiyordu. Kimisi dağıtıma tâbi malları bile karaborsa satarak paraları istifliyordu, kimisi de gıda maddeleri stokçuluğu yaparak zengin oluyordu. Bunlara karşın, üç kuruşluk yumurtayı beş kuruşa veya bir kilo pirinci 5-10 kuruş fazlaya satan küçük esnafın dükkânı kapatılıyor, isimleri radyoda karaborsacı olarak ilan ediliyordu. Her zaman olduğu gibi, o zaman da büyük vuranlar izzet ve ikbal içinde yaşarken, birkaç kuruşun mürtekipleri küreğe mahkûm ediliyordu.

Yıllarca sonra Ankara'nın ilçelerinden birisinde hayırsever bir yurttaşın yaptırdığı hastanenin açılışına gitmiştim. Açılışı başbakan yapıyordu. Konuşmasında bu hayırsever vatandaşı överken, elini tuttu, havaya kaldırdı. Şu nasırlı ellere bakın, çalışmış, didinmiş, kazanmış, size bu hastaneyi hediye ediyor. Bu memlekette hepinizin birer Mehmet Ağa olmanız mümkündür" dedi. Çoğunu fakir fukaranın teşkil ettiği kalabalık, bu işin nasıl olacağını düşünmeden başbakanı coşku ile alkışlamışlardı.

Sanayi Çarşısı'nda otomobil parçacılığı yapan bir arkadaşıma bu olayı anlattığım zaman Mehmet Ağa'nın harp yıllarında dağıtıma tâbi lastik işinden büyük vurgunlar vurduğunu, öyle ki hak sahiplerine, eskisini getirmeden yenisini vermez, eskileri de ayrıca satarmış.

Ankara Gazi Lisesi

Ankara Gazi Lisesi, Eski ve Yenişehir arasında kalan Hergele Meydanı denen yerde idi. Etrafında eski baraka gibi dükkânlar, hurdacılar, eskiciler vardı. Ayrıca Yenişehir'de ismi Atatürk Lisesi olan bir erkek lisesi daha vardı. Buna rağmen devlet büyüklerinin çocukları Gazi Lisesi'nde idi. Bunlardan hatırımda kalanlar, Erdal İnönü, Aydın Saracoğlu (eski Başbakanlardan Şükrü Saracoğlu'nun oğlu), zamanın Sağlık Bakanı'nın oğlu Erdoğan Konuk, Can Peker'dir (İçişleri Bakanı Recep Peker'in oğlu). Milletvekillerinin çocukları ve yakınları da orada idi.

Okul fevkalâde disiplinli idi. Öğretmenlerin çoğu özellikleri olan bilgili insanlardı. Veliler hiçbir şekilde hocaları etkilemeye kalkışmaz, işlerine karışmazdı. Can Peker bizden önceki sınıfta kalmıştı. Derslerle başı pek hoş değildi. Birinci karne notları berbattı. O sene de sınıfı geçemezse belge alacaktı. Babası yatılı olarak Konya Lisesi'ne gönderdi. Can aslında zeki bir çocuktu. Muhtemelen yatılı olunca ders çalışmak zorunda kalacağı düşünülmüştü. Gidişinden bir ay kadar sonra çıkageldi. Okuldan kaçmıştı. Sınıfa derse girdi. Arka sırada yakın arkadaşı olan kendisi gibi haylaz tip Kamil isimli arkadaşımızın yanına oturdu. O saatte felsefe dersi vardı. Felsefe hocamız da Kevser Hanım'dı. Kevser Hanım gösterişli ve güzel bir kadındı. Kendisini sever, sayardık. Genç yaşta vefat ettiğini işitmiştim. Rahmetle anarım. Derste Can'la Kâmil kaynatmaya başladılar. Hoca ikaz etti, dinlemediler. Dersi terk etmelerini söyledi. Yerlerinden kıpırdamadılar. O da müdüriyete şikâyete gitti. Can hemen kalktı, "Rica ediyorum, lütfen ismimi vermeyin, babam duyarsa benim için fena olur" dedi ve sınıftan çıktı gitti.

Kevser Hanım, Müdür Rauf Bey'le beraber geldi. Fakat olaya sebebiyet veren ortalıkta yoktu. Müdür kim olduğunu sordu. Tanımadığımızı söyledik. Sınıf mümessili idim. Beni çağırdı. "Kimdi o?" dedi. "İlk defa gördüm," dedim. Sınıfta yeni katılan öğrencilerin idareden ismi soyadı, numarası, sınıfı yazılı imzalı, mühürlü bir belge ile gelmesi gerekir. Elinde böyle bir belgesi olmayan tanıdığım bir kimseyi sınıfa nasıl aldığımı sordu.

"Birinci zil çaldıktan sonra geldi. Muavin beyin derse yetişmesi için hemen gönderdiğini, bu dersten sonra belgeyi getireceğini söyledi. Ben de inandım," dedim.

Müdür bey gitti, ama idare bu işin peşini bırakmadı. Coğrafya hocamız Gündüz Bey aynı zamanda müdür yardımcısı idi. Halim selim kendi halinde bir insandı. Akşamları yoklama defterini götürdüğüm zaman çeşitli yollarla ağzımı arıyordu. Bizim sınıfı bir hafta okuldan geçici uzaklaştırma isteği ile disiplin kuruluna vermişlerdi. Gündüz Bey'in müdahalesi ile olay yaratanı gerçekten tanımadığımıza kanaat getirdikleri için cezadan kurtulmuştuk. Hepimiz de cezadan değil, evde başımıza geleceklerden korkuyorduk.

İkinci sınıfta iken, birinci karneyi takiben bize yeni bir matematik hocası gelmişti. İsmi Mehmet Arslantürk'tü, Milli Eğitim Bakanlığı Müsteşar Yardımcılığı ve Trabzon milletvekilliği yaptı. Ufak tefek, zeki ve fevkalâde iyi bir matematik hocası idi. 20 yıl sonra kendisi ile bir akrabamın nişan töreninde karşılaştım. Elini öpmek için yanına gittiğim zaman beni tanıdı ve hemen numaramla birlikte ismimi söyledi. Öyle kuvvetli hafızası vardı. İlk işi derslerde durumumuzu değerlendirmek için yazılı imtihan yapmak olmuştu. İmtihandan sonraki derste kâğıtları üzerlerine verdiği notlar yazılı olarak dağıtıyor, sonra öğrencileri ezberden, "İyisin, zayıfsın, biraz daha çalış" gibi sözlerle değerlendiriyordu. Ben her dersinden 9-10 almıştım. Tasarı geometri imtihanının sonuçlarını söylerken, "Diğerlerinde çok iyisin, ama tasarı geometrin zayıf. Böyle giderse bütünlemeye kalırsın" dedi. Bu defa beni yanımdaki arkadaşla karıştırmıştı. Çünkü ben 10 almıştım, o ise 3. Bunu söylemek için "hocam" dedim, gerisini söyletmedi. "Otur yerine" diye beni azarladı. Yıllar sonra bu olayı bile hatırlamıştı. Olanları aynen tekrarladı. Kendisine o zaman beni yanımdaki arkadaşla karıştırdığını söyledim. Kabul etmedi!

Sohbet ederken söz eskilerden açıldı. "Biz, bütün hocalarımızı üstün nitelikli insanlar olarak görüyorduk. Şimdiki öğretmenlere bakıyorum, seviye olarak çok farklılar. O düzeyde değiller. Bu fark gerçekten var mıdır, yoksa çocukluk izlenimi ile yetişkinlik arasındaki izlenim farkından mı yanlış sonuç çıkarıyoruz?" diye sordum. Seviyenin gittikçe düştüğü bir gerçektir. Şimdi o öğretmenleri bulamazsın" dedi ve anlattı:

"Gazi Lisesi'ne Fen Fakültesi asistanlığından naklen geldim. Göreve başlamak için müdüre çıktım. Ne istediğimi sordu. Yeni atanan matematik öğretmeni olduğumu söyledim. Beni yukarıdan aşağı bir süzdü.

'Bir yanlışlık olmasın?' dedi.

'Hayır, hiçbir yanlışlık yok' dedim.

Telefonu açtı. Bakanlıkla konuştuğu anlaşılıyordu. 'Buraya bir genç geldi. Yeni atanan matematik hocası olduğunu söylüyor,' dedi.

Herhalde adımı sordular. 'Mehmet Arslantürk'müş' dedi. Oradan ne dediler bilmiyorum.

'Pekâlâ bir deneyelim' diyerek telefonu kapadı. Beni gözü

tutmamıştı, düşünebiliyor musunuz?"

Zaman içerisinde yalnız öğretmenlerin kalitesi değil, veli öğretmen ilişkileri de değişti. Bu değişiklikler olumlu yönde olmadığı gibi çocukları da kötü etkileyecek yöndedir. Beraber çalıştığımız bir vali, kızını sınıfta azarlayan lise öğretmenini ayağına çağırarak hesap sormuştu. Çocukları öğretmeninden şikâyetçi olunca babalar onların yanında tepkilerini ifade etmekte sakınca görmüyorlar. Hatta biraz daha ileri giderek;

"Ben ona gösteririm" diyebiliyorlar. İlkokuldan üniversiteye kadar hiçbir velinin hiçbir nedenle öğretmenin haksızlığını veya yanlış yaptığını kabul ettiğini görmedim. Mehmet Aslantürk'e bunları söyleyince bir anısını nakletti:

"Göreve yeni geldiğim günlerde müdür çağırmıştı. Gittim, odasında bir bey oturuyordu. Bana kim olduğunu söyledi, ama anlamadım. Benimle konuşmak istiyormuş. Arzusunu sordum. 'Benim oğlum üçüncü sınıfta öğrenciniz. Birinci sınıftan beri matematikten iyi notlar alıyordu. Siz geldiğinizden beri notları hep kırık. Hoca bu nasıl oluyor?' dedi.

Oğlunun kim olduğunu sordum. İsmini söyledi. Tanıyordum. Zeki ve yetenekli bir öğrenci idi. Yalnız matematikte temeli zayıftı. Bu yüzden başarılı olamadığını söyledim.

'Desene hoca şimdiye kadar bizi yanıltmışlar' dedi ve ne tavsiye edeceğimi sordu. İyi bir matematik hocasından özel ders aldırırlarsa sorunun halledileceğini söyledim. Teşekkür etti ve gitti. Genelkurmay İkinci Başkanı imiş. Tavsiyemi tuttular, kısa zamanda çocuk arkadaşlarının düzeyine geldi."

Tarih hocamız, Enver Behnan Şapolyo idi. Fevkalâde zarif, beyefendi bir insandı. Hiçbir öğrenciyi incitmemiştir. Hem sever, hem sayardık. O kadar güzel tarih anlatırdı ki bütün sınıf kulak kesilir dinlerdi. Osmanlı sarayı ile ilgili bir romanı eline geçti. Okudum. O zaman hocamın yazar olduğunu öğrendim. Bir yazarı yakından tanımak ve onda okumak beni fevkalâde gururlandırmıştı.

Enteresan tiplerden birisi bizim şubeye de gelen tarih öğretmeni idi. Müsamaha tanımaz sert bir insandı. Çok çekinir ve korkardık. Bekârdı. Bir gece bazı arkadaşlar hocayı genelevde görmüşler. Onları yanına çağırmış, "Beni burada görmediniz haa, sonra karışmam" demiş diye anlatırlardı. Rivayet olsa da uygun düşüyordu.

Kimya Hocamız Mazhar Bey üzerinde üç numara tıraştan daha uzun saç bulunan kafa görmek istemezdi. Görürse çağırır bunzen bekini* "yakayım mı?" diyerek kafamıza dayardı. Her öğrenciyi tek tek tanırdı. Karne notu için yazılı imtihanlar yapardı. Bir seferinde öğle tatilinde imtihan kâğıtlarını aldık. Alelacele yeniden yazdık, çakılmasın diye de herkes bazı yanlışlıklar yaptı. Sonuçta yine bir şey değişmedi, üçlük bilgisi olan yine üç, onluk bilgisi olan yine on almıştı.

Ruşen Ferit Kam edebiyat hocalarından birisi idi. Aynı zamanda Radyo Klasik Türk Musikisi konserlerini yönetirdi. Bir de enstrüman çalıyordu zannederim. Bizim şubelere derse gelmedi. Onda okuyan arkadaşlar Divan şiirlerini okuyuşunu taklit ederlerdi. Kasideleri, gazelleri vezne uygun ama özel bir ahenkle okur, beyit veya mısra sonlarında duraksayacağı zaman sağ elini yukarı kaldırır, kehribar tespihini şaklatarak çekermiş.

Matematik hocalarından birisi de Maşuk Bey'di. Bize gelmedi. Ama çok sert bir öğretmen olarak tanınırdı. Gördüğümüz yerde korkusundan sus pus olurduk. Hocamızın gelmediği bir ders saatinde, sınıfta gürültü kıyamet bir curcunadır gidiyordu. Edip isminde fıkra anlatmayı seven bir arkadaşımız vardı. O da kürsüye çıkmış, açık saçık fıkralar anlatıyordu. Derken sınıfın kapısı birden açıldı. Maşuk Bey göründü. Herkes kalakaldı. Sınıfa kurşun gibi bir sessizlik çöktü. "Ulan," dedi, "Gürültünüzden ders yapamıyorum. Burası ahır değil, eşşekler". Döndü, gidiyordu, vazgeçti: "Zavallı hayvanın ne günahı vardı? Durup dururken ona hakaret ettik" deyiverdi.

Giresun'da Hayat

Liseye başladığım yıl babamın yeni görevi dolayısı ile Giresun'a nakledilmiştik. Okullar açılınca Samsun'a kadar vapurla,

---

(*) Laboratuvarlarda kullanılan, tek borudan alev alan gaz ocağı.

Samsun'dan Ankara'ya da trenle gidiyordum. Gidiş ve dönüşlerde zorunlu olarak bir gece Samsun'da kalıyorduk. Harp yılları karartma var. Karadeniz'de serseri mayınlar dolaşıyor. Onun için de vapurlar her gece bir limanda yatıyor, gündüz gidiyordu. Vapur da ne vapur! Yolcu vapurlarının yerini şilepler almıştı. Bunlardan Bakır Şilebi ile yaptığım yolculukları unutamıyorum. Koyunlarla kucak kucağa gidiyorduk. Yolcu salonuna kadar koyun dolu olurdu.

Giresun, Doğu Karadeniz'in bütün özelliklerini taşıyan güzel şehirlerden birisi idi. O tarihlerde 4-5 bin arası nüfusu vardı. Karadeniz'i İç Anadolu'dan ayıran sıradağların denize bakan yamaçlarında kurulmuştu. Bahçeler içerisinde beyaz badanalı, kiremit çatılı evlerin teşkil ettiği mahalleler daracık sahil şeridinde son buluyordu. Çarşı şehrin sahil kısmında idı. Çarşıdan yukarı doğru çıkan ana caddenin iki yanında dükkânlar sıralanmıştı. Yokuşun başında askerî garnizon vardı. Şehrin batı tarafına düşen plajda denize girerdik. Plajın arkasından tepelerin yamaçlarına kadar fındık bahçeleri uzanıyordu. Bugün bütün bu güzelliklerin üzerine şehrin uzantısını teşkil eden mahalleler oturmuştur. Çarşının doğu nihayetinde yarımada teşkil eden kayalıkların üzeri şehir parkı idi. Buranın gece ayrı, gündüz ayrı güzellikleri vardı. Yıllarca sonra bütün bu güzellikleri sahil yolunun alıp götürdüğünü gördüm. Şehir ise modern gelişme adına dikilen beton binalara feda edilmişti.

Giresun İkinci Dünya Savaşı'nın sıkıntılarını en fazla yaşayan yerlerden birisi, belki de birincisi idi. Tahıl ekimine uygun arazi azdı. İyi para getirdiği için onlar da fındık bahçesi yapılmıştı. İlin ekonomisi fındığa dayalı idi. Harple birlikte ihracat durunca fındık köylünün elinde kalmıştı. Kilosu beş kuruşa kadar düştüğü halde alıcısı yoktu. Geçimi fındığa bağlı olan halk iyice yoksullaşmıştı. Tahıl ürünlerinin bir yerden bir yere nakli de yasak olduğu için elinde üç beş kuruşu olanlar bile ekmeklik ihtiyacını karşılayamaz olmuştu. Açlıktan intihar edenlerden söz ediliyordu.

Giresun'da erkekler çalışmazlar, ellerine geçen para ile kahvelerde kumar oynarlardı. Sırtlarında odun taşımaktan, bahçe bostan işlerine kadar dışarı işlerini de kadınlar görürdü. Üzerlerinde bağrı açık bir mintan ve bellerinde yandan bağladıkları eteklik görevi gören peştemal ile inşaatlara kum, taş taşırlardı. Kazandıklarını evin erkeği akşam elinden alır, kahveye koşardı.

Fındık Tarım Satış Kooperatifi'ne köylülere yiyecek buğday dağıtma görevi verilmişti. Yaz tatiline geldiğim zaman babamın başında bulunduğu kooperatifin merkez şubesi bu işin hazırlığını yapıyordu. Babam 40 lira aylık ücretle beni buğday dağıtım memuru yaptı. Köylere gün verilmiş, dağıtım listeleri hazırlanmıştı. Bir an önce yiyeceğe kavuşmak için köylüler günlerinden çok önce şehre geliyorlardı. Çoluk çocuk sokaklarda geceliyorlardı. Muhtarlar bu durumdan kurtulmak için ihtiyaçlarını bir an önce alma peşinde idiler. İstekleri yerine gelmeyince rüşvet verme girişimleri başladı. Ben kabul etmiyordum, onlar da peşimi bırakmıyorlardı. Babamın bir aylık maaşı kadar para teklif edenler vardı. Bazen içimden almak geçtiği oluyordu. O zaman babam gözümün önüne geliyor, vazgeçiyordum. İşi bırakmak istiyordum, babama söylemeye cesaret edemiyordum. Bu işe niçin alındığımı anlamıştım. O yaz benim için cehennem oldu. Ertesi sene yorgunluğumu bahane ederek işi kabul etmedim.

Bir yaz akşamı şehir karıştı. Halk sokağa dökülmüştü. gösteriler geceyarılarına kadar sürdü. Neler olduğunu ertesi gün arkadaşlardan öğrendim. Samim Kocagöz isimli bir yedek subayın *Vatan* gazetesinde Giresun'la ilgili bir hikâyesi çıkmış. Yaşlı bir kayıkçı reisi ile sohbet tarzında yazılan hikâyede "akşamları güneşin batışını seyrederken Giresun'u yanağı allı, dudağı boyalı bir fahişeye benzetiyorum" deniyormuş. Gösteri bu hakareti protesto için düzenlenmiş. Biz gerçekleri görmekten çok, üzeri örtülerek gözlerden saklanmasını seven bir milletiz.

O gece halk bir ara alayın kapısına dayanmış, yazarı istemişler. Herhalde linç edecekler, sorunlar da halledilmiş olacaktır. Alay komutanlığı daha önce davranmış, Samim Kocagöz'ü limanda bulunan vapura gizlice bindirerek şehirden kaçırmış, olay kazasız, belasız atlatılmıştı.

Giresun'da iyi bir arkadaş grubumuz vardı. Yaz tatillerinde

Halkevi Kitaplığı'nda buluşur, gazete, kitap okur, sohbet ederdik. Bazen Gedikkaya tarafına yürüyüş yapar, akşam üzerleri de denize girerdik. Çünkü Karadeniz'in en güzel saatleri sabah güneşin doğuşu ile akşam güneşin batması zamanlarıdır.

Arkadaşlar denize donlarıyla ya da beraber getirdikleri peştemalları, donun altından Haitililer gibi bağlayarak girerlerdi. Ben bu işi pek beceremezdim. Bir gün elime eski bir şemsiye geçti. Onun bezinden kendime mayo yaptım. Mayonun bir yanı açıktı, dört sedef düğme ile düğmeleniyordu. Bunu donun bir parçasından geçirerek düğmeliyor, kırmızı kurdeleden uçkurunu da bağlıyor, ondan sonra da donu çıkarıp denize giriyordum. Gideceğimiz zaman da aynı işlemi tersinden yaparak çıkarıyordum.

Arkadaşlarımızın çoğunluğunu benim gibi üniversiteliler teşkil ediyordu. Bir iki tane genç öğretmen de bize katılmıştı. Arkadaşlarımız arasında Diyarbakır'dan zorunlu ikamete tâbi tutulmuş ailelerden birisine mensup F. isminde bir delikanlı vardı. Bu ailenin bir bölümü Ordu'da idi. Onlarla ailece tanışıklığımız olduğunu hatırlıyorum. Çocuklarından birisi ortaokulda sınıf arkadaşımdı. Sonradan milletvekili ve bakan oldu.

F.'nin babası, Giresun'da ölmüş, annesi iki çocukla kalmıştı. Geçimlerini devletin aileye tahsis ettiği fındık bahçesinin geliri ile sağlıyorlardı. Bahçe bir ortakçıda idi. Onun verdiği kadarı ile yetinmek zorunda kalıyorlardı.

F.'nin annesinin babası vali imiş. Sırtında havı dökülmüş mantosu ve ayaklarında eski ayakkabıları ile bile gün görmüş bir hanımefendi olduğu belli oluyordu. Kadıncağızı her gördüğümde içim burkulurdu.

F. yaşça bizden büyüktü. Ortaokulu bitirmiş, ne yazık ki akıl almaz bir yasak yüzünden Giresun'un dışına çıkamadığı için daha ilerisini okuyamamıştı. Bunun ezikliğinden kurtulamıyordu. Bu da onu aşırı derecede alıngan yapmıştı. Yersiz tepkileri ve kaprisleri oluyordu. Hoş karşılıyorduk. Biz Giresun'dan ayrıldıktan sonra zorunlu iskâna tâbi tutulanlara af çıktı. Herhalde onlar da Diyarbakır'a dönmüşlerdir. Geriye dönenler, daha önce ailelerinin bıraktıklarına aynen sahip oldular.

Üniversite Yılları

İstanbul

Lise bitirme imtihanlarından sonra olgunluk imtihanlarını da vermek suretiyle üniversiteye girme hakkını kazanmıştık. Üniversite kapıları önünde lise mezunlarının yığılmasında, bu imtihanın kaldırılmasının rolü vardır. Buna bir de orta dereceli meslek okullarını bitirenlerin kendi alanlarında ileri eğitim yapmaları sağlanmak suretiyle, teknik alanlarda kalifiye eleman yetiştirmek yerine üniversitelere girerek temel eğitimlerine uygun düşmeyen mesleklere kaydırılmaları eklenmiştir.

Orta eğitim politikasında ve uygulanmasındaki yanlışlar da bugün yaşanan tablonun oluşmasında etken olmuştur. Özellikle liseler, üniversiteye gireceklere temel bilgilerin verildiği yerler olmalıydı. Bundan vazgeçtik, kafalarımız bir yığın gereksiz bilgi ile doldurulmaktaydı. Uygulamada aşırılıklar da vardır. Güney Amerika devletlerinin ihraç mallarını, önemli limanlarını bile ezberlettirirlerdi. Tahtaya kalktığımız zaman öğretmen, kara tahtada asılı duran dünya haritasına arkamızı döndürtür, örneğin: "Uruguay'ın başkentini göster!" derdi. Hemen yüzümüzü haritaya dönüp, parmağımızı duraksamadan üzerine bastıramazsak, sıfırı alırdık.

Sayfalarla divan edebiyatı okuduk. Kasidelerin, gazellerin hangi aruz ölçüsü ile yazıldığını ayırabilmek ve ölçüsüne uygun okumak zorunda idik. Bu arada yığınla Arapça kelime, Farsça terkipler ezberliyorduk. Kısacası, orta eğitimde bazı konuların genel kültür ölçüsünün çok ötesine geçtiğini anlatmak istiyorum. Buna karşın imla (yazım), kompozisyon, fizik, kimya gibi yaşamboyu yararını gördüğümüz dersler de vardı. Tarih dersleri olayların geçtiği yerleri, anlaşmaların adlarını ve hepsinin de tarihlerini ezberlemek gibi anlamsız, amaçsız bilgileri öğrencilerin beynine doldurmaktan ibaretti. Orta öğretimde değişen şartlara uygun bir yenileşmeye gidilmediği gibi amacından da devamlı saptırılmıştır.

İstanbul'a hareket günü geldi. Babam, harçlığımı verdi. Çalınırsa hepsi birden gitmesin diye parayı bölerek birkaç ayrı cebime koydu. Gereğinde bozdurup kullanmak üzere, annemin beşibiryerdesi ceketimin iç cebine dikildi. Güvence olarak da babam, üzerinde isminin baş harfi bulunan işlemeli, enli evlilik yüzüğünü parmağıma taktı. Sıkışırsam satacaktım. Bugün bunları gözlerim yaşararak hatırlıyorum. Bu fedakârlıkların bedelini ödeyebildik mi diye düşünürüm. Ne yazık ki babam ben öğrenciyken vefat etti. Mezuniyetimi bile göremedi. Bu da içimde unutamadığım bir acı olarak kalmıştır.

Harp yılları, karartma vardı. Mayın tehlikesi dolayısı ile yolcu vapurları çalışmıyordu. İstanbul'a gitmek üzere birkaç arkadaş Bakır Şilebi'ne bindik. Her taraf koyun dolu idi. Koyunlarla yolculuğa Samsun'a kadar ancak dayanabildik. Oradan itibaren yola trenle devam ettik.

Bir Öğrenci Yurdu

Tıp Fakültesi giriş imtihanlarını kazandım. Daha önce kaydımı yaptırdığım o zamanki adı ile Türk Maarif Cemiyeti'nin* Kadırga Yurdu'na yerleştim.

Yurt geniş bir bahçe içerisinde ahşap pavyonlardan meydana

(*) Şimdiki Türk Eğitim Derneği.

geliyordu. Pavyonların en büyüğünde yatakhanelerin dışında idare ve kütüphane de vardı. Pavyonlardan birisi gazino, birisi yemekhane ve mutfak, birisi konferans salonu idi. Bir tanesinin bir kısmı yatakhane bir kısmı revir olarak kullanılıyordu. Bir de alaturka hamam vardı.

Isıtma, soba ile yapılıyordu. O da idarede, kütüphanede, revirde ve gazinoda vardı. Kışın buzhane gibi yatak odalarında titreyerek soyunur hemencecik yorganı kafamıza çeker yatardık. Buna alışkın olduğumuz için yadırgamamıştım. Soğuk odada kıpırdamadan uyumanın ve sabahları zinde uyanmanın hazzını hâlâ ararım.

Fakülteye kaydımızı yaptırdıktan sonra ilk işimiz bir rozet alıp yakamıza takmaktı. Göğsümde Tıp Fakültesi rozeti ile yurda ilk geldiğim gün kendimi meydan muharebesi kazanmış bir kumandan gibi hissediyordum. Görenlerin beni gıpta ile kutlayacağını zannediyordum. Sokakları da o duygu içerisinde geçmiştim. Ama kimsenin aldırdığı yoktu. Ağabeylerimiz bu tıbbiyeli hastalığını şöyle açıkladılar:

Tıbbiyeye giren herkes kendisini ordinaryüs profesör zanneder. İkinci sınıfta profesör, üçüncü sınıfta doçent, dördüncü sınıfta başasistan, beşinci sınıfta asistan, altıncı sınıfta stajyer doktor (o zaman son sınıf öğrencisi böyle anılırdı), bitirince de doktor olur.

O tarihlerde Kadırga Yurdu'nun aylığı her şey dahil kırk lira idi. İlk aylığı yanımda getirdiğim paradan vermiştim. İki üç aylık ücreti annemin iç cebime diktiği beşibiryerdeyi bozdurarak ödeyecektim. Ondan sonrasının nasıl halledileceğini doğrusu bilmiyordum. Babamın imkânları kısıtlı idi. Sağlık Bakanlığı'nın yatılı öğrenci yurtları vardı. Buralara imtihanı kazanan öğrencilerden alıyorlardı. Giren, o zaman için oldukça uzun süreli bir zorunlu hizmet yükümleniyordu. Babam ilke olarak devlet memuru olmamamı telkin ediyordu. Onun için bu yurtlara girmeyi düşünmüyordum.

Bir gün yurt müdürü beni çağırdı. Türk Maarif Cemiyeti Genel Başkanlığı'ndan bir yazı gelmiş. Onu tebliğ etti. Derneğe bursiyer olarak kabul edilmiştim. Artık yurt parası ödemeyecektim. Böyle bir olanağın varlığını bile bilmiyordum.

Dayım Hüseyin Ekşi o yıllarda Ankara'da görev yapıyordu. Kendisi ile mektuplaşırdım. Türk Maarif Cemiyeti'nin Kadırga Yurdu'nda kaldığımı biliyordu. Cemiyetin Genel Başkanı Fahika Öymen Hanımefendi'nin milletvekilliğinden tanıdığı olduğunu biliyordum. Anladığım kadarı ile benim yurt sorunumu da her zaman yaptığı gibi sessiz sedasız halletmişti. Kısa bir süre sonra da Halk Partisi İl Başkanlığı'ndan çağrıldım. Dayım oradan da bana ayda 30 lira burs bağlatmıştı. Sadece yurt parasından kurtulmakla kalmamış, bir de zengin olmuştum. Her iki kuruma da minnet borcum vardır.

Yurt paralı olduğu halde sıkı bir disiplin uygulanıyordu. Akşam yemeğinden sonra dışarı çıkışlar idareden alınacak izne tâbi idi. Saat 18.00'de demir bahçe kapısı kapatılır, geç kalanlar içeri alınmazdı. Girebilmek için idarenin kabul edebileceği bir mazeret olması gerekirdi. Kimsenin de aklına "Biz burada paramızla kalıyoruz, ne karışıyorlar?" demek gelmezdi. Boş saatlerimizi genelde yurdun gazinosunda bilardo, domino oynayarak geçirirdik. Kâğıt oyunları yasaktı... Kâğıt oyunlarını oynamak için cumartesi, pazar günleri Kadırga Meydanı'nda Muttalib'in kahvesine giderdik. Yurtta akşam üzerleri ve pazar günleri ön bahçeye ve gazinoya müzik yayını yapılırdı. Genelde dans müziği çalınırdı. Bilenler birbirleri ile dans ederler veya bilmeyenlere öğretirlerdi. İlk zamanlar idare binasının duvarı dibindeki banklardan birine oturup seyrederek, dans öğrenmeye çalışırdım. Arkadaşlıklar ilerledikçe öğrenecek eş bulmak kolaylaştı, böylece medeni olmanın gereklerinden birisini daha öğrendim.

Banklarda oturarak dans edenleri seyrederken birisi yanıma gelip, benimle ahbaplık etmeye başlamıştı. Tıp Fakültesi 5. sınıf öğrencisi imiş. Dans müziği eşliğinde yaptığımız sohbetler giderek politik ve ideolojik tartışmalara dönüştü. Ben o zaman Turancılığa şartlanmıştım. O ise farklı sosyal ve ekonomik görüşlerden söz ediyordu. Tartışmalar karşılıklı saygı ve terbiye hudutları içerisinde geçiyordu. Giderek görüşlerimi savunmakta güçlük çekmeye başlamıştım. Onun bilgisi bizim gibi kulaktan dolma olmadığı için fikirlerini daha iyi savunuyordu. Kısa bir süre sonra da vatan-millet-Sakarya, ahlâk, namus, mukaddesat edebiyatına dayandım kaldım.

Kadırga Yurdu'nda politik tartışmalar yaptığım bu tıp öğrencisi Ankara Numune Hastanesi'nde uzun süre iç hastalıkları uzmanı olarak görev yaptı. Solculuğunun ne derecede olduğunu bilmiyorum ama her türlü baskıya rağmen çizgisini değiştirmedi. Sık sık yerli McCarthy'cilerin saldırısına uğruyordu. Bir ara ceza olarak İzmir'e nakledildi. Devlete veya bulunduğu yere zararlı sayılan birisinin gönderildiği yerde bu zararlı etkisinden nasıl arınacağının düşünüldüğünü anlamak güçtür.

O sene birinci sömestrde yurttaki sınıf arkadaşlarımla ilişkim yok denecek kadar azdı. Çünkü bana pek yakınlık göstermiyorlardı. Sonra yavaş yavaş kaynaşmaya başladık. İçlerinden birisi bana "Biz seni komünist zannediyorduk. Hiç de öyle değilmişsin" deyince niçin benden uzak kaldıklarını anlamıştım. Bunu nereden çıkardıklarını sorduğum zaman, "Yavuz Erkoçak komünistin tekidir. Sen de sık sık onunla kafa kafaya verip, sohbet ediyordun" dediler. Tümden şaşırmıştım. Çünkü hiç komüniste benzer bir yanı yoktu. "Nereden çıkardınız? Terbiyeli sözü, sohbeti dinlenir, efendi bir adam" dedim.

Yurtta enteresan tipler vardı. İzmirliler bizim gibi Anadolu'nun diğer illerinden gelenlerinden farklı bir grup oluşturuyorlardı. Onun için toptan İzmirliler diye anılırlardı. Büyük bir şehirden gelmenin rahatlığı içerisinde daha girgin, daha açıkgöz, hatta gereğinden fazla açıkgözlerdi.

Yurtta biraz daha yaramaz arkadaşlarımızın teşkil ettiği bir grup vardı. Bunlar idareye karşı bizim kadar uysal değillerdi. Biz, devletin karşısında boynumuzun kıldan ince olduğu inancı ile yetişen gariban Anadolu kuşağı idik. O zaman bu tipleri doğal dışı görüyorduk. Halbuki onların davranışları doğaldı. Bu grubun içerisinde babası vali olduğu için vali olarak çağrılan, sonradan Yargıtay üyeliğine kadar yükselen merhum İlhan Akengin, Ankara Numune Hastanesi Röntgen Şefliği'nden emekli Dr. Zeki Akengin, bir ara Edirne milletvekilliği yapan, yurtta "Çingene" lakabı ile tanıdımız bir meslektaşımız, Adalet Partisi Trabzon milletvekili olarak Gümrük ve Tekel Bakanlığı yapan Ali İhsan Birincioğlu vardı.

Bir sene bunların bir kısmının kaldığı küçük yatakhaneye düştüm. Ben saat 22.00'de yatıyordum. Onlar geceyarısı gelir, yataklara oturur, sohbete başlarlardı. Uykusuz kalıyordum. Biri süre sonra idareden başka bir yatakhaneye naklimi istedim. Nedenini sordular. Durumu anlattım ve maksadımın şikâyet olmadığını, onların hallerinden memnun olduklarını da söyledim. O geceki sohbetleri bu konu ile başladı. Kendilerinin şikâyet edilmelerinden bahisle imalı sözler söylüyor, laf çakıyorlardı. Yataktan fırladım. "Yeter be, yaptığımı şikâyet kabul ediyorsanız, o şikâyeti yapan benim. Günlerdir beni uykusuz bırakıyorsunuz. Bildiğinizi geri koymayın," dedim. Yorganı başıma çekip yattım. Hiçbir şey demediler. Işığı söndürüp yattılar.

Tatil dönüşü, kurabiye, reçel gibi analarımızın yaptığı dayanıklı yiyecekler getirirdik. Bunları dolaplarımızda saklardık. İkinci sene bir torba kurabiye, iki kilo kadar incir reçeli, birisi bana ikisi akrabalara olmak üzere üç torba içerisinde fındık getirmiştim. Sabah kalktığımda dolabımın boşalmış olduğunu gördüm. Akrabalara getirdiğim fındıklar onların isteği olduğu için önemli idi. Bu iki torba iade edildiği takdirde gerisini rızamla alanlara bağışlayacağımı sağda solda söyleyerek etrafa duyurmaya çalıştım. Sonuç değişmedi. Yıllarca sonra Sağlık Bakanlığı'nın bahçesinde o zaman Tokat Devlet Hastanesi Başhekimi olan Dr. Zeki Akengin'e rastladım. Karşılıklı hal hatırdan sonra "senin Kadırga Yurdu'nda kayıp olan reçeli, kurabiyeyi, fındıkları hatırlıyor musun?" dedi; "onları ben almıştım."

Fakülte üçüncü sınıfta iken Kadırga Yurdu'ndan Halk Partisi Yurdu'na geçmiştik. Dr. Zeki Akengin ile orada da beraber olmuştuk. Hukuk Fakültesi'nde okuyan bir arkadaşımızla birlikte pokerde paralı öğrencilerin parasını alırlardı. Bunlardan, sonradan milletvekili ve bakan olan birisi poker merakından epeyce para vermişti. Zeki ile karşılaşmamızda o arkadaşımız bakandı; "Bana yaptığınızın acısını şimdi çıkarırım. Doğru bakana gidiyorum. Pokerde hile yaparak parasını aldığınızı kendisine söyleyeceğim. Başına gelecekleri düşün..." dedim. Döndüm, bakanlığın kapısına yöneldim. Kolumdan tuttu. Ciddiye almıştı. Şaka yaptığımı söyleyerek, elinden kurtuldum.

Bizim zamanımızda üçüncü sınıfın sonundaki imtihana "doktora imtihanı" denirdi. Bu imtihanı vermeden 4. sınıfa geçilemezdi. Bu imtihanda son hakkını kullanan başarısız öğrencinin fakülte ile alâkası kesilirdi. Ben birinci sınıfa başladığım zaman, beş sene önce fakülteye başladıkları halde üçüncü sınıftan ileriye gidememiş, doktora imtihanındaki son haklarını kullanan üç öğrenci vardı. Herkes yurdun kütüphanesinde ders çalışırken onlar iyi havada, bahçede, banklara, soğuk ve yağışlı havalarda gazinodaki sobanın başına otururlar, çene çalarlardı. İşleri güçleri dedikodu yapmak ve yeni gelenlerin gözlerini korkutmaktı. Onları dinlerken Tıp Fakültesi'ne girdiğime bin kere pişman oluyor, yılgınlığa düşüyordum. Sungurlu'da Sıtma Savaş Tabibi iken, Ankara Tıp Fakültesi Hastanesi Cerrahi Kliniği'nde asistan olan bir arkadaşımı ziyarete gitmiştim. Bunlardan birisine rastladım. Üzerinde beyaz gömlek vardı. Nerede olduğunu sordum. "Dahiliyedeyim" dedi. Bende dahiliyede asistan zannettim. Cerrahideki arkadaşıma sorduğum zaman henüz fakülteyi bitirmemiş olduğunu öğrendim. Dahiliye stajını yapıyormuş. Fakülteye başladıktan 13-14 sene sonra bitirmiş oluyordu. Doğrusu takdire değer bir azim ve sebat göstermişti.

Yurtdışında Bir Türk Hekimi

Sonradan Amerika'da yerleşip kalan bir arkadaşımız vardı: Ömer Keçik. Daima lacivert takım elbise giyer, yurtta bile üzerinden çıkarmazdı. Siyah çerçeveli gözlük takardı. Bu da kendisine daha ağırbaşlı bir görünüm veriyordu.

Ömer Keçik'in Fransa'da ihtisas yaptığını ve önemli bir de buluşu olduğunu duymuştum. Yıllar sonra bir gün Ankara'da beni buldu. Fransa'dan sonra Amerika'ya geçmiş, orada psikiyatri ihtisası yapmış, halen bir akıl hastalıkları hastanesinde çalışıyormuş. Geleli bir hafta olmuş. önce niçin beni aramadığını sordum. Şöyle dedi:

"Amerika'da insanlar robot gibi. Akşam birlikte yemek yediğin adam, sabah sana selam vermez. Dostluk ahbaplık diye bir şey yok. Herkes bir koşuşturmaca peşinde. Onun için çoğunun ruh sağlığı bozuktur. Öyle insanlar gördüm ki kızı ile karı koca hayatı yaşıyor. Tek sorunu her ilişkiden sonra kızının ağlaması imiş. Bize gelirler, bunun için ne yapmaları gerektiğini sorarlar. Ankara'ya geldim, insanların sakin ve güleryüzlü dolaşmalarına, akşamları Kızılay'da birbirleri ile sohbet ederek aşağı yukarı volta atmalarını seyretmek bende büyük bir rahatlama sağladı. Bir haftadır günün kalabalık saatlerinde Kızılay Meydanı'nda bir köşede durup, o insanları seyrediyorum."

Türkiye'ye gelmeye niyeti yoktu. Dr. İhsan Doğramacı'nın, Hacettepe Tıp Fakültesi'ni kurarken hekim aradığını duymuş. Amerika'dan başvurmuş. Bunun üzerine Doğramacı kendisini mülâkata çağırmış. Gerisini ondan dinleyelim:

"Randevu verdiği saatte işyerine gittim. Odasında bir muayene masasının üzerine sırtüstü uzanmış yatıyordu. Bana 'disk kayması dolayısı ile yerinden kalkamadığını, kusura bakmamamı' söyledi. 'Doktorcuğum,' dedi, 'Tıp Fakültesi'nden dosyan çok kalınca, onun için kusura bakma, seni alamayacağım.'

Oradan ayrıldım. Merak ettim, dosyamda ne var diye. Öğrenci iken babamı bir hocamıza ameliyat yaptırmak için Kilis'ten İstanbul'a getirmiştik. Hoca öğrencisi olduğumu bile bile bizden 500 lira almadan ameliyatı yapmadı. Ben de bu durumu gazeteye verdim. Aradan bir süre geçtikten sonra rektörlükten arandığımı söylediler. Ben haberdar olmamıştım. Durumu öğrenen bir arkadaşımın ikazı üzerine rektöre gittim. Kendimi tanıttım. Beni o olaydan disiplin kuruluna vermişler. İstenen ceza fakülteden ihraç. Savunmamı almak için uzun süre aramışlar. Rektör beni dinledi, 'Sen haklısın ama, hocanı tşehir etmemeliydin,' dedi. Rektör benden yana oldu. Ve hafif bir ceza ile olay kapandı. Bu olay dolayısı ile dosyam kabarmıştı. Böyle bir adamı da Doğramacı camiasına uygun görmemişti. Kahrettim geri döndüm. Artık Amerika'dan ayrılmam."

CHP Yurdu

Üniversite merkez binasının arkasında Halk Partisi'nin yurdu vardı. Çok partili hayata geçince Halk Partisi yurdun işletmesini Türk Eğitim Derneği'ne devretti. Birkaç arkadaş git-geli daha kolay diye oraya geçtik. Yurt üniversite bahçesinden Süleymaniye'ye geçilen kemerin üzerine oturmuş, tavanı, tabanı tahta, iki katlı taş bir bina idi. Orada 6-7 arkadaş çok uyumlu bir grup oluşturmuştuk. Boş saatlerimiz hep bir arada geçerdi. O günlerimizin anıları hâlâ canlıdır. Halen de ailece sık sık bir araya geliriz. Öğrencilik yıllarında ve meslek hayatımının başlangıcında isim yapmış kimseleri ve büyük mevkilere gelenleri gözümde o kadar büyütmüşüm ki, arkadaşlarım arasında oralara gelecek nitelikte kimse göremezdim. O yüzden şanssız bir kuşak olduğumuzu düşünürdüm. Uzaktan büyük gözükenlerin, yakından küçük olduklarını gördükçe yanlış düşündüğümü anladım. Küçük gördüğüm o insanlar önemli mevkilere geldiler ve büyük zannettiklerimden çok daha büyük olduklarını gösterdiler. İçlerinden yöneticiler, bilim adamları çıktı. Öğrencilik grubumuzdaki arkadaşlardan Prof. Dr. Hayati Ekmen birkaç defa Tıp Fakültesi Dekanlığı yaptı. Prof. Dr. Şadan Eraslan aynı Tıp Fakültesi'nde Cerrahi Bölüm Başkanlığı'ndan emeklidir. Dr. Adnan Güvener yine aynı fakültede Nöroloji Profesörü idi. Dr. Suat Eren, Adana Devlet Hastanesi Başhekimi idi. Dr. Müfit Aksoy yıllarca Ankara Belediye Hastanesi'nde Cerrahi Klinik Şefi olarak çalıştı. Dr. Necati Çelik, Polatlı'da arazi sahibi bir ailenin çocuğu idi. Hem ailenin tarım işleri ile meşgul oldu, hem de serbest nisaiye mütehassısı olarak mesleğini uyguladı. Arkadaş bütünlüğünün bozulmadan devamını sağlayan, Polatlı'da çok sevilen dünya tatlısı bir arkadaşımızdı. Elim bir trafik kazasında eşi ve oğlu ile birlikte vefat etti. Rahmetle anarım.

İlk Sosyal Çalkantılar

1946'da çok partili siyasi dönemin başlaması, toplumun her kesiminde yeni yeni gelişmelere yol açtı. Üniversite gençliği de bundan kendine düşen payı aldı. Statükoya ilk tepki yurtlarda kalan öğrencilerden geldi. Bunun öncülüğünü Parti Yurdu'nda kalanlar yaptı. Yurt idaresine karşı devamlı bir hoşnutsuzluk vardı. Fakat pek ortaya çıkmıyordu. İdarede yolsuzluklar yapıldığı devamlı söylenirdi. Ne derece doğru olduğunu bilmiyorum. Ama piyasadaki her şeyin en kötüsünün, en iyisi fiyatına alındığını biliyorum. Alınan meyvelerin çoğu yenecek gibi değildi. Karnabahar yemeğinden kurt, pilavdan fare pisliği çıkardı. Muhasibin Kadırga Yurdu'nda göreve başladığı zaman yamalı pantolon, delik ayakkabı ile gezdiği söyleniyordu. Fakat sonra oldukça refaha kavuşmuştu. Bir yandan da müdürden çok müdürdü. Biriken hoşnutsuzluklar bir gün eyleme dönüştü. Önce geceleri yemekhanede gizli toplantılar başladı. Bu toplantılarda eylem kararları alınıyordu. Öğrenci liderlerden birisinin sonradan Zonguldak'tan milletvekili seçilen Burhan Karaçelik olduğunu zannediyorum.

Kadırga Yurdu'nun müdürü birleşmeden sonra Parti Yurdu'nun da müdürü olmuştu. Bir öğle üzeri müdürün Parti Yurdu'na geleceği söylendi. Holde toplandık. Müdür içeri girince yuhlar başladı. Müdürü ufak tefek tartaklayanlar da oluyordu. Bunu yatılı Tıp Talebe Yurdu'ndaki öğrencilerin isyanı takip etti. Ondan sonra kamuya ait yurtlar ortak yönetim altında toplandı. Yemek kalktı. Disiplin gevşedi. Yönetim demokratikleşti. Bu demokratikleşmeden askerî tıp öğrencilerinin kaldığı yurt da nasibini aldı. Bu olayların Cumhuriyet döneminde kötü yönetim ve yolsuzluklara karşı tepkilerin ilki olduğunu söyleyebiliriz. Kendi çapında başarılı da olmuştur.

İstanbul Üniversitesi'nde öğrenci organizasyonu olarak fakültelerin öğrenci dernekleri ve onların bağlı oldukları bir federasyon vardı. Particiler hemen bu konuya el attılar. CHP yanlısı olan Milli Türk Talebe Birliği kuruldu. Böylece politika üniversitenin içine girmişti. Bu birlik, sonraki yıllarda, doğal olarak, siyasi iktidarlardan yana oldu. Bunu öğrenciler tarafından kurulan sağ ve sol dernekler takip etti. Yurt arkadaşlarından birkaçı bir dernek kurdu. Biz de ne olduğunu incelemeden buna üye olduk. Derneğimizin bir de oldukça iyi basılan mecmuası vardı.

Bizimki ile isim benzerliği olan bir dernek daha kuruldu. Bu iki derneğin birleşmesi gündeme geldi. Bu maksatla müşterek olağanüstü genel kurul toplantısı yapıldı. İki tarafın tüzüğünün birbirine uymayan maddelerinin yeniden düzenlenmesi konusu tartışmalara yol açtı. Bu tartışmalarda öbür derneğin daha çok Atatürk ilkelerini savunduğu görüldü. Bizim dernek yetkilileri ise üstü kapalı da olsa inkılâplar aleyhinde konuşuyorlardı. Yönetim kurulumuz üyelerinden birisi "Yavuzlar'ın, Kanuniler'in orduları, zaferleri ceket, pantolon ve şapka ile kazanmadılar" gibi sözler söylüyordu. Böylece asıl amaçları ortaya çıkmış oldu. Bunun üzerine birkaç arkadaş bu dernekten istifa ettik. Atatürkçü, laik ve gerici, yobaz tartışmalarının temeli o günlerde atılmış oluyordu. Geçmişin özlemini çeken ve laiklik aleyhine konuşan herkes gerici, liberal ekonomi, kapitalizm, emperyalizm ve sömürüden söz eden herkes de komünist idi.

O tarihlerde *Cumhuriyet* gazetesinde bir yazı çıkmıştı, İsviçreli bir yazar gazetesinde Türkiye ve Türkler hakkında yazı yazmış, geçmişimizle övünmeye meraklı olduğumuzu, çocuklara ilkokuldan başlayarak büyük bir ulus olduğumuzun öğretildiğini ve böylece şovenlik derecesinde milliyetçi kuşaklar yetiştirildiğini anlatmış; "Türkler bu hususta o kadar ileri gidiyorlar ki, gelmiş geçmiş bütün büyük adamların Türk asıllı olduğunu iddia ediyorlar. Nerede ise Şirazlı Sadi'nin, Goethe'nin babası, Şekspir'in anası Türk diyecekler," demiş. *Cumhuriyet* gazetesi, bu yazıdan pasajlar almış, sonuna da bir yorum eklemişti. Özet olarak bize hakaret edildiği, bunun dostluğa sığmayacağı vurgulanmıştı. İsviçrelinin makalesi abartılı olmakla beraber pek de reddedilebilecek gibi değildi. O zamanlar yetmiş iki buçuk milletten söz edilirdi. Buçuk, Habeşistan'dı. Önyargılardan kurtularak düşünüldüğü takdirde ne yazık ki sıralamada yetmiş ikincisi biz oluyorduk. Onun için geçmişimizin kahramanlıkları ile övünmenin değil, onlara layık olmak için içinde bulunduğumuz fakirlikten (o zaman geri kalmışlık deyimini bilmiyorduk) kurtulmaya gayret etmek, bizden ileri milletlerin düzeyine erişmek için çok çalışmak zorunda olduğumuzun öğretilmesi gerekirdi diye düşünürüm.

Bulgaristan'ın adı geçtiği zaman "onlar bizim çobanımızdı" diyorduk. Oysa ayıp olan bir zaman çoban olmak değil, ağanın, çobanın gerisinde kalmasıydı. Gerçeklerden kaçmakla ya da gerçeği söyleyene saldırmakla bir yere varılmayacağını hâlâ öğrenmiş değiliz.

Missouri Zırhlısının Gelişi

Demokratik değişim hareketinde solcular da sahnede yer almaya başlamıştı. Missouri zırhlısının gelişi olaylara neden olmuştu. Ben de "Welcome Missouri" diyenlerle beraberdim. Nasıl şartlandırılmışsak emperyalizmden söz edeni vatan haini sayıyorduk. Missouri zırhlısının karşısında Amerikan emperyalizmine karşı sloganlar atanlar komünistti. O sıralarda komünistlerin Aksaray'da yeni açılan Beyaz Saray Pastanesi'nde toplandıkları haberi geldi. O gün akşam üzeri üç arkadaşla Beyazıt'tan Çemberlitaş'a doğru gidiyorduk. Köşeyi dönünce arkadaşlardan birisi karşıdan gelen üç öğrenciyi göstererek, "Beyaz Saray'daki toplantıyı yapan komünistlerden üçü geliyor" dedi. Hemen onlara doğru saldırıya geçtik. Birisi erken fark etti, karşı kaldırıma doğru koşarak kaçtı. Birisi ne olduğunu biraz geç anladı, koşmak için caddeye atladı, o esnada hızla gelmekte olan tramvayın altında ezilmekten kıl payı kurtuldu. Üçüncüsünü yakaladık, arkadaşlar üzerine çullandılar. O anda üç kişinin bir kişiyi dövmesi bana pek mertçe bir davranış gibi gelmedi. Arkadaşlara "yapmayın, yeter artık" diyerek öğrencinin üzerinden çekmeye başladım. O da kurtularak kaçtı. Uzun zaman bu olayın etkisinde kaldım. Memleketin evlatlarının birbirine düşmesi kolay kolay kabul edilir gibi değildi. Ne yazık ki demokrasinin çokseslilik olduğunu, her görüş ve düşüncedeki insanların karşılıklı sevgi içerisinde bir arada yaşaması gerektiğini hâlâ öğrenmiş değiliz.

Tan *Gazetesi Olayı*

Öğrencilerin kamplaşması giderek artmıştı. Milliyetçiyiz diyenler için kendileri gibi düşünmeyen herkes komünistti. Bu gelişmeler içerisinde, bir gün kendimizi Tan Matbaası mitingi olarak anılan olayın içinde bulduk. Binlerce kişi sel gibi Beyazıt'tan Babıâli'ye akmaya başladı. Topluluk gittikçe coşuyor, sağa sola saldırılıyordu. Arada sırada bir kişi yüksekçe bir yere çıkarak topluluğu yönlendiriyor, heyecanı ve coşkuyu belli bir düzeyde tutmaya gayret ediyordu. Devamlı, "Komünistlere ölüm, kahrolsun Serteller" gibi sloganlar atıyorduk. Bir süre sonra Tan Matbaası'nın önüne geldik. Bir grup matbaadan içeri daldı. Kim haber verdiyse Serteller kaçmıştı. Bütün hıncımızı makinelerden aldık. Ne varsa tahrip edildi. Kapının üzerinde *Tan* arması vardı, balyozlarla kırıldı. O anda zafer kazanılmıştı. Hep bir ağızdan İstiklâl Marşı'nı söylemeye başladık. O kadar duygulanmıştım ki marşı söylerken gözyaşları döküyordum.

Görevin birinci aşaması tamamlanmıştı. Eminönü'ne doğru yürüyüşe geçildi. Polisin Galata Köprüsü'nde kurduğu barikatı yıktık, Beyoğlu'na çıktık. Beyoğlu'nda fesat yuvası (!) Berkalp Kitabevi'ni tahrip ettik. Ondan sonraki hedef, G harfini orak çekiç şeklinde basacak kadar pervasız (!) komünistlerin yayın organı *Görüşler* mecmuası idi. Ancak bizden önce bu sorun halledildiği için Rus Konsolosluğu'na yöneldik. Oraya varmak mümkün değildi. Atlı polisler kılıçları çekmiş, geçmek isteyenlere savuruyordu. Bir arkadaş yüzünden, bir arkadaş da omuzundan yaralanmıştı. Bunun üzerine Babıâli'ye geri döndük. Birisi Vatan Matbaası'na bizi yönlendirmek istedi. Bir başkası CHP binasının bahçe duvarı üzerine çıkarak *Vatan* gazetesinin komünist olmadığını, sadece hükümete muhalif olduğunu söyledi, gitmekten vazgeçtik. Bu arada kutsal hareketimizi *Akşam* gazetesinin "taşkınlık" olarak manşet yaptığı haberi geldi. Gazeteye el kondu, baskı değiştirildi.

Artık görevimiz tamamlanmıştı, yurda döndük. Ertesi gün, vatansever üniversite gençliğinin (!) Ankara Dil, Tarih, Coğrafya Fakültesi'ndeki komünist yuvasını temizlediğini (!) öğrendik. Rektörün odasını basmış, yüzüne tükürmüşlerdi.

Zekeriya Sertel yurda döndükten sonra bu olaylarla ilgili bir makale yazmıştı. Olanları anlatıyor, gençlere kızmadığını, saf duygularını başkaları kötüye kullandığı için hepsini affettiğini belirtiyordu. Bu makaleyi okurken yaptıklarımdan utandığımı belirtmek isterim. Gerçekten de birileri bizi kullanmıştı. Sonraları bu mitingi, muhalifleri sindirmek için CHP İstanbul Bölge Müfettişi Alaaddin Tiritoğlu'nun düzenlediğini fark ettim. Bir gün Oktay Ekşi ile konuşurken, söz Tan Matbaası mitinginden açıldı, olayı Alaaddin Tiritoğlu'nun politik amaçlarla tertiplediğini fark ettiğimi söylediğim zaman, "Sen yine erken fark etmişsin" dedi ve ilave etti:

"Ben *Dünya* gazetesinde çalışırken, bir Hasan amcamız vardı. Hasan amca Hürriyet ve İtilaf Fırkası'nın militanlarındanmış. Benim tanıdığım sırada Falih Rıfkı Bey kendisini himaye ediyordu. İlginç biriydi. 1957 veya 58'de hatıralarını yazmak için Ankara'ya gelmişti. Bir gün bana 'Oktay, dedi, bunca yıl sonra ne buldum biliyor musun, bizi meğer İttihat ve Terakki'ye karşı mücadelemizde İngiliz Sefiri yönlendiriyormuş. Hasan amca işin farkına elli altmış yıl sonra varmıştı. Yine iyi; sen daha erken fark etmişsin."

Çok Partili Dönem

Demokrat Parti kurulmuş, siyasi hayat canlanmıştı. Aşırı sol hareket de sesini duyurmak çabası içinde idi. Üniversite gençliği ideolojik olmaktan ziyade kulüpçülük anlayışı ile ikiye ayrılmıştı:

İsmet Paşa'yı sevenler, İsmet Paşa'yı sevmeyenler.

İsmet Paşa'yı sevmeyenlerle politikada yer yapmak isteyen genç kuşaklar Demokrat Parti saflarında toplanmıştı. Demokrat Parti sosyoekonomik bir görüş geliştirmek yerine Cumhuriyet hükümetlerinin kalkınma çabaları ve İkinci Dünya Harbi koşullarının yarattığı sıkıntıları kullanmak ve halkın özlemlerini dile getirmek suretiyle taban yaratma yöntemini kullandı. Karakolda dayak kalkacak, çarık yerine ayakkabı giyilecek, sigaranın tanesi değil, paketi beş kuruştan satılacaktı. Ama hiç de öyle olmadı. Köylü çarıktan kurtuldu, bu defa da lastik ayakkabılara mahkûm oldu.

Ben politik görüş olarak CHP'den yanaydım. O zaman bir

gazetede muhabir olarak çalışan, sonra da CHP'den milletvekili olan Orhan Birgit öncülüğünde bir grup oluşturmuştuk. 1950 seçimlerinde Yalova'da seçim propagandasına çıktık. Bu seçim dolayısıyla İsmet Paşa İstanbul'a gelmişti. Orhan Birgit bizi Dolmabahçe Sarayı'nda ziyaretine götürdü. Üniversite gençliği adına kendisine bağlılığımızı arz edecektik. Bizi bulunduğu salonun kapısında ayakta karşıladı. Hangi fakülteden olduğumuzu söyleyerek elini öpüyorduk. O da söylediğimiz fakültenin adını alçak bir sesle tekrarlıyordu. Konuşurken gözlerinin içi gülüyordu. Ayrılırken, "Çocuklar biz gidiciyiz, sizin için bir şey değişmez, gidene de gülersiniz, gelene de" dedi. İsmet Paşa ertesi gün Taksim mitinginde kürsüye çıktığı zaman, Vali Fahrettin Kerim Gökay eliyle kalabalığı göstererek, "İşte İstanbul, Paşam" dediğinde, biz de Paşa'nın hemen arkasında idik. O İstanbul, İsmet Paşa'nın partisine oy vermedi.

Seçim günü Halk Partisi İstanbul İl Merkezi'nde görev alan üniversite gençlerinin arasında ben de vardım. Öğleden evvel emrimize verilen otomobillerle sandıkları dolaştık. Öğleden sonra parti merkezinde toplandık. Bize verilen bölgelerdeki parti başkanları ile telefon teması kuracak, önce iştirak hakkında, tasnif yapılırken de sonuçlar hakkında ilgi alacaktık. Benim muhatabım Eyüp ilçe başkanı idi. Bir süre ufak tefek bilgiler verdi. Bir süre sonra aksileşmeye başladı. Saat beş civarında son bilgileri isteyince; "Ne bileyim ben kardeşim!" diye beni tersledi ve telefonu kapadı. Birşeyler oluyordu, ama ne olduğunu anlayamamıştım.

Akşam üzeri seçimleri takip için İstanbul'da bulunan Konya milletvekili ve hükümetin son bakanlarından Prof. Dr. Sadi Irmak geldi. "Çocuklar seçimi kaybettik" dedi.

Oy sayımı henüz başlamıştı. Nereden anladığını sorduk. "Yüzde doksan üzerinde iştirak var. Dünyanın hiçbir yerinde iktidar partisine oy vermek için halk sandığa böyle koşmaz" dedi.

Ondan sonra haklarında çok dedikodu yapıldığını söyleyerek, cebinden cüzdanını çıkardı. İçini gösterdi. "Gördüğünüz şu yüz liradan başka para yok. Sağa sola da üç yüz lira borcum var. Politik hayatımı bu şekilde noktalamış oluyorum" dedi.

İyi Niyeti İstismar

Üniversiteye okumak için gelenlerin İstanbul'da barınacak yer bulmaları sorun oluyordu. Mali durumu iyi olmayanlar için buna bir de yiyecek yükü ekleniyordu. Bu sorunu çözmek için Niğde, Diyarbakır gibi bazı iller öğrenci yurtları yaptırmıştı. Biz de Ordulu birkaç arkadaş bir araya gelerek yurt yaptırmak, muhtaç öğrencilere yardım sağlamak üzere bir dernek kurmaya karar verdik. Bunun için İstanbul'da bulunan Ordulularla ön temasa başladık. Hepsi de girişimimizi olumlu karşılıyorlardı. Ordu'nun ileri gelen ailelerinden İstanbul'da yerleşmiş olan Kâmil Furtun Beyefendi diğerleri gibi akıl vermekle yetinmedi, paramız olup olmadığını sordu. Birbirimize baktık. "Parasız bir şey olmaz çocuklar, dedi, alın şu parayı, dernek kurulunca bağış makbuzu kesersiniz."

Üçyüz lira vermişti. Tasarı eyleme dönüşünce ilgi arttı. Bir kısmı siyasi amaçlarla işin içine girmek istiyordu. Bunu fark edince siyasetle doğrudan ilgili olan kimseyi derneğe almamaya karar verdik. Çalışmalarımıza en çok destek olan, işyerini toplantılarımıza açan Fevzi Boztepe olmuştu. Milletvekilliğine hazırlandığını bildiğimiz için kurucular arasına almamıştık. Nitekim 1946 milletvekili seçiminde dağıttığı beyannamelerden birisi Ordu yüksek tahsil talebelerinin ağzından yazılmıştı. Bu beyannamede kendisini desteklediğimiz bildiriliyordu. Altında da hepimizin ismi vardı. Bu beyannamelerden birisini bu tarihte Ordu'da görevli olan amcam bana göndermişti. Bunu görünce mahalli gazeteye bir tekzip telgrafı çekmiştik. Bu telgraf seçime birkaç gün kala basıldı.

Bir Siyasi Ahlâk Dersi

Fikret Boztepe daha sonraki seçimlerde Demokrat Parti'den milletvekili oldu. Dönemin koşullarına uygun olarak resmî ilanlarla ayakta duran bir gazete çıkardı. Matbaa kurdu. DP'nin ateşli taraftarı idi, 27 Mayıs sabahı da askerî darbenin en ateşli taraftarlarından biri olmuştu.

1946 seçimlerinden bir müddet sonra Cumhuriyet Halk Partisi'nden aldığım burs kesildi. Nedenini anlayamamıştım. Dilekçe yazdım, cevap vermediler. Türk edebiyatının ve basının önemli isimlerinden birisi olan Yusuf Ziya Ortaç, Ordu milletvekili idi. Dernek çalışmaları dolayısıyla aramızda bir yakınlık doğmuştu. Bize her bakımdan yardımcı oluyordu. Burs konusunda görüşmek üzere yanına gittim. Beni gayet soğuk karşıladı. Durumu anlattım, sert bir şekilde çıkıştı: "Hem partiden burs alacaksın, hem de aleyhinde çalışacaksın, böyle şey olmaz. Bu da sona ders olur." Bunun nereden çıktığını sordum. Boztepe'yi desteklediğimiz için kendisinin bursu kestirdiğini söyledi. Olayın gerçek yanını anlattım, tekzibimizin çıktığı gazeteyi gösterdim. Okudu. "Sizden de bunu beklerdim. Aklı başında hiç kimse böyle birisine destek olmaz. Bir gün gelir, bu adamla aynı çatı altında Ordu'yu temsil etmek talihsizliğine uğrarsam sizi temin ederim ki, bu zûlden kurtulmak için milletvekilliğinden istifade ederim," dedi. Benim burs tekrar bağlandı. Fevzi Boztepe 1950 seçimlerinde milletvekili seçildi. Ortaç onunla birlikte aynı çatı altında hem Ordu'yu temsil etti, hem de aynı saflarda politika yaptılar.

Karakolda Dayak Yasak mı, Değil mi?

Talebeliğimizde İstanbul'un eğlence merkezi Beyoğlu idi. Sinemalar, tiyatrolar, barlar, gazinolar, ara sokaklarında randevu evleri ve Abanoz Sokağı'ndaki genelevi ile her zevke hitap edebilen bir semtti.

Bir akrabam o zaman Beyoğlu Karakolu'nda komiserdi. Beyoğlu'na çıktığım geceler nöbetçi ise bir süre onun yanında kalırdım. O sayede Beyoğlu'nun çirkin yüzünü tanıma olanağı bulmuştum. Karakol İstiklâl Caddesi'nin bir altındaki sokakta, iki taraflı merdivenle çıkılan, iki katlı eski tip bir binada idi. Girişte, kapının karşısında üst kat merdiveninin altına isabet eden yerde beş, altı basamakla inilen tahta kapılı, "Nezarethane" dedikleri penceresiz izbe bir oda vardı. Getirilen zanlılar, serseriler oraya kapatılır, usulüne uygun terbiye edilirdi. Ufak tefek marazalar için gelenlerin cezası ayakta bir iki tokattan ibaretti. Bu tür suçların davacıları da genelde bu cezayı yeterli bulurlardı. Yani karakollar adli mercilerin yükünü azaltmak (!) gibi bir görevi de üstlenmişlerdi. Komiser akrabama bu zahmete niçin katlandıklarını sorduğum zaman; "Bunları resmiyete korsak sayfalarla tutanak tutacağız. Ertesi gün polis nezaretinde mahkemeye sevk edeceğiz. Memurumuz saatlerce orada bekleyecek. Mahkeme adamı serbest bırakacak. Kaldı ki haraççılığı, edepsizliği adet haline getiren serseri güruhu için bir süre hapiste kalmanın çekinilecek hiçbir tarafı yok. Hatta onu dinlenmeden sayıyorlar. Bizim infaz sistemi, pratik, basit ve oldukça caydırıcı etkisi olan bir sistemdir" demişti.

Demokrat Parti iktidar olunca karakolda dayak yasaklanmıştı. Karakolların devamlı müşterileri demokrasiyi kendilerine ilişilmezlik olarak algılıyorlardı. Polis ve jandarma tarafından karakola götürülmek istenenler, "Bu memlekette demokrasi var, beni bir yere götüremezsiniz" diye bağırıyor ve "Menderes'e telgraf çekeceğim" diye tehditler yağdırıyordu. Onun için Beyoğlu'nun haraççıları, sokak serserileri, belalıları iyice azıtmışlardı.

Bir akşam karakolda oturuyordum, bir gürültü patırdı oldu. Birisi Menderes'e tel çekme tehditleri savuruyor. "Beni buraya getiremezsiniz" diye bağırıyordu. İki polis memuru da kollarına girmişler, "Yaparsın, edersin, ağasın, paşasın, merak edecek bir şey yok" diyorlar, adamı da sürüklüyorlardı. Nezarethaneye inen merdivenlerin başına gelince bir tekme attılar, merdivenlerden yuvarlanarak kapıya çarptı, kapı açıldı, içeriye düştü. "Şimdi Menderes'e telgrafı çekersin eşşekoğlu, eşşek" deyip kapıyı kapadılar. Komiser akrabama, "Hani dayak kalkmıştı" dedim.

Şehirde asayiş iyice bozulunca Ankara'dan klasik yöntemlere dönülmesi için müsaade alındığını söyledi.

Tıp Fakültesi'nden Görüntüler

Bu bölümü kapamadan önce bir nebze de okuduğumuz Tıp Fakültesi'nden söz etmek istiyorum.

Tıp Fakültesi öğreniminin ilk yılı PSN dediğimiz, sonra adı FKB (fizik, kimya, biyoloji) olan sınıfta geçiyordu. Bu konularla ilgili çeşitli fakültelerin ilk sınıf öğrencilerinin bir arada okuduğu karma bir sınıftı. Fizik ve kimya dersleri eski ahşap bir anfiteatrda verilirdi. Mevcudu çok kalabalık olduğu için dershaneye sığmazdık. Erken gelen oturacak yer bulurdu. Bu yüzden sabahın kör karanlığında yollara düşerdik. Yine de zor yer bulurduk. Çünkü askerî tıp öğrencileri ile yatılı tıp öğrencileri, başta kız öğrenciler olmak üzere arkadaşlarına yer tutarlardı. Bu yer tutma yüzünden de asker öğrencilerle yatılıların kavgası gelenek olmuştu.

Bir sabah anfiteatra geldiğimiz zaman baktık ki tabureler, sandalyeler kırılmış, defterler, kitaplar yerlere saçılmış. Kavga birkaç gün dışarıda da devam etti. İki taraf da yalnız dışarı çıkmıyordu. Karşılaştıkları zaman birbirlerine giriyorlardı. Ama ikinci sınıftan itibaren yan yana, diz dize ders takip ettiler, pratik çalışmalara katıldılar, ömürboyu arkadaşlık ettiler.

Fizik hocamız Zuber derslerini rengârenk deneylerle ilgi çekici hale getirirdi. Botanik hocamız Heilbronn bir iki dakikada şişeler içerisinde bitkiler oluşturarak derslerini örneklerdi. Hayvanat hocamız Kurt Kozvik yakışıklı bir insandı. Fevkalâde hitabet yeteneği, etkileyici ses tonu ile derslerini zevkle dinlenir hale getirirdi. Yaz ayları Türkiye'yi dolaşır, incelemeler yapardı. Ne derece doğrudur bilemem ama Manyas Kuş Cenneti'ni ortaya çıkardığı, Eğridir Gölü'ne levreği ektiği söylenirdi. Dersleri hoş bir şive ile Türkçe anlatırdı. Gayet uzun, fakat gramer ve kelimelerin yerli yerinde kullanılması bakımından doğru cümleler kurardı. FKB hocalarının hepsinin de kitapları vardı. Onun için öğrenmek ve imtihanlarda başarılı olmak bakımından hiçbir sıkıntı çekmedik.

İkinci ve üçüncü sınıflar, temel tıp öğretiminin yapıldığı klinik öncesi dönemdi. Sadece Anatomi hocamız Türk'tü. Diğerleri her biri kendi alanında otorite olan, Almanya'dan (Hitler'den) kaçarak Türkiye'ye sığınan Yahudi asıllı bilim adamları idi. Nitekim harpten sonra Almanya'ya geri dönenler üniversitelerde önemli görevler yüklendiler. Mikrobiyoloji hocamız Hugo Braun'u, biyokimya hocamız Hawrowitz'i, Hijyen hocamız Hirch'i saygı ile anarım. Bunlar ülkemizin gerçeklerini de iyi bilen insanlardı. Profesör Braun'un imtihanlarda birinci sorusu sıtma ve veremle ilgili olurdu. "Bunları bilmeyen Türkiye de hekimlik yapamaz" der, kesinlikle not vermezdi. Buna karşılık bazı Türk hocalarımız -örneğin kayalık dağlar humması ile ilgili- Türk hekiminin ömürboyu görmesi mümkün olmayan bir sual sorar, bilmeyeni sınıf geçirmezlerdi.

Anatomi hocamız Prof. Zeki Zeren fevkalâde titiz bir insandı. Sert ve müsamahasızdı. Saygısızlığa hiç tahammülü yoktu. Onun için de Saygısızlarla Mücadele Derneği'ni kurmuştu. Bir parça resim çizme yeteneği olan bir sınıf arkadaşımız vardı. Bu özelliği dolayısı ile hoca kadavra çalışmalarında öğrencilere yardımcı olması için onu yanına almıştı. Bu tür görevli öğrencilere demonstratör deniyordu. Zeki Zeren Hoca derneğinin propaganda afişlerinin resimlerini bu arkadaşımıza yaptırmıştı. Bu afişlerden birisi tramvaylarda yaşlılara, gebelere, sakatlara yer verilmesi gerektiğini anlatmak için hazırlanmıştı. Resimler oldukça amatörce çizilmişti. Tıp tarihi hocamız Prof. Süheyl Ünver sanattan iyi anlayan zarif bir İstanbul efendisiydi. Bu afişi görmüş ve rahatsız olmuş. Derste nezaket kurallarının da dışına çıkarak buna değindi, "Saygısızlarla Mücadele Derneği adı altında bir dernek kurmuşlar. Bu dernek birtakım resimli afişler yapıştırarak tramvaylara asmış. Resimlerden birinde tramvaya benzeyen bir şeyin içerisinde, insana benzeyen birşeyler var, bunların erkeğe benzeyeni, kadına benzeyen birisine yer gösteriyor. Bunu yapanlar ve yaptıranlar başkalarına saygı öğretmeye kalkışmadan önce kendileri sanata saygıyı öğrensinler" dedi.

Sınıfta bir kahkaha koptu, hoca bu resimleri çizenin öğrencisi olduğunu ve o anda kendisini dinlediğini bilmiyordu.

Klinik derslerin başladığı dördüncü sınıf hocalarından iç hastalıkları profesörü olan Dr. Frank'la Patolojik Anatomi hocamız Prof. Schwartz dışındakiler Türk'tü, hepsi de zamanın ülke çapında tanınmış hekimleriydi. Türk hocalarının hiçbirisinin kitabı yoktu. Fizyopatoloji Hocası Sedat Tavat bir kitap yazmış, onu da bulmak mümkün değildi. Ders çalışmak için binbir zahmetle birisinden bulup okuyorduk. Telif değil, tercüme olduğu söyleniyordu. Belki de onun için olacak, ne dediğini anlamak için her cümleyi matematik problemi çözer gibi çözmeye uğraşmak gerekirdi. Kaynak olarak elimizde dersleri dinlerken tuttuğumuz yarım yamalak notlar kalıyordu. Bulduğumuz yabancı dillerden tercüme kitaplardan çalışarak imtihana girdiğimiz zaman bazı hocalar da bunu fark ettiğinde cevapları yeterli bulmuyordu. Hasta başı pratiklerinde on-onbeş stajyer bir hastanın başına üşüşür, asistanın verdiği bilgileri birbirimizin omuzu üzerinden kafamızı uzatarak duymaya çalışırdık. Geride kalanlar hastaya yaklaşmak fırsatı buldukları zaman da muayene edilmesine asistan ya da yorulan hasta izin vermezdi. Bu şartlarda klinik öncesi derslerin aksıne dogru dürüst bir şey öğrenmek pek mümkün olmuyordu. İmtihanlarda da hocaların çeşitli kaprislerine boyun eğmek zorunda kalıyorduk. Örneğin farmakoloji imtihanında hoca; "anlat hintyağını" dedi. Elimizde kaynak olarak sonradan sağlık bakanlığı da yapan Dr. Cevdet Aykan'ın toplayıp çoğalttığı ders notları vardı. Oradaki kadarını söyledim, kabul etmedi. "Anlat İngiliz tuzunu" dedi, onun için de notlardan söylediklerimi yeterli bulmadı. Kullanılmasında ve dozunda hata kabul etmeyen yüzlerce önemli ilacı en ince detayına kadar öğrenmiş olmanın hiçbir değeri yokmuş gibi ikmale bırakıldım. Beş gram eksik, beş gram fazla kullanılmasında bile sakınca olmayan basit müshillerin sandığımdan önemli olduğunu böylece öğrenmiştim.

Prof. Schwartz

Patoloji Anatomi hocamız Prof. Schwartz bu sevimsiz konuyu zevkle ve heyecanla dinlenecek şekilde anlatırdı. Konuyla ilgili örnekleri günlük hayattan esprili şekilde verir, arada sırada öğrencileri güldürerek dikkatlerini çekmenin yollarını bulurdu. Aynı zamanda düzenli ve disiplinli çalışan bir bilim adamıydı. Derslere Almanca başlar, yardımcılarından Dr. Besim

Bey tercüme ederdi. Besim Bey konuşurken hazırol vaziyetinde durur, öne arkaya rakkas gibi saklanırdı. Hoca uzun cümlelerle konuştuğu için söylenenleri toplamakta zorluk çeker, yanlışlıklar yapardı. O zaman da hoca "Ulmadı Rasim Bey" deyip tercüme yanlışını düzeltir, uzun ve düzgün cümleler ve kendine has şiveyle dersi Türkçe anlatmaya devam ederdi.

Bir gün dışarıdan gelen çekiç sesleri rahatsızlık verecek derecede artınca hoca dersi kesti, ön sıradaki asistanlara hitaben, "İçinizde askerliğini yeni bitiren var mı?" diye sordu. Bir tanesi ayağa kalktı; "Ben varım efendim," dedi. "Gürültüyü duyuyorsen, şimdi gideceksen unlara bir şey söyleyeceksen. Ne diyeceksen biliyorsen, askerce bir şey söyleyeceksen, eşşekoğlu eşşekler diyeceksen."

Almancayı Duymaya Bile Tahammülleri Yoktu

Harpten sonra Uluslararası Mukayeseli Patoloji Kongresi düzenlemişti. Kongreye büyük isimler iştirak ettiler. Prof. Schwartz tebliğini Almanca yaptı, Angolosaksonlar bunu protesto etmek için salonu terk ettiler. Hoca bilimsel toplantılarda politik hesaplara yer olmadığını, Türkçe veya Fransızca da konuşabileceğini, ancak konuyu en iyi şekilde Almanca anlatabileceği için bu lisanı seçtiğini, Hitler ve yandaşlarından en büyük darbeyi yiyenlerden olduğunu ve bu yüzden de ülkesini terk etmek zorunda kaldığını söyledi. Olaya fazlasıyla üzülmüştü.

Hocanın mükemmel yazılmış ders kitapları vardı. İmtihanları öğrencinin konuyu hazmedip hazmetmediğini ortaya koyacak şekilde yapardı.

Üniversitede ücretle çalışıyordu. Emeklilik hakkı verilmesini istedi. Kitabına uyduramadığı için isteği yerine getirilemedi. O da Türkiye'den ayrılarak Amerika'ya gitti.

Prof. Kazancıgil

Kadın hastalıkları ve doğum dersi hocalarımızdan birisi Ord. Prof. Dr. Tevfik Remzi Kazancıgil idi. Tevfik Remzi Bey gelmiş geçmiş en enteresan hocalardan birisidir. Güzel konuşan, kendisini dinletmesini bilen, geniş bir kültüre sahip gerçek bir entelektüel idi. Derslerini büyük ilgi ile takip ederdik. Genelde derse ilgili hastayı takdim ile başlar, hastalıkla ilgili birkaç söz ettikten sonra başka konulara geçerdi.

Bir gün muayenehanesine bir delikanlı gelmiş. İşsiz ve aç kaldığını söyleyerek, "Sen benim babamsın, onun için bana bir iş bulmanı istiyorum" demiş. Nereden babası olduğunu sormuş. Kazancıgil Hoca'nın gençliğinde Kadırga Yurdu doğum kliniği olarak kullanılıyormuş. Gencin babası doğumundan önce ölmüş. Annesi doğum zorluğu çektiği için Kadırga Doğumevi'ne getirmişler. Hoca da sezeryan yaparak hem anneyi hem çocuğu kurtarmış, annesi sık sık "İkimiz de hayatımızı Dr. Remzi Bey'e borçluyuz, o senin babandır" demiş. Geçinecek ve annesine bakabilecek bir iş bulamayınca soluğu hocanın yanında almış. "Delikanlı haklı idi, madem ki yaşamalarına neden olmuştuk, sefaletten kurtulmalarına da yardım edecektik. Kendisine bir iş buldum. Sık sık ziyaretime gelir, elimi öperdi" demişti.

Bir dersin konusu "atrezi himen"di (bekâret zarının tam kapalı olması). Getirilen vakayı asistan takdim etti. Hoca anlatmaya başladı. Konu ile ilgili birkaç cümleden sonra, benzeri bir vaka ile ilgili anısına geçti. "Genç bir mühendis evlenmiş, birkaç ay sonra eşinin karnı büyümeye başlamış. Hamile diye bütün aile sevinmiş. Lohusa ve bebek hazırlıkları başlamış, doğum günü gelmiş geçmiş, ne gelen var, ne de giden. On birinci ayın sonunda 'Bunda bir iş var' diyerek gelini doktora götürmeye karar vermişler. Bana getirdiler. Genç kızda himen atrezisi vardı. Aybaşı kanamaları dışarı akamadığı için içeride toplanmış. Ameliyatı yaptık, bu defa ortaya başka bir sorun çıktı. Damat bey normalin nasıl olduğunu bilmiyor olmalı ki, mevcut durumu yeterli bulmuş. Yeni meydana gelen boşluk onu şaşırtacak, belki de hanımı berbat etmişler diyerek boşanmaya kalkacaktı. Açıklamalı bir rapor yazarak ellerine verdik."

Bundan sonra atrezi himeni unutmanız mümkün değil.

KBB Hocamız

Kulak-burun-boğaz hastalıkları hocamız deli dolu bir insandı. Staja başladık. Bize birer reflektör verdiler (alın aynası). Kafamıza taktık, muayene edilecek yeri aynanın deliğinden görüş alanı içine almak, aynı zamanda da aynadan yansıyan ışığı o noktaya düşürmek belli bir mümarese gerektiriyordu. Onun için muayene yaparken başımızı boynumuzu, bazen o da yetmediği için belden yukarımızı sağa sola, öne arkaya eğerek, bükerek muayene uğraşıyorduk. Önceleri bir şey görmemiz mümkün olmuyordu. Bu aşamadayken hoca bir arkadaşımıza hastayı muayene etmesini söyledi. Arkadaşımız hastanın burun deliğini görebilmek için büyük çaba sarfediyor, yüzü şekilden şekile giriyordu. Bunu gören hoca her zamanki ciddi haliyle "Ulan," dedi, "Tanrı seni yeterince çirkin yaratmış, daha fazla çirkinleşmek için ne uğraşıp duruyorsun."

Bir gün de hastayı muayene ettirdiği kız arkadaşımız yeterli cevabı veremeyince hoca, "Aptal, ne olacak" dedi. Kızcağız ağlamaya başladı, bunun üzerine hoca onu teselli etmek zorunda kaldı: "Niye üzülüyorsun evladım, aptal olmamak senin elindeki bir iş değil ki, Tanrı öyle yaratmış."

Poliklinikte çalışırken bir gün içeriye gayet güzel bir hanım kız girdi. Hepimiz başına üşüştük, ne şikâyeti olduğunu soruyorduk, başımızdan aşağı yağmur gibi su yağmaya başladı. Neye uğradığımızı şaşırdık, sağa sola koşuştuk, hoca karşı duvardaki musluğu açmış, baş parmağı ile işaret parmağı arasını musluğun ağzına dayamış, suyu fıskiye gibi üstümüze püskürtüyordu. Hiçbir şey olmamış gibi geldi kızı muayeneye başladı.

Mazhar Osman ve F. K. Gökay

Akliye hocamız Prof. Dr. Osman Uzman'dı. Bir devrin tebabetine damgasını vurmuş, ülkenin en ücra köşelerinde bile adı sık sık tekrarlanan bir insandı. "Mazhar Osmanlıksın" veya "Mazhar Osmanlık olmuş" deyimi akıl hastalığı ile eşanlamlı olmuştu.

Ağırbaşlı, ciddi bir insandı, derslere jaket atay, reyye pantolon ile gelirdi. Genelde alçak sesli konuşurdu, güzel ders anlatır ve dersle ilgili vakaları getirtip onlarla konuşurdu. Diğer fakülte öğrencilerden de dinleyici gelirdi. Biraz cimri tarafı olduğunu zannediyorum. Bir dersinde, "Dün gazetelerde birisinin milyonlarca liralık mal varlığını bir hayır cemiyetine bağışladığına dair haber vardı. Bunama başlayınca eli açıklar cimri, cimriler eli açık olur. Bu beyin de geleceği yer bizim hastanedir," demişti.

Kürsünün ikinci adamı Prof. Dr. Fahrettin Kerim Gökay'dı. Kısa boyluydu. Gövdesi normal büyüklükte olduğu için oturduğu yerde olduğundan uzun görünürdü. Yassıada Mahkemesi'nde yargılananlar arasında idi, ilk gün sanıklar ayağa kalkınca Başkan Fahrettin Kerim'e, "Siz niye ayağa kalkmıyorsunuz?" diye sorunca; "Kalktım sayın başkan, kalktım, boyum bitti" demiş. Fahrettin Kerim hocamız İstanbul Valisi olunca Mazhar hocanın "Vali de olur, bakan da olur ama sonunda yine Bakırköy'e gelir" dediği söylenirdi. Bakırköy'e dönmedi ama Yassıada'ya gitti.

Gökay hoca güzel konuşur, esprili konuşur ve ilgi ile dinletirdi. Bir dersinde getirdiği hastaya bir şey sorunca, hasta "Allah kerim" dedi. Hoca bize dönerek ellerini iki yana açtı: "Gökte Allah kerim, yerde Fahrettin Kerim."

Popüler bir insandı. Yeşilay Derneği'nin kurucusu ve başkanı olarak da meşhurdu. Yeşilay onu değil, o Yeşilay'ı meşhur etmişti.

İstanbul Valisi iken basında, özellikle *Cumhuriyet* gazetesinde Doğan Nadi tarafından çok taşlanmıştı; hepsini hoş karşılardı. "Kısa boylu valimiz, ne olacak halimiz" günlük tekerlemeler arasına girmişti. O tarihlerde 350 cc'lik rakı şişelerinin boyu kısa, eni genişti, onun için adını Fahrettin Kerim takmışlardı.

Bir akşam Büyük Kulüp'te Doğan Nadi ile ikisi yemek yerken hocanın arkasındaki masalardan birinde oturan iki tanınmış yazar arasındaki tartışma kavgaya dönüşmüş, birisi rakı şişesini kapmış, diğerinin kafasına vurmak üzereyken, elinden almışlar. Bunu gören Doğan Nadi gülmeye başlamış, hoca niçin güldüğünü sormuş. "Efendim," demiş, "Arka masada oturan falanca az kaldı zatialinizi falancanın kafasına indiriyordu."

Neşet Ömer İrdelp

Kliniklerde ve enstitülerde çalışan Türk hocalar arasında araştırma ve yayına yönelik çalışmalar yapan pek yoktu. Daha önceki seneler bir Hamdi Suat, bir Behçet Hoca gibi bilim adamları gelip geçmişti. Biz onlara yetişemedik. Bizim zamanımızda Akil Muhtar Hocanın iyi bir bilim adamı olduğu söylenirdi. İçlerinde çok iyi klinisyenler vardı. En meşhuru Neşet Ömer İrdelp'dir. Ben kendisinden sadece bir sömestr ders alma şansına sahip oldum. Orta boylu idi, oldukça büyük bir göbeği vardı, hekimliğin usta çırak işi olduğunu söylerdi. Onun için beyaz gömleğinin üzerine bir de ustalığın sembolü olarak etekleri ayakkabısına değecek kadar uzun beyaz bir önlük bağlardı. Bu Fransız ekolünün kıyafeti olmalıydı. Paris'te staj yaparken bize birer önlük bağlatmışlardı.

Neşet Hoca'yı yakından tanıyanlar son derece gelişmiş klinik sezisi olduğunu söylerlerdi.

Asistanlarına "Bir Adison vakası gelirse iyi hazırlayın derse çıkaralım" demiş. Adison, zayıflama, kusma, ishal ve cildin esmerleşmesi ile belirginleşen bir hastalıktır.

Bir akşam üzeri böyle bir hasta gelmiş, asistan büyük bir hevesle hastayı derse çıkaracak şekilde hazırlamış, hocaya bildirmişler, Neşet Hoca arkasında profesörler, doçentler ve asistanlarıyla büyük bir grup halinde dersaneye girmiş, kürsünün önündeki muayene masasında yatmakta olan hastaya şöyle bir bakmış, "Bu mu Adison?" demiş. "Ne Adison'u, akut gastroenterit geçiren (kusma-ishal) bir çingene."

Bütün eksikliklerine ve yanlışlara rağmen bugünkü hekimlik eğitiminin düzeyinin o günkünden aşağıda olduğunu söylemek hiç de yanlış olmaz. En azından çok sağlam bir temel tıp eğitimi almanın avantajına sahiptik. Hocalarımızın çoğunluğu görevlerini ve mevkilerini kişisel çıkarlarına alet etmekten dile düşmemişlerdi. Derslerde sık sık mesleğin yüceliğinden, hekimin saygınlığından söz eder, bir hekimin sahip olması gerekli özellikleri anlatırlardı. Boyasız ayakkabı, ütüsüz pantolon ve kravatsız olarak ne derse gidebilirdik, ne de hocalarımızın karşısına çıkabilirdik.

Tevfik Salim Sağlam

Türk tıbbına ve halk sağlığına büyük katkıları olan Ord. Prof. Dr. Tevfik Salim Sağlam (Paşa unvanı ile anılırdı) derslerinde paramedikal ve etik konular üzerinde de konuşan, nasihatlar veren hocaların başında gelirdi. O zamanlar Türk toplumunda hekimin büyük saygınlığı vardı. Hastalar muayeneye giderken temiz çamaşırlarını giyerlerdi. Hekimin girdiği yerde büyük küçük herkes ayağa kalkardı. Paşa hakimlik bilgisi dışında geniş bir genel kültüre sahip olmamız gereğini vurgulardı: "Vatandaş gökteki yıldızın adını merak etse önce size soracaktır. Kahvede otururken tavla oynamak için arkadaş arayan size teklif eder, üç kişi bir araya gelir, briç oynamak için dördüncü olarak sizi çağırır. Hiç birisine 'ben bilmiyorum' diyemezsiniz" derdi.

Son sınıftayken meslek dışı konularda genel düzeyimizi anlamak için düzenlettiği anket formlarını bize dağıttı. Ciddiye almamız için de "doldurup iade etmeyen sınıf geçemez" dedi. Formda "günlük gazete okuyor musunuz, roman okur musunuz, hangi yazarların romanlarını daha çok okursunuz, başka ne tür kitaplar okursunuz, hangi oyunları biliyorsunuz, bildiğiniz kâğıt oyunları nelerdir, tiyatro ve sinema ile ne derece ilgileniyorsunuz?" gibi çok çeşitli sualler vardı. Hepsini incelemiş, değerlendirmiş. Sadece % 20'mizin kabul ettiği standarda uygun hekim olabileceğimizi söylemişti.

Hocalarımızın bir kısmı kültürlü, entelektüel kişilikleri ve sosyal, kültürel aktiviteleri ile de kendilerini kabul ettirmişti. Öğrencilerine bu bakımdan da örnek oluyorlardı. Geriye doğru baktığımız zaman güzel sanatlarda, müzikte edebiyatta isim yapmış, politikada ön planda rol oynamış, memleketin kaderinde söz sahibi olmuş yığınla hekim görürüz. Onun için

"Tıbbiyeden her şey çıkar, arada sırada da hekim çıkar" denirdi. Çoktandır bu lafı duymuyoruz.

Öğrencilik Anıları

Üniversite yıllarını kapamadan önce tıp öğrencileri ile ilgili bazı enteresan anıları da aktarmak istiyorum.

İlk sıkıntılar kadavra çalışmalarında başlardı. Nefes kesen formol kokusuna alışmak bir hayli zaman alırdı. Daha fenası o yüzden etten tiksinmektir. Bir süre et yiyemedik. Yemek istediğimiz zaman da lokma çiğnedikçe ağzımızda büyür, bir türlü yutamazdık.

Kadavra çalışmalarının şakaları da vardır. Çalışma bittikten sonra eldivensiz elinizi gömleğin cebine atınca soğuk bir kadavra parçasını tutmanın şoku yaşanırdı. Bu bakımdan kız öğrenciler daha fazla riskte idiler. Onlar ceplerinde kadavraların en münasebetsiz parçalarını bulurlardı.

İmtihanlar için çeşitli espriler yapılırdı.

Anatomi imtihanında hoca öğrenciye hangi taraftaki testisin daha sarkık olduğunu sormuş, öğrenci elini pantolonunun cebine sokunca, "Kopya çekme, atarım dışarı" demiş.

Adanalı bir arkadaşımız vardı. Hafif göbeği, takım elbisesi, ciddi görünümü ile yaşından büyük görünürdü. O zaman yüksekokul olan, diş hekimliğinde okuyan hemşehrisi güzel bir hanım kızla nişanlı idi. İlk cerrahi derslerimizden birisine caka satmak için nişanlısını da getirmişti. O gün dersi Hazım Bumin hocamız veriyordu. Derse getirdiği hastayı muayene ettirmek için bir öğrenci çağıracaktı. Gözleri ile sıraları tararken, yanında güzel bir sarışın kızla oturan karakaş, karagöz yağız delikanlıyı çağırdı ve hastayı muayene etmesini söyledi. Hastanın sağ testisinde kasık kanalına doğru uzanan bir şişlik vardı. Ne gördüğünü sordu. Arkadaşımız yutkundu, cevap verip vermemek arası bocalar bir hali vardı. Hoca sualini tekrarladı: "Hastanın sağ daşşağında bir şiş var" dedi. Bir kahkaha tufanı koptu. Heyecandan testis kelimesini hatırlayamamıştı. Kahkahalar dinince hoca gayet sakin bir şekilde inceli, kalınlı iki tonlu sesiyle, "Arkadaşınızın da amiyane bir şekilde ifade ettiği gibi..." diye başlayarak hastalığı anlattı.

Cerrahi müdahaleleri seyretmek ilk zamanlar birçoğumuz için oldukça zor oluyordu. Bir cerrahi dersinde hoca getirdiği hastanın uyluk derisinden ustura ile yüzeysel cilt parçası alarak kapanmayan yarası üzerine ekecekti. Bütün sınıf pür dikkat seyrediyorduk. Usturayı eline alıp da bacak derisini yontmaya başlayınca amfiteatr sıralarından sert bir şeyin tahtaya çarptığını duyduk. Defeyans (baygınlık) geçiren öğrencilerin kafası sıraların üzerine düşmüştü.

Kulak-burun-boğaz stajında hoca bizi ameliyatını seyre götürdü. Yüz sinüsünü açacaktı. Ameliyat başladı. Cildi kaldırdı. Sinüse girmek için elindeki keskiyi kemiğin üzerine koyup çekiçle vurmaya başladı. Her vuruşta hastanın kafası sallandıkça bana fenalık geldi. Soğuk bir terle beraber başım dönmeye, gözüm kararmaya başladı. Düşmemek için kendimi zor tutuyordum. Hoca gözü ameliyat yerinde olduğu halde sallandığımı görmüş, "Sallanıp durma, çabuk çık dışarı" dedi. Kendimi dışarı zor attım ve bir bank üzerine uzandım, aklım başıma geldi. Bunlar tıp fakültesinde sık sık rastlanan olaylardı.

Hastalık Hastalığı

Dördüncü sınıfta klinik tanı ile ilgili dersler başlıyordu. O dönem, öğrencilerin hastalık hastası olduğu dönemdir. Birçoğumuz anlatılan hastalık belirtilerini kendimizde bulmaya başlarız. Hemoptizinin anlatıldığı zaman, diş kanamalarını kan tükürme zannederek genç yaşta veremden ölme korkusuna kapılanlar olur. Bu benim de başıma geldi. Geceleri yorganı başıma çekip ağladığımı hatırlıyorum. Karında su toplanmasının hangi hastalıklarda görüldüğü ve nasıl tespit edileceği anlatıldığı zaman bütün belirtileri kendimde buluyor, peritonit oldum diye üzülüyordum. Ama bütün bunları kimseye söyleyemiyordum.

Kalp hastalıkları bahsinde iyiden iyiye kalp hastası olmuştum. Hızlı yürüyemiyordum, iki üç basamak merdiven çıksam çarpıntı ve nefes darlığı geliyordu. Gece yatakta boğulacak gibi oluyor, kalkıp oturuyordum. Bu defa belirtiler uzun sürdüğü için muayene olmaya karar verdim. Öğrencilerin sağlık sorunları ile ilgili olarak rahatça başvurabileceği tek kişi Neşet Ömer Hocanın Doçenti Dr. Osman Barlas'tı. İriyarı, pehlivan gibi bir insandı. Fakat o gövdede şefkat ve merhamet dolu bir kalp taşırdı. Ona gittim. Beni gayet ciddi bir şekilde uzun uzun muayene etti. "Sana bir ilaç yazacağım, piyasada biraz zor bulunur. Muhakkak bul ve kullan, hiçbir şeyin kalmaz" dedi. Gerçekten de bulamadım. Fevkalâde üzüldüm. Halimi gören arkadaşlar ne derdim olduğunu sordular, anlattım. Suat Eren isimli arkadaşımın amcası Niğde'de eczacı imiş, 'Sen merak etme, amcamın ilaç aldığı ecza deposundan yarın sana bir kutu alır getiririm" dedi. Hakikaten de ertesi gün getirdi. Bir gün kullandım, hiçbir şeyim kalmadı. Bu hayat kurtaran ilaç, 'Bellargal'di. Asabi şikâyetlerde kullanılan bir ilaç olduğunu sonradan öğrendim. Ertesi gün Hukuk fakültesi son sınıfta olan bir öğrencinin beni aradığını söylediler. Kendisini buldum. Beni bir kenara çekti. "Yakında mezuniyet imtihanları var. Heyecandan imtihan kapısında ishal oluyorum. Eğer Bellargal almazsam imtihana girmem mümkün değil. Piyasada bulamıyorum. Sende varmış. Bana bir miktar verir misin?" dedi. Kalan Bellargaller de onu mezun etmişti.

Çok değerli hocam Osman Barlas'la ilgili bir anımı daha nakletmek istiyorum. Beşinci sınıfa geçtiğim sene okul tatilinde Giresun'a geldiğimde babamı ağır hasta buldum. İstanbul'a getirdim. Büyük şöhret sahibi ordinaryüs profesör hocalarıma götürdüm. Hastaneye almadılar. O zaman da imdadıma mütevazı Doçent Barlas yetişti. Kendisini hürmetle anarım.

Her iyi niyetli insana yapıldığı gibi Sayın Barlas'ın da iyi niyetinden yerli yersiz yararlanırdık. Bir seferinde kız arkadaşımı götürdüm. Teyzemin kızı olduğunu söyledim. Her zamanki gibi onu da gayet ciddi muayene etti. Reçetesini verdi. Giderken de "Teyze kızlarınızı bari getirmeyin" dedi.

Her sene tıp yıllığı çıkardı. Bunda hocaların ve öğrencilerin hoş yazıları olurdu. Hepsi de tabiî mizahi yazılardı. En güzel yazılar ise daha sonra İstanbul'a jinekolog olarak çalışan ve İstanbul Operası'nda sahneye çıkan İhsan Ünlüer'e aitti. Fevkalâde konuşma, yazma ve taklit yeteneği vardı. Sınıf eğlencelerinde, mezuniyet balolarında hocaların şahane taklitlerini yapardı. Onlar kendi taklitlerine bizden çok gülerlerdi. Yıllığın birisinde Prof. Schwatz'ın öğrencileri ile ilgili bir yazısı çıkmıştı. İlk çocukluğu Macaristan'da bir köyde geçmiş. Bir gün köye bir seyyar satıcı gelmiş. Satıcının eşeği, eşeğin yanında da sıpası varmış. Sıpanın güzelliğine hayran olmuş, gidinceye kadar onunla oynamış. İşi bitince satıcı yükünü eşeğe yüklemiş ve gitmiş. Yazının sonunu; "Bu sevimli hayvana hayran olmuştum, hep benim olsun istemiştim. Gidişine çok üzüldüm. Şimdi karşımda öğrencilerimi görünce bu anımı hatırlıyorum" diye bağlamıştı.

Acemi Hekim

Pratisyen Hekimlik

Takvimler 1950 yılının sonunu gösterirken hiç bitmeyecekmiş gibi gelen altı yıl bitmiş, doktor olmuştuk. Son imtihanı verdiğim gün sırtımda tonlarca yük varmış da ondan kurtulmuşum gibi hafiflemiş hissediyordum. O kadar yılmışım ki, "hayatımda bir daha imtihan kapısından geçmem" dediğimi hatırlıyorum.

Aradan birkaç gün geçtikten sonra ayaklarım yere değmeye başladı. Yaşam için daha bir sürü engeli geçmek gerekecekti. Talebe iken "Bir an evvel bitirsek de kurtulsak" dediğimizde, ağabeylerimizin "Acele etmeyin, sonra bugünleri çok arayacaksınız" demekle neyi kastettiklerini anlıyordum. Sorumsuz bir yaşamın yerini sorumlu ve sorunlu bir yaşam almıştı.

Hayata nereden ve ne şekilde başlayacağım sorusunun cevabını askerlikten sonraya bıraktım. 1951 Mayıs döneminde Yedek Subay Okulu'na katılacaktım. O zamana kadar geçecek zamanı değerlendirmek için de Mesudiye'de serbest çalışmaya karar verdim. Böylece Yedek Subay Okulu döneminin harçlığını da çıkarmış olacaktım. Ayrıca iki kardeşimle annemin geçimi de benim üstüme kalmıştı.

Babam, ben fakültede öğrenciyken vefat etmişti. O zaman

devlet memuru dışındakilerin emeklilik hakkı yoktu. Babamın sağlığında genel müdürleri Sadettin Bey'in, çalışanlara hayat sigortası yaptırdığından söz ettiğini hatırladım. Sigorta şirketi ile temasa geçtim. Sözleşme yapıldığını, kooperatifin o günden beri 8 aylık birikmiş sigorta primi borcu olduğunu, bunu öderlerse babamın ölüm sigortası tutarı olan 5.000 lirayı vereceklerini söylediler. Durumu genel müdüre ilettim. Büyük bir insanlık göstererek biriken prim borcunu ödetti. Biz de parayı aldık. Ailemin iki yıllık geçimi bu para ile sağlanmıştı. Bundan sonrası bana düşüyordu.

O zaman Mesudiye'de eczane yoktu. Beklemeye tahammülü olmayan hastalara vermek üzere bazı ilaçları da beraberimde götürmem gerekiyordu. Ordu'da, sahibi aile dostumuz olan bir eczaneden bedelini sonradan ödemek üzere bin liralık ilaç aldım. % 10 tenzilat yapıldığı için 100 lira da ilaçtan kazancım olacaktı. Hemşehrilerimin beni tercih edeceklerini düşünüyordum. Kısa bir süre sonra fazla iyimser olduğum ortaya çıktı.

İlk Serbest Meslek Denemesi

Belediye reisi ağabeyimiz, belediyenin altındaki kullanılmayan bir dükkânı bana verdi. Başlangıçta bir hayli sıkıntı çektim. Uygulama için sadece kitaplardan öğrenilmiş bilgiler yetmiyordu. Dinlediğimi duymadığım, duyduğumu ayıramadığım, bulguları bir araya getirerek hızla sonuca gidemediğim için çoğu zaman teşhisleri karine ile koyuyordum. Reçete yazma ayrı bir sorundu. İlaçların etkilerini, kullanma alanlarını, tedavi dozlarını, toksit miktarlarını ezbere biliyordum. Hazır ilaçların isimlerini, ismini bildiklerimin ise içindekilerin ismini ve miktarını bilmiyordum. Ateşli hastalarda o zamanlar yeni uygulamaya giren antibiyotikler, sulfamidler imdadımıza yetişiyordu. Hasta kabul ettiğim odaya açılan küçük karanlık bir oda vardı. Buraya el yıkamak için musluklu bir bidon koymuştum. Yanına da yapma ilaçların verildiği *Tıbbi Formüller* isimli kitapla, hazır ilaçlar kataloğu *Tıbbi Müstahzarlar* isimli kitabı bıraktım. Hastayı muayene ettikten sonra el yıkama bahanesi ile içeri geçiyor, bu kitaplardan yazacağım reçeteyi saptıyordum. Unutmamak için de içimden tekrarlayarak geliyor, masama oturuyor ve reçeteyi yazıyordum. En çok dikkat ettiğim husus hastaya zarar vermemekti.

Yeterli pratiği olmadan meslek hayatına başlayan yalnız ben değildim. Büyük çoğunluğun aynı durumda olduğuna şüphem yok. Kaldı ki ben yaz ayları hiçbir arkadaşımın yapmadığı bir şeyi yapıyordum. Sabahları Giresun'a -o zamanki adı ile- Memleket Hastanesi'ne giderek iç hastalıkları uzmanına çömezlik yapıyordum. Görerek ve yaparak bazı şeyler öğrenmiştim. Bunun sayesinde sadece el yordamı ile hareket etmiyordum. Sonraki yıllarda sağlık bakanlığı bu eksikliğin giderilmesi için tıp talebelerine Amerika'daki "intern"lik uygulamasını getirmek istedi. Bunun ön çalışmalarını yapmak üzere kurulan komisyonda ben de vardım. Fakültelerin temsilcileri böyle bir uygulamayı, öğrencileri iyi yetiştiremedikleri anlamına geleceğini ileri sürerek kabul etmiyorlardı. Halbuki sorun öğretmek ile ilgili değildi. Eğitim sistemi pratik kazanma olanağı sağlamıyordu. Bir komisyon çalışmasında bu hususları açıkladıktan sonra ilk meslek uygulamamda yaşadığım sıkıntıları anlattım ve "İçinizde fakülteyi bitirdiğinde benden farklı durumda olan varsa lütfen söylesin" dedim. Kimseden ses çıkmadı. Bu konu uzun süre gündemde kaldı. Fakültelerimiz daha iyi hekim yetiştirmenin onurunu, ufak tefek gurur hesaplarına feda ediyorlardı. Bugün bile durumun pek farklı olduğunu zannetmiyorum. Bakanlıkta görev yaptığım dönemlerde, yeni hekimlerin en büyük endişesinin yalnız başına hasta ile karşı karşıya kalmak olduğunu görmüştüm. Bu tür görevlerden kaçınıyorlardı. Şimdi buna bir de temel tıp bilgileri yeterli olmayan kuşaklar eklendi. Bir tıp fakültesi açma furyası başladı. Bu furyanın öncülüğünü yapan, sonra da üniversitelerin tepesine oturarak tümünü yozlaştıran zat, varılan sonucu "karaciğerin yerini bilmeyen hekimler var" diyerek güzel bir şekilde özetleme basiretini de göstermiştir.

Ben Madrid'deyken, yaz aylarında her sınıftan tıp talebesini hastanede çalıştırırdım. Klinik öncesi öğrencileri bile göre göre hastalıkları tanımaya başlamışlardı. Yıllar sonra bunların bir kısmını gördüm. Başarılarında benimle çalışmalarının büyük payı olduğunu söylüyorlardı. Çünkü hekimlik sanatı, hocalarımızın bize söylediği gibi, usta çırak işidir. Bu nedenle tedavi hizmetleri genel müdürü iken, sağlık ocaklarına atanan hekimlerin görev yerlerine en yakın devlet hastanelerinde uzman gözetimi altında bir süre çalışmaları için bakanı ikna etmiştim. Bazıları bu uygulamaya "Bakanlık hastanelerinin hekim açığının kapatılması için başvurulduğu" iddiası ile karşı çıktı. 12 Eylül dönemi olduğu için bu muhalefet etkili olmadı. Ne yazık ki hastaneler staja gelen bu arkadaşlarımızı polikliniklerde, acil hizmetlerde ve gece nöbetlerinde kadrolu uzman gibi kullanmaya başladılar. Uygulama amacımızı aşmış, itirazları haklı çıkarmıştı.

Bedava Hekimlik

Belediyede benden başka bir hükümet tabibi, bir de frengi savaş tabibi vardı. Frengi bazı köylerde oldukça yaygındı. Bu, gurbetçiliğin halkın başına sardığı bir bela idi. Doktor ağabeyler bana, özellikle başkalarının yanında, "sıkıntım olursa yardımcı olacaklarını" söylerlerdi. Reçetelerimi gördükleri zaman da şöyle bir göz atarak "hastaya bunları kullanmamanız iyi olur" diye ecza dolaplarından benzeri ilaçları veriyorlardı.

Esnaf ve politikacılarımız paralı hastaları hükümet tabibine götürüyor, bedava yapılacak işleri de bana yaptırıyorlardı. İzne gelen askerler birkaç gün daha fazla kalabilmek için doktor raporu alırlardı. Hükümet tabibinin bu raporları on liraya verdiği söyleniyordu. Onun için siyasetçiler rapor alacak fakirlerle, fakir hastaları bana getiriyorlardı.

Bana kendiliğinden gelen hastalar da oluyordu. Bir kısmı tabiî hısım akraba idi. Diğer hastalar verdiğim ilacı da alıp "Allahaısmarladık" diyerek giderlerdi. Para istemeye ve almaya henüz alışmamıştım. Çekine sıkıla ilaç parasını vermelerini söylediklerim, "Yiğen efendi, sen bankacı Kâzım Bey'in oğlu değil misin? Beni tanımazsın, baban çok yakın dostumdu. Sonra getiririm" der giderlerdi. Buna karşılık para almamam icap edecek kadar yakınlarım bana zorla para vermeye uğraşıyorlardı. Para kazanayım derken, bu gidişle bin lira ilaç borcu da üstümde kalacaktı. Bu koşullarda çalışmaya devam etmek akıl kârı değildi. O sırada Gölköy Kazası'nda zabıt katipliği yapan, kasabanın Neşe Ablası Mesudiye'ye gelmişti. Neşe Abla'nın Kurtuluş Savaşı'nın Kara Fatması'ndan sonra erkek kıyafeti ile gezen ikinci kadınımız olduğunu söyleyebilirim. Erkek gömleği, ceket, uzun bir kumaş etek giyer, kravat takardı. Kahvelerde erkeklerde otururdu.

Neşe Abla durumumu görünce "Gölköy'de bir senedir doktor yok. Burada ne duruyorsun, handa sana yer ayırtayım, gel orda çalış" dedi. Kabul ettim.

Ben fakülteyi bitirdiğim zaman, Tanrı'nın rahmeti onunla olsun, dayım Hüseyin Ekşi, Mesudiye'de kalmamı ve politikaya girmemi istemişti. Kabul etmemiştim. Doğru karar verdiğim ortaya çıktı. Politika mizacıma uygun değildi, yalan söyleyemem, insanları kullanamam, kazı bağırtmadan yolmasını bilmem, parasız politika olamayacağını da bilirdim. Bende o da yoktu. Pılımı pırtımı topladım, Gölköy'e gittim.

Gölköy'e Kaçış

Gölköy yeni kaza olmuştu. Karadeniz'i Orta Anadolu'dan ayıran dağların arasındaki huni şeklinde bir çukurda kurulmuştu. Yamaçlarda bahçelerin içerisinde dağınık çok az sayıdaki evin teşkil ettiği mahalleleri ve içinden geçen Ordu-Mesudiye şosesinin iki yanına sıralanmış birkaç ahşap baraka dükkânı, bir kahvehane, bir handan ibaret çarşısı ile küçücük bir kasaba idi.

Handa bana ayrılan iki ödadan birisini muayenehane, birisini de yatak odası olarak kullanacaktım. Odaların bütün mobilyası, üzerinde yatak bulunan birer somya, tahtadan dört köşe birer masa ve birer sandalyeden ibaretti. Döşeme tahtalarının arasından alttaki odaların içi görülüyordu. Çarşının alt ucunda yine ahşap bir binada şehir kulübü vardı. Birkaç kasaba erkânı ile memurların tek vakit geçirdikleri yerdi. Boş zamanlarda kâğıt oyunları oynanır, akşamları da rakı içilirdi.

Gecenin karanlığında bahçe aralarından evlere dönmek zor olduğundan, çoğunluk, hava tamamen kararmadan evlerine çekilirdi. Gece ile beraber kasabaya derin bir sessizlik çökerdi. Benimle beraber evi ulaşımı kolay yerde olan birkaç kişi yatma zamanına kadar kulüpte oyunla vakit geçirirdi. Aydınlatma gaz lambaları ile yapılırdı. Bekâr yaşayanlar, karnımızı akşamları kulüpte, öğle üzeri de 3-4 masalık baraka lokantada doyururduk. O dönemlerde Gölköy halkının yaşam standardı düşüktü. Sosyal ve ekonomik yönden civarın en geri kalmış yörelerinden birisi idi. Memurlar için de bellibaşlı mahrumiyet yerlerinden sayılırdı. Giresun'da tanıdığımız bir ailenin oğlu, ben üniversitede okurken Gölköy'e hükümet tabibi olarak atanmıştı. İki sene kaldı. İçki, kumar bilmeyen kendi halinde birisi idi. Orada içkiye ve kumara alıştı. İki senenin sonunda naklini istediği halde bakanlığa sesini duyuramıyordu. O da çareyi hastalarla ilgilenmemek, iş sahiplerine kötü muamele etmek ve işleri sürüncemede bırakmakta bulmuştu. Böylece halkı kendisini şikâyete zorluyordu. Milletvekilimiz Yusuf Ziya Ortaç, Gölköy'e gittiği zaman herkes hükümet tabibinden şikâyetçi olmuş. O da kendisi çağırıp, nasihat etmek istemiş. "Ne söyledimse aksi cevaplar veriyordu" diye anlatmıştı. "'Böyle davranırsan seni buradan attırırım' dedim. 'Müteşekkir olurum' dedi. Deli midir, nedir?"

Gölköy'e gelişime sadece yabancı memurlar sevinmişti. Hancı da devamlı bir müşteri bulduğu için memnundu. Halk, özellikle köylerde yaşayanlar, doktorla pek barışık olmamalılar ki, varlığımla fazla ilgilenmemişti. Bir yıldır birikmiş kronik hastalar geliyordu. Bu da 4 aylık yedek subay okulu döneminin harçlığını çıkarmama yetiyordu.

Gölköy kaymakamı, sonradan Ordu'dan milletvekili seçilen ve bir trafik kazasında genç yaşta hayatını kaybeden Eşref Ayhan'dı. Yerli memurlardan birisinin kızı ile evlenmek suretiyle mahrumiyeti sefalet haline getiren bekârlıktan kurtulmuştu. Akşam üzerleri Şehir Kulübü'nden başlayıp kaymakamın oturduğu evin bulunduğu kasabanın üst tarafına doğru yürüyüşe çıkardık. Kaymakamı evine bırakıp kulübe dönerdik.

Askerî Bir Tedavi Metodu

Sohbetlerimizi renklendiren, Askerlik Şubesi Başkanı Albay'dı. Her yeni tanıştığına kırk beş senelik hizmeti olduğunu söyleyerek yaşını tahmin ettirir, sonra gerçek yaşını söylerdi. Verdiği rakama göre eksi dört yaşında okula başlamış olması gerekirdi. Hesabın içinden çıkılamayınca, askerî okul, harp gibi fiili hizmete ilave edilen kıdemlerin toplamını söyler, sorun çözülürdü. Mahrumiyet yörelerinde karşılaştığı sorunlara bulduğu çareleri anlatırdı. "Dişi ağrıyan askerleri, ağrıyan diş üst çenede ise koltuk altlarından, alt çenede ise bacaklarından tavana asıyorum. Ağrıyan dişe sağlam bir iple ağır bir taşı bağlıyorum. Ere sıkı dur komutunu vererek taşı bırakıyorum. Diş kesin çıkıyordu da, bazen de çene çıkardı."

1951 yılının mayıs ayında yedek subay okuluna katılmak üzere Gölköy'den ayrıldım.

Yedek Subay Okulu

Yedek subay okulunda yeniden öğrenci havasına girmiştik. İçinde 40 yaşına gelmiş ağabeylerimizin de bulunduğu 120 kişilik sıhhiye bölüğü yatılı ortaokula dönmüştü. Yeniden sorumsuz bir yaşamın tadını çıkarmaya başlamıştık. Biz bölükte mütecanis bir grup olarak çabucak kaynaşmış, birbirimizle içli dışlı olmuştuk. O zamanlarda sivil hayatta komünist olarak tanınanlar kıtaya çıkarılırlar, yani askerliklerini er olarak yapmak üzere birliklere gönderilirlerdi. Onun için birbirlerini tanımayan değişik mesleklerden insanların teşkil ettiği bölüklerde yakınlaşma olmuyordu. Bunda ortak bir paydaları olmamasının rolü vardı. İkinci avantajımız mesleğimizin tabiatından geliyordu. Sağlık hizmetlerine yardımcı oluyorduk. İçimizde iyi uzmanlar vardı. Komutanların hastalarına bakarlardı.

Lisede ve üç sene de üniversitede her yaz on beş gün er gibi askerî kamp yapardık. Bu kampları yapan son kuşak bizim bölüktü. İlk gün okul komutanının önünde yapılan geçit töreninde tek usulüne uygun geçen sıhhiye bölüğü olmuştu. Bu komutanın çok hoşuna gitti. Geçit töreninin sonunda bizimle ilgilendi. Biz de kendisinden bir miktar saç bırakmamız için özel izin aldık. Yüz bulduğumuz için aşırı şımarıklıklar yapıyorduk.

Akşam yemeği sonundaki mütalaa saatlerinde dershane panayır yerine dönerdi. Aynı dönem okulda bulunan zamanın ünlü şov ikilisi "Zıt Kardeşler"in küçüğü de bölüğünden kaçar, bize katılırdı. Mütalaa saati sonunda eğlence yatakhanede devam ederdi. Saat onda ışıkları söndürüp yatmamız icap ederken, kapıya gözcü koyarak geç vakitlere kadar şamataya devam ederdik. Gürültüye bazen nöbetçi subay gelirdi. Fakat o daha koridorun başında iken içeriye haber ulaşır, ışıklar söndürülür, herkes yatağa girer mışıl mışıl uyumaya başlardı. Her şeyin yolunda olduğunu gören nöbetçi subay döner gider, eğlence yeniden başlardı.

Çok çeşitli marifetleri olan arkadaşlar vardı. Bir Rum arkadaşımız taklitler yapardı. Bir sabah içtimaında bölük komutanı geldi. Sınıf çavuşunun, "dikkat" komutu ile hazırola geçtik. Bir tavuk gıdaklaması sessizliği bozdu. Arka tarafımızda dolaşmakta olan horozlar feryat eden tavuğu aramak için bize doğru koşmaya başladılar, onları gören tavuklar da peşlerine takıldı. Ortalık birbirine karıştı. Bölük komutanı rahat komutu verdi. "Şu tavukları kovun" dedi. Tavuklar kovuldu. "Hazırol" komutu ile tavuk tekrar gıdakladı. Horozlar peşlerindeki tavuklarla yine aramıza daldı. Bu, birkaç defa daha tekrarlandı. Bölük komutanı her seferinde "arkadaşlar, şu tavuğu bulun, buradan uzaklaştırın, işimizi bitirelim" diyordu, fakat tavuk bulunamıyordu. Çünkü tavuk seslerini Rum arkadaşımız çıkarıyordu. Gülmemek için kendimizi zor tutuyorduk. Saç diplerimiz karıncalanmaya başlamıştı. Bacaklarımıza çimdik atmaktan bihal oluyorduk. Bu oyuna son vermesini istememiz üzerine sustu.

Her şeyde bir muziplik yaratılıyordu. Bölük komutanımız fevkalâde anlayışlı, bize karşı yumuşak davranan bir üsteğmendi. Başka yere atandı. Bir kurmay yüzbaşı görevlendirildi. Daha gelmeden "ben onları hizaya getiririm" dediği söylenmeye başlanmıştı. Daha önce şöhretini duyardık. Başında bulunduğu bölük için "düşme ....cı bölüğe, düş kenefin deliğine" denirdi. Biz de ona karşı bazı tertipler düşünmüştük.

Kim Kimi Yola Getirdi?

Geldiği gün ilk işi bizi dershaneye toplayarak saç kontrolü yapmak oldu. Özel izin dolayısı ile pek fazla olmasa bile saçlarımız, olması gerekenden epeyce uzundu. İzin meselesi kendisine söylendi ise de kabul etmiyordu. "Kepin dışında üç numaradan fazla saç görülmeyecek şekilde tamamının kısaltılacağını" söyledi. Berbere de emir vermiş. "Üçer kişilik gruplar halinde gidin düzelttirin, gelin" dedi. İlk grup gitti geldi. Kepin dışından görülen yer üç numara makine ile traş edilmişti, kepleri çıkarttırdı. İçinde kalan saçlar olduğu gibi duruyordu. Bir kahkaha koptu. Yüzbaşı gayet sakin, "Olmamış" dedi. Hepsi birden cevap verdi:

"Emrinize uygundur komutanım."

"Herhalde berber yanlış anlamış, gidin düzelttirin gelin."

Gittiler. Bu arada, giden diğer grup geldi. Kepler çıkarıldı, traş aynı idi. Tabiî geri gönderildiler. Gidenler bu defa bütün saçlar sıfır numara kesilmiş olarak geliyorlardı. Yüzbaşı tahrik edilmek istendiğini anlamıştı. Soğukkanlılığını yitirmedi. Bunun acısını sabah eğitiminde çıkarmak istedi. Evvelce usulen yaptığımız piyade eğitimini ağır şekilde uygulatıyordu. Gerekçesi de "harpte kan akıtmamak için, şimdi ter akıtmak" lazımdı.

İki üç gün böyle gitti. Bir eğitim dönüşü nizamiyeden geçerken uygun adım yürüyüşü birden bozuldu. Sanki görünmeyen bir güç emir vermişti. Ayaklarımızı yere gereğinden fazla sert vurduğumuz için karmakarışık bir patırtı başladı. Yüzbaşı bölüğün bir başına bir sonuna koşuyor, "düzgün adım" diye bağırıyordu. Olduğu tarafta adımlar düzeliyor, uzaklaşınca yeniden başlıyordu.

"Olmadı" diyerek bölüğü geri döndürüyordu. Bu git geller epeyce uzadı. Ramazan ayının güneşli bir günü idi. Yakıcı bir öğle sıcağı vardı. Takım komutanı üsteğmen de bizimle beraber bölüğün başında beraber yürüyordu. Çok iyi bir insandı, seviyorduk. Yavaşça, "Çocuklar oruçluyum, lütfen yapmayın, perişan oldum" dedi. Bu istek kulaktan kulağa dolaştı. Yürüyüş düzeldi. Nizamiyeyi geçtik. Binanın giriş merdivenleri önünde dağılma emri verildi.

Sabahki eğitim alanında yapılan yoklamada bir arkadaş eksik çıkmıştı. Eksik olan, iç hastalıkları uzmanı Hasan Durak'tı. İyi bir hekimdi. Okul komutanı, onu sık sık yüksek rütbeli bir subayın hastasına gönderirdi. O gün de Genelkurmay'da bir paşanın hastasına gönderilmişti. Buna rağmen eğitim alanında eksik arkadaşın nereye gittiğini bilmediğimizi söylemiştik. Biz dağılırken Hasan Durak'ın merdivenlerden aşağı bize doğru geldiğini gördük. Arkadaşlardan birisi, bölük komutanına "işte kaçak geliyor komutanım" dedi. Yüzbaşı Hasan'ı çağırdı ve "Sen neredesin?" diye bağırdı. Hasan, okul komutanının hastaya gönderdiğini söyledi. Yüzbaşı duruşunu beğenmemiş olmalı ki; "Üstünle konuşurken hazırol durulacağını bilmiyor musun? Önce duruşunu düzelt" dedi. Hasan cevap verdi:

"Duruşum düzgündür komutanım."

Bunu söylerken elini kolunu sallıyordu. Yüzbaşı, "Kıpırdamadan konuş!" diye bağırıyor, "Kıpırdamıyorum" diyordu. Tartışma böyle sürüp giderken, yüzbaşı; "Amire saygısızlıktan ve emir dinlememekten bu akşam yemeğinden sonra 24 saat katıksız hapissin" dedi.

Akşam yemeğinden sonra bölük, önde Hasan, Hasan'ın yatağını taşıyan 6 kişi onun arkasında, onların arkasında da bölüğün geri kalan mevcudu, koridorda sıralandık. "Hapishane çeşmesi yandan akıyor yandan" türküsünü söyleyerek, hapishaneye doğru yürüyüşe geçtik. Hasan'ı hapishaneye teslim ettik ve döndük. Sabahleyin yüzbaşı hata yaptığını anlamış, Hasan'ı çıkarmak istemiş. Hasan sabaha kadar İç Hizmet Talimatı'nı incelemiş. Yüzbaşıya, "Cezamı ancak bir üst komutan kaldırır, onun için çıkmıyorum" demiş. Bu arada görevli gönderildiği halde cezalandırılmasını şikâyet için alay komutanlığına hitaben bir şikâyet dilekçesi yazmış. Alay komutanı çağırarak cezayı kaldırdığını söylemiş, Hasan dilekçeyi albaya vermiş. Albay dilekçeyi kabul etmediğini söyleyip atıyor, Hasan havada uçan dilekçeyi yakalayıp tekrar albaya veriyormuş. Bu atıp tutmalar birkaç kere daha tekrarlandıktan sonra Hasan şikâyetten vazgeçmiş, yüzbaşı da bizimle başa çıkamayacağını anlamıştı. Okulu bitirip giderken hepimizden özür diledi.

Okul bitti, kuralarımızı çektik. Bir subay elindeki torbadan isim çekiyor. İsmi okunan ileri çıkıyor, bir başka subay da görev yerini çekiyordu. İstanbul'da doğup büyüyen, köy olarak Kadıköy, Yeniköy gibi köyleri bilen arkadaşlar Doğu Anadolu köylerindeki birlikleri çekiyor, ağlamaya başlıyorlardı. Bizim gibi kırsal alan garibanları ise iyi yerleri. Ben Adapazarı 2. Süvari Tümeni Sıhhiye Bölüğü'nü çekmiştim.

Ve Kıtada Hizmet

Tümen karargâhı Çark denen yerde idi. Burası ismini Sapanca Gölü'nden açık arkla gelen şehir suyunu depoya çıkaran çarktan alıyordu. Şehirde bu depodan dağıtılan su kullanılıyordu. Bir gün çarka su getiren arkta bir ceset görülmüş. Durum tespiti için Tümen Baştabib'i Osman Bey'i götürmüşler. Olay yerinden, sudan yukarı doğru uzanan iki kadın bacağı görünüyormuş. Osman Bey, "Ne zaman su bardağını elime alsam içinde iki kadın bacağı görüyorum" diyordu.

Atandığım sıhhiye bölüğü doğrudan tümen komutanına bağlı motorize birlikti. Görevim bölük komutanlığı idi. Ayrıca garnizon tabipliği de yapıyordum. Vizite çıkan askerleri 30 yataklı tümen hastanesinin poliklinik bölümünde muayene ediyordum. Bu suretle hastanenin poliklinik hekimi olarak çalışıyordum. Karargâhta benden başka bir de devre arkadaşım, iç hastalıkları uzmanı Asteğmen Hasan Durak vardı. O sadece hastaneye bakıyordu. Tümenin üç süvari alayı ile istihkâm ve topçu taburu şehrin dışında idi.

Eniştem Beni Niye Öpmüş?

Göreve başladığımın ikinci günü bir er bana "Levazım yüzbaşım gönderdi" diyerek bir çift subay pabucu getirdi. Bize okulu bitirince bir çift vermişler, başka hakkımız olmadığını söylemişlerdi. Yüzbaşıya telefon ederek bunu söyledim, teşekkür ederek "geri gönderiyorum" dedim. "Depoda kayıt fazlası olarak duruyordu, sana hediyemiz olsun" dedi. Bu hediyenin neden icap ettiğini bir müddet sonra öğrendim.

Muayene komisyonuna üye olarak görevlendirildim. Komisyonun başkanı veteriner binbaşısı, diğer üye de levazım yüzbaşısı idi. Garnizon tabibi olarak mutfak ve yemekhane denetiminden de ben sorumlu idim. Askerlerin önüne konulan et yemekleri yenmeden dökülüyordu. Neden yemediklerini sorduğum zaman iyi pişmediği için çiğneyemediklerini söylüyorlardı. Ben de aşçıya iyi pişirmesi için tembih ediyordum. Bir gün ocaktaki kazandan dağıtıma hazır et yemeğinden aldım, lastik gibi idi, yenmesi yutulması mümkün değildi. O kadar tembih ettiğim halde yine de pişirmeden dağıttığı için aşçıya çıkıştım. Etler çok yaşlı sığırlara ait olduğu için pişirilmesinin mümkün olmadığını söyledi.

Muayene komisyonuna dahil olduktan sonra etleri muayene için mezbahaya ilk gidişimde aşçının bu sözleri aklıma geldi. 70 sığır gövdesi sıra sıra çengellere asılmış duruyordu. Veteriner binbaşı mühürü ve ıstampayı çıkardı, mühürü birinci sığır gövdesinin kalçasına bastı. İkinciye basarken elini tuttum.

"Binbaşım acele etmeyin, önce bir kontrol edelim. Alınmayacak gibi olanlar varsa onları ayıralım."

"Asteğmen, sen bu işlerden anlamazsın. Hepsi de iyidir."

Subaylar bana, işleri düştüğü zaman "doktorcuğum," üst oldukları akıllarına gelince de başıma kakar gibi "Asteğmen" diye hitap ederlerdi. Ben de bundan hoşlanmıyordum.

"İşinize gelirse doktor, gelmezse asteğmen oluyorum. Evvela her zaman aynı şekilde hitap etmenizi rica ediyorum. Buraya gelmeden önce şartnameyi inceledim. Ona göre kontrolleri yapacağım."

İnceledim, geri döndüm. "Bu gövdelerin hepsi de yaş haddinden emekli olmuş sığırlara ait. İçlerinde kabul edilebilecek gibi bir tane bile yok. Siz isterseniz mühürlemeye devam edin.

Tutanağı imzalamam, üzerime gelirseniz, komutana çıkarım" dedim ve oradan ayrıldım.

Ertesi gün gelişimizde karşımıza yine aynı etler çıktı. Bir tanesinin üzerinde bir gün önceki mühür bile duruyordu. "Bunlar dünkü etler, muayeneye gerek yok" dedim ve ayrıldım.

Öğle üzeri eve geldiğimde annem bir koyun budunu et tahtasına yatırmış, ayıklıyordu. Bir kısmını kıyma yapmış kavurmuştu. Buzdolabımız yoktu, etleri günlük alıyorduk. Bu yaz sıcağında bu kadar eti niçin aldığını sordum. "Ben almadım. Gençten birisi getirdi. Senin gönderdiğini söyledi" dedi.

Getiren tarifine göre müteahhidin adamı idi. Mezbaha tümene giden yol üzerinde idi. Geçerken uğradım. Müteahhidin adamı orada idi.

"Ulan," dedim, "bizim eve et götürmeni kim söyledi?"

"Veteriner binbaşı söyledi" dedi.

Garnizona gelince doğru veteriner binbaşının odasına gittim. Niçin bize et gönderdiğini sordum.

"Asteğmen kaç lira maaş alıyorsun?" dedi.

"Orası sizi ilgilendirmez. Kaç lira alırsam alırım. Boşuna uğraşmayın, o etleri kabul ettiremezsiniz!"

Bu defa müteahhit beni zorlamaya başladı. Gidip gelirken yolumu kesiyor, verilen fiyatla daha iyisinin getirilmesinin mümkün olmadığını, ısrar edersem batacağını söylüyordu. Korkmaya başlamıştım. Bir süre göreve iki erle gidip gelmeye başladım. Bundan sonra olacaklar zincirin yukarıya doğru halkalarının olup olmadığına bağlı idi. Hiçbir yerden ses gelmedi. İşin veteriner binbaşı ve levazım yüzbaşısı ile başlayıp bittiği anlaşılıyordu.

Etler Düzeldi Ama Görev de Bitti

Etler düzeldi. Asker et yemeklerini yemeye başladı. Nereden öğrendiler, nasıl öğrendiler bilmiyorum. Akın akın teşekkür edip elimi öpmeye geliyorlardı.

Sonbaharda üç süvari alayının atlarının kışlık ot ihtiyacı ihale edildi. Müteahhit trenle otları Arifiye İstasyonu'na getirmiş. Muayeneye gittik. Balyalar halinde vagonlar dolusu ot vardı. Katarın başından sonuna kadar gittik. Arkadaşlarımız "tamam" dediler. Balyalarda çürümüş ve küflenmiş otlar göze çarpıyordu. Onları gösterdim, "Tamam değil" dedim.

Müteahhide rastgele balyalar indirttim, daha yakından inceledim. Kabulü mümkün değildi. Beni ikna etmeye uğraştılar olmadı. Müteahhit, "Yapma etme, batarım, çoluk çocuğum var" türünden mesleğinin klasik gerekçelerini sıralamaya başladı. Sözlerinde tehdit havası da vardı. Heyet beni iknadan ümidi kesti. Döndük.

Devamlı tekerlerine taş koyuyordum. Beni ekarte etmenin yollarını aradıklarına şüphem yoktu. Sakarya Nehri kenarında tümenin istihkâm taburu vardı. Tabur doktoru bir üsteğmen ağabeyimizdi. Yıllık izne çıkınca yerine vekaleten bakmak üzere beni gönderdiler. Döndüğüm zaman muayene komisyonundaki görevim son bulmuştu.

İstihkâm taburunda da uslu durmadım(!) Orada da tabur komutanı binbaşının keyfini kaçırdım. Binbaşı enteresan bir adamdı. Öğle yemeklerini orduevinde yiyorduk. İçme suyu Hendek'ten tankerlerle getirilirdi. Şişelere doldurulur, yemek masalarına konurdu. Yemekten sonra servis yapan erlere şişe başına beş kuruş verirdik. Bu binbaşı her yemekten sonra ceketinin göğüs cebinden bir on liralık çıkartır, ere uzatır, "Ver dokuz yüz doksan beş kuruş" derdi. Er, o kadar bozuk parayı nereden bulacak, "kalsın binbaşım" derdi. 8 ay kaldım, bir kere beş kuruş verdiğini görmedim.

Teftiş Sağlıktan Önde Gelir

Mevsim kış, Adapazarı'nın gri gökyüzü, devamlı ince ince yağmur, rutubetin etkisini arttırdığı nemli bir hava ile soğuğun insanın iliklerine işlediği kışı hüküm sürüyordu. Birlik güneyden Adapazarı'na intikal etmiş, erler de o yörenin çocukları. Yatakhanelerde pufla yataklar duruyor, askerler çamur içerisinde çadırlarda bir battaniye altında yatıyorlar. Eğitimden dönüşlerinde sobası, masası, sandalyesi olan yemekhanelere sokulmuyorlar, tabaklar ellerinde saçak altlarında yemek yiyorlar. Soğuk hastalıklarının her türlüsü yaygın halde, anjin, nezle, bronşite yakalanmış erler çadırlarda yatıyorlar. Revir pnömonili dolu. Birlik komutanlarına niçin bu erlerin yatakhanelere, yemekhanelere sokulmadığını sordum. "Tabur komutanımın emri" dediler. Tümen komutanı teftişe gelince her tarafı temiz ve tertipli görecekmiş. Tabur komutanına gittim. Durumu anlattım. "Yemekhane ve yatakhaneler açılırsa, ayakta asker kalmayacağını" söyledim. Hiçbir yararı olmadı.

Odama geldim. Binbaşıya bir yazı yazdım. Görevimizin, sorumluluğunu taşıdığımız birliği tam kadro savaşa hazır bulundurmak olduğunu, halbuki yanlış bir uygulama yüzünden, bugün savaş çıksa eratın büyük çoğunluğunun yerinden kalkamayacak durumda hasta yattığını, sorunun çözümü için yapılması gerekenleri yazdıktan sonra, "Bunlar yerine getirilmediği takdirde, taburun sağlık durumunun kötüye gitmesinden sorumlu tutulamayacağımı saygı ile arz ederim" diye bağladım. Evrak defterine kayıt ettirdim. Zimmet defteri ile komutana gönderdim. Biraz sonra yardımcısı yüzbaşı elinde benim yazımla geldi. "Komutan bunu geri almanızı rica ediyor" dedi. Kayıtlı olduğu için mümkün olmadığını söyledim. Tümene de durumu bildirmiştim. Orada ilgi gördü. Yazılı olarak binbaşıya talimatlar geldi. Erata depodan birer battaniye daha gönderdiler.

Sürekli olsun, geçici olsun üstlendiğim her görevi ciddiye alan bir insanım. Seferî durumda kullanılacak hastane çadırımız ve sandıklarda muntazaman muhafaza edilen her türlü tıbbi, cerrahi alet malzeme vardı. Harp halinde cephede bu hastane kurulacaktı. Bu da bir eğitim işi idi. Arifiye'de tümenin topçu taburu ve keşif uçakları için de havaalanı vardı. Ben arabalara çadırı ve malzemeyi yükleyip oraya götürmeye ve hastane kurdurma eğitimlerine başladım. Bir müddet sonra hastaneyi, gayet hızla hazır edebilir hale geldik. Birinci Ordu Komutanı denetime gelecekti. Karargâh ve bağlı birlikler her şeyi ile istihkâm taburunun yanındaki düzlüğe intikal ettirildi. Birlikle, motorlu araçlar önceden belirlenen bir düzen içerisinde yerlerini aldı. Biz süratle hastane çadırını açtık. Güzel bir teftiş verilmişti.

Bir Rapor Tartışması

Biz daha ziyade tümen kurmay başkanı ile temasta oluyorduk. Kurmay başkanı o zaman yarbay olan Nüzhet Akıncılar'dı. Ciddi, yetenekli iyi bir kurmay subaydı. Sonradan zannederim Kara Kuvvetleri Komutanlığı'na kadar yükseldi. Bir hasta raporu yüzünden onunla da hafif tertip çatışmıştık.

Tümenin bando takımı vardı. Bir gün takımın ikinci derecede komutanı olan astsubay geldi. Bazı nedenler anlatarak moralinin son derece bozuk olduğunu söyledi ve birkaç günlük rapor istedi. Samimiyetine inandığım için üç gün istirahat verdim. Ben bilmiyordum, takım komutanı da izinli imiş. Kurmay başkanı beni çağırdı. "Bando astsubayına nasıl rapor verirsin? Takımı başsız bıraktın," diye beni paylamaya başladı ve "Raporu iptal edeceksin" dedi. Kabul etmedim. Israr ediyordu:

"Ben raporları idari gereklere göre değil, tıbbi gereklere göre yazarım. Onun için yazdığımı geri alamam. İsterseniz astsubayı askerî hastaneye sevk eder, oradan alacağınız sonuca göre uygulama yaparsınız. Ya da raporu yok sayar, astsubayı çalıştırırsınız."

Beni gönderdi. Fakat raporu da uyguladı. Terhis işlemimi imza için gittiğim zaman, askerî hekim olarak kalmam hususunda çok ısrar etti. Gerekli işlemleri yaptıracağını söyledi. Hatırımda kaldığına göre bir yıl Harbiye'de eğitime tâbi tutulmam gerekiyormuş. Çalışmalarımı yakından izlediği anlaşılıyordu. Teveccühüne teşekkür ettim. İhtisas yapmaya kararlı olduğumu, onun için kabul edemeyeceğimi bildirdim.

Tekrar Sivil Hayat

Askerlik bitti, bu defa da uygun bir yere atanma sorunu vardı. Babam sık sık "devlet memuriyeti yapma" derdi. Onun için serbest çalışılabilecek bir meslek seçmiştim. Fakat babamın erken vefatı ile ailenin geçimini sağlamak bana düştüğü için, en azından bir süre görev yapmak zorunluğum vardı. Asistanlıkta maaş azaldığı için ayrıca bir miktar param olması da gerekiyordu. Onun için eczanesi olmayan iyi bir ilçeye hükümet tabibi olarak gitmek istiyordum. Bu da torpil olmadan mümkün değildi. Torpili olmayanların başında, Şemdinli ve Çemişgezek Demokles'in kılıcı gibi asılı duruyordu. Nedense bu iki ilçe ileri derecede mahrumiyetin sembolü olmuştu. Osmanlı'nın Yemen askerliği gibi buralara gidip de dönememek de vardı. Çünkü Bakanlık gönderir ve gönderdiğini orada unuturdu. Bunların birisinin hükümet tabibi iki, üç sene çalıştıktan sonra naklini istemiş, cevap alamamış. Birkaç defa başvurusunu tekrarlamış. Bakmış ses seda yok. Bakanlığa bir telgraf çekmiş:

"Oturmak için kiralık evi, yemek yemek için lokantası olan bir yere naklimi arz ederim."

Yatılı okuyanlar kura ile atanırlardı. Tabiî kuralara mahrumiyet yerleri konur, iyi yerler de torpilliler için elde tutulurdu. Ben yatılı okumadığım için kuraya tâbi değildim. Bakanlığa müracaat için Ankara'ya geldim. İmdadıma burada da dayım yetişti. Milletvekilliğinden arkadaşı, Şakir Baran Bey bana yardımcı olacaktı. Memleketi olan Çorum'un Sungurlu Kazası'na tayinimi yaptırdı. Büyük ve iyi bir kaza olduğunu öğrendiğim için görevi kabul ettim.

Bürokrasi İle İlk Tanışma

1952 yılı temmuz ayının bir sabahında otobüsle Ankara'dan yola çıktım. O zaman Yozgat üzerinden Çorum'a, oradan da Sungurlu'ya gidiliyordu. Yol, bozuk, tozlu stabilize bir şose idi. Otobüs sıtmaya tutulmuş gibi zangır zangır titriyor, her tarafından sesler çıkıyordu. O gün akşam üzeri Çorum'a geldik. Ramazan olduğu için yol boyu bize yiyecek içecek vermemişlerdi. Otobüsten iner inmez bir lokantaya koştum. Lokantacı, iftara yarım saat var, diye beni azarladı. Uzun yoldan geldiğimi söyledim. Bir bardak su vermesini istedim. Ona da "olmaz" dedi. Bir kimsenin bir başkasının orucu ile ilgilendiğini ilk defa görüyordum, hayretle karşıladım.

Ertesi gün sokaklarda kara çarşaflar içerisinde penguen gibi dolaşan hanımları görünce hayretim bir kat daha artmıştı.

Kırk yıl düşünsem Cumhuriyet'in otuzuncu yılında böyle bir durumla karşılaşacağım aklıma gelmezdi. Bu durumun beni rahatsız ettiğini söylemeliyim. "Gericilerin ortasına düştüm" diye üzülüyordum. Bu, Demokrat Parti'nin dini oy toplama aracı yapmasının sonucu idi. Daha başlangıcında memlekette her şey güllük gülistanlıkmış gibi namaza çağrıdan başka hiçbir mana ve maksadı olmayan ezanın tekrar Arapça okutulması için bir bardak suda fırtınalar koparılmıştı. Cahil kitleleri yanlış yönlendirmenin sonuçlarını yaşıyor olmalıydık.

O gece otelde kendi kendime bir durum değerlendirmesi yaptım, Yozgat'ın da bağlı olduğu Sıtma Savaşı Bölge Başkanlığı Çorum'da idi. Sıtma hastalığını biliyordum, fakat sıtma savaşının ne olduğunu bilmiyordum. Göreve başlamadan önce hiç olmazsa esasları hakkında bir fikir sahibi olmam gerektiğini düşündüm. Bunun için de başkandan, başkanlıkta 10-15 gün çalışmama müsaade etmesini istemeye karar verdim. Başkanla konuşmak beni heyecanlandırıyordu. Bir falso yapmamak için yol boyu söyleyeceklerimi ezberlemeye çalışıyordum.

Birinci Ders: Seni Önemli Sansınlar

Başkanlık yüksek kerpiç duvarlarla çevrili bir avlu içerisinde eski tip iki katlı ahşap bir bina idi. Başkanın kapısında bir odacı oturuyordu. Kendimi tanıttım, başkanla görüşmek istediğimi söyledim. İçeri girdi çıktı, "Bekleyeceksiniz" dedi.

Başkanlığın önünde büyükçe bir hol vardı. Oturacak bir şey baktım, yoktu. Bekleme uzadı. Bekledikçe huzursuzluğum artıyordu. Durduğum yerde ayak değiştirmeye başladım. Bunu gören odacı, kapının önündeki kendi oturduğu sandalyeyi verdi. Şöyle bir iliştim. Beni beklettiğine göre başkasının toplantısı ya da önemli bir işi olmalıydı. Ne kadar bekledim bilmiyorum ama bana asırlar gibi uzun gelmişti. Bekledikçe heyecanım artıyordu, artık ağzım dilim kurumuştu, zil çaldı irkildim. Odacı içeri girdi, hemen geri döndü. Açık kapıyı göstererek, "Buyurun" dedi.

Ceketimi düğmeledim ve içeri girdim. Başkan üzeri camlı

ceviz kaplama büyük bir masanın arkasında oturuyordu. Odada kimse yoktu. Masa üzerinde çalışılacak evrak ve dosya gibi bir şey de görülmüyordu. Büyük adamların küçük adamları kapılarında bekletmesinin geleni etkilemenin bir yolu olduğunu sonradan öğrendim. Başkan Dr. Vasıf Özgökmen bana bürokraside ilk dersimi vermişti.

Gayet soğuk bir şekilde doğrudan doğruya ne istediğimi sordu. Sesimin titremesini belli etmeden geliş nedenimi açıklamaya çalıştım. Konuşurken boğazım kuruyor, dilim ağzımda zor dönüyordu. "Olmaz! Derhal görevinin başına git. Bir önerge var, onda öğrenmek istediğin her şeyi bulursun" dedi. Görüşme noktalanmıştı. Dışarı çıkınca kazasız belasız kurtulmanın rahatlığı içerisinde derin bir nefes aldım. Bu defa da yanlış hareket ettiğimi, bunun olumsuz sonuçlar yaratabileceğini düşünerek endişelenmeye başlamıştım. Başa dönmek artık mümkün değildi. Aslında bu görüşme pek de boşa gitmemişti. Hiç olmazsa başkan nasıl amirlik yapılacağını göstermişti. Bu da bürokraside ikinci dersim olmuştu. Ne yazık ki bu dersleri hiçbir zaman uygulamadım. Daha sonra Sayın Özgökmen'le Ankara'da karşılaştık. Dost olmuştuk. Bir ara Sağlık Bakanlığı'nda o zamanki adı ile zat işleri ve muamelat genel müdür yardımcılığı yaptım. Vasıf Bey de Ankara Sağlık Müdür Muavini idi. Beni ilk ziyarete geldiği gün, "Merhaba" diyerek, masamın önündeki koltuğa oturdu. "Hadi bir kahve ısmarla da içelim" dedi. Ciddi bir şekilde "Oturmanıza müsaade ettiğimi zannetmiyorum, evvela ayağa kalkın, ziyaret sebebinizi söyleyin" dedim, şaşırdı. Bocalamaya başladı, güldüm. "Çorum'da karşında beni selamsız sabahsız ayakta bekletmek nasılmış?" dedim. Gülüştük. Ben tedavi hizmetleri genel müdürlüğü yaptığım zaman da o Şişli Etfal Hastanesi Başhekim Yardımcısı idi.

Sungurlu'da Hayat

Sungurlu, beş bin nüfuslu, o zamana göre oldukça büyükçe bir kaza idi. Yüksek kerpiç duvarlı avlular içerisinde bir veya iki katlı beyaz badanalı, kiremit çatılı evleri, kasabanın alt tarafından geçen dere boyu bağları ve bahçeleri ile güzel bir yerdi. Yalnız kenar mahallelerde diğer Anadolu kasabalarında olduğu gibi harmanı ile ahırı ile köy hayatı yaşanıyordu. Ekonomik faaliyet tarıma ve hayvancılığa dayalı idi. Buğday, arpa ve çeltik ekimleri yapılıyordu. Önemli ölçüde üzüm yetiştiriliyordu. Bağ sahibi köylüler kendi ihtiyaçları için şarap kurar, boğma rakı çekerlerdi. Kürtler, Çerkezler, Tatarlar ve Bulgar göçmenlerinin ilavesiyle çeşitli etnik kökenden farklı mezhep ve kültüre sahip insanlar uyumlu bir toplum halinde yaşıyordu. Herkes birbiri ile dosttu.

O yıllarda siyasi azgınlığın arttığı bir dönemden geçiyorduk. Halk Demokrat Partililer (DP) ve Cumhuriyet Halk Partililer (CHP) olmak üzere ikiye bölünmüştü. Çoğu yerlerde bunların camileri ve kahveleri bile ayrıydı. Memurların üzerinde aşırı derecede siyasi baskılar vardı. İktidar partisinin ocak-bucak başkanları özel bir hegemonya kurmuşlardı. İşlerine gelmeyen memurları hemen "CHP'lidir" diye Ankara'ya şikâyet ederler, bu şikâyetler de karşılık bulurdu. Memurlar 1946-50 arasında DP'li diye sürgün edilirlerdi. Aynı memurun önce DP'li, sonra da CHP'li diye sürülmesi sıradan olaylardandı. Onun için Sungurlu'ya giderken biraz endişeli idim. Korktuğum gibi olmadı. Seçim süreci dışında politika pek ortalarda görünmüyordu. Her iki parti ileri gelenleri arasındaki ilişkiler genelde gayet iyi idi. Memurlar politikanın dışında tutulurlardı. Yaz aylarında her iki partinin ileri gelenleri ile piknikler yapardık. DP'den bazı partililerin memur şikâyet ettiği olurdu. O zaman da şikâyet haksızsa partinin ilçe yönetim kurulu üyesi Kemal Buharalı sahip çıkardı. Bu dost insanı rahmetle anarım.

Çarşaflı kadınların ve de hacıların bolluğunu gören, buraya ilk bakışta gerici yörelerden birisi derdi. Yerli hanımlar çarşafsız dışarı çıkmazlardı. İstisnasız herkes hekime saygılı idi. Hanımlar muayeneden çekinmezlerdi. Hatta hacı sabah çarşıya iner, bana "evde hanımının veya kızının hasta olduğunu, bir ara gidip görmemi" söyler, ben de yalnız başıma yatak odalarına girer muayenelerini yapar dönerdim. Bekâr olmama rağmen böylesine güven gösterirlerdi. Ben de hayatımda hiçbir zaman, hasta olarak gelen veya hasta numarası ile yakınlık kurmaya çalışan hanımların cinsiyeti ile ilgilenmemişimdir.

Giderek ailelerle içli dışlı olmuştum. Bazen Ankara'da nişan veya düğünleri olurdu. Grup halinde otobüsle gidilirdi, beni de beraber götürürlerdi. Çerikli'yi geçince çarşaflar atılır, o zaman moda olan Japone kollu elbiselerle makyajlı hanımlar ortaya çıkardı. Düğün veya nişan danslı eğlenceli olurdu. Kızlarla dans bile ederdik. Dönüşte Çerikli'ye gelince çarşaflar tekrar giyilirdi. Ben de; "Bu ne perhiz, bu ne lahana turşusu" diye takılırdım. Hanımlar "biz de istemiyoruz ama ne yapalım ki gelenek olmuş" derlerdi.

Hacıların Marifetleri

Köylülerin alışveriş yaptıkları büyük dükkân sahipleri genelde hacı idi. Bunlar tezgâhın bir ucundaki para çekmecesinin başına, bir sandalyede ellerinde 99'luk tespihle bir ayaklarını altlarına alarak otururlardı. Her birinin kendilerine bağlı köyleri vardı. Köylünün vergi, doktor, ilaç parası dahil her türlü ihtiyacını bunlar karşılardı. "Harmana ödenmek üzere" defterlerine alacak yazarlardı. Tabiî biri on göstererek! Esnaf kısmı hacılığı düpedüz köylüye güven verip rahatça kazıklamak için kullanırdı. Bizim memleketimizde hacı yoktu ama, hacının çok saygıdeğer bir insan olduğuna inanırdık. Bunları gördükten sonra hacılık müessesesi gözümde değerini yitirmişti.

Köylüler genelde daha rahat ve serbest hareket ederdi. Kadınlar kasabada da çarşaf giymezlerdi. Köy odalarında kadın erkek bir arada otururken, her türlü konu rahatça konuşulurdu. Köyün birisinde muhtar bir kenarda oturmakta olan ufak tefek yaşlı adamı göstererek; "Sen bunun böyle sessiz durduğuna bakma, sözü dinlenir ama dilini tutmasını bilmez. O yüzden milletvekilliğini de kaybetti" dedi ve anlattı; 1930'lu yıllarda valilerden milletvekilliği için köylü aday tespiti istenmiş. Çorum Valisi'ne verilen isimler o arasında ihtiyar da varmış. Vali kendisi ile görüşmek için köye gelmiş, sohbet esnasında bağdan, bostandan dönmekte olan köylü kadınları göstererek: "Yahu, bunlarla nasıl yatıyorsunuz?" demiş. O da hemen taşı gediğine koymuş; "Sizinkilerle kim olsa yatar beyim, marifet bunlarla yatmak!" Vali veda bile etmeden köyü terk etmiş.

"Eski Memur"lar

Sungurlu'da otobüsten iner inmez doğru Sıtma Savaş Tabipliği'ne gittim. Geleneksel Anadolu evi tipinde ahşap bir binanın ikinci katında idi. Merdivenden çıkınca karşıma gelen odanın kapısının yanında siyah boyalı cam üzerinde yaldızla "Doktor" yazılı bir tabela vardı. Odaya girmek üzere iken birtakım sesler duydum. Bulunduğum yer, kısa kolu sağa dönen "L" şeklinde bir koridordu. Sesler koridorun sonundan geliyordu. O tarafa yöneldim. Küçük bir odada dört kişi oturmuş sohbet ediyordu. Yaşlı başlı adamlardı. Odacı olduğu anlaşılan birisi de kapının pervazına dayanmış onları dinliyordu. Masanın arkasında oturan kişinin sadece başı gözüküyordu. Kapıda beni görünce ne istediğimi sordu. Kendimi tanıttım, hepsi birden ayağa fırladılar, ceketlerini düğmelediler, "Hoş geldiniz" diyen ellerini önünde kavuşturarak beklemeye geçiyordu. masanın arkasında oturan merkez memuru imiş, hafifçe kambur, belden yukarısı sağa doğru eğik ufak tefek birisi idi. Konuşurken insana küfür edecekmiş gibi bakıyordu. Diğer üçü gezici sıtma savaş koruyucuları imiş. İçlerinden birisi yarım küre şeklindeki göbeği, lacivert kruvaze takım elbisesi ile dikkati çekiyordu. Ciddi ve ağırbaşlı bir görünümü vardı. Merkez memuru oturduğu koltuğu göstererek; "Biz de sizi bekliyorduk, şöyle buyurun" dedi. Büyükler ayakta iken oturmak geleneğimizde ayıp sayıldığı için onlar oturmadan oturmak bana ters geliyordu. Onlar da ben oturmadan oturmuyorlardı. Sıkıntılı bir durum doğmuştu. "Buyurun oturun", "Estağfurullah siz buyurun"lu nezaket sözleri birkaç defa tekrarlandıktan sonra gösterilen yere oturmak zorunda kaldım. Ondan sonra da içlerinden birisi odama girdiği zaman ayağa kalkma dürtüsü bir süre daha yakamı bırakmadı. Gittiğim yerlerde benden yaşlıların ayağa kalkmalarına alışmam da uzunca bir zaman almıştı.

Çarşı içerisinde bir ev buldum. Annemle kardeşlerim de yatak, halı, kilim, kap kacak gibi güvenli olarak nakli mümkün eşyalarımızla sonradan geleceklerdi. Somya, masa, sandalye gibi diğer ihtiyaçları Sungurlu'dan temin edecektim. Aldığım yolluk parası ile zaruri alacaklarımı temine başladım. Bu arada bir akşam üzeri bir hamal eve Saba marka ceviz möbleli büyük bir radyo getirdi. Dükkâncı Kemal Buharalı'nın gönderdiğini söyledi. İlk defa bir radyomuz oluyordu. Sevinmiştim ama parasını ödeme sorunu vardı. Ertesi gün Kemal Buharalı'nın dükkânına gittim. Fiyatı üç yüz elli lira imiş. Benim maaş 208 lira idi. Kemal Bey'e şimdilik radyoya ihtiyacım olmadığını, geri aldırmasını söyledim. Bu konularda deneyimli olmalı idi ki ne demek istediğimi anlamıştı.

"Para için aceleye gerek yok, eliniz geçtikçe ödersiniz, kazamız uğurludur. Memurlar buraya eşyasız gelir, eşya sahibi olurlar" dedi.

Bu laf bana hiç yabancı gelmemişti. Bizim kazada her gelen memur için "Çulsuz geldi, ev bark sahibi oldu" derlerdi. Ben de bunu bizim kasabanın bir özelliği zannederdim. Şimdi bu laflar daha nazik bir şekilde bana söyleniyordu. O dönemlerde şehirlerarası ulaşım güçlükleri vardı. Bu olanağın olduğu yerlere mevcutları nakletmek yerine, satıp yenisini almak daha ucuza geliyordu. O zaman anladım ki bu zorunluk halk tarafından yanlış değerlendiriliyordu.

Bir Teşekkür Hikâyesi

Büyüklerden dinlemiştim, bizim kazaya elinde bavulla gelen kaymakamın birisi yemek masası yaptırmak için marangozu çağırtmış. Bu marangozu ben hatırlıyorum, enteresan bir tipti. Uzun saçlı, sakallı ve bıyıklı, eskilerin deyimi ile müşekkel bir adamdı. Bu hali ile Rıza Tevfik'e benziyordu. Ama kılık kıyafeti pejmürde idi. Devamlı sırtında eski bir palto ile dolaşırdı. Masayı yapıp eve bırakmış, parasını almak için kaymakama gitmiş, masayı yapıp eve bıraktığını söylemiş, kaymakam da "teşekkür ederim" demekle yetinmiş. Marangoz oradan çıkmış, doğru tütüncü Selim Efendi'ye gitmiş. Selim Efendi kasabanın tek Tekel bayii idi. Yaşlı, zayıf, biraz kambur birisi idi. Cimriliği meşhurdu. Marangoz bir paket "Köylü" sigarası almış, "Teşekkür ederim" demiş ve gitmek üzere dönmüş. Selim Efendi hemen koluna yapışmış, "Sigaranın parası?" O zaman Köylü sigarasının paketi 6,5 kuruştu. O da "Kaymakam beyin beş lira değerindeki teşekkürünü verdim ya, daha ne istiyorsun?" demiş. Lakin Selim Efendi razı olmamış, o da mecburen 6,5 kuruşu ödemiş. Doğru kaymakama gitmiş; "Efendim, kusura bakmayın, teşekkürü tütüncü Selim Efendi, 6,5 kuruşun yerine kabul etmedi, teşekkürünüzü alın, benim beş lirayı verin" demiş.

Sıtma Savaşı

Sıtma savaşını öğrenmek için başkanın sözünü ettiği yönergeyi ve merkez memurunun önüne koyduğu daimi genelgeler dosyasını defaatle inceledim. Birtakım defterlerden, basılılardan söz ediliyor, bunların nasıl kullanılacağı anlatılıyordu. Görevlerimiz ile ilgili bilgiler vardı. Aklımda kalan, mevsim müsait oldukça ayda 20 gün sıtma savaşı kapsamındaki köyleri dolaşmak zorunda olduğum, her yıl bu köylerdeki nüfusun hemen tamamına yakınında dalak kontrolü yapmam, en az yüzde 90'ından sıtma paraziti aranmak üzere kan örneği alarak başkanlığa laboratuvara göndermem gerektiği ve bazı bürokratik işlemler ile ilgili bilgiler olmuştur. Ben de geleneksel yönteme uygun olarak göreve adaptasyon eğitimimi, emrimdeki memurlardan aldım. Bu yöntem hassas bir denge üzerine oturur. İşin içinde sakalı kaptırmak da vardır. Neyse ki kısa bir süre sonra hocalarımın yanlışlarını bulmaya başladım. Bu yanlışları düzeltirken büyük dirençlerle karşılaşıyordum. Onlara göre benimki, "tereciye tere satmak" oluyordu. En büyük gerekçeleri de yıllardır bu işlerin böyle yapılmış olması idi. Bense iyice emin olmadan girişimde bulunmuyordum. Böylece sakalı kaptırmadığımız gibi, kendimizi kabul ettirmiş olduk. Ne var ki asıl öğrenmem gereken sıtma savaşını öğrenememiştim.

Karanlıkta el yordamı ile yol bulmaya çalıştım durdum. İşin içine girdikçe gördüm ki o ana kadar yapılanlar, yapılması icap eden şeylerden ziyade bir şey yapmış gözükmek için yapılmış olan şeylerdi. Çoğu kez de yapılmayan görevler yapılmış gibi gösterilmişti. İstatistikler ve çalışma cetvelleri hayali rakamlarda dolduruluyordu.

İstatistik Yapılmaz, Uydurulur

Yapılması gerektiği kadar sürfe savaşı için mazotlama, zorunlu miktarlarda bataklık drenajı gibi işler yapılmış gösteriliyordu. Ben istatistik cetvellerinin gerçek bilgilere dayanmasını istediğim zaman merkez memurum "Doktor bey istatistik demek atmasyon rakam yazmak demektir. Biz yalan söylemesini bilmeyenlere 'hiç mi istatistik yapmadın?' deriz" diyerek, bana bir ders de o vermişti. Daha sonra doğru istatistik vermenin ne kötü bir şey olduğunu deneyle öğrenecektim.

Görevimin ikinci senesi idi. Yaz aylarında köylerde az da olsa sıtma vakaları tespit ettim, gerekli önlemleri aldım. İyi bir iş başardığımı düşünüyordum. Fakat bunlar başkanlığa giden cetvellerde gösterilmemişti. Merkez memurlarına ilave etmesi için emir verdim, itiraz etti. Gösterdiğimiz takdirde başkanın bize kızacağını söylüyordu. Görevini yapana niçin kızılacağını anlayamamıştım. "Öyle şey olmaz, sen söylediğimi yap" dedim. Böylece vakalar çalışma cetvellerine girmiş oldu. Bir gün başkan telefonla beni aradı; "Sen nasıl olur da sıtma gösterirsin?" diye bağırmaya başladı. Ben doğru olanı yaptığımı söyledim. Kabul etmedi. Sonunda, "Ben de bunları başkanlığa gönderdiğim istatistiklerde göstermek zorundayım. Senin yüzünden görevimizi iyi yapmamakla suçlanacağız. Bir daha sıtma göstermeyeceksin" dedi. Böylece hizmette başarılı olmak yerine, gerçeklerin üzerine yatarak başarılı gözükmenin daha iyi olduğunu öğrenmiş oluyordum. Buna bizde "ırgat orağı saklamak" denir. Irgat orağı saklayanların daha makbul olduğu bir ülkede yaşıyorduk.

Bir zamanlar fevkalâde sıtma savaşı dönemi yaşanmış ve bu dönemde çok büyük işler başarılmıştı. Sungurlu'da anlatılıyordu: Hafta pazarının kurulduğu günlerde sokaklar sıtma nöbeti ile yatan köylülerle dolarmış. Bizim çalışma bölgemizde biraz yüksekçe bir yerde 10 haneli bir köy vardı. Köydekilerin hepsi de gençti. Bir seferinde köyün tek yaşlısına, "Bu köy yeni mi kuruldu?" diye sordum. "Ne yenisi beyim" dedi, "Sungurlu'nun en eski köylerindendir." Aşağıdaki düzlüğü işaret ederek devam etti: "Şurası bataklıktı. Havamızı zehirlediği için insanlar genç yaşta ölür giderlerdi. Bataklık kurutuldu, ondan sonra nüfusumuz artmaya başladı."

Sıtma savaşı, fevkalâde sıtma savaşı olarak başlamış, zorluklarla uğraşılmış, bir bela alt edilmişti. Gün gelmiş koşullar değişmiş; fakat savaş yeni koşullara uygun hale getirileceği yerde aynı yöntemlerin uygulanmasına devam ediliyordu. Halk DDT tatbikatı ve Atebrin isimli sıtma ilacının dağıtımı dışındaki çalışmaları kabul etmiyordu. DDT tatbikatını da bit, pire için istiyorlardı. Her sene baharda savaş kapsamındaki köylerde bütün binalar Amerikan yardımından gelen toz bir DDT preparatı ile badana edilirdi. Yıllarca süren bu tatbikat sonunda haşerede direnç husule gelmişti. Onun için bit ve pirelere etkisi olmuyordu. Köylüler de DDT yerine bit ve pireye etkili başka bir ilaç istemeye başlamıştı. Kaymakam da köylüler gibi düşündüğü için bir gün bana bakanlıktan bit, pire üzerinde etkili başka bir ilaç göndermelerini istememi söylemişti.

Sıtma İlacıyla İplik Boyama

Memurumuz, köy odasında getirdiği Atebrin kutusunu açar yanına kor, gelen alır, giden alırdı. O da hastalara iğne yapıp para kazanmakla meşgul olurdu. Kadınlar, Atebrin'le, sabit bir sarı renk verdiği için, iplik boyuyorlardı. Bir kısım köylü de kırıklığa iyi geldiği inancı ile arada sırada bir iki tane yutmak için alıyorlardı. Önceleri böyle kontrolsüz ve yersiz Atebrin dağıtılmasını gereksiz israf olarak görüyordum. Daha sonraları düşündüm ki hiç olmazsa bir ölçüde sıtmadan korunmaya yardımcı oluyordu. Köylüler diğer yaptıklarımızı bir derde deva olarak görmüyorlardı.

Köyün birinde yanıma gençten birisi geldi. İneği ağır hasta imiş, ona bakmamı istiyordu. Kendisine doktor olduğumu, hayvanlardan anlamadığımı söyledim, küstahlaştı: Sen ne işe yararsın, millet sana aylık veriyor, sende bu parayı alıp boşuna dolaşıyorsun." Sinirlendim.

"Boşuna gezmiyorum. Senin gibi ineklere bakıyorum" dedim. Ama köylü haklı idi, çünkü biz olmayan sıtmanın peşine koşacağız, hatta köylüyü taciz edeceğiz ama o köylü ekmek kapısı ineğini tedavi edecek birini bulamayacaktı. Merkezden ülkeyi dürbünün tersi ile seyreden yöneticilerin vardıkları nokta bu idi. Halktan kopuk bir yönetim daha nelere yol açıyordu?

Ya Bir Karga Başı Yahut Ceza

Muhtarın birisi kendilerinden her sene kişi başına bir karga başı veya beş karga yumurtası istenmesinden yakınıyordu. Getirmeyene para cezası veriliyormuş. "Çifti çubuğu, ekini harmanı, kışlık odun ihtiyacı için uğraşmak yerine, karga peşinde koşmalarının mümkün olmadığını" söyledi. Karganın tarıma büyük zararı olduğunu, devletin karga mücadelesi için her köye silahlı memurlar gönderemeyeceğini anlattım. "İsteneni yaparsanız yararı size" dedim. "Ne yararı, tohotur beyim? İşimizi zamanında yapamazsak emeklerimiz ve bir yıllık nafakamız yele, yağmura gider." "Demek ki," dedim, her sene ceza vermek size daha ucuza geliyor." "Ceza vermiyoruz ki" dedi.

Kolayını bulmuşlardı. Ziraat'in odacısı ambarlarında karga yumurtası ve karga başı saklıyormuş. Her sene odacıdan kişi başına tanesi beş kuruştan 5 yumurta veya tanesi 25 kuruştan bir karga başı alıp Ziraat memuruna gösteriyorlarmış, o da deftere işaretliyormuş. Yumurta ve başları odacı alıyor, tekrar ambardaki yerine koyuyormuş. Öyle bir tarım mücadelesi ki, bundan kârlı çıkan sadece kargalarla Ziraat'in odacısı idi. Belki de "Buna kargalar da güler" deyimi bu uygulamadan çıkmıştır!

Sonradan Aziz Nesin'in *İt Kuyruğu* adlı hikâyesini okudum. Okurken de bu olayı hatırladığım için gülmekten katılıyordum. Askerlikten ayrılıp İstanbul'a yerleşen bir kişinin bu gerçekleri nasıl yakaladığına şaşmamak mümkün değildi. Gözlem yeteneğine hayran olmuştum. Bütün hikâyeleri hayali gibi gözükür, ama hiç de öyle değildir.

Halkla yönetim arasında kopukluk vardır. Bu kopukluğun ortadan kalkması için yönetimden yerel idarelere yetki devri yapılması gerekir. Bugünkü sistemde her teşkilât kendi hizmeti için ayrı bir araçla aynı köye gitmektedir. Sahada kurumlar arasında, hatta aynı bakanlığın birimleri arasında işbirliği yoktur. İnisiyatif yerel yöneticilerin elinde olsa çalışmaları kendi imkân ve ihtiyaçlarına göre iş planlaması yapmak sureti ile daha ekonomik ve daha verimli hizmet verme imkânı kazanılmış olurdu.

Gerçekçi olmayan hizmetler yönünden sapmaya mahkûmdur. Nitekim sıtma savaşında da halkla sahada çalışanlar arasında mevcut duruma uygun bir uzlaşma sağlanmıştı. Çalışmalar bu uzlaşma çerçevesinde sürüp gidiyordu. Hizmet, her ne kadar yasal olmasa da, köylünün ayağına tedavi amaçlı sağlık hizmetlerinin götürülmesine dönüşmüştü. Bu görevin onlardan ve hükümet tabipliğinin gezici sağlık memurlarından arda kalan kısmını sıtma savaş hekimi tamamlıyordu. Çoğu şubelerde de, hekim olmadığı için hizmet her yönü ile bu memurlara kalmıştı. O derecede ki, köylerde koruyucularla, sağlık memurlarının adı yerel lehçe ile "tohtur" olmuştu. Tabiî dramatik, zaman zaman da komik olaylar yaşanıyordu. Görevimin ikinci yılında Başkan Vasıf Bey gitmiş, yerine "şişe" lakabı ile maruf Dr. Muzaffer Bey gelmişti. Hoş bir insandı. "Yiğidin lakabı kendinden önce gelir" denir ya, Muzaffer Bey'in lakabı kendinden önce gelmişti. Teşkilâtı tanımak için çaktığı gezide Yozgat Şubesi'nde başına gelenleri anlatıyordu: "Yol kıyafetimle şubeye gittim, memurlar bir odada oturmuş, sohbet ediyorlardı. İçlerinden birisi oturduğu yerden ne istediğimi sordu. 'Sıtma tutuyor, ilaç almaya geldim' dedim. 'Burada mı oturuyorsun?' dedi. 'Hayır' dedim. Laubali bir şekilde 'Git oturduğun yerin bağlı olduğu şubeden al' diyerek beni azarladı. O zaman 'yolcu olduğumu, geçerken uğradığımı' söyledim.

'Öyleyse yat şu masaya dalağına bakayım' dedi. Kerata bir de benim dalağıma bakacakmış.

'Ben yeni gelen bölge başkanıyım. Sana şimdi dalağa nasıl bakılacağını gösteririm' deyince, hepsi birden ayağa fırladı. Ben oradan ayrılıp doktor odasına giderken, odacı onlara 'Ulan aptallar' herifin başkan olduğunu anladım, arkasında size işaret edip duruyordum. Hadi onu fark etmediniz, gözlüğü de var diyorlardı, onu da mı görmediniz?' diyordu."

Benim Memurum İşini O Zaman da Bilirdi

Bu memurlar ayda 100 lira maaş alıyorlar, bununla da ev geçindiriyorlardı. Gezici olanlar bir de at beslemek zorunda idiler. Buna karşılık ayda 30 lira ek ödenekleri vardı. At yazın köylerde besleniyordu. Kış aylarında giderlerine arpa, saman masrafı ekleniyordu. Bu para ile, bir de at besleyerek aile geçindirilemeyeceğine göre devlet memuruna herhalde "üst tarafını sen hallet" demek istiyordu. Turgut Özal bu gerçeği "Benim memurun işini bilir" diyerek dile getirince kıyamet kopmuştu.

Memurlarımız, yetkileri olmadığı halde, çoğu askerliğini sıhhiye eri olarak yaptığı için oradan öğrendikleri kadarı ile hastaların reçeteli iğnelerini yapmakla işe başlamışlardı. Şimdi ise köylere sıtma savaş koruyuculuğu yapmaktan ziyade çantalarına doldurdukları çeşitli ilaç ampulleri ile hasta tedavi ederek para kazanmaya gidiyorlardı. Şube doktorlarının yaptığı çalışmalar da bundan pek farklı değildi. Çeltik ekilen yörelerde memurların bu kadarla da yetinmediklerinden söz edilirdi. Yaptıkları, çeltikçilerin devamlı sulama yapmalarına göz yummaktı. Daha önce sözünü ettiğim kruvaze takım elbiseli memurumuz çeltik ekilen bir bölgeden geldiği için birkaç banka hesap cüzdanı vardı. İğnecilik bir emek isterdi, o ise alışılmış, hâlâ emeksiz avanta peşinde koşuyordu.

Kontrollerde beraber olduğumuz köylerde muhtarların tavuklu, hindili ya da kuzulu yemekler ve rakı ikram etmeleri dikkatimi çekmeye başlamıştı. Bir müddet sonra öğrendim ki o memur beni öne sürerek yemekleri ziyafete dönüştürüyormuş. Fazla bir şey söylediği de yokmuş, yaptığı sadece muhtarlara canının istediği şeyi benim çok sevdiğimi söylemekten ibaretmiş. Bunu öğrendikten sonra bir daha böyle bir şey yaptığını duyarsam hakkında işlem yapacağımı söyledim. Ondan sonra ilk beraber olduğumuz köyde bulgur pilavlı mütevazı akşam yemeğinden sonra muhtarla oturuyorduk, dayanamamış olacak ki, "Doktor bey, dedi, biliyor musunuz bulgur pilavını hazmetmek için çay iyi gelir derler." Muhtar mesajı almıştı. Dışarı çıktı, adam beleş bir şey elde etmediği günü günden saymıyor, muhtemelen gece de uyku tutmuyordu.

Köylere gidişimizde köy odasında kalıyor ve orada çalışıyorduk. Yemeğimizi, atların samanını, arpasını muhtar veriyordu. Daha doğrusu ben öyle zannediyordum. Hizmetlerimizi de köy bekçisi görüyordu. Önceleri bu durumdan rahatsız oluyordum. Ama başka bir çare yoktu. Biz de karşılık olarak muhtar, bekçi ve bunların ailelerine istedikleri kadar Atebrin veriyorduk. Arada sırada da kasabaya gelen muhtarlara çay kahve ikram ediyordum. Onun da parasını ödemek için ne zaman cüzdana davransam "hesap ödendi" deniyordu. Ödeyen de muhtar oluyordu. Bunu öğrendikten sonra muhtarlara, "Köye geliyoruz. Yemek içmek sizden, karşılık olarak sizlere yemek ikram etmeye maaşım yetmez. Bari bırakın da ikram ettiğimiz bir bardak çayın parasını ödeyelim" diyordum. Onu da kabul etmiyorlardı. "Dohtur bey, bizde adet böyledir. Köyde yeme içme, kasabada çay kahve bizden olur."

Sonradan öğrendim ki muhtarlar bizlere yaptıkları bu tür masrafların karşılığını, hem de fazlası ile salma yaparak köylüden alırmış.

Yaylı Araba

Göreve başlayışımın ikinci veya üçüncü gününde merkez memuru benden öncekilerin köy gezilerini yaylı araba ile yaptıklarını, kasabanın tek yaylı arabasının da Yahya Efendi adında birisine ait olduğunu; Yahya Efendi'nin sıtma savaş tabibi ayrıldıktan sonra iki ata bakmaya gücü yetmediği için atları sattığını; ben de gezilerimi yaylı araba ile yapacaksam Yahya Efendi'den borçla iki at alacağını ve yaylının bakımını yaptıracağını, söyledi. O sıralarda Anadolu'da, normal motorlu araçların erişemeyeceği yerlerin çokluğu dolayısı ile jeep taksiciliği yaygınlaşmıştı. Sungurlu'da da bu iş için jeep'ler vardı. Diğer adli ve idari memurlar geçici görevlerde bunlardan yararlanabiliyordu. Fakat bizim için maliye motorlu araç yevmiyesi ödeniyordu. Bölge başkanlığında motorlu araçlar vardı. Bunlardan köylere DDT dağıtmaktan başka bir amaçla yararlanmamız mümkün değildi. Yahya Efendi'nin yaylı arabasına razı olmaktan başka çaremiz yoktu.

Yahya Efendi geldi. Uzun, ince yapılı birisi idi, üzerinden yoksulluk akıyordu, karşımda iki elini önünde kavuşturmuş, boynunu bükmüş, öyle duruyordu. Köy gezilerini onun yaylısı ile yapacağımı söylediğim zaman yüzü aydınlandı, yaşamın ağırlığı altında çöken omuzları dikleşti.

Yahya Efendi eskiden Sungurlu'nun en zengin ve itibarlı adamı Emrali Ağa'nın özel arabacısı imiş. Yalnız Sungurlu'nun değil, o civarın bütün tahıl piyasasını Emrali Ağa düzenlermiş. Yahya Efendi, "Akşam olunca," derdi, "Bankonotları çuvalla taşırdık." Günün birisinde Emrali Ağa bu imkânları ele geçirmek isteyen başka bir aile tarafından sokak ortasında vurdurulunca, Yahya Efendi için zor günler başlamış.

Devlet memurları için at ve at arabasının yerini jeep'ler alınca yaşam zorlukları Yahya Efendi'nin üzerine kâbus gibi çökmüş, ekmek kapısı olarak geriye sadece sıtma savaşı kalmıştı.

Atlar alındı. At dedikse öyle ahım şahım atlar değil, emekli olmuş iki kadit sütçü beygiri. Yaylı bakımdan geçti, içinin yatak ve yastığının yünleri atıldı, yüzleri değişti. Şimdi yaylı arabanın nasıl bir şey olduğunu bilen var mı, bilmiyorum. Ben de ilk defa görmüştüm ve de son gördüğüm yaylı o oldu. İsmini, kasasının ön ve arka tekerleklere birer makasla bağlanmasından alıyordu. Bununla yolculuk yaparken ya bağdaş kurup oturulacak ya da uzanılacaktır. Bağdaş kurarak oturmayı beceremediğim için uzanarak gitmeyi tercih ediyordum. Yahya Efendi'nin günlük yevmiyesi 22,5 lira; ben saat 18.00'den önce dönersem 2,5 lira, geç kalırsam beş lira yolluk alıyordum. O zamanlar bu konularda maliyeciler fevkalâde titizdiler. Yaptığım bir yanlışlığın sonucunu daha sonra bana ödettiler. Bakınız nasıl!

Paris'te stajda iken şimdi hatırlayamadığım bir işlem için pasaportumu konsolosluğa bırakmıştım. Almaya gittiğim zaman ilgili memur pasaportumu bulamadı, meğer konsolos tutuyormuş. Memur konsolostan almaya gitti, dönünce elinde benim pasaportla beraber bir de zarf vardı. Zarf Sayıştay ilamı tebliği imiş. Konsolos beni yakalamak için pasaportuma el koymuş. Bana ve benimle beraber aynı muhasebeden harcama yapanlara borçlar çıkarılmıştı. Borcun karşılığında da 2 milyon gibi o zaman için çok büyük bir rakam vardı. Benim o zamanki maaşımla, torunum da ödese bu borç bitmezdi. Telaşlanmıştım. İlamı okuyunca borcumun beş lira olduğunu anladım. Borç nedeni, bir geçici görev yolluğu beyannamesinde dönüş saati 18.00'den önce gösterilip tam yevmiye tahakkuk ettirmek sureti ile yapılan yanlışlıktı. Tebligat yolluğun kullanıldığı yerden başlayarak görev yaptığım bütün yerleri dolaşmıştı.

Zarfın üzerinde hepsinin adresi vardı. Bu gidiş gelişler dolayısı ile sonra yapıştırılan pul miktarı da 25 lirayı buluyordu. "Beş lirayı geri almak için 25 lira masraf yapacak kadar alacağına titiz bir devlet şimdi nerede" demeyin. Deveyi hamudu ile yutana o zaman da aldırış edilmezdi. O kadarcığı da yapılmasa hepten ayıp olur diye ufaklar kovalanıyordu. Şimdiye göre bir fark vardı. Herkes yolsuzluğun, rüşvetin, rezaletin diz boyu olduğunu bilir, ama farkında olmaz gibi görünürdü. Hele hele basında öyle alenen bunlardan söz edildiğine rastlanmazdı.

* * *

Sıtma savaşı kapsamında, kazaya yirmi beş-otuz km. mesafede köyler vardı. İlk günler yolda vakit kolay geçiyordu. Giderek yollar uzamaya başladı. Sıkıldığım zaman yaylıya sırtüstü uzanır, piyango bileti almak gibi bir adetim olmasa da, almış gibi büyük ikramiyeyi kendime çıkarır, yol boyu onu harcardım. Para bitiyordu, yol bitmiyordu. Baktım olmuyor, bundan vazgeçtim. Yanıma kitap alıp okumaya başladım. Fakat arabanın sarsıntılarından satırları takip zor oluyordu. Bazen satır atlıyor, bazen de aynı satıra birkaç defa geri dönüyordum. Onun için daha ziyade kolay okunur ve ilgi çekici kitapları seçiyordum. Polisiye Mayk Hammer serisi ile Aziz Nesin'i okuma tutkum böyle başladı. Mayk Hammer serisinin aslının 8-10 kitap olduğunu öğrendiğim zaman okuduğum tercüme sayısı yirmiyi çoktan geçmişti. Kitap tuttuğu için yerli olarak uydurmaya başlamışlar. Hiç unutmuyorum, birisinde Mayk Hammer karşısındakini, kendisine 'sen" diye hitap ettiği için 38'likle postunu delmekle tehdit ediyordu.

Bıktırırlar İnsanı

Köylere gidince çalışmalarımızı genelde köy odasında yapardık. Köy odaları toprak damlı bir göz yerlerdi, duvarlarını Puro sabunu, Vim ve Gripin afişleri ile Atatürk'ün, Mareşal Fevzi Çakmak'ın ve Yavuz zırhlısının, bir de muhtarın siyasi eğilimine göre İnönü veya Bayar'ın, seyyar esansçıların sattığı tek basma denen türden resimleri süslerdi. Duvar diplerine serilmiş, arkasına yastıklar sıralanmış yün yataklara otururduk. Muhtarın ilk işi bekçi aracılığı ile, köye geldiğimizi duyurmaktı. Kapıdan giren "Selamünaleyküm" diye hazır bulunanları selamladıktan sonra bana dönerek, ezberden okur gibi monoton bir ifade ile "Hoş geldin, sefa geldin, nasılsın, iyi misin tohtur beyim" der ve oturur. Oturur oturmaz hatır sormayı tazelerdi. Ortaya bir konuşma konusu çıkıncaya kadar bu hatır sorma turları her seferinde "nasılsın"ların "daha"ları art arda sürer giderdi. Hepsine de, "teşekkür ederim, sağol, hamdolsun iyiyim" gibi nezaket kelimeleri ile karşılık veriyordum.

Bizde köyün birisine kaymakam gelmiş, köyün münasebetsizi "kaymakam bey nasılsın, daha nasılsın, daha daha nasılsın?" diye sıralamaya başlayınca arif birisi bakmış ki "dahaların" sonu gelmiyor. "Yeter be oğlum, bıktırdın, demiş. Kaymakam bey vallahi de iyidir, billahi de iyidir."

Bu adap erkân bilen köylüye bir hikâye daha atfolunur. Köye yine kaymakam gelmiş, derdini anlatmaya çalışan köylü, her cümlenin sonunda "Ağnadın mı kaymakam bey" der dururmuş. (Bizim lehçede "ağnamak" anlamak yerine kullanılır. At ve eşeğin yatarak sırtını yere sürtmesine de ağnamak denir.) Nihayet arif olan dayanamamış, "Kaymakam bey eşşek değil ya, ağnar oğlum, ağnar" demiş.

Kazamızdaki Çavdar Köyü'ne biraz münasebetsizce birisi muhtar seçilmiş. Günün birinde köye kaymakam gelince, muhtar adet üzere kaymakamı baş köşeye buyur etmiş. Ondan sonra her kapıdan girene muhtar, "Hoş geldin Ahmet Ağa, hoş geldin Mehmet Ağa, buyur baş köşeye" dedikçe, onlar baş köşeye geçmişler. Kaymakam bey aşağı doğru itile itile kapının önüne kadar gelmiş. O esnada bir köpek kapıdan başını uzatınca kaymakam, "Çavdarlı isen sen de buyur baş köşeye" demiş, köylüler gülüşmeye başlamış. Neyse ki Sungurlu'da nezaket bu düzeye varmamıştı ama ben giderek bu hatır sorma seremonisinden sıkılmaya başlamıştım.

Bir gün Yahya Efendi'ye bunları anlattım ve "Sizin buralarda beni sıkıntıdan kurtaracak böyle arif ve kamil kimseye rastlamadık, onun için iş sana düşüyor" dedim: "Yola çıkmadan önce ben sana sağlık durumumu bildireceğim, sen de ona göre köyün girişinden başlayarak köy odasına kadar, 'ey ahali duyduk duymadık demeyin, bugün doktor beyin sağlığı iyidir, hatır soracakların hepsine teşekkür eder' ya da 'ey ahali duyduk duymadık demeyin, üzerinize afiyet doktor bey bugün biraz rahatsızdır' diye durumumu herkese duyuracaksın." Yahya Efendi saf, temiz kalpli bir insandı, söylediklerimi ciddiye almıştı. "Ayıp olur, tohtur beyim" dedi.

Sıtma hastalığı, yaygın olduğu dönemlerde dalak büyüklüğüne endekslendiği için bizim de görevimiz her yıl kitlesel dalak taraması yapmak, dalağı büyük olanları şüpheli vaka olarak izlemek, sıtma paraziti aramak için kitlesel kan örnekleri almak ve memurlarımızın çalışmalarını yerinde kontrol etmekti. Yaptığımız bu çalışmalar köylerin bütün nüfusunun ev, ev kayıtlı olduğu kütüklere işlenirdi. Köy odasına karargâhı kurar kurmaz bekçi köyü dolaşarak dalak kontrolü ve kan alınması için halkı köy odasına çağırırdı. Fakat kontrol edilecekler yerine sadece birkaç hasta gelirdi. Onları "akşam saat beşe kadar resmî görevimle ilgili çalışmaları yapacağımı, onun için beşten sonra gelmelerini söyleyerek gönderiyordum. Giden de aciliyeti yoksa geri gelmiyordu." Bakanlığın, sıtma savaş tabiplerinin muayenehane açamayacağına ve köylerde 24 saat görevli sayılacaklarına dair emirleri vardı. Ben hasta bakma işini, benden evvelkilerden farklı olarak hiç olmazsa mesai saati dışına bırakmak suretiyle meşrulaştırmaya çalışıyordum.

Köylüyü toplaması için muhtarı sıkıştırıyordum. Bekçiyi gönderiyordu. Bizim gezi dönemimiz köylünün işlerinin yoğun olduğu aylara rastladığı için, evde kalan birkaç ihtiyarla, birkaç çocuk getirebiliyordu. Gezimin birinci ayı böyle geçti. Daha ilk senemde görevimi tamamlayamayacağım endişesine kapıldım. Ben muhtarları sıkıştırdıkça onlar bana akıl veriyordu. "Gelen hastaları geri çevirerek gücendirmemeli" idim. Köylü bu mevsimde dağda bayırda idi. Olmayacak işle uğraşacağıma gelen hastalara bakıp iki iğne (nedense iğne hep iki idi) yapıp paramı alsam daha iyi olacağını söylüyorlardı. Bütün "tohturlar" böyle yapıyorlarmış. Tohturlar dediği gruba hükümet tabipliği gezici sağlık memurları ve sıtma savaş memurları da dahildi. İğnecilikle para kazanan, bir de askerliğini sıhhiye eri olarak yapmış ve hastanelerde hademe olarak çalışmış işbilirler vardı. O zaman iki iğnenin rayici 5 lira idi. Bunların bir kısmı da çocuğu olmayan kadınlara çocuk yaptırıyordu. Bu hizmetin bedeli ise 100 lira idi."

"İğneci"nin Tedavi Usulü

Bunların içerisinde cehaletin verdiği cesaretle başından büyük işlere kalkışanlar oluyordu. Bir gün bana kalçasında büyük bir apse oluşmuş bir hastayı getirdiler. Anlatılanlara göre adamcağız ağır bir enfeksiyon geçirmiş, onun bitkinliği içerisinde yatarken köye iğnecilerden birisi gelmiş. Hastayı ona göstermişler, kansızlık teşhisi koyarak, kan vermek gerektiğini söylemiş, bunun için de kara bir tavuk istemiş. Tavuğu leğenin içinde kesmiş, kanını enjektörle alarak hastanın kalçasına zerk etmiş, etini de pişirttirip afiyetle yemiş. Apse iğnenin yapıldığı yerde teşekkül etmişti. Adamın şansı mıdır, yoksa iğnecinin şansı mıdır, o kadarına erecek aklının varlığından mıdır nedir, kan damardan verilmemişti.

Mektepsiz tohturların da sağlık memuru tohturların da büyük küçük yanlışları oluyordu. Ateşi olanlara pensilin ve kinin ampulü yapıyorlardı. Tedavinin rastgeldiği hastalarla, kendiliğinden iyileşecek türde olan hastalıkların iyileşmesi halinde başarı bunların hanelerine yazılıyordu. Esasen yazın işten kışın kardan kasabaya hastalarını getirme imkânı bulamayan köylüler iyi kötü ayaklarına gelen bu imkândan yararlanmak zorunda idiler. Karşılıklı uzlaşma kurulmuş, rıza teessüs etmişti. Sistem tıkır tıkır işliyordu.

Çocuk Yaptırmanın Yolu

İlk zamanlar, çocuk yaptıranların bu işi nasıl becerdiklerini anlayamamıştım. Bir muhtara konuyu açtım. Anlattı: "Bunlar köy odasında kalıyorlar, gelişlerini, köylüye duyuruyoruz. Çocuk isteyen kadının gece köy odasında yatmasını istiyorlar. Yapacağı iğneleri yatmadan önce hazırlar, yanına bırakırmış, gecenin bir saatinde kendisine ilham geldiğini ve o esnada hemen iğneleri yapmasının icap ettiğini, onun için kadının alt tarafı açık olarak yüzükoyun yatar durumda olması gerektiğini söylüyorlar."

Teknik bu kadar basitti. Başarı şansı ise % 50... hiç de fena bir oran değildi. Kırsal alanda çocuk sahibi olmak birkaç bakımdan önemlidir. Kadın üstüne kuma gelmemesi için çocuk yapmak zorundadır. Koca için yeni bir hanım almanın maliyeti 5-6 bin lira idi. Bu da o zaman için bulunması kolay bir para değildi. Bu nedenle mevcut hanımdan çocuk sahibi olmak her ikisinin de işine geliyordu. Her işte olduğu gibi bunda da koşulların yarattığı durumdan yararlanmayı beceren açıkgözler türemişti. İnsan sağlığı adeta bit pazarında ticaret malı olmuştu. Devlet de bunu seyrediyordu. Bugün de aynı şeyler, yer yer değişik yöntemler kullanılsa da, devam etmektedir.

Devlet Çokeşliliği Teşvik Etti

Mesudiye'de çokeşlilik hoş karşılanmazdı. Sungurlu'da özellikle köylerde parası olanın birden fazla hanım alması doğaldı. Parası olmayanlar da DP iktidarı tarafından bu olanağa kavuşturulmuşlardı. Ziraat Bankası aracılığı ile köylüye 20 senede ödenmek üzere 2000 lira kredi dağıtıldı. Kaynağının Amerikan yardımı olduğu söyleniyordu. Amacı tarımı desteklemek olduğundan, halk bu kredinin adını "öküz parası" takmıştı. Herkes bu paranın peşinde idi. Bir kez alan bir daha almaya uğraşıyordu ve yazık ki parayı alan öküz yerine yoksa ikinci hanımı, varsa silah alıyordu.

İki bin liraya karı bulmak biraz zordu. Bu sorunu da açıkgözün biri halletmişti. Kimsesiz dul karıları toplayıp isteyene ucuz fiyatlarla satıyordu. Muhtarın birisi bu eş bankasından 700 liraya bir hanım almış, o da gebe çıkmış. Bu dertten kurtulmak için bana geldi. "Namussuz herif, karı ile beraber bir sandık çeyiz verecekti, onu da vermedi" diye yakınıyordu.

Kendisinin bundan bir şikâyeti yoktu, fakat ele güne ayıp olur diye gebeliği sona erdirmek istiyordu. Ne yazık ki gebelik ilerlemişti. Kürtaj mümkün değildi. Bunları anlattıktan sonra muzipliğim tuttu: "Üzülmene gerek yok," dedim: "Zahmetsiz çocuk sahibi olacaksın. Kız olursa beş bin liraya satar, bir de kâr edersin."

Hem İmam, Hem Cahil

Sungurlu'da halk sıtma savaş tabibini pek hekimden saymıyordu. Adımız "sıtmacı" idi. Köy gezilerimde, iğneciliğin yasaya aykırı, insanların sağlığı için tehlikeli olduğunu anlatmaya, bir yandan da sıtmacılıktan kurtularak "doktor" olmaya çalışıyordum. Tabiî çocuk yaptırma işine karışmıyordum. Köylerde bir rakibimiz de imamlardı. Bunların hemen hepsi cahil insanlardı. Ne Doğulu, ne Batılı, ne de İslâmî kültürden zerrece nasipleri yoktu. Ağızdan dolma toplar gibi kulaktan dolma bir atımlık bilgilerle görev yapıyorlardı. Ne yazık ki köylü üzerinde etkili olabiliyorlardı.

Büyükçe bir köyün imanının perianal fistülleri (makat etrafında iltihapları akan bir hastalık) vardı. Gayet kötü kokulu cerahatli akıntılarla her tarafı batmış durumda cemaatin önünde imamet yapmada sakınca görmüyordu. Ameliyatla iyileşmeyi de kabul etmiyordu. Bir tanesi vardı ki, "cehli mürekkep" örneği idi. Her iddiasının kanıtı veya her itirazının nedeni "Külli şey'in kadirdir" veya "Kitapta yazıyor" demekten ibaretti. Bir gün iltihaplanmış yarası olan bir köylüye verdiğim reçeteyi yırttırarak, güvercin pisliği, gübre ve iç yağı gibi şeyleri karıştırarak yapılan bir merhem tarif edip onu kullanmasını söyledi. Ne imamı ne de hastayı bunun yanlışına inandırabildim. Çünkü hoca efendi, "külli şey'in kadir, kitapta yazıyor" diyerek tartışmayı sonuçlandırmıştı.

Sözünü ettiği kitabı getirmesini istedim. İlkokulu bitirdiğim sene babam bana eski yazıyı öğretmişti. Elime geçen eski yazı kitapları, ne olduğuna bakmadan okuyordum. Bunlardan birisi de kasabanın tek saatçisi Talat Usta'nın dükkânında görüp okuduğum büyü yapma ve kocakarı ilaçları tarifelerini veren kitaptı. Hoca Efendi'nin kitabı da bu idi. Böyle olması bile, "Kitap" kelimesinin köylüler üzerindeki etkisini azaltmıyordu. Sonucu değiştiremedim. Aydın din adamı yetişmesine büyük katkısı olacağına inanarak gönülden desteklediğim imam hatip liselerinin sonunda yön saptırması acaba bu memleketin bir talihsizliği midir, yoksa bilinçli bir geri hareketin sonucu mudur, diye çok düşünmüşümdür.

Bilgi ve beceri eninde sonunda üstünlüğünü kanıtlar. Bir ölçüde de olsa yanlışlarla savaşmanın semerelerini gördüm. Bir süre sonra sıtmacılıktan kurtularak doktorlar sınıfına girmiştim. Artık iğnecilerin iyi edemediği hastalar bana gelmeye başlamıştı. Bu arada bir gerçeği daha gördüm. İmamlar gibi köylünün gözünde itibarı olan cahiller grubu ile savaşmak, karşımdaki cepheyi büyütmekten başka bir işe yaramıyordu. Aksine bu, onları kendilerini savunmak ve güçlerini korumak için daha fazla gayrete itiyordu. Taktik değiştirdim, hoş tutarak ve yeri geldikçe onore ederek yanıma çekmeye başladım.

Yıllarca sonra bu yaptığımın, idarecilikte tabiî halk liderlerinden yararlanma taktiği olduğunu öğrendim.

Bir Ders Daha: Zamanında Gel!

Gezilerimde bütün çabalarıma rağmen köylünün toplanamadığından daha önce söz etmiştim. Benden öncekilerin istatistiklerine bakıyordum, büyük çoğunluğun kan kontrolleri ve dalak taramaları her sene muntazaman yapılmıştı. Memurlarımız da, her ay verdikleri çalışma cetvellerine göre kendilerine düşen görevleri fazlası ile yerine getiriyorlardı. Sonbahara girmiştik, bekçilerin ilanı üzerine gelen köylülerle yetinirsem daha işin başında çalışma dönemini başarısızlıkla kapatacaktım. Nerede yanlışlık yaptığımı da bilemiyordum. Son çare olarak köylüler için yasal işlem yapmaya karar verdim. İlk olarak Çorum yolu üzerindeki büyük bir köyü seçtim. Yine 5-10 tane yaşlı ile bir o kadar da çocuktan başka kimse gelmedi. Tutanak tuttum, muhtar ve bekçiye imzalattım, köylüyü mahkemeye verdim. Kişi başına 10 lira para cezasına hükmedilmiş. Bir müddet sonra kasabada o köyün muhtarıyla karşılaştım. Beni görmemezlikten geldi. Önüne geçtim. "Selamı, sabahı niye kestin muhtar?" dedim. "Sayende," dedi, "Ödediğimiz cezalar için herhalde Allah razı olsun diyecek değiliz ya. On kere ceza verdirsen yine de köylüyü toplayamazsın, yaptığın kötülük de yanına kalır."

Bu işin cebirle de olamayacağı anlaşılıyordu. Köylünün niçin ısrarla kontrole gelmediğini sordum. "Öyle bir zamanda geliyorsunuz ki," dedi, "Nefes alacak vaktimiz yok, değil sağlamları dalak muayenesine getirmek, hastalarımızı doktora götüremiyoruz. Herkes dağda bayırda, hasat peşinde mahsulünü kaldıracak, bağını bahçesini halledecek, sonra hayvanının otunu samanı sağlayacak, arkasından da orman idaresinin verdiği süre içerisinde kışlık odununu kesip getirecek. Bunları bırakıp da karşına dizilmeleri mümkün değil."

Benden öncekilerin halkı nasıl topladıklarını sordum. "Ne toplaması, onlar gelene bakar, gelmeyeni de bakmış gibi gösterirdi. Gelenlerden lazım olduğu kadar da kan alırdı. Kimse gelmezse icap eden kanı benimle bekçiden alırlardı. Bu kanların üzerine de defterden bakarak köylülerin isimlerini yazarlardı. Sizin memurlar bile bütün köylünün kanını benimle bekçiden alıyorlar."

Bunların doğru olup olmadığını merkez memuruna sordum. Doğru olduğunu, daha önce bana söylemeye cesaret edemediklerini söyledi. Böylece bürokratik bir ders daha almıştım, ama bu kadarla da kalsa, yine iyi idi.

Linç Etmeye Niyetlendiler...

Muhtarla bu karşılaşmamızdan birkaç gün sonra bahardaki tatbikatta kullanılan DDT bidonlarının köylerden toplanması için bölgenin kamyonu gelmişti. Ben de bu fırsattan yararlanarak köylere kamyonla gitmeye başlamıştım. Köyün birisinde köy odası önünde o ana kadar görmediğim bir kalabalık toplandı. Büyük bir hevesle işe başladım. Sıra ile içeri giriyorlardı. Ayakta karınlarını açtırarak dalak arıyordum. Daha başlangıçta önüme gelen gençten birisi kolunu burnuma sokarcasına uzattı ve küstah bir şekilde "Dalağımı bırak da, şu yarama bak" dedi. Kolunda iltihaplanmış bir sıyrık vardı. Pek üzerinde durmadım. Davranış hatası olarak kabul etmiştim. Biraz sonra önüme yaşlı bir nine gelmişti. Karnını açtı, ben elimle dalağını ararken arkasında duran ve kocası olduğu anlaşılan bir ihtiyar; "Bana bak bey," dedi, "Karımın göbeğini ben dokuz selavatla ancak elliyorum, sen sellehüme sellem karıştırıp duruyorsun." Şaka yapıyor zannettim. Gülerek ben de şakalı bir cevap verdim. Bir süre sonra kamyon şoförü gelerek beni bir kenara çekti ve yavaşça kulağıma; "Dışarıda birşeyler oluyor, köylünün tutumunu beğenmedim. Gördüğüm kadarı ile etrafımızı çeviriyorlar. Ben kamyonu çalıştırdım, geldim. Hemen buradan kaçalım," dedi. Kapıya çıktım. Kapının önünde beş altı basamak merdivenle inilen bir alan vardı. Orada köylüler önleri bizim tarafa dönük yarım daire şeklinde toplanmışlardı. Kapıya doğru yaklaşma hareketleri vardı. Bir tertiple karşı karşıya kaldığımız belli idi. Daha önce yapılanların olayı başlatmaya yönelik bahane yaratma taktikleri olduğu anlaşılıyordu. Kaçmaya kalkışmak çözüm olmazdı. Aksine onları hemen harekete geçmeye iterdi, olay, belki de niyetlerini aşarak bizi linç etmeye kadar da giderdi. Kendilerini haklı çıkaracak mazeretleri de bulurlardı. Onur için soğukkanlılığımı korumak ve en uygun kurtuluşu yolunu bulmak zorunda idim. Bütün bunlar birkaç saniye içinde kafamdan geçti. Kapının önündeki sahanlığa çıktım, konuşmaya başladım. "Bir olay çıkarmak istediğinizi görüyorum. Buna sebep olarak ne yaptığımı bilmiyorum, birçoğunuzun hastalarına baktım, karınızı, kızınızı bana muayene ettirdiniz, elimden geldiğince sizlere yardımcı olmaya çalıştım. Herhalde namusunuzu emanet ettiğiniz ve şu anda köyünüzde misafir olan bir doktora durup dururken saldırmayı düşünmüyorsunuz. Varsa bir kusurum bunu bilmek de benim hakkımdır."

Kıpırdanmalar durdu. Gözle görülür bir çözülme başlamıştı. "İçinizde yaşlı başlı insanlar var. Bunların, birkaç kendini bilmezin tahrikine engel olmalarını beklerdim. Üzülerek köyünüzü terk ediyorum. Kimseye kırgın değilim, ama bir daha da gelmeyeceğim." Bir iki yaşlı öne çıktı; "Hadi dağılın ayıptır," diyerek kalabalığı dağıttı. İçeri döndüm. Eşyamı toplamaya başladım.

O ana kadar yerinden kıpırdamayan muhtar, ancak o zaman çalışmamızı tamamlamamızı, birkaç münasebetsizin kusuruna bakmamamızı söyledi. Bizi gitmekten vazgeçirmek istiyordu. İnisiyatif artık benim elime geçmişti. "Muhtar," dedim, "Olanlardan sonra burda kalmam mümkün değil. Köyünüze bir daha ayak basmayacağım gibi, milyon verseniz hastalarınıza da bakmam. Korkma, bu olayı resmiyete koymayacağım, ama senin gibi bir insanı tanımamış olmayı isterdim."

Yol boyu olanları düşündükçe tüylerim diken diken oluyordu. Bu olaydan birkaç gün önce bir köyde muhtarla konuşuyorduk. Köy öğretmeninin kızlarını okula göndermeleri için köylüleri sıkıştırdığını, göndermeyenlere ceza verdirdiğini, bu öğretmeni köyden attıracaklarını söylemişti. Öğretmen görevini yapıyordu. Görevini yapıyor diye adam atılmazdı. Bunu söylediğim zaman da, "Haaa, ona öyle bir iftira yaparız ki gitme değil, dünyasını da şaşırır" dediğini hatırladım. Aşırı vazifeşinaslığın karşılığını veriyorlardı. önce ceza verdiğim köy muhtarı tarafından dolaylı olarak uyarılmıştım. Şimdi de köylüler tepkilerini eylemle göstermişlerdi. Bunları bir dostuma anlattığımda, bana; "Her şey yaparlar doğdorcuğum dedi" ve anlattı: "Kız çocuklarının okula gönderilmesi için baskı yapan evli ve çocuk sahibi öğretmeni, bir kız öğrencinin bekâretini parmakla izale ederek ırza geçmekten mahkûm ettirdiler. Öğretmen halen hapis yatıyor." Çok büyük bir badire atlatmıştım.

Başkanı da Kızdırdık

Görevimin ilk yılı neleri yapmam, neleri yapmamam gerektiğini öğrenmekle geçti. Ben de sahada çalışanlarla halkın arasında kurulmuş olan uzlaşma kurallarına göre hareket edecektim. Köylüleri toplayıp doğru dürüst dalak kontrol ve taraması yapamadığımıza göre ilk iş olarak kayıtlara göre dalağı büyük olanları çağırtıp getirtebildiğim kadarını kontrol etmeye karar verdim. Bunun üzerine ilk gittiğim köyde, köy halkının kayıtlı olduğu defteri açarak dalaklı gösterilenlerin isimlerini okumaya başladım. Daha başlangıçta isimlerini okuduklarımın çoğunluğunun yıllarca önce ölmüş ya da çeşitli nedenlerle haneden hatta köyden ayrılmış oldukları ortaya çıktı. Böylece kitlesel tarama faaliyetlerinin ölçüsüz, endazesiz atmaktan ibaret olduğu anlaşılmıştı. Buna göre yapılacak en önemli iş kayıtların tamamını düzeltmek olacaktı. Artık her gittiğim köyde muhtarla bekçiyi yanıma oturtup hane hane isim okuyarak kayıtları düzeltiyordum. Geri kalan zamanda da icabına uygun olarak tarama, hasta muayene ve tedavisi ile uğraşıyordum. Tam manası ile hizmete adapte olmuştum. Bir gün böyle kayıt düzeltirken başkanın geldiğini haber verdiler. Muhtarla, bekçiye kalkmamalarını işaret ettim. Böylece başkan bizi çalışırken görmüş olacaktı. Hızla içeri girdi, odaya şöyle bir göz attı, muhtar, bekçi ve ben bir defterin başına oturmuşuz, etrafta in cin top oynuyordu.

Bir buçuk sene beraber çalıştık, sayın başkanın yüzünün güldüğünü görmemiştim. Bu defa iyice karardı, sert bir şekilde; "Sen burada ne yapıyorsun?" dedi. Ayağa kalktım, durumu özetledim, sağlıklı bir çalışma yapabilmek için defter kayıtlarını düzelttiğimi söyledim. Kısa bir tereddüt geçirdi, hızla döndü ve arabaya bindi gitti. Ben de iyi ve doğru bir iş yaptığıma inandığım için ilgileneceğini ve teşekkür edeceğini bekliyordum. Birkaç gün sonra başkanlıktan bir genelge geldi. Yenilir yutulur gibi değildi. Sayın başkan kısaca tespitini belirttikten sonra, "bu yapılanların meslek ahlâkı ve görev sorumluluğu ile alakası olmadığını" bildiriyor, verip veriştiriyordu. Sanki her şey doğru giderken, işleri ben çığrından çıkarmıştım. ben hiç üstüme almadım. Nedeni de yoktu. Hiç olmazsa geçmişte yapılan çalışmaların bölge düzeyinde ciddiyetten uzak olduğunu ortaya koymuştum. Bu da bir şeydi.

Başmüfettişin Huzurunda

Göreve başlayışımın ikinci senesiydi. Başkanlıktan telefon ettiler. Bir başmüfettiş gelmiş (hayatımda "baş"tan aşağı olanı görmedim ya) beni istiyormuş. Daha fazla bilgi alamadığım için teftiş konusunun benimle ilgili olduğunu zannettim ve telaşlandım. Ertesi gün Çorum'a gittim, huzursuzdum, yol boyu bir türlü heyecanımı yenemedim. Bir memur beni adeta tutukluymuşum gibi başkanlığın giriş kapısından müfettişin çalıştığı başkanın odasına kadar, adeta mahfuzen, götürüp odanın kapısında bekleyen odacıya teslim etti. Odacı beni bir sandalyeye oturttu ve başıma dikildi. Müfettiş, gelince kimseyle görüştürülmememi emretmiş. Odacıya neyi veya kimi teftiş ettiğini sordum, bilmiyordu. Müfettişin adını sordum, "Rıdvan Bey" dedi. İsim bana yabancı gelmemişti. Daha önce Bakanlık'tan Sungurlu'ya tayinimi alıp dışarı çıktığımda, talebe iken kaldığımız parti yurdunda Metin Önol adlı bir arkadaşım vardı, onunla karşılaşmıştım. Bakanlıkta ne aradığımı sordu. Durumu söyledim. "Babam sıtma savaş başmüfettişidir. Bir sıkıntın, bir isteğin olursa bana söyleyebilirsin" demiş ve babasının adını vermişti. İsmini unutmuştum ama yabancı gelmemesinden müfettişin Metin'in babası olabileceğini düşündüm. Odacıya soyadını sordum, bilmiyordu.

Bir müddet kapının önünde bekledikten sonra çağırıldım. Müfettiş bey başkanın masasının arkasında oturuyordu. Karşısına beni oturttu, daktiloya bir kâğıt taktı, birşeyler yazdı. O ana kadar benimle konuşmamıştı. Başını kaldırdı, heyecanla beklediğim ilk sualini sordu. "Başkan falan tarihte resmî araba ile Sungurlu'ya gelmiş, annesi de yanında imiş, beraberinde getirdiği hasta muayene masasını size bıraktıktan sonra annesini aynı araba ile trene bindirmek üzere Çerikli İstasyonu'na götürmüş, doğru mu?"

Teftişin benimle ilgili olmadığını anlayınca biraz rahatlamıştım ama hayatımda ilk defa bir müfettişle karşılaşıyordum, hem de başmüfettiş. Hali tavrı, fiziği ile mevkiine yakışıyordu. karşısındakine otoritesinin ağırlığını hissettiriyordu. Bu nedenle toparlanamadım. "Evet geldi, muayene masasını bıraktı, fakat hangi tarihte geldiğini hatırlayamıyorum. Annesini de görmedim" dedim. Sertleşti.

"Ne biçim doktorsun, bir tarihi bile hatırlamıyorsun?" diye beni payladı. Panikledim. Nasıl konuşacağımı, ne söyleyeceğimi iyice şaşırmıştım. Kelimeleri ağzımda geveleyerek, "Efendim, bu işin doktorlukla ne alakası var?" diyebildim. O yine beni azarlamaya devam etti. Böyle giderse papuç pahalanacaktı. Bir an önce paçayı kurtarmama yararı olur diye Metin'in babası olup olmadığını sormayı düşündüm. Baltayı taşa vurmak korkusu ile vazgeçtim. Sorgulama, azarlama ve tehditlerle sürüp gitti. Ben sorduklarına gerçekten bildiğim kadarı ile cevap veriyordum, o da hiçbirisini beğenmiyor, sinirleniyordu. Sorgu bitti, kâğıdı daktilodan çıkardı. Önüme uzattı; "Şurasını imzala" dedi.

Nerede, ne zaman kim söyledi, bilmiyorum, "Bir yazıyı ne olursa olsun okumadan imzalama" nasihatı kulağımda kalmış, başladım okumaya. "Ne yapıyorsun be?" diye müfettiş gürledi, ifademi okuduğumu söyledim. Hemen sol eli ile yazıyı kapattı, sağ elinin işaret parmağının ucunu kâğıdın üzerine koyarak emretti, "Şurayı imzala!"

Demek ki ben yanlış biliyor muşum, attım imzayı. "Şimdi," dedi, "Buradan çıkacaksın, hiçbir yere uğramadan doğru Sungurlu'ya işinin başına gideceksin, hadi bakalım." Oradan çıktım, zemin kata indim, başkan bir odada ayakta duruyordu. Yanına gittim. Olanları kısaca anlattım. Tutanağı okutmadan imzalatmasına takılmıştım. O da müfettişin taraflı hareket ettiğini, bakanlığa şikâyet edeceğini söyledi ve "Sorulursa bunu söyler misin?" dedi. Olumlu cevap verdim. Bu esnada merdivenlerden koşar adım inen birisinin ayak sesleri geldi, ne oluyor diye kapıya dönmemizle müfettişi karşımda görmem bir oldu.

"Ben, sana bir yere uğramadan git demedim mi, burada ne arıyorsun?" diye bağırdı. O anda bulunduğumuz odaya açılan bir kapının üzerinde gözüme ilişen "Ambar" yazısı imdadıma yetişti. "Basılı ihtiyaçlarım var, gelmişken onları da almak istedim" dedim.

"Eksiklerini ambar memuruna yazdır, onlar gönderirler, sende arkana bakmadan buradan bas git" dedi. Ben dış kapıdan çıkıncaya kadar da gözledi.

Bu teftişin aslını sonradan öğrendim. Bölge başkanlığının katibi, Rıdvan Bey bölge başkanı iken beraber çalışmışlar. Aralarındaki yakınlık devam ediyormuş. Rıdvan Bey'e dayanarak şımarıklıklar yapması yüzünden başkanla arası açılmış. Bunun üzerine hepsi de bana sorulan sualler gibi abuk sabuk ve esasla ilgisiz birtakım teferruattan ibaret 22 maddelik bir şikâyet yapmış. Rıdvan Bey'in özel gayreti ile başkan kusurlu bulunup Çorum'dan alındı, ama o da işin peşini bırakmadı. Bir sene uğraşarak gerçekleri ortaya çıkardı. Müfettiş teşkilâtta "Deli Rıdvan" namı ile tanınırmış. Lakabı haline gerçekten uygundu, sonradan ahbap olduk. Kural dışı yanları, acayip davranışları yanında iyi ve babacan tarafları da olan enteresan bir kişiliği vardı.

Kurtarıcı: Metin

Çorum'dan dönüşümün ikinci veya üçüncü gününde telefonla ertesi günü müfettişin Sungurlu'ya geleceğini söylediler. Geliş nedenini bilmiyorlardı. Tabiî elim ayağım tutuştu. Kimbilir başıma daha neler gelecekti. Ben gezi programım gereği o gün de köye gittim. Biraz da Rıdvan Bey'le ne kadar geç karşılaşırsam o kadar iyi olur düşüncesi ile akşam geç döndüm. Üzerimde gezi kıyafeti, elimde yol boyu tarlalarda gördüğüm toy sürülerinden av yapmak ümidi ile yanımda taşıdığım av tüfeği ile lokantaya girdim. Tam karşımda müfettişle, kaymakam yemek yiyorlardı. Ne yapacağıma karar vermek için bir an durakladım, ayrı bir masaya mı otursam, geri mi dönsem, yoksa yanlarına mı gitsem iyi olur diye düşünürken, kaymakam beni gördü ve masaya çağırdı. Selamladım, geziden döndüğüm için kıyafetimin mazur görülmesini rica ettim. Müfettiş başını dahi kaldırmadı. Yemeğini yemekle meşguldü. Kaymakamla aramızda bir iki cümlelik kısa bir nezaket konuşması geçti. Arkasından masaya ağır bir sessizlik çöktü. Nâzım Hikmet'in dizesi ile "Hava ağır"dı, "Kurşun gibi.." Ertesi gün başıma geleceklери düşünmek bile istemiyordum. Bir müddet böyle geçti. Her türlü sonucu göze alarak günlerdir kafamda dönüp duran suali sordum.

"Efendim, sizin Metin isminde bir oğlunuz var mı?"

"Evet" cevabı kurtuluşum olabilirdi. Ne yazık ki yüzüme bile bakmadan; "Benim öyle bir oğlum yok" dedi.

Yine bir sessizlik oldu. Biraz sonra bana, "Bu Metin dediğin necidir?" dedi. Avukat olduğunu söyledim. İlk defa yüzüme baktı. "Sen doktorsun, o avukat, nasıl arkadaş olursunuz?" Belayı kendim çağırmıştım. Öğrenci iken parti yurdunda üç yıl beraber bulunduğumuzu söyledim. Aradan geçen bir iki dakikalık sessizlikten sonra cebinden bir kâğıt çıkararak, "Oku bakalım," dedi. Bu bir telgraftı, açtım, "Acele bana iki bin lira gönder, Metin." Daha ne olduğunu anlamadan, "Herifi okuttuk, iş güç sahibi yaptık, halen benden para istiyor," dedi. Baktım gülümsemeye başlamıştı. O despot adam gitmiş, yerine babacan birisi gelmişti. "Metin dedin ya, artık her şey değişti. Dile benden ne dilersen?" dedi.

Teşekkür ettim, bir isteğim olmadığını söyledim. Sonradan öğrendim. Oğlu Metin'e düşkünlüğü de unvanı kadar meşhurmuş. Memurlara kızdığı zaman dayak bile atarmış. Tehlike göründüğü zaman "Metin'in başı için bağışlayın efendim" diyen kurtarırmış. Hemen "Defol, gözüm görmesin" diye kovarmış.

Artık aramızda samimi bir sohbet başlamıştı. Bekâr olduğumu öğrenince, "Seni çok sevdim, güzel bir kız bulup seni evlendireceğim. Söyle nasıl biri olsun," dedi? "Sarışın olsun," dedim. Ondan sonra, "Bir de sarışın olacakmış" diye bana takılır gülerdi.

Ertesi sabah daireye geldi. Gayet neşeli idi. Merkez memurunu çağırttı, merkez memuru ufak tefek, omurgasındaki bir bozukluktan dolayı hafif kamburca ve belden yukarısı sağa doğru eğik olarak dururdu. Normal konuşurken bile gözlerini açardı.

Rıdvan Bey, içeri girer girmez duruşunu bahane ederek başladı adamcağızı paylamaya, bağırdıkça o da gözlerini açarak birşeyler söylemeye çalışıyor, bu defa da bakışları için papara yiyordu. Müfettiş bağırdıkça adamcağız ne diyeceğini hepten şaşırıyordu. Araya girmek istedikçe Rıdvan Bey beni susturuyordu. Sonunda memuru kovdu, o gidince duruş ve bakışının onun tabiî hali olduğunu söyledim. "İyi bir memurdur, haksızlık ettiniz" dedim. "Bana bak" dedi: "Küçük memurun iyisi olmaz, işleri güçleri melânettir. Sen daha yenisin, bunların ne domuz olduğunu bilmezsin. Benim Konya'da bir memurum vardı, itoğlu it her hareketimi not edermiş. Aklınca gereğinde onunla beni korkutacakmış, bunu duydum, çağırdım odama, yıktım yere, bastım sopayı. Defteri de cebinden aldım, yırttım. Ondan sonra adam oldu. Bunlara arada sırada böyle gözdağı vereceksin ki huzurunu kaçırmasınlar. Maksadım bunun nasıl yapılacağını sana göstermekti."

Bu dersi hayatımda bir kere hatırladım. O da bu satırları yazarken.

Rıdvan Bey'in Sungurlu'ya geliş nedeni Verem Savaş Derneği'ni denetlemekmiş. Ne yapacağımı anlatarak beni gönderdi. Arabası vardı. Giderken de kaymakama, "Doktoru da götüreceğim, dönünceye kadar izinli say" diyerek beni yanına aldı. Ankara'da gezip eğlenmemi, ne zaman bir sıkıntım olursa kendisini aramamı söyledi; fakat ondan sonra bir daha görüşmek nasip olmadı.

Çankaya Köşkü'nde Alem Var

Ankara'ya gelişimde Türk basın tarihinin enteresan bir olayına neden oldum. Her zamanki gibi dayımlarda kalıyordum. O zaman Hukuk Fakültesi'nde öğrenci olan küçük dayımın oğlu Memduh Ekşi, Ankara Radyosu Türk Musikisi Erkekler Topluluğu'nda korist ve solist olarak okuyordu. Bir gece bizi konserlerini dinlemek için radyoevine götürdü. Konser bitti, stüdyodan çıktık, merdivenleri inerken birisi sanatçılara, "Dağılmayın köşke gideceğiz. Arabalar kapının önünde" diye talimat verdi. Biz eve döndükten biraz sonra Oktay Ekşi geldi. O zaman *Dünya* gazetesinde çalışıyordu, radyoevinde şahit olduğumuz olaydan söz açtım ve tasvip etmediğimi söyledim. Oktay fırladı gitti. Ertesi gün gazetelerde gece geç vakit Çankaya köşkünde bakanlar kurulunun önemli bir toplantı yaptığı haberleri çıkmıştı. *Dünya* gazetesinde ise cumhurbaşkanı ve bakanların sazlı sözlü eğlencesi manşet olmuştu. Oktay ve gazetenin fotoğrafçısı geceyarısı dışarıda beklemişler, köşkten çıkan sanatçıları ve eğlenceye katılanları görüntülemişlerdi. Bu büyük bir atlatma haberdi. Oktay'ı meşhur etti. Ama bu yüzden çok da sıkıntı çekti. Karakola götürdüler, ifadeler verdi, polis tarafından sürekli izlendi ve gözaltında tutuldu.

Rekabetin Ayarı Kaçınca

Özel hasta kabul eden hekimler arasında özellikle küçük yerlerde kapalı veya açık bir rekabet vardır. Bu rekabet bilgi ve beceri ile üstünlüğün kanıtlanması şeklinde olduğu sürece meşrudur ve iyidir. Ne yazık ki karalama ve kötülemeye kadar varan yakışıksız düzeylere indiği olur. Bunun bedelini de çoğu kez hasta öder ve de zamanla mesleğin itibarı zedelenir.

Sungurlu'da nevrastenik tip bir iskân memuru vardı. İpe sapa gelmez şikâyetlerle hekim hekim dolaşırdı. Sık sık da bana gelirdi. Bir gün kendisine dedim ki: "Sende kuruntu ve vesvese hastalığı var, bunun altında da genelde itiraf edilmeyen sıkıntılar yatar. Aile içerisinde veya işyerinde seni rahatsız eden bir sorunun var mı?"

Hiçbir sorunu olmadığını söyledi ve başladı anlatmaya:

"İki üç sene öncesine kadar normal ve gayet rahat bir insandım. Bir gün boğaz ağrısı ve ateşle hastalandım, usule uyarak hükümet tabibini çağırdık. Yazdığı ilaçları kullanmaya başladım. Akşam hastalığımı duymuş, sıtma savaş tabibi geldi, ilaçlara şöyle bir baktı, 'bu adam seni öldürecek," dedi ve ilaçları pencereden attı, bir reçete yazdı. Onları kullanmaya başladım, ertesi sabah hükümet tabibi geldi, o da 'bu adam seni öldürecek' dedi ve ilaçları pencereden dışarı attı. Ben iyileşinceye kadar bu böyle devam etti. Bu yüzden sinir hastası oldum, hep ciddi bir hastalığım olduğunu, ama bana yapılan tavsiyelerin yanlış olabileceği kuşkusunu taşıyorum."

Bir gece hastalanmış, ben gittiğimde enfarktüse bağlı ağır bir şok içerisinde idi. O gece vefat etti. Demek ki son zamanlardaki şikâyetleri koroner yetmezliğine bağlı olduğu halde kendisini ne biz, ne de sık sık başvurduğu Çorum ve Ankara'daki hekimler ciddiye almıştık.

Böyle bir rekabetten kazalarda daha çok hükümet tabipleri galip çıkarlardı. Halkın resmî işlemlerinin hükümet tabibi ile ilgili olmasının bunda rolü vardır. Genelde sıtma savaş tabipleri sıtmadan başka bir şeyden anlamaz, sıradan iğneciler düzeyinde birileri olarak kabul edilmişlerdi.

Kasabada kaldığım günler daireye hastalar geliyordu. Bu imkânı iyi kullanmak zorunda idim. Her şey iyi bir etki bırakabilmeme ve iyi sonuçlar almama bağlı idi. Ya sıtmacı olarak kalacak ya da hükümet tabibi düzeyinde bir hekim olduğum kabul edilecekti. Her yeni hekim gibi ben de teşhis ve tedavi zorlukları ile karşı karşıya kalıyordum. Özellikle kadın hastalar ilk zamanlar ne olduğunu anlayamadığım "kulunç" ve "yürek" ağrısı şikâyetleri ile geliyorlardı. Bunlar reçete de kabul etmiyor, illa kulunç veya yürek ağrısı iğnesi istiyorlardı.

İğne iki olacak, birisi kalçaya, diğeri karşı taraftaki kola olmak üzere çapraz yapılacaktı. Bazı kulunçlu hastaların "Tohtur... beğ koluma bir iğne yapmıştı, ağzımdan alaf çıktıydı" demesinden iğnenin birisinin kalsiyum ampulü olduğunu çıkarmıştım. Bunun kulunç dedikleri sırt ağrılara nasıl iyi geldiği anlaşılır gibi değildi. Bu iyi gelirse ötekisi de herhangi bir tonifian iğne veya bir vitamin ampulü olabilirdi. Yürek ağrısı çeken hanımlar zaman zaman da fenalık geçirirler ve bayılırlardı. Bu durumlarda onlara "çatlak hapı" dedikleri, içinde eter bulunan bir kapsül yutturulur veya fenalık gelen hasta kendisi bunlardan bir tane yutardı. Sık sık fenalık geçiren hanımlar yanlarında daima bir iki "çatlak hapı" taşırlardı. Bu kapsüller ne gibi bir tıbbi amaçla eczanelerde satılırdı, halen anlamış değilim. Yutulunca nasıl bir etki yaptıklarını merak ettiğim için bir tanesini yuttum. Yutmamla birlikte kusmaya başlamam bir oldu. Birkaç gün ağzımdan devamlı eter kokusu geliyor, bu koku geldikçe de midem bulanıyordu. Böylece iki önemli hastalığın mahiyetini ve tedavisini öğrenmiş oluyordum.

Uyanık Doktorun Tedavi (!) Metodu

Kasabada olsun, köylerde olsun nüfusun çoğunluğunu teşkil eden sosyoekonomik düzeyi düşük olan ailelerde yaşam genelde gece gündüz bir göz evde hep beraber geçirdi. Karı kocanın yatak mahremiyeti dahi yoktu. Kulunçlar, yürek ağrıları, bu durumun neden olduğu tatminsizliğin, gelin kaynana, gelin görümce ilişkilerinin, yaşlıların gelinler, kızlar üzerindeki baskıların ve ilgisizliğin yarattığı ruhsal gerginliklerin dışa vuruluşundan ibaretti. Bu hastalarda bir husus daha dikkatimi çekiyordu. Bu tür kadın hastalar "Tohtur ... beğ bana iki iğne yapmıştı, bir iki sene kulunç ağrısı görmedim" derken, o kadar yürekten söylüyorlardı ki ağızlarından bir ... bey daha çıkıyordu. Bu bey Sungurlu'da uzun bir süre hükümet tabipliği yapmış, benim gelişimden 5-6 sene önce ayrılmış bir ağabeyimizdi.

Bu ağabeyimiz sonradan Ankara'da bir hastanede başhekimlik yapmış, 27 Mayıs'tan sonra hakkında, basına da yansıyan, hemşire talebelerini DP ileri gelenlerine peşkeş çektiğine dair söylentiler çıkmıştı. Doğru olacağını zannetmiyorum, ama senatörken, İngiltere'ye giderek bir işte çalıştığı halde Meclis'ten de maaşını almaya devam ettiğinin ortaya çıkması üzerine senatörlükten düşürüldüğünü biliyorum.

Bu tür hastalarda unutulmaz anılar bırakmaya yalnız iğne yapmamın yetmeyeceği açıktı. Nitekim ... beğ bekârmış, yüreği ağrıyan ya da kuluncu olan hanımları otelde yatırır 3-5 günlük iğne tedavisi için 50-100 lira alır, kocayı "sen git 3-4 gün sonra gel" diye köye gönderirmiş. Özellikle unutamadıkları o 3-4 gündü. Bu hanımların propagandaları ile Sungurlu'da "iki iğne" tedavisi iyi kabul gören bir tedavi şekli olarak yerleşmişti. Köylerden gelen hastalar daima iki iğne yaptırıp öyle gitmek istiyordu. En geçerli tedavi yöntemi buydu. Hükümet tabibi olsun, sıtma savaş tabibi olsun gelen hastalara dairede bakar, biri kalçadan, biri koldan iki iğne yapar, 5 liralarını alırlarmış. Kimse bunda bir anormallik görmüyordu.

Merkez memuru, benden önceki arkadaşımızın arkasından iki şeker sandığı dolusu boş ampul attıklarını söylemişti. Niyet ne kadar masumâne olursa olsun resmî dairede para almak olmazdı.

Ben önceleri iğne isteyen hastalara böyle bir tedavinin yetersizliğini anlatır. Sonra hem doğru, hem de ucuz olan tedavinin reçeteyi yaptırıp, kullanmak olduğunu söylerdim. Benden reçeteyi alan dışarı çıkınca yırtıp atar, ilk rastladığı sağlık memuruna veya sıtma savaş koruyucusuna iki iğneyi yaptırırmış.

Evime gelen hastalar da eğer iğne yapmazsam muayene parası vermeden reçeteyi alıp gidiyorlardı. İlla o iğne yapılacaktı ve beş lira vereceklerdi ki rahatlasınlar. Buna 5-6 ay ancak karşı koyabildim. Sonra geleneğe uymak zorunda kaldım. Bu konuları o zamana kadar memurlarımla konuşmak istememiştim. Benim tarzımdan onlar da memnun kalmış olmalılar ki sesleri çıkmamıştı.

Yaptığım işin hiç olmazsa kitabına uygun olması için bir dükkân tuttum. İğne isteyenlerin iğnelerini mesai saatlerim dışında orada yapacaktık. Her ne kadar Bakanlık bir emirle sıtma savaş tabibliğinin serbest meslek uygulamasını yasaklamışsa da bu yasal bir hakkı kısıtlama oluyordu, uymamak pek fazla önemli değildi. Böylece resmî dairede para almak gibi ağır bir suç işlememiş oluyordum ve vicdanen rahattım.

Artık dairede muayene olup iğne isteyenlerin adlarını ve yapılacak iğneleri bir kâğıda yazıyor, öğle tatilinde bu listeyi ve ilaçları iğneleri yapması için merkez memuruna vererek dükkâna gönderiyordum. Tabiî bu durumda bekleyenlerle yetinmek zorunda kalıyordum. Günde muayene ettiğim hasta sayısı 70-80'i buluyordu. İğne için bekleyenlerin sayısı 8-10'u geçmiyordu. Onların da bir kısmı beklememek için iğnelerini başkalarına yaptırıyordu. Alınan beş liraların bir lirasını memura bırakıyordum. İlacı da düştükten sonra bana 2,5-3 lira kalıyordu. Böylece 2 senede 5 bin lira kadar para biriktirmiştim, onunla evlendim ve ihtisasımı yaptım.

Hükümet Tabipliği

Ben Sungurlu'ya geldiğim zaman orada hükümet tabibi olan doktor uyumlu bir arkadaştı. Aramızdaki ilişkiler dostluk çerçevesi dışında çıkmamıştı. Bir seneye yakın beraber olduk. İhtisas imtihanını kazanarak ayrıldı. Yenisi gelinceye kadar bu görevi de vekaleten ben yürüttüm. Böylece yaşamımda 5-6 ay kadar süren bir hükümet tabipliği dönemi de oldu. Sıtma savaşta olduğu gibi, bu görevi üstlendiğim zaman, hükümet tabipliği nedir, ne değildir onu da bilmiyordum. Ulusal geleneklere uygun olarak bunu da kıra döke kendi kendimize öğrenecektik. Sonradan hükümet tabibinin pek çok ve çeşitli görevleri olduğunu gördüm. Bu görevlerin çoğu patoloji dışında daha birçok şey bilmeyi gerektiriyordu. Mardin'de bu görevi yapan bir doktor arkadaşımız bunların toplamının 120 kadar olduğunu söylüyordu. Bunlara bir de trahom, verem ve belediye tabipliği gibi genelde boş kalan görevler de ekleniyordu.

Mardin'e yeni bir vali gelmişti. Sözünü ettiğim bu arkadaş hoş geldine gidince kendisini asli görevi ile tanıtmış. Ondan sonra öbür görevleri ile ilgili olarak birkaç kere daha gittikten sonra, vali bey, "Yahu doktor, ben seni bir yerden tanıyor gibiyim" demiş.

Hükümet tabipliği vekaleti beni bir rakipten kurtarmıştı

ama bir yığın da sıkıntısı oluyordu. Nedendir bilmiyorum; ölüm olduğunda cenaze sahipleri sabahın kör karanlığında defin ruhsatı almak için kapıya dayanırlardı. Kendilerini birkaç defa uyardım. "Bırakın diğer sakıncalarını, sanki, büyük bir arzu ile merhumun ölümünü bekliyordunuz, ölünce de bir an önce defnederek kendisinden kurtulmak telaşı içerisindesiniz" diyordum. Etkisi olmuyordu.

Çareyi bu görevi anneme devretmekte buldum. Kapı çalınınca nasıl olsa önce o kalkıyordu. Kapıyı çalana pencereden ne istediğini soruyor. Cenazemiz var diyene "Kaldırın" diyor, onlar da kaldırıyorlardı.

Bir de adli tabiplik görevimiz vardı. Gece yarıları sık sık olay çıkaran sarhoşların muayenesi için beni karakola çağırırlardı. Bu yüzden uykusuz kalıyordum. O zamanlar gece uykum bölününce uyuyamamak gibi bir huyum vardı. Sabahleyin sarhoşu bırakır, benim raporu rafa kaldırırlarmış. Olan benim uykuya oluyordu. Bunu öğrenince "Bir daha işlem yapmayacağınız sarhoşlar için beni kaldırmayın, gelmem dedim." Onlar da çağırmadılar.

Bekâret Zarı Muayenesi

Bu sorunu da halletmiştim. Ama adli tabipliğin kaçınılmaz görevleri vardı. O konuda birkaç defa baltayı taşa vurdum. Bir akşam üzeri savcılığa çağrıldım. Akça pakça iki köylü kızını göstererek; "Bunlar için zorla izale-yi bikir iddiası var, muayenelerini yap." Her ne kadar adli tıp dersleri okumuşsak da tatbikatını yapamadığımızdan bilgimiz var, becerimiz yoktu. Kadın cinsel organını daha çok anatomi derslerinden ve kadavralardan tanıyorduk. Mağdureyi doğrudan bir uzmana sevk edebilir miydim bilmiyordum. Savcıya sorarak öğrenmeyi de mesleki itibarımla bağdaştıramadım. Muayenede bir hayli terlediğimi itiraf ederim. Baktım, baktım, kızlık zarlarında çentikler vardı. Kızlara fiili bir durum meydana gelip gelmediğimi sordum, onlar da olduğunu söylediler. Elbette başlarına geleni bileceklerdi. O zaman gördüğüm çentiklerin yırtık olduğuna hükmettim. Raporu öyle verdim. Sanıklar tevkif edildi. Aradan 10-15 gün geçti, savcı beni çağırdı, gittim. Sanıkların itirazı üzerine kızları Çorum'da nisaiye mütehassısına göndermişler. Verilen raporu uzattı, kızlık zarlarının sağlam fakat yapısal olarak duhule müsait olduğu yazılıydı. "Şimdi ne yapacağız?" diye sordum. Çözümü söyledi. Raporların ikisi de Adli Tıp Meclisi'ne gidecekmiş. Onlar uzmanın raporunu onayladıkları takdirde ben usulen mahkemeye çağrılacak, çelişkiyi açıklayacaktım. Savcı ne diyeceğimi de söyledi. "Muayeneyi yaparken akşam karanlıktı, iyi seçemedim," gibi laflarla gafımı tevil edecektim. Öyle de yaptık, olay kapandı.

Bir Adli Tıp Dersi Daha

Bir gün daireye sol dizinde şişlik olan bir köylü delikanlısını getirdiler. Çobanmış, birisi ile kavga etmiş, karşısındaki değnekle dizine vurmuş, dizi şişmişti. Muayene ettim, diz mafsalında vurmaya bağlı hidroartroz dediğimiz su toplanması vardı. Bu durumda yapılacak tedaviyi iyi biliyordum. Diz mafsalı tespit edilecek, hasta şiş ininceye kadar bacağını uzatıp yatacaktı. Mafsalı sıkıca sardım, yatması gerektiğini söyledim. 10 gün geçici rapor yazdım; bu kadarını da biliyordum. On gün sonra geldi, şiş aynen duruyordu. Tekrar 10 günlük geçici rapor verdim. Bu git geller bir ay kadar sürdü. Son gelişinde düzelmişti, aradan geçen bu süreyi işinden gücünden kalmış olarak kabul ettim ve ona göre kesin raporu düzenledim.

Aradan yarım saat geçmişti ki savcı telefon etti. "Ne yaptın yahu doktor!" dedi. "Basit bir kavgayı ağır cezalık suç haline getirdin, cezası da iki seneden başlar."

Bu defa yaptığımın bilimsel olarak doğruluğuna emindim. Orası beni alakadar etmezdi. "Geliyorum, orada konuşalım" dedim.

Savcı, Mehmet İhsan Tüzüner isminde ağırbaşlı, efendi bir arkadaştı. Bilimsel izahımı sükûnetle dinledi. "Peki," dedi, "Senin tavsiyelerinin yerine getirildiğini nereden biliyorsun?" İşte bunu düşünmemiştim. Hatamı kabul ettim. Raporlar adli tıbba gitti. Onlar işinden gücünden 5-6 gün kalacağını bildirmişlerdi. Mahkemede nasıl savunma yapacağımı öğrettiler. Bu yanlışı da böylece düzeltmiştik. Aslında her ikisi de ağır hata idi. Ama bunları başka bir maksatla değil, tecrübesizlikten yaptığımı savcı da, hakim de biliyordu. Böylece adli tıp stajımı da yapmış oluyordum.

Fırıncı

Hükümet tabibi vekaletinde belediye tabipliği de üzerimde idi. Bu yüzden de başım derde girmişti. Belediye fırıncılara bir türlü doğru dürüst ekmek çıkarttıramıyordu. Reis benden sık sık ekmek kontrolü yapmamı rica etti. Gramı, iyi pişmemiş ekmek çıkararak tutturuyorlardı. Uyarıyordum, uymuyorlardı. Tutanak tutmaya başladım. Belediye de ceza veriyordu. İçlerinde Tatar bir fırıncı vardı. Bir akşam üzeri fırınının önünden geçiyordum, beni içeri çağırdı. İçeri girdim, kapıyı kapadı. Niyetini anladım ama iş işten geçmişti. "Benimle niçin uğraşıyorsun?" dedi. Alttan almak mecburiyetinde idim. Sükûnetimi korumaya çalışarak, kendisine karşı bir tavrım olmadığını, iyi niyetle görevimi yaptığımı falan söyledim. On-on beş dakika kadar konuşmalar devam etti. Ona harekete geçmesi için fırsat vermemeye çalışıyordum. Sonunda kapıyı açtı, el sıkışarak oradan ayrıldım. Senelerce sonra Emekli Sandığı'nda çalışırken bir göreve gitmiştik. Beraber olduğumuz memurlardan birisi Sungurlu'da bulunduğumu öğrenince, "Babamı tanımanız lazım, parkın yanındaki Tatar fırıncı," dedi.

Nasıl tanımazdım. Kısa boylu, tıknaz, sıksa benim suyumu çıkaracak fırıncının bana yaşattığı o sıkıntılı dakikaları unutmak mümkün müydü? Ama kendisine bunlardan söz etmedim.

Sungurlu genelde sakin bir kasaba idi. Sükûnu bozan iki kişi vardı. Birisi Kürt Kemal, diğeri ismini şimdi hatırlayamadığım için Ahmet diyelim, Tatar Ahmet'ti. İkisi de sabıkalı idi. Lokantalarda içerler, içerler maraza çıkarırlar, insanları rahatsız ederlerdi. Parasız kaldıkları zamanlar da geceleri ara sokaklarda yakaladıkları paralı kimselerden tehditle para alırlardı. Cebinde yeteri kadar para olmadığı için paltosunu bile veren vardı. Bunlar çoğu kez namus belasından, bazen de korkudan şikâyetçi olmazlar, hatta başlarına geleni kimselere söylemezlerdi.

Sungurlu'da güvenlik gücü olarak sadece bir jandarma birliği vardı. Jandarma komutanı da, hesabına gelmediği veya cevap vermek istemediği bir şey söylendiği zaman, "guli guli" dediği için "guli guli" diye adlandırdığımızdan şimdi ismini hatırlamadığım bir yüzbaşı idi.

Bir ikindi üzeri şehir parkında guli guli, savcı ve ben otururken Tatar Ahmet'in elinde bir bıçakla gençten birisini önüne katmış yukarı doğru kovaladığını gördük. Yüzbaşının o tarafa arkası dönüktü. "Tatar adamı öldürecek, müdahale et" diye bağırdık. Yerinden fırladı, onlar da bize yaklaşmışlardı. Guli Guli peşlerine takıldı. Bir yandan onların peşinden koşuyor, bir yandan da, "Ahmet, evladım yapma" diye Tatar'a ricada bulunuyordu. Üçlü kovalamaca uzun sürmedi, kovalanan genç sırtından bıçağı yedi, Tatar da yan tarafa doğru koşarak ara sokaklara daldı. Eğer yüzbaşı tabancasını çekip havaya bir uyarı atışı yapsaydı olay olmayacaktı.

Günün birinde polis karakolu kuruldu. Karakola bir komiserle üç polis geldi. O sırada ben hükümet tabip vekilliği de yapıyordum. DP ileri gelenleri komisere gidip durumu anlatmışlar. Bu iki serserinin huzuru bozmasına engel olmalarını, parti olarak arkalarında olduklarını söylemişler. Durumu, onlara yardımcı olmamız için savcı ve bana da bildirdiler. O zaman insan hakları, işkence ayıbı gibi kavramlar yaşamımıza henüz girmemişti. Onun yerine "Sallandırırsın keratayı herkese ibret olur"; "Basarsın köteği, Hanya'yı Konya'yı öğrenir" deniyordu. Onun için yardımcı olmaya söz verdik. Bunun üzerine her gece bir polis memuru içkili lokantaları dolaşmaya başladı. Bunlardan birisini içki masasında gördüler mi sessiz, sakin oturdukları halde "Umumi yerde huzuru bozuyorsun, yürü karakola" diyerek karakola getiriyorlar, el ayak çekildikten sonra, kasabanın alt tarafından geçmekte olan çayın kenarına götürüyorlar, orada falakaya yatırıyorlardı. Ayakları morarıp şişmesin diye de birisi sırtına binip çayın içerisinde bir aşağı, bir yukarı yürütüyor, sonra tekrar falakaya yatırıyorlardı. Bu husustaki deneyimleri dolayısı ile bize iş düşmüyordu. Bu böyle beş on gün sürdü. Kürt Kemal de, Tatar Ahmet de çareyi kasabayı terk etmekte buldular, bir daha da görülmediler. Herkes "asayiş dediğin böyle sağlanır" diye memnuniyetini belirtiyordu.

* * *

Sıtma savaşı bana anlamsız bir çaba gibi gözükmeye başlamıştı. Belki sıtmanın yaygınlaşmasına engel oluyorduk. Öyle de olsa bunun daha basit, daha kolay, daha verimli ve daha ucuz bir yöntemi olmalıydı.

Hükümet tabipliği daha fazla etkinliği olan, cazip bir görev yeri idi. Onun için asaleten bu göreve geçmeye uğraştım ama sonuç alamadım. İçinde bulunduğum durumdan kurtulmanın tek yolu vardı: İhtisasa gitmek. Bu suretle daha büyük yerlerde daha iyi sosyal şartlarda yaşama olanağına kavuşmak da mümkün olacaktı. Asistanlık imtihanlarına girdim. Kazanarak Zonguldak Devlet Hastanesi'nde dahiliye asistanı olarak göreve başlamak üzere Sungurlu'dan ayrıldım. Sungurlu'yu sevmiştim. Benim yaşamımda halen özel bir yeri vardır.

Uzman Olmaya Doğru

Asistanlık

Bizde genç hekimler, ülkenin sağlık politikasını olumsuz etkileyecek şekilde yanlış yönlendirilmektedirler. Gelişmekte olan ülkelerde normal olarak uzman/pratisyen oranı 1/3 olması icap ederken, bu oran bizde ters dönmüştür. Çünkü uzmanlık fazla kazanç, itibar ve kırsal bölgelerden kurtulma kapısı haline geldi. Tabiî bunda yukarıda da anlattığım, tıp fakültelerini bitirenlerin pratik eksikliğinin de payı var. Bunun yarattığı özgüvensizlik hekimleri ihtisasa itmektedir. Asistanlığımın birinci yılı sonunda hocama "Şimdi doğru dürüst bir pratisyen oldum" demiştim!

Devletin esas yükümlülüğünü teşkil eden koruyucu tababet hizmetlerinde (halk sağlığı/toplum sağlığı hizmetleri) pratisyen hekimlere ihtiyaç vardır. Onun için bu görevlere özendirecek önlemler alınması icap ederken, tam aksi yapılmaktadır.

1965'ten 1982 yılına kadar ihtisasla ilgili komisyon çalışmalarına devamlı katıldım. Uygulamanın düzeltilmesi için oldukça çaba gösterdim. Bu yönde çeşitli önerilerim olmuştur. Bakanlık yetkilileri hepsine karşı çıkıyordu. Bir seferinde asistanlık imtihanına girebilme koşulları arasına pratisyen olarak kamu hizmetlerinde iki yıl veya serbest olarak ya da özel teşebbüste üç yıl çalışma koşulunun ilave edilmesini önerdim. Komisyon başkanının etkisi ile reddedildi.

Asistanlık giriş imtihanları ile ilgili maddeye sıra gelince, sağlık hizmetlerinin sosyalleştirildiği bölgelerde kamu hizmetlerinde çalışanların her yılı için branş imtihan notlarına iki puanın eklenmesini, toplamının ise altıyı geçmemesini önerdim. Başkanımız müsteşar yardımcılarından birisi idi. Yine itiraz etti. Oylanmasını istedim, kabul edildi. Bu defa sinirlendi. "Böyle şey olmaz, ben bunu sayın bakana arz ederim" dedi. Bakana arz etmiş, o da altı puanı otuza çıkarmış. Bu da büyük haksızlıktı. Cebinde 30 puanla imtihana girenleri geçmek öyle kolay bir iş değildi. Genç hekimlerin "bunu icat edenin..." diye küfrüne çok şahit oldum.

Bizde devlet kamudan ziyade, kişilerin, zümrelerin yararlarını ön planda tuttuğunu düşündüren uygulamalar yapmaktadır. Hekimlerin, ihtisas yapmaya adeta özendirilmeleri bunun tipik bir örneğidir.

Halkın büyük bir kısmının sağlık sorunları kadere bırakılmış iken, devlet halen, sağlık hizmetlerinin temeli olan pratisyen hekimleri ihtisasa çekmek için özendirici önlemler almaktadır. Eskiden maaş ve müktesebat ne olursa olsun asistanlıkta otuz lira asli maaştı. O zaman devlet hizmetinde hekimlerin başlangıç maaşı 35 lira asli maaştı. Bir sene sonra da kırk liraya çıkardı. Asistanlıkta geçen süre kıdemden de sayılmazdı. Doğrusu da budur. Çünkü asistanlık ihtiyari bir eğitim dönemidir. 1970'te yürürlüğe giren Personel Kanunu ile devlet memurluğu statüsüne oturtuldu. Sağlık Bakanlığı kadar, tıp fakülteleri bunun zararını görüyordu. Bakanlık asistanlık süresini tamamlayanı bir göreve atayarak asistan kadrolarını boşaltabiliyordu. Tıp fakültelerinde süresini tamamlayıp imtihanı vererek uzman olan doktorlar asistan kadrolarında göreve devam ediyor, doçentliğe kadar çıkıyordu. Kadroları bitince yolunu bulan yeni kadro alıyordu. Hacettepe Tıp Fakültesi Çocuk Bölümü'nde 35 doçent yığılmış kalmıştı. Doğramacı bunlara uygun görevler verilerek sıkıntıdan kurtarılmalarını Bakanımız Münif İslâmoğlu'ndan istemek zorunda kalmıştı. Bu, kalifiye insan gücü israfının tipik bir örneğidir. Böylesine bir çarpıklık dünyanın hiçbir yerinde görülmemiştir. İsteğe bağlı bir eğitim süreci olan asistanlığa giren, bu dar geçitten kendi olanakları ile geçmek zorundadır, bazı fedakârlıkları göze alacaktır.

Devlet kendi işlevine ters düşen uygulamalara girişirse böyle garip sonuçlar kaçınılmazdır. Fakülteleri, içine düştüğü bu garabetten kurtarmak görevi de memleketin zor günlerinde Hızır gibi yetişen İhsan Doğramacı Beyefendi'ye düştü! Asistanlığa, hiç ilgisi olmayan bir hizmet ismi taktı. Asistanlık kadrolarının adı "araştırma görevlisi" olmuştu. Böylece araştırma bitti, görev de biter oyunu oynanacaktı. Doğramacı aynı feraseti başörtüsünün adını sarık demek olan "türban"a çevirerek de göstermişti. Sayın Doğramacı Tanrı'nın bu memlekete bahşettiği büyük bir lütuftur. Kıymetini (!) bilelim!

Asistanlık yaparken modaya uyarak Amerika'ya gitmeye özendim. Asistan ihtiyaçlarının ilan edildiği bir periyodik (sürekli yayın) vardı. İlanları inceledim, 50 dolardan 300 dolara kadar değişik aylık ücretler vardı. Deneyimi olanlarla bu konuyu konuştuğum zaman ciddi ve büyük hastanelerin asistanlara 50 dolar verdiğini, ucuza hekim çalıştırmak isteyenlerin 300 dolar ödediğini, birşeyler öğrenmek istiyorsam 50 dolar veren yere başvurmamı söylemişlerdi. Fransa'da kardiyoloji stajı yaparken oradaki asistanlardan birisine ne ücret aldığını sormuştum. Hiçbir ücret almadığını, ihtisasa gelebilmek için taşrada iki sene sigorta hekimliği yaparak para biriktirdiğini söylemişti. Burada bir hususu daha vurgulamak isterim. Asistanlar önceden hazırlanmış bir programa göre hiç aksatmadan nazari ve pratik derslere katılmak zorunda idiler. Bizde daha bu sorun bile doğru dürüst çözülememiştir.

Yukarıda, asistan olabilmek için yabancı dil imtihanı yapıldığından söz etmiştim. Doğrusu da budur. Dili uluslararası platformlarda geçerli olmayan ülkeler için bir yabancı dil öğreniminin hayati önemi vardır. 15 gün kadar Stockholm Karolinska Üniversitesi'nin Onkoloji Bölümü'ne devam etmiştim. Bütün doktorlar iyi derecede İngilizce biliyordu. Sokakta her karşılaştığımız insanla İngilizce anlaşmak mümkündü. Bunun nedenini sorduğum zaman dillerinin dünyada geçerli bir dil olmadığını, yurtdışındaki gelişmeleri takip edebilmek ve dünyaya seslerini duyurabilmek için İngilizce öğrenmek zorunda olduklarını söylemişlerdi. Romanya'ya iki defa gitmiştim. Birinci gidişimde Bükreş Onkoloji Enstitüsü'nde gözlemci olarak bulunmuştum. Çoğu çat pat Fransızca biliyordu. Bilimsel yayınlarında özetler Rusça veriliyordu. İkinci gidişimizde enstitünün hekimleri İngilizce öğrenmişlerdi. Bu değişikliğe neden lüzum gördüklerini sorduğum zaman, "İngilizce olmadan ilim de olmuyor, araştırma da" dediler.

Biz Tıp Fakültesi'nin ilk sınıflarında iken, İran'dan öğrenciler gelmişti. Bunlarla Kadırga Öğrenci Yurdu'nda beraber kaldık. Hepsi de okullarda öğrendikleri kadarı ile Fransızca veya İngilizce konuşabiliyorlardı. Bizde de orta eğitimde zorunlu yabancı dil derslerinin amacı budur. Ne yazık ki altı yıl orta eğitimde, üç yıl da üniversitede dil dersi gördüğümüz halde yabancı dilde birisiyle anlaşacak, hiç olmazsa doğru dürüst mesleki kitapları takip edebilecek kadar bile yabancı dil öğrenemedik.

Asistanlık tezimi hazırlayabilmek için İngilizce öğrenmek zorunda kalmıştım. Haftada üç saatlik 6 ay süreli bir kursa katıldım. Kurs bitince günlük derdimi anlatacak ve mesleki yayınları takip edebilecek kadar İngilizce öğrenmiştim. Bu demektir ki iyi bir metod ve iyi yetişmiş öğretmenle 9 yılda çok daha fazlasını öğrenmek mümkündür. Eksikliklerin düzeltilmesi gerekirken tam tersine yabancı dil derslerinin ihtiyari yapılması, bilim ve teknolojiye hiçbir katkısı olmayacak Arapça gibi bir dilin okutulması söz konusu edilmektedir.

Yabancı dilde eğitim yapan okullardan mezun olanlarla, devlet okullarından mezun olanlar yabancı dil imtihanlarında aynı kefeye konarak eşitlik ilkesi zedelenmektedir. Bu, devlet okulundan mezun olanların işin başında bir haktan mahrum edilmesi demektir.

Asistanlık branş imtihanlarında da yanlışlık vardır. Bu imtihanda adaylara ihtisasını yapacağı uzmanlık dalından sualler sorulmakta idi. Yani öğrenmek istediklerimizden imtihan oluyorduk. Halbuki akılcı olanı, temel tıp bilimlerinden sualler sorulmasıdır. Bu sualler seçilirken de, branşa uygun konulardan seçilmelidir. Örneğin bir radyolog için, bir cerrah için topografik anatomi önemlidir. Aday bu bilgilerini yenilesin, öyle asistanlığa başlasın. Bu konuda çok uğraş verdim. Şimdi suallerin yarısı genel tıp bilimleri ile ilgili, yarısı branşla. Ancak bu kadarı yapılabildi.

İki yıl pratisyen olarak çalıştıktan sonra imtihanları kazanarak dahiliye asistanlığına hak kazandım. O zaman asistanlığın yarısını C sınıfına giren taşra hastanelerinde, yarısını da Ankara, İstanbul ve İzmir'deki D grubu eğitim hastanelerinde geçirmek gerekiyordu. Tabiî torpili olanların ilk tayinleri doğrudan D grubu eğitim hastanelerine yapılıyordu. Ben sıradan birisi olarak Zonguldak Devlet Hastanesi'ne atanmıştım. Buna üzüldüğümü itiraf ederim. Orada geçecek günlerimi kayıp sayıyordum.

Zonguldak'ta Asistanlık

Zonguldak ismi bana daima acıları, üzüntüleri hatırlatırdı. Kazamız benim çocukluğumda kömür ocaklarında çalışma mükellefiyetine tâbi yerlerdendi. Gidip de göçük ve grizu patlaması sonucu dönemeyenler az da olsa oluyordu. Kimse gitmek istemezdi. Bu bende iz bırakmıştı. Onun için isteksiz gittim. Tarih 1954 yılı temmuz ayı idi.

Zonguldak dar bir sahil şeridi ile etrafındaki sarp yamaçlara kurulmuş, kömür tozları ve lokomotif dumanları ile her tarafı siyaha boyanmış bir şehirdi. Mahallelere dik ve dolambaçlı yollardan veya 100-150 basamaklı merdivenlerden çıkılırdı. Yerleşik halkın çoğunluğunu Doğu Karadeniz kökenliler oluşturuyordu.

Kömür işletmeleri Fransızlara aitken, onlar tarafından kurulduğu için Fransız Mahallesi denilen işletme lojmanlarının ve sosyal tesislerin bulunduğu ayrı bir mahalle vardı. Burası parkları, bahçeleri, spor alanları ve temizliği ile adeta başka bir şehirdi. Kömür işletmeleri Zonguldak'ta her şey demekti. "Kömür işletmeleri burada ayrı bir devlettir," derlerdi. Bir zamanlar özel parası da varmış. İşletmede çalışanların çocukları okullara özel otobüslerle gider gelirdi. Araba bolluğu vardı. Motorlu araçlardan önce at arabaları kullanılırmış. Veliler bile bir yere gidecekleri zaman işletmeden at arabası istermiş. O zaman manyetolu telefonlar kullanılırdı. Valinin birisi araba isteyeceği zaman santrala, "Oğlum beni ahıra bağla," dermiş.

Devlet Hastanesi şehre hâkim bir tepe üzerinde kurulmuş, mimari özelliği olan iki katlı güzel bir bina idi. İkinci katta, binanın ortasına isabet eden yerde, öne çıkıntılı bir oda vardı. Burası asistanlara ayrılmıştı. Şehir, penceresinden kuşbakışı görülürdü. O zaman 1,5 gün olan hafta sonu tatili hariç, devamlı hastanede kalmak zorunda idik. Asistanlara ayrılan odayı hem yatak, hem de çalışma odası olarak kullanıyorduk. Hastanede benden başka bir dahiliye asistanı daha vardı. Onun için hafta sonları birimiz nöbetçi kalırdık. Ayrıca bir gece birimiz, bir gece birimiz asistan nöbeti tutuyorduk. Nöbette sabaha kadar çalışır, nöbet izni olmadığı için ertesi gün de akşama kadar çalışmaya devam ederdik. Şefler gündüz nöbete kalmazlar, akşam yemeğinden sonra gelir, gece hastaya da kalkmazlardı.

Hastane bakımlı ve temizdi. Başhemşire bu işi iyi bilen çalışkan ve otoriter bir hanımdı. Samsun Devlet Hastanesi'nde operatör olan eşinden ayrılmış, devamlı hastanede kalıyordu. Sık sık hademe ve hastabakıcılara bağırır, onları yüksek sesle azarlardı. Koridorlardan sesi gelmeye başlayınca şefimiz, "Bizim asistanlarda iş yok ki! Olsa başhemşire böyle bağırmaz" diye takılırdı.

Hemşireler, evli olsun, bekâr olsun hafta izni dışında, geçerli bir mazeret olmadan hastaneden ayrılamazlardı. Geri kalan günlerde gece gündüz hizmete hazırdılar. Hemşirelerin teknik bilgi ve becerileri, görgü ve genel kültürleri, sonraki kuşakların ortalama düzeyinin çok üzerinde idi. Zonguldak'ta beraber çalıştığımız hemşirelerden yüksek okul öğretim üyeliğine kadar yükselenler oldu. Bütün bunlar hizmetin kalitesini olumlu yönde etkileyen faktörlerdi. Hastanelerde 24 saat kesiksiz hizmet verilebilmesi için ekip halinde vardiya ile çalışma düzeni getirilmeden, sağlık personeli, sıradan memur gibi günde 8 saat, haftada 40 saat mesaiye tâbi tutulmuştur. Hemşirelik mesleğinin kalitesi, ihtiyacı karşılamak gerekçesi ile günlük politik esintilere göre rastgele hemşirelik okulları açarak kafa sayısına feda edilmişti. Öyle ki uzman hekimi dahi bulunmayan yerlerde hemşire okulları kurulmuştu. Bu suretle büyük şehirlerde üniversite hocalarından ders alarak yetişen hemşirelerin yerlerini, meslek derslerini verecek ve pratik uygulamalar yaptıracak hoca bulunmadığı için yarım yamalak kültür dersleri okuyarak mezun olan hemşiler almıştı. Yarım yamalak diyorum, çünkü hakkında siyasi amaçlarla diploma verildiği söylentileri çıkan bir yüksek okulun o dönemlere ait mezunları buralarda öğretmenlik yapıyorlardı. Sağlık hizmetlerinin devamlı kötüye gitmesinin nedenleri arasında bunlar da vardır.

İşe başladıktan sonra gördüm ki, Zonguldak'ta asistanlığa başlamak benim için talihsizlik değil, hayatımda yakaladığım en iyi fırsatlardan birisi olmuştur.

Şefim, bütün meslek hayatım boyunca saygı ve minnetle hatırladığım Dr. Hilmi N. Ülgen'di. Hilmi Bey ince, ortadan biraz uzunca birisi idi. İlk bakışta göze çarpan kavisli büyükçe bir burnu vardı. Bu görünümü dolayısı ile arkadaşları tarafından Karga Hilmi diye tanınırdı. Güzel keman çalardı. Mesleki yenilikleri Fransızca yayınlardan düzenli olarak izlerdi. Önemli gördüklerini okumamız için bize verirdi.

Örnek Bir Hoca

Hilmi Bey, mükemmel bir insan, mükemmel bir hekim ve mükemmel bir hoca idi. İşine fevkalâde titizdi. Devlet malına kendi malı gibi sahip çıkar, korurdu. Bu özellikleri ile mesleki yaşamımı etkilemiş bir insandır.

Hastanenin bulaşıcı hastalıklar servisi ve laboratuvarı da Hilmi Bey'in sorumluluğu altında idi. Her şeyin asgari ölçüler içerisinde kullanılmasını isterdi. Radyoskopi ile incelenmesi mümkün durumlarda film çektirmezdi. Bu hastaları toplar, verem pavyonunun skopi cihazında incelerdik. Ucuz olduğu için hastalara el yapımı ilaçlar kullandırırdı. Ne hasta tabelasına ne de reçeteye kesin teşhis konmadan ilaç yazmaz ve yazdırmazdı. Yazılan ilaçların da üç kalemi geçmemesi gerekirdi. "Her hastalığın bir esas, bir de yardımcı ilacı vardır. Polifarmasi (çok çeşitli ilaç yazma) teşhis koyamayan hekimlerin işidir. Teşhis koymadan ilaç yazmayın. Çünkü ne devletin kasasına, ne de vatandaşın cebine elinizi sokmaya hakkınız vardır" derdi. Her ne pahasına olursa olsun, doğruluktan şaşmazdı. O tarihlerde hacca gitmek isteyenlerden sağlık kurulu raporu isteniyordu. Bir gün polikliniğe Zonguldak'taki liseyi yaptıran Çelikel geldi. Hacca gitmek için rapor istiyordu. Hilmi Bey bizzat muayene etti. Yüksek tansiyonu vardı. Onun için gitmesinin sakıncalı olduğunu söyledi. Çelikel ısrar etti. Bunun üzerine, "Ben kararımı tıbbi gereklere göre veririm. Kimsenin hayatını da riske atamam. Sizin hacca ne ihtiyacınız var, Zonguldak'a bir sürü gencin yetiştiği bir irfan yuvası kazandırmışsınız. Bunun sevabının çok daha fazla olduğu kanısındayım" demişti.

O tarihlerde muayene ücreti muyanehanede yirmi lira idi. Hilmi Bey'in yazdığı reçetelerin toplam ilaç bedeli 3,5 lirayı geçmezdi. Hastalar genelde muayeneye 20 lira verdikten sonra hastalığın 3-5 liralık ilaçla iyi olacağına inanmazlar, başka doktorlara gider veya oradan çıkar hastaneye gelirlerdi. Hilmi Bey'e bu durumu anlattım, muayenehane hastalarına biraz daha fazla ve pahalı ilaç yazmasını söyledim. Katiyyen kabul etmiyordu. "Senin söylemene gerek yok, böyle olduğunu biliyorum. Doğru bildiğimden dönmem. Belki çok fazla hastam yok, ama doğruyu söylediğimi ve yaptığımı halk da öğrenmiştir. Ciddi hastalar bana gelir. İstikrarlı bir kliantelim vardır. Sen de doğru olandan şaşma. Belki beş altı ay iş yapamazsın, ama sonra top atsalar yıkamazlar" dedi.

Yatacak hastanın muayenehane veya poliklinik hastası olması fark etmezdi. Yatacak hasta yatırılır, yatması icap etmeyen hasta yatmazdı. Bazı günler sabah vizitinde 8-10 hasta çıkarır, aynı gün poliklinikten o kadar hastayı yatırırdı. Tabiî bu kadar hastanın ertesi gün sabah vizitine hazırlanması bize düşerdi. Hepsini hazırlayamadığımız günler olurdu.

Vizitlerde verdiğimiz bilgiye göre hastalarla gerektiği kadar ilgilenirdi. Muayenehaneden gelenler bu kadarını yeterli görmez, "Doktor bey beni tanımadınız galiba, dün muayenehanenize gelmiştim" derdi. O zaman bize döner; "20 lira verdi ya, beni satın aldığını zannediyor" der, diğer hastaya geçerdi.

Yalnız bir zaafı vardı. Her çıkan hastanın ismini bilmesini isterdi. Bizde hastalara kendisini tedavi eden doktorun Hilmi Bey olduğunu öğretir, sorarsa söylemelerini tembih ederdik. Bir kısmı unutur veya biz söylemeyi unutmuş oluruz, bazen de mahsus söylemezdik. Sorunca hasta bizim ismimizi verirdi. O zaman da Hilmi Bey homurdanırdı.

Hasta başında uzun uzun hastalık anlatmaz, "kitaplarda benim söyleyeceklerimden çok daha fazlasını bulursunuz" der, teşhise götürücü basit, ama pratik komprime bilgiler verirdi. Bunların çoğunu gözleme dayalı, kitaplarda bulunmayan belirtiler teşkil ederdi. Şaşmaz bir klinik sezgisi vardı. Laboratuvar bulguları kendisini teyit etmediği zaman yeniletirdi. Ve bizlere de kliniğe uymayan laboratuvar bulgularına itibar etmememizi öğütlerdi.

Genelde yeni yatan hastalar da bizim sonuca gitmemizi isterdi. İlk günlerde ateşli bir hasta gördüğüm zaman tifo, tifüs, menenjit gibi büyük ve önemli hastalıkları düşünürdüm, incelemeleri de ona göre değerlendirirdim. Tabiî sonuca varamazdım. Hoca ilk vizitte ne bulduğumu sorardı, ne düşündüğümü söyler, "henüz teşhis koyamadım" derdim. O zaman hastaya "aç ağzını" der, bana döner, "bak, akut kriptik anjin evladım. Bırak şu âlimane teşhisleri de işe basitinden başla" derdi.

Her ateşli hastaya yatar yatmaz penisilin yaptırırdık. Hastanın ateşi düşünce de iyileşmeyi buna bağlardık. Benzeri durumlarda penisilin yapmamamızı tembih ederdi. Hastanın ateşi düşünce de, bunların basit mevsim hastalıkları olduğunu söyler. Gürdün mü penisilinsiz de ateşi düştü" derdi.

Bir gün 8, 10 günden beri ateşi olan genç bir hasta yatırmıştık. Hasta devamlı uyukluyordu. Aklıma gelen bütün enfeksiyon hastalıklarını araştırdım, bir şey bulamadım. Sabah vizitte nesi olduğunu sordu. Henüz araştırmanın bitmediğini söyledim. Ondan sonraki gün benim yine de teşhis koyamadığımı görünce, "Bak," dedi, "Genç bir hasta, orta derecede ateşi var, mütemadiyen uyukluyor, yüzü tüberküloz yüzü. Oldu menenjit tüberküloz."

"Onu da araştırdım, ama menenjite ait en ufak bir belirti bulamadım."

"O belirtiler ortaya çıkınca dedem de teşhis koyuyor, marifet daha önce teşhisi koymak. Ponksiyon lomber (belkemiği kanalından su almak) yap."

Gerçekten de vaka menenjit tüberküloz idi.

Bir hastaya tifo teşhisi koymuştum. Hilmi Bey hastanın dudağındaki uçuğu göstererek; "Tifoda uçuk olmaz. Bak dudakları hafif siyoneze (morarmış), omuzlarından nefes alıyor. Hasta pnomoni (zütüree) geçiriyor" dedi.

Dinlemekle bir bulgu olmadığını söyledim.

"Santral pnömonidir. İnanmazsan radyoskopide bak." Doğru söylemişti.

Bize teşhiste olduğu kadar, tedavide de, yoklukta neler yapılabileceğini gösterirdi. Penisilin yeni idi. Şarbon tedavisinde de kullanıyorduk. Bir şarbon vakasına Penisilin yerine iyotlu bir eriyik olan Lugol solüsyonundan 10 ml yaptırdı. Hasta yine iyileşti. Penisilinden önce şarbonu böyle tedavi ederlermiş. "Öğrenmiş oldunuz, bir yoklukta lazım olur" dedi.

Memleketimizde zaman geldi, daha eski yöntemlerin kullanılma zorunluğu oldu. Ne yazık ki bunları bilenlerin olmamasının sıkıntıları çekildi. Tedavi Kurumları Genel Müdürlüğü'nün beş dolara muhtaç olduğumuz günlere rastlar. Cihaz alet ithali mümkün değil. Birtakım firmalar bundan yararlanmak için sözümona yerli imalata başlamışlar. Uydurma, ilkel taklitler yapılmış, alınanlar kullanılamadan bir kenara atılmıştı. Hayati ilaçlar bulunmuyordu.

Doğu illerinden birisine atanmış olan göz mütehassısı geldi. Katarakt ameliyatı yapabilmek için dondurma sistemi ile kullanılan krio cihazı istiyordu. Olmadığını, eski yöntemle çalışmasını söyledim. Bana bu usulün sakıncalarını anlatmaya başladı. Ayrıca eski usulle yapmak için yeterli deneyimi olmadığını söyledi. Bu ile giden ilk göz uzmanı idi. "Be kardeşim," dedim, "Şimdiye kadar oradaki bütün kataraktlılar kör olmaya mahkûmdu. Şimdi sen eski usulle riskli, miskli, ne hal ise ameliyat yapsan hiç olmazsa bir miktarını körlükten kurtarırsın, o da kârdır" dedimse de ikna edemedim.

Narkoz cihazı ile ameliyata alışmış operatörler, narkozitör ve narkoz cihazı istiyordu. İkisi de bulunmaz Hint kumaşı idi. Ben Mardin'de çalışırken operatör arkadaşımızın narkoz cihazı Ombredan denen eter maskesi, narkozitörü de pansumancı Kâzım Efendi idi. Ameliyat alanında kan koyulaşmaya başlayınca Nurettin Bey Kâzım'a, "eteri kes", hasta kıpırdamaya başlarsa "eter ver" komutları ile ameliyat yapardı. Kan nakli imkânı da yoktu. Buna rağmen ameliyat masasında kalan hasta adedi tek tüktü. Ama bu yönteme genç kuşaklar yanaşmıyordu. Parası olanlar daha büyük yerlere gidiyor, olmayanlar kaderi ile başbaşa kalıyordu. Bir ülkede bilim ve teknoloji, mevcut olanakları aştığı zaman fayda değil, zarar getiriyor.

Hilmi Bey araştırmaları, mesleki yayınları olan bir hekimdi. Bizi de inceleme ve yayın yapmaya yönlendirirdi. Tifo tedavisinde kullanılan kloromfenikol isimli ilacın neden olduğu bir aplastik anemi (kan yapımının tamamen iflası) vakası tespit etmiştim. Hatırımda kaldığına göre Türkiye'de ilk vaka idi. Sadece benim ismimle yayımlandı. Bu şerefi asistanına bırakmak herkesin yapabileceği bir fedakârlık değildir. Bunun da ülkemizin ilklerinden olduğunu söyleyebilirim.

Hilmi Bey bütün meziyetlerine rağmen mesleğin aristokratları arasına giremedi. Yanında asistan olarak dahi bulunamayacak kişiler, eğitim hastanelerinde klinik şefliği yaparken o taşra hastanelerinde alçakgönüllülükle sıradan uzman olarak çalışmıştır. 1965 yılında bir ara Sağlık Bakanlığı zat işleri ve personel genel müdür yardımcılığı yapmıştım. Hilmi Bey'den bir mektup aldım. Ailevi nedenlerle İstanbul'a nakletmiş, verem hastanelerinden birisinde konsültan iç hastalıkları uzmanı olarak çalışıyormuş. Haydarpaşa Numune Hastanesi'nde bir dahiliye klinik şefliği açılmıştı. Oraya başvurmak istiyormuş, bu husustaki fikrimi soruyordu.

Eğitim hastanesinde klinik şefi olabilmek için önce kurulacak güya bilimsel jüriden geçmek gerekiyordu. Atanacak kişinin seçimini bu jüri yapıyordu. Ama daha jüri kurulmadan önce hastane, o kadroya alınmasını istediği kişiyi saptar, bunun için gerekli ön hazırlıkları yapardı. Yani açılan kadroya kimin seçileceği önceden belli oluyordu.

Haydarpaşa'da açılan kadroya kimin ayarlandığını biliyordum. Adayı da tanıyordum. İyi bir insandı, ama Hilmi Bey'in düzeyinde bir hekim değildi. Sonucu önceden belli bir yarışmaya girmesinin en azından manen zedelenmesine neden olacağını düşündüm; başvuruda bulunmasına gönlüm razı olmadı. Durumu anlatarak bu düşüncemi bildirdim, vazgeçti. Bir müddet sonra bir mektubu daha geldi. O tarihlerde taşradaki uzman açığını bir ölçüde olsun giderebilmek için büyük şehirlerde aynı daldan birden fazla olan uzmanlar rotasyonla taşra hastanelerine gönderiliyordu. Gitmemek için herkesin binbir yola başvurduğu bu hizmete Hilmi Bey gönüllü olarak talipti. "Mesleğimi ne kadar sevdiğimi biliyorsun. Tüberküloz hastanesinin monoton çalışması beni tatmin etmiyor. Rotasyonla bir yere gidersem değişiklik olur, moralin düzelir" diyor, yardımcı olmamı istiyordu. Bu isteği doğrusu beni duygulandırmıştı. Yaşı bir hayli ilerlemişti.

Gidilecek yerler ileri derecede mahrumiyet bölgeleri idi. Sıkıntıya düşebilirdi. Bunları bildirdim. Ama takdirin kendisine ait olduğunu, buna rağmen istiyorsa mevcutların en iyilerinden birisine gönderilmesine yardımcı olacağımı bildirdim, vazgeçti.

Dr. Hilmi Bey'den uzun uzun söz etmenin nedeni yaşadığımız çelişkilerin çarpıcı bir örneği olmasıdır. Su başlarını her zaman tutan devler "liyakatsız muhterisler" olmuştur. Liyakatlilere geçit vermezler.

Bir Örnek de Kötülerden

Zonguldak'ta kötü hekim örnekleri de vardı. Bunlardan birisi hastanenin operatörü idi. Türünün heykeli dikilecek bir örneği idi. Bir hekimde bulunması gereken insan sevgisi, fedakârlık, vicdan gibi manevi hasletler kadar, mesleki bilgi ve beceriden de yoksundu. Bütün küçük insanlar gibi herkese yukarıdan bakar, gurur ve kibir yüklü bir tipti. Tek dünyası para idi. Bunun nasıl geldiği de önemli değildi.

Yirmi ay Zonguldak Hastanesi'nde kaldım. Fıtık ameliyatından ve genç kızların sağlam apandisitlerini almaktan başka bir şey yaptığını görmedim. Apandisit ameliyatı Zonguldak'ta adeta moda halini almıştı. Dahiliye polikliniğinde karın ağrısı şikâyetleri ile gelen askarısli veya hipokondriyak genç kızlarla nisaiye polikliniğine sevk ettiğimiz adet güçlüğü çeken genç kızların arkasından Hilmi Bey, "Yarın, öbür gün bunu da sağlam apandisiti alkollü bir şişe içerisinde başucundaki komodinin üzerine konmuş, evden getirdiği kırlentlere yaslanmış olarak hariciye servisinde görürsünüz" derdi. Onun için hariciye servisinin koridorlarında hafifçe sağa öne eğik durumda iki eliyle karnının sağ alt tarafını bastırarak kısa adımlarla dolaşan genç kızlar eksik olmazdı. Birbirlerine kaç dikişi olduğunu sorarlardı. Dikiş adedinin fazlalığı övünme nedeni oluyordu. Sayın operatör bu işe kendisini o kadar kaptırmıştı ki apandisitten başka bir karın içi patolojisi düşünemiyordu. Karnının sağ tarafında zaman zaman duyduğu ağrılar dolayısı ile kendisinde de kronik apandisit olduğunu söylerdi. Bir gece şiddetli bir sancı ile hastaneye geldi. Akut apandisit krizi geçirdiğini söylüyordu. Halbuki tipik bir böbrek taşı sancısı çekiyordu. Yapılan incelemeler de bunu doğrulamıştı. Eğer hastanede başka bir operatör olsa idi, kesinlikle karnını açtırırdı.

Sadece muayenehaneden hasta yatırırdı. Öğleden sonra ve gece gelen acil vakalara çağırdığımız zaman gelmez, yapacaklarımızı söyler, "Yarın görürüm" derdi. Ertesi gün de hastayı çıkarırdı.

Bir gece bağırsak tıkanması ile bir köylü gelmişti. Sancısı yoktu, ama olayın bütün belirtileri vardı. Telefonla durumu bildirdim. "Yüksek bir lavman yaptır, yarın görürüm" dedi.

Hasta ertesi gün taburcu edilmiş, bizim polikliniğe geldi. Durumu Hilmi Bey'e anlattım. Hastayı muayene etti. "Operatöre haber verin, acil ameliyatı gerekir" dedi. Bu defa mecburen ameliyatı yapmak zorunda kaldı. Hastada bağırsak delinmesi vardı. Buna bağlı atonik ileus teşekkül etmişti. Bağırsak içeriği maddelerle birlikte bizim yüksek lavman suyu da karın içine dolmuştu. Bir mucize olarak hasta hayatta kaldı.

Bir pazar günü karın ağrısı şikâyeti ile genç bir hanım gelmişti. Cumartesi günü sancılanmış, özel bir doktora gitmiş, doktor önemli bir şey olmadığını söyleyerek sancıya karşı bir ilaç vermiş, iyileşmemiş. Eni konu muayene ettim, her ihtimali dikkate alarak sorular sordum. Bir ipucu yakalayamadım. Evli olduğunu, fakat kocasının iki yıldır hapiste yattığını söyledi. Ben de sancıya karşı bir ilaç yazıp gönderdim. Gece yine geldi. Yine bir bulgu bulamadım, genel hali de iyi idi. Ama şikâyetlerinin ciddi olduğu anlaşılıyordu.

Hariciye servisine yatırdım. Ertesi gün hasta bizim polikliniğe geldi. Hasta apandektoni yaşını geçirmiş olduğu için operatör, "bir şeyin yok" diyerek çıkarmış. Hilmi Bey hastayı görür görmez hemen muayene masasına yatırdı. Nabzını tuttu. Ben olanları anlatmaya başlamıştım, sözümü kesti. "Hastanın nabzını tut bakayım" dedi. Çok hızlı ve zayıftı. Yüzüne dikkatli bakmamı söyledi. Solgundu.

"Bu nabzı ve bu yüzü unutma. Bunlar kan kaybı belirtileridir. Olay karın içinde geçiyor, hasta genç bir hanım, oldu dış gebelik yırtılması."

Ben bu ihtimali de dikkate aldığımı, kocası iki yıldır hapiste olduğu için ekarte ettiğimi söyledim.

"Kocası hapiste olan kadınlar da gebe kalır. Hemen bunu ameliyathaneye götürün, acilen ameliyatı gerekir" dedi.

Ameliyat edildi, kadın kurtuldu. Böylesine ciddi bir hastayı ikisi uzman olmak üzere üç hekim iki gün uğraşmış, ama öldürememiştik(!)

Hastanenin cerrahi servisinin de asistan yetiştirme yetkisi vardı. Operatör ayağına dolaşmamaları için gelen asistanları barındırmazdı. Kalsalar da bir şey öğrenmeleri olanağı yoktu. Ben orada iken iki asistan geldi. İkisi de ameliyathane hemşiresinin gösterdiği cerrahi dikiş koyma tekniğini öğrenmek için birkaç ay asistan odasında yorganlar üzerinde tatbikat yaptılar.

Belki de ameliyathanenin yüzünü görmeden kendilerini başka yere naklettirdiler. Daha önce gelenler de durmamış. Buna rağmen Bakanlık "orada neler oluyor" diye sormamış bile.

Hemşireliğin Önemi

Hilmi Bey göreve başladığımın ertesi günü elime iki kitap tutuşturdu. Birisi hemşirelik tekniği, birisi de tıp uygulamasında yapılan hatalara dair Fransızca kalınca bir kitaptı. Bunu anlamıştım ama, hemşirelik tekniği neyin nesi idi. Buna bir anlam veremedim. Ben ihtisasa geliyordum, şefimiz bana hemşirelik tekniği öğretmek istiyordu.

Tereddüdümü fark etmişti. "Bir hekimin hastanede hastası ile birlikteliği 10-15 dakikayı geçmez. Hemşireyle ise 24 saat beraberdir. Verdiğin direktifleri uygulayan da odur. Sen bu işin doğrusunun nasıl yapılacağını bilmezsen kontrol edemezsin. Oku ve öğren!" dedi. Vizitlerde hemşirelik hizmetlerinin yerine gelip gelmediğini kontrol ederdi. Tedavinin beklenen sonucu vermediği hallerde ilaçları komodinlerin gözünden ve yastık altlarından çıkarırdı. Bunu kendi uygulamalarımda da gördüm.

Bir hastanenin yoğun bakım biriminde yatan anneme damarından sürekli serum veriliyordu. Her gidişimde kendisini çıkarmamı istiyordu. Yatışının üçüncü günü idi. Durumunu düzeltmek için yorganını kaldırdığımda gördüğüm manzara yürekler acısı idi. Üç gün süre ile verilen serumlar cilt altına dolmuş, kolları o kadar ağırlaşmış ki yerinden kıpırdatamıyordu. O anda takılı olan serum, iğnenin cilde giriş yerinden dışarı sızıyordu. Yatak sırılsıklam olmuştu. Serumun gitmesi için damar içine yerleştirilen iğnenin ucunun, iğnenin tespiti için kullanılan flasterle sıkıştırılmış olduğunu gördüm. Her seferinde aynı hatanın yapıldığı anlaşılıyordu. Durumu usulünce anlatmak için hekimine gittim: Ben daha ağzımı açmadan; "Annenin üresi yükseldi. Bir nefroloji kliniğine götürsen iyi olur," dedi. Hiçbir şey söylemedim. O tabelaya yazdığı ilaçların yerine ulaştığından o kadar emindi ki, annemin üresinin yükselmesinin tuz ve su eksikliğine bağlı olduğunu düşünememiş; böbreklerinin bozulduğuna hükmetmişti. Nefrolojiye götürmek üzere çıkardım. Evde ağızdan yeterince su ve tuz vererek annemi kurtardım. Aynı yanlışlar geçirdiğim enfarktüs dolayısı ile yattığım bir yoğun bakımda ikazıma rağmen bana da yapılıyordu. Hemşire gidince iğnenin ucunu sıkıştıran flasteri kaldırıyordum. Bunu doktorlara söylersem hoşnutsuzluk yaratacağımı bildiğim için sesimi çıkarmıyordum.

Zonguldak'taki süremi tamamladım. Ankara Numune Hastanesi'ne nakledildim. Göreve başlamam biraz maceralı oldu.

O zaman Numune Hastanesi'nde dört dahiliye vardı. Zonguldak'tan ayrılırken Hilmi Bey, Dr. İhsan Aksan'ın kliniğine gitmemi tavsiye etmişti. Aksan, devrin en iyi hekimlerinden birisi idi. Bilimsel çalışmaları ile de tanınırdı. Bekâr yaşamayı seçmiş, çoğu benzerleri gibi aile yaşamının gereklerini bilmemekten gelen kaprisleri vardı. İnsanların bütün zamanını istediği gibi kullanma hakkına sahip olduğunu zannediyordu. Geçimi zor bir insandı. Ben tabiî bunları bilmiyordum. Göreve başlamadan önce bir fikir edinmek için Dr. İhsan Bey'in kliniğinde asistan olan bir arkadaşımı görmeye gittim. Bir anda kliniğin bütün asistanları başıma üşüştü. Arada bir de yanımıza şef yardımcılarından birisi geliyor, konuşmalara katılıyor, bir asistanla dışarı çıkıyor, asistan biraz sonra geri dönüyordu. Hepsi de hocaları ile çalışmanın zorluklarını anlatıyordu. Bazıları başka bir kliniğe gitmemi tavsiye ediyordu. Zonguldak'ta çok şey öğrenmiştim, ama çalışma koşulları ağır, iş çok yoğun ve yorucu idi. Dinlenmeden, uyumadan gece gündüz çalıştık. Uzun süre tek asistan olarak kalmış, yine de gece gelen acillere ben kaldırılmıştım. Burada da cumartesi, pazar, bayram tatili olmadığını söylüyorlardı. Sonunda "Bir koyundan bir post çıkar, biz de postu Zonguldak'ta bıraktık. Verdiğiniz bilgiler için teşekkür ederim" dedim ve oradan ayrıldım.

Ertesi gün göreve başlamak için başhekime gittim. Adımı sordu. Sümenin kapağını kaldırıp baktı. "Dördüncü dahiliyeye git, başla" dedi.

Dördüncü dahiliye kliniğinin şefi, Profesör Dr. Rasim Âli Ülgen'di. Sayın Sayın Ülgen, profesör unvanını branşı olan biyokimya dalından almış. Neşet Özer İrdelp Hoca'nın kliniğinde uzman olarak çalışırken, bir de dahiliye ihtisası yapmış. O yıllarda DP milletvekili olan ve saldırgan kimliği ile tanınan bir zatın ağabeyi idi. Kendisi kardeşinin aksine ağırbaşlı, sakin bir insandı. Ama iyi bir dahiliye uzmanı değildi. Kardeşini de sevmezdi.

Bu klinikte göreve başladığım andan itibaren, intaniye asistanlarının, başıma gelenlere acır bir halleri vardı. Arada sırada manalı laflar ediyorlardı. İhsan Aksan'ın asistanları ise, arkadaşım dahil, benimle gözükmekten bile kaçınıyorlar, gördükleri yerde yollarını değiştiriyorlardı. Bütün boş zamanlarımı intaniye asistanları ile beraber geçiriyordum. Hepsi de iyi insanlardı. Önceleri biraz mesafeli duruyorlardı. Kısa sürede yakınlaştık. Neler olduğunu onlardan öğrendim.

Arkadaşımı ziyaret ettiğim gün, taşradan gelen avamdan bir asistanın aristokratlar kulübüne layık olup olmadığının anlaşılması için teste tâbi tutulmuşum. Oraya kabul edilebilmek için bütün kötülemelere rağmen Aksan Hoca'nın çömezliğine razı olduğuma onları inandırmam lazımmış. Ben ise tam aksini yapmış, bir de posttan mosttan söz etmiştim. Diğer klinikler de ihtiyacın üzerinde asistan olmasına rağmen Sayın Aksan'ın kliniğinde oldukça eksik vardı. Onun için yeni gelenlerin oraya verilmesi icap ediyordu. Benim gibi elemeyi kazanamayanların kendi kliniklerine verilmesini istemediklerini başhekime söylerlermiş. Onun için ben de diğer lanetliler gibi 4. dahiliyeye sürgüne gönderilmiştim. Bu klinikte kalırsam tezimin kabulü ve imtihanı vermem pek kolay olmayacağı için en kısa zamanda başka bir kliniğe geçmenin çaresine bakmamı söylüyorlardı. Aksi halde imparator bana haddimi bildirirdi. Bir süre sonra o zaman devlet bakanı olan hemşehrimiz Cemil Bengü aracılığı ile hocam, değerli hekim ve büyük insan Alaattin Erkmen'in kliniğine atladım. Alaattin Bey fevkalâde efendi bir insandı. Onun emrinde çalışmak benim için bir kazanç olmuştur. Ondan insanlık öğrendik, meslek adabı öğrendik. Onda dürüstlüğün erdemlerini gördük. Numune Hastanesi'nde 10 yıl kadar poliklinik hekimliği yapmış. "Ben bugünkü kliantelimi, polikliniğe gelen hastalara gösterdiğim yakınlığa ve ilgiye borçluyum. Polikliniğe geleceğine, muayenehaneme gelsin düşüncesi ile hareket etmeyin. Sabırlı olun, hoşgörülü olun" derdi. Göreve başlayınca benim Numune Hastanesi'nde mesleki olarak öğreneceğim pek fazla bir şey olmadığını gördüm. Buna rağmen hocam Alaattin Erkmen'i rahmet ve saygı ile anarım.

İmtihanda jürimde İhsan Aksan da vardı. Bana en azından sıkıntı verecekti. İmtihanda, imtihana girene kadar, hocalarını da hafife alır tarzda davranır, alay ederdi. Resmen tebliğ edilmeden jüriyi öğrendim ve onu jüriden çıkarttırdım. Asistanları gidip gelip "jüride kim var?" diye soruyorlardı. Ben de Sayın Aksan'ı sayıyordum. Jüri resmen açıklanınca, yapılan değişikliğe ben de hayret etmiştim(!) İmtihan başarı ile sonuçlandı... Bana tuzak kuran asistanları yakaladım. "Hocanızı jüriden ben çıkarttırdım. Şimdi gidin bunu da söyleyin" dedim. Bir tanesi beni tenha yerde yakalayarak o gün pis bir oyuna alet edildiklerini söyledi ve özür diledi. Bu düzeylerde bile dolaplar döndüğünü anlatmak için bu konuya değindim.

Rasim Ali Bey kliniği bana bırakmıştı. Hiçbir şeye karışmıyordu. O sadece poliklinik yapıyordu. Üç ay kadar orada kaldım, gayet rahattım. İşlerimi bitirdikten sonra o konuda da daha fazla birşeyler öğrenmek için intaniye kliniğinin çalışmalarına katılıyordum. İntaniye şefi klinikten uzun süre uzak kalmış, bildiklerini unutmuştu. İlk gittiğim günlerde idi... Sabah vizitinde bir hastayı dinledikten sonra asistanlara "Hastada galo ritmi var.* Bizim serviste buna pek rastlanmaz, iyice dinleyin" dedi. Ben de dinledim, duyulan ilave ses galo ritmi değil, perikard frotmanı idi.** Bu da hastanın akciğer filmindeki görüntülere uygundu. Duyulan sesin frotman olduğunu söyledim. Hoca kabul etmedi. İkisi arasındaki farkı açıklamaya başladım... Ben konuşurken asistanlar arkadan eteğimi çekiştiriyorlardı. Bir pot kırdığımı anladım ama iş işten geçmişti. Yanılmış olabileceğimi söyleyerek konuyu kapattım.

(*) Galo: Kalp adalesinin ağır bozukluklarında duyulan ilave bir sestir.

(**) Perikard frotmanı: Kalp zarı iltihaplarında duyulan sürtünme sesidir.

Vizitten sonra asistanlar: "Ne halt ettin! Bizim patron kinci bir adamdır, bunu unutmaz. Jürilerin değişmez üyesidir. Gece mecmuaları, kitapları karıştırır, hiç olmadık sualler bulur, imtihanda seni sıkıştırır" dediler.

Bağırta Bağırta...

İlk gittiğimde intaniye servisinde yatan genç bir hasta dikkatimi çekmişti. Hasta ileri derecede erimişti. Yerinden kıpırdayamıyordu. Her sabah vizitinde feryatlarını duyuyordum. Asistanlara nesi olduğunu sordum. Menenjit tüberküloz imiş, bir aydır yatıyormuş. Her sabah beyin-omurilik sıvısının içine, belinden iğne ile girilerek streptomisin veriliyormuş. İğne batırılırken ağrıdan bağırıyormuş. Biz Zonguldak Devlet Hastanesi'nde bir hayli menenjit tüberküloz vakası tedavi etmiştik. Bu kadar uzun süre hastanede kalanı hatırlamıyorum. Yay gibi kasılmış olarak gelenler bile yürüyerek evlerine giderlerdi. Belden omurilik sıvısına streptomisin verilmesi çoktan terk edilmiş bir yöntemdi. Ağızdan verilen ilaçla iyileşirlerdi. Bunları anlattım, "Biliyoruz," dediler, "Hocanın hastası olduğu için kendisi meşgul oluyor."

Ben o klinikte üç ay çalıştım. Üç ay her sabah hoca o hastayı bağırttı.

Hocanın odası servise çıkan merdivenin başında idi. Bir gün aşağı inerken elinde sepetle gelen bir köylü ile karşılaştım. Dr. Ahmet Bey'i sordu. Ahmet Bey intaniye servisinde asistandı. O sırada izne ayrılmıştı. İzinde olduğunu, bir isteği varsa kendisine yardımcı olabileceğimi söyledim. "Hastama o bakıyor, durumunu soracaktım. Gelirken de 5-10 köy yumartası getirdim, onları verecektim" dedi.

Adam noktayı koydu, hocanın kapısı açıldı. Hızla dışarı fırladı. Adamı kolundan tuttuğu gibi odasına götürdü. Hemen asistanların yanına koştum. Olanları anlattım. "İnşallah Ahmet Bey'in başına bir dert açmamışımdır" dedim. Beni gayet sakin dinlediler, "Merak etme bir şey olmaz. Sepeti alır, köylüyü gönderir" dediler.

Biraz sonra köylü, sepeti bırakmış, elini kolunu sallayarak gitti. Hocanın o sıralarda bir apartman yaptırmakta olduğu söyleniyordu. Muayenehanesi yoktu. Buna rağmen koğuşlar yetmiyor, koridorlara sıraladıkları karyolalar da doluyordu.

O asistanlardan profesörlüğe kadar yükselenler oldu. Demek ki hekimler kendi kendilerine de uzman olabiliyorlarmış.

Bu arkadaşlarla ilişkilerimiz çok iyi idi. Bu sayede 4. dahiliyede geçen üç ay da benim için yararlı olmuştu.

Bir gün şefim Rasim Âli Bey ateşli bir hasta yatırmıştı. O gün hastanın ateşini izah edecek bir teşhis koyamamıştım. Ertesi gün akşam vizitinde hastayı yatağında oturur buldum. Beni gülerek karşıladı. İyi olduğunu söyleyerek çıkarmamı istedi. Ateşine baktırdım, 40 dereceyi geçmişti. İntaniye nöbetçisi asistan arkadaşı çağırdım. Muayene ederken kolunda gördüğü yumuşak şişliği gösterdi, "Ruama benziyor" dedi. Hemen kan aldık, Ruam Enstitüsü'ne gönderdik. Sonuç teşhisi doğruluyordu. Hastayı tecrit ettik ve zamanın en geniş spektrumlu antibiyotiği olan Akromisin adlı preparatı, biraz da bir şey yapmış olmak için, verdik. Hasta iyileşerek evine gitti.

Bir gün içlerinden birisi yanıma gelerek "tifüs görmedinse gel gör" dedi. Gittim, hepsi birden hastanın başına toplanmış inceliyorlardı. Hastayı çırılçıplak soymuşlardı. Bütün vücudu tepeden tırnağa kadar sıvama kırmızı lekeciklerle kaplı idi. Dikkat edildiği zaman bu lekelerin ortalarında mor noktalar görülüyordu. "Ne tifüsü be," dedim, "Bu lekeler pire ısırığı, ateşinin nedeni başka bir şeydir." Tifüs diye asistanları hastanın başına toplayan arkadaş gülmeye başladı. Diğerlerinin hiç pire ısırığı görmedikleri anlaşılıyordu. Bu derecesini ben de ilk defa görüyordum. Adam sanki milyonlarca pirenin bulunduğu bir yerde yatmıştı.

Numune Hastanesi'nin kalabalık bir kadrosu vardı. Onun için her tip insana rastlamak mümkündü. Bir tanesi kulak-burun-boğaz kliniğinde asistan olan Mete Tan'dı. Sonradan milletvekili oldu. Bülent Ecevit'e hükümet kurma olanağı sağlamak için 11 arkadaşı ile CHP'ye geçti ve o kabinede Sağlık Bakanı oldu.

Saat 14'te şefler gider, biz de, yerinde şimdi polikliniklerin ve idari birimlerin bulunduğu iki katlı asistan dairesinde toplanırdık. Boş vakitlerimiz orada geçerdi. İlk gittiğim günlerin birinde tek başıma otururken, yanıma birisi geldi.

"Ben Mete Tan, göt atan" diye kendisini tanıttı. Sigara içiyordum. Dumanını ona doğru üflememi istedi. Ben üflüyorum, o ağzımdan çıkan dumanı içine kadar çekiyordu. Ahbap olmuştuk. Her gün yanıma geliyor, benim dumanlarla sigara içiyordu. Niçin sigara taşımadığını sordum. Sigarayı bıraktığını, bırakırken de bir daha içmeyeceğine dair yemin ettiğini söyledi. Benim dumanları içine çekerse yemini bozulmamış oluyordu. Bu sigara içme seanslarımızda bol bol sohbet ederdik. Deli dolu, şakacı, hoşsohbet bir insandı. İkimiz de evli idik, birer kızımız vardı. Anne sütü kesildiği için dışarıdan süt alıp besleniyorlardı. "Ulan," diyordu, "Boğazımdan kesip süt alıyorum, her seferinde de içtiğinin yarısını kusuyor. Kusacağını gördüğüm zaman hemen elimi ağzına kapatıyorum."

Asistanların halini esprili bir şekilde tanımlardı. "Hayvanlar aleminin sınıflamasında en ilkel grubu asistanlar teşkil eder, sürüngenler ondan sonra gelir" derdi. Güya bir gün hemşireler başhekime giderek yemeklerden şikâyetçi olmuşlar. Başhekim onları dinlemiş, "Yemeklerin nesi var, asistanlar hayvan gibi yiyorlar, hiç sesleri çıkmıyor" demiş.

Hastanedeki tipleri ve olayları güzel karikatürize ederdi. Başhekimin gariplikleri yerinde yakıştırmalarla anlatırdı. Bir kış günü arka bahçede bir erkek hademe ile bir kadın hademeyi, terbiyeli deyimi ile uygunsuz vaziyette yakalamışlar, durumu başhekime bildirmişler. Durmuş, durmuş, "Yahu," demiş, "Bu soğukta nasıl becermişler?"

Hariciye servisinin Suat Bey isminde 60 yaşlarında, ağırbaşlı, ciddi, efendi bir şefi vardı. Ameliyathanede ipek iplik bitmiş, istekte bulunmuş. Başhekim idare memurunu çağırmış: "Yahu, Mazhar Bey, geçenlerde ameliyathane için ipek iplik almıştık, bitmiş, yine istiyorlar. Ne yapıyorlar bu kadar ipek ipliği?" Mazhar Bey her şeyi bilmek ve her sorulana cevap vermek zorunda olduğunu zanneden geleneksel bir memur tipi idi.

"Ne yapacaklar efendim, hemşireler kanaviçe örüyorlar."

Başhekim Suat Bey'i çağırtmış, emrini vermiş:

"Ameliyat için alınan ipek ipliklerle hemşireler kanaviçe işliyorlarmış. Buna mani olun."

Suat Bey ameliyat ipek ipliği ile kanaviçe örülemeyeceğini zor anlatmış.

İmtihanı verdim, iç hastalıkları uzmanlığı hakkını kazandım. Şimdi de bir hastanede görev bulmam gerekiyordu. Çünkü idealim hastane hekimliği idi.

Muayenehane hekimliği yapanların hastanelerde tam gün çalışma uygulamasına karşı çıkmalarının gerekçelerinden birisi "muayenehanesi olmayan bir hekimin meslekte gerileyeceği" iddiasıdır. Tam gün çalışma sisteminin tartışılması ayrı bir konudur. Ama gerçek bu iddianın tam aksidir: Hastane hekimliği yapmayan bir uzmanın patoloji bilgisi elene elene sadece üstte kabaları kalır. Başka bir deyişle ufku daralır, harcıâlem hastalıklar çerçevesinden çıkamaz. Hastanede çalışmanın hastaları takip ederek sonuca varma ve doğru teşhislerle tedavi avantajına sahip olabilme gibi bir üstünlüğü vardır. Bu avantajlara, benim lugatımda muayenehane-hastane turnikesi dahil değildir. Çünkü bunun mesleğe ve insan haysiyetine yakışır tarafı yoktur.

Asistanlığımın sonlarına doğru bana, ek ücret, hizmetin olanaklarından özel hastalarım için yararlanma ve verem savaşında görev önerilmişti. Bu gerekçelerle kabul etmemiştim.

Bakanlığa görev isteği ile başvurduğum zaman bana yapılan öneri hayal ve ümitlerimi yıkmıştı. Sadece Mardin ve Siirt devlet hastanelerinde iç hastalıkları uzmanlığının boş olduğu söylenmişti. Bu "ölümlerden ölüm beğen" der gibi bir şeydi. Doğu ve Güneydoğu denince yaşanamayacak kadar ağır mahrumiyet koşullarını anlıyorduk. Kafamızda böyle bir imaj yaratılmıştı.

Mardin'de

Mardin Yolu Göründü

Başka bir imkân olmadığına göre Mardin ve Siirt arasında bir tercih yapmam gerekiyordu. Bunun için bilgi alabilecek birisini araştırmaya başladım. Numune Hastanesi'nin göz kliniğinde Mardinli bir asistan olduğunu söylediler. Bu arkadaş sonra Mardin Devlet Hastanesi'nde bir süre beraber çalıştığımız, 1957 seçimlerinde senatoya seçilen Abdulkerim Saraçoğlu idi. Tabiî Mardin'i öneriyordu. Siirt'in dezavantajı olarak söylediği şeylerden tek aklımda kalan karasineğin çok olmasıdır. Bunu unutmuyorum, çünkü Mardin'deki karasinek bolluğunu gördükten sonra daha fazlasının nasıl olacağını tahayyül edememiştim.

Şimdi merhum olan Dr. Saraçoğlu'nun yanından ayrılırken daha iyisini bulamazsam Mardin'e gitmeye karar vermiştim. Bakanlığa bu isteğimi belirten bir dilekçe verdim. Bu arada Ordu'da yeni bir hastane yapıldığını, yakında açılacağını, iç hastalıkları uzmanı kadrosunun ikiye çıkarılacağını duymuştum. Etkili bir torpil bulabilirsem şimdiden oraya atanmam mümkün olur diye düşünmüştüm. O yıllarda devlet bakanı olan merhum Cemil Bengü hemşehrimizdi. Ondan da öte ailece yakınlığımız vardı.

Cemil Bengü'nün babası kazamıza memur olarak gelmiş, genç yaşta vefat edince hanımı dört küçük çocukla ortalıkta kalmış. İsimleri geçince babamın onlara çok yardımı dokunduğu söylenirdi. Kendisiyse bu gibi konularda konuşmazdı.

Cemil Bey'in İsviçre'de devlet adına hukuk tahsili yaptığını duyardık. Bitirmiş, doktora eğitimi de görmüş, biz Ankara'da okurken döndü. Sık sık dayımlara (Hüseyin Ekşi) gelirdi. Benim kim olduğumu öğrendiği zaman babamdan ailece gördükleri iyilikleri unutamadığını söylemişti.

Ankara Cumhuriyet Savcılığı yaptı. Sonra siyasete atıldı. Yanlı ve aşırı partizanca davranışlar yüzünden adı, Bölükbaşı'nın dilinde "eski Ankara savcısı" idi.

Bir Dost Kazığı

Babama minnet duygusu olan Sayın Bengü hemşehrimiz, herhalde bana yardımcı olur diye düşünerek görüşmeye gittim. Özel kalem müdürü, her sakala göre tarak vurmasını bildiği için siyasi iktidarlar değiştikçe, daha önemli bakanlıklarda özel kalem müdürlüğü yapa yapa 12 Eylül askerî yönetimi döneminde Başbakanlık Özel Kalem Müdürlüğü'ne kadar yükselen ve o dönemde marjinal bir siyasi görüşün temsilciliğini yapan, fakat sonra Özal'ın ANAP'tan milletvekili çıkarttığı, Kayzer Wilhelm bıyıklı Tevfik Ertürk'tü. Bakana ziyarete geldiğimi bildirmesi için bir hayli uğraştım. Mesudiye'den gelenlere her türlü kolaylığı gösterdiği halde, nedense bana güçlük çıkarıyordu. Bir hayli bekledikten sonra kabul edildim. Sayın bakan beni oldukça resmî karşıladı. Durumu özetleyerek isteğimi bildirdim. Söze genel bir konuşma ile başladı, politik imalar yaptı, sonra da, "Artık siz gençler yetiştiniz, yavaş yavaş bizlerin yerini alırsınız" diyerek baklayı ağzından çıkardı. Demek ki Ordu'ya gidersem kendisine siyasi rakip olacağımdan endişe ediyordu. Anne tarafım 1946'dan sonra da çoğunluğu ile CHP içinde kalmıştı: Sayın Bengü ise DP'den milletvekili seçilmişti. Ondan sonra da dayım Hüseyin Ekşi dahil Ekşioğullarına ve onların akraba ve yakınlarına karşı tutum takınmıştı. Benim politika ile oy kullanmaktan başka bir ilgim yoktu. Hatta bu tutumum dolayısı ile dayım bana bir parça kırılmıştı. Kendisi de politikadan çekilmişti. Sayın Bengü'ye bunları anlattım. Ve dedim ki: "Ordu'ya gidersem sizin seçmenlerinize hizmet edeceğim."

Bunun üzerine özel kalem müdüründen Sağlık Bakanlığı'nda ilgili genel müdürünü bulmasını istedi. Buldular.

"Yanımda hemşehrim Dr. Lütfü Köselioğlu var. Mardin Devlet Hastanesi'ne atanması için dilekçe vermiş. Bekletmeden atanmasını rica ediyorum," dedi. Ben isteğimi ileteceğini zannediyordum. Bunları duyunca şaşırdım. Ayağa kalktım: "Zahmet ettiniz, Mardin'e gidecek uzman bulamadıkları için kadro 8 aydır boş duruyor. Hatırınızı boşuna harcamış oldunuz. Başkası için lazım olurdu" dedim ve oradan ayrıldım.

Bu olay politikacıların istenenleri ve olayları nasıl algıladıklarının örneğidir. Kaldı ki o yıllarda siyasette karşı görüş yok, düşman kamplar vardı. Bu kamplaşma ülkeyi 27 Mayıs askerî darbesine götürdü. Halen de bu anlayışın sancılarını çekiyoruz. Böbrek taşına benziyor. Atmayınca sancıdan kurtulmak mümkün değil.

Sayın Bengü'yü rahmetle anıyorum, politikaya girmeden önce teklifsizce gelip gittiği, sofralarına oturduğu bir aileyi bile karşısına almıştı. Küçük kasabaların siyaset dalkavuklarının peşine takıldı. Hüseyin Ekşi 1957 seçimlerinde onun karşısına oğlu Münir Ekşi'yi çıkardı. Sayın Bengü bakan olarak girdiği bu seçimi kaybetti.

Benim için Mardin'e gitmekten başka yapacak bir şey yoktu. Asistanlığımın ikinci yılında evlenmiştim. Eşim Sevin ilkokul öğretmeni idi. O yıllarda memurlara üç ayda bir çift maaş veriliyordu. Bunların birisini ilerideki ihtiyaçlarımız için biriktirmiştik. Eksik eşyalarımızı ve muayenehane için ihtiyacım olanları aldım. Geçmiş deneyimlere dayanarak "Bir bavulla geldi, eşya sahibi oldu" dedirtmemeye karar vermiştim. Onun için Mardin'den bir şey almayacaktım. Eşyayı ambalaj yaptırarak Devlet Demir Yolları'na verdim. Eşim ve 4 aylık kızımla trenle Diyarbakır'a hareket ettik. Oradan Mardin'e geçecektik. Yıl 1957, aylardan temmuzdu.

Diyarbakır'da hava o zamana kadar görmediğim derecede sıcaktı. O gece sabaha kadar sıcaktan uyuyamadık. Sabahleyin Mardin'e nasıl gideceğimi sorduk. Mardinkapı denen yerden her gün saat 14'te otobüs kalktığını söylediler. Yer bulmak için erken gittik. Orada bekleyecek bir yazıhane olduğunu sanıyordum. Terminal surların dibinde bir çeşme başı idi. Dayanılmaz bir sıcak vardı. Büyük bir ağacın gölgesine sığınarak otobüsün hareketini beklemeye başladık. Gölgeye rağmen üzerimdeki gömlek yeni ütüden çıkmış gibi sıcaktı. Çocuk sıcaktan bunaldıkça avaz avaz ağlıyordu. Tamamen soyduk. O da yetmedi. Sık sık çeşmenin altına tutarak serinletmeye çalışıyorduk. Otobüsün hareket saati geldi, geçti, şoför ortada yoktu. Her sorduğumda 10-15 dakika sonra hareket edileceğini söylüyorlardı.

İki saatlik cehennem azabından sonra hareket ettik. Bu defa da oturduğumuz taraf güneşte kaldığı için sıcak daha dayanılmaz hal aldı. Çocuğu susturmak mümkün olmuyordu. Gölge tarafta oturan birilerinin bizimle yer değiştireceğini boşuna ümit edip durdum. Kimse oralı olmadı. Aralarında anlamadığımız bir dille sohbet ediyorlardı. Kendimi yabancı bir ülkede gibi hissetmeye başladım. Bu insanlarla anlaşabileceğimiz bile şüpheli idi. Eşime "Biz burada yaşayamayız, yarın geri dönelim" dedim. O benden daha serinkanlı imiş. "Acele karar vermeyelim. Herhalde Mardin'de tek yabancı memur biz değiliz. Valisi var, hakimi, savcısı var, öğretmeni var. Onlar nasıl yaşıyorsa biz de öyle yaşarız," dedi.

Hiç bitmeyecekmiş gibi gelen yolculuk bitti. Mardin'e gelmiştik. Birbirine bitişik binaların kale surlarını andıran taş duvarları arasına sıkışmış dar bir yoldan geçerek meydanımsı bir yerde durduk. Otobüsten inince etrafımızı hamallar sardı. Bunlardan birisine bizi iyi bir otele götürmesini söyledik. 40-50 metre sonra eski binalar arasında medeniyet abidesi gibi duran apartman tipi beton bir binanın önüne geldik. Soğuk bir duş alıp sereserpe uzanmak üzere içeri daldık. Odaya çıktık. İçerisi hamam gibi idi. Musluklardan su yerine hava sesi geliyordu. Lavaboların yanına yerleştirilen musluklu bidonlar da boştu. Çenemden, sırtımdan terler akıyordu.

Gece "sabah ola hayrola" diyerek yattık. Yastık ve yorganla boğuşarak sabahı ettik.

Sabah bir karar verebilmek için hastaneye gittim. Başhekimle görüşmek istiyordum. Başhekim Operatör Dr. Nurettin Çelikaksoy sıcakkanlı, sempatik, samimi davranışları ile insana güven veren bir arkadaştı. 8 aydır hastanenin bütün yükü sırtında kalmış. Bir göz hastalıkları uzmanı varsa da aynı zamanda trahom savaş başkanlığı görevi de onda olduğu için sık sık ilçelere gidermiş. Bu yüzden de hastane ile ilgisi pek fazla olamıyormuş. Başhekim beni kurtarıcı gibi görüyor, bunu da açıkça söylemekten çekinmiyordu.

Dr. Nurettin Bey'e endişelerimi söyledim. "Geri dönmeyi bile düşünüyorum" dedim. Görünüşe göre karar vermememi, halkın iyi olduğunu, hekime değer verdiğini, kalırsam pişmanlık duymayacağımı söyledi. Bir müddet daha sohbet ettik, kendisi geleli iki sene olmuştu. Bu görüşme iyi olmuştu. Rahatlamıştım, kalmaya karar verdim.

Mardin'den İlk İzlenimler

Mardin doğuya, batıya ve güneyde Suriye'ye doğru göz alabildiğince uzanan büyük bir ovaya hâkim bir tepenin güney yamacında kurulmuştu. Şehir tepenin üzerindeki tarihî kaleden ovanın başlangıcına kadar inen bir anfiteatrı andırıyordu. Evler yöreye özel taştan yapılmış, aralarına enine ve boyuna daracık sokakların girdiği, birbirine bitişik gruplar halinde adacıklar teşkil ediyordu. Yatay iki sokak arasında kalan evlerin birinin damı, üst tarafındaki evin ön terasını oluşturuyordu. Bu dam-teraslar kare şeklinde büyük taşlarla kaplı idi. Binaların kapı ve pencerelerinin etrafı taş işleme sanatının zarif motifleri ile süslenmiş taşlarla çevrilmişti. Pencereler küçük ve genelde yere yakın oluyordu. Tavanlar çok yüksek, hamam gibi kubbeli idi. Kubbelerin içerisine sıcaklığa karşı izolasyon sağlamak, yankılanmayı önlemek ve yükü hafifletmek için testiler konduğu söyleniyordu.

Hiçbiri diğerinin önünü kapamadığı için her terastan ova

görülüyordu. Karanlık gecelerde Suriye'nin sınır kasabaları ile Mardin'in yerleşim yerleri denizin ortasındaki adaları andırıyordu. Ay bedir halinde olduğu zaman, ova gümüş bir ışık yağmuru ile pırıl pırıl aydınlanırdı. Bu kadar parlak bir ay ışığını Mesudiye dışında başka hiçbir yerde görmedim. Evlerin oturulan yerleri hücre dedikleri büyük odalardı. Mutfak, tuvalet dışarıda ayrı bölmelerde idi. Büyük evlerin terasında muhtemelen selamlık olarak kullanılan ikinci bir hücre daha bulunuyordu. Bunların hepsinin de zemini yontma taş karolarla döşeli idi. Ana hücrenin girişinin sağ ve sol taraflarında zemini girişten bir basamak yüksekte kalan, önleri açık, bazılarının önünde taş parmaklıklar bulunan bölümler vardı. Bunların hepsinin de tavanı ayrı kubbelerden oluşuyordu. Apartman tarzı binalar yazın bunlardan on-oniki derece daha sıcak oluyordu. Şehri ikiye bölen daracık bir cadde vardı. Çarşı bu caddenin iki yanında idi. Cadde hükümet konağında bitiyordu.

İlk görünüşte bir taş yığınını andıran Mardin'in içine girdikten sonra ender bulunur bir tarihî miras olduğu anlaşılıyordu. Ne yazık ki zaman içerisinde bütün güzellikleri, eski binaların aralarında yer yer dikilen zevksiz şekilsiz beton apartmanlarla örtülmeye ve şehrin özellikleri tahrip edilmeye başlanmıştı. 20 sene sonraki gidişimde bu manzarayı görünce içimin nasıl sızladığını unutamıyorum.

Nurettin Bey, muayenehanenin işlerine bakmak, Kürtçe, Arapça tercümanlık yapmak için bir adama ihtiyacım olacağını, benden önceki iç hastalıkları uzmanının yanında çalışan Halil'in boş olduğunu, istersem beni görmesi için haber gönderebileceğini söylemişti. Uygun görmüştüm.

Halil'le aylığı 125 liraya anlaştım. Halil ev ve muayenehane olarak kullanabileceğim, cadde üzerinde bir yer olduğunu söyledi. Burası bir süre trahom hastanesi, daha sonra kız sanat okulu olarak kullanılmış. Görmeye gittik. Binaya caddenin kenarında kale duvarı gibi yükselen bir taş duvardaki çift kanatlı büyük ahşap kapıdan giriliyordu. Kapının bir tarafında çinko kepenkli bir iki dükkân vardı. Yukarıya taş basamaklı yüksek bir merdivenle çıkılıyordu. Birinci sahanlıkta sağa dönünce dükkânların üzerine isabet eden bir teras ve terasa açılan küçük bir ev vardı. Biraz daha çıkınca ikinci bir sahanlığa geliniyordu. Buraya doğrudan açılan bir bölümde orman idaresi vardı. Sahanlığın sağında yüksek bir duvar vardı. Solunda yukarı doğru uzanan dar bir merdiven başlıyordu. Bu merdivenle ev sahibinin oturduğu bölüme çıkılıyordu.

Sahanlığın sağına açılan kapıdan büyük bir terasa giriliyordu. Hemen karşıda caddeye doğru uzanan ön tarafta yuvarlak çıkıntılı, pencerelerinin etrafı işlenmiş taşlarla çevrili bir bölüm, solda ise cephesi cadde tarafına bakan ikinci bir bölüm vardı. Buraya üzerinde yarım daire şeklinde camlı bir kısım bulunan, üst yarısı camlı iki kanatlı kapıdan giriliyordu. İki bölüm arasındaki dar koridorda bir tuvalet ve koridorun sonunda da terk edilmiş büyük bir mutfak vardı. Soldaki büyük bölüm ev olarak, diğeri ise muayenehane olarak kullanılabilirdi.

Ev olacak bölümün girişinde bir hol ve sağda, solda ve arkada holden camlı bölmelerle ayrılmış üç oda vardı. Bu odalara birer basamak merdivenle çıkılıyordu. Üçünün de tavanı yüksek ve kubbeli idi. Kalın taş duvarlardaki pencereler küçük ve yere yakındı. Tamamı bir hücre iken sonradan odalara bölünmüştü. İçeri girince insanı saran serinlik, loş ve kasvetli görünümün yarattığı izlenimi siliyordu.

Muayenehane olacak bölümde küçük bir hol ve hole açılan bir de küçük penceresiz oda vardı. Buraya termosifon konacak ve banyo olarak kullanılacaktı. Devamlı su bulunmadığı için tuvaletin üstüne iki bidondan su deposu yapılacaktı. Eşimin burada oturmayı kabul edeceğini zannetmiyordum. Görünce kabul etti. Aylığı üçyüz liradan anlaştık.

Ev hazırlandı. Eşyalar gelmemişti. Halil Efendi'nin getirdiği iki somya, birkaç zaruri eşya ile eve girdik. Eşyalarımızın gelmesi bir ay sürdü. Mobilyalarda hasarlar olmuştu.

Şehrin elektriği eski bir dizel jeneratörden sağlanıyordu. Gündüzleri kısa bir süre, geceleri 18-24 arası elektrik veriliyordu. Gündüz hızar ve kaynak makinaları çalışınca voltaj hızla düşerdi. Abone miktarı kapasitenin çok üstünde olduğu için geceleri de voltaj 90 volta kadar iner, ampullerde sadece kırmızı bir çizgi görülürdü. Onun için bulabilirsek 110 voltluk ampul kullanırdık. Onların da yerli halkın yatması ile saat 9-10 arası birden voltajı artar, patlarlardı. Elektrikli ev aletlerinin hiçbirisini kullanmak mümkün değildi. Heves edip aldığımız buzdolabı ve vantilatör, süs eşyası gibi bir köşede duruyordu. Aşırı yükten jeneratör sık sık arıza yapar, birkaç gün tamamen elektriksiz kalınırdı.

Su, ovadaki bir yerden elektrik pompaları ile şehre basıldığı için pek bulunmazdı. Depomuz sayesinde günlük zorunlu ihtiyaçlarımızı bir ölçüde karşılayabiliyorduk. Arada sırada banyomuzu da kullanabiliyorduk. Yerli halktan ziyarete gelenler, "Pek bir şeyimiz yok ama, havamız, suyumuz güzeldir" derlerdi. Sıtma Savaş Başkanı Osman Baştak ağabeyimiz ilk tanışmamızda, "Herkes sana Mardin'in havasının, suyunun güzel olduğunu söyler. Bu kibarca Mardin'de havadan sudan başka bir bok yok demektir" demişti.

Hava neyse de, suyun adı var, kendisi yoktu. Devamlı su sadece şehrin hamamında bulunuyordu. Hamam gündüz kadınlara, gece erkeklere çalışıyordu. Onun için banyo sorun olmuyordu. Yerli hanımlar hamama sabah girerler, çoluk çocuk kurna başına yerleşir, akşama çıkarlardı. Onun için biraz geç kalanların kurma başında yer bulması mümkün olmuyordu. Eşimin de en büyük sıkıntısı bu idi. Hamamcı da bundan şikâyetçi idi. Çünkü hem günlük müşteri sayısı azalıyor, hem de aşırı su israfı oluyordu. Bu yüzden hamamı erkeklere hazırlamak için zaman kalmadığından da yakınırdı. "Soğuk suyu kesiyorum. Sıcak suyu haşlana haşlana dökünmeye devam ediyorlar" diyordu.

Bir gün ikindiye doğru bir kısmı kucağında küçük çocuğu ile 8-10 hanım geldi. Telaş içerisinde idiler. Bazılarının kendi poposunda, bazılarının da çocuklarının poposunda yanık kabarcıkları vardı. Göbek taşına oturan feryatla dışarı fırlamış. Sonunda hamamcı, kadınları dışarı çıkarmanın yolunu göbek taşını iyice kızdıracak kadar ateşe odun atmakta bulmuştu.

Mardin'e gidişim yaz aylarına rastlamıştı. Kıpırdadıkça sırtımdan ve çenemden terler akıyordu. Alnımda gözle görülecek şekilde tuz tanecikleri birikiyor, sık sık yüzümü yıkama ihtiyacı duyuyordum. Gömleğimin ve pantolonumun arkasında tuz birikintileri dalga dalga beyaz lekeler oluşturuyordu. Bir süre sonra çalışmaya karşı isteksizlik ve yorgunluk hissetmeye başladım. Zihni bulanıklık oluyordu. Bunlara bir türlü anlam verememiştim. O yaz öyle geçti. Ertesi sene yaz ortalarında açıkhava sinemasında eşimin yemekte olduğu tuzlu kabak çekirdeğine karşı, hiç sevmediğim halde, aşırı bir istek duydum. Bir miktar aldım, yemeye başladım. Bir süre sonra o uyuşukluk üstümden kalktı, zihni bulanıklık kayboldu. O zaman çekirdekleri yemekten ziyade, dışındaki tuzu emdiğimi farkettim. O anda kafamda bir şimşek çaktı. İçine düştüğüm durumun nedeni aşırı tuz kaybı idi. Sabahtan akşama kadar testiler dolusu su içiyordum, bunun mübalağasız % 90'ını terle atıyordum. Bu da büyük bir tuz kaybı demekti. Geceleri kol ve bacak ağrılarından şikâyetçi hastalar geliyordu. Bunların bir kısmı daha önceleri ağrılarına çare bulmak için Diyarbakır ve Adana'ya kadar gitmiş, romatizma tedavisi görmüş ama iyileşememişlerdi. Kendi sorunumla beraber bunların sorununu da çözmüştüm. Olay tuz eksikliği sendromu idi. Bunun Türkiye'de karşıma çıkacağını düşünememiştim. Nitekim daha önce de bu yörelerde hiçbir hekim bunun farkına varmamıştı. Ben de bu buluşumu, kendime üstünlük sağlamak için bir süre gizli tutmaya karar verdim.

Sofra Tuzunun Tılsımı

Ondan sonra gelen hastalara içinde birer gram sofra tuzu bulunduran kaşeler yazmaya başladım. İlk hastama bu reçeteyi yazdığım zaman başka bir sorunla karşı karşıya geldim. Reçetelerimin, daha sonra açıklayacağım nedenler dolayısı ile eczacı Ömer Bey'e götürülmesini istiyordum. Ömer Bey fevkalâde dürüst bir insandı. Sıra para almaya gelince, "Bir kaşık yemek tuzu için para alınmaz" diyeceğine, adım kadar emindim. Hastanın böyle bir ilacı ciddiye alması ve kabulü mümkün değildi. Onun için hasta çıkar çıkmaz Ömer Bey'e telefon açtım.

Kendisine, şimdi birer gramlık sodium klorür kaşesi yazılı bir reçete geleceğini, kaşelere mutfak tuzu koyabileceğini, ücret olarak da en az 150 kuruş almasını söyledim. O tarihlerde bir doz pensilin 25 kuruştu. Tabiî itiraz etti. Alelacele durumu ve nedenlerini açıkladım. Para almazsa hastaya iyilik değil, kötülük etmiş olacağını, çünkü hastanın başka doktora giderek gereksiz yere 10,15 lira zarara gireceğini anlattım ve dedim ki, "Bu reçeteler bir ay kadar sürecek. Hastalar şimdiye kadar çare bulamadıkları hastalıklarının iyileştiğini görecekler. Ondan sonra reçete yerine tuzlu ayran içmeleri, zeytin yemeleri gibi tuzlu yiyecek tavsiyesi ile yetineceğim." Ömer Bey kabul etti. Gerçekten de kaşeleri yutmaya başlayan hastalar, ertesi gün teşekküre geliyordu. Bir ay böyle geçti. Bir ay sonra verdiğim sözü tuttum. Bu olay daha iyi tanınmama da yardımcı olmuştu.

Mardin'de gayet berbat bir ortamda yaşıyorduk, çevre şartları çok kötü idi. Yerli halk teraslarındaki sarnıçlarda biriktirdikleri yağmur sularını içiyordu. İlk gittiğim günlerde içme suyu istediğim zaman gayet yumuşak ve içimi hoş serin bir su getiriyorlardı. Bir müddet sonra bu suyun sarnıç suyu olduğunu öğrendim. Sarnıçlarda her gün üzerinde dolaşılan dam ve teraslardan gelen yağmur suları toplanırdı. Yerli bir hekim arkadaşım şehir suyu olmadığı dönemlerde çamaşır sularının bile ziyan olmaması için sarnıçlara döküldüğünü söylemişti. Serinliğini de, içinde üreyen kurtlar yapıyormuş. Bunları öğrendikten sonra su isterken sarnıç suyu olmamasını rica ediyordum. Kasaplardaki et dahil, her türlü yiyecek maddesi açıkta satılırdı. Üzerlerinde yüzlerce karasinek dolaşırdı. Gittiğim yaz arada sırada 37-37,5 derece ateşle hafif kırıklıklar geçirdim. Bunların nedeni, ağızdan aldığım bakterilere bağlı hafif geçen enfeksiyonlar idi. Çünkü Türkiye'de yaşayan herkes gibi benim de her türlü bakteri ile tanışıklığım vardı. Onun için bunları tekrar alışlarımız sadece rapel aşı reaksiyonuna neden oluyordu. Nitekim yaşadığım bir olay da bunu kanıtladı.

NATO tarafından Mardin Kalesi'ne radar yerleştirme çalışmaları için bir grup İtalyan gelmişti. Gelişlerinden 10-15 gün sonra hepsi birden basilli dizanteriye yakalandılar. Beraber getirdikleri konserveler bittikten sonra dışarıdan aldıkları gıda maddelerinden hastalanmışlardı.

Sinekler... Sinekler...

Mardin'de insanlar karasineklerle adeta simbiyoz halinde yaşıyordu. Sokaklardaki öbek öbek çocuk bokları ve bunların arasından akan ev atık suları üzerinde üreyen karasinekler havalandıkları zaman bulutlar oluşturuyorlardı. Hastalıkları yiyeceklere bunlar taşıyorlardı. Hastaya bakmak için gittiğim evlerde çocukların önlerine konan tabaklardaki, karasinek örtüsünden ne olduğu anlaşılmayan yemekleri, elleri ile yemeğe uğraştıklarını görürdüm. Çocukların ve ağır hastaların göz köşelerinde, burun delikleri ve dudak uçlarında beşer adet sinek bulunurdu. Bu miktar hiçbir şekilde değişmezdi. Eksilenin yerini yenisi alırdı. Ürküttüğünüz zaman kalkan sinekler şaşmaz bir şekilde kalktığı yere döner veya rastladığı ilk insanın aynı yerine kurşun gibi otururdu. Muayene ederken ürküttüğüm sineklerin saldırısından kurtulmak için elimi salladığım zaman, kulağıma takılı olan stetoskopun kulağımdan fırlayan kolu yüzüme çarpar, canımı yakardı. Bu yüzden üçüncü bir elimizin ya da sinekleri kovalayacak at kuyruğu gibi bir kuyruğumuzun olmamasına esef eder, "ulu Tanrım, niçin bizi böyle bir nimetten mahrum ettin" derdim. Göz hastalıkları uzmanı arkadaşımız, "Aman fazla üsteleme, ya yanlışlıkla at kuyruğu yerine dağlıç koyun kuyruğu verirse ne yaparız?" derdi.

Sineklerden tek memnun olanlar Mardin'e gelen göz hastalıkları uzmanları oluyordu. Onların sayesinde bulaşan trahomun sekellerinin* ameliyatından iyi para kazanıyorlardı.

Yaz ayları şiddetli kusma ve ishallerle seyreden bağırsak enfeksiyonları ve bebekleri bir deri, bir kemik bırakan yaz ishalleri salgın halini alırdı. Gece sabaha kadar kapı kapı hasta bakmaya dolaştığımız olurdu. Belki de vakaların bir kısmı o dönemlerde Türkiye'de olduğunu bilmediğimiz altor tipi kolera

(*) Geride bıraktıkları bozukluklar.

idi. Bakteriyolojik inceleme imkânı bulunmadığı için ayırım mümkün olmuyordu. Kolera da olsa aynı tedavi uygulanacaktı. Orada kaldığım sürede bu hastalıktan ölen görmedim. Yaz olunca hastalara "yine tornistan olmaya başladınız" diye takılırdım. Çocuk ölümleri çok oluyordu. Kuduza kadar her türlü bulaşıcı hastalığın görüldüğü bu yörelerde genç ölümleri de vardı. Onları görünce Hilmi Ülgen Hocamın "Bizde tabiî bir seleksiyon vardır. Dayanma gücü olanlar hayatta kalır, olmayanlar ölür gider. Onun için insanımız çok dayanıklıdır" dediği aklıma gelirdi. Mardin'de gerçekten de tıp bilimine meydan okurcasına hayatta kalmayı beceren hastalar gördüm. Hastaneye gelen gecikmiş bağırsak delinmeleri, gecikmiş ileus (bağırsak tıkanması) vakaları, yokluk içerisinde, hatta ilkel sayılacak koşullarda ameliyat edilip, yürüyerek evlerine dönerlerdi. Narkoz cihazı, pansumancı Kâzım Efendi'nin operatörün emrine göre ayarladığı basit ombredan maskesi idi. Kan yerine tuzlu, şekerli serumlar verilebiliyordu. Çok ağır tifo ve menenjit vakaları hiçbir komplikasyon yapmadan ve sekel bırakmadan iyileşebiliyorlardı.

Hastane, ileri bir görüşle yataklı tedavi hizmetlerinin yerel idarelere bırakıldığı dönemlerde inşa edilmişti. İki katlı, günün ihtiyaçlarına cevap vermesi mümkün olmayan bir bina idi. İhtiyaç duyuldukça ofis, yemekhane gibi müşterek yerler de hasta odasına dönüştürüle dönüştürüle yatak adedi 75'e çıkarılmıştı. Bulunduğu yer şehrin dışında kuzey rüzgârlarına açık bir boğazdı. Onun için pencerelerinin çift camlı olmasına rağmen ısıtılması mümkün olmuyordu. Çoğu zaman rüzgârların bina içerisinde yarattığı basınç yüzünden odaların kapılarını açmak bile zorlaşıyordu. Birkaç defa da çatısı uçmuştu. Şehirle hastane arasındaki bağlantıyı günde birkaç sefer yapan belediye otobüsü sağlıyordu. O da sık sık arızalanırdı. Şehirdeki işsizler ordusu kişi başına 25 kuruş otobüs bilet parasını bile bulamadıkları için poliklinik yapmaya öğleden sonra da muayenehanede devam ederdik. Aşağı mahallelerdeki hastaların yukarı çıkarılabilmesi ancak sırtta taşınmaları sureti ile mümkündü. Ağır olanlara evlerinde bakmak zorunluluğu vardı. Onun için hastane hizmetini fahri olarak hasta ayağına götürüyorduk. Zannederim Sağlık Bakanlığı'nın o zaman isminde bulunan "sosyal hizmet" görevini düzenli olarak yerine getirme şerefi ilk defa bana ve Op. Dr. Nurettin Çelikaksoy'a nasip olmuştur.

Hastanenin en başta gelen sorunlarından birisi, özellikle yaz aylarında, susuzluktu. Bu ihtiyacımızı, hastanenin üst tarafındaki, suyunu içenin Mardin'e geri geleceğine inanılan Savurkapı Çeşmesi'nden veya biraz daha aşağıdaki vali yazlık evinin bahçesinden hademelerin tenekelerle taşıdığı sularla karşılamaya çalışıyorduk. Başhekim olduğum senenin yazında izinden döndüğüm zaman hastanenin bahçesinde tek gözü kör bir eşeğin bağlı olduğunu gördüm. İdare memuru Davut Bey cebinden 90 lira vererek satın almış, semerinin iki tarafına ikişer su tenekesi konacak şekilde tahtalar bağlatmış, su taşıtıyormuş. Verdiği parayı nereden alacağını sordum. "Kış gelince aynı paraya satarım" dedi. Satmamasını, bir formülünü bularak hastane demirbaşına almasını söyledim ve dedim ki: "Boynuna da devlet hastanesi hususi plakası astır. Mesaiye ve acillilere gelip gitmelerde de kullanırız."

Önerimi ayıp olur diye kabul etmedi.

Hastanenin röntgen cihazı kullanılmadan duruyordu. Diyarbakır'dan dostumuz röntgen uzmanını getirerek akciğer, kemik gibi sık lazım olan filmlerin nasıl çekileceğini öğrendim. Bu suretle acil durumlarda ve fakir fukaranın ihtiyacını karşılamakta kullanmaya başladık.

Hastanede en basit incelemeleri yapacak laboratuvar yoktu. Günlük ihtiyacı karşılayacak bir laboratuvar için gerekenleri ilk yıllık iznimde alıp getirdim. Okur yazar bir hademeyi de laborant olarak yetiştirdim. Böylece bir de bütün hastanenin laboratuvar hizmetlerini üstlenmiştim. Rutin idrar tahlili ve kan incelemeleri dışında, kan üresi ve kan şekeri de tayin edebiliyorduk. Ayrıca beyin, omurilik dahil vücut mayilerinin bazı muayenelerini de yapıyordum. Yirmi sene sonra genel müdür olarak Mardin'e gittiğim zaman bu laboratuvarın yerinde yeller estiğini görerek fevkalâde üzülmüştüm.

Bürokratik hayatımda birçok benzeri olay gördüm. Arada sırada birilerinin yaptıklarını arkadan gelenlerden birisi muhakkak bozmuştur. Samuel Smil adlı bir İngiliz yazarın yıllarca önce bir eserini okumuştum. Orada diyordu ki; "Siz geri kalmış bir toplumun başına ne kadar ileri bir idareyi getirirseniz getirin, toplum onu eleye eleye kendi düzeyine indirir. Onun için geri kalmış toplumlar zelilane yaşamaya mahkûmdur." Bu yüzden hiçbir şeyi toplumun genel düzeyinin üstüne çıkarmak mümkün değildir. Bunun en büyük örneğini tarikatlar ve şeyhlerle işbirliği yaparak memleketi kurtarmaya soyunan siyasi iktidarla da gördük.

* * *

Hastanede 30 yataklı bir dahiliye, 30 yataklı bir hariciye ve 15 yataklı bir göz servisi vardı. Personel, yetersiz sayıda hademe, üç idari memur ve iki hemşireden ibaretti. Her memurun birden fazla görevi vardı. İçlerinden en yaşlısını ben geldiğim zaman ayrıca hastanede eczacılık görevini de yapar bulmuştum. Benim başhekimliğimde de bu işe devam etti. Bir gün mesai içerisinde adamı hastanede kaybettik. Araya araya sonunda eczane tezgâhının arkasında yerde uyur durumda bulduk. Bazı ilaçlar hastane eczanesinde elle yapılırdı. Öksürük olmuş, kendisine birkaç kodein hapı yapmış, ayıldığı zaman bir tanesini yuttuğunu hatırlıyordu. Bu durumda eczane çalıştırmak ağır bir sorumluluk getiriyordu. Durumu bakanlığa bildirerek, yapma ilaçları günlük olarak serbest bir eczaneden sağlamaya başladık. Bu da özelleştirilmiş ilk kamu hizmeti oluyordu! Hemşirelerimizden birisi mektepli olmasına rağmen hizmetten atılmış, sonradan hemşire yardımcısı olarak tekrar göreve alınmıştı. Dahiliye ve göz servislerine bakıyordu. Devamlı sorun yaratan bir tipti. Özel hayatı da karışıktı. 27 Mayıs'tan sonra birkaç yeni mezun hemşire atanmıştı. Babaları getirip bana teslim ettiler. Kendilerini hemşire yardımcısı ile yakın ilişki kurmamaları için uyardım. Buna rağmen bir gece ikisini tuzağa düşürmüş felâketten zor kurtulmuşlardı. Hastaneye üstleri başları yırtılmış olarak perişan bir vaziyette gelmişler. Ertesi gün bunu öğrenince hemşire yardımcısını çağırttım. "Şimdi de pezevenkliğe mi başladın?" dedim. Yüksek sesle itiraz etti: "Bana orospu diyebilirsiniz ama, pezevenk diyerek hakaret edemezsiniz."

Namusuna dokunmuştuk. Demek ki herkesin kendine göre bir namus anlayışı vardı ve ona sıkı sıkıya sahip çıkıyordu. Buna benzer bir olaya öğrenci iken Beyoğlu Karakolu'nda şahit olmuştum. Bir akşam o karakolda komiser olan akrabamı ziyarete gitmiştim. Karakolun yanındaki Abanoz Sokağı genelevinden iki kadınla bir genci getirdiler Kadınlardan birisi genelev patronu idi. Genç adam da müşteri olarak gelmiş, diğer kadın bağırıyordu:

"Komiser bey, kırk yıllık orospuyum, namusumla çalışırım. Bu serseri bana arkadan yanaşmaya çalıştı, davacıyım."

Diğer hemşiremiz cerrahiye bakıyordu, fevkalâde yetenekli ve zeki bir kızdı. Devamlı hastanede kalır, acil sorunlarda bize çok yardımcı olurdu. Bıraksak her türlü karın ameliyatını yapacak kadar da pratiği vardı.

Ben gittiğim zaman orada göz hastalıkları uzmanı olan meslektaşımız en yaşlımızdı. Benim Mardin'e gideceğimi öğrenen Numune'deki asistan arkadaşlardan birisi, ağabeyinin orada göz hastalıkları uzmanı olduğunu söylemişti. Bir kart istedim, biraz zoraki verdi. Ağabeyini pek sevmediği anlaşılıyordu. Sonra ne kadar haklı olduğunu görmüştüm.

Vaktinin çoğunu trahom savaşı için ilçeleri dolaşmakla geçiriyordu. Bu da, hastanede iki uzman kaldığımız için nöbet tutmaktan bizi kurtardığından işimize geliyordu. Mardin'de olduğu zaman sabah hastaneye bir uğrar, ameliyat yaptığı hastaları görürdü. Hademesine de öğretmişti. Olmadığı zaman yapılacakları da ona söyler giderdi. Ayrıca hademenin bir görevi de poliklinikte bekleyip, yanlışlıkla tek tük gelen hastayı evine göndermekti. Bu huyundan ötürü benden önce ağır cezaya düşmüş, hakimlerin himmeti ile yakasını kurtarmıştı, fakat huyundan vazgeçmemişti. Hanımını da eğitmişti. Kazalara gittiği zaman muayenehanede kabul ettiği hastaların tedavilerini hanımı sürdürürdü. Yeni başvuruları da o gelinceye kadar idare ederdi.

Kazalara gitmeden önce oradaki trahom savaş memurlarına geleceğini bildirerek ameliyatlık hastaları toplamalarını emrederdi. Gidince onların ameliyatlarını yapardı. Parası olmayanlardan tavuk, hindi gibi ayni ücretler de kabul ederdi.

Çırnaz Paşa

Valimiz Çırnaz Paşa'nın bu arkadaşımızla ilgili bir olayını da burada nakletmek isterim. Yalnız daha önce çok enteresan ve renkli bir kişiliği olan Çırnaz Paşa'yı tanıtmak uygun olacaktır.

Paşa devamlı soyadı ile anıldığı için ismini bugün hatırlayamıyorum. Çırnaz Paşa Eskişehir'de yurtiçi bölge komutanıyken emekli olmuş. Bir gün devrin Başbakan'ı Menderes'le karşılaşmış, Menderes ne yaptığını sormuş, kendi anlatımı ile "Ne yapacağım efendim, her namuslu emekli gibi devletin layık gördüğü maaşla yaşam savaşı veriyorum" demiş. Bunun üzerine Menderes, vali yapılmasını emretmiş, Mardin'e geldi. O geldiği zaman ben yıllık izinde idim. İyi kalpli herkes için iyilik düşünen efendi bir insandı, düşündüğü gibi de konuşurdu.

Sivil yaşama yabancı olduğu ve protokolü bilmediği için olacak, tayini çıkınca mevcut Vali İlhami Ertem (27 Mayıs yönetiminden sonra AP milletvekili ve Milli Eğitim, sonra da Sosyal Güvenlik Bakanı) ayrılmadan şehre gelmiş. Beye verilen yemeklere mecburen paşayı da çağırmak zorunda kalmışlar. İlhami Bey'in hekimlere özel bir sempatisi vardı. Resmî görevli doktorlar da bir yemek düzenlemişler. Şehirdeki serbest hekimleri de çağırmışlar. Yemekte adet olduğu üzere İlhami Bey'in olumlu çalışmalarından söz edilmiş. Yerli arkadaşlardan Ömer Galip Aykaç, CHP'li olarak tanınırdı. Boş bir okul doktorluğuna başvurmuş, İlhami Bey de görevi ona vermemiş, onun için İlhami Bey'i sevmezdi. O da söz almış, konuşmasında;

"Evet, sayın valimiz onu yaptı, bunu yaptı, doğrudur. Firavunlar da ehramları yaptılar, ama yine de tarihe 'Firavun' olarak geçtiler" demiş.

Ömer Bey'in bu sözleri Çırnaz Paşa'nın hoşuna gitmiş olmalı ki onu çok seviyordu. Her yaşlı gibi yeni tanıştıklarının isimlerini aklında kolay tutamadığı halde Ömer Bey'in ismini unutmuyordu.

Ben izinden döndükten sonra vali konağında doktorları yemeğe çağırdı. Yemekte Dr. Ömer Bey yoktu. Sağlık müdürüne Ömer Bey'i çağırıp çağırmadığını sordu. O da çağırdığını, önemli bir işi olduğu için gelemeyeceğini bildirdiğini söyledi. Vali, telefon ederek beklediğini söylemesini istedi. Müdür gitti, geldi, "Bulamadım" dedi. DP yanlısı olduğu ve CHP'lileri hiç sevmediği için Ömer Bey'i başta çağırmadığı gibi şimdi de telefonla aramadığı kesindi.

Vali ilçeleri tanımak için yaptığı gezilerden söz açtı. "Cizre'den Mardin'e dönmek üzere iken Trahom Savaş Başkanı arkadaşımız yanıma gelerek Başbakanlığın arabası ile konvoya katılmasında bir mahzur olup olmadığını sordu. Katılabileceğini söyledim. Hareket edeceğimiz yere geldiğim zaman en arkada duran resmî jeepin brandasının altından hindi ve tavuk kafalarının sarktığını gördüm. Hoş bir manzara değildi. Şoförü, 'bunları resmî arabaya nasıl doldurursun?' diye azarladım. 'Bunlar benim değil, doktor beyin' demez mi? Küstahlığa bakın, bu bir doktorun yapacağı bir iş mi? Utanmadan bir de yalan söylüyordu. Hepsini attırdım."

Hindilerin ve tavukların sahibi de orada idi. Kahkahayı basmamak için kendimizi zor tuttuk.

Gerçek Bir Hekim

Hastanenin Başhekimi ve Operatörü Dr. Nurettin Çelikaksoy insan olarak üstün meziyetleri olan, hekim olarak da bilgili ve becerili, çalışmayı adeta zevk haline getirmiş bir arkadaşımızdı. Fevkalâde dürüst, hiçbir nedenle doğrudan şaşmayan bir insandı. Ben gelince nasıl çalışacağımı bir süre izlemiş, bakmış ki onun "olmaz" dediklerine ben de "olmaz" diyorum, onun yapmadıklarını ben de yapmıyorum, "ondan sonra rahatladım" demişti. Gerçekten de fevkalâde uyumlu ve karşılıklı güven içerisinde çalıştık.

Onun için hastanın zengini fakiri yoktu, sadece hasta vardı.

Yatacak olan kim olursa olsun yatardı. Gece gündüz demeden hastaların yardımına koşar, sabaha kadar acil ameliyat, sabahleyin de planlanmış ameliyatları yapardı. Kolayca başından atabileceği üroloji ve kadın hastalıkları ile doğum vakalarına da başarılı müdahaleler yapardı. Çok ilkel koşullarda çalıştığımız halde pek nadiren masada kalan hasta olurdu. Onlar da genelde yerli ve serbest çalışan pratisyenlerin eline düşerek geciktirilmiş vakalardı. Bu durumda müdahale etmemesini söylediğim halde belki kurtarırım, diye ameliyata alırdı. Bir kısmını da kurtarmıştı. Şöhreti Mardin sınırlarını aşmıştı. Ameliyat olmak için çevre illerden hatta Suriye'den hasta gelirdi. Çok cesur girişimleri vardı. Yeni geldiği zaman artık midesinden aşağı suyun bile geçmediği pilor stenozlu genç bir hastaya götürmüşler. Hasta her gittiği hekim ameliyat önerdiği halde kabul etmemiş. İçinde bulunduğu durumdan kurtulmak için başka çare olmadığını anlayınca Adana'ya kadar gitmiş, genel hali bozulduğu için bu defa da oparetörler ameliyata yanaşmamış. Son çare olarak Nurettin Bey'den yardım istemişler. O da kendini riske attığını bile bile ameliyatı yapmayı kabul etmiş. "Hasta ölürse pılını pırtımı toplayıp geldiğim gibi gitmem gerekecekti. Ama bu genç adamın göz göre göre ölüme terk edilmesine gönlüm dayanmadı. Ameliyat için yatırdım" diye anlatmıştı.

Hastanın su ve tuz kaybını önlemek ve beslemek için birkaç gün vitamin ilave edilmiş tuzlu ve şekerli serumlar vermiş. Ameliyat başarı ile sonuçlanmış. Hasta Mardin'in meşhur saz heyetini teşkil eden Süryani Tuma kardeşlerin birisi idi. Ben tanıdığım zaman, hem perhiz yapmıyor, hem rakısını içiyordu. Bu başarının, Nurettin Bey'in tanınmasında büyük etkisi olmuş. Adam ayaklı propaganda aracı idi. Ameliyat olmak üzere başka yerlere gitmek isteyen hastaları ikna için masallar bile uyduruyordu. Bir gün kahvede otururken iki kişi hastalarını ameliyat için Diyarbakır'a götürmekten söz ediyorlarmış. Yanlarına yaklaşmış, "Boşuna götürmeyin, bizim operatörümüzün üstüne yoktur" diyerek, güya şahit olduğu bir olayı anlatmış ve eklemiş:

"Ben hastanede yatarken, apandisiti patlamak üzere olan bir hamile kadın getirdiler. Kadının karnını açtı, bebeği çıkarıp masaya koydu, apandisiti aldıktan sonra bebeği tekrar rahme yerleştirdi. Bir hafta sonra kadın yürüyerek evine gitti."

Nurettin Bey beni servisinde yatan bir hastayı görmek için çağırmıştı. Hasta 8-10 yaşlarında koma halinde bir çocuktu. Muayene ettim. Beyin apsesi teşhisi koydum. O da aynı şeyi düşünmüştü. Çocuğun babasına durumu anlattık. Kurtulması için ameliyat gerektiğini, bunun Mardin'de olmadığını, Ankara ve İstanbul'a götürmesi gerektiğini söyledik.

"Ben fakir bir adamım, hiçbir yere götüremem. Madem öyle çıkarın eve gidelim. Ölecekse orda ölsün" dedi. Bunu söylerken bir taraftan da gözlerinden yaşlar akıyordu. Nurettin Bey'le birbirimize baktık. Zor bir andı. Çaresizliğe çareyi yine Nurettin Bey buldu.

"Ben bu çocuğu ameliyat edeceğim" dedi.

Baba dünden razı idi. Bu işin nasıl olacağını aramızda konuştuk. Nurettin Bey'e daha önce böyle bir ameliyat yapıp yapmadığını sordum. Yapmamış, sadece bir defa seyretmiş. Günlük ameliyatlar için alet bulmada sıkıntı çekilmesine rağmen, kafatası açmak için gerekli her şey hastanede vardı.

O gün Nurettin Bey'in beni ameliyathaneye çağırdığını söylediler. Gittiğimde ameliyat yerindeki saçlı deriyi kaldırmış, bir matkapla kemiğe delikler açıyordu. Bu iş bitince bu deliklerden, zincir gibi küçük parçalardan oluşan bir testereyi geçirerek kemiği kasmaya başladı. Kesilen parçayı kaldırır kaldırmaz beyin zarı balon gibi dışarı fırladı. Nurettin Bey içinde ne olduğunu anlamak için numune almak istiyordu. Durdurmak istememe rağmen iğneyi batırdı. Batırması ile beraber cerahat fışkırdı. Ameliyat alanı dahil her taraf cerahat içinde kaldı. Olan olmuştu. Apsenin tamamı boşaltıldı. Yerinde içine yumruk girecek bir boşluk teşekkül etti. Sanki beynin sağ yarım küresi erimişti. Bunu görünce, "Demek ki," dedim, "İnsan beyinsiz de yaşayabiliyor."

Bulaşan yerler kristal penisilin karıştırılmış serum fizyolojikle yıkandı. Bir parça penisilin tozu da apse yerine dökülerek kafatası kapatıldı. Çocuk kısa bir süre sonra tamamen iyileşti ve evine gitti.

Rüşvet, Yine Rüşvet

Mardin her türlü kanunsuzluğun döndüğü bir yerdi. Burada ortaçağ teokratik düzeni bütün kuralları ile hüküm sürüyordu. Yerli memurlarla sağdan soldan çeşitli suçlamalarla sürgün gelen memurların egemen güçlerin temsilcileri ile işbirliği içerisinde devamlı halkı yoldukları bir ortamda, hakların rüşvetsiz, iltimassız alınamayacağına inandırılmış insanlara haktan ve doğruluktan ayrılmadan hizmet vermenin ne kadar zor olduğunu, bunları yaşamayanların anlaması mümkün değildir. Dr. Nurettin Bey bu zoru başarmıştı.

Mardin'de rüşvet doğal bir olay haline gelmişti. Halk para vermeden devlet kapısından geçilemeyeceğine inanıyordu. Bir İranlıdan dinlemiştim, aynı ile bizim için de söylenebilir: "Bizde rüşvet o kadar yaygındır ki, mübaşir, mahkemeye gelen şahidi bile para almadan içeri bırakmaz. 'Ver beş lira' der. Şahit; 'beş liram yok' derse 'Öyleyse 4 lira ver' der. O da yoksa miktarı daha indirir. Pazarlık böylece şahit 'hiç param yok' deyinceye kadar sürer. Sonunda mübaşir bir sigara ister. Onu alır, şahidi öyle içeri bırakır.

Mardin'de aptalca rüşvetler verildiğine veya verilmek istendiğine çok şahit olmuşuzdur. Bir gün tanıdık birisi bir köylü ile beraber bana geldi. Köylünün oğlu bir adam öldürmüş. Ağır Ceza Mahkemesi'nde davası görülüyormuş. Tanıdık cebinden bir miktar para çıkardı. "Doktor bey," dedi, "Şu beş bin lirayı al, savcı ve ceza reisi senin ahbabın. Hangisine verirsen ver, cezayı biraz hafifletsinler."

Savcının ve Ağır Ceza Başkanı'nın rüşvet alacaklarını zannetmiyordum. Alsalar bile böyle bir istekle rüşvet vermek düpedüz aptallıktı. Çünkü verilecek hükme peşinen razı olunuyordu. Ceza ne olursa olsun, daha fazla bir ceza verilmesi gerekirken, indirtildiğini söylemek adamın sonucu kabullenmesine yetecekti.

Bunları anlattım. Ben anlatırken tanıdığım paranın miktarını artırıyordu. Sonunda dedi ki: "Doktor bey, al şu parayı, sağ cebimdem aldım, sol cebime koydum de. Bunda bir şey yok.

Cezayı da indirtebildiğin kadar indirtirsin." Adamı ikna etmek mümkün değildi. Köylüye, "Sen zengin bir adam değilsin. Boşu boşuna paranı sokağa atma. Belki de borç aldın. Koy cebine evine git," dedim.

Gittiler. İkisi de tatmin olmamıştı. Bu parayı bir açıkgöze kaptırdıklarına emindim. Tanıdığım belki de pay almak için parayı verecek adam arıyordu. Bunları ertesi gün savcı ile ceza reisine anlattım. "Bu parayı sizin adınıza birisi aldı, bunu bilin," dedim. Zanlıyı sordular. Tarafsızlıkları bozulur diye söylemedim.

Hüseyin Bey isminde bir hakim gelmişti. Sessiz, sakin, kendi halinde bir insandı. Bir gün Savcı Sacit Uz, Hüseyin Bey'den bana dert yandı: "Rüşvet dedikoduları ayyuka çıktı. Kendisini dolaylı olarak birkaç kere uyardım. Her seferinde de bana aksi cevaplar veriyor. Son defa zabıt katibi birşeyler çeviriyor olabilir diye dikkat etmesini söyledim. Ona da toz kondurmuyor, ne yapacağımı bilemiyorum."

Bu konuşmadan bir müddet sonra Hüseyin Bey sarılık olmuş. Devlet memuru olduğu halde hastaneyi ve bizi bırakmış, serbest çalışan yerli dahiliye mütehassısına evinde tedavi olmaya başlamış. Bunlardan haberim yoktu. Bir gün beni çağırdılar, gittim. Ağır bir sarılık geçiriyordu. Durumu hiç iyi değildi. Hastaneye kaldırdım, fakat kurtaramadık. Geride bıraktığı hanımı ve küçük kızına Ziraat Bankası'nda açılmış beş liralık hesaptan başka bir şey kalmamıştı. Hanımını İzmir'deki ailesinin yanına göndermek için aramızda para topladık. Sonradan anlaşıldı ki zabıt katibine, akşam daireden çıkarken, tahliye kararı yazdıracağı dosyaları bildirerek sabaha hazırlamalarını söylermiş. Zabıt katibi de o gece tutuklu aileleri ile ilişki kurar, yakaladıklarından tutukluluğu kaldırtmak vaadi ile para toplarmış.

Bu konuda bizzat Mardinlilerden birçok hikâye dinledim.

Avni Doğan Diyarbakır Bölge Valisi iken Mardin'e gelmiş. Kazaların birisindeki nüfus memuru, beş lira almadan nüfus kâğıdı vermiyor diye şikâyet edilmiş. Nüfus memurunu getirtmiş. "Sen," demiş, "Beş lira almadan nüfus kâğıdı vermiyormuşsun, öyle mi?"

"Beyefendi, resmî mi soruyorsunuz, özel mi?"

"Resmî soruyorum."

"Katiyen iftiradır."

Avni Doğan bir an duraksamış. Bir sandalye göstererek, "Otur şuraya bakayım" demiş. "Özel soruyorum."

"Efendim ayda 50 lira maaş alıyorum. Oğlum İstanbul'da okuyor. Her ay ona 45 lira gönderiyorum. Ayın ilk gününden başlar, 45 lirayı tamamlayıncaya kadar gelenlerden beşer lira alırım. Ondan sonra kimseden kırk para almam."

Avni Bey hazır bulunan eşrafa sorar: "Doğru mu söylüyor?" "Evet" cevabı alınca nüfus memuruna döner, "Hadi git, ne halt edersen et" der.

Bu, yakıştırma da olabilir. Ne var ki ahval ve şeraite pek uygundur.

27 Mayıs darbesinin ertesi günü Savur kazasında güya bir köylü tapu çıkartmaya gelmiş, hemen işini yapmış, tapuyu eline vermişler. Bu kadar çabuk, hem de rüşvetsiz tapu alınması o ana kadar görülmemiş olduğundan, köylü tapuyu memura uzatarak, "Bey ne istiyorsan vereyim, şunu al da doğrusunu ver" demiş. Memur tapunun doğru olduğunu anlatmaya çalışmışsa da köylü ikna olmamış. Devlet kapısında köylünün işlerini takip edene gitmiş.* Durumu anlatmış. "Al şu yüz lirayı, memura ver, tapunun doğrusunu çıkarttır" diyerek tapu dairesine göndermiş.

Adli raporlarda olsun, idari işlemlerde olsun hastaneden isteğine uygun sonucu alamayanlar muayenehanemize gelirlerdi. Dr. Nurettin Bey özellikle adli raporlar için gelenleri tekme tokat kovalardı. Ben; "Para vererek bana işini yaptırabileceğini sana kim söyledi? Sabahleyin olmaz dediğime öğleden sonra para ile olur diyeceğim, öyle mi? Hadi bakayım, sen şuradan efendi efendi git" derdim.

Bütün adli olaylarda mağdur taraf karşı tarafı mahvedecek, suçlunun tarafı da cezayı en aza indirecek bir rapor almak için her çareye başvururlar, istediklerini elde edemeyince Mardin'de röntgen filmi çekilememesi gibi gerekçelerle yaralının

(*) Yörede devlet kapısında iş takipçiliği özel bir işkoludur. Bir kısım insanlar da bu yolla geçinirler.

resmen Diyarbakır'a sevkini sağlarlar, oradan istedikleri gibi rapor alırlardı. Daha önceleri bu gibi işleri Mardin'de hallettikleri bazı olaylardan anlaşılıyordu.

Günün birisinde, bir ihbar üzerine incelenmek üzere, savcılık bir adam gönderdi. İddiaya göre 5-6 sene önce bu zat tabanca ile yaralanmış. Taraflar, aşiret yasalarına göre kan parasında anlaştıkları için olayı en ehven şekilde kapamak istemişler. O zamanki hastane operatörüne 3 bin lira vererek kalçadaki kurşun giriş deliğinin bıçak yarası olduğu yönünde rapor düzenletmişler. Şimdi taraflar arasında ortaya çıkan bir ihtilaf olayın yeniden karıştırılmasına neden olmuştu. Çekilen filmde yaranın altında adale içinde merminin çekirdeğinin durduğu görülüyordu.

Sahte hastalık raporu istekleri de benim başımın belası idi. Meslektaşlarımız sahtekârlığı "Bir imza, bunda ne var?" dedirtecek kadar basite indirgemişlerdi. Bunu söyleyenlere ben de; "Sen de bana sahte bir senet düzenlesene!" diyordum.

İlk zamanlar sık sık karşılaştığımız bu tür teklifler giderek azalmaya başladı. Şehrin ileri gelenlerinin ve particilerin izne gelen asker ve memurların izinlerinin bir raporla uzattırılmasını istemeleri yerleşmiş bir gelenekti. Memurlar böyle bir raporu alabilmek için muayenehaneye gelip bir muayene ücreti karşılığı isteklerini elde etmeye alışmışlardı. Hatta raporu alacaklarından o kadar emindiler ki, izinlerini istedikleri kadar uzatıyorlar ve gidecekleri zaman gelerek eski tarihli rapor istiyorlardı. Bu tür baskılar 6 ay kadar sürdü. Sonunda herkes bizim gerçek dışı rapor yazmayacağımızı öğrenmişti.

Mardin'den bir dönem DP milletvekilliği yapmış bir eczacı vardı. Müteakip seçimi kazanamamış, fakat Mardin'e dönmemişti. Milletvekili iken eczanesinin mesul müdürle devam hakkını, milletvekilliği bittiği halde kullanmaya devam ediyordu. Bu kanunsuzluğa kimsenin de ses çıkardığı yoktu. Mesul müdür yaptığı eczacı bey ise eczacılıktan başka her işi yapardı. Eczaneyi özel yazıhane olarak kullanırdı. Onun için fiili eczacı, kalfa idi. Bu muhtemelen diğer kanunsuzlukların yanında üzerinde durmaya değer bir yasa ihlali olarak görülmüyordu.

DP teşkilâtının çıkan bir anlaşmazlık dolayısı ile parti genel merkezi eczacı beyi parti müfettişi olarak Mardin'e göndermişti. Gelişinden bir hafta kadar sonra, kalfası muayenehaneme geldi. Aramızda sıradan konular üzerinde konuşma açıldı. O saatte benimle sohbet etmeye gelmediği muhakkaktı. İsteğini sordum. Sadece ziyaret maksadı ile geldiğini söyledi. Buna rağmen kalkmayınca isteğini söylemesi için ısrar ettim. Cebinden bir kâğıt çıkardı. "Eczacı .... beyin bir yakını Van'dan izinli gelmiş. İznini on gün geçirmiş. Hastaneye sevkini yaptırmış, bunun için bir rapor verilmesini istiyor. Ben kendisine bu işin mümkün olmadığını söyledim. Israr ettiği için sevk kâğıdını aldım, geldim. Siz ısrar etmeseniz söylemeden dönecektim" dedi ve gitti.

O yıllar partizanlığın devlet yönetiminde ağır baskı unsuru olduğu yıllardı. Bu da hizmeti iyice çığırından çıkarmıştı. Son Osmanlı sadrazamlarından birisi İngiliz sefirine demiş ki:

"Normalde idareyi etkileyen iki kuvvet vardır. Birisi yukarıdan aşağı gelen devlet kuvveti, biri de aşağıdan yukarı doğru gelen halkın kuvveti. Bizde bir üçüncüsü daha var. Papuççu muştası gibi yandan geliyor. O da sefarethanelerin baskısı."

Osmanlı'daki sefarethanelerin yerini siyasi partiler aldı. Şimdi de onlar yandan vura vura yönetimi zıvanasından çıkarıyorlar. Buna karşı koyanlar var, fakat azınlıktalar.

Dr. Nurettin Çelikaksoy'la iki sene beraber çalıştık. Bu yılları, meslek hayatımın en zevkli ve en huzurlu dönemi olarak hatırlarım. Nurettin Bey sessiz sedasız Afyon Devlet Hastanesi'ne naklini yaptırmış. Ben bile neden sonra haberdar oldum. Halk gitmesine engel olmaya kalkar diye hazırlıklarını tamamlayıncaya kadar saklı tutmuştu. Gideceği gün yolcu etmek üzere kalabalık bir grup toplandı. Gidişine üzülmüştüm. Omuz omuza çalışarak bizden önce hastanemizin dahiliye ve hariciye servislerine yatan hasta adedi, ayrı ayrı 250-300 civarında iken bu rakamı ikimiz de binin üzerine çıkarmıştık. Önceleri hastaneye kimse yatmak istemezken, yatacak hastalara zor yer bulur olmuştuk. Öylesine ilgi ve güven sağlanmıştı.

27 Mayıs 1960 darbesinden sonra yıllık izne giderken bir arkadaşımı görmek için Urfa Devlet Hastanesi'ne uğramıştım.

Sohbet esnasında başhekim, "Ben seni aşırı Demokrat Parti yanlısı zannediyordum. Halbuki hiç alakân yokmuş" dedi. Bunu nereden çıkardığını sordum. Mardin'de bir ara sürüp giden silahlı soygunlar dolayısı ile İçişleri Bakanı Namık Gedik gelmişti. Geçerken Urfa'ya uğramış, halkın hastane hekimlerinden ve hastaneden şikâyeti üzerine bu konuları doktorlarla konuşurken bizi övmüş ve örnek göstermiş. Ben Namık Gedik'in yüzünü bile görmemiştim. Nereden böyle olumlu bir kanaat edindiğini merak ettim. İzin dönüşü bazı partililere bu konuyu sordum. Gedik dönüşünden iki gün önce partililerle toplantı yapmış. Şikâyet ve istekleri dinlemiş. Hastane ile ilgili şikâyet gelmeyince bu konuda diyecekleri olup olmadığını sormuş. Birçok kimse söz alarak hastaneyi ve hekimlerini methetmiş.

Dr. Op. Nurettin Bey'in yerine gelecek operatörün tutumunun ne olacağını benim kadar Mardinlileri de düşündürüyordu. Nurettin Bey'i yolcu etmeye gelen şehrin ileri gelen avukatlarından birisi, o ayrıldıktan sonra "Allah selâmet versin, hiçbir işimizi yapmamıştı. Ama karşımızdakine de hakkımızı yedirmeyeceğinden emindik. Gelen acaba ne yapacak?" demek ihtiyacını duymuştu.

Sözünü ettiği işler, haksız isteklerdi. Bunu söyleyen avukat 27 Mayıs yönetimini takip eden ilk seçimde milletvekili oldu. Ankara'ya ayak basar basmaz milletvekili maaşlarının azlığından şikâyete başladı. Bunun üzerine yurdun her tarafından adına 5-10 kuruşluk posta havaleleri gönderildi. Böylece meşhur oldu.

Korktuğumuz Başımıza Geldi

Nurettin Bey'den sonra hastane başhekimliği bana verildi. Operatör olarak askerî hekimlikten emekli bir arkadaşımız geldi. Korktuklarımız da başımıza geldi. Hastanenin ününe gölge düşürmemek için çok sıkıntılar çektim. Bedava iş yapmıyordu. Kendisine yanlışlıkla gelen dahiliye hastalarından bile muayene ücreti dışında ilave paralar alarak kendi servisine yatırıyor, tedavi edemeyeceği bir hasta ise bana gönderiyordu. Gelen hastalar yatma parasını operatöre verdiklerini söyledikleri için ben muayene ücreti de almadan yatırıyordum. Kendi servisine yatırdıklarını cerrahi bir nedenle yatırmış gibi beni konsültasyona çağırıyordu. Benim tavsiyeme göre tedavilerini yapıyordu. Ben de anlamazlıktan geliyordum.

Bir gün hastaneden acile çağırıldım. Hasta lise öğrencisi idi. Futbol oynarlarken karnına top çarpmış, ondan sonra sancılanmış. Künt travmaya bağlı bağırsak delinmesi düşündüm, operatörü çağırdım. Muayene etti, kendisi ile ilgili bir durum olmadığını söyledi. Sancının nedeni hakkında da bir şey söylemiyordu. Gencin ıstırabına inanmamış görünüyordu. Temaruz (simülasyon) için bir neden yoktu. Istırabının ciddi olduğu belli idi. Bu durumda yapılacak şey en azından hastayı yatırarak yakından takibe almaktı. Bunu söyledim. "Cerrahi bir şey yok, sen istiyorsan yatır" dedi. Ben yatırırsam gerektiği anda onun servisine aktarmamın mümkün olmayacağı tecrübe ile sabitti.

"Sen yatır, cerrahi bir durum ortaya çıkmazsa dahiliyeye nakledersin" dedim ve gittim.

O günden bir gün sonra muayenehaneme birisi geldi. Çekingen bir hali vardı. O öğrencinin babası imiş. Operatör ben hastaneden ayrıldıktan sonra hastayı yatırmış. "Dün bana ameliyata lüzum olmadığını söyledi. Çocuk gittikçe kötüleşiyor. Bu sabah kendisini gördüm, ameliyat gerekli ise yapmasını rica ettim. Bunun için benden 300 lira istedi. Sağdan soldan 200 lira topladım kabul etmedi. Elini, ayağını öpeyim bana bir yol göster." İnsanlık dışı bir dram yaşıyorduk. Daha önce olanları bilsem müdahale ederdim. Bundan sonra yapılacak tek şey hastayı alıp derhal Diyarbakır'a götürmesi idi.

"Doğru hastaneye git, hemşireye benim bilgim olduğunu söyle ve hastanı al Diyarbakır'a götür" dedim.

Ertesi gün ikindi üzeri operatörle bir yere gidiyorduk. Karşı kaldırımdan o öğrencinin babasının geldiğini gördüm. Çağırdım, ne olduğunu sordum. Diyarbakır'da ameliyata almışlar. Bağırsağı delinmiş. Ameliyattan birkaç saat sonra da ölmüş. O anda başımdan aşağı kaynar sular dökülmüştü. Ne diyeceğimi şaşırdım. Adamcağız tek oğlunu vicdansız bir hekim yüzünden kaybetmişti. Ama arkadaşımız istifini bile bozmadı.

Bu şartlarda bile hastanedeki huzurun ve yaratılan imajın bozulmamasına gayret sarf ettim. 27 Mayıs askerî idaresi döneminde bir doğum ve kadın hastalıkları uzmanı ile bir diş tabibi geldi. Bizden alınan göz hastalıkları uzmanı yerine de bir göz hastalıkları uzmanı verildi. Kadın ve doğum uzmanı sınıf arkadaşım Dr. Şükriye Taner'di. Çalışkan, dürüst, parada pulda gözü olmayan bir insandı.

Diş tabibimiz Yalçın Altay, olgun, efendi, serinkanlı, uzlaşmacı, sempatik bir arkadaşımızdı. Hastanedeki sorunları tatlıya bağlamakta ve dengeleri korumakta mahirdi. 27 Mayıs yönetiminin ilk valisi olarak gelen Enver Kuray, gelişinden 5-6 ay sonra, özel bir sohbet esnasında, "Gerek vali muavini, gerek vali olarak bulunduğum yerlerde devamlı doktorlar birbirlerinden, halk doktorlardan şikâyetçi olurdu. Bugüne kadar ne sizlerden, ne de halktan şikâyet geldi" demişti.

Soygun Çarkı

Mardin'de serbest çalışan yerli iki pratisyen hekim vardı. Sonradan bir de iç hastalıkları uzmanı geldi. Bu arkadaşlarımız para için her şeyi mübah sayıyorlardı. Gelip geçici bir yabancı hekimin bile yapamayacaklarını yapıyorlardı.

Pratisyen arkadaşların muayenehaneleri büyük bir odadan ibaretti. Hastalar ve beraberindekiler, kadınlı erkekli duvar dibindeki sandalyelere ve yerlerde oturarak bekliyorlardı. Kadınların çoğunun küçük çocukları da beraberlerinde olurdu. Hastalar odanın mahiyetinde bir köşeye konmuş paravananın arkasında muayene ediliyordu. Muayenesi biten hastanın biri kalçasına ve birisi koluna çapraz iki iğne yapılıyordu. İğnelerden de beş lira alınarak adı 2,5 lira olan muayene ücreti 7,5 liraya getiriliyordu. Hasta mahremiyeti diye bir şey yoktu. Kalabalığın gürültüsünden hastayı dinleyen hekimin bir şey duyması veya duyduğunu değerlendirmesi mümkün değildi.

Hastane hekimleri ile hastalar arasındaki sorunların başında muayenehane-hastane turnikesi gelir. Mardin'de bu sorun söz konusu değildi. İlk zamanlar hastayı hastaneye yatırmak kolay olmuyordu. Şehir dışından gelen hastalar, durumları ne kadar ağır olursa olsun, otelde tedavi edilmelerini istiyorlardı. Bunun bedeli de hastaya ve hastalığa göre 100 lira ile 500 lira arasında değişiyordu. Şehirdeki hastalar evlerinde tedaviye alınıyordu. Büyük çoğunluğu fakir olan tüberküloz hastalarının, ellerine para geçtikçe, paralarının miktarına göre, bir hafta, on gün veya onbeş gün tedavi görüp evlerine dönmeleri adet halini almıştı. Tedavi sahibini hasta kendisi tayin ediyordu. Bana da geliyorlar, aynı şekilde tedavi istiyorlardı. Hepsi de kronikleşmiş vakalardı. Kendilerine, bu şekilde tedavinin yanlışlığını anlatıyor, üç aylık ilaç yazacağımı, bu ilaçları bir haftalık tedavi parasının yarısından daha az bir para ile alabileceklerini, üç ay sonra kontrole gelmeleri gerektiğini, onun için ayrıca muayene parası almayacağımı söylüyor, reçetelerini veriyordum. Fakirlerin ilaçlarının bir kısmını olsun Verem Savaşı Dispanseri'nden sağlamak için telefon ediyordum. Her seferinde de ilaçlarının bittiğini, ne zaman geleceğini bilmediklerini söylüyorlardı. Benden reçeteyi alan hastalar, reçeteyi atıp yine parasını ve sağlığını yerli arkadaşlardan birisine kaptırmaya gidiyordu. Zaman içerisinde doğru olanı öğrendiler. Çoğunluğu bana geliyor, verdiğim tedaviyi uyguluyordu. Böyle aralıklı tedavilerin en büyük zararı, mikropların ilaçlara direnç kazanması idi. Altı ay içerisinde hastalığını kontrol altına alamadığımız hastalara en yakın tüberküloz hastanelerine gitmelerini öneriyordum.

Diğer hastalara, tedavilerini benim yapmamı istiyorlarsa bunun tek yolunun hastaneye yatmak olduğunu söylüyordum. İlk zamanlar kabul etmiyor, yerli arkadaşlara gidip boş yere birkaç yüz lirayı ödüyorlardı. Bu yolu seçsem muayene ücretinin kat kat üstünde para almak imkânı varken, prensibimi bozmadım. Para için hastanın hayatını riske atmanın benim anlayışımda yeri yoktu.

Pratisyen arkadaşlar beni sık sık konsültasyona çağırıyorlardı. Hastanın başında bilmedikleri konuları bile bir üstünlük havası içerisinde benimle tartışıyorlardı. önceleri bunu yanlış bir alışkanlık olarak değerlendiriyordum. Sonra gördüm ki amaçları, hastalar iyileşirse başarının kendilerine, ölür veya kötüye giderse başarısızlığın bana maledilmesinin kılıfını hazırlamaktı. Ondan sonra hiçbir konsültasyona gitmedim. Hasta sahiplerine "arkadaşımız gereğini yapar, hastanız iyileşmezse o zaman bana haber veriniz" diyordum.

İlk zamanlarda ateşli hastalarda teşhise götürecek belirtiler yoksa ateş düşürücü bir ilaç vererek bir iki gün sonra tekrar gelmelerini söylüyordum. Giden bir daha gelmiyordu. Bu hastaları veya sahiplerini gördüğüm zaman ne olduğunu soruyordum. "Falan doktora gittim. Paratifoya yakalanmışım. İyileştim" diyorlardı. Ben de bu arkadaşların gözleri ve elleri ile paratifo teşhisine nasıl varabildiklerine şaşıyordum. Bu teşhisi daha çok bunlardan birisi koyuyordu. Her Mardinlinin geçmişinde bir veya birden fazla paratifo vardı. Sonra gördüm ki bu arkadaşımız paratifoyu ateşli hastalara bir isim takmak için kullanıyordu. Ne olur, ne olmaz diye ayrıca hastayı "kendine iyi bak, yoksa başka hastalığa çevirir" diye de uyarıyordu. Ön teşhislerinden birisi de soğuk algınlığı idi. Özellikle hanımlar bu teşhisi çok seviyorlardı.

Ceylanpınar Belediye Başkanı'nı ağır bir durumda getirdiler. Ateş dışındaki tek belirti, radyoskopide akciğerlerde bir tür pnömoni görüntüsü idi. Pnömoni tipik olmadığı için o tarihte en geniş etki alanı olan antibiyotiği verdim. Ertesi gün hasta daha da ağırlaştı. Yeniden etraflıca incelemeye başladım. Kollarında birkaç tane yumuşak şişlik gördüm. Hasta ruama yakalanmıştı. Nitekim birkaç gün önce atı hastalanarak ölmüş. O günlerde paratifocu arkadaşımız milletvekili adayı idi. Hastayı duymuş, geldi. Her zamanki gibi burnu havada herkese yukarıdan bakan bir eda ile içeri girdi. O geldiği zaman ben teşhisi koymuştum. Hasta sahiplerini dışarı çağırıp durumu söyleyecektim. Arkadaşımız nesi olduğunu sordu. "Araştırıyorum," dedim. Hastayı şöyle bir muayene etti. "Paratifo" dedi. Olabilir diye geçiştirdim. Hasta sahipleri ile dışarı çıktık. "Teşhis koymak için ben iki gündür uğraşıyorum, maşallah sen hemen teşhisi koydun. Ne yazık ki hastalık paratifo değil, ruam" dedim. Fena halde bozuldu. Hasta sahiplerine durumu izah ettim. Aynı ilaçla Numune Hastanesi'nde bir ruamı iyileştirmiştik. Ama bu çok daha ağır seyrediyordu. Diyarbakır Numune Hastanesi'ne götürmelerini istedim. İntaniye uzmanı arkadaşın belki daha başka yapacakları olabilirdi. Götürdüler, orada vefat etti.

Diğer pratisyen Dr. "X" bey, "Cehaletin bu derecesi ancak okumakla elde edilir" öz deyişinin tipik örneği idi. Cahil cesur olurmuş; gerçekten de son derece cesurdu. Beni konsültasyon için çağırdığı vakaların çoğunluğu yerli halkın 'gedret' diye isimlendirdiği pitiatik (isterik) bayılma krizi geçiren genç kadınlardı. Gittiğimiz zaman hastaları hemen daima arkalarından kucaklayan bir kadının göğsüne dayalı yarı oturur durumda görürdük. Bir kısmı da sırtüstü uzanmış yatar durumda, genelde yüzleri kızarmış olurdu. Göz kapakları uzun süre kapalı tutmaya uğraşmaktan kıpırdardı. Olay, bir göz yerde, bütün aile fertlerinin gece gündüz bir arada yaşamalarının verdiği sıkıntılardan, gelin-kaynana-görümce sürtüşmelerinden ve cinsel tatminsizlikten kaynaklanıyordu. Bunlara tepki olarak ortaya psikolojik bir tepki tablosu çıkıyordu. Dr. X bu tabloyu bir şok olarak değerlendirir, nabız ve tansiyon alamadığı, cardiazol, huile camphre gibi ne işe yaradıkları belli olmayan ilaçları yaptığını, ondan sonra nabız ve tansiyonun düzeldiğini söylerdi. Böylece benden önce hastayı hayata döndürmüş oluyordu. Beni de herhangi ciddi bir durumu atlamış olmaktan korktuğu için çağırıyordu.

Mardin'in ileri gelenlerinden birisinin hanımı hastalanmış. Geceyarısı beni çağırdılar. Gittim, bu arkadaşımız hastanın başında idi. Emrivaki ile karşı karşıya kalmıştım. Hastanın arkasına bir kadın oturmuş, koltuk altlarından kollarını dolayarak kucaklamış, dik tutmaya çalışıyordu. Kadıncağızın yüzü kâğıt gibi beyazdı, gözleri kaymıştı, aşağı doğru yığılıyor, arkasındaki kadın yukarı çekmeye uğraşıyordu. Hemen hastanın ayaklarını yakaladım, yatar duruma getirdim, gözleri düzeldi. Nabız iyice hızlanmış ve ufalmıştı. Doktor arkadaşımız bir taraftan hastanın tekrar dik duruma getirilmesine yardım ederken, bir taraftan da gedret geçirdiğini ve yaptığı klasik tedavi ile durumunu düzelttiğini anlatıyordu.

Tekrar onların ellerinden kurtararak yatar duruma getirdim. Arkasındaki kadını uzaklaştırdım. Tablo dış gebelik yırtılmasına bağlı iç kanama tablosu idi. Eşine bunu söyledim ve "Durum çok ciddidir, derhal Diyarbakır Numune Hastanesi'ne götür" dedim. Dr. X bey buna gerek görmedi. On senedir evli oldukları halde çocukları olmadığı için dış gebelik delinmesini kabul etmiyordu. Hastanın eşi, aydın bir insandı. Sonradan milletvekili seçildi. Bir seçim hükümetinde Ulaştırma Bakanlığı yaptı. Buna rağmen bana değil, ona inanıyordu. Kendisini bir kenara çektim. Daha açık olarak her şeyi anlattım:

"Hanımını Diyarbakır'a götürmezsen kaybedeceksin. Bu cahil adama uyarsan ebediyen vicdan azabı çekersin. İyi düşün, daha fazla burada kalarak vebale ortak olamam. Ben gidiyorum" dedim ve oradan ayrıldım. Benden sonra hastayı Diyarbakır'a götürmüşler. Acilen ameliyata alınmış ve karnında toplanan kan tekrar damarından verilerek kadıncağızın hayatı kurtulmuştu.

Bir gün hastaneye hamile bir kadın getirdiler. Küçük kızı ve kocası beraberdi. Uzak ilçelerin birinin köyünden gelmişlerdi. Kadın iki gün doğum sancısı çekmiş, doğum olmamış. Sancıları kesilmiş. Çocuğu parçalayarak almaktan başka yapacak bir şey yoktu. Operatör Nurettin Bey olsa bunlara rahatlıkla müdahale ediyordu. Yerine gelen arkadaş genel cerrahi dışındaki vakalara el sürmüyordu. Ağrıların durması rahmin yırtılmasını önlemişti. Adama durumu anlattım ve acilen Diyarbakır'a götürmesini söyledim. Gittiler.

Ertesi gün başhekimlik odasının penceresinden kadının kocasının, kızının elinden tutmuş aşağıya doğru geldiğini gördüm. Çağırttım, ne olduğunu sordum. Dr. X'in muayenehanesine gidiyorlarmış. Boş kaldı mı, ördek avlamak için kapısının önüne çıkar beklerdi. Bunları görmüş, hemen ilgilenmiş. Diyarbakır'a gitmelerine lüzum olmadığını, doğumu kendisinin yaptırabileceğini söylemiş. İçeri almış. Jinekoloji stajı gören bir tıp talebesinin bile böyle bir vaka karşısında aklından dahi geçiremeyeceği şeyi yapmış, ilaçlarla sancıları başlatmış. Tabiî rahim yırtılmasından kadın ölmüş. Kadını öldürmek için de fukaranın iki yüz lirasını almış. Savcılığa suç duyurusunda bulunmak istedim. Adam razı olmuyordu. Ben telefonu elime alınca yalvarmaya başladı:

"Elini ayağını öpeyim, yapma. Benim derdim bana yetiyor, bir de cenazeyi mezardan çıkarıp parçalayacaklar. Sebep oldu Allah'tan bulsun. Bırak gideyim."

Beraberce, ulusal geleneğimize uyarak davayı Allah'a havale ettik. Hiç olmazsa doktora bir gözdağı olsun diye telefon ettim. Yüzsüzce kendisini savunuyordu.

Bu tipler Mardin'e has değildi. Civar illerde çeşit çeşit, bol miktarda örnekleri vardı. "Körler ülkesinde şaşılar kral olur" derler. Geri kalmış olanların çoğunluğu teşkil ettiği yerlerde onların sırtından geçinecekler de çok olacaktır. Doğal olmayan, aklı başında insanların bunları kabullenmiş olmasıdır. Devlet de halka sahip çıkmamaktadır. Bizdeki sağlık hizmetleri hiçbir medeni ülkede olmayacak kadar başıboş kalmıştır. Tıbbın her dalında bunun örneklerini görmek mümkündür. Başıboşluğun sonuçları bazı farklarla ülkenin her tarafında yaşanmaktadır. Mardin'dekiler çok çarpıcı örneklerdir. Bu konunun üzerinde onun için duruyorum.

Mardin'de diplomalı iki diş tabibi vardı. Ayrıca bir dişçi kalfası da diploma kiralayarak mesleği uyguluyordu. Diş tabibi olanlar kardeşti. İkisinin de okur yazarlıkları ilkokul düzeyinde idi. Nasıl olup da sıkı bir imtihanla yılda 40-50 öğrenci alan İstanbul Diş Tabipliği okuluna* girdiklerini ve orayı bitirdiklerini anlamak mümkün değildi. Bilgi ve mesleki becerileri, bir zamanlar diş tabibi yokluğunda kasabalarda müsaadeli çalışan dişçiler kadar bile yoktu. En iyi bildikleri iş sağlam dişleri altınla kaplamaktı. Bu konuda gelenek yaratmışlardı.

Her damadın, gelin adayının dişlerinin, maddi imkânının elverdiği kadarını altın kaplatması gerekiyordu. Erkekler de zenginlikleriyle doğru orantılı olarak dişlerini kaplatıyorlardı.

(*) O zaman Tıp Fakültesi'ne bağlı yüksek okuldu.

32 dişi altın kaplamalı insanlar vardı. Ayrıca kaplama işi bir sanat olmuştu. Ön dişlere oyma süsler yapılıyordu. İsminin baş harflerini yazdıranlar, bayrağın ay yıldızını koyduranlar vardı. Bu işin ayrı bir ücreti de yoktu. Her kaplanacak diş için bir cumhuriyet altını getirmenin yeterli olduğu söyleniyordu. Ölenler bu dişlerle gömüldüğü için Mardin mezarlıklarında hazineler yatmaktadır. Yastık altındaki altınlara göz diken devletin bilgisine sunulur!

Diş tabiplerinin küçüğü diş çekmek icap ettikçe beni konsültasyona çağırırdı. Çekime mani bir hal yoksa benden bir rapor alır dosyasına kordu. Bir seferinde gittiğimde hasta yoktu. Nerede olduğunu sordum. "Aç karnına gelmiş, dişini çekerken bayılmasın diye kebapçıya gönderdim. İki porsiyon kebap yiyip gelecek" dedi. Bunun üzerine hastalarımı bırakıp geldiğimi, buralarda bekleyecek vaktim olmadığını, bir daha beni çağırmamasını söyledim ve ayrıldım. Ninesinden duydukları ile meslek uygulaması yapıyordu.

Alt azı dişlerimin birisinde sıcağa, soğuğa ve tatlıya karşı hassasiyet vardı. Bana sıkıntı veriyordu. Ankara'da birkaç kere diş tabiplerine gittim. "Kol" (diş boynu) hassasiyeti diyorlar, birşeyler yapıyorlardı, fakat geçmiyordu. Mardin'de kardeşlerin büyüğü olan diş tabibine gittim. Bir ümitti. Onun da muayenehanesi doktorlarınki gibi büyük bir hücre idi. İçerisi, kadın erkek ve çocuk dolu idi. Bir kısmı sandalyelerde, bir kısmı yerlerde oturuyordu. Çıkınlarını açmışlar kimisi çocuklarını doyuruyor, kimisi yemek yiyordu. Diş tabibi odanın sonunda pencereye yakın bir yerde çalışıyordu. Beni görünce elindeki işi bıraktı. Hasta fotöyünün yanına bir sandalye getirtip, beni oturttu. Elindeki işi bitince beni aldı. Şikâyetimi söyledim. Kullanacağı aletleri küçük bir emaye tepsiye koydu, üzerine alkol dökerek tutuşturdu. Biraz alkolle de ellerini ovuşturdu. Asepsi ve antisepsiye verdiği önemi bunu önümde yaparak göstermişti. Vazgeçtim demek mümkün değildi. Başıma gelene katlanacaktım. Şikâyetçi olduğum dişe baktı, sonra da benden aldığı teşhisi bana sattı.

Şikâyetim gittikçe artıyordu. Bir gün bundan yakınırken, diş tabipliği yapan kalfa da orada idi. "Muayenehaneye gel bir de ben göreyim" dedi. Nezaketen gittim. Şikâyetimi dinledi. O taraftaki dişlerimin tamamını gözden geçirdi. Üst yirmi yaş dişimde ileri derecede çürük olduğunu, sızlamanın oradan geldiğini söyledi. Bu bana pek mantıklı gelmedi. Çünkü ağrı yapan altı azı dişi, çürüğü olan üst 20 yaş dişi idi. Bunu söyledim. O da bilimsel açıklamayı yaptı:

"Bazı kimselerin diş sinirleri birbirlerine değer, o yüzden kısa devreler oluşur. Ağrı başka yerde duyulur."

Şikâyetimin nedeni olmasa bile, yerinde kalması doğru olmadığı için, çekme önerisini kabul ettim, çekildi, böylece rahat yemek yemek olanağına kavuştum. En azından benim yönlendirmeme rağmen, sistematik olarak muayene yapmayı düşünecek kadar akıllı bir adammış.

Örnekte görüldüğü gibi kalfaların diploma sanatı uygulamaları mümkündür. Bu bir ölçüde mazur görülebilir, hiç olmazsa Mardin'de her şey göz önünde cereyan ediyordu. Oysa hem başıboş, hem de tümü ile gözden uzak çok daha yetersiz insanlar tıp sanatının çeşitli dallarında uygulamalar yapabilmektedirler.

27 Mayıs askerî idare döneminde bir süre sağlık müdür vekilliği de yaptım. Kızıltepe kazasının köylerinde yetkisiz birisinin dişçilik yaptığı ihbarı geldi. Gerekli önlemler alındı ve adam suç üstünde yakalandı. Mahkemeye verildi. Mahkeme dişçilikle ilgili alet ve malzemelerinin müsadere edilerek satılmasına, adamın, zarar gördüğüne dair şikâyetçi kimse bulunmadığı için beraatına karar verdi. Bundan anlaşıldığına göre vatandaşların olası tehlikelerden korunması gibi bir devlet görevi yoktu. Ancak bir olay olacak, sebebiyet veren sonra cezalandırılacaktı. Bu olayda da alet ve malzemeler ihale ile satışa çıkarıldı. Sembolik bir fiyatla yine sahibi aldı.

Mardin'de önceleri iki eczane vardı. Birisi Mardin'in tanınmış ailelerinden Ömer Şatana'nın, diğeri daha yukarıda söz ettiğim, eski bir milletvekilinindi. Ömer Bey dürüst, hatta Mardin için biraz fazla dürüst bir insandı. Diğer eczane daha önce ifade ettiğim gibi bir kalfanın elinde kalmıştı. Yasalara aykırı olarak çalışıyordu.

Ben kesin teşhis koymadan reçete yazmadım, yazdığım reçetelerimde üçten fazla ilaç bulunmazdı. Eşdeğer ilaçların da ucuzunu yazardım. Bir müddet sonra eczaneye giden reçetelerimin kalfa tarafından yırtılarak hastaların yığınla pahalı ilaç yazan pratisyen arkadaşlara gönderildiği duyumunu aldım. Bunun üzerine kalfayı çağırttım. Duyduklarımı söyledim ve "bir daha tekrar edersen sonucuna katlanırsın" dedim. Bir süre sonra aldığı ilaçları kontrole getiren hastalarda kullanma süresi geçmiş antibiyotikler gördüm. Bazıları da ambalajından çıkarılarak kâğıda sarılmış antibiyotikler getiriyordu. Bu eczaneye güvenmek mümkün değildi. Reçeteleri bana daha yakın olan Ömer Şatana'nın eczanesine göndermeye başladım.

Başıboşluğun bu derecelere vardığı bir yerde, hekimlik taslayanlar, çeşitli "tedaviciler" de cirit atıyorlardı. Bunların başında kırıkçılar geliyordu. En meşhurları, mesleği babadan devralan bir Süryani idi. Oldukça bilimsel çalışıyordu. Önemli vakaları Diyarbakır'a gönderip filmlerini çektiriyordu. Sakat ettikleri bir yığın çolak, topal ortalıkta dolaşırken, halk hekimlerin bu işten anlamadıklarına inandırıldığı için, ehveni şer olarak yine kırıkçılara gidiyorlardı.

Başımızın belası bir de Yılancı Hacı vardı. Gerçek hacı idi, ama para kazanmak için sahtekârlığı seçmişti. Cizre ve Silopi taraflarında öldürücü yılanlar vardı. Yılanın soktuğu tarafı bağlayarak, beklemeden gelenleri kurtarabiliyorduk. Gecikenler sarılık teşekkül etmesi sonucu ölüyordu. Hastalar hayati tehlikeyi atlattıktan sonra yılanın soktuğu bacakta kalan ileri derecedeki şişliği indirmek için hastanede bir süre daha tutuyorduk. Bu hastalar bir iki gün sonra ısrarla çıkmak istiyorlar, biz de çıkarıyorduk. Bunlardan birisini hastaneden çıktıktan birkaç gün sonra gördüm. Bacağına baktım, şiş tamamen inmişti. Cilt üzerinde yukarıdan aşağı ve çepeçevre 2-3 santim uzunluğunda çizik şeklinde kesikler vardı. Bunların ne olduğunu sordum. Hastaneden çıktıktan sonra Yılancı Hacı'ya gitmiş. Hacı bir traş bıçağı ile bu çizikleri yapmış. Bunun üzerine hacının pazar günleri hastaları dolaşarak, bacağının şişini indirmeye uğraştıklarımızı ikna edip çıkmalarını sağladığını ve evinde tedaviye aldığını öğrendim. Bunları bütün hastane personeli bildiği halde bana söylememişti. Hepsini topladım. Bir daha Yılancı Hacı hastane kapısından içeri girerse o günkü görevlilerin işine son vereceğimi bildirdim. Yılancı Hacı'nın ayağı hastaneden kesildi. Fakat hastalar yine çıkıp ona gidiyorlardı.

Hacının yaptığı aslında akla uygun ve doğru bir işti. Teşekkül eden ödemin cildi ileri derecede germesinin yarattığı basınç, kan ve lenf dönüşünü güçleştirdiği için şiş inmiyor veya geç iniyordu. Ciltteki kesiklerden mayi sızıntısı oluyor, cildin bu kesiklerle gerginliğinin azalması ile basınç kalkıyor ve ödem hızla çekiliyordu. Hastayı biz tedavi ediyorduk, başarısı Yılancı Hacı'ya maloluyordu. Aynı yöntemi steril şartlarda ve usulüne uygun olarak bizim yapmamızı operatör arkadaşımıza önerdim, kabul etmedi.

Bir gün muayenehanemin penceresinden iri yarı birisinin terasta bir aşağı, bir yukarı gidip gelmesi dikkatimi çekti. Hastalar bitmişti. Fakat o hâlâ orada dolaşıyordu. Tercümanım Halil Efendi'yi çağırdım. Kim olduğunu sordum. "Meşhur Yılancı Hacı" dedi. Tedaviye aldığı hamile bir kadın ağırlaşmış, benim görmemi istiyormuş. Çekindiği için bir türlü içeri girmeye cesaret edemiyormuş. Çünkü hakkındaki düşüncelerimi biliyordu. Birkaç defa bu konuda haber göndermiştim. Çekirge bu defa zıplayamamıştı. "Çağır bakalım," dedim. Hacı fevkalâde tedirgindi. Kocası kadını bırakmış, köye dönmüş. Tedavi bitince gelip alacakmış. Fakat kadın fenalaşmış. Kendisine yardımcı olmam için yalvarıyordu.

"Hacı, bir şartla sana yardım ederim: Bir daha bu işlere burnunu sokmamaya dinine, imanına yemin edeceksin" dedim.

Yemin etti, evine gitti. Kadın kırk derece ateşle yatıyordu. Bacağındaki kesikler berbat şekilde iltihaplanmıştı. Hastayı hastaneye kaldırdım. Penisilinin harikalar yarattığı dönemdi. Kadın kurtuldu, evine döndü. Hacı da bir daha bu işlere bulaşmadı.

Aşiret Düzeni

Mardin'de, Anadolu'nun diğer yörelerinde izi bile kalmayan bölgeye has ortaçağ düzeni, bütün kural ve gelenekleri ile devam etmekte idi. Burada egemenlik, hâlâ toprak ağaları ve aşiret reisleri ile şeyhlerin elinde idi. Halkın çoğunluğu bunlarla beraber, bunların şehir ve kasabalardaki uzantıları "başbakkal" denen tefeci zümresinin kıskacına sıkışmış kalmıştı. Topraksız köylü, köyün sahibi olan ağaya, ufak tefek bağı bahçesi olan küçük toprak sahipleri de başbakkallara marabalık yapmakta idiler. Biz bunları görmemiştik. Çocukluğumda "mütegallibe" diye devletin sevmediği bir zümreden bahsedildiğini duymuştuk. Ama ne olduğunu pek bilmiyordum. Mardin'de görerek öğrendim.

Daha önce bir vesile ile sözünü ettiğim sürgün olayı Doğu ve Güneydoğu'daki bu çağdışı düzeni yıkmak için iyi bir fırsattı. Ne yazık ki değerlendirilememiştir. Yörede egemen olanların bir kısmı yurdun çeşitli yerlerinde zorunlu oturmaya tâbi tutulmuşlardı. Sonra çok partili döneme geçilince, demokrasi adına çıkarılan bir afla kalanlar geri döndüler ve ailenin bıraktığı topraklara sahip oldular. Böylece yeniden başlanılan noktaya gelinmişti. Bölgedeki çağdışı, düzenin yıkılması için uygulamanın iyi bir toprak reformu ile desteklenmesi gerekirdi. Yapmamakla, devlet adeta bu düzeni kabullenmiş gibidir. Sonraki gelişmeler de bu zannı destekler niteliktedir.

Halen "toprak reformu"nun adı bile geniş çapta allerji yaratmaktadır. Çünkü toprak reformu, toprağı çok olanın elinden alıp olmayana vermek olarak algılanmaktadır. Karşıtlarının başında, siyasi hayatın içindeki büyük toprak sahiplerinin olduğu bilinen bir gerçektir.

12 Mart Muhtırası'ndan sonraki dönemde Nihat Erim Başbakan iken bu konu yine gündeme gelmişti. O hükümette bakan olan İlhan Öztrak'ın radyo ve televizyonda bu vesile ile yaptığı bir konuşmayı hatırlıyorum. Doğu ve Güneydoğu'daki toprak mülkiyetinden söz ederken tablonun zannedildiği gibi olmadığını, buralarda aileye veya kişiye ait köyler bulunduğu-

nu söylemişti... Bunu duyduğum zaman "Şahısa ait köy herhalde Mardin Devlet Hastanesi'nin pansumancısı Kazım Efendi'nin köyüdür" diye düşünmüştüm. Kazım Efendi bir gün benden 20 bin lira borç istemişti. Ne yapacağını sorduğum zaman, 40 bin liraya on haneli bir köy aldığını, parasının çıkışmadığını söylemişti. Köy almak; toprakla beraber evleri ve içinde oturan insanları da beraber almak demekti. Ya gerçek durumu devlet bilmiyordu, ki bu bağışlanmaz bir gaflettir ya da köy sahipleri devlete ve kişilere ait arazilerin üzerine oturmuşlardı. Bu da gasp demektir ve devlet buna göz yummaktadır. Çok partili döneme geçince en azından bu düzenin insan kaynaklarının ihlali olan yönüyle giderek demokratikleşeceği yerde daha da sağlamlaştığını görüyoruz. Oy toplamanın kolay yolu olduğu için siyasi partiler düzenin temsilcileri ile işbirliğini seçmişlerdir. Bu da onların geleneksel güçlerine bir de siyasi gücü katmıştır. Onun için yöredeki politika, güç odaklarının çıkar çatışmasına dayanmaktadır.

Ferhan isminde bir ağanın ovada köyü vardı. Bir gün beni bir hastaya götürdü. Köye yaklaşırken güneş karşımızda batmak üzere idi. Evlerin damlarında gördüğüm dolaşan silahlı insan siluetlerinin nöbet tutan jandarmalara ait zannettim. Jandarmaların niçin nöbet tuttuklarını sordum. "Onlar jandarma değil, bizim adamlarımız" dedi. Köyünün aynı zamanda muhtarı olan Hüseyin Ağa'nın aşireti ile aralarında husumet varmış. Baskına uğramamak için gece nöbeti tuttururlarmış. Bunları anlattıktan sonra ilave etti:

"Doktor bey, hayati tehlike içerisinde yaşıyorum. Buna rağmen vali bana silah taşıma ruhsatı vermiyor. Nedeni de CHP'li olmam."

"Sen de Demokrat Parti'ye geç kardeşim," dedim.

"Mümkün değil, çünkü Hüseyin Ağa Demokrat Parti'dedir. Benim o tarafa geçmem için; önce onun CHP'ye geçmesi lazım. Eskiden de iki parti halinde idik. Mahmutki Partisi, Osmanki Partisi.* Bir öldürme olayı olunca, karakola şikâyete gi-

(*) Mahmud'un ve Osman'ın Partisi demektir. O zaman sormadım, ama isimler zıt aşiretleri belirlemek için söylenmiş olabilir. Muhtemel aşiret reislerinin adıdır.

der, Mahmutki veya Osmanki Partisi'nin adamları bizim partiden birisini öldürdü diye şikâyet ederdik. 'Ne partisi eşşekoğlu eşşekler. Bu memlekette bir tek parti var, o da Halk Partisi' diye bizi azarlardı. Şimdi iki parti var. Birisi adamımızı öldürürse, DP'liler adamımızı öldürdü diyoruz. Kimse de bizi azarlamıyor," dedi.

Ferhan Ağa, böyle bir özetle yöredeki çok partili politikanın gerçek resmini çizmişti.

Bir gün muayenehaneme iki genç, yanlarında 8-10 yaşlarında bir çocukla geldiler. Gençlerden birisini tanıyordum. Ceylanpınarlı idi. Hastalarını hep bana getirirdi. "Bir çocuk yere düşer de kafasını taşa vurur, biraz sersemler, sonra da ayağa kalkınca bir kolu tutmazsa, bu düşmeden mi olmuştur?" diye sordu. "Evet" cevabım üzerine diğeri: "Allahaısmarladık" dedi ve gitti. "Kalan "Bizi mahvettin" dedi. Ne demek istediğini sordum. Getirdikleri çocuk, giden gencin aşiretindenmiş. Bunların aşiretinden bir çocukla oynarken düşmüş. Düşmenin arkasından da bir kolu felç olmuş. Bu olay üzerine iki aşiretin ileri gelenleri toplanmış, çocuğun, iki tarafın seçeceği birer temsilci ile beraber doktora götürülmesine, felç düşmeden ileri gelmişse bunların gerekli tedaviyi yaptırmalarına, çocuk iyileşmezse karşı tarafa 15 bin lira kan parası ödenmesine karar vermişler. Ben bilirkişi olarak kararı hüküm haline getirmiştim. Böyle karışık işlere bulaşmak istemediğimden, konunun benim branşımla ilgisi olmadığını, çocuğu Diyarbakır'a asabiye mütehassısına götürmelerini söyledim, gittiler.

Mazıdağ ilçesinde iki aşiret arasında silahlı çatışma çıkmış, akşam üzeri hastaneye yaralılar gelmişti. Gece hastaneden telefon edildi. Hastane önünde büyük bir kalabalık toplanmış, zaman zaman da gruplar halinde yaralıların yanına gidiyorlarmış. Bu ziyaretlerden sonra da kavga gürültü oluyormuş. Hastaneye gittim. Hastanenin önünden kalabalık bir grup toplanmıştı. Bir kısmı da antreye dolmuş, bir hay huydur gidiyordu. Hepsini dışarı attık, kapıları kilitlettim.

Yaralılarla birlikte iki aşiretin adamları da gelmiş. Aralarından seçilen temsilciler saat başı yaralıları görmeye gidiyor, sağlık durumlarındaki değişikliklere göre kan parası pazarlığı yenileniyormuş.

Bu tür olayların bazen parasız kalan iki aşiret reisi tarafından aralarında anlaşarak çıkarıldığı, aldıkları kan parasını paylaştıkları söylenirdi. Bir de karşı tarafı suçlamak için işlenen cinayetler vardı. Çeşitli tertiplerle kendi taraflarından birisini öldürtür, karşı tarafın ileri gelenleri suçlu gösterilirdi. İş adliyeye intikal ettiği zaman, olayın olduğu gecenin meteorolojik şartları hesaba katamadıkları için, havanın, şahitlerin "gördük" dedikleri mesafeden değil faili tanımak, bir metre ilerisini görmenin mümkün olmayacak kadar karanlık olduğu veya "gördüm" diyenin bastığı yeri göremeyecek kadar görme kaybı bulunduğu ortaya çıkıyordu.

Aşiretler arası husumetler dolayısı ile (genelde medeni kan davası oluyordu) işlenen cinayetlerde ölenin tarafı gerçek failleri bildiği halde söylemez, karşı tarafın ileri gelenlerinin hepsini olaya karıştırarak tevkif ettirirlerdi.

Ağır Ceza Reisi ellerinde birikmiş 400 kadar dava dosyası, her davada bir sürü zanlı, bir sürü şahit bulunduğunu söyler, bütün bunları akılda tutup olayı kavramanın mümkün olmadığından yakınırdı. Son zamanlarda mahkemenin iki üyesi de hanımdı. Reis "birisinin 'beyaz' dediğine öbürü 'siyah' diyor, ne yapacağımı şaşırdım" diyordu. Adamcağız nevrasteni oldu. İzmit'e nakledildi, sağlığı kurtuldu.

Biz ne ağalar, ne aşiret reisleri gördük. Bir gün bir tanesi muayenehaneme beraberinde korumaları ile bir hasta getirdi. Hasta ağır tifo geçiren bir gençti. Hastaneye yatması gerektiğini söyledim. Ağa sinirlendi. "Olmaz öyle şey," dedi, "Kaç para istiyorsan veririm, otelde tedavi edersin." Ben yine de sükûnetle cevap verdim:

"Prensip olarak ben otellerde hasta tedavi etmem. İstiyorsanız başka bir arkadaşa gidiniz."

Ağa sinirlenmişti. Sertçe:

"Bana hakaret ediyorsunuz" dedi.

Hakaret kastım olmadığını, bunu nereden çıkardığını sordum. Bunun üzerine adamlarına hastayı alıp dışarı çıkarmalarını söyledi. Onlar çıkınca o saldırgan adam gitti. Yerine süklüm püklüm birisi geldi. Artık emretmiyor, rica ediyordu.

"Bu delikanlı bir kız kaçırmış, bana sığındı. Artık onun her şeyinden ben sorumluyum. Hastaneye yatırarak başından attı dedirtemem. Lütfen beni zor duruma sokmayın. Adamlarımın yanında küçük düşerim" dedi ve davranışından dolayı özür diledi. Otelde tedaviyi kabul etmek zorunda kaldım. Çünkü bunların, iş, onur ve itibar meselesi haline gelince yapamayacakları yoktu.

İki gün sonra bir sabah erkenden kapı çalındı. Gelen o idi. Süklüm püklüm bir hali vardı: "Doktor bey ben battım, cebimde para kalmadı. Kimseden borç da isteyemem. İki paralık olacağım. Bir bahane ile hastayı hastaneye al, elini ayağını öpeyim beni kurtar" dedi.

Hastaya uğradım, durumunun kötüye gittiğini, derhal hastaneye kaldırılması gerektiğini söyledim.

Hasta hastaneye yattıktan sonra, mangalda kül bırakmayan ağa hazretleri muayene parasını da vermeden kayboldu. Bir daha da görmedim.

Yeni gittiğim günlerde muayenehaneme kılığı kıyafeti düzgün birisi hanımını getirdi. Muayene ettim, reçeteyi verdim. Pantolonun cebinden bir tomar para çıkardı, masamın üzerine attı:

"Ne kadar istiyorsan al" dedi.

Teşekkür ettim, parasını ona doğru iterek muayenenin on lira olduğunu, parasını alıp on lira bırakmasını söyledim. Pantolonunun diğer cebinden bir tomar para, ceketinin iç cebinden iki banka hesap cüzdanı çıkardı. "Bende para çok," dedi.

"Bana borcunuzun paranızın azlığı çokluğu ile ilgisi yok. Lütfen hepsini cebinize koyun, on lira bırakın."

Dediğimi yaptı.

"Seni sevdim, mert adamsın. Uygun bir zamanda beraber bir İstanbul gezisi yapar, bu paraları yeriz" dedi.

O gittikten sonra tercümana kim olduğunu sordum. Kazalardan birisinde İl Daimi Encümen Üyesi imiş. Sonra ahbap olduk. Deli dolu bir adamdı. Milletvekilliği de yaptı. Kazasına bir şey yapılması söz konusu oldu mu "yeri benden" diye atılırdı. Tapulu mu, değil mi bilmiyorum, bir sürü arazisi olduğu söylenirdi. Hovardalığı emeksiz kazanılan paralara dayanıyordu. Bu paralar yalnız onda değil, aşiret reisleri ve ağaların siyasi iktidar yanlısı olanlarının çoğunun cebinde vardı.

Kara Yara

Bir deri bir kemik, adeta iskelet haline gelmiş, küçük çocuklar getiriyorlardı. Bunlar genelde anne sütü emen çocuklardı. Gebelikten korunmak için 2-3 yaşına kadar emzirmeye devam ediliyordu. Hastalık bu yaşa kadar olan bebeklerde görülüyordu. Başlıca şikâyetleri uzun süren ishaldi. Yüzlerinde ve ellerinde etrafı pembe veya siyah kabarık bir halka ile çevrili döküntüler oluyordu. Anormal tüylenme oluyordu. Gördüğümüz bildiğimiz bir hastalık değildi. Hemen hepsi de fakir aile çocukları olduğu için Mardin dışına da gönderilemiyordu. Anne sütünden kesilmesini söylüyor, rejim ve vitamin veriyorduk. Tavsiyemize uyanların çocukları iyileşiyordu. Mahiyetini bilmeden iki sene bu hastalıkla uğraşmak zorunda kaldık. Daha çok şehirden gelenleri görüyorduk, ilçelerden ve köylerden de arada sırada getirilen hastalardan, hastalığın oldukça yaygın olduğu anlaşılıyordu.

İki sene sonra Diyarbakır Numune Hastanesi cildiye mütehassısı arkadaş bu vakaları "toksik porfiri" adıyla neşretti. Olay dünyada emsali görülmemiş bir kronik zehirlenme idi. Nedeninin de Amerikan yardımından gelen ilaçlı tohumluk buğday olduğu anlaşılmıştı. Bu buğdaylar fakir çiftçilere kilosu bir liradan 20 senede ödenmek üzere tohumluk olarak dağıtılmak üzere gönderilmiş. Ağalar, aşiret reisleri nüfuz alanlarındaki köylülerin listelerini yapıp karşılarını imzalattıktan sonra onlar adına tonlarla buğdayı bankadan almışlar. Bunları kilosu 70-80 kuruştan peşin parayla çarşı, pazarda ekmeklik buğday diye sattırmışlar. Buğdaydaki zehirli madde anne sütüne geçtiği için bu buğdayı yiyen ailelerin bebekleri hastalanıyordu.

Olay basına yansıdı. Ankara'dan bilim adamları gönderildi. Geldiler, incelediler, halkın "kara yara" adını taktığı bu hastalık yine de devam etti. Paraları ceplerine atanlar da afiyetle yediler. Benim önüme tomarla konan paranın kaynağı da bu buğdaylardı. 27 Mayıs olunca bu paraları alanlar borçların isteneceğinden korktular. Korktukları gibi olmadı. Ne soran vardı, ne arayan. Bu zehirli vurgunun borcu ödendi mi, ödenmedi mi bilmiyorum. Ama avantadan gelmiş gibi sarf edilerek yapılan cakalar, ağaların yanına, ölen bebekler de öldükleri ile kaldı. Binlerce fakir ailenin çektiği maddi sıkıntılar da cabası.

Şeyhler

Düzenin egemen güçleri arasında bir de "şeyh"ler vardı. Bu şeyhler dikkati çekecek kadar boldu. Kendisi de şeyh olan fakat bu sıfatını kullanmayan eğitim görmüş yerli bir dostuma şeyhliğin ne olduğunu sordum. Hazreti Peygamber'in sülâlesinden gelenlere şeyh dendiğini söyledi. Kendisinin taşıdığı soyadına göre Peygamberimizin yakınlarından biri İslâm büyüğünün ahvadından olduğu anlaşılıyordu. Fakat içlerinde öyleleri vardı ki bunlara şeyh demek İslâm'a küfür olurdu. Çünkü İslâm'ı kullanarak inananların sırtından refah içerisinde yaşıyorlardı. En meşhurları Cizre'de yaşayan Şeyh Seydo isimli pîr-i fâni idi. Her ne kadar müritlerine dünya nimetlerinde gözleri olmamasını öğütlüyor idiyse de kendisi krallar gibi yaşıyordu. Görünüşe göre köşesinde oturur insanlara adalet dağıtırdı. Başka işlere karışmaz denirse de politika ve devlet işlerinde etkinliği vardı. Yörede önemli bir otorite idi. Özellikle Cizre'de elini öpüp icazet almadıkça kabul görmek mümkün değildi. Cizre'ye atanan doktorlar bu görevi yerine getirmezse ona hasta gitmezdi. Uzun yıllardır Mardin'de görev yapan bir meslektaşımız anlatmıştı. Bir keresinde Cizre'de iki hekim varmış, ikisi de şeyh hazretlerinin elini öptüğü için hastaların ikisine de muayene olabilecekleri hususunda fetva vermiş. Ancak bu işin hakkaniyetle olması için ilçeyi iki eşit parçaya ayırarak bir yarının birisine, diğer yarının da öbürüne gitmesine emir vermiş!

Mardin merkezde de Saydo'nun etki alanındaki hastaların kendisine gönderilmesi için, mübarek elini öpen ve arada sırada da ziyaretine giden bir meslektaşımız vardı. Bana da aynı şeyi önermişti. Güldüm geçtim. Bu tipleri kınadığımı da her tarafta söylüyordum. Buna rağmen Cizre'den çok hastam vardı. Bu önemli bir noktadır. Ben halkın çoğunun bunlara inanmadığı, sahipsizlik ve güçsüzlükten kabul etmiş gözüktükleri kanısındayım. Bazı hasta sahipleri ceplerinden sakallı bir adam resmi çıkararak şeyhleri olduğunu, Irak'ta ya da Suriye'de oturduğunu söylerler, bende "Ne saklıyorsun bu meymenetsiz suratı, at" derdim, gülerlerdi.

Büyük şeyhlerin üstün yetenekleri vardı. Her fırsatta olağanüstü güçlerini gösterirlerdi. Örneğin Şeyh Seydo kendisini ziyarete gelenlerin gelirken aklından geçenleri bilir, kendilerine de söylermiş. Şeyhten icazetli arkadaşımız Seydo'yu ilk ziyaretini ocak ayında yapmış. Yolda giderken aklından "üzüm olsa da yesem" diye geçirmiş. Elini öpüp de oturduktan sonra şeyh hazretleri adamlarına "doktor üzüm arzuluyor, getirin" demiş ve önüne bir tabak taze üzüm konmuş. Arkadaşımız, hem huzura kabulünden önce şeyhin adamları tarafından uzun uzun görüşmeye tâbi tutulduğunu söylüyor, hem de kendinden alınanın kendisine satıldığını düşünemiyordu.

Ben bu yöntemi "neyin var?" diye sorgulamak istediğimde bana "Doktor değil misin, sen bil" diyen kadın hastalara uygulardım. Muayeneyi yaparken "şu var mı, bu var mı?" diyerek istediklerimi öğrenir, sonra da ona söylerdim.

Bir gün Kızıltepe kazasından gelen bir hastaya gidiyordum. Hasta sahibi 15-20 adım kadar arkamızdan gelen ufak tefek birisini göstererek tanıyıp tanımadığımı sordu. Baktım, tanımıyordum. "Nasıl tanımazsınız? Şeyh Şerif hazretleridir (isim hatırımda böyle kalmış). Akrabam olur. Birçok kerameti vardır. Örneğin tuzdan şeker yapar" dedi. O sırada şeker zor bulunuyordu. "İyi ki söyledin, biraz tuz vereyim de bana bir iki kilo şeker yaptır" dedim.

Bir süre sonra çok sevdiğim dostum il savcısı bir sohbette Kızıltepe'deki Şeyh Şerif hazretlerinden söz açtı. Şeyh inanmayanları imana getirmek için Tanrı'nın kendisine üstün güçler bahşettiğini söylüyormuş. Keramet sahibi imiş, her hafta toplanıyorlarmış. Bu toplantılarda şeyh hazretleri kerametlerini gösteriyormuş. Toplantılara kendisinden başka, vali muavini, birkaç hakim arkadaşı ve bir de yardakçısı katılıyormuş. Benim de katılmamı istiyordu. Kâinat gibi akıl almaz muazzam delil göz önünde dururken, Tanrı'nın gücünü ve yüceliğini kanıtlamak için kullarına muhtaç olmadığını bilecek kadar Müslüman, gerçeklerle safsataları ayıracak kadar pozitif bilimden nasip almış birisi olarak böyle işlere inanmadığımı, itibar etmediğimi söyledim. Beni ikna için şeyh hazretlerinin mucizelerini anlatmaya başladı. Tuzdan şeker yaptığını söylediği zaman hastaya giderken arkamdan gölge gibi gelen ve ben hastayı muayene ettiğim sürece de bir kenarda sessizce bekleyen o silik ve ilkel adamı hatırladım. Böyle bir insanın müritleri arasında bulunmanın kendisine yakışmadığını söyledim. O kadar inanmıştı ki bana, "Öyle söyleme, çarpılırsın" dedi.

Arkadaşım mucizeleri anlattıkça, görmediğim halde, bunların fazla bir hüner istemeyen basit el oyunları olduğunun kanıtlarını sıralıyordum. Eline bir parça tuz kor, dualar okuyarak cezbe haline gelirken bir taraftan da tuzu diğer elini üzerine kapatarak ovuşturur, sonunda tuzun yerinde oluşan bir şeker parçasını gösterirmiş. Nasıl aklıma geldi ise üstteki elinde bir eksiklik olup olmadığını sordum. Yüzük parmağı dipten kesikmiş. Şekeri o boşluğa yerleştiriyor, sonra da avucuna bırakıyordu. Oyun bu kadar basitti. Dualar okuyarak bir elini pencereden dışarı uzatır, "Ya Abdulkadir-i Geylani" diye bağırırmış, o esnada kudretten eline damlayan esansı müritlerine koklatırmış. Bu konuyu aklı başında Mardin'li bir dostumla konuşurken benim tahminimi o bilgiye dayanarak söylemişti:

"Diyarbakır'daki seyyar esansçının en büyük müşterisi bizim şeyh Şerif'tir." Diğerleri de buna benzer basit numaralardı. Bunları söylememe rağmen o yine de gerçeği kabul etmiyor, beni inandırmaya uğraşıyordu. Sonunda ayinden önce şeyhin ceplerini aramak kaydı ile toplantılarıma katılacağımı söyledim. O, "Sus, çarpılırsın" diyordu. Zaten toplantıda inanmayan birisi olursa kerametin tutmayacağını peşinen söylüyormuş. Bunu söylerken de insanları ikna etmeye lüzum olmadığını, eğer ilahi bir gücü varsa inanmayanları ikna etmesi gerektiğini bile düşünemiyordu. Ona göre şeyhin misyonunun inandırıcı tek kanıtı, bu işlere girişmesinin kendisine bir yararının olmadığı idi. Halbuki şeyh devlet kapısında işi olanların işlerini halletmek için onlardan ilgililer adına para alıyordu. Üstelik de her yanlarına gelişte bir çay veya kahvelerini içerek. İşin akıl almaz yanı bir cahilin bu düzeye gelmiş aklı başındaki insanları nasıl etki altına alabildiği idi.

Aradan 3-4 ay geçtikten sonra bir gün savcı dostum bana uğradı. Son zamanlarda ayinler Mardin'de yapılıyormuş. "Sen haklıymışsın" dedi ve anlattı:

"Dün gece toplantı bizim evde idi. Sıra kitap içerisine boş bir kâğıt koyup ayet yazılı olarak çıkarma gösterisine gelmişti. Elindeki boş kâğıdı gösterdi, bir kitap istedi. Kitap gelirken gözüm ellerine takıldı. İkisinde de birer kâğıt vardı. Birini cebine koymak, diğerini çıkarmak üzere idi. Benim dikkatle baktığımı görünce, olduğu durumda kaldı. Gelen kitabı 'bu olmaz' diyerek geri gönderdi. Ben gözlerimi üzerinden ayırmıyordum. O kitabı da geri gönderdi. Bir iki kere daha aynı şey tekrarlandı. Gözlerimi başka tarafa çevirdim. Yazısız kâğıdı cebine koyup yazılıyı çıkarma fırsatı buldu ve numarasını tamamladı." Bu durumu arkadaşlarına da anlatmasını söyledim. "Söylersem beni döverler" dedi.

Bu olaydan sonra insanların inançlarında mantık aranamayacağına kanaat getirmiştim. Ne kadar yanlış olursa olsun, insanları inançlarından vazgeçirmek çok güçtür. 27 Mayıs'tan sonra *Milliyet* gazetesinde Kadircan Kaflı'nın bir yazısı çıkmıştı. Emekli bir paşa bir broşür yazmış. "Camilerde secde ederken başımızı önümüzdekinin kokan ayağının dibine koyuyoruz. Bu rahatsız edici durumdan insanları kurtarmak için sıralar arasında uygun mesafeler sağlayacak ve secdede üzerine baş konabilecek üç-beş santim yükseklikte setler yapılabilir. Bugünkü koşullarda günde beş vakit namaz kılmak güçtür. İş saatleri dikkate alarak 2-3 vakte indirilebilir" gibi öneriler getirmiş. Kadircan Kaflı da bu broşürü ele almış, "din iman elden gidiyor" temasını işlemişti. O gün berberde traş oluyordum, içeri birisi girdi. Kadircan Kaflı'nın yazısını okumuş. O da "din iman elden gidiyor" teranesi ile verip veriştiriyordu. Kendisini tanırdım. Lafını bitirince, "Camiye gitmezsin, namaz kılmazsın. Ama namazı 2-3 vakte indirelim diyeni dinsizlikle suçlayabiliyorsun. Paşa 2 vakit de olsa namaz kılmayı kabul ettiğine göre, senden daha fazla Müslümanmış" dedim. Bir şey diyemeden çıktı, gitti. Bunları söylerken o da samimi idi. Bir kere İslâm'ın şartlarına inanmış ve onları kabul etmişti. Önemli olan kendisinin bu şartları yerine getirmesi değil, bunlara ilişilmesi idi.

Başbakkallar

Şehir ve kasabalarda da esnaftan ağalar vardı. Bunların başında "başbakkal" denen kabzımallar geliyordu. Başbakkallık Süleyman Demirel'in "organize olmamış sermaye piyasası" diye isimlendirdiği tefeciliğin yöreye has uygulaması idi.

Tefecilik para piyasasında ve ticarette fiilen mevcut bir iş alanıdır. Tefecileri Ordu'da ve Giresun'da fındık tüccarı, Sungurlu'da Dükkâncı Hacı olarak tanıdım. Sistemin Konya'da naylon ticaret olarak anılan bir hile-i şeriye yöntemi ile yürütüldüğünü gazetelerde okumuştuk. Bu olay Mardin'de "başbakkal" olarak karşıma çıktı. Her köyün bir başbakkalı vardı. Bunlar köylünün şehirdeki işlerine yardımcı olurlar, yıl boyu bütün masraflarını görürlerdi. Yaptıkları masrafları kat kat fazlası ile hesaplarına yazarlardı. Köylü bütün ürününü başbakkallar aracılığı ile pazarlardı. Başbakkallar borçlarını düşerler, kalırsa üstünü verirlerdi. Bunlar da toprağı olan küçük çiftçilerin sırtından geçiniyorlardı.

Köylerden hastaları doktorlara başbakkallar getirirdi. Tercümanımın ikazı üzerine ben de geleneğe uyarak onların hastalarından para almıyordum. Bir sene kadar böyle gitti. Bir gün başbakkallardan birisi bir hasta getirdi. Hastanın hastaneye yatması gerekiyordu. Hasta sahibi masama yüz lira bıraktı. 90 lirayı iade ediyordum, başbakkal, "Kalsın doktor bey" dedi. Muayene parası dışında para kabul edemeyeceğimi söyledim.

Bunun üzerine hastayı ve yanındakileri dışarı çıkardı. "Sen bu parayı almazsan, ben ne ile geçineceğim?" dedi. Başbakkalı kovdum. Paranın üstünü iade ettim ve hastayı hastaneye yatırdım. Bu olayla başbakkalların bize getirdikleri hastalardan çıkar sağladıklarını öğrenmiştim. Ondan sonra kim olursa olsun, hasta getirenleri aradan çıkarmaya karar verdim. Hastalarıma köye gidince bana gelecek hastalara kapımızın daima açık olduğunu, kimsenin aracılarla veya rica kartları ile gelmesini istemediğimi, ister hastaneye, ister muayenehaneye olsun doğrudan gelecek her hastayı gerekiyorsa hastaneye yatıracağımı söylemelerini herkese tembih etmeye başladım. Kısa bir süre sonra birisi hariç hepsinin ayağı kesildi. Kalanın dürüst bir insan olduğunu zannediyordum. Bir gün hastaneye elinde bu başbakkalın kartı ile bir hasta geldi. Hastayı yatırmamı rica ediyordu. Hastanın görünürde ilerlemiş karaciğer sirozu vardı. Yatırdım. Ertesi gün inceleyince ayrıca akciğer tüberkülozu da olduğunu gördüm. Tüberküloz yatağımız yoktu. Onun için açık tüberkülozu hastanede tutamazdım. Bu, hem diğer hastalar, hem de hastane personeli için sakıncalı olurdu. Çıkarma işlemini yaptım. Diyarbakır Verem Hastanesi'ne kabulü için bir de resmî yazı hatırlatarak verdim.

Öğleden sonra hastanın sahibi muayenehaneme geldi. Küstah bir şekilde; "Sen benim hastamı nasıl çıkarırsın?" diye çıkıştı. Hastasının kim olduğunu sordum, söyledi. Durumu anlattım. "Şimdi benim 150 lira ne olacak?" dedi.

"Ne 150 lirası ulan?"

"Başbakkalın hastayı yatırman için sana verdiği 150 lira."

Onun da takkesi düşmüş, keli ortaya çıkmıştı. Tercümanım Halil Efendi'ye döndüm.

"Koş şu herifi bana getir," dedim.

Halil Efendi fırladı. Hasta sahibi de hemen arkasından koştu. İri yarı bir adamdı. Halil'i kucakladığı gibi geri getirdi. Halil ufak tefekti. Yere inmek için çırpınıp duruyordu. Bırakmasını söyledim. "Göndermeyeceğine söz ver bırakayım" dedi. Kabul ettim, bıraktı. Başladı anlatmaya:

"Bu parayı senin almadığını anladım. Başbakkalı buraya getirtirsen ben mahvolurum. Benimle ilişkisini keser. Bende para, pul yok. Önümüz kış, ihtiyaçlarımı sağlayamam. Benim yediğim kazık sadece bu değil ki. Mahsulümü getiririm. Yüz kiloya elli kilo der, kilosunu on kuruştan satar, beş kuruş gösterir. Kalandan bir de komisyon keser. Onu da borcumuzdan düşer. Ne diyeyim, Allah'tan bulsun."

Ben Mardin'e gittiğimde yukarıda da ifade ettiğim gibi merhum İlhami Ertem vali idi. Sayın Ertem halkın ihtiyacını, doğrudan üreticiden sağlaması için bir şehir hali yaptırmak istedi. Daha proje aşamasında iken başbakkallar direnişe geçtiler. Köylülerine haber saldılar, şehre hiçbir şey gelmez oldu. Bu boykota vali bir hafta dayandı. Sonunda projeden vazgeçmek zorunda kaldı. Devlet şerirlerin sultasını kıramıyordu.

Cizre'de halkın su ihtiyacını, Dicle'den su çekip satan sakalar karşılardı. Bu su ağalarının belediyenin şehre su getirme girişimini engelledikleri söyleniyordu. Birecik Köprüsü'nün yapımını önlemek için de sal ağaları inşaatın mühendisini öldürtmüşlerdi.

Silahlı Soygunlar

Mardin'deki ekonomik iş alanlarından birisi de silahlı soygunculuktu. Yol kesip insanları soymak alelâde olaylardan sayılır olmuştu. Münferit soygunlar giderek toplu soyguna dönüştü. Günün birinde silahlı bir grup Mardin-Diyarbakır Karayolu'nu keserek iki taraftan gelen yolcuları soymuştu. Olay basına da yansıdı. Asayişi sağlamak üzere İçişleri Bakanı Namık Gedik geldi. Olaya el koydu. Soyulanları tek tek çağırtıp huzurunda ifadelerini aldırıyordu.

Dr. Arif Atlı arkadaşımız bu soyguna şahit olmuştu. Başından geçenleri anlatırdı. Diyarbakır'dan dönerken içinde bulunduğu otobüs önlerinde sıralanmış duran araçların arkasında durmak zorunda kalmış. Silahlı maskeli iki üç kişi gelerek bunları dışarı çıkartmış ve yol kenarında sıraya dizmişler. İçlerinden birisi Arif Bey'e arkalarındaki şarampolü işaret ederek; "Sen şuraya in doktor bey" demiş. O da inmiş. Soyguncular verdiklerini yeterli bulmadıklarına varıyor, hakaret ediyorlarmış. O da içlerinde kendisini tanıyan birisinin bulunmasından cesaret alarak hiç olmazsa insanlara kötü muamele yapmamalarını söylemiş. Kendisine yakın olan soyguncu, "Kes sesini be!" diyerek tüfeğin dipçiğini omuzuna indirmiş. Darbenin geldiği yerdeki morluğu bize de göstermişti. İfadesi alınmak üzere onu da çağırdılar. İçeri girer girmez Namık Gedik, "Sen soyguncuları tanıyormuşsun, kim olduklarını söyle," demiş. On senedir Mardin'de çalıştığını, kendisini herkesin tanıdığını, soyguncuların maskeli olduklarını, yüzleri açık olsa bile kim ve nereli olduklarını hatırlamasının mümkün olmadığını söylemiş. Gedik, "Götürün, içeride konuşturun" emrini vermiş. "İçeri" dediği yerden feryatlar geliyordu. Neyse ki orada hazır bulunanlardan birisi araya girdi de paçayı kurtardık" diye anlatmıştı.

Köylerde de aynı konuşturma yöntemi uygulanıyordu. Alınan ihbarlara göre jandarmalar köyleri basıyor, kadın erkek demeden köylüleri dayaktan geçiriyormuş. Bakanın emri ile baskın yapan jandarma ekiplerinin birinin başında jandarma yüzbaşısı dostumuz Tahsin Baran vardı. Tahsin Bey, Türkiye'de nesli azalan dürüstlerin son temsilcilerinden birisi idi. Göreve çıktıktan 4-5 gün sonra bana geldi. Olanları anlattı: "Girdiğimiz köylerde başlarına gelecekleri bilen kadın erkek, çoluk çocuk ayaklarımıza kapanıyor, yalvarıyorlar. Bunlara dayanamıyorum. İhbarların hiçbirinin aslı esası olmadığını, köy ağaları ve aşiret reislerinin intikam alma isteklerine alet edildiğimizi, bu yolun çıkmaz olduğunu anlatıyorum, kimse dinlemiyor. Böyle giderse aklımı oynatacağım. Bana birkaç günlük istirahat raporu verin, bu rezaletten kurtarın" dedi.

Dedikleri doğru idi. Bu olayda devlet, aşiretler arası savaşta istismar aracı olarak kullanılıyordu. Eğer Tahsin Bey, verilen emre uymayarak insiyatifini kullansa, ihbarcılar onun karşı tarafı menfaat sağlayarak koruduğunu iddia edecekler ve iddialarını kanıtlayacak sürü ile şahit bile göstereceklerdi. Bunu bildiğimiz için raporu verdim. Bu rapor Mardin'de tarafımdan gerçek dışı verilmiş ilk ve son istirahat raporudur.

Namık Gedik bir hafta kadar Mardin'de kaldı. Tabiî hiçbir sonuç alamadı. Çünkü eşkıyaları tanıyan gerçek şahitler korkudan ortaya çıkamıyordu. Bir gecede ailece yok ederlerdi. Nitekim beni hastası için Rişmil Köyü'ne götüren birisi, aşağıdaki vadiye inince, "Geçen gün burada beni soydular," dedi.

Hasat mevsimi idi. "Silahlı adamlar güpegündüz buralarda dolaşıyor, tarlalarda, bağlarda, bahçelerdeki insanların hiçbirisi bunları görmüyor. Sen de bu insanlarla yüz yüze geldiğin halde tanımıyorsun. Olacak iş değil. Sizler şahitlik etmezseniz bunlar nasıl yakalanacak?" dedim.

"Eşkıyanın yakalanacağından emin olsak şahitlik yaparız. Ama biz yakalanamayacaklarını biliyoruz. 930'lu yıllarda da böyle olaylar çoğalmıştı. Bir alay geldi. Hududa doğru her tarafı taramaya başladı. Eşkıya önünde tutunamaz hale geldi. Herkes bunların ortadan kaldırılacağına emin olduğu için askere rahatça yardımcı oluyordu. Şimdi ben ihbarda bulunsam benden intikamlarını alacaklardır. Bile bile kendimizi ateşe atabilir miyiz?

Sonradan soygunun organize olduğu öğrenildi. Mardin'in yakınındaki Mansuri Köyü'nde, hastalarını bana getiren bir hacı vardı. Hacı bir gün bana dedi ki; "Geçen gün falanca benim adamlarımı soydurdu."

Falanca bir ilçenin belediye başkanı, DP ilçe başkanı ve aşiret reisi idi.

"Haber gönderdim, 'söyleyin, alınanları üç gün içerisinde geri vermezse buralara gelmesin, vururum' dedim. Hepsi aynen geri geldi." Hayretten ağzım açık kalmıştı.

Aradan bir müddet geçtikten sonra Ankara'dan bir kurmay albay geldi. Yaz bekârı olduğum için yemekleri jandarma mahfelinde yiyordum. Gecelerimiz de orada geçiyordu. Albayla tanışmıştık, ahbaplık ediyorduk. Dağdaki eşkıyayı toplamaya geldiğini söylüyordu. Gelir gelmez doğru hacının sözünü ettiği belediye reisine gitmiş. Soygun çetesinin teslim edilmesini istemiş. Reis kendisine hakaret edildiğini, bu sözlerin hesabını sorduracağını söyleyerek tehditler yağdırmaya başlamış. "Şimdi Menderes'e telefon edeceğim" diyerek ayağa kalkmış. Bunun üzerine albay "telefonu bağlat, senden sonra da ben konuşacağım. Başbakana emirlerini yerine getirmek istemediğinizi söyleyeceğim. Gerisini siz aranızda halledersiniz" demiş.

"Bunun üzerine yerine oturdu. Adamlarını çağırttı. Kürtçe birşeyler söyledi. Ertesi gün belediyede beklemeye başladık. Kapıdan içeri giren önce reisin, sonra benim elimi öpüp silahını bırakıyordu. Böylece yüz kişi kadar toplandı."

Albay gittikten sonra bir daha soygun olmadı. Silahlı soygunların organizatörü belediye reisi yıllarca sonra Mardin'in ileri gelen aşiretlerinde birisinin başını vurdurttu, o aşiretin silahlı adamları da bir gece onu kahvede tarayarak öldürdü.

Devletin topraklarını sahiplenen ağaların yanında, suyuna bile sahiplenen ağa vardı. Nusaybinli A.'nın oradan geçen Çağ Çağa suyunu, Suriyeli çiftçilere satarak zengin olduğu söylenirdi. Devlet bu suyun üzerine sulama amaçlı baraj yaptırmış. Barajdan sulanan araziden senede iki kere mahsul alınıyordu. Bu araziler A. ağanın olduğu için baraj da onun işine yarıyordu. Mardin'de doğru dürüst bir otel yoktu. Vali İlhami Ertem A.'yı modern bir otel yaptırmaya ikna etti. Ağa inşaatı başlattı. Fakat yıllarca bitiremedi. Kazandığı avanta paralarla Diyarbakır'a inşaat malzemesi almaya gider, cebindeki paraları gece şehir kulübünde kumara verir, ertesi gün eli boş dönerdi.

Yörede A. gibi halkın ve devletin sırtından büyük paralar kazananlar hemşehrilerine ekmek kapısı alacak bir işyerine kırk para yatırmazlardı. Halka iş alanı açacak bir sürü yatırım yapmaları mümkünken ya parayı biriktirir büyük şehirlere yerleşir, iş kurarlar ya da marabalarının çalışıp çabalayıp ürettiklerini sonbaharda Mercedes arabalarla gelir paraya çevirir, büyük şehirlerde yemeye giderlerdi. Mardin'e bir büyük adam geldi mi şehrin ileri gelenleri iş alanı açacak yatırımlar yapılmasını isterlerdi. Bir Allah'ın kulu çıkıp da orada kazanılanların orada; yatırıma dönüştürülmesi için girişimde bulunmazdı. Bugün yörenin içine düştüğü durumun sorumluları arasında bunlar da vardır.

Ben orada iken Mardin'in merkez nüfusu otuz bin civarında idi. Bunun çoğunluğu Müslüman, az bir kısmı da Süryani veya

Keldani idi. Müslümanlar devlet memurluğu ile küçük esnaflığı seçmişti. Terzilik, kunduracılık, kuyumculuk gibi beceri isteyen işler Süryanilerin elinde idi. Şehrin tek fotoğrafçısı ile haftalık yerel gazetenin sahibi de Süryani idi. Süryani cemaati uyanık bir toplumdu. Metropolit Hanna Efendi, iyi Arapça ve Fransızca bilir, çivi yazısını okuyabilir ve yazabilirdi. Müslümanlığa ve Kuran'a vakıftı. Kültürlü ve seviyeli bir din adamı idi. Bizim müftünün ise en iyi bildiği şey fıkra anlatmaktı.

Kaçakçılık Mardin'de en büyük ekonomik sektördü. Lübnan'a altın taşıyarak yapılan nakit kaçakçılığı Süryanilerin, eşya ve hayvan kaçakçılığı ise Müslümanların elinde idi. Nüfusun büyük çoğunluğu işsiz güçsüzdü. İlk zamanlar bu insanların neyle geçindiklerini merak ederdim. İşsizliğe rağmen, aşağıda ovaya yatılı okulları inşa eden müteahhit çalıştıracak amele bulamadığı için dışarıdan amele getirmek zorunda kalmıştı. Bu, işsiz gezenlerin de karınlarının tok olduğunu gösteriyordu. Kazalarda da aynı tablo mevcuttu. Hepsi de geçimini kaçakçılıktan sağlıyordu. Kaçakçılığın halktan destek görmesinin nedeni de bu idi. Mardin'de bulunduğum yıllarda Mardin-Suriye hududundan her yıl bir milyon civarında büyük baş, üç milyon civarında da küçük baş hayvan geçtiği söyleniyordu. Buna Hatay'dan başlayıp doğuya kadar uzanan sınırlarımıza komşu Irak ve İran yapılan kaçakçılıkla Mardin dışındaki diğer güneydoğu illerini de katarsanız kaçakçılığın boyutları kolayca anlaşılır. Ekmeğini çıkaracak toprağı olmayan, ekmek parası kazanacak bir işi bulunmayan insanlara niçin kaçakçılığa bulaştıklarını sormak için kimsenin haklı bir nedeni olacağını düşünemiyorum. Bir koyun Türkiye'de 100, Suriye'de 500 lira idi. Koyun satışından elde edien paralarla Suriye'den, Türkiye'de bulunmayan ticari eşyalar getiriliyor, onlar da maliyetinin birkaç katına müşteri buluyordu. Bu organize kaçakçılık yanında, sigara, tütün, ilaç, elektronik eşya, fotoğraf makinası saat gibi ufak tefek şeylerin götürülüp getirildiği bireysel kaçakçılıkla geçinenler de vardı. Böyle bir ekonomik olayla zabıta tedbirleri ile savaşılmaya çalışılıyordu. Bu savaşın ne ölçüde başarılı olduğunu tahmin etmek hiç de zor değildir.

Kaçakçılık Suriye hükümeti tarafından da destekleniyordu. Hudutta jandarma ile kaçakçılar arasında çatışma çıktığı zaman, Suriyeli askerler bizim tarafa ateş açıyorlardı.

Hudutta vurularak Suriye tarafında kalan bir kaçakçı için Kamışlı'da yapılan mülakata görevli olarak katılmıştım. Suriye'yi Kamışlı'nın emniyet müdürü temsil ediyordu. Toplantı esnasında birisi gelerek emniyet müdürüne birşeyler söyledi. Bir vatandaşımız kaçak tütünle yakalanmış, onu haber vermiş. Yakalanan kaçakçıya bu suçtan ne ceza verildiğini sordum. Tütünün müsadere edileceğini, kaçakçının on beş gün hapis cezası alacağını, hapis süresi bitince de Türkiye'ye iade edileceğini söyledi. "Ceza az değil mi?" diye sordum. "Tütün kaçakçılığının cezası çok daha fazladır. Bunları pasaportsuz seyahatten mahkemeye veriyoruz" dedi. Bu da koruduklarının itirafı idi.

Kamışlı, Suriye'nin kaçakçılık sayesinde gelişmiş büyük bir sınır vilayeti idi. Bizim tarafta sürümü olan her tür malın bulunduğu büyük mağazalar vardı. Buralarda Türk parası ile serbestçe alışveriş yapılabiliyordu. Bir ara elbiselik kumaş, gömleklik poplin gibi şeyler Türkiye'de bulunamaz olmuştu. Bunları almak için pasavanla Kamışlı'ya geçerdik. Bu git gellerde aslen Mardinli bir kumaş mağazası sahibi Süryani ile ahbap olmuştuk. Mardin'den gidenlere her türlü kolaylığı gösterirdi. Bir gidişimizde paramızı bozmak için kasasından üzerinde banka bandrollü sarı bir paket el değmemiş elli liralık çıkardı. Yeni tedavüle çıkan bu elli liralıklar henüz Mardin'e gelmemişti. Nereden eline geçtiğini sorduk. Kasasında bunlardan daha bir sürü olduğunu, bizden bazılarının bunları İtalya'ya götürdüklerini ve kendilerinin de İtalya'dan aldıklarını söyledi. Demek ki Türkiye-Suriye-İtalya arasında iki yönlü çok hızlı para akışına neden olan, muhtemelen üstü örtülü ticari ilişkiler mevcuttu.

Mardin'den Suriye'ye geçen koyunların çoğu Doğu yaylalarından geliyordu. Civarda mor koyunlar görüldü mü sınırdan sürü geçirileceği anlaşılırdı. Zamanında bu yörelerde hayvansal ürünler sanayii kurulmak sureti ile hayvan yetiştirenlerin emekleri değerlendirilse hem iş alanları açılmış, hem de önemli bir kaynak değerlendirilmiş olurdu. Yalnız hayvancılıkta değil, tarımda da yanlışlıklar yapılmıştı. Köylüyü toprağına bağlayacak önlemlerin alınmaması yüzünden üretici insanlar, büyük şehirlerin varoşlarına toplanmış, üreticilerin her biri tüketici olmuştu.

Milletvekillerinin, seçmenlerinin kişisel sorunlarının peşinde koşturmaktan başka bir şeye önem vermediği, Ankara'dan Türkiye'ye dürbünün tersinden bakarak kararlar verilip, bu kararların uygulandığı pek çoğu siyasi iktidardan yana olmaktan öte bir özelliği bulunmayan bürokratların yönetimi işgal ettiği bir ülkede daha fazlasını ummak hayaldir.

Kaçakçılık sorununun, ekonomik boyutları dikkate alınarak, buradan kaynaklanan sorunlara karşı önlemler alınması icap ederken, inzibati önlemlerle çözülmesine çalışılmaktaydı. Bunun için hudut boyu jandarma karakolları kurulmuş, iskân alanı geriye çekilmiş ve arazi mayınlanmıştı, ama hiçbirisi işe yaramamıştı.

Mayın tarlalarında, ailesinin maişeti için ferdi kaçakçılık yapanlarla, 100 liraya kaçak taşıyanlar havaya uçuyor veya sakat kalıyordu. Yakalananlar da bunlardı. Asıl kaçak patronları ellerini kollarını sallayarak dolaşırlardı. Bunlardan birisi hasta olarak bana gelmişti. Su diyafragmatik apse şüphesi vardı. Doğrulanması için röntgen ve laboratuvar tetkiklerinin yapılabilmesi şarttı. Diyarbakır'a gitmesi gerekiyordu, ancak güvenlik bakımından Mardin'den dışarı çıkamıyordu. Onun için hastanede yatırarak benim tedavi etmemi istedi. Yatırdık. Bir ay kaldı. İyileşerek çıktı. Kendisi ile ahbap olmuştum. Sorum üzerine hudut karakollarının birisinin yakınında özel koridoru bulunduğunu, son mayınlama yapılırken bu koridorun muhafazası için 70 bin lira verdiğini söyledi.

Kaçakçılıkla savaşırken haber almadan da yararlanılıyordu. Yüzbaşılıktan emekli bir belediye başkan yardımcısı vardı. Adına "B." bey diyelim. "B." bey bir müddet sonra ortalıktan kayboldu. Arada sırada bir iki gün ortaya çıkıyor, tekrar günlerce gözükmüyordu. Sorduğumuz zaman köylerden hayvan toplayıp büyük şehirlere sevk ettiğini söylemişti.

Yeni bir emniyet müdürü gelmişti. Arada bir gözüküp günlerce kayıp olan B. beyden kuşkulanmış, yokluğunda bir gece evine girerek inceleme yapmış, istihbaratçılık yaptığını öğrenmişti. Arada sırada jandarma mahfeline gelir, Tugay Kurmay Başkanı Necmettin Şenkartal'ın kulağına birşeyler fısıldardı. Onun için adını, "fısır, fısır" takmıştık. Sonra öğrendik ki, aldığı istihbarata göre kaçak sürü geçecek zaman ve yeri söylermiş. Bir gece Necmettin Bey'in kulağına yine birşeyler fısıldadı gitti. Ne söylediğini sorduk, gülerek kaçakla ilgili bilgi verdiğini söyledi. "Önceleri verdiği bilgileri ciddiye alırdık. Ona göre pusu kurulurdu. Ne gelen olurdu, ne giden. Bir de duyardık ki pusu kurduğumuz yerden 5-10 km uzaktan sürü geçmiş. Meğer "B." bey deşifre olmuş, kaçakçılar tarafından kullanılmaya başlamış.

Olayın başka bir ilginç yanı yakalanan kaçak sürülerin akıbetidir. Olay, kaçağın yakalandığı ilçe mahkemesine intikal ettirilir, mahkeme sürünün müsaderesine ve açık arttırma ile satılmasına karar verirdi. Açık artırmaya sadece bir kişi katılır, koyunlar tanesi 3-5 liradan onda kalırdı. O da kaçakçının ya kendisi ya kendisi ya da adamıdır. Aynı sürü huduttan geçirilerek işlem tamamlanmış olurdu. Her konuda benzer örnekler vardır. Bir arkadaşımdan dinlemiştim: İstanbul-Silivri arasında çalışan dolmuş minibüsçüleri, yasak olmasına rağmen sığdığı kadar ayakta yolcu alırlarmış. İlk karşılaştıkları trafik polisi durdurur, bunun için on lira para cezası keser, bırakırmış. Ondan sonraki kontrollerden geçmek için makbuzu göstererek "cezayı verdik" demek yeterli oluyormuş. Yani ceza bir nevi geçiş permisi olarak kullanılmış oluyordu.

Her şeyde olduğu gibi, Suriye sınırında mayınlama veya araziyi boşaltma için yapılan istimlak işleri bile bazılarının çıkar aracı olmuştu. Bu gibi resmî işlerin ağaları, tabiî siyasi iktidarın adamları idi. Demokrasi dönemi ile, yörede bir de iktidar partisinin yönetimini eline geçiren politika ağaları türemişti. İstimlak işlerinde dönen dolapları hastalarımdan çok dinlemiştim. Başına gelenleri anlatırken ağlayanları biliyorum.

Demokrat Parti İl Başkanı Avukat Hayati Bey bu işlerden büyük paralar kazanıyordu. Köylülerin tarlalarına 5-10 bin lira bedel takdir ediliyordu. İstimlak bedellerinin ödenmesi için ile peyderpey gelen para az olduğu için kapanın elinde kalıyordu. Hayati Bey soruna çözüm getirmişti. Köylülere istimlak bedelini ödeyerek vekaletlerini alıyor, bedel artırımı için dava açıyor ve bedelleri 80-100 bin liraya çıkarttırıyordu. Gelen para da öncelikle Hayati Bey'e ödeniyordu. Bu oyuna alet olmak istemeyen bazı köylüler yıllarca alacaklarını alamadılar. Sayın başkan zor durumda kalan fakir, fukaranın sırtından servet sahibi olmuştu.

Hayati Bey'in imtiyazı, siyasi otoritenin idare üzerindeki baskısından kaynaklanıyordu. Tek parti rejiminin yetiştirdiği politikacılara tepeden inme kurdurulan siyasi parti ile demokrasi olmaz, demokrasicilik oyunu olurdu. Öyle de oldu.

Hayati Bey valinin gittiği yerlere onun makam arabasında beraber giderek, halka gücünün kaynağını gösterirdi. Valilere bu kadar yakın olması onların da çevrilen dolaplara iştirak ettiği dedikodularının çıkmasına neden olmuştu. İlhami Ertem, Mardin'den ayrıldıktan sonra istimlak bedelleri işinde Hayati Bey'le beraber oldukları söylenmeye başlanmıştı. Yakından tanıdığım için söyleyenlere inanmıyordum. Dedikoduların DP başkanına gösterdiği yakınlıktan kaynaklandığını düşünüyordum. Sonraki olaylar haklı olduğumu kanıtlamıştı.

İlhami Ertem, Erzincan Valisi iken 27 Mayıs askerî darbesi oldu. Merkeze alındı. O yaz yıllık iznimde işyerinde ziyaretine gittim. Çok memnun olmuştu. Kimsenin arayıp sormadığından yakınıyordu. Eşim hanımını görmek istiyordu. Ev adreslerini aldım. Ankara Cebeci'de küçük bir bodrum katında oturuyorlardı. Milletvekili olduktan sonra Bahçelievler'de küçük bir apartman dairesi alabilmişti. Silivri'de yazlık evler yapmak için kurulan idareciler kooperatifine beş bin lira ile ortak olmuştu. Beni de ortak etmişti. Bir sene sonra bu parayı alarak kooperatiften ayrıldı. Kooperatifi sağlam görmediği için ayrıldığını zannettim. Ben de ayrıldım. Bunu öğrendiği zaman yanlış yaptığımı, kendisinin satın aldığı daire için bu paraya ihtiyacı olduğunu söyledi. Nitekim iki sene sonra evler yapıldı. Ortaklar ikişer katlı villa sahibi oldu. İlhami Bey Ankara'da sıkıntılı günler geçirirken ismine leke sürenler refah içerisinde yaşıyorlardı.

İdarede partizanlığın kötü sonuçlarından birisi de, yüksek yönetimde siyasi iktidarlardan yana olmaktan başka bir özelliği olmayan çapsız insanların mevki ve makamları işgal etmesi olmuştur. Bunların bulundukları yerlerde tutunabilmeleri için kılıktan kılığa girmekten başka bir çareleri yoktu. Yönetim kadrolarına yetenekli ve liyakatlı olanlar getirilmedikçe ve bu şekilde göreve gelenlerin teminatları olmadıkça içinde bulunduğumuz fasit dairenin kırılması mümkün değildir.

Fuat Köprülü Anlamakta Geç Kalmıştı

1960 yılına gelindiğinde siyasi atmosfer iyice ağırlaşmıştı. O günlerden birisinde başhekimlik odasında otururken hastanenin karşısındaki benzinlikte bir arabanın durduğunu gördüm. Arabadan inen CHP İl Başkanı Kemal Oral hastaneye geldi.

O günlerde, Fuat Köprülü'nün DP'den ayrıldığını, halkı uyarmak için yurt çapında bir geziye çıktığını gazetelerde okumuştuk. Bunun için Mardin'e gelmiş, kazaları dolaşmaya çıkmışlar. Hoca (Köprülü) ishal olmuş, Sayın Oral onun için bir ilaç istiyordu. Hocanın kendisinin niçin gelmediğini sordum. Bize bir zararı dokunabilir endişesi ile gelmediğini söyledi. Bunları güçler elinde iken düşünmesi gerekirdi. Gün gelir insan ektiğini biçer. Hoca geç de olsa yanlışın farkına varmıştı. Bu da bir erdemdir.

Kemal Bey'e ezbere reçete veremeyeceğimizi, endişeye mahal olmadığını söyledim ve bizim için hasta sadece hastadır. Hiçbir yan etkiyi, baskıyı ve özel inanç ve düşüncelerimizi, mesleğimizi uygularken hesaba katmayız. Kaldı ki bu memlekete iyi veya kötü hizmet vermiş, önemli mevkilerde bulunmuş bir kimseye saygı göstermek, ayrıca bir vatandaşlık borcudur. Lütfen beklediğimizi kendilerine iletiniz" dedim.

Hoca geldi. Muayene ettik, ilaçları eczaneden gelinceye kadar da misafirimiz oldu, çayımızı içti ve teşekkür ederek gitti.

DP'nin Partizanlığı

Güneydoğu'da siyasi iktidara sırtını dayayan egemen güçler hem halkı, hem de devleti insafsızca sömürüyorlardı. Aşiret reisleri ve ağalar bu olanağı ayrıca düşmanlarını sindirme için de kullanıyorlardı. Bugün bu yörelerde halkın koruculuktan tedirgin olmasının altında yatan gerçek budur. Onların devlet düzeni ve insan haklarından haberleri bile olduğunu zannetmiyorum.

İktidardan yana olanlar karşı taraftakilere yaşama hakkı bile tanımıyorlardı.

Mardin Kalesi'ne NATO için radar kurulmasını Dumez isimli bir Fransız şirketi üstlenmişti. İşin başında bir Fransız mühendis vardı. Arada ahbaplık ederdik. Bir gün bana "ben artık CHP'li oldum" dedi. Bunun nereden çıktığını sordum. Anlattı:

Şirket kapıcısının bir kolu yoktu. 7-8 nüfusa bakmak zorunda olan fukara birisi idi. CHP il başkanı işe aldırmış. Belediye başkanı DP'li idi. Gelip geçerken kapıda onu gördükçe siniri bozuluyormuş. İki de bir uğrar, işten atmasını söylermiş.

"Dün kendisine bu konu için bir daha beni rahatsız etmeyin. Şimdi başkana göre ben de oldum CHP'li!" dedi ve ekledi:

"Biz Merzifon'da radar kurarken belediye reisi, şehrin ana caddesini asfaltlamamızı rica etti, asfaltladık. Bu belediye başkanı işi gücü bırakıp fukara kapıcı ile uğraşacağına, kalenin arka tarafından dolanan yolun kullanılır hale getirilmesi gibi halka yararlı bir şey istese memnuniyetle yapardık."

Belediye reisi bir dönem milletvekilliği de yapmıştı. Sokaklardan alçak dağları ben yarattım der gibi burnu havada geçerdi. Mağrur, insanları küçük gören bir hali vardı.

DP'liler herkesi kendi yanlarında görmek istiyorlardı. Mardin valilerinden Çırnaz Paşa asker emeklisi olduğu için sivil hayata, özellikle siyasi hayata yabancı idi. Çok da iyi niyetli bir insandı. Usulen davet edildiği partilerin il kongrelerine katılmış, sonuna kadar da izlemişti. DP kongresine gitmesi normal karşılanmış, CHP kongresine gitmesi sorun olmuştu. Bunu da bahane ederek CHP yanlısı diye şikâyet etmişler. Merkezden uyarılmış olmalı ki, şikâyeti ve nedenlerini biliyordu. Bize dert yanmıştı:

"Onların kongresine gidersem iyi, CHP'ninkine gidersem suç oluyor. Kazalara giderken DP başkanı ben davet etmediğim halde arabama biner, benimle dolaşır. Bir gün yürüyerek hükümet konağına gidiyordum. CHP başkanı yanıma geldi:

"Paşam size refakat edebilir miyim?" dedi. Bir mahzuru olmadığını söyledim. Bir süre beraber yürüdük. Bunun adı CHP başkanı ile sokaklarda kolkola dolaşıyor olmuş." Paşayı isteklerine alet edemediler. Sonunda Mardin'den aldırdılar.

27 Mayıs'ı takip eden günlerde bir hastadan geliyordum. Ana caddede askerler DP ileri gelenlerini kamyona bindiriyorlardı. Ortalıkta kimsecikler yoktu. Yalnız bir kişi kamyonun 20-30 metre gerisinde gözleri yaşlı onları seyrediyordu. Bu tek cesur Mardinli İsmail Ensari idi. O da belediye reisi akrabası olduğu için gelmişti. Ben kamyonun yanına geldim. O esnada belediye reisini bindirmeye uğraşıyorlardı. Rengi bembeyaz olmuştu. Bacaklarında adeta derman kalmamıştı. Askerler bindirmek için uğraştıkça o pelte gibi yığılıyordu. Bin müşkülatla bindirdiler. Yaşadığımız baskılardan dolayı hiçbirine sempatimiz kalmamıştı. Buna rağmen hallerine üzüldüm. Yanına giderek geçmiş olsun dileğinde bulundum. "Yakında inşallah görüşeceğiz, şimdilik güle güle gidin" dedim.

Sivas'ta bir süre tutuklu kaldıktan sonra geri döndüler. Dönüşlerinden sonra bir gün DP başkanı ile konuşuyorduk. Hemşehrilerinin haksız şikâyetlerinden yakındı. Kendisine Dumez şirketinin kapıcısının olayını anlattım.

"Sizin adamlarınız aklı başında insanlar olarak işi fakir fukaranın ekmeği ile oynamaya kadar götürdüler. Şimdi cahil insanların olanları unutmasını nasıl beklersiniz? Bu dünya etme bulma dünyasıdır" demek zorunda kaldım.

Mardin'de 27 Mayıs

1960 yılında siyasi tansiyon iyice yükselmişti. Yasaklar haberleşmeye sansür konulmasına kadar götürülmüştü. Olan bitenlerden haber alamıyorduk. Fısıltı gazetesi dramatik haberler yayıyordu. Toplu yerlerde konuşurken sağımızı solumuzu kollamak zorunda kalıyorduk. İsmet İnönü'nün bir meclis konuşmasından söz ediliyordu. Adalet Bakanlığı Müsteşarı, Başsavcı Sacit Uz'a telefonla mektupların postanede açılarak kontrol edilmesini söylemiş. Savcı "bu bir emir mi?" diye sorunca, "Bana öyle söylediler, ben de size aktarıyorum" demiş. O da telefonla bu isteği ilçe savcılarına bildirmiş. İlçelerinden birisi işi ciddiye almış. Açtıkları mektupların birisinden İnönü'nün meclis konuşması ile bazı beyanatlarının metinleri çıkmış. Bu defa ne yapacağına karar veremeyince Sacit Bey'e telefon ederek ne işlem yapacağını sormuş. O da, "Niye açtın be kardeşim?" Açma. Açmışsın, suç mahalli postaya verildiği yerdir. Ora savcılığına gönder" demiş. Ne şekilde eline geçti bilmiyorum, sözü edilen konuşma metnini bizlere okumamız için dostumuz Sacit Bey vermişti.

27 Mayıs 1960 askerî müdahalesi bize rahat bir nefes aldırmıştı. Halktan kabul görmesinin nedeni de devlet terörünün yarattığı bunalımdır. 27 Mayıs'la birlikte Mardin'e sükûnet geldi. Rüşvetçiler, kaçakçılar beklemeye geçmişlerdi. Ruhsatlı silahlarımızı topladılar.

Askerî yönetimin ilk valisi sonradan Ankara valiliği de yapan Enver Kuray'dı. Çok katı ve sert bir vali idi. Dosyaları müdürlerin suratına atacak kadar aşırı tepkileri vardı. O yıllarda illere sağlık müdürü bulunamıyordu. Vali benim sırtıma bir de sağlık müdürlüğü görevini yüklemişti. Bana karşı daima nezaket kuralları içerisinde davranırdı. Ben de özel hayatımızda ailece görüşecek kadar birbirimize yakın olduğumuz halde görev esnasında aradaki mesafeyi korumaya ve gerekli saygıyı göstermeye itina ederdim. Örneğin makamında yalnız olsak bile kendisi ikram etmeden sigara yakmazdım.

Sertliği hak edene yapardı. Hiçbir fikir üretmeyen, "Evet efendim", "Hakk-ı aliniz var efendim"le yerini korumak isteyen, iş yapmaktan çok iş yapıyor gözükenler, Kuray'ın muamelelerini hak edenlerdi.

Sayın Kuray'ın o tarihlerde lisede okuyan bir oğlu vardı.

Fevkalâde çekingen, sessiz bir çocuk olarak tanırdım. Çünkü misafirliğe gittiğimiz zaman hemen daima, bize hoş geldin demesi için babası çağırırdı. Salonun kapısında gözükür, utangaç bir durumda resmî görevini yerine getirirdi. Bu çocuk aşırı solun liderlerinden Sarp Kuray'dır.

Hastanenin et ihalesi Sayın Kuray'ın geldiği günlerde sonuçlanmıştı. Bu ihale ve onu takip eden olaylar birkaç bakımdan ibret örneği olduğu için konuyu daha baştan almak istiyorum.

Hastanede zaman zaman hastalar yemeklerden şikâyet ediyordu. Başhekime gelen numune yemekler mükemmeldi. Hemşire ve memurların yediği yemekler de güzeldi. Başhekim olduktan bir müddet sonra mutfağa gittim. Ocağın üzerinde büyük bir tencerede et yemeği pişiyordu. Yanında bir de küçük tencere vardı. Küçük tencerenin ağzı kapalı idi. Kepçe ile içindekini kontrol ettim. Normal bir et yemeği idi. Büyük tencereye baktım, içerisinde üzerinden etler alınmış bir yığın kemik dolu idi. Aralarında tek tük et parçaları vardı. Onların da çiğnenmesi mümkün değildi. Bu hasta yemeği, diğeri de hemşire ve memurların yemeği imiş. Onu diğerinin üzerine boşalttırdım. Hastaneler Talimatnamesi'ne göre de hasta ve personel yemeğinin aynı kapta pişmesi gerekiyordu. Aşçıya bunu hatırlattım ve ertesi gün et gelince bana haber vermesini tembih ederek oradan ayrıldım.

O gün öğle yemeğine oturan hemşire karşıma gelmeye başladı. Hekim nöbeti olmadığı için günlük erzağı nöbetçi memurla, nöbetçi hemşire kontrol edip teslim alıyordu. Kendilerine iyi yemek yemenin iyi malzeme almaktan geçtiğini, onun için erzak muayenesinde bulunmalarını ve uygun olmayanlarını kabul etmemelerini söyledim. O gün et gelince nöbetçi hemşireyi de alarak mutfağa gittim. Tezgâhın üzerinde bir koyun budu duruyordu. Gerisi üzerinden etin çoğu alınmış bir kemik yığını vardı. İade edildi. Her gün 20 kilo civarında et alınıyordu. Bu aşağı yukarı bir koyun gövdesi demekti. Onun için bundan sonra, fazlası alınmış, eksiği tamamlanmış tam bir koyun gövdesi gelmediği takdirde kabul etmemeleri için emir verdim. Öğleden sonra müteahhit muayenehaneye geldi. Böyle giderse batacağından söz ediyordu. Çok fazla fiyat kırdığı için zarara gireceğini ben de biliyordum. Zararını şimdiye kadar kazandıklarına saymasını, bundan sonra da ihalelerde gereğinden fazla kırmamasını söyledim. Bu ders işe yaramıştı. Son ihalede de belediyenin verdiği rayiç bedelden kilo başına 10 kuruş kırmış, biz de maliye temsilcisini zorlukla ikna ederek ihaleyi gerçekleştirmiştik. Zorla ikna ettik, çünkü maliyecilerin Hazine'nin yararından anladıkları para olarak kırpılandır. Bu zihniyete mutfak ekonomisinin ucuz malzeme alımına değil, mutfağa girenin tüketilen miktarına göre ölçüldüğünü anlatmak mümkün değildir. Onlar için alınan kötü gıda maddelerine diğer yiyecek malzemelerini katıp pişirdikten sonra adına yemek denen şeyi çöpe dökmek israf sayılmıyordu.

İhalenin kesinleşmesi için telgrafla Bakanlığın onayına sunulması gerekiyordu. Sayın Kuray'ın göreve başlaması bu aşamaya rastlamıştı. Çekilecek telgrafı imzaya götüren memur imzalatamadan geri geldi. Vali teklif rayiç bedelden fazla olduğu için telgrafı imzalamamıştı. Buna yetkisi yoktu. Altına gerekçeli olarak görüşünü ekleyerek imzalayabilirdi. Bunları açıklamak için kendim gittim. Her ne kadar belediye rayici beş lira ise de kasapların koyun etinin kilosu 7,5 liradan aşağı satmadıkları için 490 kuruşu yeterli bulduğumuzu söyledim. Vali, "Beş lira daha önce idi. Ben 3,5 liraya indirdim" dedi. Benim bundan haberim yoktu.

"Beyefendi, ben daha dün eti 7,5 liradan aldım" dedim.

"Sen doktorsun, 7,5 liradan da alırsın, 10 liradan da."

Müdürler toplantısı varmış. Ben gittiğimde yeni bitmişti. Müdürler orada idiler. Onların beni doğrulayacağını bekliyordum. Hiçbirisinin sesi çıkmadı.

"Burada bulunan arkadaşlardan kilosu 7,5 liradan daha ucuza et alan varsa söylesin. Yalnız emniyet müdürü hariç. Ondan korktukları için rayiç bedelden verebilirler. Eğer 3,5 liradan et satışını sağlarsanız ben elinizden öpeceğim."

Vali gülümseyerek beni dinliyordu. Bu gerekçeleri altına ilave ederek imzalamasını rica ettim. İhaleyi fesih yetkisinin Bakanlığa ait olduğunu söyledim. Yine de kabul etmedi. İş bana kalıyordu. O anda çareyi buldum. Tek çare müteahhidi ikna ederek, belgeleri değiştirmek sureti ile yeniden tutanak düzenlemekti. Bu sorunu istedikleri yönde çözeceğimi söyledim. "Ne yaparsan yap" dedi. Mesai bitmişti. Hep beraber çıktık. Vali önde, biz arada gidiyorduk. Müdürlere, "Niçin sustunuz, doğruyu söylemek suç mu? Biz söylemezsek vali bey kararının uygulanmadığını nereden bilecek? Bilmezse nasıl karşı önlem alacak?" dedim. Konuşurken yanımdakiler ceketimin eteğini çekiştirip duruyorlardı. Söylediklerimi vali de duyuyormuş. Hiç de korktukları olmadı. Ertesi gün müteahhide olanları anlattım. Eğer ihalenin geriye bırakılma tutanağını imzalamazsa valinin kendisine verilen, bir ay tevkif ettirme yetkisini kullanabileceğini söyledim. Kabul etti.

İleride bu konuyu geniş olarak ele alacağım. Ancak o zaman yürürlükte olan 2490 Sayılı Devlet Satın Alma Kanunu ile Muhasebatı Umumiye Kanunu'nun Devlet Hazinesi'ne büyük zararlar açtığını vurgulamak isterim. Bunlar değişmiş olsa bile zihniyetin değişmediğini görüyoruz. Onun için sonuçlar da değişmemiştir. Yöneticilik yaşamımda bu yasaların çok sıkıntısını çektim. 2490 sayılı yasanın hırsızlık, yolsuzluk ve israfı önlemek için çıkarılmış olmasına rağmen, rüşvet ve suiistimalin en büyük kapısı olduğu kanısındayım.

Mali mevzuat ve maliyeciler mütemadiyen elimizdeki ödenekleri israfa zorluyorlardı. Biz de bir yolunu bulup yasaları kıyıdan köşesinden hafif tertip delerek en iyi şekilde kullanmaya çalışıyorduk. Tek güvencemiz iyi niyetimizdi. Bunun her zaman yetmeyeceğini de biliyorduk.

O zamanlar hastane ödenekleri genel gider altında bir kalem olarak veriliyordu. Verilen ödenek her zaman olduğu gibi ihtiyacı tam olarak karşılamaktan çok uzaktı. Benden önce başhekim olan değerli arkadaşım Dr. Nurettin Bey mümkün olduğunca fazla ilaç alabilmek için bir yöntem bulmuştu. İhaleye çıkılırsa ilaca ayrılan paranın önemli bir kısmı ilana gidecekti. İhaleye ecza depoları giriyordu. Onlar da kendi kâr payları olan, % 20'den bir miktar indiriyorlardı. Halbuki ilaç firmaları ürettikleri ilaçları etiket fiyatının % 30-40 altında hastanelere doğrudan veriyorlardı. Onun için ihtiyaçlar 2490 sayılı yasanın tespit ettiği pazarlıkla satın alma limitleri içerisinde firmalardan getirtiliyordu. Bu alımlar şekli olarak yasaya uygun değildi. Muhasipler burada Hazine'nin aşikâr yararını gördükleri için akıllıca bir tutumla göz yummuşlardı. Benim başhekimliğimin ikinci yılında muhasebe müdürü değişmişti. Yeni gelen bu şekilde alıma müsaade etmedi. Kendisine ne söyledikse ikna edemedik. İhaleden sonra Hazine'nin zararını rakamlarla açıkladığım zaman, "Doktorcuğum, en ucuzu kanunun yazdığı şekilde alınandır" dedi. Maliye, Hazine'nin yararını koruma görevini bu anlayışla yerine getiriyordu.

Yanlışlardan birisi de vergi kaçaklarını önlemek suretiyle geliri artıracakları yerde, kurumları tasarrufa zorlayarak devletin işlevini yerine getirmesini güçleştirmektir. Parasal sorunlara radikal çözümler getirdiklerini görmedim. Basında ne zaman vergi yüzsüzleri gündeme getirilse İstanbul Defterdarlığı hemen bir açıklama yapar:

"Ses sanatçıları vergi kaçırmaktadırlar. Kendilerini sıkı takibe alacağız."

Gerekçeleri, gösterdikleri kazancın sağlayacağının üstünde bir yaşam sürmeleridir. Diğer taraftan hiç kazanç vergisi vermeden lüks arabalar, yatlarla, her gece bir kulüpte lüks içinde yaşayanları kimsenin gözü görmez. Yazıldığı, söylendiği zaman da, "Yasalarımızda kimseye nereden bulduğunu sormaya olanak verecek hüküm bulunmadığını" söylerler. Ayrı hükme ne lüzum var. Gelir vergisinin doğal ilkesi ve amacı budur. Bu bizim yasaları nasıl anlayıp, nasıl uyguladığımızın tipik bir örneğidir. Yine de önlem almıyorlar diyemeyiz. Hekimle eczacı arasında iletişim aracı olan reçeteyi vergi kontrol belgesi haline getirmek basiretini gösterdiler. Bu da dünyadaki ilklerdendir.

İhbar Furyası

27 Mayıs'ın ilk şoku atlatılıp ortalık durulduktan sonra doğrularımızın (!) vatani görevleri akıllarına geldi. Önüne gelen, önüne geleni şikâyete başladı. Sağlık müdür vekili olduktan sonra, ge-

reği için Ankara'dan gönderilen bir şikâyet dilekçesi geldi. Önceki sağlık müdürünün ilaçları maksatlı olarak sadece eski DP milletvekilinin eczanesinden aldığından söz ediliyordu. Dilekçenin altı, Ulucami Mahallesi falanca numarada oturan "muhbir-i sadık" diye yazılmış ve imzalanmıştı. Muhbirin isminin "Sadık" olduğunu zannettim. Bilgisine başvurulmak üzere, verilen adresten Sadık'ın getirilmesi için emniyete yazı yazdım. Gelen cevapta, Ulucami Mahallesi'nde verilen numarada bir ev olmadığı ve o civarlarda Sadık isminde bir kimseye rastlanmadığı bildiriliyordu. Bu durumda yapılacak bir şey yoktu. Fakat DP ileri gelenleri hakkında aynı adres ve isimle şikâyetler devam ediyordu. Bu arada muhbirin adının Sadık olmadığını, ismin devlete sadakatının göstergesi olarak "sadık muhbir" anlamında kullanıldığını öğrenmiştim. Şikâyetlerin hiçbirisinin de ipe sapa gelir yanı yoktu. Fakat ihbarcıya kafam iyiden iyiye takılmıştı. Bu sadık vatandaş bir gün kendini ifşa edecekti.

Mardin'in gazete bayiliğini kitapçılardan birisi yapıyordu. Arada sırada ona uğrar, yeni gelen kitaplardan alırdım. Son zamanlarda bana biraz aşırı hürmet gösterir olmuştu. Bir akşam üzeri yine kitap bakmak için dükkânına uğramıştım. Dükkândan çıkarken beni dışarılara kadar yolcu etmeye geldi. O anda kafamda bir şimşek çaktı. Hızla geri döndüm. "Ulan senin adın ne zamandan beri Muhbiri Sadık oldu?" dedim. Neye uğradığını şaşırdı. Garip sesler çıkararak bir iki adım geriledi. "Nereden bildin?" dedi.

Aşırı DP yanlısı idi. O derecede ki, 27 Mayıs'tan sonra İzmir'de çıkan iki yapraklı bir gazete dışında gazete getirtmemek sureti ile fiilen tepki göstermişti. Bir şikâyet mektubu daha gelirse kendisini teşhir edeceğimi söyledim. Ondan sonra sağlıkla ilgili şikâyetler kesildi.

Bu tür ortalığı bulandırma şikâyetleri arasında haklı şikâyetler de vardı. Anti serum yapılmak üzere Refik Saydam Hıfzıssıhha Enstitüsü'ne gönderilmek üzere tanesi 25 kuruştan akrep toplanıyordu. Bunun için gelen ödenekler hayali kişilere ödenmiş gibi işlemler yapılmıştı. Sağlık müdürlüğünün personel kıyafet ödeneği ile vali muavini ve sağlık müdürüne elbise diktirilmişti. Bu vali muavinin adına Kırıkkale'den tabancalar getirterek sattığı ortaya çıkmıştı. Genelev kadınlarının her periyodik muayenesinde akıntıların mikroskopik incelemesi yapılmadan hepsinden gonore (belsoğukluğu) bulunmuş, çalışmaktan alıkonmadan güya tedavileri yapılmış. Yapılan tedavi de 25 kuruşluk penisilini ikiye bölerek kadınlara iki gün uygulamaktan ibaret. Bu işler görevli sağlık memuru kadınlardan iğne parası olarak her yarım penisilin için on lira ücret almış. Ben görevi devraldığım zaman yaptığım ilk incelemede hepsinin de kronik gonore ve ihtilatlarını taşıdığını saptadım. Bunun anlamı genelev kadınlarının haraca bağlanmış olması idi. Halkın sağlığından sorumlu olanların görev anlayışına şaşırmamak mümkün değildi. Bunların kaşarlanmış memurların marifetleri olduğuna eminim. Müdürü oyuna getirmiş olmaları da muhtemeldi. Resmiyette hiçbirisini sorumlu tutmak mümkün değildi. Bunların bir kısmı kovuşturma konusu olmuştu. Sonuçlarının ne olduğunu bilmiyorum. Çünkü ben Mardin'den ayrılırken henüz mahkemeler sonuçlanmamıştı.

Söz genelevden açılmışken iki hususu daha nakletmek istiyorum. Genelev kadınlarını ve patronlarını iyi tanırdım. Çünkü hastalanınca istisnasız bana gelirlerdi. Diğer hastalara gösterdiğim saygıyı aynen onlara da gösterirdim. Beni tercih etmelerinin bir nedeninin bu olduğunu zannederim. Onlar da muayene ücretini zarf içerisinde yavaşça masama bırakırlardı. Bu halkımızın çoktandır unuttuğu bir gelenekti.

Patronlardan birisi Mehmet isminde kronik bronşitli bir yaşlı idi. Amerikan zencileri gibi çarpıcı renkli elbiseler giyerdi. Herkese sokulur, ahbaplık ederdi. Mardin'de popüler simalardandı. Patron Mehmet olarak anılırdı. Yeni gelen bir valiye hoş geldin ziyaretine gitmiş. O zaman valilerde sekreter yoktu. Odacı geleni içeri alırdı. Mehmet'i de içeri almış. O da kendisini valiye tanıtırken, "Patron Mehmet" demiş. Vali önemli bir işadamı zannederek ilgi göstermiş. Ne ile meşgul olduğunu sorunca, "Genelev patronuyum" demiş. Demesi ile kovulması bir olmuş.

27 Mayıs Devrimi'nden sonra kurulan mahkemenin "köpek" ve "bebek" davaları gibi hafifliklerle meşgul edilmesi ya-

vaş yavaş bizleri ve bizim gibi düşünenleri rahatsız etmeye başlamıştı. Buna bir de "Ülkü ve Kültür Birliği" yasası çıkarma, Bab-ı Âli'den silindir gibi geçme türünden niyetlerin yarattığı endişeler eklenince hevesimiz kursağımızda kalmıştı.

Bugünlerde bir akşam Vali Enver Kuray'a telefon ederek ziyaretlerine gitmeyi düşündüğümüzü söyledik ve bir engelleri olup olmadığını sorduk. "Bekliyoruz" dedi ve ilave etti: "Size bir de sürprizimiz olacak."

Gittik. Bir müddet sonra salona şişmanca tıknaz birisi girdi. Sima tanıdık geliyordu. Tanıştırıldık. Yassıada Yüksek Adalet Divanı Savcısı Altay Egesel'di. Enver Bey'in kayınbiraderi imiş. Daha önce hiç bahsetmemişti. Birkaç günlüğüne dinlenmek için gelmiş. Günün en önemli adamını tanımak, onunla sohbet etmek gerçekten bir sürprizdi. Fakat konu mahkemelere gelince o büyük adam gözümde gittikçe küçüldü. Bayar'ın boyun eğmeyen tutumunu aşağılayıcı kelimelerle anlatıyor, Menderes'in içine düştüğü ruhsal çöküntü ile kaba saba alay ediyor, "Kürsüden onlara bakarken ipin boğazlarına nasıl yerleştirileceğini hesaplıyorum" gibi yakışıksız şeyler söylüyordu.

İnsan düşmanını bile böyle aşağılamaz. Kaldı ki bunlar iyi veya kötü memleketin kaderini yıllarca elinde tutmuş insanlardı. Bayar ayrıca Kuvayı Milliye'den geliyordu. Suçlu olabilirlerdi. Ama bu onların geçmişine nakise getirmemeliydi. Kaldı ki bir hukuk adamının siyasi suçların izafi olduğunu bilmesi lazımdı. Geçmişte suçlu sayılan gün gelir makbul adam olur.

Mardin Ağır Gelmeye Başladı

Sağlık müdürlüğünü de sekiz ay sırtımda taşıdıktan sonra günün birinde Yasef Nuri Sezer isimli yaşlı bir ağabeyimiz sağlık müdürü olarak geldi. Kendisini vali beye takdime götürdüm. Valinin karşısında eski memurlar gibi ellerini ovuşturuyor, eğilip bükülüyordu. Zavallı bir hali vardı. Bu yaşa gelmiş bir hekime bunları yakıştıramamıştım. Yassıada'da "bebek davası"nda bilirkişi olarak Egesel'e yardımcı olduğundan söz etti. O görevinde hiç de inandırıcı olmamıştı. Vali muhtemelen

Egesel'in referansı ile Sezer'e onay vermiş olabilir diye düşünmüştüm. Ne olursa olsun beni bir yükten kurtardığı için gelişinden memnundum.

Mardin'de beş sene geceli gündüzlü çalıştım. Fevkalâde yorulmuştum. Günlerce uykusuz kaldığım oluyordu. Bize hocalarımız "her zaman hasta haklıdır" derlerdi. Onun için hasta ve hasta sahiplerinin kaprislerini, haksız çıkışlarını, yarattıkları sorunları sessiz, sedasız sineye çeker, zaman zaman da bunların acısını evimizde çıkarırdık. Yaşadığımız bu mesleki stresler zaman içerisinde şuur altında birikerek ruhsal bunalıma yol açıyordu. Bir tesadüfle açıkça hissetmediğim bu bunalımı ve ondan kurtulmanın yolunu bulmuştum.

Yerli filmlere gitmezdim. Bir akşam operatör arkadaşımız sinemaya bilet almış, hep beraber gittik. Meşhur Ayşecik serisinden bir film gösteriliyordu. Film başladı, operatörle ben ağlamaya başladık. Sel gibi gözyaşı döküyorduk. Böyle bir şeyle ilk defa karşılaşıyordum. Film bitti, sinemadan çıkarken o kadar hafiflemiş ve rahatlamıştım ki, yürümüyor, adeta uçuyordum. Sanki görünmeyen bir el içimdeki sıkıntıyı söküp almıştı. Neşeli, hiçbir şeyi ciddiye almayan bir insan olmuştum. Bu rahatlık on beş gün kadar sürdü. Eşime filmleri takip etmesini, ağlayacak film gelir gelmez bilet aldırmasını söyledim. Ondan sonra 15-20 günde bir sinemaya giderek ağlamak suretiyle bunalım atıyordum.

Bu bunalımlardan geriye ufak tefek artıklar kalmış olmalı ki, Mardin'e gelişimin beşinci yılında hastalık ve hasta lafı duymak bile istemiyordum. Evdekilerden birisinin hastalandığı söylenince sinirleniyordum. bir akşam yine her zamanki gibi yorgun, bıkkın ve bezgin olarak eve geldim. Eşim sancısı olduğunu söyledi. "Gaz sancısıdır, geçer" diyerek kulak ardı ettim. Gece birden uyandım, kusuyordu. Sancının devam ettiğini söyledi. Hemen karnına baktım, tahta gibi olmuştu. Akut apandisite bağlı peritonit belirtileri başlamıştı. Bir doz antibiyotik yaptım ve operatöre haber verdim. Hastaneye gittiğimizde peritonit tablosu gerilemeye başlamıştı. Ameliyat edildi ve kurtuldu.

O hale gelmiştim ki telefon veya kapı zilini duyunca kalp çarpıntısı başlıyordu. Yatarken zile kâğıt sıkıştırıyor, telefonun fişini çekiyordum. Bu yüzden enteresan bir de olay yaşadım. O yaz yine eşimi önceden göndermiştim. Evde yalnızdım. Bir gece anormal bir sesle uyandım. Yatak odasının antreye bakan penceresinden hareket halinde iriyarı bir adam gördüm. Yastığın altından tabancamı alarak fırladım. Adam uyandığımı anlamış olmalı ki, "Telaşlanmayın doktor bey" diye bağırdı. "Kimsin?" diye sordum. Hastası olduğunu söyledi. Uzun müddet zili çalmış, duymayınca teras duvarını aşarak içeri atlamış. Evin kapısı pek sağlam değildi. Onun için kilitlemezdik. Oradan kolayca antreye girmiş. Ben de o esnada uyanmışım. Adam farkına varıp acele davranmasa vurabilirdim. İkimiz de bir badire atlatmıştık. Bunları kendisine söyledim. "Ne yapayım doktor bey, hastam çok ağır, mecbur kaldım" dedi.

Daha büyük bir ile nakle karar verdim. Her ay çıkan Bakanlık bülteninden boşalan yerleri takibe başladım. Mersin Devlet Hastanesi İç Hastalıkları Uzmanlığı kadrosu ilan edildi. Yasal olarak buna hakkım vardı. Başvuruma olumsuz cevap aldım. Uşak Devlet Hastanesi açıldı, karşıma o zaman Başbakanlık Müsteşarı olan Sayın Hilmi İncesulu'nun kardeşi çıktı. Balıkesir ilan edildi. Oraya, aynı düzeyde olan Sivas Devlet Hastanesi İç Hastalıkları Uzmanı, Mardin'de selefim olan Dr. Hüsnü Bey de müracaat etmişti. Hak benimdi. Müsteşar Prof. Dr. Nusret Fişek'e çıktım (yıllar sonra hısım olmuştuk). Durumu anlattım. Hakkımın verilmesine yardımcı olmasını rica ettim. Beni sabırla ve ilgi ile dinledi. Konuşmalarından isteğimin yerine gelmeyeceği izlenimi aldım. O tarihlerde Kurucu Meclis Üyesi olan kuzenim Oktay Ekşi'ye gittim. Öyle sıradan iltimas isteğini dinlemezdi bile. Başından sonuna nakille ilgili başımdan geçenleri anlattım. Haklılığımın dayanaklarını söyledim. Yardımcı olmasını istedim. Müsteşarla görüşmüş. Sonucu takip edeceğini söylemiş. Ankara'dan İstanbul'a geçmiştim. Dönüşümde sonucu öğrenmeye gittiğim zaman kadronun kaldırıldığını öğrendim. Böylece sorun halledilmiş oluyordu.

Yusuf Azizoğlu bakan olmuştu. Kendisine uzun bir telgraf

çektim. Nakil isteklerimle ilgili macerayı anlatarak nazikane bakanlığın tutumundan şikâyet ettim. Doğu ve Güneydoğu Anadolu gezisine çıkmıştı. Mardin'e geldi. Beni görünce telgrafımı aldığını, seçim bölgesi olduğu için birisini bulmadan beni alamayacağını söyledi. Ben de serbest çalışan yerli iç hastalıkları uzmanı arkadaşı ikna ettim. Bakana bildirdim. İkimizin dilekçelerini aldı. Bakanın Ankara'ya dönüşünde bana Ahmet Andiçen Kanser Hastanesi önerildi. Suyun başında olursam, daha iyi yerlere atlayabileceğimi düşünerek kabul ettim. Geliş o geliş...

Yoksulların İnsanlık Dersi

Bu bölümü bitirmeden Mardin'le ilgili birkaç anımı daha anlatmak istiyorum.

Mardin'de sıradan insanlar, özellikle köylerde yaşayanlar, gördükleri iyiliği unutmayan vefakâr, kadirbilir insanlardı. Teşekkürlerimi, en fakiri bile 3-5 yumurta getirerek ifade etmek isterdi. Sırf bunun için saatlerce yol yürüyerek gelenleri biliyorum.

Gerçek fakiri onurlu idi. Muayenehaneye gelirler, çıkınların içerisinde sakladıkları rengi uçmuş iki buçuk lirayı çıkarırlar, masaya bırakırlar, ben de, "Al bu paranı onunla da ilaç al" diyerek iade ederdim. Benim bu hareketimi parayı az gördüğüm için yaptığımı zannederler, fena halde bozulurlardı. Hepsine niyetimin bu olmadığını, güçlerinin daha fazlasına yetmediğini anladığım için iade ettiğimi, üzülmemelerini söylemek zorunda kalıyordum.

Hastaneye İdil'in köylerinin birisinden genç bir hasta getirdiler. Ağır bir tifo geçiriyordu, yatırdım. İyileşti ve gitti. Aradan bir müddet geçtikten sonra muayenehaneme geldiğim zaman beni beklediğini gördüm. Hastalarımı kolay kolay unutmazdım. Yine hasta olarak geldiğini zannettim. "Sen fakir bir adamsın, yerin de uzak, niçin sabahleyin hastaneye gelmedin?" dedim. Yanıma yaklaştı. Elindeki çıkını bana uzattı.

"Doktor bey, senin bana yaptığın insanlığı unutamam. Köyde paralı muayene olmak isteyen iki hasta vardı. Onları size getirdim. Gelirken de bu yumurtaları getirdim."

Çok duygulanmıştım. Minnettarlığını bu şekilde ifade etmek istemişti. Kırsal alandaki cahil insanlar sevdiklerine inandıklarına sadakatta kusur etmezlerdi. Kullandıkları kelime adedi üç dört yüzü geçmeyecek kadar geri kalmış insanlar, Süryanisi ile Müslümanı ile ilkel bir yaşam sürmelerine rağmen, insan olduklarını unutmuyorlardı.

Uzaktan gelen Süryaniler patrikhanede kalırlardı. Patrik Hanna Efendi beni çağırırdı. İçlerinde o kadar ilkel olanlar vardı ki konuşarak hastalıkları hakkında bilgi almak mümkün olmazdı. Hanna Efendi de bana Fransızca olarak "Boşuna uğraşma doktor bey, bunlar dağdan gelen hayvan. Veteriner gibi teşhis koyacaksın" derdi.

Hastanede tedavi ettiğimiz her hasta kendine göre minnet borcunu muhakkak ödemek isterdi. Sepetlerle üzümler, peynirler, tereyağları, yumurta, tavuk gibi şeyler yığılırdı. Bunları kabul etmemek çok büyük hakaret kabul edilirdi. Gelenleri tüketmemiz imkânsız olduğu için herkes gittikten sonra yanımızda çalışanlara ve fakir komşulara dağıtırdık.

Doktor olarak bana karşı ne kadar açık ve rahatlarsa da devlet memuru hüviyetimiz ön plana çıkınca o kadar çekinirlerdi.

Kürt, köyden gelir, bir şey ister. İsteğinin yerine getirilmesi mümkün değilse kendisine anlatırım. Beni konuşurken, "belli, begim", "belli begim" diyerek onaylar. Zannedersiniz dediğinizi anlamıştır. Sözüm bitince "Emma begim." diyerek isteğini yineler. Birkaç defa aynı şeyleri tekrarladıktan sonra kızmış gibi çıkışırdım.

"Ulan yeter be.. Begine de, sana da şimdi başlarım."

O anda birden telaşa kapılırlar, "Izgırmançem aklevim tünne, desti busem" (Ben Kürdüm, aklım yok elini öpeyim) diye başlar el, ayak öpmeye kalkışır, özürler dilerlerdi. O zaman durdurur, "Ulan Kürt, adam değil mi?" diye sorardım.

"Adamdır begim."

"O halde niçin ben eşeğim, ben hayvanım der gibi ben Kürdüm diyorsun? Bir daha da bu lafı söylemeyeceksin."

"Söylemeyeceğim begim."

Hastanede bulaşıcı hastalıklar için ayrılmış bir bölüm vardı.

Buradaki tek kişilik odaların birisinde menenjitten tedavi ettiğimiz bir hasta yatıyordu. Klinik olarak iyileşmişti. Sabah vizitinde bir ponksiyon lomber (belinden su almak) yaparak durumunu kontrol etmek istedim. Bu iş için kullanacağımız set gelinceye kadar diğer hastaları görmeye gittim. Set dediğimiz emaye bir tepsi içerisine konmuş steril bir ponksiyon lomber iğnesi, küçük bir şişe içerisinde tentürdiyot, içinde lizol ile bir pens bulunan bir kavanoz ve bir deney tüpü ile pamuktan ibarettir. Geri döndüğüm zaman hasta yatağında oturuyordu. Ağzının kenarından aşağı doğru inen tendürdiyot izini görünce, "Ulan, ne yaptın?" diye bağırdım.

Telaşlandı. "Kusura bakma doktor bey, hepsini içemedim" dedi.

Hademe seti getirmiş, komodinin üzerine bırakmış, hasta şişedeki lizolu, tendürdiyotun da bir kısmını içmişti! Hemen gerekli müdahaleleri yaptık, kurtuldu.

Mardin'de susuz birçok köy vardı. Hayvanların içeceği suyu bile 5-6 saatlik yerlerden kırbalarla taşıdıklarını söylerlerdi. Hastalar kir ve pislik içerisinde gelirlerdi. Kadınların giysilerinin önleri muşamba gibi olmuştu. İğne yapmak için kol ciltlerini alkollü pamukla silince birkaç milimetre kalınlığında kir çıkardı. Susuz köylerden gelenleri kokularından tanırdım. Doğunca ve ölünce bile yıkandıkları şüpheli idi.

Bazı köylerden hasta çocuğu kucağında, düzgün ve temiz kıyafetli, İstanbul şivesi ile güzel Türkçe konuşan kadınlar gelirdi. Köylerinde okul olduğu belli oluyordu. Beş senelik bir ilkokul eğitimi bile insanlarda çok önemli düzey farkı yaratmaya yetiyordu.

Marifetli Bir Karı Koca

Bazı da komik ve tuhaf olaylara şahit olurduk.

Bir gün polikliniğe genç bir köylü karı koca geldi. Kocayı dışarı çıkardık. Kadının kusmaktan başka şikâyeti yoktu. Sıhhatli görünüyordu. Dışarıdan muayene ile bile hamile olduğu belli idi.

"Sen hamilesin, başka bir şeyin yok" dedim.

"Hıı.." diyerek bildiğini belirtti.

On senedir evliymişler, çocukları olmuyormuş. Hamileliğini kocasına benim söylememi istedi. Bu da sosyal görevimizdi. Kocasını çağırttırdım. Her ihtimale karşı kapıdaki hademeyi de içeri aldım. Bir kıyamet kopacağından korkuyordum. Durumu söyleyince koca dirseği ile hafifçe kadını dürterek, "Niye söylemedin gız" dedi. Keyfinden ağzı kulaklarına varıyordu.

Bir gün poliklinik yaparken kapı açıldı. Kapıyı açan akça pakça bir hanımdı. Beni görünce hemen kapıyı kapadı ve gitti. Siması yabancı gelmemişti. Düşününce hatırladım. Zonguldak'ta asistanken evinin yerden bir metre kadar yükseklikteki penceresinden atlayarak intihara teşebbüs eden, müşahede için yatırdığımız hanımı hatırladım. Bayılma numarası yapmıştı. Muyaene ederken de eliyle beni rahatsız edici hareketlerde bulunuyordu. Kadının sağlam pabuç olmadığı anlaşılıyordu. Sonra öğrendim ki kocası polismiş, beraber tuzaklar hazırlar, şantaj yaparlarmış. İntihar teşebbüsü de böyle bir oyunun son perdesi olarak gelişmişti.

Bir seferinde bir ördek düşürmüş, eve getirmiş, koca da arkalarından içeri girmiş. Kadın namusunu kurtarmak için pencereden atlamış. Adam hovardalığa kalkışmanın bedelini nakden ödemek suretiyle karakolluk olmaktan kurtulmuş. Polis memuru bu yüzden birkaç kere sürülmüş.

Hademeyi çağırdım. Az önce kapıyı açıp içeri girmeyen kadının ne için geldiğini bilip bilmediğini sordum. Hasta getirdiğini söyledi. Bir dolap çevirdiği kesindi. Operatörü de bu konuda uyardım. Aradan bir ay kadar geçmişti. Poliklinikte muayene için ücret fişi kesen memur bana geldi. 60 yaşında ufak tefek zayıf bir adamdı. Bir polis hanımının sık sık hasta getirdiğini, muayene fişlerinin parasını sonra vereceğini söylediğini, böylece 15-20 lira borcu biriktiğini söyledi ve ekledi:

"Dün akşama doğru caddede gidiyordum. Karşıdan bu hanımla kocasının geldiğini gördüm. Yanlarına yaklaşarak kadına hesabı kapatacağımı, borcunu vermesini söyledim. Kocası hanımına laf attığımı, bunun hesabını soracağını söyleyerek beni karakola götürdü. Tutanak tuttular, mahkemeye verdiler. 200 lira verirsem davadan vazgeçeceklerini söylediler. Ben şimdi ne yapacağım?"

Bu aile hakkında bildiklerimi söyledim: "Bu parayı vermeyeceksin, mahkemeye gidecek, orada da benim sana verdiğim taktiği kullanacaksın. Onlar davadan vazgeçtiklerini söyleyecekler, bu defa sen vazgeçmek için 200 lira isteyeceksin" dedim. Nitekim ikinci celseden sonra söylediğim noktaya gelindi. Bizim memur paçayı kurtarmanın sevinci ile uzlaşmayı kabul edici oluyordu. Kabul ettirtmedim. Biraz sıkıntı çeksinler istiyordum. Yalvardılar, aracı koydular, istekleri kabul edildi. Polis memuru başka yere atandı.

Bir Ruh Çağırma Seansı

Eczacı Ömer Bey pis bir kaza sonucu ölmüştü. Yasal süresi içerisinde eczanenin çalıştırılabilmesi için İstanbul'dan bir mesul müdür eczacı getirdiler. Gayet modern bir hanımı vardı. Doğma büyüme İstanbullu olmanın verdiği rahatlıkla serbest hareket ediyordu. Aile toplantılarımıza onlar da dahil olmuşlardı. Arada sırada yemekli toplantılar da yapardık. Sıranın bizde olduğu bir akşam yemeğinden sonra Aysel Hanım medyum olduğunu, İstanbul'da ruh çağırma seansları düzenlediklerini, kendisinin de ruh çağırdığını söyledi.

Ruhlar alemi nerede, Aysel Hanım nerede idi! İnanmadık.

"Çivisiz bir masanız varsa bunu kanıtlarım" dedi. Vardı, getirdik. Masaya 28 harf daire şeklinde yerleştirildi. Dairenin ortasına da bir fincan ters olarak kondu. Üç arkadaşı masanın etrafına oturtturdu. Hepsi birden işaret parmaklarını fincana üstünde uçları fincana değmeyecek şekilde uzattılar. Kalanlar da masanın etrafına toplandık. Bir hay huy arasında Aysel Hanım; "Ey ruh, geldinse haber ver" dedi. Hiçbir hareket olmadı. Bu çağrıyı birkaç kere tekrarladı. Sonuç alamayınca karşısındaki arkadaşı kaldırdı, kocasını oturtturdu. Bu defa çağrıya cevap gelmişti. Fincan harflerini çevirdi, daire içerisinde hareket başladı. Ruha ismini sordu. Fincan düzenli bir şekilde harflere gidip gelmeye başladı. Uğradığı harfler bir araya getirilince hatasız yazılmış bir isim çıktı. Bunun üzerine "Olmaz, kocanızla birlikte bir hile yapıyorsunuz" dedik. Kocasını kaldırdı. Yerine bir arkadaşımız oturdu. "Bir yakınının ruhunun gelmesini isteyen var mı?" diye sordu.

Nisaiye mütehassısı arkadaşımız Dr. Şükriye Taner babasını istedi. Çağrıldı. Ruh geldiğinin işaretini verdi. Adı soruldu. O da iki ismini söyledi. Şükriye Hanım babasının iki ismi olduğunu vefatı ile öğrendiğini, daha önce aile içinde bile bilinmediğini söyledi. Ondan sonra Aysel Hanım da çekildi. Yerine ben oturdum. Parmak uçlarımızla fincan arasında en az 1 santim kadar mesafe kalıyordu. Bazen fincan o kadar hızlı hareket ediyordu ki, takipte zorluk çekiyorduk. Sorular suallerin cevabı evet ve hayır olarak geliyordu. İleriye yönelik falcılık suallerine cevap verilmiyor, fincan gayet hızlı, gayri muntazam daireler çiziyordu. Fiziki bir hile yapıldığına iyice emin olmuştum. Aysel Hanım, "İstersen senin babanı da çağıralım" deyince, "Babam sinirli bir adamdı, gelirse şak diye düşer bayılırım" dedim. Çağırtmadım. Bu olayın nasıl olduğunu belki açıklayacaklar bulunabilir. Ben böyle şeylere inanan bir kimse değilim, her şeyin hilesini arayıp bulurum. Bunda bulamadım.

İkram!

Gaziantep geri kalmış yörelerle gelişmiş yöreler arasına sıkışmış, ama gelişmiş illerimizin çoğundan daha ileri bir yaşam düzeyi olan bir ilimizdi. Yıllık izne giderken ilk konak yerimiz Antep olurdu. Antep'e gelince kendimizi başka bir ülkeye gelmiş gibi hissederdik. Lokantalara gelenler öğle yemeklerinde bile içki içerlerdi. Buna rağmen öğle olsun, akşam olsun eşim ve çocuklarımla beraber rahatça yemeğimizi yiyebilirdik.

Nisaiye mütehassısımız Şükriye Taner'i bir seminer için Gaziantep'e çağırmışlardı. Benden oteller ve lokantalarla ilgili bilgi istemişti. Kendisine rahatça otelde kalabileceğini, lokantalarda yemek yiyebileceğini söylemiştim. Dönüşte, "başıma gelenleri sorma" dedi. İlk gün öğle yemeği yediği lokantada garson bir şişe şarap getirmiş. Böyle bir isteği olmadığını, geri götürmesini söylemiş. Garson götürmüş. Biraz sonra bir şişe rakı gelmiş. Garsona, "Ne oluyor?" diye sorunca, bir masada yemek yiyen iki beyi göstererek, onların gönderdiğini söylemiş. "Şişeyi al git, onlara da doktor hanım sizi tanımadığı için ikramınızı kabul etmedi de," demiş. Bunun üzerine garson özür dileyerek gitmiş. Bir daha da böyle şey olmamış. Doktor hanımı yalnız başına yemek yerken görünce, barlardan birine yeni gelen konsomatris zannetmişler.

Bakanlık

Ameliyathanede sterilizasyon için kullanılan otoklav doğru dürüst çalışmamaya başlamıştı. Operatör, yenisi getirtmezsek 10-15 gün içinde amelyiat yapamaz hale geleceklerini söyledi. Bakanlıktan, bu durumu bildirerek bir otoklav istedik. Gelen cevapta, "Depoda mevcudu olmadığı için ileride gönderilmek üzere kayda alındığı" bildiriliyordu. Buna karşılık olarak otoklav gönderilmediği takdirde birkaç gün sonra ameliyat yapma imkânı kalmayacağını, doğacak sonuçlardan sorumluluk kabul etmeyeceğimizi yazdık. Gelen cevap aynı idi. Diyarbakır'dan uçakla Ankara'ya gittim. Genel müdürümüze çıktım. Durumu anlattım. İlgili şube müdürünü çağırdı. Otoklavları olup olmadığını sordu. O da on tane olduğunu söyledi. Bir tane acele gönderilmesi için emir verdi.

"Sayın genel müdürüm, bu konuda iki defa yazı yazdık. Bize 'depoda mevcudu yoktur' diye cevap verildi. Ben de cebimden ikiyüz elli lira masraf ederek buraya gelmeye mecbur kaldım" dedim. Böyle bir yazı gelse, haberinin olacağını söyledi. Ben ısrar edince dosyayı istedi. İki yazı da içinde idi. Cevapların altında kendi imzası vardı!

* * *

Mardin'de evin karşısında Sıtma Savaş Başkanlığı vardı. Başkan yoktu. Bir iki gündür başkanın masasında birisinin çalıştığını görüyordum. Kim olduğunu öğrenmek için tercümanımı gönderdim. Sıtma Savaş Genel Müdürü imiş, denetime gelmiş. Dairede yatıp kalkıyormuş. O sorunu halletmiş, fakat yemek sorunu vardı. Lokantalarda sağlıklı yemek yemek mümkün değildi. Ben de yalnızdım. Akşam yemeğimi askerî mahfelde yiyordum. Taşrada merkezden gelenlerle durumu müsait olan birisinin ilgilenmesi gelenektir. Bu da genelde bana düşüyordu. Yanına gittim. Kendimi tanıttım. Mardin'de yemek işinin sorun olduğunu, akşam yemeklerimizi askerî mahfelde yediğimizi, kendisinin de bize katılabileceğini söyledim. Ziyaretimden pek hoşnut gözükmüyordu. Önerimi reddetti. Yanlış anlamamalarını, arkadaşların kendi yemek paralarını kendilerinin ödediğini, isterse sadece kendi yediğini, isterse bizimkileri de ödeyebileceğini belirttim. Rahatladı ve kabul etti. Ondan sonra gidinceye kadar bizimle mahfele geldi ve yediğinin parasını ödedi.

27 Mayıs'tan sonra, bir akşam Vali Basri Özpınar telefon ederek bir misafirle beraber yazlığın bahçesinde beni beklediklerini söyledi. Misafir Dr. Demir Bey'di. Müsteşar muavini olmuş. Konuşmalar arasında söz Bakanlık'tan açıldı. Bakanlığın genel müdürlerinden şikâyetçi idi. "İçlerinde genel müdürlük yapacak nitelikte bir kişi yok. Bana kalsa onları şube müdürü bile yapmam. Görevleri ile zerre kadar ilgileri yok. İmzaya getirdikleri, paraflarının bulunduğu yazılarının içeriğinden bile haberleri olmuyor. Çoğunun altına imza atmadan iade ediyorum. Onlar da görev için Ankara'dan ayrılmamı bekliyorlar ve yerime bakan arkadaşa imzalatıyorlar" dedi.

Bu kadar işini ciddiye alan bir yöneticinin Bakanlık'ta barınması mümkün değildi. Bakanlık bünyesine girmiş bir yabancı cisim etkisi yapıyordu. Seçimden sonra Müsteşar Yardımcısı Demir Bey, Samsun Sağlık Müdürü olarak Bakanlık'tan uzaklaştırıldı.

27 Mayıs idaresinin bakanları işe dört elle sarıldılar. Fakat sonu gelmedi. Sağlık Bakanı Prof. Dr. Ragip Üner'di. Yumuşak huylu, fevkalâde iyi bir insandı. Mahrumiyet bölgelerindeki sağlık müdürlerini toplantıya çağırdı. O sırada Mardin Sağlık Müdürlüğü'ne vekaleten ben bakıyordum. O sıfatla toplantıya katıldım.

Sayın bakan iyi niyetle sorunları masaya koydu. Bunlara çözüm arayacaktık. Asaleten sağlık müdürlüğü yapan arkadaşlarımız içlerine sinen devlet memuru pısırıklığı yüzünden suya sabuna ilişmiyorlardı. Elazığ Akıl Hastalıkları Hastanesi Başhekimi Dr. Mutemet Bey de benim gibi vekil olarak toplantıya katılmıştı. Mütemadiyen ikimiz konuşuyorduk. Sorunlardan birisi Doğu ve Güneydoğu'ya hekim bulma güçlüğü idi. Bence bunun nedenlerinden birisi buralara gidenlerin gittikleri yerlerde unutulmaları idi. Kimse mahrumiyet yerlerine unutulup kalmak için gitmezdi. Yapılacak en akıllıca şey hizmet yerlerini ciddi bir gruplamaya tâbi tutmak ve herkesin her bölgede makûl bir süre kalacağı şekilde rotasyona tâbi tutulması idi. Bunları söyledikten sonra dedim ki;

"Sayın Bakanım, Bursa Devlet Hastanesi'ndeki uzmanlardan birkaçı idari bir zorunlulukla başka yerlere nakledilmişlerdi. Nakli yapılanlar bakanlığa 'Naklimizin durdurulması, durdurulmadığı takdirde istifamızın kabulü' diye telgraf çekmişler. Memuriyette şartlı istifa olmaz. yapılacak işlem istifaların kabulü ile Bakanlığımız nakil kararlarını iptal etmiş. Şimdi aynı olay bizlerin başına gelse, biz aynı telgrafı çeksek ertesi gün kendimizi kapının önünde buluruz. Böyle çifte standart olmaz."

O toplantıda her şey konuşuldu, tartışıldı. Yine de hiçbir şey değişmedi.

Mardin'de yaşadığımız bir ayaklanma olayını da anlatmak istiyorum.

Bir gün öğleye doğru 70-80 kişilik bir grup ellerinde sloganlar yazılı pankartlarla hastanenin önüne kadar geldiler. Başlarında birisi avukat iki genç vardı. Yürüyenlerin arasında kafasında, kolunda kanlı sargılar bulunan veya kolu boynundan asılı yaralılar dikkati çekiyordu. Bir gün önce yerel futbol maçında olaylar olmuş. Olaya müdahale eden jandarmanın halka şiddet kullandığı söylentileri dolaşıyordu. Gösteri bunu protesto etmek için düzenlenmiş. Sonra öğrendik ki yaralı yok, yaralı rolü oynatılan, para ile tutulmuş hamallar varmış. İdare serinkanlı davrandı. Müdahale edilmedi, o gün olaylar o kadarla kaldı. Mevsim yazdı. Eşim ve çocuklarımı göndermiştim. Ben de ertesi sabah arabamla hareket edecektim. Gece vakit geçirmek için sinemaya gitmiştim. Film başladıktan on beş-yirmi dakika sonra dışarıda bir gürültü oldu. Arkasından cam kırılma sesleri geldi. Film durdu, fakat ışıklar açılmadı. Seyirciler kaçışmaya başladılar. Salon boşalınca antreye çıktım. Dışarıdaki sokak lambasının ışığı içeriye vuruyordu. Çıkış kapısına yaklaştım. Cadde yukarıda kalıyordu. Duvarın üstünden kalabalığın bir kısmı görülüyordu. Caddenin öbür tarafında yükselen açık hava sinemasının duvarı üzerine birisi çıkmış nutuk atıyordu. Kalabalık da coşku ile alkışlıyordu. Eve gitmek için aralarından geçmek zorunda idim. Bu tehlikeli olabilirdi. Karanlık ara sokaklardan dolaşmayı da göze alamadım. Evim olay yerine yakındı. Caddeye çıkınca, aralarına düşmek ihtimali vardı. Sinemanın antresinde beklemeye başladım. Omuzuma bir el dokundu. İrkilerek arkama döndüm, hastahenenin pansumancısını gördüm. Rahat bir nefes aldım. O da benim gibi beklemeyi tercih etmişti. Beraberce ara sokaklardan gitmemizi önerdi. Kabul ettim. Biz ana caddeye çıktığımız zaman kalabalık çekilmişti.

Ana caddeye çıkıp evin önüne geldiğim zaman cadde bomboştu. O sırada benimle beraber gelecek olan bir ilaç firması temsilcisini, evin karşısındaki otelin kapısı önünde gördüm. Olayları izlemeye çıkmış. Sabaha kalırsam vali beni bırakmayabilirdi. Orada hemen karar verdik. Ve hareket ettik. Hareket ettiğimiz zaman vakit geceyarısına yaklaşmıştı. Urfa'ya 40-50 km kala yolun kenarında sıralanmış bir manga askerin biz geçerken selam vaziyeti aldığını gördüm. Merasim kıtaları tarafından karşılanıyoruz diye arkadaşla şakalaştık. Kısa bir süre sonra arkamda bir araba farı belirdi. Yol tozlu olduğu için o arabanın önüme geçmesini istemiyordum, hızlandım, o da hızlandı. Zemin bozuk olduğu için devamlı hızlı gitmek mümkün değildi. Yavaşlamak zorunda kaldım. Bir jeep hızla yanımızdan geçip önümde durdu. Biz de durduk. İçinden bir subay fırladı. Yanımıza geldi. Jandarma yüzbaşısı idi. Sert bir şekilde, niçin dur emrine uymadığımızı sordu. Durdurulmamızın istendiğini gösterecek herhangi bir işaret ve hareket görmediğimiz gibi, aksine askerin bize selam durduğunu söyledim. Askerin dur emrine uymayanlara ateş açması için emir olduğunu hatırlattı. Söylemesine lüzum yoktu. Jeep'in askerî olduğunu görünce atlattığımız tehlikenin ürpertisini hissetmiştim. Kim olduğumuzu sordu. Söyledim. Özür diledi. O da bizim arabaya bindi. Urfa'ya kadar beraber gittik. Mardin'de olaylar olunca Urfa valisi de oraya gitmiş. Benim araba siyahtı. İlk görüşte valinin arabası zannetmişler. Karışıklık ondan çıkmış. Sonra yabancı olduğumuzu görünce peşimize takılmış. Ama basiretli davranmıştı. Urfa'da bize çay içirdi. Dostça uyarıldık.

Büyük Görünen Küçükler

Gözümde, bizi yönetenler, üniversite hocalarımız erişemeyeceğimiz özelliklere sahip üstün insanlardı. Yıllarca ben kendimi bu mevkilere layık göremedim. Zaman zaman tanıdıklarımı, sınıf arkadaşlarımı gözümün önüne getirir, içlerinden ileride bakan olacak, genel müdür olacak, profesör olacak nitelikte kimse bulamazdım. Bizim kuşakta böyle bir kimsenin olmamasını talihsizlik olarak değerlendiriyordum. Üst yönetimde görev yapanları yakından tanıdıkça hayal kırıklığına uğradığımı itiraf etmeliyim.

Dr. Yusuf Azizoğlu Sağlık Bakanı olunca yanına genel müdürlerini alarak Doğu ve Güneydoğu Anadolu'ya geziye çıktı. Bu arada Mardin'e de geldi. Kendisi vali ile vilayete gitti. Genel müdürler de saat 14.00'te vilayette yapılacak dert dinleme toplantısını beklemek üzere hastaneye geldiler. Ben de Bakanlığın genel müdürlerini yakından tanımak imkânına kavuşmuştum. Aralarında konuşmaya başladılar. Gördükleri sağlık kuruluşlarının perişanlığına çare olarak neler düşündüklerini konuşacaklarını zannediyordum. Onlar bu gezinin afâkiliği ile ilgili şeyler söyleyip gülüşüyorlardı. Gezilen yerlerde anlaşıldığına göre planda programda olmayan yatırımlar için vaatler yapılmış; olmayan ödeneklerin gönderileceği hususunda notlar alınmış; yıllarca sağlayamayacakları araç, gereç ve cihaz sözleri verilmişti. Sonunda bir tanesi, "Bakalım olmayan paralardan buraya ne kadar vaadedeceğiz?" dedi, gülüştüler.

Ben bunları hayret ve şaşkınlıkla dinliyordum. Nasıl olup da bakanı uyarmazlar, uyarmalarından vazgeçtik yanıltırlar, halka yalan vaatlerle bulunmasına neden olurlardı, doğrusu anlayamamıştım. İnsanları kandırmaya ve yalana dayalı bir yönetimin ciddiyetinden söz etmek mümkün değildi. Yalnız içlerinden birisi bu laubaliliklere seyirci kalıyordu. O da Veremle Savaş Genel Müdürü Hamdi Açan'dı. Bu onunla ilk karşılaşmam olmuştu.

Hastaneye, Bakanlığın dağıtımından ev tipi bir buzdolabı gelmişti. Hiç unutmuyorum İzmir'de yapılmış Venüs marka bir dolaptı. İkinci açma teşebbüsümüzde kapağın ön yüzü elimizde kalmıştı. Başhekim odasında kullanılmadan öylece duruyordu. Fiyatı o sıralarda oturmuş bir marka olan Arçelik buzdolabından sadece 5-10 lira eksikti. Garanti süresi içinde olduğundan Bakanlıkça onartılması veya değiştirilmesi hususunda yazı yazmış, cevap alamamıştık. İlgili genel müdür, yüzyüze iken durumu anlatmak istedim. Garanti süresi geçmeden gereğinin yapılması için emirlerini rica ettim. Sert bir şekilde, "Sen böyle işlere karışma!" diye beni azarladı.

Saat 14.00'teki toplantı için hep beraber vilayete gittik. Büyük bir kalabalık toplanmıştı. Kazalardan da heyetler gelmişti. Toplantı açıldı, herkes bir istekte bulunuyordu. İstekler için ilgili genel müdürler gereği yapılmak üzere not aldıklarını söylüyorlardı. Orada sadece Sayın Hamdi Açan bir genel müdüre yakışır şekilde konuşmuştu. Kalkınma planları, yıllık programlar, ödeneklerden söz ederek Mardin ilinde kısa vadede yapılacakları, uzun vadede yapılacakları, hiç yapılmayacakları sıraladı.

Bakan da "dinlediniz" dedi, "Bunun dışında bir şey yapmak mümkün değildir."

Sevgi ve saygı beslediğim ve dostluğundan şeref duyduğum bu büyük insanı rahmetle anarım. Ne yazık ki 1950'li yılların ikinci yarısından itibaren idarede Hamdi beylere pek sık rastlanmıyordu. Su başlarını tutan "kabiliyetsiz muhterisler" kendileri gibi olmayanları hizmette barındırmazlar. Bu gerçeği, Tekel bakanlarından İhsan Birincioğlu özel bir konuşmamızda, "Benim ne kadar namuslu gümrük muayene memurum varsa hapiste, ne kadar hırsızı varsa görevde" diyerek, açık ve kısa bir şekilde özetlemişti.

Zaman içerisinde kendi kuşağıma yakıştıramadığım yüksek yerlere birçok arkadaşımın geldiğini gördüm. Aramızdan bir sürü profesör çıktı. Fakülte dekanlığı yapanlar, çeşitli idari kadrolarda görev alanlar oldu. İçlerinde pırlanta gibi olanlar vardı. Ne yazık ki bu kıymetler bürokrasiye bulaşmaktan kaçındı. Hatta kimlerin nerelerde olduğunu gördükçe bu memleketin akıbeti bakımından karamsarlıklara düştüğümüz zamanlar olmuştur.

Dürüstler korkak ve pısırık davranmadıkları çıkarcılar yerinden olmamak için suya sabuna dokunmadıkları, oportünistler, "evet efendim"ciliği aşamadıkları için bir adım ileri gidemiyoruz.

Ahmet Andiçen Hastanesi

Mardin'den ayrılarak, 1962 yılı son baharında Ahmet Andiçen Kanser Hastanesi'nde göreve başladım.

Fakültede kanser hastalığı yatay eğitim denilen yöntemle her organın veya sistemin hastalıklarının sonunda verilirdi. Sebebi bilinmeyen bu hastalığın hepsinde müşterek olan genel belirtilerine bulunduğu organın fonksiyonel bozukluklarını ekleyince kolayca teşhis konduğu için geriye öğrenilecek bir şey kalmıyordu. Tabiî bu gecikmiş bir teşhis oluyordu.

Tedavi, pek de iyi sonuç vermeyen cerrahi girişim, prognoz fatal (akıbet ölüm); hepsi bu kadardı. Bu demektir ki ne işe yarayacağı meçhul bir hastaneye atanmıştım. Görevi, sadece suyun başında bulunmanın uygun bir yere tayinimi yaptırabilmekte kolaylık sağlayacağı için kabul etmiştim.

Andiçen Hastanesi Türk Kanser Araştırma ve Savaş Kurumu adlı gönüllü kuruluş tarafından yaptırılmıştı. Hastaneyi açmışlar, sonunu getiremedikleri için işletmeyi bir protokolle Sağlık Bakanlığı'na vermişlerdi. Ben geldiğimde genel durum şöyleydi:

Bakanlık hizmeti benimseyememişti. Onlar da benim gibi bu görevi fuzuli işlerle uğraşmak olarak görüyordu. O zaman böyle düşünmek normaldi. Yalnız bizde değil, dünyanın birçok yerinde konuya aynı şekilde bakılıyordu. Hastane idaresinin bu girişimi yararlı hale getirmenin çarelerini aramak gibi ileriye yönelik bir düşüncesi de yoktu.

Hastanede bilimsel hizmetleri yürütmek üzere Ankara Üniversitesi Tıp Fakültesi'nden Doç. Dr. Hüsnü Göksel görevlendirilmişti. Sayın Göksel ehliyetli, liyakatlı, seviyeli, kişilik sahibi, doğrulara sonuna kadar sahip çıkan, azimli ve sebatlı bir insandı. Amerika'dan Türkiye'ye meme kanserlerinin radikal ameliyat yöntemini getirmişti. Bildiğim kadarı ile fakültede ilgi yerine tepki görüyordu. Öndekiler, arkadan gelenlerin birşeyler yapıp ön plana çıkmalarını engellemek gibi yanlış bir gelenek yaratmışlardı. Klinik hocalarının genelde kendilerini aşacak kimseleri, kliantellerinin paylaşılacağı endişesi ile dışlama huyları vardı. Bu konuya ileride yine değineceğiz. Yanılmıyorsam Sayın Göksel de bulunduğu yerde aynı nedenlerle "persona non grata" olmuştu. Andiçen Hastanesi'ndeki görevi, rahat çalışma imkânına kavuşmak için kabul ettiğini zannediyorum. Hastaların teşhis ve tedavilerine karar vermek üzere fakülte hocalarından bir de konsey kurmuştu. Konseyin yapısı kanserdeki ekip çalışması konseptine uygun düşmemekle beraber, o günün şartlarında ileri bir adımdı.

Sayın Göksel ve onun öğrencisi olan Sayın Operatör Dr. Korkut Akoğuz ise dört elle asılmışlardı. Biz taşra hekimleri geleneksel konseptlere uygun olarak bir şey yapılabileceğine pek inanmıyorduk. O yıllarda lösemilerin ilaç tedavisi yeni yeni yaygınlaşıyordu. Hüsnü Göksel cerrahi dışındaki hiçbir tedavi yöntemini kabul etmiyordu. Belki de bu yüzden bizlere Bakanlığın asistan kıyafetini giydirmek istemişti. Akademik titrinin üstün kıldığı ve ayrıca işe yarayan tek kişi olduğu için de başhekim bu isteği uygulamaya kalkışmıştı. Tabiî tepki gösterdik, onun üzerine vazgeçildi.

Sayın Hüsnü Göksel'i ve Sayın Dr. Korkut Akoğuz'u şahsi menfaat gözetmeden bir misyoner gibi çalışarak kanser cerrahisinin Türkiye'de kabulü ve yerleşmesine geçen emekleri dolayısı ile burada saygı ile anmak isterim.

Pazarlama

Hastanenin bir radyoterapi bölümü vardı. Başhekim Tahsin Taner röntgen uzmanı idi, ama sadece idari görev ile meşguldü. Bu servisi Dr. Erdoğan Çınar bakıyordu. Erdoğan Çınar bilgili, erdemli; ama mütevazı, kendi halinde, efendi bir arkadaşımızdı. Sessiz sedasız birşeyler yapıyordu. Yapılanların işe yarayacağına inanmadığımız için doğrusu çalışmalarına ilgi bile göstermiyorduk.

Göreve başladığım yılı takip eden yaz aylarında Dr. Çınar yıllık izne ayrılmıştı. Yerine Numune Hastanesi Radyoterapi uzmanı Dr. Kâzım Batur vekaleten bakmaya başladı. Dr. Batur bir gün bir tomar resim getirdi, bunlar röntgenle tedavi ettiği cilt ve dudak kanseri vakalarının tedaviden önceki ve tedaviden sonraki resimleri idi. Hepsini hayranlık ve takdirle inceledik. Hastaların iyileşmesi bize mucize gibi geliyordu.

Dr. Çınar izinden dönünce Numune Hastanesi'ndeki bu başarılı çalışmalarını anlattık. "Bizde niye böyle sonuçlar alınmıyor?" diye sorduk.

O, her zamanki sakin ve soğukkanlı hali ile cilt ve dudak kanserlerinin radyoterapi ile tedavilerinin önemli bir olay olmadığını, kendisinin de aynı tedavileri yaptığını söyledi.

Bizde yapmak, becermek önemli değil, pazarlamayı bilmek hünerdir. Dr. Erdoğan Bey'in bilmediği bu idi.

Kıskançlık

Boş oturmaktan sıkılmaya başlamıştım. Bir yandan taşrada uygun bir yere atanmak için çareler bakarken, bir taraftan da kendime bir meşgale arıyordum. Tek yararlı işim arada sırada gelen lösemi vakalarının teşhisi ve o zamanki kısıtlı ilaçlarla tedavilerine çalışmaktı. Hastaneye gelen, Dünya Sağlık Teşkilâtı'nın kanser ve kanser tedavisi ile ilgili yayınlarını incelemeye başladım. Giderek konu daha fazla ilgimi çekiyordu. Bu yayınlarda kanserde kemoterapi diye bir konu olduğunu ve bu konuda olumlu çalışmalar yapıldığını gördüm. Kırık dökük

Fransızcamla, elimde bir lügat, kemoterapi ile ilgili yazıları tercüme ederek defterlere yazıyordum. Böylece bir hayli şey öğrenmiştim. Bazıları yeni açılan alanlara herkesten önce girmiş olmak için aceleci davranır, bilmediği ve deneyiminin olmadığı konularda bilen tek kişi havası yaratırlardı.

Hastanede İngiltere'den bağışlanmış, nükleer tıp laboratuvarında kullanılacak cihazlar vardı. Bunlardan yararlanarak hiç olmazsa önemli bir hizmetin nüvesini kurabileceğimizi düşündüm. Bunun için konunun esasını öğrenmem gerekiyordu. O da Ankara Üniversitesi Tıp Fakültesi'nde yeni kurulan Radyo-Biyoloji Enstitüsü'nde bir süre çalışmakla mümkündü. Radyobiyolojinin başında Prof. Dr. Fevzi Renda vardı. Arzumuz kendisine iletildi, kabul etti. Lakin bir türlü "gel başla" demiyordu. Uzun uğraşılardan sonra enstitüye kabul edilmek lütfuna mazhar olduk. Çalışmaların fiilen yönetimi Amerika'da bu konuda çalışmış Dr. Yavuz ismindeki meslektaşımıza aitti. Birkaç günüm yapılanları seyirle geçti, kimse bana neyin ne olduğunu söyleyemiyordu. Dr. Yavuz Bey'e gittim. Bana konunun esasını öğrenebileceğim kitap vermesini veya önermesini istedim, olumlu karşıladı, ama beni günlerce oyaladı. Sonra benim onların yaptıklarını öğrenmemi sakıncalı bulduğunu anladım.

Atom enerjisi komisyonundan görevlendirilen bir hanım veteriner vardı. Arada sırada uygun fırsat kollayarak bana birşeyler öğretmeye çalışıyordu. Fevzi Renda, da Dr. Yavuz Bey de tek olmanın imtiyaz ve avantajını kaybetmek istemiyorlardı. Bu da yüksek öğretim kurumlarına yakışmayan bir zihniyetti.

Dr. Yavuz Bey odasını kısa süre için terk etse bile kapısını kilitliyordu. Bunda bir iş vardı. Ben de başladım kapıyı açık yakalamak için giriş çıkışlarını takibe. İki üç gün sonra bu fırsatı yakaladım, Dr. Yavuz Bey kapıyı kilitlemeden yemeğe gitmişti. İçeri girdim, masasının üzerinde üç tane İngilizce kitap vardı, hemen isimlerini ve yazarlarını bir kâğıda kaydettim. Üçünü de bir kitapçıda buldum. Sonradan öğrendiğim İngilizcemle enstitüde yapılan deneyleri tercüme ettim. Artık bunların nasıl yapıldıklarını ve anlamlarını öğrenmiştim. Yavuz Bey bunu fark etti, sır kalmadığı için zaman zaman bizleri toplayarak çalışmalarla ilgili açıklamalar yapmaya başladı. Artık çalışmalara fiilen katılıyordum.

Bir gün Hacettepe Tıp Fakültesi Hastanesi'nden kan hacminin saptanması için şoklu bir hastanın kanı geldi. Sonuç 13 litre olarak çıktı. Bu mümkün değildi, durum Yavuz Bey'e bildirildi. 13 litre tabloya uygun bir miktara indirilerek kaydedildi. Bu kadar da titiz çalışıyorlardı!

Bir gün troid up-take deneylerine başlanmıştı. Deneylerin mesai sonuna kadar bitmeyeceği anlaşılıyordu. Ben kalarak bu testleri tamamlayabileceğimi söyledim. Kabul ettiler. Ölçümleri yapıyorum, ilk sayımda bir rakam alıyorum, kullandığımız örneğin çöktürme işlemi ile bir kısmını atıyorum, kalanında sayımı tekrarlıyorum, öncekinden daha fazla çıkıyordu. Aynı örnekten yeni sayımlar yapıyorum, sonuç değişmiyordu. Bu şekilde birkaç kere tekrarlayarak hepsini bitirdim. Hepsinden de aynı sonuç alınıyordu. Bir yanlışlık yaptığım endişesine kapıldım. İşlemleri gözden geçirdim. Her şey usulüne uygun yapılmıştı. Sorunu nasıl çözeceğimi düşünürken, aklıma kullandığımız kap ve malzemelerin boş olarak radyoaktivitesini kontrol etmek geldi. Serumu söktürdükten sonra kullandığımız bütün cam malzeme grubundan kalanları kontrol ettim. Hepsinde de önemli ölçüde radyoaktivite vardı. Demek ki bu malzemeler, bulaşan radyoaktif maddelerin ömürlerini tamamlaması için bekletilmesi gereken süreden önce yeniden kullanıma sokuluyordu. Ertesi gün durumu Dr. Yavuz Bey'e söyledim. Olağan bir şey gibi karşıladı. Sonuçlar "olsa olsa" usulü ile düzeltilerek kliniklere gönderildi. Böyle akıl almaz şeyler yapılıyordu.

Radyobiyolojide öğreneceğim bir şey kalmamıştı, görevime döndüm. Atom Enerji Komisyonu'ndan birisini alarak hastanede nükleer tıp laboratuvarını düzenlemeye başladık. İngiltere'nin verdiği cihazların önemli bir parçası eksikti. Sayın Renda'nın bunu Radyobiyoloji Enstitüsü'ne götürdüğünü tespit ettik. Geri almak için bir hayli uğraş vermek zorunda kaldık. Bu arada da İngiltere'den laboratuvarın kurulması için aletleri verirken, vaat ettikleri bir uzmanın gönderilmesini istemiştik.

Bize Rapid isminde bir teknik elemanının gönderildiği, kendisinin Esenboğa'dan karşılanması için geliş gün ve saati bildirildi. O gün Dr. Korkut Akoğuz arkadaşımız alana gönderildi. Yalnız geri döndü. Rapid, yolcular arasında olmasına rağmen uçaktan iner inmez kaybolmuştu. Araştırmalar sonunda izini Radyobiyoloji Enstitüsü'nde bulduk. Sayın Renda tarafından uçağın merdivenlerinde karşılanmış, Radyobiyoloji'ye götürülmüştü. Sayın Renda'nın Atom Enerjisi Komisyonu'nda görevi varmış, biz bunu bilmiyorduk. Girişimlerimizi oradan takip etmiş ve Bay Rapid'i bizden kaçırmış. Rapid'e asıl çalışacağı yerin bizim laboratuvar olduğu söylendi. Bunu öğrenince geldi, beraber bir süre çalıştık. Fransa'ya staja gitmek üzere hastaneden ayrıldım. Bağışlanan cihazlar da demode idi. Bu girişim tamamlanmadan hastanede kapanmıştı.

Bu olaylarla ilgili bir anımı daha nakletmek istiyorum;

Ankara Onkoloji Hastanesi Başhekim olduğum dönemde Radyoterapi Uzmanımız Dr. Erdoğan Çınar arkadaşımızla beraber Stockholm'deki Karolinska Üniversitesi'nin onkoloji bölümünde incelemeler yapmak üzere İsveç'e gidiyorduk. Yol üzerinde başka yerlere de uğrayabilmek için yolculuğu araba ile yapıyorduk. Duraklarımızdan birisi Viyana idi. Uluslararası Atom Enerji Komisyonu ile temas kurarak destek isteyecektik. Yanımıza sefarethaneden bir yetkili alarak gittik. Başkan iriyarı bir İspanyol'du. Kendimizi tanıttık, yaptıklarımızı ve yapmak istediklerimizi anlattık. Araştırma için yardımlarından yararlanmak istediğimizi söyledik. Adam bize öyle sert bir cevap verdi ki söylediklerimize ve söyleyeceklerimize pişman olduk. Meğer Prof. Renda araştırma projeleri yapmış, radyobiyolojideki cihazları bu projelerde kullanılmak üzere, sonunda iade kaydıyla onlardan almış. Yapılan protokol gereği proje çalışmaları ile ilgili periyodik olarak vermesi gereken raporları vermediği gibi Viyana'nın araştırmanın hangi aşamada olduğunu sorduğu yazıları da karşılıksız bırakmış. Başkan bunları anlattıktan sonra "Artık Türkiye'ye hiçbir yardım yoktur!" dedi.

Ellerini vermişler, kollarını kurtaramıyorlardı. Dönüşte Atom Enerjisi Komisyonu'nda görevli bir hanımefendi ile bu konuları konuşuyorduk. "Bu yüzden Viyana'dan çok ağır yazılar geliyor. Fevzi Bey de hiçbirisine cevap verdirmiyor" demişti. Bu da bir bilim adamımızın bu memlekete yaptığı hayırlı işlerden birisinin hikâyesidir.

* * *

Hüsnü Göksel, Tıp Fakültesi hocalarının branşlarında konsültan olarak hastaneye gelmelerini sağlamıştı. Bir akciğer kanseri hasta için göğüs cerrahisinin başında olan hoca gelmişti. Hastayı takdim ettik. Hoca bir stetoskop istedi, kendisine verilen stetoskop tamburası madeni kapaklı eski tip bir stetoskoptu. Kapağı açmadan hastayı büyük bir dikkatle uzun uzun dinledi, ses duyması mümkün değildi. Hüsnü Bey'le birbirimize bakıştık, hoca muayeneyi bitirdi, bulgularına dayanarak görüş ve kanaatini açıkladı.

Andiçen Kanser Hastanesi macerasını burada yaşadığım bir olayı anlatarak kapatmak istiyorum.

Lösemili bir hastaya sternal ponksiyon (göğüs kemiğinden ilik almak) yapacaktım. Hemşireye, bir şırıngaya yerel uyuşturma için novokain çekerek getirmesini söyledim, getirdi. Bir miktarını ponksiyon iğnesini batıracağım yere verdim. Normal süreyi bekledim, uyuşma olmamıştı, bir miktar daha zerkettim, yine sonuç yoktu. Bu şekilde şırıngadaki bütün sıvıyı bitirdim; fakat uyuşma olmadı. Bunun üzerine hemşireden novokaini çektiği şişeyi getirmesini istedim. Novokain yerine onun yanında bulunan kulak-burun-boğaz muayenelerinde hastanın öğürmesini önlemek için boğaza püskürtmek suretiyle kullanılan cocain şişesi geldi. O anda dünya başıma yıkılmıştı. Çünkü hastaya öldürücü dozun birkaç katı cocain vermiştim.

Zonguldak'taki şefim Hilmi Bey sık sık "şırıngaya ilacı kendi elinle çek, başkasının çektiği ilacı ambalajını görmeden yapma" derdi. O da benzeri bir olay yaşamıştı. Şarbon tedavisi için, antibiyotiklerden önce iyotlu bir eriyik olan "lugol" kullanılırmış. Hemşireye buzdolabındaki lugolden 10 cc alarak hastanın damarına yapmasını söylemiş. Ertesi gün geldiğinden hastayı akut böbrek yetmezliği içerisinde bulmuş. Hemşire lugol yerine yanındaki lizol şişesinden lizol çekerek hastaya yapmış. "Hastayı kurtardık. Vakanın dünyada benzeri yoktur. Neşretmeyi çok düşündüm ama hakkında işlem yapılır diye neşredemedim" demişti. Onun için bu konularda dikkatli idim. Bu defa nasıl oldu ise gaflete gelmiştim. Olay saat 17 sıralarında olmuştu. Geceyarısına kadar hastanın başında bekledim. Hiçbir anormallik olmadı. O zaman boğaz muayenesi yapan arkadaşın cocain püskürtmesine rağmen hastaların devamlı öğürmesi yüzünden sıkıntı çektiğini ve kabahati hastalarda bularak onları azarladığını hatırladım. Demek ki cocain solüsyonları içerisinde cocain yoktu. Hastanemizde eczacı olmadığı için bunları Ankara Hastanesi'nde hatırlattırıyorduk. Sabahleyin Ankara Hastanesi başeczacısına telefon ederek durumu anlattım. Kendisinin bunu bilmesinin iyi olacağını ama cocain hırsızına, beni bir vicdan azabından kurtardığı için teşekkürlerimi iletmesini söyledim.

Şimdi gelelim Türkiye'deki uygulamalı ilk kanser hareketinin ikinci ayağı olan Türk Kanser Araştırma ve Savaş Kurumu'na.

Ahmet Andiçen

Hastane Ahmet Andiçen tarafından yaptırılarak Türk Kanser Araştırma ve Savaş Kurumu'na bağışlanmıştı. 27 Mayıs askerî darbesinden sonra, Andiçen'in bu binayı yapma bahanesi ile ihtiyacın çok üstünde demir tahsisi alarak fazlasını karaborsada ihtiyaç sahiplerine satmak suretiyle büyük paralar kazandığı ve hastaneyi bu paraların bir kısmı ile yaptırdığı, demiri eksik kullanması yüzünden binanın çökme tehlikesinin olduğu hususunda ihbar yapılmış, bu ihbardan sonra inşaattaki demir yetersizliğinden çökme olmaması için bodruma alttan demir destekler konmuştu.

Ahmet Andiçen kendi ifadesiyle Yugoslavya'dan flütçü olarak gelmiş, İnönü'nün Cumhurbaşkanlığı döneminde bir süre Cumhurbaşkanlığı Orkestrası'nda flütçü olarak çalışmıştı. Ama, nedense, İsmet İnönü'yü hiç sevmezdi.

Andiçen'in ismini ilk defa 1940'lı yılların sonlarında duymuştum. Ankara'da dayımları ziyarete gelmiştim. O zaman Işıklar Caddesi'nde yüksekçe bir yerde bulunan bir apartman dairesinde oturuyorlardı. Apartmanın, Bosna Hersek İşhanı sahibi Ahmet Andiçen'in olduğunu söylemişlerdi. O zaman Sayın Andiçen'in, apartmanının temel kazıları yapılırken çıkan bir teneke altınla zenginleştiği, Bosna Hanı'nı bu altınlarla yaptırdığı söyleniyordu. Ne derece doğrudur bilemem. Kendisini Andiçen Hastanesi'ne geldikten sonra tanıdım. Sevecen, hoş sohbet bir insandı. Her şartta yardım yapmayı severdi. Nitekim Milli Birlik Komitesi üyelerinin Kocatepe Camii'ni yaptırma girişimlerine de önemli miktarda bir yardımla katıldığına dair gazetelerde resimli haberler çıkmıştı.

Perihan Çambel

Ahmet Andiçen, ben Kanser Hastanesi'ne geldiğim zaman Kanser Kurumu Yönetim Kurulu üyesi idi. Yakışıklı, eskilerin müşekkel dediği gösterişli bir tipti. Kendine has hoş bir aksanla konuşurdu. Yönetim kurulu üyelerinden Dr. Perihan Çambel ile araları yoktu. Perihan Çambel güzel İngilizce, Fransızca bilen kültürlü bir hanımdı. Günlük gazetelere sanat kritikleri yazardı. Yalnız biraz dengesizdi. Kendisine -onun anlayışına göre- saygıda kusur edenlere büyük tepki gösterirdi. O nedenle herkes ondan çekinirdi. Korku nedeniyle gördüğü iltifatların kendisine olan sempatiden ileri geldiğine inanırdı. İsminin başına bir profesör unvanını eklemişti. Ama kimse bu titri kendisinin icat ettiğini bilmezdi. Ya da öyle gözükürlerdi. Sayın Çambel hayalinde yarattıklarının gerçek olduğuna kendisi de inanırdı. Etrafa Ahmet Andiçen'in birlikte olmaları için kendisine kürk hediye ettiğini yaymıştı. Aralarının bozuk olmasının nedeni bu idi. Ahmet Bey bunu gülerek anlatırdı. Sayın Çambel'le daha sonra benim kurduğum Onkoloji Hastanesi'nde beraber çalıştık. O zaman gördüm ki profesörlük iddia ettiği patolojik anatomi bilim dalında yeteri kadar bilgi sahibi bile değildi. O yıllarda giderek dengesini daha çok yitirdi. Bu hususları ve başıma açtığı gaileleri ileride nakledeceğim.

Perihan Hanım, hiçbir şey olmadan bir yerlere gelen hatta toplumda hak etmediği kadar ilgi ve itibar toplayan insanlar ülkesi Türkiye'de, bu tiplerin en çarpıcı örneklerinden birisidir. Ama bunlar onun kanser davasına katkısını küçültmez. Belki de Amerika'dan dönüşünde toplum tarafından kanser konusunda yetişmiş bir uzman ve patoloji profesörü olarak kabul edilmese idi kanser savaşı için başlattığı girişimler ciddiye alınmazdı ve bu konu bugün geldiği noktada olmazdı. Bu gerçeği belirtmek bir vefa borcudur. Saygı ile anarım.

Tipler

Kanser Kurumu'nun diğer iki yönetim kurulu üyesi tıp fakültesinde hoca idi. Kendilerini tanıdığım zaman birbirleri ile yarış, hatta savaş halinde idiler. Daha önce kurumda çalışmış hastane memurlarından birisi hastane açıldıktan sonra çatışmalarının koridorlarda birbirlerini kovalama derecesine kadar vardığını nakletmişti. Rekabetlerinin başta gelen nedeni kurumun başkanlığı idi. Sonunda birisi başkanlığı, değişmez başkan olanın elinden almıştı. O da küserek kurumu terk etmiş ve Trafik Vakfı'nı kurmuş, onun genel başkanı olmuştu. Yeni geldiğim sıralarda bir gün doktor arkadaşlarla sohbet ederken Kanser Kurumu'ndan söz açıldı. Ben de yönetim kurulunda görev alanlarla ilgili samimi duygularımı dile getirdim ve "Bunlar Ulus Meydanı'na heykelleri dikilecek insanlar. Bir sürü işleri arasında böyle gönüllü hareketlerle fedakârane uğraşıyorlar. Üniversite hocası olarak para kazanmaları mümkünken bu uğurda muayenehanelerini de kapatacak derecede fedakârlık yapıyorlar" dedim. Ben bunları söylerken, orada bulunan memur Dr. Bey'in bıyık altından güldüğünü fark ettim. Niçin güldüğünü sordum. "Doktor bey, sen alay mı ediyorsun, yoksa saf mısın?" dedi. Adı geçenlerden birisinin eski model Opel Kapitan bir arabası olduğunu, bunu 25 bin liraya satışa çıkardığını, 18 bin liradan fazla veren olmadığını söyledi ve dedi ki: "Falanca derneğin de başkanıdır. Onlar için bir eşya piyangosu tertipledi. Piyangonun birinci ikramiyesi 30 bin liralık saydığı arabası."

Dernekçilik

Dernekçilikle yakın tanışmam fakültede öğrenci iken bir hemşehrimle birlikte Ordu Yüksek Tahsil Talebe Derneği adı altında bir dernek kurmamızla olmuştur. Ankara Onkoloji Hastanesi Başhekimi iken, Kanser Kurumu ile dayanışma imkânı bulamayınca bir dernek de ben kurdum ve kamuya yararlı dernekler arasına alınmasını sağladım. Bu dernek o zamanlar Ankara Hastanesi Başhekimi olan değerli dostum, ağabeyim Dr. Turan Gönen ve Tuzcuoğlu Nakliyat'ın sahibi merhum Mehmet Ali Tuzcuoğlu'nun destekleri ile bize büyük olanaklar sağlamıştır. Ben kendimi dernekçilikte deneyim sahibi zannediyordum. Ankara'da bu konuda öğreneceğim daha çok şey olduğunu gördüm.

Ankara Onkoloji Hastanesi kendisini kanıtlamış ve kabul ettirmişti. O zaman Kanser Kurumu'nun ilgisini çekmeye başladık. Bir gün benim, Operatör Dr. Korkut Akoğuz'un ve Radyoterapi Uzmanımız Dr. Erdoğan Çınar'ın Kanser Kurumu yönetim kuruluna seçildiğimiz bildirildi. Her ne kadar nasıl seçildiğimizi bilmiyorsak da buna memnun olmuştuk. Çünkü belki de böylece hastane ile kurum ilişkisinin işlerliğini sağlamak mümkün olacaktı.

Kurumda, mevcudiyetlerinden bir yarar umulmayan, hatta seçimli genel kurul dışında ortalarda görülmeyen üyeler olduğunu biliyorduk. Bunlara "bindirilmiş kıta" denirdi. Aidat verdikleri de yoktu. Yönetim kuruluna girişimizden birkaç ay sonra idare müdürüne dedim ki: "Üye defterini beraber gözden geçirelim. Kimler var, kimler yok görelim. Üyelik koşullarını yerine getirmeyenler varsa, üyeliğine son verelim, yerlerine kuruma maddi manevi katkısı olacak insanlar alalım."

Üye defterini başkanın evinde muhafaza ettiğini, onun için isteğimin yerine getirilmesinin mümkün olmadığını söyledi. Defterin niçin başkanın özel muhafazası altında olduğunu sordum. "Seçimi bu defteri eline geçiren kazanır," dedi.

O zaman yıllık aidat on lira idi. Defteri eline geçirenin mahalle kapıcılarını, Altındağ'daki hemşerilerini, aidatlarını kendi ödemek suretiyle üye yazdığını ve onların oyları ile seçim kazandığını söyledi. Mevcut başkan ve ekibinin yani bizlerin ne şekilde seçildiğini de böylece öğrenmiş oluyordum. Fahri bir görev için olanlara bakınız. Yaşadığımız başka olaylar da oldu. Bunları gördükten sonra bu işlerin bize göre olmadığını anladık ve yönetim kurulundan ayrılmaya karar verdik. Bir akşam başkanı yalnız yakaladık. Yapılan yanlışları anlattık, bu şartlarda kendisi ile çalışamayacağımızı söyledik. Gayet pişkince "iyi edersiniz" dedi. Biz de söyleyeceklerimizi söyleyerek kurumu terk ettik.

Eski başkan zamanında kurumun bir genel kurul toplantısına katılmıştım. Gündemde tüzük değişikliği vardı. Tüzük üzerinde birkaç gün çalışarak öneriler hazırlamıştım. Sırası geldikçe önerimi söylüyordum. Oylamada reddediliyordu. Bir iki redden sonra kongre başkanlığının bulunduğu sahnede yüzü salona dönük olarak oturan sayın başkanımızın sıra oylamaya geçilince ret oyu vermeleri için salona işaret verdiğini fark ettim. Ondan sonraki önerim oylanınca ret için de, kabul için de el kaldırmadım. Kongre başkanı "önerinizi geri mi alıyorsunuz?" diye sordu. "Hayır" dedim. "Lehinde de oy vermediniz" dedi.

Önerilerimde ısrarlı olduğumu, oylamanın mahiyeti dahi anlaşılmadan sahneden yapılan işaretlerle yönlendirilmesini protesto etmenin daha hafif bir yolunu bulamadığımı söyledim. Bu mizansen böylece sürüp gitti. Değişiklik oylamaları bittikten sonra birisi başkanın kulağına bir şey fısıldadı. O da oylanan maddelerden birisinin yeniden oylanmasını istedi. Bu önerinin yönetim kurulunun lehine olduğunu sonradan fark etmişlerdi. Yeniden oylama yapıldı ve bu defa kafa aşağı doğru sallandığı için yalnız benim ret oyumla kabul edildi. Böylesine güdümlü bir genel kurul yaratılmıştı. Herhalde gönüllü bir harekete bu kadar hırsla sarılmanın bir bizim anlayamadığımız bazı nedenleri olmalı idi.

Gümrük Tekel Bakanlığı, gümrüklerde biriken kaçak malları satılmamak kaydı ile kamuya yararlı derneklere dağıtırdı. Kanser Kurumu bu dağıtımdan daima bol kepçe yararlanırdı. Aldıklarını da özellikle o zaman revaçta olan Amerikan pazarlarına satarak paraya çevirirlermiş. Bunları yönetim kurulu üyesi iken öğrenmiştim. Bu yüzden zaman zaman mahkemeye verirler, gayelerinin kanserli hastaya yardım olduğunu, satıştan elde edilen paralarla hastalara ilaç alındığını, tedavi ve yol giderlerinin ödendiğini, bu hizmetin, eşyayı hastalara vermekle yerine getirmenin mümkün olmadığını söyler, hakim de böyle ulvi bir gaye uğruna işlenen suç için daima beraat kararı verirmiş.

Biz de derneğimiz için bu imkândan yararlanmak istedik. Başvurularımızı karşılıksız bırakmıyorlardı ama bize sadece 80-100 bin liralık bir pay düşüyordu. Satmaya cesaret edemediğimiz için aldıklarımız hastane içerisinde personelden isteyenlere bedelinin 3'te-4'te biri kadar bağış karşılığında dağıtıyorduk. Onlar da aldıklarını muhtemelen biraz kârla satıyorlardı. Böylece şikâyet konusu olmadan derneğe nakit sağlıyorduk. Personel de geçimine az da olsa bir katkı elde ediyordu. Biz böylesine az az tahsis alırken, Kanser Kurumu milyonluk tahsisler alıyordu. Onun için o tarihlerde Gümrük ve Tekel Bakanı olan Haydar Özalp'la ilişki kurduk. Personel için servis arabasına ve hastaların dinlenme salonlarına koymak üzere televizyonlara ihtiyacımız vardı. Bunlarla birlikte bize verilen gümrük depolarındaki ihtiyaç fazlası (kaçakların resmî adı böyleydi) malların miktarının artırılmasını istedik. İlgilileri çağırdı, gerekli emirleri verdi. Başvurumuzu yaptık. Fakat cevap gelmiyordu. Sayın Özalp'i de yerinde bulamıyorduk. Çalışmak için çiftlikteki bira fabrikasına gidermiş. Bunu bize açıklayan, orada ziyaretçi kabul etmediğini de söylemişti. Buna rağmen her gittiğimizde bizi kabul ederdi. İlgililere isteklerimizin niçin yerine getirilmediğini sorardı. Onlar da bize layık araba ve televizyonun henüz ele geçemediğini, gümrükleri araştırdıklarını söylerlerdi.

Birçok kere gittik geldik. Bakanın, ilgilileri sert uyarılarına rağmen sonuç alamıyorduk. Sonunda sadece 2-3 televizyon alabildik. Arkasından Haydar Bey Bakanlık'tan ayrıldı. Ayrıldığının ertesi günün tarihi ile başvurumuza red cevabı geldi.

Bu olayı kamuya yararlı bir derneğin idari görevlisine nakletttim ve kendilerinin nasıl olup da kolayca ve bol miktarda mal alabildiklerini sordum. 100 bin liramız varsa bize de liste üzerinden dört beş milyon liralık mal alabileceğini söyledi. Bu paranın aracılık yapan bir banka görevlisi hanımefendiye verileceğini, bir hafta içerisinde tahsisin yapılacağını, kararlaştırılan bir tarihte geceyarısı malların Gölbaşı'na geleceğini söyledi. Ben de orada hazır bulunan alıcılara üç milyon lira karşılığı eşyayı devredecektim. Paranın iki milyonunu derneğe gelir olarak alırsınız, bir milyonunu da tahsilat-ı mesture (örtülü ödenek) olarak kendi hesabınıza bankaya yatırırsınız" dedi. Paranın bir kısmını niçin kendi hesabıma yatıracağımı sordum. Derneğin gözükmemesi gereken giderleri olduğunu, bu giderlerin başka türlü karşılanamayacağını, kendi başkanlarının her partide paranın bir miktarını kendi ismine açılan hesaba yatırdığını söyledi.

"Kabul ediyorum, yalnız sarf karşılığı olmadan derneğin 100 bin lirasını çekmek risklidir. Aracı hanımefendinin parasını eşyayı devredip parayı alınca verelim" dedim. Kabul etmedi, evvelce veresiye iş yaparmış, bir seferinde vadedilen parayı ödememişler. O zamandan beri veresiye iş kabul etmiyormuş. Doğrusu bir ara bu işe girmeyi düşündüm. Arkadaşlara bunları olduğu gibi anlattım. Bizim becereceğimiz işlerden değildi. Peşini bıraktık.

Bizdeki gönüllü hareketlerin ne kadarının altında bu gerçekler yatıyor bilemiyorum. Yalnız Çocuk Esirgeme Kurumu bir il başkanının da aynı şeyi yaptığını, acemiliğinden olacak ki yakalanıp mahkemeye verildiğini o zaman bu kurumun merkez müdürü olan dostum Tahsin Baranoğlu'ndan dinlemiştim.

Bir vesile ile merhum Mehmet Ali Tuzcuoğlu, isimlerini saydığı birkaç dernek ve vakfın kurucuları arasında bulunduğunu, içlerine girdikten sonra olanları gördükçe bunlarla ilişkilerini kestiğini ve sonunda da hiçbir dernekle ilişki kurmamaya karar verdiğini söylemiş ve "İki senedir sizi takip ediyorum, dernekçiliği feragat ve ciddiyetle yürütüyorsunuz" diyerek derneğimize üye olmuştu.

Bize çok yardımı dokundu. Bina ve malzeme olarak neye ihtiyacımız varsa sağlamak istiyordu. Bulunduğumuz bina kiralıktı. Burada yapılan masraf boşuna giderdi. Onun için acele etmeye gerek bulunmadığını, başlamış olan yeni binanın inşaatı bitince radyoterapi ve nükleer tıp bölümlerinin donatımını kendisine bırakacağımızı ve bu bölüme ismini vereceğimizi söyledim, kabul etti. Ne yazık ki yeni binanın bitişini göremedi. Fakat hastalanınca bu iş için Onkoloji Hastanesi'ne 50 milyon lira vasiyet etmiş (O tarihlerde bir kobalt terapi cihazı 2 milyon liraya alınabiliyordu). Vefatından sonra varislerinin vasiyetname için açtıkları dava yüzünden bu para kullanılamamış, sadece kurduğu vakıf yönetimi ile ilgili vasiyeti yerine getirilmiş, hâlâ vakfın yönetiminde Onkoloji Hastanesi'nden bir hekim bulunmaktadır. "Mış"lı naklettim, çünkü bunlar Sağlık Bakanlığı'na ilk olarak Cengiz Gökçek'le giren politik kadrolaşmanın gadrine uğrayarak görevden ayrılışımdan sonra olmuştu. Bu konulara ileride temas edeceğim.

Onkoloji Hastanesi Yardım derneği ile de ben uğraşmak zorunda kalıyordum. Arkadaşlarım bana yardımcı oluyorlardı ama fazla zaman ayıramıyorlardı. Hastanemize ilk tayin olan sosyal hizmet uzmanlarından birisini yönetim kuruluna aldık. Hiç olmazsa dışarı işlerinde yardımcı olurdu. Bu arkadaş 7-8 ay yılmadan sağa sola koşuşturdu. Bir gün arkadaşlarla oturuyorduk. İçeri girdi. Yorgun bir hali vardı.

"Başhekim bey," dedi, "Derneğin işlerine koşturmaktan ayağımdaki pabucu eskittim, yönetim kurulundan istifa edeceğim."

Kendisine istifa için acele etmemesini söyledim ve dedim ki:

"Dernekçilikte üç aşama vardır. Birincisi vatan millet adına koşuşturma aşamasıdır. Bir müddet sonra bu uğurda pabucun eskitildiği fark edilir, bu ikinci aşamasıdır. Üçüncüsü de eskiyen pabucu dernekten yenileme aşamasıdır. İlk iki aşamayı geçmiş üçüncü aşamaya gelmişsin, istifa edersen papuç da gider. Onun için devam et."

O tarihten beri bu bende değişmez bir yargıdır.

Kanunla kurulan meslek kuruluşları bile yönetimdekilerin kişisel hesaplarına alet edilmiştir ve edilmektedir. Tabip odalarında üye ve aktif görev almış bir hekim olarak çok şeyler gördüm ve yaşadım. Yönetimi bir süre elinde bulunduranlar bu kuruluşu yıllarca siyasi hesaplarına araç yapmışlardır. Bundan hem kendileri, hem meslek, hem de siyasi görüşleri zarar görmüştür. Türk Tabipler Birliği giderek etkinlik kazanacağı yerde, elindeki olanakları da kaybetmiştir. Ankara'daki yaşamımda bakanlık erkânı ile devamlı yakınlık içinde oldum. Genel müdürlük yaptım. Elimden geldiğince birliğin meslektaşlar üzerinde etkinliğinin artırılması gerektiğini ve bunun yararlarını yetkililere anlatmaya çalıştım. Hâlâ da o kanıdayım. Her platformda bunun savunucusu oldum. Türk Tabipler Birliği yasasının değişiklik çalışmalarında birçok şeyi kurtarmaya çalıştıksa da birçok olanak elden gitti.

Zorunlu üye olunan odalarda ve birliklerde, yöneticilerin siyasi görüşleri ön plana çıktığı takdirde orası siyasetin güç gösteri arenası haline gelir. Yönetimi elinde bulunduranların siyasi görüşlerini paylaşmayanlar "ben gidiyorum" diyemeyeceği için doğal olarak meslek birliğinin yönetimini ele geçirme savaşına gireceklerdir. Sonuç olarak da mesleğin değerlerini, meslek mensuplarının haklarını koruyucu olan bir kamu kuruluşu, çıkar çatışmalarının sahnesi olacaktır. Nitekim Türk Tabipler Birliği'nde bu tablo uzun yıllar yaşandı. Bunun yerine birlik adım adım meslektaşlar üzerinde ve sağlık yönetiminde etkinliğini artırsa, bugün bunu başaranların siyasi görüşleri de puan toplamış, tıp mesleği ve mesleğin mensupları çok şeyler kazanmış olurdu. Ne yazık ki bugün hekimlere tabip odalarının seçimlerinde kanun zoru ile oy kullandırılmaktadır. Ne meslek ne de meslek mensupları bakımından varlığının hikmeti kalmamıştır. İnsanlar gibi kurumlar da rüştünü kanıtlamazsa yetkileri elinden alınır.

Ankara Tabip Odası Haysiyet Divanı üyesiydim. Talebe hareketlerinin yoğun olduğu bir dönemi yaşıyorduk. Mamak Cezaevi'nde tutuklu kalanlardan cezaevi doktorluğu yapan bir üsteğmen için şikâyetler geldi.

Konunun aslını öğrenmek üzere şikâyeti yapanlar çağırıldı. Öyle şeyler anlatıyorlardı ki bir hekimin bunları yaptığını, yapacağını kabul etmek mümkün değildi. Doktorun devamlı çizme ve elinde kırbaçla dolaşan bir faşist olduğunu söylüyorlardı. Bir tanesi, "Bu adam o kadar zalim ki, bir gün cezaevinin bahçesine giren bir köpeği çuvala koydurdu, sopa ile vura vura öldürdü" demişti.

Bu olayı görüp görmediğini sordum, görmemiş, başkasından dinlemişti. Bu genç iddiasını bilinçli olarak kendini uydurmuş olsa idi, "gördüm" der çıkardı. Halbuki o samimiyetle "hayır" demişti.

O zaman yaşadığı atmosferin veya gördüğü işkencenin bunalımı altında inanılmayacak şeylere inanmıştı diye düşünüyordum.

O gün, on beş-yirmi kişi dinledik. Gençlerden birisi sağ kolunun dayak sonucu felç olduğunu, birkaç kere cezaevinin doktoruna çıktığını, her seferinde aspirin verilerek baştan savıldığını, kolu düzelmediği için hastaneye naklini istediğini, fakat cezaevi doktorunun kendisini kovduğunu, hastaneye büyük uğraşlardan sonra gönderildiğini anlattı. Sorum üzerine hastanede herhangi bir tedavi yapılmadığını, ilaç verilmediğini söyledi. Kolu da normaldi.

Tutuklu kalanlardan bir hanım kendisinde meme kanseri olduğunu, hastalığı hayatını tehdit ettiği için hastaneye gönderilmesini istediğini, fakat doktorun göndermediğini, bu yüzden sağlığının tehlikeye atıldığını söyledi. Kendisini tanımıştım. Bir gün bir doktor arkadaşımız telefon ederek, tutuklu olan bir hanım akrabasının meme kanserinden daha önce hastanemiz uzmanlarından Dr. Akoğuz tarafından ameliyat edildiğini, şimdi bazı şikâyetleri olduğunu, sevkinin yapıldığını, ilgilenmemizi rica etti. Hastaneye yatırdık, inceledik, önemli bir şey çıkmadı. Buna rağmen uzunca bir süre hastanede tuttuk.

Bu hanımefendinin beni tanımadığı anlaşılıyordu. Bunun için de gerçek dışı şeyler anlatmıştı. Kendimi tanıttım, olayları hatırlattım. Hiçbir şey söyleyemedi.

Neticede Mamak Cezaevi doktoru için arkadaşlar süreli meslekten men cezası önerdiler.

Benim edindiğim izlenim cezaevi doktoru asker hekimliğin

alışkanlığı, belki de karşı siyasi görüşte olmanın etkisi ile hastalara en azından yardımcı olmaya çalıştığı izlenimi verecek şekilde davranmamış, anlayış göstermesi gerekirken ilgisiz görünmüş ve kestirmeden ve kesin konuşmak suretiyle bir hekime yakışmayan davranışlarda bulunmuştu. Onun için "deontolojiye uygun davranmamaktan cezalandırılmasını" yeterli görüyordum. Arkadaşlar önerilerinde ısrar ediyorlardı. Üyelerden Dr. K.A. ile siyasi görüşlerini tam paylaşmadığım halde yakınlığımız vardı. Ailece de görüşürdük. Kardeşinin kızı solcu olarak tevkif edilmiş, işkence görmüş, haksız işlemlere maruz kalmıştı. O zaman onun hissiyatını paylaşmıştık. Bunları hatırlattım ve "Sayın ağabeyim şimdi birlikte kınadığımız yanlışları sırf duygusal nedenlerle ve önyargılarla biz de yaparsak ayıp olur. Bu bizim mesleğimize de, kişiliklerimize de yakışmaz" dedim.

Ekseriyetle 6 ay meslekten men cezası verildi. Kararın altında yarım sayfa muhalefet şerhi yazmıştım. Daha sonraları bu hekime meslekten men cezasının uygulanmadığını, ayrıca Gülhane Hastanesi'ne asistan olarak atandığını duydum. Yıllarca sonra bir yerde beraber çalıştığımız bir hanım kızın soyadı bana tanıdık gelmişti. Günlerce düşündükten sonra hatırladım. Babası, tabip odası haysiyet divanında savunduğum genç asker hekimdi.

Hatırımda kaldığına göre 1966 yılında Hekimler Sendikası kurulmuştu. Bir süre bu sendikanın yönetim kurulunda bulundum. Başkanımız Tıp Fakültesi hocalarında Prof. K.A., ikinci başkan da Gülhane Askerî Tıp Akademisi'nden emekli General Prof. Dr. E.E. idi. K.A.'nın gazetelerin misafir yazar sütunlarında gıda sanayii ile ilgili tenkit yazıları çıkardı. Arada sırada "Gıda ve gıda sanayisi ile ilgili bir sürü yazı yazıyoruz, birisi çıkıp da 'hoca şu kadar ücret verelim, bize gel danışmanlık yap' demiyor" diye yakınırdı.

Milliyet gazetesinde yine böyle bir yazısı çıkmıştı. Yazısındaki bir deyimin ne demek olduğunu anlayamamıştım. Ertesi gün kendisine sordum. O da bilmiyordu. Sonra arkadaşlar bu yazıları kendisinin değil, Doçenti O.K.'nın yazdığını söylediler. O.K. aşırı sol politik görüşlü bir veterinerdi. Olaylara at gözlüğü ile bakardı. Hocamız O.K.'yı kullanmak amacı ile yanına almıştı. Yazıları O.K. yazar, hoca da imzasını atarmış.

Memur sendikalarını yasaklayacak bir kanun çıkarılmasına gidilmişti. Yasanın çıkarılacağı kesinleşince, hekimlerin paraları ile aldığımız, birisini misafirhane, birisini de lokal olarak kullandığımız iki daireyi tabip odasına devretmek istiyorduk. Çünkü bu devir yapılmazsa yasa çıktığında dairelerimiz Hazine'ye geçecekti. Ne yazık ki başkanımızla başkan yardımcımız bizim önerimize şiddetli karşı çıkıyorlardı.

Yasa çıkınca daireler Maliye Bakanlığı'na intikal etti. Aradan iki yıl kadar geçtikten sonra bir yerde eski başkanımız K.A. ile karşılaştım. Bana "Yahu, E.E. paşanın bana attığı kazığı biliyor musun?" dedi ve ekledi. "Herif beni atlatmış, 1.800 lira aylıkla dairelerin kayyumluğunu almış."

Demek ki ikisi de hesaplarını kayyumluğu almaya göre yapmışlardı. Ferasetlerine şaşmamak mümkün değildi.

Türk Kanser Araştırma ve Savaş Kurumu'nun en önemli faaliyeti, her sene mayıs ayının ilk haftasında kanser savaşı ile ilgili etkinlikler düzenlemekti. Hafta sağlık bakanının bir radyo konuşması ile açılırdı. İlk gün sabahleyin kurumun yönetim kurulu üyeleri, gönüllüler ve ilgilenen vatandaşların katılımı ile oluşan kortej Andiçen Hastanesi önünden yürüyüşe geçer, Anıtkabir'e gider ve çelenk konurdu.

Kurum yönetim kurulu üyesi iken Anıtkabir'deki bir seremoniye katıldım. Yönetim kurulu üyeleri olarak Arslanlı Yol'un başına toplandık. Kortejin önüne yönetim kurulu üyeleri sıralandık. Gönüllü hanımefendiler arkamızda sıraya girmişlerdi. Yürüyüşe geçilince arkamızdaki gönüllüler benim gibi acemileri ite kaka yerlerimizi alıyor, bizler de giderek arka sıralara doğru yer değiştiriyorduk. Sonunda kendimizi en arkada bulduk. Böylece TV'de bizim yerimize onlar gözüktü.

Kurumun bir etkinliği de hafta içerisinde bir balo düzenlemekti. İlk sene acemiliğimizden yararlanarak gönüllü hanımefendiler, bize emrivaki ile balo bileti sattılar. Aldığımız maaşla zor geçiniyorduk. Bu yüzden o ayki bütçemizde önemli bir gedik açılmıştı. Halbuki biz onların davalarında en büyük yardımcıları idik. Hastanede çalışan beş hekimi o gece özel olarak davet edebilirlerdi. Geceye katılmadık. Bu olayın olumsuz etkisini de hiçbirimiz unutmadık.

Kanser haftası etkinliklerinden birisi de afişler, radro, TV spotları ile erken teşhis için halkı uyarmaktı. En çok kullanılan slogan "kanserden korkma, geç kalmaktan kork"tu. Erken teşhis için genel hastanelere özel bir başvuru oluyor mu idi, onu bilmiyorum, ama biz hafta boyunca büyük bir kalabalıkla cebelleşmek zorunda kalıyorduk. Cebelleşmek diyorum, çünkü ne biz erken teşhisin ne olduğunu biliyorduk, ne de hastanenin bu iş için gerekli aracı, gereci ve organizasyonu vardı. Biz gelene bir şikâyeti olup olmadığını soruyor, "yok" diyene "niye geldin" diyorduk. Şikâyeti olanları da herhangi bir hastanede yapılan rutin muayenelerle idare ediyorduk. Bir hafta boyu harekete geçirilen insanların, hayal kırıklığına uğraya uğraya giderek uyarıları kaale almayacaklarını anlamak için özel bir bilgi ve tecrübeye ihtiyaç yoktu. Bu yüzden kanserle savaş propagandası giderek etkinliğini kaybetmekteydi. Bu savaş yöntemini Amerika'dan getirmişlerdi, yalnız Amerika'da bu propagandaları yaparken, erken teşhis için organize olmuş kurum ve kuruluşları da ilan ediyorlardı. Bu ilanda kontrollerin ücretsiz yapılacağı da belirtiliyordu. Hizmet de bütün yıl sürüyordu.

Ahmet Andiçen hariç, Kanser Kurumu'nun yönetim kurulu üyelerinin hastane yönetimi ile araları açıktı. Bunun ana nedeni, hekim üyelerin hastaneden özel olarak yararlanmak isteklerine karşılık bulamamaları idi. Bu yanlış bir beklenti idi. Anlaşmazlıklardan ne yazık ki dava ve hizmet zarar görüyordu. Kurum yönetim kurulu kendi aralarında ve hastane yönetimi ile uyumlu çalışabilse idi, çok daha ileri noktalara varılabilirdi. Tam aksi oldu. Sağlık Bakanlığı'nca 1962 yılında işletmeye açılan hastane 1965 yılında kapatıldı.

Kurumun yönetim kurulu üyeleri umduklarını bulabilecekleri beklentisi ile hastanenin işletmesini Ankara Tıp Fakültesi'ne verdiler. Fakat ne hastane işletilebildi, ne de onlar umduklarını buldular. İdare, hiçbir şeyi bilmediği halde her şeyi bilir geçinenlerin ellerinde kalmıştı. Etimesgut'ta kontrplak fabrikasının deposundan bozma bir binada faaliyete geçen Bakanlığa ait Ankara Onkoloji Hastanesi karşısında tutunamadılar. Protokol süresi bitince fakülte de bu işten vazgeçti.

Sonuçsuz bir girişim olarak kalan Andiçen Hastanesi deneyi yaşanan bütün olumsuzluklara rağmen birkaç bakımdan yararlı olmuştur. Her şeyden önce bizler en azından Ankara'da gönüllü hareketlerin ne olduğu ve nasıl yapıldığı hakkında fikir sahibi olmuştuk. Ayrıca kanser savaşının bir ayağının gönüllü hareket olduğunu öğrenmiştik. Bundan da daha önemlisi yanlışları yaşayarak doğruları bulmayı öğrendik. İsmet İnönü hatıralarında, mealen, der ki: "Kurtuluş Savaşı'nı kazanan kadro Birinci Cihan Harbi'nde yetişmiştir."

Onkoloji Hastanesi'nin başarısı da birinci denemeden alınan derslere bağlıdır.

Kanserle savaş için ilk ortaya atılanların, bugünkü noktaya gelinmesinde her şeye rağmen büyük payları olduğunu söylemek bir vefa borcudur. Türk Kanser Araştırma ve Savaş Kurumu'nu kuranlar ve hareketi motive edenler onlardır. Onlar olmasaydı şimdi bulunduğumuz yerin çok daha gerisinde kalırdı. Daha 1970'li yıllarda bu konuda, gelişmiş bazı ülkelerden daha ileride idik. Almanya'da Mainz Üniversitesi Tıp Fakültesi'ni gezerken ilgili doktorlar kim olduğumu öğrenince, Türkiye'de bir Onkoloji Hastanesi bulunmasını şaşkınlık ve hayretle karşılamışlar ve kendilerinin bütün uğraşlarına rağmen yetkililere ayrı bir klinik dahi kurduramadıklarını söylemişlerdi.

Bazı Arayışlar

Andiçen Hastanesi ile ilgili konuya son vermeden önce burayla ilgili bazı anılarımı daha aktarmak istiyorum.

Taşrada kazancımı bırakmış gelmiştim. Elimdeki para ile oturacak bir daire almıştım. Maaşım 900 lira idi, bununla da geçinemiyordum. Akrabalarım ve yakınlarım muayenehane açmamı istiyorlardı. Bense Ankara'da kendimi kanıtlayarak yeterince kazanabilmem için en az iki üç sene sabırla beklemem gerekeceğini biliyordum. Hastane-muayenehane turnikesi benim yapacağım iş değildi. Bu nedenle bir taraftan taşraya naklim için uğraşıyor, bir yandan da geçimim için ihtiyacım olan para açığını kapamanın çarelerini arıyordum.

O yıllarda Bakanlık istediğini Ankara'daki sağlık teşkilâtlarının boş kadrolarına ek görevle atanmak suretiyle destek sağlıyordu. Benimle beraber Diyarbakır'dan naklen gelen Op. Dr. Cemal Erkan ağabeyimize, kendisini Ankara'ya getiren Sağlık Bakanı Dr. Azizoğlu böyle bir ek görev verdirmişti. Dr. Erkan hepimizin yaşlısı olduğu kadar sevip saydığı bir ağabeyimizdi de. Sıkıntımı görünce bana bu imkândan bahsetti. Zat İşleri Genel Müdürü olan Dr. Ahmet Üstünoğlu'na gittim. Durumumu anlattım, uygun gördü. Encümenden karar çıkartabilmek için bir hayli uğraşmasına rağmen sonuç alamayınca Bakanlık dışındakilere verilen ek görevleri kaldırdı. Benim yüzümden, bana iyilik etmek isteyen Cemal ağabey de ek görevinden olmuştu.

Ek görevden ümidi kesince başka imkânlar aradım. O sıralarda moda olan polikliniklerden birisinde iç hastalıkları uzmanı olarak çalışmaya başladım. Bu poliklinikler gelirini daha çok o yıllarda Almanya'ya akın eden işçilerin sağlık muayenelerinden elde ediyordu. Poliklinikleri genelde birkaç hekim biraraya gelerek açıyor, ihtiyaçları olan branşları da muayene edilen kişi başına cüzi bir ücret karşılığı dışarıdan sağlıyorlardı.

Daha fazla kazanmak varken, daha aza razı olmanın anlamı yoktu. Hastanedeki arkadaşlarla konuştum, ortak bir poliklinik açmaya karar verdik. Operatör, röntgen ve dahiliye uzmanı ihtiyacımız yoktu. Raporların geçerli olabilmesi için bir göz, bir de kulak-burun-boğaz hastalıkları uzmanı lazımdı. Onları da bulduk. Göz hastalıkları uzmanımız Demokrat Parti Konya eski milletvekili Dr. Hulki Amil Keymen, K.B.B. uzmanımız da o dönem Kayseri Adalet Partisi milletvekili Dr. Vedat Ali Özkan'dı. Sayın Keymen Mevlana ahvadından, ağırbaşlı, efendi, her hali ile saygıdeğer bir ağabeyimizdi. Kendisi ile ilgili konuşmayı sevmezdi. Şairliğini de başkalarından öğrenmiştim. Yassıada'da kalmıştı. Bu konudaki suallerimizi daima cevapsız bırakırdı. Vedat Ali Özkan, mütevazı, işini ciddiye alan iyi bir uzman ve iyi bir arkadaştı. Her ikisini de rahmet ve saygı ile anarım.

Gün geldi Sayın V. Ali Özkan Sağlık Bakanı oldu. İlk el attığı işlerden birisi yeniden bir kanser hastanesi açmaktı. İşte 1967 yılında açılan ve kalıcı olan Ankara Onkoloji Hastanesi'nin temelinde bu tesadüfi beraberlik yatmaktadır.

Andiçen Kanser Hastanesi'nde başlayan ve benim iradem dışında gelişen olaylar kaderimi değiştirmişti.

Bir gün Bakanlık Müsteşar Muavini Dr. Turan Gönen'in beni çağırdığını söylediler. O tarihlerde Kıbrıs'a rotasyonla doktor gönderiliyordu. Lefkoşe'de askerî doktorun eşi ve çocuklarının hunharca katledilmesinin yarattığı şokun etkisi henüz geçmemişti. Doğrusu, Kıbrıs'a gönderilmek için çağırıldığımı zannettim ve endişelendim. Onun için birtakım karmaşık düşünceler içerisinde Bakanlığa gittim.

Sayın Gönen kardiyoloji stajı için beni Fransa'ya göndereceklerini söyledi. Bir an şaşkınlığa uğradım. Ertesi güne kadar düşünmek için müsaade istedim. O kendine has tatlı sert otoriter haliyle "Hayır, şimdi evet diyeceksin" dedi. Tekrar taşraya gitme projemle yeni durumu karşılaştırmak fırsatı da bırakmıyordu. Kabule mecbur kaldım.

Fransızlarla bir anlaşma yapmışlar. Buradan üç dahiliye uzmanı, bir radyolog, bir göğüs cerrahi, bir laboratuvar uzmanı olmak üzere 6 hekim Fransız bursu ile Paris'e gidecek, orada kardiyoloji ve kalp cerrahisi üzerinde staj yapacaktı. 8 ay kalacak, sonunda Yüksek İhtisas Hastanesi'nde klinik kardiyoloji ve kalp cerrahi kliniklerini açmak üzere bizimle beraber bir ekip gelecek; bu hizmet için gerekli bütün araç gereçleri Fransa sağlayacak; gelen ekip bir-bir buçuk sene kadar kalacak; bizler ileri uzmanlık belgelerimizi alacağız, ondan sonra da Fransız ekip her şeyi bize bırakarak geri dönecekti. Diğer arkadaşlar da seçildi. Gidinceye kadar konuya adaptasyon için Yüksek İhtisas Hastanesi'ne nakledildik. Yüksek İhtisas Hastanesi'nde, Ankara Tıp Fakültesi'nden görevlendirilen hocalarla kardiyoloji ve kalp damar cerrahisi ve bir de gastroentroloji kliniği açılmıştı. Bu iş zannederim, İnönü'nün özel doktorluğunu yapan Sayın Prof. Zafer Paykoç tarafından İnönü ile yakınlığından yararlanarak bizzat tezgâhlanmıştı. Kendisi ekibi ile gastroentropolojiye yerleşmişti. Klinik kardiyolojinin başında da Prof. Dr. Sabih Oktay vardı. Sabih Oktay fevkalâde efendi, mütevazı bir insandı. Ne yazık ki mesai arkadaşları için bunları söylemek mümkün değildir. Hastane açılınca başhekimliğine getirilen Sayın Dr. Turan Gönen, fakülte mensuplarını bir türlü devlet hastanesi düzen ve disiplinine sokamamıştı. Bir kısmı hastaneyi pervasızca kişisel çıkarları için kullanıyorlardı. O derecede ki muayenehanelerinde baktıkları hastaların her türlü laboratuvar tetkiklerini hastanede ücretsiz olarak yaptırıyorlardı. Turan Gönen'in hedefi, hastaneyi, yetişecek Bakanlık elemanları ile yeniden organize ederek yurtdışına gidecek birçok hastanın yurt içerisinde tedavisini sağlamaktı. Burada peşinen belirtmek isterim ki, bu güzel projeyi, oraya çöreklenenler daha baştan yıktılar.

Kliniğe başladığımız gün Sabih Oktay yardımcılarına bizlere klinikte yapılan şeyleri göstermelerini ve mümkün olduğunca da öğretmelerini, böylece Paris'te geçecek sürenin daha iyi değerlendirilebileceğini söyledi. İsimlerini de vermekte sakınca görmüyorum. Sabih Hoca'nın bu emri verdiği Prof. Sabahat Kaymakçalan, Doçent Turan Akyol ve Başasistan Türkan Hanım sanki aksi emredilmiş gibi kardiyolojiye has tetkikleri bizden gizleyerek yapıyorlar, sonuçlarını üçü bir odaya kapanarak kendi aralarında değerlendiriyorlardı. Bizi de acemi asistan gibi günlük rutin işlere koşuyorlardı. Arada sırada hastalarda hemodinamik inceleme yapmak için Cebeci'deki hemodinami laboratuvarına gidiyorlardı. Sadece bir seferinde, o da Sabih Hoca'nın emri ile bizi de beraber götürdüler. İlk defa bir kalp katetevizasyonu görecektik. Yapacakları, en basiti olan sağ kalbin incelenmesi idi. Bunun için tam üç saat uğraştılar. Bu işin yapılması için 10 dakikanın yeterli olduğunu Fransa'da gördük. Aldıkları tıraseleri de bize göstermemek için bir odaya kapanarak inceliyorlardı. Gizli çalışmaları anlaşılan, bize öğretmek istememeleri kadar, öğretecek birşeyleri olmamasından da kaynaklanıyordu.

Fransa İzlenimleri

Fransa'ya Gidiş: Tiyatrocu musunuz?

ESTEF bursiyeri olarak Paris'te geçen 8 aylık dönemi uzun uzun anlatmak istemiyorum. Sadece kıssadan hisse çıkarılacak anılarımı nakledeceğim.

Daha yolculuğun başında enteresan bir olay yaşadık. Ben, dahiliye uzmanı Dr. Ayhan Caner, dahiliye uzmanı Dr. Sami Ünal ve operatör Dr. Mürşit Koryak Sirkeci'den trene bindik. Hepimizin ikişer üçer bavulu vardı. Bavullar yerinden zor kalkıyordu. İkimiz kompartmana girdik. Diğerleri bunları aşağıdan uzatıyorlar, biz de pencereden alıp bagaj yerine yerleştiriyorduk. Kompartmanda orta yaşlı bir bey ile bir bayan oturuyordu. Bizi biraz da hayretle izliyorlardı. Bavullar yerleşti, yerlerimize oturduk. Biraz sonra oradaki bey Fransızca olarak bize "Siz tiyatrocu musunuz?" diye sordu. Tiyatrocuya benzer neremiz vardı, anlayamamıştık, birbirimize baktık. "Hayır" dedik, "Siz bu kanıya nereden vardınız?"

"Çok bagajınız var da!" dedi.

Bagajımızın çokluğunun Paris'te 8 ay kalmak üzere gitmemize bağlı olduğunu söyledik. "Bakın" dedi, "Biz eşimle 6 ay Uzakdoğu'da dolaştık, sadece iki küçük valizimiz var."

Paris Garı'nda bavullarımızı taksi durağına taşıdık. Baktık bir taksiye sığmayacak, iki taksiye binmeye karar verdik. Hareket edince taksi şoförü "Siz İspanyol musunuz?" diye sordu. "Hayır" dedik. Herhalde rengimize bakarak söyledi diye düşünmüştüm. Bu defa "Ev mi taşıyorsunuz?" diye sordu. Ona da "Hayır" dedi. Adamcağız bu kadar eşyayı niye taşıdığımızı anlayamamıştı. Bu bizim de garibimize gitmişti. Bir geceliğine de bir yere gitsek yanımıza en az bir bavul alır, gideriz! O günden beri niye bu kadar eşya taşımaya meraklı olduğumuzu bir türlü anlayamadım, ama taşımaktan da kendimi alamadım.

Paris'te Türkler

Paris'te kaldığım sürede Türklerin bulundukları yerlerde pek iyi not almadıklarını gördüm. Diğer ülkelerden gelen stajyerler genelde Cachan denen banliyödeki özel bir yurda yerleştirilirken, bizleri pahalı ve parasına göre de kötü otellere yerleştiriyorlar.

Bizim gruba da Pigalle'in ara sokaklarından birisi olan Rue de Navarin'deki Hotel Novarin düşmüştü. Bursiyer olarak bizden önce gelmiş bir doktor hanımla, bir öğretmen hanım hemşehrimiz de orada kalıyorlardı. Semt olarak da, otel olarak da hiç iyi bir seçim değildi. Özel olarak ismi dolayısı ile seçildiğini de düşünmedik değil.

Karanlık koridorlar, otomata bağlı düşük vatlı ampullerle kısa süre aydınlandığı için acele etmezsek kapının anahtar deliğini bulmakta bile zorluk çekiyorduk.

Odalarda aydınlatma çok yetersiz olduğu için geceleri bir şey okumak mümkün olmuyordu. Hanım arkadaşlar biraz daha yüksek vatlı bir ampul alıp taktıklarını, bunun üzerine sigortanın attığını, müracaattaki sigorta panosundan durumu fark eden otel sahibi madamın eski ampulü yerine takmaya vakit bulamadan yanlarına gelip kendilerini azarladığını anlatmışlardı. Tavandaki ampulle, lavabodaki ampulü aynı anda yakmak mümkün değildi.

Pigalle adi gece kulüpleri ve fahişeleri ile meşhur bir semttir. Yabancı erkeklere "foto, foto" diye porno fotoğraflar satmak için yanaşan adamlardan sokaklarda rahatça yürümek mümkün olmuyordu. Akşam yemekleri için ana caddedeki bir self servis lokantaya gidiyorduk. Gidip gelirken sokak fahişelerinden yakayı kurtarmak bir hayli zor oluyordu. Birkaç gün sonra atmosfere biraz alışmıştım. Bir akşam yemeğinden dönerken hatunun birisi beni durdurdu, "Kaç para?" diye sordum. "Tous compris cinquant franc" (hepsi dahil 50 frank) dedi! "Sen mi bana vereceksin?" dedim. Küfür etti.

Hanım arkadaşlar akşam yemeğine gidip gelirken sürekli rahatsız edilmekten yakındılar, giderken kendilerini de almamızı rica ettiler. Ondan sonra hep beraber yemeğe gidip gelmeye başladık ve böylece onlar da, biz de cinsel tacizden kurtulmuş olduk.

Bu otelde fazla kalmamız olanaksızdı. ASTEF merkezine gittim, yetkiliye durumu anlattım. Bizi Cachan'daki yurda nakletmelerini istedim. Önce "Olmaz" dedi, ısrar edince kabul ettiler. Cachan'a geçtik ve rahat ettik. Gerçekten fevkalâde konforlu bir yerdi. Otele bir kahvaltı ve yatak için günde 20 frank öderken, burada yemek hariç ayda 50 frank ödeyecektik. Tek kişilik odalarda kalıyorduk. Yurdun bir özelliği de yetmiş iki buçuk milletten stajyer bulunması idi.

Öğle yemeklerini 2,5 franka hastanede yiyorduk. İlk gittiğimiz gün arkadaşlara akşam yemeklerini nerede yiyeceğimizi sordum. 1-1,5 franka kafeteryada yiyebileceğimi söylediler.

Ekmek, La vache qui rit (gülen inek) markalı eritme peynir, jambon, süt veya çaylı akşam yemeklerine başladık.

Sabah kahvaltısını da aynı yerde aynı yiyeceklerle yapıyorduk. Bir hafta sonra günde iki kere aynı şeyleri yemekten bana tiksinti gelmeye başladı. Bu arada yurdun bir de akşam yemekleri için restoranı olduğunu öğrenmiştim. Ondan sonra akşam yemeklerini restoranda yemeye başladım. Burada yemek 5 franka yendiğinden, bizimkilerin tasarruf için kafeteryayı tercih ettiği anlaşılıyordu. Halbuki Cachan'da kalan bir bursiyerin akşam yemeği, yol paraları ve sinema, tiyatro giderleri dahil aylık masrafı 500 frankı geçmiyordu.

Yurtta iki Türk hanım bursiyer vardı. İlk günler, bu arkadaşların verdiğimiz selamı bile almak istemedikleri dikkatimizi çekmişti. Türklerden özenle kaçınıyorlardı. Geceleri ya salonda bir köşeye çekilir, başbaşa otururlar ya da odalarına kapanırlardı. Aradan bir müddet geçtikten sonra onlar bize yaklaşmaya başladılar. Salonda veya müzik odasında yanımıza geliyorlar, oturup sohbet ediyorduk. Türkler tarafından sürekli taciz edildikleri için iyice emin olmadan yakınlık göstermediklerini söylemişler ve daha önceki davranışları için de bizden özür dilemişlerdi.

Bir akşam beraber oturuyorduk, yanımıza ilk defa gördüğümüz bir Türk hanım geldi. Şen şakrak, girgin birisi idi. Yurda o gün gelmiş. Dereden tepeden konuşuyorduk. Ertesi gün memlekete gidecek olan bir arkadaşımız da bize katıldı. Yeni gelen hanımın samimi davranışlarını görünce kolay avlanır birisi zannetmiş ki "eşime götürmek üzere bir kürk almıştım, bir görün de fikrinizi söyleyin" dedi. Beraber odasına gittiler. Hiç de umduğu gibi çıkmamış. Kısa bir süre sonra hanım döndü, hiçbir şey olmamış gibi yerine oturdu. O arkadaş ortalarda gözükmedi.

Vatandaşlarımız Fransızlara, lisan kurslarındaki çoğu Alman olan yabancı kızlara da aynı şeyleri yapıyorlar ve küçük düşüyorlardı. Bazı açıkgözler kızları elde etmenin kolayını bulmuştu. Evlenmek vaadi ile bir süre bir arada yaşıyor, sonra da bırakıp kaçıyorlardı. O yüzden yabancılar bütün Türkleri aynı kefeye koyuyorlardı.

Alliance Française'de devam ettiğim kursta 12 Alman kız, bir Yunanlı kız, erkek olarak da bir İranlı, bir de ben vardım. Yanyana oturduğumuz kızlar ders aralarında benden adeta kaçıyorlardı. Bazen kafeteryada kendime kahve söylerken, yakınımdakine de teklif ediyordum, reddediyordu. Bir gün Yunanlı sınıf arkadaşımız başka sınıfa devam eden bir Alman arkadaşının ateşli bir hastalık geçirdiğini, sigortası olmadığı için doktora gidemediğini, kendisine yardımcı olmamı rica etti. Alman kızların çoğu Paris'te zor şartlarda yaşıyorlardı. Bir kısmı Fransız ailelerin yanında çok az bir ücretle çocuk bakıcısı olarak çalışıyordu. Bunlar da evin erkeğinin tasallutundan kurtulmak için sık sık yer değiştiriyor, aralarda boşta kalıyorlardı. İçlerinden açlıktan bayılanları biliyorum. Buna rağmen iffetlerini titizlikle koruyorlardı. Sorulduğunda lisan öğrenmek için geldiklerini söylüyorlardı. Ama sadece lisan için bu sıkıntılara katlanılmazdı. Daha çok koca bulmak için geliyorlardı.

Öğle tatilinde, hasta kıza baktım. Anjin olmuştu. Dershaneye yakın bir eczaneye gittik. Hekim olduğumu söyledim. Ağızdan kullanılan bir antibiyotik istedim. Eczacı "Özür dilerim, reçetesiz veremeyiz" dedi. Yanımda reçete taşıyordum. Çıkardım, vereceği antibiyotiğin firma ismini istedim, reçeteyi yazdım, ilacı aldık. Birkaç gün sonra hasta iyileşmiş, bana teşekküre geldiler. Ondan sonra sınıftaki kızlar benden kaçmadılar. Bir zararını da görmediler.

Türkler o derecede şartlanmış olarak Paris'e geliyorlardı ki... Alliance Française'in kafeteryasında bir set vardı, Türk kursiyerler bu setin üstünden kızları romantik bakışlarla etki altına almaya çalışırlardı. Onun için kafeteryaya giren bir kimsenin Türkleri ayırması gayet kolaydı.

Yurtta da lisan kursları vardı. Bizim kurs hocası, aklımda yanlış kalmadı ise, Matmazel Blanchard isminde yaşlı bir bakire idi. On iki kişilik grup içerisinde en çok Yunanlı bursiyerle, en az da bizimle meşgul oluyordu. Hatta egzersiz yaptırırken bize gelince atlamakta bir beis görmüyordu. Yabancılarla yakın ilişkiler kurmak için "Kulüp Arkad" isimli bir dernek vardı, Fransızlar burada gönüllü olarak çalışırlardı. Oraya üye olmuştuk. Bazı geceler giderdik. Orada bir Fransız'a bu durumu anlattığım zaman gülerek; "Siz atının bastığı yerde ot bitmeyen Attila'nın torunusunuz, Yunanlı ise Aristo'nun torunu" demişti. Şaka da olsa gerçek payı oldukça yüksek bir şaka idi. Bunun üzerine ertesi gün matmazele bir jest yapalım da, bizi de adam yerine koysun dedik. Gerekebilir diye beraberimizde el yapımı ufak tefek gümüş takılar götürmüştük. Birer tane ayırdık ve Bayan Bilanchar'a takdim ettik. Fransızcada ne kadar nezaket ve iltifat cümlesi varsa hepsini sıraladı. Böylece gönlünü fethetmiş olduk.

Yurttaki hademe bile bizlere farklı davranıyordu. Bunda kişi ve millet olarak yanlışlarımızın da büyük etkisi vardı. Fransa'da özellikle Paris'te hakkımızda olumsuz bir kanı uyandırılmıştı. Buna karşı bizim kültür ataşeliğimiz, sefarethanemiz ne yapıyordu bilmiyorum.

Bir gün Osmanlı Bankası'na gitmiştim. Duvarlarda Fransız Hava Yolları resimli afişleri vardı. İstanbul üzerinden geçen hava hatlarında bile İstanbul'un adı yoktu. Bunun için kültür ataşeliğini uyarmıştık.

Bir sabah da Paris'in her tarafına "bugün Türklerin Ermenileri katlettiğinin yıldönümüdür" yazılı afişler asıldı. Bu konuda bizim görevlilerin ne sesini duyduk, ne soluğunu.

Yurtta yılbaşı gecesi için eğlenceler düzenlenmişti. Herkes harıl harıl hazırlandı. Biz günlerce işe yarar malzeme toplamaya uğraştık. Tülay German'ın kültür ataşeliğinde bir kaseti varmış. Onu da bilmem nereye vermişler, geri gelmemiş. Ele geçirinceye kadar akla karayı seçtik. Prova çalışmalarında çaldığımız zaman duyan Fransızlar dinlemek için koştular. Hayran kalmışlardı. Bunu çoğaltıp her tarafa dağıtacakları yerde bir kasetle idare etmekle yetinmişlerdi. Bu kadar lagarlık olurdu.

İlk günlerde merakla kitapçı vitrinlerini inceliyordum, acaba bir Türk yazar adına rastlayabilir miyim diye. Evet bazı vitrinlerde üzerinde bir Türk ismi olan kitaplar vardı ama o isim bizim dışladığımız Nazım Hikmet'in ismi idi.

Nazım Hikmet

Cachan'da Asya'dan, Afrika'dan, Güney Amerika'dan kim varsa Türk olduğumuzu öğrenince Nazım Hikmet diye başlıyordu. Bunlara verecek cevap bulamıyorduk. Çünkü "Vatan, Millet, Sakarya" edebiyatı oralarda geçmiyordu.

Bir akşam üzeri yurdun müzik odasına girdim. Birisi pikabın başına oturmuş plak dinliyordu. Plakta davudi bir ses ağır ağır bir şiir okuyordu. Kulağıma "Kerem gibi" sözü ilişti, dikkat ettim, o esnada şiir bitti. Arkasından aynı ses şiiri Türkçe okumaya başladı. "Hava, ağır kurşun gibi", "Yanıyorum kerem gibi" mısralarını hatırlıyorum. Derken plak bitti. Dinleyen, arkaya dönünce beni gördü. Yunanlı bir arkadaştı. Ağlamıştı. Bana; "Bu adamı mahvettiniz" dedi. Sonra Kerem'i sordu. Dilimin döndüğü kadar anlattım. Plağı nereden aldığını sordum. Galeri Lafayette'ten almıştı. Ertesi gün bir tane almak için gittim. Dönüşte gümrükte yakalanır, başım belaya girer diye çekindim almadım. Almamış olmama hâlâ üzülürüm. Ben onun politik görüşünden yana asla olmadım, ama dünyanın tanıdığı ve bizi dünyaya sevdirecek bir değeri aleyhimizde propaganda aracı haline getirmek gibi görülmedik bir mucize yaratmıştık. Övünelim(!)

Başarılı uluslararası politikamız için bir örnek daha vermek isterim; Cachan'da İranlılar da vardı. Bunların çoğunluğu Azeri idi. Yalnız olduğumuz zaman bizimle Türkçe konuşurlardı. İster Azeri, ister diğer ırklardan olsun bir İranlının geldiğini görür görmez hemen Fransızcaya dönerlerdi. İran'da devlet baskısı insanları birbirinden korkar hale getirmişti. Kursta beraber olduğumuz bir İranlı mühendis vardı. Ders aralarında da bizden uzak dururdu. Bir gün kendisini yakaladım. "Biz dost ve kardeş iki milletiz, niçin bizden uzak duruyorsun?" diye sordum. "Biz dost ve kardeş değiliz, sizin hükümetiniz bizim hükümetimizin dostu ve kardeşidir" dedi ve uzaklaştı. Demek ki İran halkını İran şahına feda etmiştik.

Bu vesile ile bir anımı daha anlatmak isterim. Bir pazar günü yemekhanede öğle yemeği yiyordum. Devamlı aynı masada yemek yediğimiz İranlı bursiyer sinirli bir vaziyette geldi, masaya oturdu. Azeri şivesi ile "Eşşekoğlu eşşek femme de chambre (oda hizmetçisi) benden hesap soruyor" dedi. Ne olduğunu sordum. Odada bardağı düşürüp kırmış. Femme de chambre bardağı niye kırdığını sormuş. O da elinden düştüğünü söylemiş. "Niye düşürdün?" diye yineleyince, sinirlenmiş ve kadını kovalamış:

"Özüm, Şahın zabitiyem, men Tehran caddelerinde geçende ehali selam durar. Bir femme de chambre mene nassıl hesap sorar?" diyordu.

Uzun zamandır her akşam aynı masada yemek yediğimiz,

ben içmediğim için şarabımı da kendisine verdiğim bu arkadaşın Azeri ve İran ordusunda istihkâm yüzbaşısı olduğunu o gün öğrenmiştim. Şaha karşı münevverler arasında büyük bir husumet cephesi oluştuğunu da artık biliyorduk. Belki bu konularda basında çıkan yazıların da etkisi ile Şahın saltanat ömrünün pek uzun olmadığı izlenimi edinmiştim. Şahın bütün gücünün orduyu elinde tutmasına bağlı olduğu kanısı yaygındı. Yüzbaşı da bunu bir nevi teyit etmiş oluyordu. "Şahın zabitiyem diye övünüp durma. Caddelerden geçerken sana selam duran halkın seni bacaklarından tutup sokaklarda sürükleyeceği günler yakındır. Bu sözümü unutma" dedim. Hiç ses çıkarmadı. İran Devrimi olunca bu yüzbaşıyı hatırladım. Sağsa o da kehanetimi hatırlamıştır. Sonuç gösterdi ki ısrarla yanlış ata oynamıştık. Pakistan'da da sürekli aynı yanlışları yaptık.

Ailece Fransa'ya yaptığımız turistik bir ziyarette Paris civarında bir kampingte kalmıştık. Bizim çadırın yanındaki karavanda bir bayan vardı. Eşi devlet memuru mühendismiş, De Gaulle aleyhinde atıp tutuyordu. Seçim yeni olmuştu. Ben de dedim ki, "Madem ki De Gaulle bu kadar kötü idi, niçin oy verdiniz?" Cevabı enteresandı.

"Seçimden önce öğrencileri tahrik etti, sokağa döktü, sonra da komünistler geliyor diye onları polislere coplattı. Halka da komünistler gelince elinizdeki her şeyin yarısını alacaklar. Eğer bir arabanız varsa onun da yarısını alacaklar, diyerek korkuttu. O şekilde oyumuzu aldı. Sonra anladık ki bizi kandırmış." Benzerliklerimiz var ama, bir de fark var: Biz politikacılar tarafından aldatıldığımızı bir türlü fark edemiyorduk.

Paris'te Bir Polis Karakolu ve Polis

Daha başka benzerliklerimiz de vardı. Son üç ay ailemi de getirteceğim için Montmartre'da bir daire kiralamıştım. Ev sahibimiz Ermeni madam karakoldan oturma belgesi istedi. Bölge karakoluna gittim, geldiğim yerin bölge karakolundan belge istediler. Oturma izinlerimizi bursiyeri olduğumuz ASTF çıkartmıştı. İkamet yeri olarak da kendi binalarını göstermişler.

Buranın bağlı olduğu polis karakoluna gittim. Etoile Meydanı civarında eski tip bir binanın birinci katında idi. Bastıkça gıcırdayan daracık bir merdivenden yukarı çıktım. Birinci katta içerisinde bir banko olan genişçe bir odaya girdim. Bankonun önünde sıra olmuş 5-6 kişi bekliyordu. Bankonun arkasında üç görevli oturuyordu. Onların arkalarında bir masa, masanın üzerinde etrafı açık demir iskeletli eski tip büyük bir Remington yazı makinesi, makinenin yanında da kayıtlara mahsus iri iri kara kaplı defterler vardı. Karakolu ve atmosferi hiç yadırgamadım, sanki bildiğim karakollardan birisine gelmiştim. Sıranın giriş tarafındaki ucuna geldim. Karşıma isabet eden memura isteğimi söyledim, bu işe kimin baktığını sordum, kafası ile ileri tarafı işaret etti. Beklemeye başladım, bu sırada benim yanıma bir hanım geldi. Konuşmasından İspanyol olduğu anlaşılıyordu, pasaportu ile ilgili bir husus için gelmişti. Cilveli ve edalı bir tarzda uzun uzun konuşuyor, mesmur çok kısa cevaplar veriyor veya başı ile olmaz işaretleri yapıyordu. Bu memur tam karşımda olduğu için mecburen o tarafa bakıyordum. Nihayet İspanyol hanım pasaportunu memura uzattı. Memur içindeki on frankı çekmeceye attı. Benim kendisine baktığımı görünce "niçin bakıyorsun?" diye azarladı. Mecburen bakıyordum. Bankodan dışarı çıktı. İspanyol hanımla beraber kapıları bulunduğumuz yere açılan odalardan birisine girdi. Biraz sonra gülerek geri geldiler. Hanımın isteği yerine getirildi.

Sıram gelince ilgili memura elimdeki oturma belgemi uzatarak isteğimi söyledim. Belgeyi inceledi. "Burada ikamet yeri olarak verilen adres resmî dairedir, resmî dairede ikamet edilmez, onun için nakil belgesi veremeyiz" dedi. Durumumu anlattım, kabul etmedi. Beni gönderen karakola geri gittim. Nakil vermediklerini söyledim. Onlar da Nuh diyor, peygamber demiyorlardı. Baktım olmuyor. Paris Emniyet Müdürlüğü'ne gittim, bir yetkiliye olayı anlattım. Bir kâğıda telefon numarasını yazdı. Montmartre Karakolu'na gitmemi söyledi. "Bir tereddütleri varsa bu numaraya bana telefon etsinler" dedi. Gittim, emniyet müdürlüğüne gittiğim için söylendiler, ama işimi de yaptılar.

Paris işyerlerinin bulunduğu semtlerde araba park süreleri 1-2 saatle sınırlıdır. Montmartre'da komşu olduğumuz Türk arkadaşın bir arabası vardı. Devamlı park sıkıntısı çeker, bulduğu zaman da park süresi uzadığı için ceza yazılırdı. Ama park yerlerini dolduran semtteki işyerlerinde çalışanların arabaları sabahtan akşama kadar orada dururdu. Meğer gruplar halinde anlaşmışlar, müsaade edilen süre dolmadan birbirleri ile yer değiştiriyorlarmış. Bu olayı görmemezliğe gelmesi için de semtte görevli polise her hafta için araba başına beş frank veriyorlarmış. Yalnız rüşveti değil, hile-i şeriyeyi de öğrenmişlerdi. Bu tür anlaşmalara mani olmak için olacak, semt polisleri her hafta değiştiği halde, düzen yerleştiği için oyun sürüyordu.

Bununla beraber halk polise son derece saygılı idi. Hatta polisten çekinirlerdi. Yol kavşaklarındaki trafik polisi copunu kaldırdığı zaman bütün arabalar olduğu yerde kalır, kimse de ne homurdanır, ne de memura çıkışırdı. Ceza yazdıkları zaman, sürücü ne kadar itiraz ederse etsin polisler katiyen cevap vermezler, tebligatı yazar ve pencereden arabaya bırakır giderlerdi. Aynı şeyi bulunduğum diğer Avrupa ülkelerinde de gördüm. Polis bizdeki gibi sürücünün kimliği ile de mazeretleri ile de ilgilenmez.

Şehir içi trafik kazalarında, yaralı veya ölü yoksa kaza yapan arabaları bekletmezler. Avrupa'da daha sonraları da araba ile çok seyahatler yaptım, şehir içlerinde çeşitli kazalara şahit oldum. Taraflar iner el sıkışırlar, birbirlerine kartlarını ve sigorta numaralarını verir, işlerine giderler. Bizdeki gibi kaza tutanağı, alkol muayenesi ve karakolda alınan ifade tutanağı istemek sureti ile insanlara işkence yapmak yoktur.

Bizdeki zorunlu trafik sigortası pek fazla işe yaramaz. Kaskodan para alıncaya kadar insana akla karayı seçtirirler. Tamamını vermemek için çeşitli nedenler icat ederler. Böylece devlet zoru ile kazık yiyip duruyoruz. Çünkü büyük çoğunluk sistemin bezdirici isteklerinden yıldığı için (zamanın birinde önce hastaneye sarhoşluk muayenesine, arkasından cürmü meşhut mahkemelerine gidilirdi) kaza olunca zararını ya uzlaşma ile karşılıyor ya da sineye çekiyor.

Ailemi Paris'e getireceğim için bir süre sonra ev tutarak Cachan'dan ayrıldım. Kaldığım apartman dairesinde kapıcı olmasına rağmen çöplerimizi kendimiz zemin katta binanın aydınlığına konan bidonlara döküyorduk. Kapıcı, ailesi ile birlikte birinci katta normal bir dairede oturuyor, zemin kattaki dükkânı da şarküteri olarak işletiyordu. Orada üç ay kaldım, binanın genel yerlerini temizlemekten başka iş yaptığını görmedim.

Sabahlara kadar aydınlıktan köpek havlamaları gelirdi. Bir gün öğleden sonra mutad dışı evde idim. Çöpü dökmek için aşağı indim. Aydınlığın sonradan konduğu belli olan uydurma tahta kapısını açmamla kocaman bir kurt köpeğinin üzerime doğru atlaması bir oldu. Kapıyı kapayamasam beni parçalayacaktı. Elimde çöp torbası ile geri dönüyordum, kapıcının hanımının dairesine çıktığını gördüm. Olayı görmüş olmalı idi ama hiç o taraflı değildi. Kendisine kısaca olanı anlatıp çöp dökülen yerde saldırgan bir köpeğin serbest bulundurulmasının doğru olmadığını söyledim. Lütfedip kafasını çevirdi, omuzunun üzerinden çöp dökme saatlerine uymamı söyledi ve yoluna devam etti. O dairesine girdikten sonra, arkamdan gelen Fransız komşu hanım, köpeğin kapıcıya ait olduğunu, saldırganlığından ayrı sabahlara kadar havlayarak kendilerini rahatsız ettiğini söyledi. Hem şikâyetçilerdi, hem de durumu kabullenmişler, ses çıkarmıyorlardı. Doğrusu bunu anlamak güçtü, ev sahibine gittim, durumu anlattım. Kapıcı ile, köpeğini oradan alması için konuşmasını söyledim. Dükkânlarına hırsız girdiğini, köpeği bir güvence olarak bulundurduklarını anlattı ve "Bu konuda kendilerine bir şey söyleyemem" dedi.

"Madam," dedim, "Türkiye'de bile bir köpeğin durup dururken insanlara saldırmasına müsaade edilmez, gelişmiş olmakla övünen Fransa'da müsaade edileceğini hiç zannetmem. Siz söylemezseniz ben de karakola giderim." Bunun üzerine telaşlandı. Gitmememi, kendisinin sorunu halledeceğini söyledi. Ertesi gün köpek kayboldu. Polisten böylesine çekiniyorlardı.

Bilen Takdir Edilir

Üç aile arabalarımızla Avrupa'da bir geziye çıkmıştık. Gezi uzun süreceği için çadır dahil her türlü ihtiyacımızı sağlamış, kampinglerde kalıyorduk. Belçika'dan Paris'e giderken akşam oldu. Yol kenarında yüksekçe bir yerde dinlenme parkına rastladık. Tuvalet, su gibi imkânları görünce orada gecelemeye karar verdik. Sabah uyandığımda bankın üzerinde bir polis memurunun oturduğunu gördüm. Selamladım, yanıma geldi. Bulunduğumuz yol kesimini sürekli kontrol eden ekiptenmiş, gece nöbetine gelmiş. Bizim, burada kamp kurmakla hatalı bir iş yaptığımızı, paramız ve eşyamız için hepimizin öldürülebileceğini, nöbeti alınca bizi gördüğünü, işini bırakarak beklediğini, nöbeti bittiği halde uyanmamıza kadar beklemeye devam ettiğini, böyle bir hatayı bir daha tekrarlamamızı söyledi. Aynen bizdeki gibi... (!)

Dönelim yine Paris'e. Biz üç dahiliye uzmanı Boucicaut Hastanesi'ne devam ediyorduk. Buradaki kardiyoloji kliniğinde mükemmel bir ekip çalışması vardı. "Patron" diye andıkları klinik direktörü Prof. Lenegre Paris'te branşında otorite idi. Ekibini, her birisi kendi alanında söz sahibi iyi yetişmiş hekimler teşkil ediyordu. Fransa'da da bizdeki gibi kendi tıp fakültelerinden yetişmeyenlere meslek uygulaması yasak olduğu için fiilen çalışamıyorduk ama her türlü aktiviteyi izliyorduk. Hemodinami'nin başında Lockhard isimli Amerika'da yetişmiş ateş gibi bir hekim vardı. Kateter'e başlamadan evvel röntgen uzmanı filmlere bakarak, EKG ustası EKG trasesine bakarak birer teşhis söylerler ve genelde hepsi aynı kararı verirdi; sonunda da onları doğrulardı.

Elektro (EKG) ustası dediğim, İspanya'dan kaçarak Fransa'ya sığınmış, 800 frank yabancı bursiyer aylığıyla geçinen Fernandez isimli bir hekimdi. "Patron" bile bir vesile ile Fernandez'in kendisinden iyi EKG bildiğini söylemişti. Bunu söyleyen patronun, elektrokardiyografinin küçük bir bahsi olan şube blokları üstüne yazılmış kocaman bir kitabı vardı. Yetişen değerler, onlar için rakip değil, yararlanılan bir eleman oluyordu.

Gerçekten de Fernandez elektrokardiyografi traselerinden her teşhisi koyabiliyordu. Biz gerek talebelikte, gerekse ihtisas yaparken hastalığa ait kriterleri ezberleyerek teşhisi koymaya çalışırdık. Tabiî iyi bir değerlendirme yapmayı bir türlü öğrenememiştik. Fernandez'den bize bu konuda yardımcı olmasını rica ettik. Bir öğle tatilinde yarım saat içinde bize kendisi gibi elektro okuyabilmemiz için gerekli temel bilgileri verdi. Yurda döndükten sonra vizitlerde bizim, EKG traselerine bakarak kalple ilgili çeşitli patolojileri söylediğimizi gören Prof. Dr. Sabih Oktay, bunun nasıl yapıldığını kendilerine anlatmamızı istedi. Bu istek gerçekleşmedi. Çünkü akademik unvanlı çalışma arkadaşlarının sıradan hekimlerden öğrenecekleri bir şey yoktu(!)

Denetçilerimiz

Paris'te kardiyoloji kliniğinin bütün etkinliklerini takip etmekle kalmıyor, devamlı olarak konu ile ilgili kitapları okuyorduk. Hastane mesaisi içindeki boş zamanlarımızı kliniğin kitaplığında geçiriyorduk. Burs süresinin sonunda Sağlık Bakanlığı'nın bu işle ilgili biriminin başındaki Dr. Madam süremizi uzatmak istemişti. Biz dönmek istediğimizi söyleyince şaşırdı ve "Herkes uzatmamız için ricaya geliyor, siz uzatmayı kabul etmiyorsunuz" diyerek hayretini ifade etti. Bu öneri staj yaptığımız yerde hakkımızda verilen raporlar dolayısıyla yapılmıştı. Buna rağmen bakınız neler oldu:

Yüksek ihtisastaki kardiyoloji kliniğinde görevli üniversite hocaları Paris'e geldiler. Geliş amaçlarının ne olduğunu bilmiyorduk. Kaldıkları sürece kendileri ile ilgilendik. Birkaç gün sonra bizim çalışmalarımızı yerinde görmek için görevli geldiklerini öğrendik. Bu konularda bizimle konuşmuyorlardı. En azından bir sorunumuz olup olmadığını sormaları gerekirdi.

Staj yaptığımız hastaneleri dolaştılar. Bizim devam ettiğimiz hastaneye geldiklerinin ertesi günü Dr. Lokart bize dedi ki; "Sizinkiler bizim patrona (klinik direktörünü patron diye anarlardı) sizi şikâyet etmiş. Hastaneye devam etmediğinizi, hiçbir şeyle ilgilenmediğinizi, geleli altı ay olmasına rağmen bir şey öğrenmediğinizi söylemişler. Patron beni çağırdı, gittiğimde sizinkiler de orada idiler. Bu iddiaların doğru olup olmadığını sordu. Hayretler içerisinde kaldım. Bunların hiçbirisinin aslı olmadığını söyledim."

Hocalarımız, ne yaptığımızı bile görmeden sezgi ile hüküm verebilecek kadar becerili insanlardı. Ne var ki bu davranışları bizi değil, onları küçük düşürdü.

Fitnenin kimden çıktığını biliyorduk. Prof. Dr. Sabih Oktay hocamız böyle oyunlara başvuracak bir insan değildi; insanların fesatlık yapacağını düşünemeyecek kadar iyi kalpli idi. Yanındakilerse, biz yetişirsek kendilerinin Yüksek İhtisas Hastanesi'nden gitmek zorunda kalacakları endişesi içinde idiler. Bu nedenle bizi dışlamak için her çareye başvuruyorlardı.

Staj bitti, yurda döndük ve Yüksek İhtisas Hastanesi Kardiyoloji Kliniği'nde asistan statüsü ile göreve başladık. Sabih Hoca'ya rağmen arkadaşları bizi çalışmalardan devamlı uzak tutuyorlardı. Biz de kendimizi, vizitelerdeki hasta başı tartışmalarında, konseyler ve bilimsel toplantılarda kanıtlamak için elimizden geleni yapıyorduk. Klinik konseylerde yaptıkları yanlışları yüzlerine karşı söylüyorduk. Fakülte asistanları böyle şey görmedikleri için şaşkınlığa uğruyorlardı. Bu tür müdahalelerden zarar göreceğimiz endişesi ile bizleri uyarmak için konuşurken, arkadan gömleğimizi çekiştirir dururlardı. Bunların başında daha sonra Hacettepe Tıp Fakültesi'nde Profesör olan Dr. Ekrem Bey geliyordu. Başbaşa kalınca, "Yanlış yapıyorsunuz" diyordu. Biz de "Size yanlış şeyler öğretiyorlar" dediğimiz zaman bunu bildiklerini, ama hocalara itiraz edilemeyeceğini söylerlerdi. Haklı idiler, böyle bir şey yapabilmek için bazı fedakârlıkları göze almaları lazımdı. Onlar sadece asistandı. Biz ise her an oradan ayrılıp iç hastalıkları uzmanı olarak başka bir hastanede görev alabilirdik. Onun için fakülte asistanları hiçbir şekilde saygıda kusur edemezlerdi.

Sözleşme gereği hastaneye Fransızlar gelecekti. Onları bekliyorduk fakat gelmeleri uzuyordu. Bu arada bizimle beraber Paris'te kalp cerrahisinde staj yapan Operatör Dr. Mürşit Koryak aceleci tabiatı yüzünden fakülte mensupları ile devamlı sürtüşmelere yol açıyordu. Bu onları tedirgin ettiği için hastanedeki bütün fakülte mensupları birleşiyor ve bize karşı tavır alıyordu. Fevkalâde rahatsızdık. Huzursuzluk giderek artıyordu. Vakit kazanmak için Bakanlığın bizi o tarihlerde yıldızı parlamaya başlayan Haydarpaşa Göğüs Cerrahisi Merkezi'ne rotasyona göndermesini sağladık. Başhekim Dr. Siyami Ersek, Avrupai tarzda fevkalâde güzel bir organizasyon kurmuştu. Bunda, Amerika'da yetişen ve orada da büyük bir ün kazanan Kardiyolog Dr. Ümit Aker'in büyük katkıları olmuştu. Kendisi fevkalâde bilgili ve o derecede de mütevazı iyi bir eğitici idi. Yaşça bizlerden küçük olmasına rağmen kendisini sevdiğimiz kadar sayar, bir kelime fazla öğrenmek için peşinden ayrılmazdık. Bize o tarihlerde kitaplarda yazılmayan, Türkiye'de kimsenin bilmediği çok şey öğretmişti.

Hastanede giderek belirginleşen iki hizip olmuştu; fakülte mensupları ve Bakanlık mensupları.

Fakülte mensupları her şeyi kendilerinin Yüksek İhtisas Hastanesi'nde kalmaları esasına endekslemişlerdi. Onun için bizim grubun başı olan Başhekim Dr. Turan Gönen'i görevden uzaklaştırarak yerine kendilerinden birisini getirme gayretine düştüler. Sağlık Bakanlığı'nın ve sağlık bakanlarının çoğunun indinde ne hikmetse profesör veya doçent unvanı taşıyan fakülte mensuplarının ayrı bir değeri vardı. Onun için bizim gibilerin sözleri bile dinlenmezdi. Ankara Onkoloji Hastanesi başhekimi iken Bakanlık'a bir üst düzey yetkilisi bana bir vesile ile "Bizde para, fakültede bilim vardır. Onun için ikisinin bir araya gelmesi gerekir" demişti. Bakanlığın kendi değerlerini tanımamasını her zaman yadırgamışımdır.

Klinik kardiyoloji ve kalp cerrahisinde, Bakanlık fakülteleri geride bırakmıştı. O yetkiliye bunları söyledim ve "Biz de onkoloji konusunda aynı atılımı yapacağız" dedim. Tanrı'ya şükür ki o günleri gördük ve yaşadık. Dr. Kemal Demir'in son Sağlık Bakanlığı'nda tebrike gidince bu kanımı, kendisine aktardım. Sağlık Bakanlığı teşkilâtını tanımayan ve Türkiye'nin sağlık bakımından içinde bulunduğu gerçekleri bilmeyen üniversite mensuplarını sırf unvanları var diye komisyonları çağırılmalarının doğru olmadığını, devamlı yanlışları savunduklarını, Bakanlığın kendi değerlerine sahip çıkması gerektiğini söyledim. O da "bunu biliyorum, sen merak etme. Sonunda biz doğru olduğuna inandığımızı yaparız" demişti.

Netice olarak Yüksek İhtisas Hastanesi'nde Bakanlık ve fakülte mensupları arasında savaşı biz kaybettik. Başhekim Dr. Turan Gönen görevden alındı, yerine Profesör Zafer Paykoç'un Doçenti Dr. Necip Danişoğlu getirildi. Böylece Dr. Gönen'in Fransızlarla işbirliği projesinin uygulanmasını önlemek için ilk adımı atmışlardı ama yine de Fransızlar sözlerinde durarak durumu yerinde incelemek ve ihtiyaçları tespit etmek için bir ekip gönderdiler. Ekipte bizim yanlarında staj yaptığımız uzmanlar vardı. Kardiyoloji kliniğinin çalışmalarının kendilerine tanıtılması için toplantılar yapıldı. Bizimkiler, çektikleri anjiyografi filmlerini gösterdiler. Bu toplantılarda açıkça ortaya çıktı ki kardiyoloji bilgileri ve pratikleri yetersizdi. Anjiyografileri yanlış değerlendiriyorlardı. Filmler çekilirken yapılan teknik hataların sonuçlarını bile patolojik bulgu olarak takdim ettiler. Utancımızdan renkten renge giriyorduk.

Bir akşam üzeri mesai bitimi arabama binmek üzere iken Fransız uzmanlar heyetinin kapıdan çıktığını gördüm. Kendilerini gidecekleri yere götürebileceğimi söyledim. "Yürümek istiyoruz" dediler. Ben de arabayı bırakarak onlara katıldım. Dr. Lockart yolda bana "Sen fakülteden misin, Bakanlık'tan mısın?" diye sordu. Bu ayrımı bile öğrenmişlerdi. Bakanlık'tan olduğumu söyledim.

"Dün akşam," dedi, "Sefarethanede sizinkilerle beraber yemekte idik. Fransa'nın kalp cerrahi için gerekli cihaz ve malzemeyi göndermesinin yeterli olacağını söylediler. Sizleri çalışmalara katmıyorlar. Kendilerinin de hiçbir şey bildikleri yok. Bizim cerrahlar bunlarla çalışmazlar. Bu iş burada biter." Gerçekten de orada bitti.

Türkiye Yüksek İhtisas Hastanesi'nin kuruluş amacı, ileri ihtisas dallarının burada organizasyonu ile yurtdışına hasta akışını durdurmaktı. Açılışında bu amaç zamanın başbakanının ağzından resmen ifade edilmişti. Hastanede gastroenteroloji, gastroenteroloji cerrahisi, kardiyoloji ve kalp-damar cerrahisi ile nöroşirürji klinikleri vardı. İçlerinde, hastanenin adına ve amacına uygun iler tutar yeri bulunan, sadece başında Prof. Dr. Zafer Paykoç'un bulunduğu gastroenteroloji kliniği idi. Kalp-damar cerrahisindeki ekibi Tıp Fakültesi'nden gelen, kapalı stetoskopla hasta göğsü dinlediğini daha önce aktardığım profesör, onun Amerika'da bir süre bulunmuş orada ne yaptığı ve ne öğrendiği anlaşılmayan, her iki cümlede bir "hocam Dibeyki (T. Özal'ı ameliyat eden kalp cerrahı Debakey) dedi ki, hocam Dibeyki yaptı ki" diyerek etrafta dolaşan doçenti ve bizim arkadaşlardan Op. Dr. Mürşit Koryak teşkil ediyordu.

Nöroşirürjinin başında güya Amerika'da nöroşirürji dalında çalışmış, oradan getirdiği filmlerle ve hasta dosya örnekleri ile tıbbi müsamerelerde bol bol boy gösteren, Gülhane Askerî Tıp Akademisi'nden ayrılmış profesör unvanlı bir askerî doktor vardı. Lafı bol iş yok türden birisi idi. Branşında ameliyat yapmayı bilmediği gibi, gözleri de görmüyordu. İşi gücü muayenehaneden ameliyat yapacağım diye para alarak hasta yatırmak, bunları muhtelif bahanelerle günlerce oyaladıktan sonra punduna getirip çıkarmaktı.

Bu iddialı hastane, o dönemde sadece bir(1) hastayı yurtdışına göndermeden tuttu. Kalp-damar cerrahisine, hali vakti yerinde olan bir hasta yatmıştı. Bir taraf iliak arterinde (bacağı besleyen ana damar) ileri derecede daralma vardı. Hastanın ailesinin amacı hastayı yurtdışına götürmek için gerekli raporu almaktı. Hasta sahiplerini buna gerek bulunmadığına ikna ettiler. Ameliyatı yaptılar. Daralan damar yerine bir damar protezi konmuştu. Koydukları protez o gece tıkandı. Hastanın bacağı kangren oldu ve öldü. Hasta sahipleri, hoca başta olmak üzere klinikteki hekimleri dövmek için koridorlarda kovaladılar.

Neticede Turan Gönen'in projesi hayal olmuş ve uçup gitmişti. Mevcut kadro ile hastanenin, rutin işleri yapmaktan ileri gitmesi mümkün değildi. Bizim ekibin orada kalmasının da bir manası yoktu. Çünkü İnönü'nün özel doktoru olmanın imtiyazlarından yararlanmayı iyi bilen Paykoç'u aşarak amaca erişmemiz mümkün değildi. Ayrılmaya karar verdik. Kararımızı Sayın Prof. Oktay'a aktardım. O her zamanki iyi niyeti ile kendilerinin kardiyolog olmadığını, bizlerin kardiyolog olarak yetiştiğimizi ve doğal olarak kendilerinin yerlerini alacağımızı, ayrılmamızın doğru olmadığını söyledi. Bu vesile ile içimdekileri dökme fırsatı bulmuştum:

"Arkadaşlarınızın böyle düşündüğünü zannetmiyorum. Sizin bütün iyi niyetinize karşın onlar her şeyi bizden saklıyorlar, bütün telaşları kardiyolojiyi bilmediklerinin ortaya çıkması ve yerlerini bizlere kaptırmak endişesinden ileri geliyor. Bir üniversite hocasının en başta gelen görevi öğretmektir. Herkesin bir yeteneği vardır. İnsan bir noktaya kadar gelir, daha ileri gidemez. Hocalıkta da bu böyledir. Öğrencileri hocasını geçecektir. Bir hoca için en büyük gurur, kendisini geçen öğrenciyi yetiştirmiş olmakla övünmektir. Maalesef arkadaşlarınızda böyle bir nitelik yok. Dünya bize kalsa ne ilimde, ne teknolojide bir adım ilerleme olmazdı."

Bu gerçeğin her alanda geçerli olduğunu ileriki yaşamımda gördüm. Bu memlekette kimse arkadan gelenin kendisini geçmesini istemiyor. İleri geçmek isteyenin kafasını koparma geleneğini devam ettiriyoruz. Onun için de mehter yürüyüşü ile ilerliyoruz.

Neticede kardiyolog olmama 3-4 ay kala ben de arkadaşlarla beraber hastaneden ayrıldım.

Bu bölümü kapamadan önce Fransa'da bulunduğum sürece ilginç gördüğüm bazı gözlemlerimi de aktarmak istiyorum.

Fransa'da Tıp Eğitimi ve Doktorlar

Bunlardan birisi tıp eğitimi ile ilgilidir. Hastanede entern dedikleri tıp öğrencileri çalışıyordu. Bunlar küçük sınıflardan başlayarak fakülteyi bitirinceye kadar devamlı hastanede kalıyorlardı. Kardiyoloji enternleri bizdeki bir iç hastalıkları uzmanından çok daha ileri düzeyde kardiyoloji biliyor, elektrokardiyografi ve röntgen filmi okuyorlardı. Fakülte bittiği zaman bunlar çalıştıkları dalda adeta uzmanlaşmış oluyorlardı.

Polikliniklere önceden verilmiş randevularla belirli sayıda hasta kabul ediliyordu. Poliklinikler saat onda başlardı. Klinikteki bütün öğretim üyeleri bir sıra dahilinde muntazaman poliklinik yapıyordu. Poliklinikte çalışanlar, mesaileri 14'te bitmesine rağmen, saat 16'ya kadar hiçbir yere ayrılmadan görev yapıyorlardı.

Hastalar sabah erkenden gelirler, enternler tarafından saat 10'a kadar hocaların muayenesine hazır hale getirilirlerdi. Poliklinik başlayınca entern hazırladığı hastayı hocaya takdim eder, bulguları ve laboratuvar tetkiki sonuçlarını verir, hoca sadece teşhisi teyit için nereye bakması gerekiyorsa ona bakar, hazır bulunan asistan, entern ve stajyerlere öğrenmeye değer bulguları gösterir veya dinletirdi. Sonunda hastaya gayet açık şekilde, cerrahi vakalarda riskleri ile birlikte teşhisi ve tedaviyi söyler, hasta teşekkür eder giderdi. Bizdeki gibi ne poliklinikte kargaşa yaşanır, ne de hocalar ve uzmanlar poliklinikleri çömezlere bırakarak vizitten sonra odalarında gazete okurlar, ne de bir an önce muayenehaneye yetişmek için telaş içerisindedirler. Hekim yorulmaz, hasta hırpalanmaz. Karar ne kadar riskli olursa olsun hasta dönüp dönüp "şöyle olsa olmaz mı?" gibi lüzumsuz sorgu ve suallerle hekimi bîzar etmezdi.

Fransız uzmanların hastanede özel hastaları ile meşgul olduklarını görmedim. Yalnız Sabat isminde Cezayirli bir profesör vardı. Kliniğin kütüphanesini öğleye kadar özel hastalarının kabul yeri olarak kullanırdı.

Üniversitelerde periyodik olarak tekâmül kursları düzenliyorlardı. Bunlara katılacak hekimin oldukça önemli bir para ödemesi gerekirdi. Birkaç kursa katılmak istedik. Yer bulamadık, herkes aylarca önceden kaydını yaptırmıştı. Hekimlerin, bizdeki gibi özlük hakları kazanmak, mevkiini muhafaza etmek veya bir üst kademeye geçebilmek için süre tamamlaması yeterli değildi. Devlet Personel Yasası yaptık, yine de çalışanla çalışmayan, bilenle bilmeyen aynı kefeye kondu. Hastaneleri sıradan bürokratik bir hizmet yeri gibi kabul eden anlayışla hastane işletmeciliği yapılmayacağını bir türlü öğrenemedik. Bir gün bir dostumla sohbet ederken bu konu açılmıştı. "Bizde bütün iş, bilen ve çalışan enayi memurların üzerine yıkılır. Yasalarımız tembele ve işe yaramayana prim vermektedir" dedim. Orada bulunan bir bey de bu konuşmaları gülümseyerek dinliyordu. Kendisi Dışişleri Bakanlığı'nda üst düzey görevlilerden imiş. Niçin güldüğünü sorduğum zaman, gözlemimin doğru olduğunu söyledi ve "Benim bir büromda iki memur var, birisi hiçbir işe yaramıyor. Ne zaman dış görev çıksa işlerin aksamaması için onu gönderiyorum" dedi.

Paris'te Sağlık Bakanlığı'nın Etoile Meydanı'na açılan üç sokakta üç ayrı binası vardı. Her ay Bakanlık'ta bursiyerlerle ilgili birimin başında bulunan doktor hanımı görmek zorunda idik. 8 defa normal aylık ziyaretler için, iki üç defa da yukarıda kısaca sözünü ettiğim süre uzatma konusu için yanına gittik. Her seferinde de Bakanlık binalarının bahçe kapılarını bile kapalı bulurduk. Binaya girer girmez bir görevli bizi durdurup ne istediğimizi sorardı. Bursiyer olduğumuzu söylerdik. Bizi bir yere oturtur, doktor hanıma geldiğimizi haber verir, öyle görüşebilirdik. Bakanlık bahçelerinde de, koridorlarında da ziyaretçi veya iş takipçisi görmedim.

İş günleri öğle yemeklerini hastanede yiyorduk. Her yemek 2,5 yeni franktı. Ayrıca gereğinde kullanmak üzere üniversite öğrencilerine mahsus lokantalarda yemek yiyebilmemiz için kart verilmişti. Oralarda da 2,5 franka bir öğle yemeği yenebiliyordu. Bütün öğrencilerin kalabileceği yurtlar ve pansiyonlar vardı. Yabancı öğrenciler için her ülkeye yurt yaptırmak üzere yer tahsis edilmiş. Biz hariç, Paris'e öğrenci gönderen ülkelerin hepsinin birer yurdu olduğunu söylüyorlardı. Türkiye'de öğrenci hareketleri yoğunlaştığı zaman bunları hatırladım. O zaman bir Gençlik ve Spor Bakanlığımız vardı. Bu Bakanlık ne hikmetse gençlikle hiçbir ilgisi olmadığı gibi, sporu da futbol olarak algılıyordu.

Nitekim bakanlarından birisi göreve başlayınca televizyonda kendine has kasıntılı hali ile çok önemli bir atılım yapacakmış gibi Türk futbolunu kesinlikle dünya futbolu düzeyine çıkaracağını söylemişti. Onu da beceremedi. Ama bu saygıdeğer politikacımız gün geldi zorlukları aşmak için siyasi kurtarıcı olarak öne sürüldü.

Roma İmparatorluğu'nun çöküş döneminde, halkı uyutmak için, küçük derebeyliklere sefer düzenlenir, kazanılan zafer günlerce süren şenliklerle kutlanırmış.

Roma İmparatorluğu'nun yaptığını biz de futbolla yapıyoruz. Kazanılan maçları sokaklarda geceyarılarına kadar silah atarak büyük bir coşku ile kutluyoruz. Sahalarda top tepenler milletin ümidi haline getirildi.

Bakanlığın akıl almaz bir davranışla gençliği kendi haline bırakması üniversitelerin anarşi yuvasına dönmesinin ve gençliğin bir kaosa yuvarlanmasının nedenlerinden birisidir. Daha da hazini zamanında sorunun bir analizini yaparak gerçekçi çözümler aramak zahmetine dahi girmemişlerdir. Gerçek nedir? Türkiye'nin dört bir yanından üniversitelere öğrenciler gelmektedir. Çarpık öğretim politikası yüzünden işlevi sadece üniversiteye öğrenci yetiştirmekten ibaret olan ortaokullar, liseler kazalara hatta nahiyelere kadar götürülmüş, içlerinden birçoğunda öğretmensiz okuyarak mezun olan öğrenciler giderek artan miktarlarda üniversite kapılarına yığılmaya başlamıştır. İleriye yönelik ince hesaplarla, sırf imam hatip okullarını lise dengi yapmak için, orta dereceli meslek okulları mezunlarına da üniversiteye girme hakkı verilmek suretiyle yığılma daha da artırılmıştır. Böylece kapının önünde kalan küskünlere, kalifiye insan gücü ihtiyacı planlamasına dayalı bir üniversite politikası olmadığından, devlete kapılanmaktan başka iş alanı bulunmadığı için açıkta kalan üniversite mezunu işsizler ilave edildi.

Devlet, kendisine ait ilk ve orta eğitim görevini layıkıyla yerine getiremediği için bunu üstlenen özel kurslar karşısında havlu atmış, fakir fukaranın çocukları bir de bu açmazla karşı karşıya bırakılmışlardır.

Ülkenin dört bir yanından gelerek üniversiteye girme şansı kazananların birçoğu maddi imkânı kısıtlı aile çocuklarıdır. Bunların boş zamanlarını değerlendirecek spor tesisleri, yararlanacakları yeterince kitaplık yoktu. Ayrıca barınma ve beslenme sorunları vardı. Sıcak bir çorba içebilme olanağı ve barınacak yerleri olmayanlar gitgide artıyordu. Bunlar kahve köşelerinde ders çalışıyorlar veya kâğıt oyunları ile vakit geçiriyorlar ya da sağda solda politika tartışmalarına giriyorlardı. Bol bol sorunları olması ve bu sorunları konuşa konuşa bilenmeleri sonucu istekler eyleme dönüştü. Devlet bu durumu önlemler alarak yatıştıracağı yerde, "komünizmin ayak sesleri" olarak değerlendirmek suretiyle, bu hareketin karşısına milliyetçiliği kendi tekellerinde gören marjinal bir siyasi görüş yanlılarının çıkmasına destek verdi. Olaylar silahlı çatışmalara döndü. Kimse bu tabloyu yaratan gerçeklerden söz edemezdi. Çünkü insanların sefaleti ayıp değilmiş de, bundan söz edilmesi ayıpmış gibi sefalet sömürücülüğü yapmakla itham edilmek veya "Komünistler Moskova'ya" diye tehdit edilmek tehlikesi mevcuttu. Bu sorunu da masaya yatırmak yerine geleneksel yöntemimiz olan üstünü örtmek yolu seçilmişti.

Bunları tarafsız bir görüşle üst düzey yöneticiliklerde bulunmuş sağ politik görüş sahibi bir dostumla konuşurken, Gençlik ve Spor Bakanlığı'na düşen görevlerden söz etmiştim. Futbol bakanlığı haline gelen bu Bakanlık hiç olmazsa futboldan gelen paralarla gençlerin sorunlarına çare arayabilirdi. Birkaç gün sonra söylediklerimi Bakanlığın müsteşarına bahsettiğini, onun da ilgilendiğini ve bu konuları enine boyuna görüşmek üzere beni çağıracağını söyledi. Hâlâ çağıracak...

yor, her isteyenle yatacaksak burada ne işimiz var, sokaklarda çalışırız" dedi.

Bu kadarına da doğrusu pes denirdi.

İşte bu Ahmet Bey'in beni aradığını söylediler. Elimdeki işe konsantre olmuştum. Aramayı unuttum, aradan ne kadar zaman geçti bilmiyorum, telefon çaldı, açtım, karşımdaki "Ben Ahmet" dedi. Makaryos Ahmet Bey'in tekrar aradığı zannına kapıldım. Her zaman olduğu gibi laubali tarzda konuşmaya başladım. Bir hemşirenin adını verdi. Eşi öğretmenmiş, eşinin yanına naklini yapmamızı istiyordu.

"Yeter be kardeşim," dedim, "Bizimkiler hanım diye hep biz mi alta yatacağız, biraz da diğer Bakanlıklar kocaları hanımlarının yanına göndersinler!"

Karşımdaki, kısa bir tereddüt geçirdikten sonra,

"Yanımda bir milletvekili arkadaşımız var, onun ricasıdır, yerine getirelim," dedi.

"Sen o milletvekiline söyle, Milli Eğitim Bakanlığı'na gitsin, eşi olan öğretmeni hemşirenin bulunduğu yere versinler."

"Peki, peki."

Telefonu kapadı. Öğleden sonra genel müdürün yanına gitmiştim. "Sen bugün Üstünoğlu'na ne yapmışsın?" dedi.

Kırdığım potu farkettim. Her ne kadar Üstünoğlu ile ailece görüşecek düzeyde yakınlığımız varsa da görevde laubalilik adetim olmadığı için böyle bir durum yaratmış olduğumdan üzüldüm. Genel müdüre, yakınlığımın derecesi ne olursa olsun beraber çalıştığım kimselerle ilişkilerimde resmî gereklerin dışına çıkmayacağımı bildiğini söyledim. Olayı naklettim. "Şimdi gider özür dilerim" dedim. Gittim, yaptığım yanlışlığı anlattım. Çok üzüldüğümü söyledim. Gülerek karşıladı. "Tahmin etmiştim" dedi.

* * *

Bakanlık'ta dışarıdan isteklerle ve baskılarla yapılan usulsüzlükler giderek birtakım yolsuzluklara da kapı açmıştı. Çünkü bir yere hatır gönül yüzünden de olsa usulsüzlük ve kanunsuzluk girdiği zaman işin nereye kadar gideceğini kestirmek mümkün değildir. Üst yönetimdekilerin bunları bilmemesi imkânsızdır; ama makamlar ve mevkiler, bilgi, beceri ve liyakata değil, siyasi otoriteye sahip olanların keyiflerine göre verilir ve alınır hale gelmişti. Onun için bürokratların kaderleri bunların iki dudağının arasında idi. "Kör olası hanede evlâd-ı ayal var"dı. Bunlara direnmek her babayiğidin harcı değildi. Yönetimi dejenere eden bu tutum günümüze kadar devam edegelmiştir. Bu ortamda her şeye rağmen hizmet için doğrulardan şaşmadan pervasızca çalışanlar bulunur. Ama ekseriyeti daima oportünistlerle "evet efendim"ciler teşkil etmiştir.

Ebdurrahman Beg

Bakanlık'ta uzun yıllar Sosyalleşme Dairesi'nin başında bulunan Doktor Abdurrahman Bey, "Doğrucu Davut"lardandı. Sağlık hizmetlerinin sosyalleştirilmesine yürekten bağlanmıştı. Devamlı surette daha iyiyi elde etmeye uğraşıyordu. Bunun için sık sık bilimsel toplantılar düzenler, bunlardan sonuçlar çıkarmaya uğraşırdı. Böyle bir toplantıda personel politikası ile ilgili birkaç konuyu da bana vermişti. Konulara hazırlanabilmek için kaynaklar bulup incelemek zorunda kalmış, böylece daha işin başında personelle ilgili temel bilgileri öğrenmiştim. Bir gün genel müdür beni çağırdı. Elinde imzaya hazırlanmış bir atama kararı vardı. O zaman Sağlık Bakanı, Erzurum Belediye reisi iken orada ordu komutanı olarak bulunan Cemal Gürsel'in briç arkadaşı olduğu söylenen Sayın Edip Somuncuoğlu idi. Yüksek ihtisasta çalıştığımız dönemde Bakanlığın projesine sahip çıkması için kendisine gitmiştik. Bizi dinlemiş, "Ben bu işten usandım, artık bu konuyu duymak bile istemiyorum" demişti. Herhangi bir sorunun altından kalkabilecek bir tip değildi.

Bakan bir doktorun Samsun'a sağlık müdürü olarak atanmasını emretmiş, fakat Sosyalleştirme Dairesi Başkanı, bakanın deyimi ile Ebdurrahman Beg kararı imzalamamış, tabiî bakan bey buna fevkalâde sinirlenmiş, bizim genel müdürden emrinin behemahal yerine getirilmesini istemiş. Abdurrahman Bey lafını esirgemeyen bir adam olduğu için, genel müdürümüz bu konuyu tekrar ona iletmeye cesaret edemediğinden işi benim halletmemi istedi. Telefonla durumu Abdurrahman Bey'e anlattım. İmzalaması için kararı göndereceğimi söyledim. "O doktor Allah'ın bir serserisidir. Değil sağlık müdürlüğü, ocak tabipliği bile yapamaz, imzalamam" dedi. Beni severdi.

"Sayın ağabeyciğim, ben göndereyim, imzalamayın ama, gerekçenizi altına yazın iş bizden çıksın" dedim.

Kabul etti, gönderdim. Söylediklerini yazmış, altına da imzayı atmıştı. Tabiî Ebdurrahman Beg yerinden oldu. O Ebdurrahman Beg ki hayatının sonunu Bakanlık Huzurevi'nde geçirdi ve orada vefat etti.

O zamanlar D cetveli diye bir kadro tipi vardı. Bu kadrolara hademe ve hizmetliler tayin ediliyordu. Kadro işlerine bakan şube bana bağlı idi. Başlangıçta esasını iyi bilemediğim için konuya hakim değildim. Taşradan ipini koparan Ankara'ya geliyor, bir de milletvekili bulursa bir yere kapılanmaya çalışıyordu. Bunların müracaatları, şahsen işini takip edenlerle veya iltimasçının kartı ile gelirdi. Telefonla bu işle ilgili görevliye boş kadro olup olmadığını sorardım, o da olmadığını söylerdi. İsteğini kadrosuzluktan yerine getiremediğimizi müracaatçıya bildirirdik. Bir iki gün sonra benim kadrosuzluktan isteğini reddettiğim kişinin atama kararı imza için önüme gelirdi. İltimasçı hatırlı bir kişi, özellikle milletvekili ise, durumu müsteşar başmuavinine bildirir, o da bizim memura işin halli için emir verir ve kadro bulunurmuş.

Bu iş böyle birkaç kere tekrarlandıktan sonra genel müdüre gittim. Durumu anlattım. Dedim ki "Bir iş olacaksa olur, olmayacaksa olmaz. Bu bizim için bir ayıp halini aldı. 'Olmaz' diyoruz başkaları yaptırıyor. Onlar iyi adam oluyor, biz kötü oluyoruz. Bari olacakları biz yapalım da tükürdüğümüzü yalamayalım."

Genel müdürümüz için bu durum hiç de önemli değilmiş ki, üzerinde durmadı.

İş isteyenlerin bir kısmını iki gözü âmâ birisi getirir, işi yaptırırdı. Hademelere bu adamın kim olduğunu sordum. Erzurumlu imiş, bakanın da akrabası olurmuş. Açıkça iş simsarlığı yapıyordu. Bir gün getirdiği köylüyü odama çağırdım, işinin olması için kendisini getiren köre ne verdiğini sordum. "Beş yüz lira" dedi. Parayı bize verilmek üzere almış. Genel müdüre giderek durumu söyledim. "O da geçinecek" dedi. Ama bunu içime sindiremedim. Bir gün körü koridorda gördüm. İçeri çağırdım, kapıyı kapadım. Aracılık ettiklerinden, para aldığını öğrendiğimi söyledim.

"Seni," dedim, "Bu Bakanlığın içerisinde bir daha görürsem, getirdiğin kişinin işini bakan da emretse yaptıramazsın, bu bir. İkincisi seni dünyaya geldiğine pişman ederim." Bir daha da görünmedi.

Eski Memur Tipi

Bu konuyu kökünden halletmek için koridorları elinde bulunduran memurdan boş kadroların listesini çıkarıp bana vermesini, bundan sonra bu işi bizzat takip edeceğimi söyledim. Fakat muhtelif ikazlarıma rağmen liste bir türlü gelmiyordu. İki üç ay sonra memuru sıkıştırdım. Bana elindeki kadroların eylülden geçerli olmak üzere taşra teşkilâtı için verilmiş olduğunu, son dört beş aydır hizmetli atamalarında bu kadroları kullandığını, bu yüzden 400 kadar açık verdiğini, açığı kapatmak için eylül ayını beklediğini söyledi.

Böylece olmayan kadroları nasıl bulduğunu öğrenmiş oldum. Kullanılan kadronun çokluğu kadrosuz atamaların, ne zaman ve nasıl olduğunu bilmiyorum, yukarıdan gelen istekler dışında da kullanıldığını gösteriyordu. Yanlış, hatır gönül için başlayan usulsüzlük hududunu çoktan aşmıştı. Taşrada bitmiş binaları teslim alabilmek için hiç olmazsa bir bekçi kadrosu verilmesi isteklerini kadro yok diye yerine getiremiyorduk. Ama merkezde politikacıların adamlarını bu kadrolara tayin ediyorduk.

Olayı olduğu gibi genel müdüre aktardım. Olanları bilmiyor gibi davrandı. Aradan iki üç gün geçtikten sonra beni çağırdı. Bu memurun artık burada çalışamayacağını, istediği bir yer varsa naklinin oraya yapılabilmesi için dilekçe vermesini, aksi halde resen atamasının yapılacağını söylememi istedi. Ben deneneni yaptım.

Ben Onkoloji Hastanesi Başhekimi iken o zamanki genel müdürüm de müsteşar muavini olmuştu. Bir gidişimde Müsteşar Başmuavini Ahmet Üstünoğlu'nu onun odasında buldum. Biz konuşurken Müsteşar Faruk İlter Bey geldi. Faruk Bey emekli olmuş, Bakanlık'tan ayrılmak üzere imiş. Kendisi daha önce DP'den bir dönem Adana milletvekilliği yapmıştı. Lafını esirgemeyen bir insandı. Yardımcılarına bir hayli sitemde bulundu.

"Ben göreve gelirken, politikaya girmiş bir kişi olarak, politika ve politikacıların etkisi altında sizleri sıkıntıya sokacağımdan endişe edeceğinizi düşünmüştüm. Tamamen aksi oldu. Nereden gelirse gelsin usulsüz, kanunsuz ve haksız her türlü isteği ben reddettim, siz yerine getirdiniz, beni de güç durumda bıraktınız. Hepsinin de farkında idim" dedi.

Bu davranışlar çoğu zaman sahibine de yarar sağlamaz. Nitekim, Doğru Yol Partisi'nin hükümet kurma çalışmaları sürerken, ileri gelen bir milletvekili Sağlık Bakanlığı için bir müsteşar adayı araştırdıklarından söz etmişti. Ben de kendisine, "Uzaklarda ne arıyorsunuz, Bakanlık'taki falanca bey sizin adamınız değil mi? Onu yapın" dedim.

"O herkesin adamıdır, olmaz" diye karşılık verdi.

Genelde bu tipler küçük işler için kullanılırlar, pek harcanmazlar, harcansalar bile bir kenarda lazım olur diye yedekte tutulurlar.

Kadro Savaşı

Teşkilâtta terfi bekleyen meslek mensuplarının terfilerinin yapılabilmesi için Bakanlık benden önce maliyeden yüksek derecelerden kadro istemiş, alamamış. Bununla Personel Genel Müdürlüğü'nde danışman olarak çalışan, "alaylı", yahut da "çekirdekten yetişme" denen türden Tevfik Bey ilgileniyormuş. Tevfik Bey sıcakkanlı, hoşsohbet bir insandı. Bakanlığa ait bütün mevzuatı ezbere bilirdi. Bu konuda adeta ayaklı bilgi bankası idi. Ama kapasitesi mahduttu. Kadro için yine Maliye Bakanlığı'na gidilecekmiş, genel müdür beraber gitmemizi söyledi. İlgiliye isteğimizi gerekçeli olarak tekrarladım. İlke olarak kabul ettiklerini söyledi, ancak elimizde boş olarak duran küçük derecelerden dört yüz kadar kadronun bir kısmını geri çekilmesi şartını koştu. Bence bu kabul edilebilirdi, fakat Bakanlığımız kabul etmiyordu. Bizim isteklerimiz, kabul edilebilir objektif gerekçelerden ziyade eldekileri de muhafaza edip fazladan kadro koparmaya dönük idi. Bu durumda isteğimizin geçerliliğini kanıtlamak mümkün olmuyordu, sonuç almadan geri döndük.

Bu olaydan sonra kadro konusu ile ilgilenmeye başladım. Bakanlığın sağlık kuruluşlarının personel mevcudu ve ihtiyaçlarını çıkarttırdım. Buna göre elde bulunması gereken kadro miktarı ortaya çıkmıştı. Ondan sonra kalkınma planlarından yıllara göre fizik hedefleri tespit ettim. Bu hedefler gerçekleştiği takdirde ileride ihtiyaç olacak sağlık personeli kadrolarını çıkardım. Artık elimizde her yıl hangi meslek grubundan ne kadar kadroya ihtiyacımız olacağını gösteren bir liste vardı. Maliye Bakanlığı'nın her sene hangi meslek için ne kadar kadro vermesi gerektiğini nazari olarak belgelenmiş oluyordu. Burada tabiî olarak fizik hedeflerin gerçekleşme oranı, sağlık insan gücü kaynaklarının kapasitesi ile mali kaynakların da hesaba katılması gerekli idi. Kadro isteklerini böyle pozitif verilere dayandırırsak hiç olmazsa istediğimizin bir kısmını alabilirdik. Ne var ki Bakanlık bunları hesaba katmadan ihtiyaç göstermeye devam etti. Ben görevden ayrılıncaya kadar da bu konu askıda kalmıştı.

Çalışmalarımda iki husus dikkatimi çekmişti. Birincisi mevcut tıp fakülteleri plan hedeflerinin ihtiyacını karşılamaya yetecek kadar mezun veremiyordu. Şimdi de kalitesiz seri imalat yapan bir imalathaneye döndüler. Hemşire okulları ise aynı şekilde mezun vermeye devam ederlerse ülke ihtiyacı üstünde hemşire yetiştirilmiş olacaktı. Buna mukabil ebe okulları ihtiyacı karşılamıyordu. Sağlıkta olduğu gibi her alanda eğitim plansız programsız nereye kadar gideceği belli olmayan bir gelişme içinde idi. Nitekim özel sektörün kârlı görerek açtığı bazı yüksek okullar yüzünden, insan hayatında önemli yeri olan meslekler bile ayağa düştü ve bu meslek mensupları lise mezunlarının yapabileceği görevlerde büro memuru olarak çalıştırılmaya başlandı.

Ben Devlet Planlama Teşkilâtı'nın ne işe yaradığını hâlâ anlamış değilim. Kendimize göre bir merkezi planlama kurmuşuz etkisi yok, yetkisi yok. Yaptırım gücü olmadığı gibi sektörler ve kurumlar arasında koordinasyon bile sağlayamamıştır. Sağlık yatırımlarının ülke ihtiyaçlarına göre planlanması, dağılımlarının dengeli olması gerekirken, akıl almaz bir başıboşluk hüküm sürüyordu. Her isteyen her istediği yerde yatırım yaptığı için birçok yerde ihtiyaçlar karşılanamazken birçok yerde gerek fizik yapı olarak, gerekse araç gereç olarak büyük ölçülerde atıl kapasiteler yaratılmıştı.

Dünyada bu işlerin nasıl olduğunu incelerken, gördüğüm örnekler hiç de bizdeki gibi değildi. Örneğin İsveç'te planlamalar yerel yönetimler tarafından yapılmakta ve merkezde ülke çapındaki ihtiyaca göre incelenerek kabul veya reddedilmektedir.

Bir zamanlar Amerika dilimize pelesenk olmuştu. Bir konu tartışılırken, "Bu Amerika'da şöyledir", "bu Amerika'da böyle değildir" gibi laflar dinlemekten usanmıştık. Tezinizi savunmak için itiraz edilemez gerekçeler ortaya koyduğunuz zaman da hesabına gelmeyen çıkarcılar dolaylı da olsa insanı kolayca komünist düşünce savunucusu olarak suçluyorlardı. Onun için Amerika'daki idari yönetimi bir nebze inceledim. Devlet, toplum yararlarında o kadar titiz ki, toplum aleyhine veya kaynak israfına neden olabilecek her girişime engel olabilmektedir:

Bir özel vakıf hastanesi günün birisinde kanser tedavisinde yeni kullanıma giren karmaşık ve pahalı bir cihazı almak ister. Yetkili merci bu cihaza gereksinimi olan kaç hastaları olduğunu sorar. Verilen miktar cihazın kapasitesinin altında olduğu için müsaade edilmez. Bu demek değildir ki halk bu hizmetlerden sırf verimlilik hesabı ile mahrum ediliyor. Bu ihtiyaç daha geniş bir alana hizmet verecek şekilde karşılanmaktadır.

Merkezi planlamanın en önemli görevlerinden birisi de kaynak israfını önlemektir.

İkinci dikkatimi çeken husus genel müdürlüğün bir istatistik şubesi olmasına rağmen, elde yalan yanlış bazı rakamlar dışında yeterli ve güvenilir hiçbir bilgi olmaması idi. Örneğin aynı günde on kere herhangi bir meslek mensubunun miktarını sorsanız, onunda da farklı rakamlar verilirdi. Bu geçerli bir yöntemle sistematik şekilde veri toplanmıyor demekti.

Ferit Bey

Genel müdürlüğün istatistik şubesinin başında Ferit Bey isminde emekli bir personel subayı vardı. Kendisine istatistikle ilgili düşünce ve isteklerimi anlattım. Beni bu işe hevesli görünce memnun oldu. Konuşmalarından bu konuyu çok iyi bildiği anlaşılıyordu. Benim isteklerimden de fazlasını yapabileceğini söyledi. O tarihlerde Bakanlık'ta bir bilgisayar vardı. Yeni alındığı zaman bir Atatürk portresi çizdirilmiş, kullanacak kimse olmadığından bir tarafa atılmıştı. Ne yapacaksak elle yapacaktık.

İstatistik şubesinde sağdan soldan sürülmüş işe yaramaz 3-4 memur vardı. Diğer şubelerdeki fazlalıklarından 8-10 kişiyi oraya naklettik, çalışmalara başlandı. Birkaç ay sonra Ferit Bey ülke çapında olsun, Bakanlık bazında olsun sağlık personeli ile ilgili akla gelecek her türlü bilgiyi sıhhatli olarak vermeye başlamıştı.

Senelerce sonra Bakanlığa Tedavi Kurumları Genel Müdürü olarak döndüğüm zaman aynı filmi bir daha seyrettim. Yine personelle ilgili bilgi istendiği zaman aynı günde her isteyene her seferinde değişik rakamlar veriliyordu. Rakam dışında da başka hiçbir bilgi yoktu. O zaman Ferit Bey'in şubesini aradım. Sora sora ücra bir köşede buldum. Hiçbir iş yapılmıyordu. Yeniden yapılması da mümkün değildi. Çünkü görevlilerin bu konuda bilgisi, amirlerinin de konu ile ilgisi yoktu. Örnek olarak kullanmak üzere Ferit Bey'in cetvellerini bulmalarını söyledim. İzi bile kalmamıştı. Bakanlık 1980'lerde yine karanlıkta el yordamı ile yol almaya çalışıyordu.

Formalite

Oldum olası birçok formalitenin nedenini ve mantığını anlayamamışımdır. İşlerin yokuşa sürülmesi herhalde bürokrasimizin vazgeçilmez geleneği olmuştur. Bürokratik kurallarının bir kısmı sadece bu işe yaramaktadır. Bazıları zamanında gerekli görülmüş olabilir. Bugün için bir anlamı kalmamıştır. Bunlardan birisi her türlü resmî işlem için istenen ikametgâh belgesidir. Amme İdaresi Enstitüsü bunu mesnedini araştırmış, bulamamış, uygulamadan kaldırılmasını önermişti. Bugün hâlâ istenmektedir.

Kayıp belgelerin yenisini almak için gazeteye ilan vermenin bugün için hiçbir anlamı kalmamıştır. Bugünkü koşullarda bu ilanları kim okur, kim aklında tutar? Ama yine de uygulamada sürüp gitmektedir.

Sağlık meslekleri mensuplarının diploma kaybedince yenisini alabilmeleri için "Düplikata Talimatnamesi" diye benden yaşlı bir tüzük uygulanmakta idi. Her şeyde olduğu gibi bunun için de tüzükte yazılı olanlar az gelmiş, buna başka formaliteler de ilave edilmişti. Kişinin diplomasını kaybettiğine dair bir de karakoldan belge isteniyordu.

Bu işlere bakan şube müdürüne, ikametgâh belgesinin kanuni bir dayanağı olmadığı için kaldırıldığını, artık istenmeyeceğini bir iki itirazdan sonra kabul ettirebildim. Karakol komiserinden istenen belgenin hiçbir dayanağı olmadığı gibi mantıklı bir yanı da yoktu. Onun için bunu da artık istemeyecektik. Şube müdürünün sabrı iyice taşmıştı.

"Kırk yıllık memurum, bu iş böyle yapılıyor, bunu koyanın da bir bildiği vardır. İstenen belgeler listesinden çıkaramayız" dedi.

Hadi Bakanlık istiyordu. Komiser her vatandaşların diplomasını kaybettiğini nasıl biliyordu da böyle bir belgeyi veriyordu, anlaşılır gibi değildi.

"Demek ki," dedim, "komiserlerin aklı da bu belgeyi icat edenininkinden pek fazla değilmiş." O, hâlâ bunun lüzumunda ısrar ediyordu. "Ben karakol amiri olsam, birisi böyle bir istekte bulununca ona 'ulan itoğlu it, ben seni cebimde mi taşıyorum? Diplomanı kaybettiğini nereden bileyim' der, kovarım" dedim. Şube müdürünün yine de bu işe aklı yatmamıştı ama karakol belgesi listeden çıkarıldı.

Artık her gelen yazıyı inceliyordum. Şubelerden imzaya gelen yazıların evveliyatı varsa onun da dosyasını beraber getirmelerini istiyordum. Bir gün önüme ekinde kalınca bir dosya bulunan bir yazıyı imzaya getirdiler. Yazıdan anlaşıldığı kadarı ile Amerika'da gastroenterolojide bir süre çalışmış bir iç hastalıkları uzmanı Tababet İhtisas Tüzüğü'nün ilgili geçici maddesine göre kendisine gastroenteroloji yan dal uzmanlık belgesi verilmesini istiyordu. İlk başvuruya verilen cevapta, dilekçede gösterilen yanlış bir gerekçe ele alınarak isteğinin yerine getirilemeyeceği bildirilmişti. Doktor ilk dilekçesine olumsuz cevap alınca, haklı olduğuna inandığı için İstanbul'un meşhur avukatlarından, hangisi olduğunu hatırlayamıyorum ama, Apaydın kardeşlerden birisini tutmuş, bir seneyi aşkın bir süreden beri avukatla bakanlık arasında, görevlilerin anlayışsızlığı yüzünden yazışmalar sürüp gitmişti. Avukatlar genelde idari mevzuatı iyi bilmezler; onun için dilekçelerde delil olarak yanlış şeyler öne sürülmüş, Bakanlık da bu yanlış gerekçeleri ele alarak buna göre ileri ihtisas belgesi verilemeyeceğini yazmış. Son cevabımız da bu türden bir şeydi. Yazıyı yırttım, yenisini yazdıracaktım.

Ben yeni gelmişim, yıllardır bu işin içinde çalışan şube müdürüne akıl veriyordum. Olacak gibi değildi. Sertleşti. Bu durumda sık sık söylendiği gibi o da "ben kırk yıldır bu işleri yapıyorum" diyerek söze başladı ve devam etti: "Neyin doğru, neyin yanlış olduğunu biliyorum. Gastroenteroloji uzmanlık belgesi bu doktorun hakkı değildir. Onun için yazıyı değiştirmek gerekmez."

İyi bir insandı; kapsamlı düşünebilecek kapasitesi yoktu. Bellediklerinin dışına çıkamıyordu. Yapılan yanlışlar sorunu bütün boyutları ile değerlendirememesinden geliyordu. Onun için çıkışını soğukkanlılıkla karşıladım:

"Bu hekimin istediği belgeyi almasının mümkün olmadığı

doğrudur. Yanlışlık böyle bir belgeyi alabilmek için gereken koşulların neler olduğunu bilmemelerinden kaynaklanıyor. Bizim görevimiz istek sahiplerinin yanlış gerekçelerini cevaplamak değildir. Bu durumlarda en doğru şey sadece müracaatçının ne istediğine ve isteğinin yerine getirilebilmesi için gerekli belgelerin mevcut olup olmadığına bakmaktır. Eksik varsa onlar istenir. Onun için şimdi yapılacak şey, yan dal uzmanlık belgesi alabilmek için gereken şartları açık ve seçik sıralayacağız. Bu koşulların yerine getirildiğini gösterir usulüne uygun düzenlenmiş belgeler gönderdiği takdirde, gastroenteroloji uzmanlık belgesinin verileceğini bildireceğiz. Göreceksin ki bu yazımız son olacak ve dosya kapanacaktır." Gerçekten de öyle oldu.

Yönetimde gereksiz işlerden birisi de, nerede bir özlük dosyası açılsa en az altı adet vesikalık fotoğraf alınmasıdır. Bu resimlerin niçin alındığını hâlâ anlamış değilim. Resim gerektiği zaman da dosyadaki kullanılmaz, yenisi istenir. Bir süre sonra aslının onlara benzer hali kalmadığından, resimleri isteseler de kullanamazlar. Herhalde hatıra olarak saklamak için alınıyor, memur emekli olunca da müzeye gönderecekler. Emekli Sandığı'nda görev yaparken yaka kartı verecekler, "ver bir resim," hüviyet verecekler ver bir resim... yanımda olmadığı zaman ilgili memurun bana güvenine dayanarak dosyamdan ödünç alır, sonra getirir yerine koydururdum, orada mevcuttu, 8 resmimi ne yaptıklarını doğrusu merak ediyorum.

Bürokrasinin formaliteleri halk arasında mizah konusu olmuştur.

Bir İngiliz, bir Fransız ve bir Türk'e sormuşlar:

"Ölürken öbür dünyaya beraberinizde ne götürmek istersiniz?"

Fransız "metresimi", İngiliz "pipomu", Türk de "6 tane vesikalık fotoğraf, bir tabaka kâğıt, 16 kuruşluk pul" demiş. Şimdi gençler bilmezler, resmî dairelere merhaba demek istersen, "git bir dilekçe yaz, 16 kuruşluk pul yapıştır gel" derlerdi. Değişen sadece dilekçedeki 16 kuruşluk pulun kalkması olmuştur.

Eğitim hastanelerine uzman tayini için taliplerin ilgili klinik şeflerinden kurulmuş bir jüride lisan bilgilerinin, öğretici niteliklerinin ve bilimsel çalışmaları ile yayınlarının değerlendirilmesi gerekir. Bakanlık bu değerlendirmede en yüksek puan alanın atamasını yapar.

Ne yazık ki fevkalâde iyi niyetle getirilen bu sistemi de kendimize uydurmuştuk. Jüri kurulması giderek şekli bir formalite halini almıştı. Kimin seçileceği önceden belli oluyordu. Hatta sınav, şeflik, şef yardımcılığı ve başasistanlık kadrolarına alınacak kişiler belirlendikten sonra ilan ettiriliyordu. Bu jürilerde, şefler dışında yapılacak işlemlerin usulüne uygun olmasını sağlamak için bir de Bakanlık yetkilisi bulunur. Bir eğitim hastanesine alınacak göz kliniği şefliği için kurulan jüriye bakanlık görevlisi olarak ben katıldım. Değerlendirmeler yapılırken taraflı davranışlar belli olmaya başlamıştı. Hastanenin göz şef muavininin şef olmasını önceden kararlaştırmışlar. Rakibi, taşrada çalışan ondan çok çok üstün bir göz hastalıkları uzmanı idi. Yabancı dil bilgisi çok iyi idi. Yurtiçinde ve yurtdışında yayımlanmış 70 civarında mesleki yazısı vardı. Jüri üyilerinden birisi hakkaniyetle hareket etmek isteyince tartışmalar başladı. Bu üye taşradakine tam lisan puanı verirken, diğer üyeler ona sıfır, kayırdıklarına 100 puan veriyordu. Taraflı hareket iyice ortaya çıkmıştı. Müdahale etmek zorunda kaldım. Haksızlığın öncülüğünü Numune Hastanesi'ndeki hocam yapıyordu. Belki de kendisine saygımı bildiği için olanlara göz yumacağımı düşünerek açıkça taraf tutmakta sakınca görmemişti. Tartışmaların sertleşmesi üzerine toplantıyı iptal ettim. Yeni kurulan jüri, hak edeni eleyip önceden kararlaştırılanı şef yaptı.

Uzmanları yetiştirecek hocaların seçimi böyle olursa, onların yetiştireceği uzmanlar da ona göre olacaktır. Tabiî ben taşradan ayrıldıktan sonra oralarda çalışanların uzmanlık kaliteleri hakkında bir fikrim olması mümkün değildir. Genel müdürken bir eğitim hastanesi cerrahi kliniği şefi, sohbet esnasında taşradaki operatörlerin beş para etmediğinden söz etti.

Bir işe yaramadığını söylediği operatörleri kendileri eğitiyor, sonunda iyi yetişmiş olduklarına kanaat getirerek imtihana girmelerine olanak veriyor ve imtihan sonunda başarılarını onaylayarak uzman yapıyorlar, sonra da beş para etmediklerini söyleyebiliyorlardı. "Özrü kabahatinden büyük" diye buna denir.

Bu olumsuzluklar sadece sağlık hizmetlerinde görülmemektedir. Yönetimin her türünde ve her kademesinde vardır. Taşrada iken hükümet kapısında ne işimiz olsa bir telefonla veya adamımızı göndererek yaptırırdık. Ben de bütün devlet işlerinin bazı istisnaları ile doğru gittiğini zannederdim. Ta ki Ankara'ya gelip sıradan bir vatandaş muamelesi görmeye başlayıncaya kadar...

Vatandaşa Eziyet Etme Zevki

Ankara'ya yeni geldiğim sıralarda Özel İdare Zat Maaşları Sandığı'ndan emekli maaşı almakta olan anneme, dairelerine başvurmasını bildiren bir yazı gelmişti. Yazıyı aldım, İl Özel İdare Müdürlüğü'ne gittim. Odada boydanboya bir banko vardı. Bankonun arkasında birşeyler yazan memurlardan birisine;

"Sizi rahatsız ediyorum, kusura bakmayın, bu kâğıtla annemi çağırmışsınız, kendisi yaşlıdır, gelemedi, çağırılma nedenini öğrenmek istiyorum" dedim.

Başını şöyle bir kaldırdı, elinde bir çay bardağı vardı. Baş ve işaret parmağı ile avucu içinde tuttuğu çay bardağından bir yudum höpürdetti, yine önündeki kâğıda eğildi. Ben isteğimi tekrarladım. Memur bey bu defa başını bile kaldırmadı. Ondan cevap almak mümkün değildi. O sırada arkamda peydahlanan odacı bana arkada dipte oturup önündeki iki kişi ile konuşmakta olan birisini göstererek, "ona sorun," dedi.

İçeri geçtim, aynı şeyi bu sefer de ona sordum. Bana dönerek birşeyler homurdandı. Ne dediğini anlamadım. "Afedersiniz, söylediklerinizi duyamadım," dedim.

Yine avul uvul birşeyler söyledi, sinirlendim.

Döndüm tekrar bankonun dışına çıktım. Odacıya herkesin

duyabileceği şekilde, "Kim bu herif yahu" dedim, "Avul uvul edip duruyor, ne dediğini bile anlamadım."

Bankonun arkasındakini göstererek; "Bu adam ise hiç cevap vermiyor, burada yazdıkları yazıya sahip çıkacak birisi yok mu?" dedim.

O zaman odacı ilgilendi. Annemin emekli olduğunu öğrenince, "Zat Maaşları Sandığı'ndan çağırılmış olabileceğini, sandığın da Kedisevenler Sokağı'nda olduğunu, oraya gitmemi" söyledi.

Müteahhit akrabam Ali Tuncer'le ortak bir inşaat işine girmiştim. Bina bitti, su bağlanması için belediyeden bir yetkili gelip suyun binaya giriş ve dağılım şemasını yapacak ve bunun için kullanacağımız malzemenin listesini verecekmiş.

Sabahın köründe Ali ağabey ile Sular İdaresi'ne gittik. Büyük bir kalabalık birikmişti. Uzun süre bekledikten sonra bizimle gelecek görevliyi bildirdiler, onu aldık, yola çıktık. Adamın okur yazar olduğu bile şüpheli idi. Kılıksız ve ilkel bir tipti. Yol boyu devamlı konuşuyordu. "Falancanın işine gittim, şöyle yaptım", "filancanın işine gittim böyle yaptım" gibi nelere kadir olduğunu gösterecek türden laflar ediyordu. Maksadı anlaşılıyordu. O konuştukça sinirleniyordum. Frene basıp herifi arabadan dışarı atmak geliyordu içimden. Yanımda oturan Ali ağabey, durumu farketmiş olmalı, eliyle kolumu sıktı ve yavaşça, "Sakin ol," dedi.

Binaya geldik, Ali ağabey içeri girmemem için işaret etti. Ben dışarıda bekledim. Eline yüz lira vermiş, şemayı ve bu şemaya göre ihtiyaç listesini almıştı. Rüzgârlı Sokağa gittik, listede yazılı malzemeleri aldık, geldik. Bir sürü eksiği vardı. Tekrar Rüzgârlı Sokağa giderek almak zorunda kaldık. Tesisatçı da tesisatı kendince yaptı. Böyle ilkel bir görevli de bina vergilerinin İl Özel İdaresi'ne verildiği dönemde, Kızılay'daki vergi dairesinde vardı. Adam adeta vergi takdir komisyonu gibi görev yapar, avantasını alırdı. Bina vergileri maliyeye geçince, fırtınadan kaçarken doluyu tutulduk, o başka.

Belediyeyle birkaç sorunum daha olmuştu. Bunlardan birisini yaptığımız binanın iskân raporu işinde yaşadım. Randevu verdikleri gün ve saatte ilgili birime gittiğimiz halde bizimle ilgilenecek kimse bulamadık. Keyifleri gelinceye kadar kapı önünde beklettiler. Ali ağabey burada da beni işe karıştırmıyordu: "Bunları kızdırmaya gelmez, projede verilen ölçülerden birkaç santim eksiklik çıkarırlar, uğraşır dururuz."

Bir buçuk saat kadar bekledikten sonra bir görevli ile gitmek üzere aşağı indik. Ben görevliyi de arabama almak istedim. Adam küfretmişim gibi bana baktı. "Arabanızla kendiniz gidin" diyerek kapının önünde duran bir taksiye bindi. Ali ağabeyi de yanına aldı. Beyefendi taksinin şoförüne, gidiş geliş azami 10 lira ödenecek bir mesafe için bize 100 lira ödetti. Araba kendisinin değilse avantasını alıyor demekti.

Bina vergileri belediyelere devredildikten sonra vergi beyannamesi verilecekti. O günlerde Almanya'dan kardeşim gelmişti. Onun da bir dükkân ve bir dairesi vardı. Beyannameleri hazırladım. Bunları götürüp Çankaya Belediyesi'nin SSK'nın Kızılay'daki rant binasında bulunan ilgili birimine vermesini söyledim. Götürüp vermiş. Beyannameleri alan hanım memur yanlış olduğunu, dışarıda bu işi yapanlara götürüp yeniden doldurtmasını söylemiş. O da deneni yapmış, beyanname başına 5 lira almışlar.

Beyannamelerde hata varsa düzeltilmesi için tapu senedi, iskân raporu gibi belgelere ihtiyaç vardı. Yanlışları düzeltenler bunlar olmadan nasıl düzeltmişti, anlayamadım. Ertesi gün konuyu görüşmek üzere ilgili birime gittim. Kapısı önüne üç dört kişi masa kurmuşlar, başlarına biriken kalabalığın vergi beyannamelerini dolduruyorlardı. İçeride kardeşimin getirdiği beyannameleri kabul etmeyen hanım memura gittim. Olayı özetledim ve "Hanımefendi, bu durumda benim düzenlediğim beyannamelerdeki yanlışlar yenisine de aynen intikal etmiş oluyor. Lütfen beyannameleri çıkarın da yanlışları düzeltelim" dedim. Benim sözüm biter bitmez memur hanım kayboldu. Orada bizi dinlemekte olan ay bıyıklı genç görevli, bana duyuracak şekilde ortaya "Bu insanlara iyilik de yaramaz, yaparsan böyle olur" diyor, sinirli sinirli el kol sallayıp duruyordu. O sırada yaşlıca bir gecekondu sakini bankoya yanaşarak ona bir şey sordu. İhtiyara dışarıda kurulan tezgâha gitmesini söyleyemedi ama adamcağızı bir güzel haşladı. Baktım ki buradan sonuç almak mümkün değil, "Ben şimdi size bunların hesabını sordururum" dedim ve ilgili belediye reis muavinine gitmek üzere oradan ayrıldım.

Reis muavini iri yarı, kırpık bıyıklı bir zattı. Kendimi tanıttım ve olayı anlattım. İşi biraz yumuşatmak için "Maksadım memurları şikâyet değil, burada kurulan kanunsuz tezgâhtan sizi haberdar etmektir" dedim.

"Beyefendi bunlar acemilikten oluyor, öğretmek için günlerdir uğraşıyorum, bugün mübarek cum'a (aksanlı konuşuyordu), bakın namaz vakti geldi, geçti gitmedim, başlarını bekliyorum. Ama siz bile şikâyetçi değilim diyorsunuz. O zaman bu işleri nasıl düzelteceğiz?" dedi.

"Ya öyle mi? O halde şikâyetçiyim, buyurun" dedim.

Beraber aşağı indik, hanım memur ortalıkta gözükmüyordu. Ay bıyıklı da bankodan çıkmış odanın uzak bir köşesine gitmişti. Onu işaret ettim. "Şu memur efendi de burada idi. Bizi dinlemiyor, bağırıp çağırıyordu. Hatta kendisine bir şey soran yaşlı bir adama hakaret etti" dedim. Onu çağırdı ve sert bir şekilde, "Sen yukarı çık, beni bekle" dedi. O gitti. İçimden hapı yuttu diye düşündüm. Hanım memur bulunup getirildi. Kıyamet kopacak diye beklerken, muavin bey efendi bir nasihat nutkuna başladı:

"Evladım, kaç defa size söyledim, sizin göreviniz sadece beyannameleri almaktır. Alın sonra ilgililer kontrolü yaparlar, siz doğrusuna, yanlışına karışmayın" diye başladı ve bu minval üzere konuşmayı sürdürdü. Ben arada "mesele bu değil beyefendi, dışarıdaki tezgâh..." falan diyerek kendisini konuya çekmek istiyordum. O duymamazlıktan geliyor, memur hanıma nasihata devam ediyordu. Daha açık bir şey söylesem, görevlileri haksız suçlama vs. gibi bir nedenle başıma dert açacaktım. "Anlaşıldı beyefendi, bundan bir sonuç çıkmayacak" diyerek oradan ayrıldım. Vatandaştan beşer lira toplamak üzere kurulan turnike de devam etti.

Çankaya tapu dairesinde üç dört defa işim oldu. O zamanki

tapu sicil muhafızı R. Bey pek meşhurdu. Ben hayatımda rüşvet vermedim, vermeyi de beceremem, niyetlendiğim zaman da bir terslik olur diye elim ayağım titrer, vazgeçerdim. Onsuz da iş olmadığı için tapu muamelelerini inşaatçı akrabam Ali ağabeye yaptırırdım. O her şeyi hazırlatır, beni imzaya götürürdü.

Bir ipotek çözdürmem gerekiyordu. Basit bir iş olduğu için bizzat gittim. Önce bir makbuz kesecekler, onunla maliyeye on lira yatıracaktım. Bankonun arkasındaki memurlardan hangisinin bu işi yapacağını bilmediğim için, orada bulunan bütün memurlara birkaç defa sıra ile gidip gelerek ilgiliyi bulmaya çalıştım. Ya cevap vermiyorlar ya da diğer birisini gösteriyorlardı. Nihayet içlerinden birisi makbuz koçanını eline aldı ve makbuzu kesti. Muamelenin ikmali için ertesi gün gelebileceğimi söyleyince, bir saat vermesini istedim. "Yarın sabah gelin" dedi. O tarihlerde Sağlık Bakanlığı'nda Personel Genel Müdür Yardımcılığı yapıyordum. Ertesi gün işten ayrılamadım. Öğleden sonra saat 4 civarında tapu dairesine gittim, makbuzu kesen memurdan özür dileyerek işim dolayısıyla sabah gelemediğimi söyledim. "Şimdi mümkün olur mu?" diye sordum. "Muhafıza sorun, olur derse yapalım" dedi. Muhafız bey de müsaade etti. Memur kâğıdı daktiloya taktı, yazmaya başladı. Suratından düşen bin parça oluyordu.

Şahit ismi sordu. Bu işte de şahit lazım olduğunu bilmiyordum, olsa da devamlı surette orada bulunan iş sahipleri birbirine şahitlik yapıyordu. Bir dakika beklerse birisini getireceğimi söyledim. Hışımla daktilodan kâğıdı çekti ve bana "Ne biçim herifsin? Seninle mi uğraşacağım" diye bağırdı.

"Bana baksana," dedim, "Müteahhit olsam beni tanırdın. Kılığı kıyafeti düzgün, tanımadığın birisine böyle hakaret etme cesaretini nereden alıyorsun?"

Bunun üzerine kim olduğumu sordu. Kim olduğum önemli değildi, önemli olan kim olduğunu bilmediği, bir insana hakaret edecek kadar cüretkâr olması idi. Bunun için de bir yerlerden güç ve cesaret alması gerekirdi. Bunları söyledim, tartışma uzadıkça benim sesim yükseliyordu. Artık bağırarak konuşuyordum. Görevli memura hakaretten hakkımda tutanak tutacağını söyledi. "İstediğini yaparsın ama kafana iyice sok ki vatandaşlara müstemleke idaresi gibi muamele etmenin hesabı sorulur. İnsanlara mütemadiyen zulmediyorsunuz" dedim. Bütün sorun benden para alamayacağını anlamasından kaynaklanıyordu.

Tartışma sürerken diğer memurların kimisi çıkışarak, kimisi dairedeki görevlileri taciz etmekle suçlayarak müdahale ediyorlar, ben onları da paylıyordum. Tapuda işi olan vatandaşlar içeri doldular. Fırsat buldukça, "Bey, bunlara iyi yaptın" diye beni teşvik ediyorlardı. Nihayet kalabalık arasından birisi kolumdan tutarak, "Gel dışarı çıkalım" dedi. "Sen karışma" diye ona da çıkıştım. "Beni tanımadın galiba" dedi. O zaman dikkatle baktım, liseden bir arkadaşımdı. Memura döndüm, "Şimdi gidiyorum, yarın sabah geleceğim, sen de bu işi eşşek gibi yapacaksın" dedim.

Ertesi gün Bakanlık'tan bir şube müdürünü şahitlik için yanıma aldım, doğru muhafızın odasına girdik. Kendimi tanıttım, bir gün önce olanları hatırlattım. Odası memurların çalıştığı yerden ince bir bölme ile ayrılmıştı. Tabiî olanları ve söylediklerimin hepsini duymuştu. Memura, "Bu cesareti kimden alıyorsun?" derken, muhafızın himayesini ima ediyordum. Bizi oturttu, "Kendinizi dün niye tanıtmadınız?" diye sordu. Özel işim için hiçbir zaman devlet dairelerinde kendimi tanıtarak öncelik almak veya kolaylık görmek gibi bir adetim olmadığını, bunu bekleyen vatandaşlara karşı saygısızlık olarak kabul ettiğimi, kaldı ki işimin çok basit ve sıradan bir ipotek çözme muamelesinden ibaret olduğunu söyledim.

Bize çay ikram etti. Memuru çağırdı, gelen bir gün önceki tartıştığımız memurdu. İşlem yapıldı.

Fransa'dan dönüşte araba getirmiştim. Fransa'ya giderken görüştüğüm gümrük komisyoncusu kendisi olmadan hareket etmememi söylemişti. Önce arabayı gümrüğe teslim edip, ondan sonra kendisine haber vermek istedim ama basit bir teslim işlemini yaptırabilmek için başıma gelenler pişmiş tavuğun başına gelmezdi. Önce işimi yapacak memur bulmakta sıkıntı çektim. Bulduktan sonra da birkaç kere tatsız tartışmalar oldu. Doğrudan geldiğim için avanta alamayacakları kuşkusuna kapılmışlardı. Bir sürü uğraş ve kavga gürültüden sonra işlem yapıldı, benim yanıma bir memur vererek arabayı depoya teslim işlemini yaptırdığımı, bundan sonrasının ona kaldığını söyledim. Yanımdaki, memura "Ağabeyin arabasını ben çekeceğim, tespitleri ona göre yap" dedi. Bir anda o memur gitti, yerine başkası geldi. Artık iltifatlar yağmaya başlamıştı.

Gümrük komisyoncusu işleme başladı. Her şey tıkır tıkır yürüyordu. Yazı yazılacağı zaman daktiloların yazmakta olduğu yazıları makineden çekip alarak yeni bir kâğıt taktırıyor ve "yaz" diye emir veriyordu. O söylüyor onlar yazıyordu. Her gittiğimiz masada çay, kahve ikram ediliyordu. Öğle olmadan işler bitmişti. Komisyon olarak 150 lira ödedim. Kendisine bunun sadece 50 lirasının kaldığını söyledi.

Bu olaydan beş altı ay sonra bir doktor arkadaşım Almanya'dan kesin dönüş yaptı. Ev eşyalarını da beraber getirmişti. Nasıl çekileceği hakkında benden bilgi istedi. Ben de bu işlerle uğraşmamasını, benim arabamı çeken komisyoncunun ismini vererek gidip onunla konuşmasını söyledim. Eşyayı komisyoncu çektiği takdirde ambalajları bile açılmadan evine getirecekti. Fakat o, komisyon veya birkaç yüz lira vermektense apartman komşusu olan Gümrük ve Tekel Bakanlığı Müsteşarı'nı araya koymayı uygun görmüş, o da gümrük görevlilerinden kolaylık gösterilmesini rica etmiş.

Muayene memurları depoda bütün ambalajları açmaya başlamışlar. Tabiî eşyalar kullanılmamış olduğu için hepsini gümrüğe tâbi tutuyorlarmış. Bakmış işler sarpa sarıyor hemen komisyoncuya koşmuş. O da bu saatten sonra araya giremeyeceğini, girdiği takdirde müsteşarın yetkisini kaldırabileceğini söylemiş. Neticede bizimi arkadaş 17 bin lira gümrük ödemek zorunda kalmıştı.

Gümrük işlemlerinde rüşvete yol açan yanlışlar bir değil ki. Devlet dairelerinde iş takipçilerinin bürosu olmaması gerekirken, gümrük komisyoncularına gümrüklerde oda verilmiştir. İşlemler iş sahiplerini komisyonculara başvurmaya mecbur edecek şekilde karmaşık. Devlete düşen işlemleri sadeleştirmek ve vatandaş için danışman masası kurmaktır. Burada yetkililere iyi niyet atfetmek ne yazık ki kolay değil.

Eniştemin Mercedes marka arabası vardı. Kaza geçirdi ve parçalarını Almanya'dan getirtti. Parçalar Ankara Gümrüğü'ne geldiği zaman beraber gittik, işlem için bir beyanname doldurmak icap ediyormuş, boş beyanname istediğimiz memur bunu bizim dolduramayacağımızı söyledi. Nedenini sorduk. "Ambalajın içindekileri tam olarak biliyor musunuz?" dedi. Biliyorduk, çünkü elimizde faturanın örneği vardı.

"Ama," dedi, "Gönderen akrabanız olduğuna göre size hediye olarak bazı ufak tefek şeyler de yollamış olabilir. O zaman da siz gerçek dışı beyanda bulunmaktan suçlu olursunuz."

Ben "bu işi gümrük komisyoncusuna verelim," dedim, eniştem kabul etmedi. Gümrük müsteşarını iyi tanıyan bir yeğenimiz vardı. Onunla müsteşara gittiler. Müsteşar bunları dinlemiş, memurun doğruyu söylediğini, kendi başlarına bu işi yapamayacaklarını söylemiş. Geri geldiler. İşi bir komisyoncuya verdik. Sandık açıldı, içinden çıkanları komisyoncu söylüyor, memur yazıyordu. Örneğin kocaman iki adet süspansiyon helezonu küçük birer yay gibi gösterilmişti. Sonuçta çok az bir gümrük ödeyerek parçalar çekildi. Komisyoncuya 100 lira verilmiş, devlet en az bin lira kayba uğramıştı.

Vatandaş-devlet ilişkilerinde anlatacak çok şey var. Sağlıkla ilgili bir iki örnek vererek kendimizin de bu düzenin dışında kalmadığımızı belirtmek istiyorum.

Apartman komşum hipertansif ansefalopati geçiriyordu. Bu hayati önemi olan ciddi bir tansiyon krizidir. Olay geceyarısına doğru meydana gelmişti.

O zaman Numune Hastanesi Başhekimi olan Münif İslâmoğlu, Kızılay'la işbirliği yaparak Hızır Servis adı ile ambulans servisi kurmuştu. Gayet güzel bir girişimdi. Para yokluğu, personel yokluğu, olanak yokluğu, diğer işlerimizde olduğu gibi bunda da sistemi kendimize özgü koşullara uydurmaya zorladığı için Hızır Servis istenen işlevi kazanamamış, kurulan Acil ve Hızır Servis kısa sürede işe yaramaz hale gelmişti. Önce ambulansla beraber giden hekimler, kaytarmaya ve hemşire göndermekle yetinmeye başlamışlardı. Sayın İslâmoğlu milletvekili olarak hastaneden ayrıldıktan sonra, eksilen ilkyardım ekipmanı ve gereçlerin yerine yenileri konmaz oldu. Sonunda ambulanslar bir şoförle kaldılar. Acil serviste çalışan uzmanlar da yolunu bulup normal kliniklere gittikleri için hizmet nöbetçi asistanların ellerinde kaldı. Daha önceki ve sonraki deneyler de başarısızlıkla sonuçlanmıştı. Çünkü bir hizmet, yer, personel, araç gereç bütün ihtiyaçları sağlanarak ve kendine özgü bir sistemle kurulmazsa devamlı olmaz, devamlı olsa bile işe yaraması mümkün değildir.

Komşumun hastalığı da iyi niyetle kurulmuş bir acil hizmetin çöküntü dönemine rastlamıştı. Ambulans istemek için o zaman en büyük eksiklik doğrudan irtibat kurulacak bir telefon numarası olmaması idi. Ambulans istemek için hastanenin santralini aradım. Hat açıldığı zaman birkaç yerden yapılan şehirlerarası konuşmalar birbirlerine karışmış, karşılıklı bağırışıp duruyorlardı. İçlerinde en net duyulanı da Van'dan İstanbul'u arayan vatandaşın sesi idi. Ben açınca "orası neresi?" diye sordu, ben söyleyince "Allah kahretsin, yine yanlış düştü!" dedi. Telefonu kapadım, biraz bekledim, numarayı çevirdim, aynı söz savaşı devam ediyordu. Bu defa ben de "aradan çıkın, acil hastam var, ambulans çağıracağım" diye bağırdım, kimse aldırmadı. Ondan sonraki açılışlarda sohbete katılmaya başladım, "falanca evde mi?" diye soran kimisine "yok", kimisine "askerde" diyordum. Telefona hâkim ses Van'dan İstanbul'u arayanın sesi idi. Yine "orası neresi?" diye sorunca, "tımarhane kardeşim, tımarhane" dedim. "Vay anasını, yine yanlış düştü" dedi.

En az yarım saat uğraştıktan sonra hastane santrali açıldı. Acil servisi istedim. Papucun pahalı olduğunu bildiğim için sağlıkla ilgili yerleri aradığım zaman kendimi tanıtıyordum. Karşıma çıkan acil hemşiresine de kendimi tanıttım. Bir acil hasta için ambulans istediğimi söyledim. Anadolu şivesi ile konuşuyordu. Ambulansın birisinin arızalı olduğunu, birisinin hastaya gittiğini, birisinin de başhemşireyi evine götürdüğünü söyledi. "Hangisi gelirse hemen göndereceğim" dedi ve adresi aldı.

Bir süre sonra ambulans geldi. Hastaneye gittik. Acil hemşiresi iriyarı, köylü tipli bir hemşire yardımcısı idi. İşe yaramadığı için servislerden Acil'e sürgün geldiği anlaşılıyordu. Beni çok sevmiş olacak ki, 15-20 gün sonra bizim hastaneye sürgün edilmişti. Adını montafon ineği taktımdı.

Montafon ineği bizi muayene odasına aldı. Görevli doktora tanıttı. Ben teşhisi söyleyince dahiliye servis nöbetçisini çağırdı. Hastayı yatırdılar, bu arada bir adam kucağında 4-5 yaşlarında oğlu, peşinde hanımı soluk soluğa muayene odasına daldılar, telaş içerisinde idiler. Adamın kucağında çocuğun başı, kolları ve bacakları cansız gibi aşağı sarkmış, sallanıyordu. "Oğlum ölüyor, doktor bey yardım edin" dedi. Doktor şöyle bir baktı, çaresizlikle, "Bizde çocuk hastalıkları servisi yok, hemen Hacettepe'ye götür" dedi.

Adam, "Senin de, hastanenin de..." diye sunturlu bir küfür savurdu ve geldiği gibi telaşla koşarak gitti.

Doktor o gittikten sonra yakınmaya başladı.

"Ben ürolojide asistanım, ne anlarım diğer branşların acilinden. Şu olayı gördünüz, bir de böyle hakaret görüyoruz."

Acil polikliniği nöbeti asistanların eline bırakılmıştı. Asistan nöbetini yapan da, kendisine geç sıra gelsin diye bütün asistanları acil nöbetine dahil etmişti.

Bir avukat komşum vardı. Bir gece kızı telaşla geldi. "Yetiş amca, babam çok ağır hasta" dedi. Hasta ağır bir enfarktüs geçiriyordu. Rengi kül gibi olmuştu, bütün cildi soğuk bir terle kaplı idi, nabız fevkalâde zayıftı, şoka girmişti. Adamcağızı karga tulumba benim arabaya attık. O zaman pek gözde olan Hacettepe Hastanesi Acil'ine gittik. Acele Acil'in kapısından girdim. Girdiğim yer iki üç tahta bank konmuş küçük bir antre idi. Kimsecikler yoktu. Antreye açılan bir kapı ve bir tarafında da vezne penceresi gibi sürgülü camlı bir küçük pencere vardı. İkisi de kapalı idi. Hastayı içeri almak için sedye isteyecektim. Kapıyı ve pencereyi birkaç kere denedim, kimse ilgilenmedi. Hastayı mecburen hanımı ve kızı ile içeri taşıyıp bir bank üzerine yatırdım. Bütün telaşım ölmeden bir an evvel içeri atabilmekti. Kapıyı açtırmak için 10-15 dakika uğraştım.

Nihayet içeri girdik. Bu defa da ilgilenen yoktu. Bir doktor buldum, kendimi tanıttım. Bir yatağa yatırmalarını rica ettim. "Elektro çekmeden yatıramayız" dedi. 5-10 dakika da onun için bekledik. Bir yatağa yatırıldı. Ben oradan ayrıldım, yarım saat sonra vefat etmiş.

Diş tabibi bir arkadaşım vardı, muayenehanesinde bir kriz geçirmiş, Ankara Tıp Fakültesi Kardiyoloji Kliniği'nin hocasının muayenehanesine götürmüşler. Bir reçete vermiş, eğer göğüs ağrıları tekrarlarsa hastaneye yatması gerekeceğini, bu durumda kendisini aramasını söylemiş. O gece 21.00'de yine ağrı gelmiş, beni çağırdı. Hastaneye kaldırmamız gerekiyordu. Hocanın evini birkaç kere aradım, telefon açılmadı. Geleneğe uyarak telefonu fişten çektiği anlaşılıyordu. Kliniğini aradım, nöbetçi asistana kendimi tanıttım ve durumu anlattım. Hastayı getireceğimizi söyledim. "Hocanın emri olmadan yatıramam" dedi. Böyle olacağını ben zaten biliyordum.

"Doktorcuğum, lütfen ya hocanın açacağı özel telefonun numarasını ver ya da kendin telefonla konuş, sonucu bize bildir" dedim. Ona da yanaşmıyordu. Yarı tehdit, yarı rica ikna edebildim. Hoca bey müsaade etmiş, götürdük yatırdık. Hastasına gerekirse mutlaka haber vermesini, sıkı sıkı tembih edenin tutumu bu, gerisini siz düşünün.

Bir ara Ankara Numune Hastanesi'nde başhekimlik yapan ağabeyimiz Dr. M. Kemal Gavuzoğlu bir hayli iyi şeyler yaptı. Hastane temiz, tertipli ve iyi çalışır hale geldi. Hastanenin üroloji servisini genelde kokusundan bulurduk. Onun zamanında gittiğimizde bu servisi sora sora buluyorduk. Gece nöbetçileri bile işlerinin başından bir an ayrılmıyorlardı. İşi biten müstahdem hiçbir iş bulamazsa fırça ve deterjanla tuvaletleri temizliyordu. Bütün bunları gece gündüz yaptığı ani baskınlarla sağlamıştı.

Kendisinden dinlemiştim: Bir gece kafasına kasketi geçirmiş, ağzını, burnunu boyun atkısı ile sarmış ve Acil'e gelmiş, bakmış sedyede bir yaralı kanlar içerisinde yatıyor. Birisi bir bankta uzanmış inliyor. Doktorla hemşire muayene odasında sigara içip sohbet ediyorlarmış, içeri girmiş. "Doktor bey, sedyede bir yaralı var, ona bir baksanız" demiş. Doktor gülerek, "Amca" demiş, "Acelesi ne, bakarız. Sen böyle şeylere karışma!" Başhekim Kemal Bey şapkayı çıkarmış, atkısı açmış, "Ulan şimdi sana amcayı mamcayı gösteririm" demiş.

Böyle inzibati önlemler belki de bizim milletimize daha uygun düşüyordu. Bunların örnekleri çoktur. Başıma gelenleri yazsam ayrı bir kitap olur. Ben bu mesleğin içinde, hatta başında iken böyle şeylerle karşılaştıysam, sade vatandaşın hali nicedir.

Onkoloji Macerası

Onkoloji Hastanesi

Açtığımız poliklinikte birlikte çalıştığımız Sayın Dr. Vedat Âli Özkan Sağlık Bakanı oldu. Ahmet Andiçen'de çalışan arkadaşlarımız dağılmıştı. Sayın Özkan onları çağırarak yeniden bir kanser hastanesi açmak istediğini, uygun bir bina bulmalarını söylemiş. Makine Kimya Endüstrisi Kurumu'nun Etimesgut'taki kontrplak fabrikasının yanında bir hastanesi vardı. İyi niyetle kurulan ve iyi çalışan bu hastane zaman içerisinde özelliklerini kaybetmiş, astarı yüzünden pahalıya gelen ve yetersiz hizmet veren bir kurum haline dönüşmüş. Bu yüzden de kapatılmasına karar verilmiş. Arkadaşlarımız Bakanlığa burayı önermişler. Bina kiralanmıştı. Benim de kendileri ile beraber olmamı istiyorlardı. Bunu genel müdürüne aktardım. Genel müdür yardımcılığına atanırken devamlı kalacağıma dair verdiğim sözü hatırlattı. Kararı onun takdirine bıraktım. Konuya kapandı gözü ile bakıyordum. 3-4 gün sonra genel müdür beni çağırdı. Telefonun ahizesi elinde, müsteşar Faruk İlter'le konuşuyordu. Müsteşarın açılacak kanser hastanesine başhekim olarak benim atanmamı istediğini söyledi. Bunu düşünmem gerektiğini bildirdim. Faruk Bey politikadan gelmiş olmasına rağmen, devletin çıkarlarını her şeyin önünde tutan iyi bir bürokrattı. Benim hemen "evet" dememi istiyordu. "Aksi halde bizi işe yaramaz eski bir politikacıyı bu göreve atamaya mecbur edecekler. Onun için kimse duymadan bu işi halletmemiz lazım" demiş. Böylece başhekimliği kabul etmek zorunda kaldım. Kanser Hastanesi'nin Kurucu Başhekimi olarak göreve başladık. Tarih Temmuz 1967 idi.

Bina kontrplak fabrikasının ambarı iken, MKE'nin Başhekimi Dr. Ferhan Bey tarafından, gerekli değişiklikler yaptırılarak hastaneye çevrilmişti. Bakımsız köhne bir bina idi. O şekilde hizmete açılması mümkün değildi. Bakanlık'ta her zaman olduğu gibi ilgili bölümde ödenek kalmadığı için sağdan soldan para bularak bakım ve onarıma başladık. MKE ile yapılan protokol gereği onlara ait hastane hizmetleri bir süre daha devam edeceği için işimiz zorlaşıyordu.

Andiçen Hastanesi'nde beraber çalıştığımız Op. Dr. Cemal Erkan'ın, röntgen mütehassısı Dr. Erdoğan Çınar'ın ve Op. Dr. Korkut Akoğuz'un da atamaları yapıldı. Korkut Akoğuz hariç diğerleri göreve başladı. Ahmet Andiçen hastane binası fakültenin işletmesine verilmişti. Hastaneye yönetici olarak görevlendirilen Prof. Dr. Fevzi Renda, Dr. Akoğuz'u bırakmıyordu. İş resmiyete dökülse arkadaşımız müstafi duruma düşecekti. Bunun için bir hayli git gelle uğraşmak zorunda kalmıştım. Birkaç ay gecikme ile Korkut Bey'i de getirmek mümkün olmuştu. Bu arada Gülhane Askerî Tıp Akademisi'nde hoca muavinliği yapmış, cilt hastalıkları uzmanı Dr. Kemal Ülkü de bize katıldı. Eski hastanenin memur, müstahdem ve hemşireleri yeniden hastane açıldığı takdirde alınmak üzere muhtelif hastanelere dağıtılmıştı. Bakanlığın bu husustaki emrine dayanarak yetişmiş ve özelliği olan personeli istediğimiz halde, hastaneler, ne kadar işe yaramaz, ipten kazıktan kopma, çeşitli nedenlerle hastane hastane dolaştırılmış, baştan atılacak personel varsa seçip seçip bize gönderdiler. İşe yarayan personelimizden pek azını alabildik.

Bizde en önemli ceza, cezalandırılacak kişiyi hizmet olarak makbul sayılmayan veya gidip gelmesi zor yerlere nakletmektir. Onkoloji Hastanesi'nde bu iki şart da mevcut olduğu için, kalifiye personel bulmanın mümkün olmayacağı anlaşılıyordu. Etimesgut sosyalleştirme bölgesi idi. Hastane bölgesinin kapsamına alınırsa ücret avantajı ile sakıncamızı denkleştirebilirdik. Bu durumu Sayın Özkan'a anlattım. Böylece hastane de sosyalleştirilmiş bölgenin kapsamına girdi. Bunun için esas hizmetimize ilave olarak bölge hastanesi görevini de yürütecektik.

Hastanenin en iyi bölüşümünü ilk planda kullanılır hale getirmiştik. Ameliyathanenin bulunduğu bölümde bir de ameliyat sonu bakım birimi kurduk. MKE'ye buraya geçmelerini söyledik. Kabul etmediler. En arkada izbe berbat bir yer vardı. Kendilerine orayı vermemde ısrarlı idiler. Bu arkadaşlara ameliyat sonu bakım birimini de kullandıramadık. Ameliyat ettiklerini servislerindeki yatağına atıyorlardı. Yakınları hastanın başına üşüşüyor, uyandırmak için bağıra çağıra dürtükleyip duruyorlardı. Böylesine süfli bir hastane işletmesi görülmüş şey değildi. Protokole göre bana bağlı oldukları halde, arkadaşlarımızı kendi hallerine bırakmaktan başka bir çare bulamadım. Ellerindeki cihazları müşterek kullanmamız gerekirdi. Bunlardan yararlanmamamız için devamlı engeller çıkarıyorlardı. Başta hekimleri olmak üzere hiçbirisinin göreve muntazam devamını ve düzenli disiplinli çalışmalarını sağlayamadık.

Hastaneyi "küçük bir mayo kliniği" haline getireceğini söyleyerek kuran ilk başhekim Dr. Ferhan Bey, bir süre sonra genel müdürlüğe alınmış, değil emeline ulaşmak, hastanenin normal işlevini yerine getirir halde kalmasını sağlayamamıştı. Bu, asli görevleri dışında başka hizmetleri yüklendiği zaman varılan sonucu gösterir çarpıcı bir örnektir. Çünkü bu hizmetleri denetlemeye, yönlendirmeye kadro ve kuruluşları uygun değildir. İnisiyatif kısa zamanda o işin içinde olanların eline geçer. Onlar da her şeyi kendi kişisel çıkar ve hesapları yönünde kullanırlar.

Hastane üç yüz yataklı olarak açılmıştı. İki yüz yataktan fazlasını yerleştirmek mümkün değildi. Binanın büyük bir odasını kitaplık olarak ayırmıştım. Bakanımız Vedat Âli Bey sık sık gelir, yapılanları görür, ihtiyaçlarımızı öğrenirdi. Her gelişinde de kitaplık olarak ayırdığım odayı gözü ile şöyle bir ölçer, "Ooo, burası 15-20 yatak alır" derdi. Ben de hiç sesimi çıkarmazdım. Kitap dolaplarını, masalarını, sandalyelerini, kartoteks dolaplarını sipariş etmiştim. Bir gelişinde odayı döşenmiş haliyle gördü;

"Kitaplığınız da güzel olmuş" dedi.

Çeşitli yerlerden para bulmak suretiyle kanserle ilgili kitapları topladım. Önemli periyodiklere abone olduk. Bir bölümüne de hastaların vakit geçirmelerine yardımcı olacak kitaplar yerleştirdik. Mesleki yayınların hepsinden istenen bilgilerin kolayca alınabileceği bir kartoteks sistemi kurdum.

Hasta kayıt ve arşivi için özel bir sistem geliştirdim. İlk başvuruda bir dosya çıkarılıyor ve beş yıl muhafaza ediliyordu. Dosyalar protokol numarasına ve hasta ismine göre kolayca bulunacak şekilde fihristleniyordu. Ayrıca eğitim, araştırma, yayın ve istatistik için arşivdeki bilgilere kolayca erişilebilecek şekilde kartoteks yapmıştık. Bu sistem Bakanlıkça örnek kabul edilerek diğer hastanelere önerilmişti.

MKE'den kalma mikrofotoğrafi çekilebilecek bir set vardı. Bir fotoğrafçı bulduk. Bir de yakın plan çekim yapabilecek fotoğraf makinesi aldık. Böylece hastaların giriş ve çıkışlarında fotoğrafları, hastalıklarla ilgili mikrofotoğrafiler, slaytlar çekiliyordu. Bunlar için de resim ve slaytların kolayca bulunacağı şekilde kayıt ve arşiv geliştirildi. Hasta adı, hastalık ve hatta hastalıkların önemli özelliklerine göre istenenlerin çıkarılması mümkündü. Böylece insan eliyle bilgisayarlı gibi çalışan kayıt ve arşiv kurulmuştu.

Siyami Ersek'in kurduğu Haydarpaşa Kalp ve Göğüs Cerrahi Merkezi ile Sağlık Bakanlığı Türkiye'de kalp cerrahisinin öncülüğünü yapmıştı. Biz de onkoloji alanında öncülük yapmak azmi ile işe koyulmuştuk. *Acta Onkologica Turcica* adlı aylık bilimsel bir mecmua çıkarmaya başladık. Onunla hem sesimizi duyuruyor, hem de kanser ve kanser savaşı ile ilgili modern konseptleri ve yenilikleri Türk hekimlerine iletiyorduk. İsveç'teki Karolinska Üniversitesi'nin onkoloji bölümü olan Rdium Hemmete'i ziyarete gittiğimiz zaman kitaplıklarında yeni gelen periyodikleri bir süre sergiledikleri bölümde bizim mecmuayı da görünce çok duygulanmıştım.

Türk Kanser Araştırma ve Savaş Kurumu uzun zaman önce bir mecmua çıkarmaya başlamıştı. Giderek yayınlamada güçlüğe uğradılar. Çünkü ellerinde bizdeki olanaklar yoktu. Bizimle işbirliğinden sürekli kaçan kurum yönetimi periyodik konusunda işbirliği önerdi. Olumlu karşıladık. Sahipliği müşterek olmak, karma bir yayın kurulu teşkil etmek kaydı ile emeğin bize masrafın onlara ait olmasını önerdik. Onlar bizim yayınımızı tatil etmemizi, tercüme ve yazılarımızı onların mecmuasına vermemizi istediler. İsim onların, emek bizim olacaktı. Bu yüzden bir anlaşmaya varılamadı. Biz mecmuamızı benim görevde bulduğum on yıl boyunca düzenli olarak çıkardık.

Kütüphanemize aldığımız kitaplar arasında 6 ciltlik bir kanser tretesi vardı. Her konunun sonunda çeşitli ülkelerden toplanmış, o konu ile ilgili istatistik verilerin gösterildiği tablolar verilmişti. Tabloların hepsinde de Türkiye'nin ismi vardı, fakat karşısı boş bırakılmıştı. Cetvelin altına o konan dipnotta, "Ankara Üniversitesi Tıp Fakültesi'nden bilgi istenmiş, cevap alınamamıştır" kaydı vardı. Bunun üzerine çalışmalarımızın istatistik analizlerini mecmuamızda yayınlamaya karar verdik. Hastanenin Cemal ağabeyi olan Op. Dr. Cemal Erkan'la beraber her yıl sonunda o yıl hastaneye gelen yeni vakaları çeşitli tablolar halinde yayımlıyorduk. Sonra da bunları bir araya getirerek kesin teşhis konmuş 18 bin civarında kanser vakasının kadın ve erkeklerden türlerine göre sıklıklarını, coğrafi bölgelere dağılımlarını yayımladık. Bu çapta bir yayının daha önce mevcut olduğunu zannetmiyorum. Türkiye'de kanser savaşı ile ilgili planlama çalışmalarında bilim adamlarımız yabancı istatistiklere dayalı öneriler getirirken, biz kendi istatistiksel verilerimizi esas alarak ülke gerçeklerine uygun çalışmalar öneriyorduk.

Bu da Hacettepe

Uluslararası Kanser Birliği ile iyi ilişkiler kurmuştuk. Bir vesile ile memleketimize gelen birliğin Genel Sekreteri Mr. David

Reed ile tanışmıştık. Bizim çalışmalarımızı görmüş ve takdir etmişti. Türkiye'ye her gelişinde muhakkak beni arardı. Bize istisnai olarak çeşitli olanaklar sağlamıştı. Bir kısmını ne yazık ki kullanmak fırsatı olmadı. Kendisini saygı ile anarım.

Hacettepe Tıp Fakültesi, bir Uluslararası Kanser Kongresi organize etmişti. Bizi yok farz etmiş olmalılar ki katılmamıza imkân vermedikleri gibi, açılış merasimine bile çağırmamışlardı. Biz de ilgilenmemiştik. Kongrenin ikinci günü idi, Mr. Reed telaşla geldi. Selâmsız sabahsız, "Kongrede niçin bulunmadığımızı" sordu. Ne diyecektim? Memleketimin bir bilim merkezinde basit kaprislerle ve duygusal nedenlerle hareket edildiğini söyleyemezdim. Düpedüz kendilerinden daha ileri bir örnekle karşılaştırılmalarına olanak vermek istememişlerdi.

"Mr. Reed, biliyorsunuz bizim yükümüz çok ağır. Rutin işlerden başka çalışmalara vakit ayıramıyoruz" dedim.

"Anlaşıldı, anlaşıldı. Acele işlerim var. Tekrar görüşeceğiz" dedi ve hızla odadan çıktı, gitti.

Ertesi gün tekrar geldi. El yazısı ile pelur kâğıda yazılmış bir de mektup getirdi. Birliğin başkanı olan Milano Kanser Enstitüsü'nün Direktörü tarafından yazılmıştı. Mr. Reed, başkanın ertesi gün kendi tebliğine ayrılan saati Hodgkin hastalığı ile ilgili bir tebliğ sunmam üzere bana vereceğini yetiştirebilirsem, bunun için saat 14.00'te toplantı salonunda hazır bulunmamı söyledi. Kabul ettim. Tebliği ve tebliğle ilgili slaytları hazırladım. Ertesi gün saat 13.30'da salona gittim. O esnada Hacettepe Tıp Fakültesi'nden bir arkadaşımız, tedavi ettikleri bir Hodgkin vakası ile ilgili konuşma yapıyordu. Niçin geldiğimi kimse bilmiyordu. O gün oturum başkanlığını da birliğin başkanı yapıyordu. Hacettepe Tıp Fakültesi'nin tebliği bitince başkan kendisine ayrılan saati bana verdiğini ve tebliğimin konusunu bildirdi. 3 bine yakın lemfoma (lenf bezi kanseri) içinden seçilen binden fazla Hodgkin ile ilgili konuşma bir hayli ilginçti. Bu Hacettepe için anlamlı bir sürpriz, bizim için de onur verici bir olaydı.

Modern konseptlere göre kanserin teşhis ve tedavisi bir ekip işi idi. Bu ekipte en az bir kanser cerrahı, bir kemoterapi uzmanı, bir radyoterapı uzmanı ve bir de patolojik anatomi uzmanının bulunması gerekiyordu. Teşhis için kanserin sadece yerleşim yerini ve türünü bilmek yeterli değildi. Bulunduğu yerdeki büyüklüğü, etraf dokulara yayılma derecesi, lenf bezlerindeki ve uzak organlardaki metastazların saptanması, histolojik yapısının bilinmesi gibi birçok bilgi daha toplamak gerekiyordu. Tedavi bu bilgilere dayanarak planlanabiliyordu. "Planlanabiliyordu" diyorum, çünkü elde ameliyat, kemoterapi (ilaçla tedavi) ve radyoterapi olmak üzere üç tedavi imkânı vardı. Bunların hangisinin veya hangilerinin ve ne şekilde kullanılacağının saptanması gerekiyordu. Biz sistemi kurmuştuk ve mükemmelen yürütüyorduk.

Çalışmalarımızda ekip çalışması fikrini Türk tababetine kabul ettirme uğraşına da yer veriyorduk. Bakanlık bu fikre çok çabuk sahip çıkmıştı. Bazı hastaneler bu alanda etkinlik kazanmak için özel kanser birimleri ve kanser konseyleri kurdularsa da yürütemediler. Çünkü bu konuda sadece iyi niyet yeterli değildir. Fakültelerde öğretilenlerden daha fazla bilgi ve inanç ister.

Bir iki sene içerisinde personel ve araç gereç eksiklerimizi tamamladık. Bunun için çeşitli manevralar çeviriyorduk. Türkiye Büyük Millet Meclisi Bütçe Komisyonu Başkanı merhum Kevni Bey'le yakın ilişki kurmuştuk. Pahalı cihazlar için para gerektiği zaman Kevni Bey'e söylüyorduk. Komisyonda Sağlık Bakanlığı bütçesi görüşülürken, bu ihtiyacın alımı için kullanılmak üzere ödenek aktarması yaptırıyordu. Derneğimizin de büyük katkıları oluyordu. Rahmet ve saygı ile anarım.

Andiçen Kanser Hastanesi deneyi dolayısı ile önceleri Bakanlık bize pek sıcak bakmıyordu. Amerika görmüş uzmanların görev yaptığı eğitim hastaneleri varlığımızı kabul etmiyorlardı. Bizi, kanserden ölüme mahkûm hastalarla, sahipleri tarafından alınmayan ağır hastaların "terminal bakım" yeri olarak görüyorlardı. Başladılar bu tip hastaları ambulansa yükleyip bize göndermeye. Biz de gelenleri aynı ambulansla geri gönderiyorduk. Bir yandan hastanelere asıl amacımızı anlatmaya çalışıyor, bir yandan da Bakanlık'tan bu yönde bize yardımcı olmalarını istiyorduk. Eğer onlar da Kanser Hastanesi'ni terminal hasta bakım yeri olarak düşünüyorlarsa bu işini çok daha ucuza yapılabileceğini, böyle masraflı bir organizasyona gerek bulunmadığını, bizi boş yere uğraştırmamalarını söylüyorduk. Sonunda bizim fikrimiz kabul gördü. Böylece kanser savaşının birinci aşamasını olumlu sonuçla kapamıştık.

Romanya

İşimizi zorlaştıran en önemli şey önümüzde bir örnek olmaması idi. Geçmiş deneyimlerimize dayanarak hizmeti kolay, hızlı, ekonomik verebilmek, bilimsel çalışmak, azami derecede yararlı hale getirebilmek için gerekenleri yapmıştık. Hizmete özel organizasyonu genel hatları ile ele almışsak da tamamlanması ile yerine oturtulmasında güçlüklerimiz oluyordu. Bu aşamada Dr. Perihan Çambel patolog olarak bize atandı ve göreve başladı. Kendisi Türkiye'de kanser savaşının öncülerindendi. Yurtiçinde ve yurtdışında kanserle ilgili bütün aktivitelere katılırdı. Çok tanıdığı vardı. Bir gün bana Bükreş'te çok mükemmel bir onkoloji enstitüsü bulunduğunu, gidip görmemizde yarar olduğunu, direktörü Prof. Kostakel'i tanıdığını, istersek akseptans getirtebileceğini söyledi. Kabul ettik. Gerekli yazışmaları yaptı. Radyoterapi uzmanımız Dr. Erdoğan Çınar'la benim, masraflar bize ait olmak üzere 15 gün süre ile enstitülerinde gözlemci olarak bulunmamızı kabul etmişlerdi. Bakanlık da bizim görevli olarak Bükreş'e gitmemizi uygun gördü.

Hareket günümüzü bildirerek enstitüden kalacak yer temininde yardımcı olmalarını rica ettik. Hazırlıklarımızı tamamladığımız günlerde idi. Bir akşam eve geldiğimde eşim Milli Emniyet'ten bir albayın birkaç kere telefonla beni arayarak görüşmek istediğini, erken gelirsem kendisine telefon etmem için bir de numara bıraktığını söyledi. Verilen saatten geç gelmiştim. Aramak mümkün olmadı. Kafası kızanın önüne gelene komünist damgası vurduğu bir ülkeden, komünist bir ülkeye gidecektik. Basit nedenlerle insanlar fişleniyordu. Bunlar aklıma geliyor, endişeleniyordum. Doğrusu sabahı zor ettim. Sabah ilk işim albayla temas kurmak oldu. Benimle bir konuda konuşmak için eve gelmek istiyordu. Saat 21.00'de anlaştık.

Romanya'ya gideceğimizi öğrendiğini, hakkımızda inceleme yaptıklarını, güvenilir, memleketsever kimseler olduğumuzu, bizden vatani bir görev beklediklerini söyledi. Özet olarak Bükreş'te bulunduğumuz sürede askerî konularda gözlemler yapmamızı ve bilgi toplamamızı istiyordu. Maksat anlaşıldığı için rahatlamıştım, ama bu defa da şaşkınlığa uğramıştım. Romanya'ya giriş için vize bile yoktu. İsteyen gidiyor, gezip dolaşabiliyordu. Bu şartlarda bizden böyle bir şey istenmesinin anlamı yoktu. Böyle bir isteği yerine getirmemiz de mümkün değildi. Bunları kendisine anlattım. Bu defa takip edilmekten, döviz karaborsacısı gibi yabancıların peşinde koşan gizli servis ajanlarından söz ederek dikkatli olmamız hususunda nasihatlerde bulundu.

Tren akşam karanlığında Romanya hududunda Ruscuk'a geldi. Doğrusu Milli Emniyet görevlisi albayın nasihatlarından dolayı tedirgindim. Onun için gayet dikkatli hareket ediyordum. Ruscuk'ta bir süre bekledik. Hareket ettikten sonra bulunduğumuz vagondaki bir kompartmandan alaturka şarkılar söylenmeye başladı. Şarkıya, keman, klarnet ve darbuka ile de eşlik ediliyordu. Merak ettim, fakat bir yanlış anlama olur diye yerimden kıpırdamadım. Pasaport kontrolü için gelen görevli, Türk olduğumuzu görünce, orada Türk vatandaşlarının eğlendiğini söyledi. Bu söz beni cesaretlendirmişti. Gittim, müzik seslerinin geldiği kompartmanın kapısında birkaç dinleyici vardı. İçeride dört kişi önlerinde şarap şişeleri hem içiyorlar, hem çalıyorlar, hem de söylüyorlardı. Biraz dinledim. Söyledikleri şarkılar çok hoştu, ama daha önce hiç duymamıştım. Kendileri ile konuşmakla konuşmamak arasında bir tereddüt yaşadım. Sonunda "sorun olur" endişesi ağır bastı, yerime döndüm.

Tren geceyarısı Bükreş Garı'na girdi. Yazışmalardan tanıdığımız, Enstitünün Direktör Yardımcısı Dr. Popoviç karşılamaya gelmişti. Bizi resmî bir araba ile alarak şehrin merkezinde ayırttıkları bir pansiyona yerleştirdi. Sabahleyin de aynı araba bizi enstitüye götürdü. Enstitünün bahçesinde bir de Fiat marka özel araba vardı. O da direktöre aitmiş. Sokaklarda gelip geçen tek tük taksiler dışında araba görülmediğine göre Prof. Kostakel'in imtiyazlılardan olduğu anlaşılıyordu. Sonradan parti üyesi olduğunu öğrenmiştik. Herhalde bu makamlara gelmenin ön şartlarından birisi de bu olmalı diye düşünmüştüm. Ne var ki Kostakel gerçekten sahasında otorite olan bir hekimdi. Demek ki ön şartlardan birisi de bu idi.

İlk gün enstitüde bizi bir odaya aldılar. Küçük tabaklar içerisinde reçel ikram ettiler. Reçelle beraber içerisinde yarıya kadar su ve çay kaşığı bulunan bir bardak da vardı. Biz reçeli yedik, suyu da kemali afiyetle içtik. Her gün gelince aynı odada bir süre sohbet ediyorduk. Oturur oturmaz da reçel ve suyumuz geliyordu. Aradan 3-5 gün geçtikten sonra, "Bizde misafire çay kahve ikram edilir, siz reçel ikram ediyorsunuz" dedim. Bunun Türklerden kalma bir adet olduğunu söylediler. Ne duymuş, ne de görmüştüm. Reçelle beraber gelen suyun, reçelin kolay alınması için kaşığı ıslatmaya yaradığını, yurda dönüşümüzden sonra öğrendim. Onlar da bu işin adabını bilmediğimizi anlayınca ikramı değiştirmişlerdi. Artık küçük kadehler içerisinde ismini bir türlü doğru telaffuz edemediğimiz özel erik rakılarından ikram ediyorlardı. Ama enstitü doktorlarını da, başta Dr. Popoviç olmak üzere, bizimle beraber bardaktaki suları içmeye mecbur etmiştik. Doğrusunu öğrendiğim zaman, Abdülaziz'in İngiltere ziyaretinde, kraliçenin verdiği yemekte el temizlemek için kullanılacak küçük tas içerisindeki suyu yemeğin sonunda içerek kraliçeyi de içmeye mecbur edişini hatırladım.

Enstitüde bize büyük misafirperverlik gösterdiler. Her gün öğle yemeğine Dr. Popoviç bizi bir lokantaya götürüyordu. Gittiğimizin ikinci günü öğle yemeğinden sonra cebinden bir miktar para çıkararak "akşam yemekleriniz için" dedi. Almak istemedik, paramız olduğunu söyledik. Bize masraflarımızı karşılamayacaklarını söylemiş olmalarına rağmen, sonradan devletten özel ödenek almışlar. Parayı kabul etmezsek iade edemeyeceklerini, üzerlerinde kalacağını, bunun da doğru olmayacağını söyledi. Almak zorunda kaldık.

Bükreş'te dikkatimi çeken şeyler arasında, iş saatlerinde sokaklarda kimsenin görülmemesi idi. Mevsim kıştı. Sabahın erken saatlerinde kalın ve partal giysili kadınlar sokakları temizliyordu. Herkese bir iş yaptırılıyordu. Çalışmayana ekmek yoktu. Bulgaristan'da da aynı şey vardı. Aç kimse yoktu, refah da yoktu. İnsanlar eşitlenmişti ama asgari yaşam düzeyinde. Gördüğüm kadarı ile o da sözde idi. Çünkü her rejimde olduğu gibi komünizmin de aristokratları vardı. Buradaki asiller sınıfını parti erkânı ile askerler teşkil ediyordu. Şehrin merkezinde gösterişli bir bina vardı. Bahçesi yığınla siyah Mercedes otomobille dolu idi. Askerî bir yermiş, arabalar da yüksek rütbeli subayların makam arabaları imiş. Buna karşılık sokaktaki insanlar kışın soğuğunda işlerine gidip gelebilmek için duraklarda kaba saba, Rus yapısı eski otobüsleri bekler dururlardı. Biz bile bir yere gitmek için taksi bulamazdık.

Manavlarda doğru dürüst meyve ve sebze yoktu. Mevsimi olduğu halde, bizim pazarlarda akşama kalan artık elmalar gibi kozalak elmalar satılıyordu. Hem de kilosu 7-8 ley'e. O tarihlerde 15 ley bir dolar, bizde de 15 lira bir dolardı. En güzel elmayı, 2,5-3 liraya alabiliyorduk. Her taraf bağlık bahçelikti. Meyve ve sebzenin bol olması gerekirdi. Niçin doğru dürüst sebze ve meyve bulunmadığını sorduğum zaman Çavuşesku'nun (Diktatör Devlet Başkanı), "Her şeyin iyisini döviz elde etmek için ihraç ettirdiğini" söylemişlerdi.

Kaldığımız pansiyon şehrin merkezinde kaloriferli, asansörlü, iki tuvaleti ve iki banyosu olan büyük bir apartman dairesi idi. Dul iki kız kardeş oturuyordu. Genç olanın askerde bir oğlu vardı. Kendisi bir kütüphanede çalışıyormuş. 800 ley aylık alıyor, eve 300 ley kira ödüyormuş. Oğlunu, ev bulma güçlüğü yüzünden evlendiremediğinden yakınıyordu. Evin bir bölümünü yabancılara pansiyon olarak vermek zorunluluğu varmış. Genç olan geceleri benimle konuşmak istiyordu. Önceleri ihtiyatlı hareket ediyordum. Özellikle yalnız kaldığımız zaman yavaş yavaş yaşamlarından şikâyetlere başladı. Devamlı, dışarıdan duyulmaması için alçak sesle konuşuyordu. Kardeşim dediği hanımdan gayri evde konuşulanları duymasını istemediği kimse yoktu. Giderek karşılıklı güven arttı. Konular çeşitlendi. Madam daha ziyade yokluklar ve kısıtlamalardan şikâyetçi idi. Bizdeki durumu soruyordu. Yumurtayı 25 kuruşa aldığımızı söylediğim zaman kendilerinin köylülerden, o da rast getirirlerse 1-1,5 levaya zor alabildiklerini söylemişti. Üzerimdeki yün kazağa imreniyordu. Yün triko çok pahalı imiş ve çok zor bulunuyormuş. Benim kazağın fiyatını sordu. Söylediğim zaman hayretler içerisinde kalmıştı. Benden döviz almak istiyordu. Yurtdışı tura yazılmış, iki senedir sıra bekliyormuş. Sıkı bir denetim altında götürülüp, getiriliyorlarmış. Yurtdışına çıkma özlemi doktorlarda da vardı. Resmî turlar dışında sadece artistlerin ve sporcuların yurt dışına çıkabildiğini söylüyorlardı. Bunun dışında iki özlemleri daha vardı: Ev ve araba sahibi olmak. Her tanıştığımızın ilk suali, "Evimizin ve arabamızın olup olmadığı" idi. Olduğunu söylediğimiz zaman da özlemlerini dile getiriyorlardı.

O sıralarda onlarda da bizdeki Emlak Bankası'ndan mesken edinme yöntemine benzer bir uygulamaya yeni başlanmıştı. Bu programa katılanların 40 bin leva peşin vermesi ve kalanını da 20 sene taksitle ödemesi gerekiyormuş. 40 bin levayı öderken de bunun menşeini kanıtlamak gerektiğini söylüyorlardı. Birkaç sene sonra uluslararası bir kongreye gittiğimiz zaman bizdeki Renault Toroslar'ın aynısı orada da yapılmaya başlanmıştı. Kapıların önlerinde arabalar görülüyordu. Arabaların çoğunluğunun cumartesi, pazar günleri bile üzerleri örtülü duruyordu. Benzin pahalı olduğu için pek seyrek kullanabiliyorlarmış. Bir de park yerlerindeki özel arabaların cam sileceklerinin olmaması dikkatimi çekmişti. Yenisi pahalı olduğu için ihtiyaç sahipleri başkalarının arabalarından yürüttüklerinden, herkes arabasını bir yere park edince silecekleri çıkarıp yanında götürüyormuş.

Enstitü doktorlarından bir tanesi özel bir konuyu öğrenmek için birkaç aylığına Almanya'ya gönderilmiş. Bir de Dr. Popoviç birkaç uluslararası kongreye katılmak için yurtdışına çıkmıştı. Onlara da döviz almamak kaydı ile müsaade edilmiş. Bir keresinde Ankara'ya gelmiş. Cebindeki leyleri değiştiremediği için güç durumda kalmış. Sefirden 10 dolar borç almış. Sefarethanede kalmasına da müsaade edilmiş.

Popoviç başta olmak üzere bazı doktorlarla dostluğu ilerletmiştik. Her şeyi rahatça konuşabiliyorduk. Komünist rejimlerde merak ettiğim üç şey vardı: Aile kavramı, din ve yönetimde eşitlik.

Evli hekimlerin eşleri ve çocukları ile mazbut bir aile yaşamları vardı. Boşanmanın kolay olup olmadığını sorduğum zaman Dr. Popoviç, komünist rejimden önce kolay boşanılabileceğini, komünist rejimde zorlaştığını söylemişti. Yani şapkayı kapıya asıp içeri girmek mümkün değildi!

Dinle ilgili sual sormadım. Kiliseler açıktı. Birkaç tanesini gezdik. Papazları da vardı, lakin giren çıkan görmedim. İsteyenin ibadet için gelebildiğini söylüyorlardı.

Üçüncü merakımı gidermek için kırsal alana nasıl hekim sağladıklarını, yer değiştirmelerde nasıl bir yöntem uygulandığını sordum. Fakülteyi bitirenler en uçtan göreve başlıyorlarmış. Belli bir süre çalışanların bir ileriye gidebilmesi için açılan imtihana girip kazanması gerekiyormuş. İhtisas yapabilmek için de belli bir süre ve aşamaları geçirmesi gerekiyormuş. Bu sistemin hakkaniyetle uygulanıp, uygulanmadığını sordum. "Buna olumlu cevap vermek mümkün değil" dediler. Bizde ne kadar hakkaniyete riayet ediliyorsa orada da o kadar riayet ediliyordu.

Komünizmin asıl karakteri olan yönetimin despotluğunu, insan haklarının geçerli bir kavram olmadığını her an görmek mümkündü. Çalışanların hepsi devlet memuru olduğu için hizmetler hantallaşmıştı. Dükkânlarda tezgâhtarların ilgilenmesini sağlamak bir sorun oluyordu. Bir meslektaşımdan dinlemiştim: Yugoslavya'da bir hastanede inceleme yaparken pencereden, koşarak gelip hastane bahçe duvarını aşan köpeğin, bahçeye girdikten sonra ağır ağır ilerlediğini görmüş. O esnada yanında olan hastanenin başhekimi, "Artık devlet memuru oldu. Onun için acele etmiyor" demiş.

Romanya'da yokluklar ve kısıtlamaların doğal sonucu olarak karaborsa ve fahişelik yaygın bir hale gelmişti. Kadınlar kendilerini satarak kazandıkları dolarlarla büyük otellerdeki "free shop"lardan makyaj malzemeleri, naylon çorap ve Amerikan sigarası alıyorlardı. Fahişelerin Romanya turizmine büyük katkıları oluyordu. "Bir ara Romanya, Türk erkekleri için komşu kapısı olmuştu. "Bizim fahişelerin nesi var?" denmesin diye de evli ve meslek sahibi hanımlarla ve üniversite öğrencisi genç kızlarla kolayca beraber olunabildiği mavalını yaymışlardı. Orada olduğumuz zaman gördük ki sokaklardaki paralı fahişelerle düşüp kalkıyorlardı.

Romanya'da, o tarihlerde rejim karşıtlığı yavaş yavaş su yüzüne çıkmaya başlamıştı. Enstitünün dokümantasyon bölümü başkanı olan Prof. Corcesku 70 yaşlarında ama zeki, dinamik, her fırsatta rejimi ve yandaşlarını iğneleyen bir insandı. Bir öğle üzeri Prof. Kostakel bizi enstitüden bazı hekimlerle birlikte bir öğle yemeğine götürmüştü. Prof. Corcesku sigara tiryakisi idi. İlk defa orada gördüğüm 10 sigaralık paketler halinde satılan Amerikan sigarası içiyordu. Yemek sonunda Kostakel'e sigara ikram etti. Almayınca "Al, al, kapitalist sigarasıdır" diye takıldı.

Prof. Kostakel yemek biter bitmez, orada bulunan bir genç doktoru da yanına alarak alelacele gitti. Dr. Corcesku, "Patronun nereye gittiğini biliyor musunuz?" diye bize sordu. Bilmediğimizi söyledik. "Çavuşesku bir meydanda nutuk atacak, oraya gitti." Dışarıda lapa lapa kar yağıyordu. "İstese de, istemese de bu havada başkanı dinlemek zorunda" dedi.

Kısa bir süre sonra genç doktor geri geldi. Dr. Corcesku hemen ona da takıldı. "Niye bu kadar çabuk geri geldin? Soğuğa mı dayanamadın, Çavuşesku'yu dinlemeye mi?"

Kanser Savaşı Nasıl Başarılı Olur?

Bükreş Onkoloji Enstitüsü çok iyi organize olmuş, bilimsel çalışan, araştırmalar ve yayınlar yapan önemli bir merkezdi. Çok şey gördük, çok dersler aldık. Kanser teşhisinde uluslararası müşterek bir dil olarak kullanılan TNM sınıflama sistemini oradan getirdik. Enstitünün hazırladığı resimli dokümanı müsaadelerini alarak mecmuamızda bölüm bölüm yayınladık.

Prof. Corcesku ilk konuşmamızda bize Türkiye'de kanserle ilgili dernek olup olmadığını sordu. Olduğunu söyledik. Sualine açıklık getirdi.

"Kanser savaşında başarılı olmak için hastanenin gönüllü bir kuruluşla işbirliği içinde olması gerekir. Bunlar birbirlerini tamamlarlar. Onun için kanser hastanesi ile işbirliği yapmayan dernekler de yararlı olamaz. Bizde dernek kurmak yasak. Devamlı olarak yokluğunun sıkıntısını çektik. Bir senedir siyasi otoriteyi iknaya uğraşıyorduk. Nihayet sonuç aldık. Bir dernek kurmak üzereyiz."

Türkiye'de oldukça da oturmuş bir gönüllü hareket vardı. Ne yazık ki bizimle işbirliğine bir türlü yanaşmıyordu. Birlikte hareket etmeyi alışkanlık haline getirememişiz. Onun için bir araya gelip güçlerimizi birleştiremeyiz. Bu belki de Türklerin, göçebe yaşamının neden olduğu kalıtımsal bir özelliğidir.

Prof. Corcesku'nun ikinci nasihati hekimlerin kansere karşı takındıkları tutumla ilgili.

"İlk savaşınızı meslektaşlarınıza karşı vereceksiniz. Bu savaşı kazanmadan bir adım ileri gidemezsiniz" demişti. Ne demek istediğini hekimlerin bize karşı dirençlerini görünce anladım. Ondan sonra bu yöndeki çalışmalarımızı yoğunlaştırdık.

Bükreş'te enstitünün ikinci direktörü Dr. Popoviç ve eşinden çok yakınlık gördük. Dost olmuştuk. Uzun yıllar çeşitli vesilelerle birbirimizi aradık. Bükreş'ten ayrılırken gösterdikleri yakınlığa karşılık verme fırsatı elde etmek için birkaç konferans vermek üzere masrafları bize ait olarak bir hafta Türkiye'ye gelmesi hususunda anlaştık. Gelince bunu resmiyete döktük. Eşi ile beraber geldiler. Ankara'nın en lüks otellerinden birisinde misafir ettik. Her gün öğleden sonra boş kalıyorlardı. En büyük zevklerinden birisi halden meyve alıp otelde yemekti.

Bir dostu Dr. Erdoğan Çınar'dan, o yıllarda bizde kullanılması pek moda olan Anna Arslan'ın gençlik ilacı gerovital-H'dan getirmesini istemiş. Dönmemiz yaklaşınca bana bunu söyledi. Kendisi Almanca biliyordu. Fakat Bükreş'te Almanca bilen pek yoktu. Dillerinin aynı kökenden olmasının getirdiği kolaylıkla Fransızca bilen çoktu. Gerovitali eczanelerden benim sormamı istedi. O sırada piyasada yokmuş. Eczacılar "yok" derken, bıyıkaltından gülüyorlardı. Birkaç eczaneye sorduktan sonra Erdoğan Bey'e, "Bunlar bizimle hafiften alay ediyorlar. Bir daha sormam" dedim. Konuyu enstitü doktorlarına açtım. "Bu ilacın bilimsel bir değeri var mı?" diye sordum. Hiçbir değeri olmadığını, ülkeye döviz getirdiği için devletin müdahale etmediğini söylediler.

Aradan birkaç sene geçtikten sonra üç tebliğle Bükreş'te düzenlenen uluslararası bir kongreye katıldık. Popoviçler bizi ağırlamak için çırpındılar. Ekonomik durumları düzelmişti. Bir ev satın almışlardı. Bizi evine akşam yemeğine götürdü. Kongrenin ikinci gününde beni bir kenara çekti. Cebinden bir tomar para çıkardı. Bana vermek istiyordu. Muhtemelen bizim de kendileri gibi yurtdışına döviz çıkaramadığımızı zannediyordu. Ya da mukabelede bulunmak istiyordu. Kendisini ihtiyacımız olmadığına güç ikna edebildim. Bizden çok şey almışlardı. Dillerinde birçok Türkçe kelime vardı. Hatırımda kalanlar çorba, sarmalı, misafir, soba idi. Bükreş'in en büyük parkının adı "Çeşmecibaşı Parkı" idi. Devlet başkanları Çavuşesku'nun adı bile Türkçe idi. Herhalde büyük dedesi Osmanlı ordusunda çavuştu. Bir gün Popoviç bana, "Naip ne demek?" diye sordu, söyledim. "Niçin sordun?" dedim. Desiseci, dalavercecilere "naip deriz" dedi.

Romanya halkı ile uzun yıllar içiçe yaşamışız. Bunun izleri her tarafta vardı. Misafiri bizden öğrendikleri gibi, misafirperverliği de bizden öğrenmişlerdi.

Kongre için gidişimizde döviz karaborsasının iyice yaygınlaştığı görülüyordu. Sokaklarda adım başı döviz bozanlar yabancıların yolunu kesiyorlardı. İşlerini görecek kadar Türkçe de öğrendiklerine göre bu pazarda vatandaşlarımızın önemli yerleri olmalı idi.

Resmî kurdan 15 ley olan dolar karaborsada 22-25 ley'e bozdurulabiliyordu. 30 lira önerenler de vardı. Bunlar tuzakçılardı. İzmir Tıp Fakültesi'nden gelen bir doçent arkadaşımızı çarpmışlardı. Fazla verenler, sadece elli veya yüz dolarlık banknot kabul ediyorlardı. Önce doları alıp ceplerine koyuyor, leyleri 5, 10, 20 diye sayarken, "polis geliyor" diyerek kaçıyorlardı. Biz dört arkadaş gitmiştik. Romanyalı bir Türk aracılığı ile kişi başına elli doları karaborsada bozdurmuştuk.

Yolculuğu Köstence üzerinden araba ile yapmıştık. Köstence-Bükreş arasında Köstenceli Türk bir kamyon şoförü ile tanışmıştık. Kalacağımız otelin adresini almıştı. Geldi bizi buldu. İşi bittiği halde dönüşünü erteledi. Bize çok yardımcı oluyordu. Arabamızın bakımını yaptırdı. Krikomuz yoktu. Kamyonundan bir kriko verdi. Biz de onu her gittiğimiz yere götürüyorduk. Yemekleri bizimle yiyordu. Gittiğimiz yerlere kravatsız girilmediği için ona bir de kravat vermiştik. İkinci sınıf vatandaş muamelesi görmekten şikâyetçi idi. Kongreden çıktıktan sonra kaldığımız otelin lobisinde bir süre dinlenir, birer kadeh hafif bir içki alırdık. Beş leylik içkiye beş ley de bahşiş verdiğimiz için bara bakan hanım görevlinin tercihli müşterilerindendik. Bir gün yanımıza Köstenceli şoför geldi. Ne içecekse bara bakan hanımdan istemesini söyledik. Gitti söyledi, fakat servis yapılmıyordu. Herhalde bizim misafirimiz olduğunu fark etmemişti. Bunun üzerine ben giderek durumu söyledim ve siparişi tekrarladım. Hemen getirdi.

Bu şoförün amcası yıllarca önce Türkiye'ye göç etmiş, Küçükesat'ta konfeksiyon dükkânı varmış. Kendisini çağırması için müteaddit defa mektup yazmış, cevap alamamış. Bizden ilgilenmemizi istedi. Türkiye'ye gelirse kendisine yük olmayacağını söylüyordu. Dönüşte amcayı bulduk, durumu anlattık, fakat ilgilenmedi.

İsveç Gözlemleri

Romanya'dan sonra, yayınlarından tanıdığımız Stockholm'deki Karolinska Üniversite Hastanesi'nin Radium Hemmet Kanser Enstitüsü'nde de inceleme yapmak istedik. Bakanlık uygun gördü. Dr. Çınar'la birlikte on beş günlüğüne İsveç'e gittik. İsveç ve Danimarka'da seks ticaretinin sokaklara döküldüğü yıllardı. Belki bu yüzden olacak eşlerimiz bizi yalnız göndermek istemediler. Onları da alarak bir araba ile yola çıktık. Mevsim sonbahardı. Havalar iyi gidiyordu. Kuzeye çıktıkça Fransızca bilen azalıyordu. Benim yarım yamalak İngilizce ile idare ediyorduk.

Stockholm'ün merkezinde bir pansiyona yerleştik. Gelip gittiğimiz cadde üzerinde büyük bir sinema vardı. Gösterilen filmlere ait vitrinlerindeki resimler açıktan da öte, rezaletti. Durup bakmak istiyor, gelip geçenler, "Bu yabani kim?" diye ayıplarlar endişesi ile bakamıyordum. Bir gün oradan geçerken yaşlı bir hanımla 8-10 yaşlarında bir kız çocuğunun resimleri incelediğini gördüm. Yaşlı hanım hatıra tazeliyor olmalı idi. Ondan cesaret alarak ben de vitrinleri eni konu inceledim. Artık merakım geçmişti (kitapçı vitrinlerinde çeşit çeşit seks mecmuaları vardı). Hiçbirisine dönüp bakmak arzusu duymuyordum. Dönüşte bunlardan üç tane getirmiştim. Yazlık dinlenme yeri işleten bir arkadaşım aldı ve iade etmedi. Ne yaptığını sordum. İşletmeye demirbaş yaptığını söyledi. "Karısı ile arası açılan kocayı bir köşeye çekiyor, mecmuaları eline veriyorum. Ertesi sabah karı koca gayet mutlu olarak kolkola dolaşmaya başlıyorlar" dedi. Benim otuz beş marklık yatırım bir işe yaramıştı.

Radium Hemmet'de herkes İngilizce konuşabiliyordu. Niçin bu kadar İngilizceye meraklı olduklarını sorduğum zaman dillerinin uluslararası planda geçerli olmadığını, bilim ve teknolojik gelişmeleri izleyebilmek, seslerini dünyaya duyurabilmek için İngilizce öğrenmeye mecbur olduklarını söylediler. Sokakta bir şey sormak ihtiyacı duyduğumuz zaman da hemen herkesle İngilizce anlaşmak mümkün oluyordu.

Dr. Çınar Almanca biliyordu. Enstitüde Almanca bilen yoktu. Ben Fransızca biliyordum. Fransızca bilen bir kişi varmış, o da yıllık izne çıkmış. Yine kalmıştık benim İngilizceye.

Hastane son derece temiz, düzenli idi. İş saatlerinde arı kovanı gibi çalışıyordu. Her tarafta sessizlik ve sükûnet hâkimdi. Poliklinik bekleme salonlarında bile çıt çıkmıyordu. Çalışma tempolarına ilk günler ayak uydurmakta zorluk çekiyorduk. O zamana kadar 8 saat günlük mesaiyi bihakkın yerine getirdiğimizi zannediyordum. Gördüm ki bizim en çok çalışanımızın bile hizmete harcadığı zamanı toplasanız 4 saati zor bulur. İşbaşında bizdeki gibi sigara tüttürmek, bir yandan iş görüp, bir yandan da çay, kahve höpürdetmek yoktu. Saat 10'da verilen yarım saatlik molada bu iş için ayrılmış odalarda çay, kahve ve sigara içilirdi. Harcanan çay, kahve, şekerin parasını da oraya gelenler aralarında topluyorlardı. Misafir olduğumuz için bizden almıyorlardı.

Personel öğle yemeğini ucuz bir fiyatla hastanede yiyordu. Bize idare ücretini almadan yemek fişi vermişti. Yemekler soğuk açık büfe tarzında idi. Herkes yiyeceği kadar alıyordu. Bizdeki gibi tabaklarda, tencerelerde artanları çöpe dökmek yoktu. Kalan yiyecekler el değmediği için ertesi gün de kullanılıyordu. Gelişmiş ülkeler ekonomik uygulama yollarını bulup kullanıyorlardı. Hovardalık fukaranın harcı olmalı!

Kanser hastalarının tedavi planları hasta hangi klinikte yatarsa yatsın, ilgili kliniğin yetkili uzmanı ve Kanser Enstitüsü'nün radyoterapi, kemoterapi uzmanı ve patologlarının katıldığı "konferans" dedikleri toplantılarda karara bağlanmaktaydı. Her klinik için bir konferans günü ve saati vardı.

Doktorlar geç saatlere kadar çalışıyorlardı. Çoğunluğun muayenahenesi yoktu. Neden açmadıklarını sorduğum zaman 4-6 bin kuron maaş aldıklarını, muayenehane açarlarsa aylık 6 bin kuron üzerindeki gelirden % 90 vergi alındığı için emeklerine değmeyeceğini söylediler. O tarihlerde ayda 2.500 kuron geliri olan bir kimse, İsveç'teki bütün medeni olanaklardan yararlanabiliyordu. Çalışanların emekli yaşamları da teminat altında idi. Geç vakitlere kadar çalışmalarının nedeni de işlerin bitmemesi idi. Mecbur olmadıkları ve fazla mesai de almadıkları halde günlük işleri bitinceye kadar çalışıyorlardı. İşlerini hevesle ve zevkle yapıyorlardı. Başka türlü zaten bu mesleğin kahrı çekilmez. Tababet mesleği güneş yürekli, merhametli, insanları seven ve sayanların işidir. Sıradan meslek sahibi olmak için bu işe girilmez. Bizdeki gibi insanların tercihi ve isteği dışında mesleğe iterseniz, sağlık işleri de olsa olsa bizdeki kadar olur. Hizmeti iyileştirmek için hastane hekimlerine muayenehaneleri kapattırdık, olmadı, tekrar müsaade ettik. Başka bir çare yokmuş gibi bu ikilem arasında gidip geliyoruz, bir şey değişmiyor. Sonunda baktık olmayacak, bir de mecburi hizmet yükledik.

Zorunlu hizmet 12 Eylül idaresi ile gelmişti. Ondan sonra hastalardan çıkar sağlamak suçu ile sık sık hekimlerin tutuklanması başladı. Yaptığım gezilerde, arkadaşlar hallerinden yakınıyorlardı. Bir uzman arkadaşımız yirmi bin lira maaş aldığını, yirmi iki bin lira ev kirası verdiğini, resmî görev istemediği halde yakasının bırakılmadığını söyledi. Bu şartlarda ne yapacağını sordu. Sistemi kuranlar bunun cevabını biliyor olmalılardı. İnsanları açmazlara düşürüp sonra da onlardan faziletli olmalarının istenebileceği kanısında değilim.

İsveç'te, Romanya'da, Fransa'da hekim hasta ilişkileri ile özel olarak ilgilendim. Aralarında bizdeki gibi hekimi taciz edecek derecelere varan ya da hekimin hastaya sert çıkmasını gerektiren durumlar olmuyordu. Hekim sorar, hasta anlatır, hekim kararını bildirir, hasta teşekkür eder ve gider. Karşılıklı anlaşma güçlükleri olduğunu ve hastaların, poliklinikteki ağır yükün altında bunalmış, burnundan soluyan doktorları dönüp dönüp, "şu olmasa olmaz mı?", "ameliyatsız iyileşemez mi?" veya "şunu yesem olur mu?" gibi sualler sorarak bunalttığını görmedim. Hekimler önerilen tedaviden kaçan hastalara rahat rahat her hususu açıklayacak zamanı bulmakta ve hastayı iknaya gayret etmektedirler. Stockholm'de Radium Hemmet'de hekimin meme kanseri olduğunu söylediği bir hanımın sessizce ağlamaya başlaması üzerine, onu nasıl şefkatle teselliye uğraştığını unutamıyorum. Bükreş Onkoloji Enstitüsü'nde sedyede bekleyen ağır bir hasta gördüm. Niçin bekletildiğini sordum. Doktoru ameliyatta imiş, onun çıkmasını bekliyormuş. Böyle bir hastayı poliklinikte saatlerce biz bekletsek kıyamet kopardı. Romanya'da totaliter bir idare vardı. "Bu hasta kendisine ilgi gösterilmediği için sizi üst makamlara şikâyet etmez mi?" diye sordum. Sualimi hayretle karşıladılar. "Biz onun iyiliği için uğraşıyoruz, niçin bizi şikâyet etsin?" dediler.

Kendimizi Kanıtlamıştık

Hastanemizde her şey yavaş yavaş yerine oturmuştu. Ülke içinde olduğu kadar, ülke dışında da tanınmış ve kabul edilmiştik. Özellikle başarı ile uygulanan özel kanser cerrahisi ile tanınıyorduk. Bizim tedavimizi yeterli görmeyerek Londra'ya giden Ankara Onkoloji Hastanesi'nde ameliyat olduklarını öğrendikleri zaman, kontrole bile lüzum olmadığını söylüyorlar, doğrudan gidenlere de Ankara Onkoloji Hastanesi varken, niçin geldiklerini soruyorlardı.

Gıyasettin Karaca bakanken bir hastasını ameliyat etmiştik. O da her ihtimale karşı Londra'ya götürmüş. Dönüşte bana telefon ediyordu. "Hastanın Onkoloji Hastanesi'nde ameliyat olduğunu öğrenince, muayene bile etmeden 'boşuna getirmişiniz' dediler. Israrımız üzerine muayene ettiler. Her şeyin yolunda olduğunu söylediler" dedi ve bizi tebrik etti.

Bakanlardan birinin yüzünden cilt kanseri alınmıştı. Yurtdışında bir yere gitmesine gerek olup olmadığını sordu. Yok dedik. Fakat o da Londra'ya gitmiş. Ona da aynı şeyleri söylemişler. Telefon ederek teşekkürlerini bildirmiş ve bizden özür dilemişti.

Bir düzeye gelmişsek bu hiç de kolay olmamıştı. Sıradışı bir hastane olmaktan kurtulmamızda, sağlık hizmetlerinin sosyalleştirilmesi kapsamında olmamızın ve dolayısı ile sağlık personelinin yüksek ücretle çalışmasının da rolü olmuştur.

Hırsızlar

Bir yandan güçlükleri aşmaya uğraşırken, üç cephede savaşmak zorunda kalmıştık.

Personelden kaynaklanan güçlüklerimiz vardı. İdaredeki memurlar paralı işleri birbirlerinin elinden almak için uğraşıyorlardı. Hemen hemen hepsi de evveliyatı karanlık insanlardı. Memurlar, asli görevlerini bile savsakladıkları bir düzende ilave olarak mali sorumluluğu olan görevleri alabilmek için heves ve ısrar göstermelerinin manidar olacağını düşünmedikleri gibi, benim bu yoldaki uyarılarımı bile dikkate almayacak kadar kaşarlanmışlardı. Hakları da yok değildi, çünkü yıllarca yemiş yutmuşlar, sadece yerleri değiştirilmiş, yaptıkları yanlarına kâr kalmıştı.

Hasta kabulde görevlendirdiğimiz kişi hastaların emanet paralarını yedi. Hakkında işlem yaparken farkına vardı, kaçtı. Olayı savcılığa intikal ettirdik. Tutuklanacağını beklerken, başka bir hastanede görev aldığını öğrendik. Bir milletvekilinin adamı imiş. Taşradaki zavallı memurlar beş kuruş için elleri kelepçelenir, hapse tıkılırlar. Bu da taşra görevi ile başkentte görev yapma arasındaki avantaj farkı olmalı.

Hasta çamaşırları ve pijamaları devamlı eksiliyordu. Takibe aldık. Bu işe bakan karantina memuru, çıkan hastalara 'emanetteki elbiselerini bulamadığını söyleyerek bizim çamaşır ve pijamaları satıyormuş. Yaratıcı zekâya bakınız.' Suçunu kanıtlamak mümkün olmadığından istifaya zorlayarak uzaklaştırdık.

Bir eski milletvekilinin oğlu vardı. Hemşirelerin ailelerine yollayacakları paraları göndermek üzere alıyor ve yiyormuş. Olay ortaya çıkmadan hastaneye iki sivil polis geldi. Ellerinde maaş mutemedinin kullandığı kasanın anahtarı vardı. Bizim memur anarşistlerle işbirliği yapmaktan tutuklanmış. Kasanın anahtarının kalıbını alarak bir anahtar yaptırmış. Aybaşında hastaneyi basıp maaşları çalacaklarmış. Polis böyle diyordu ama, anarşistlerle işbirliği yaptığını zannetmiyorum. Muhtemelen kasada izin vesaire gibi nedenlerle kalan paraları kendisi yürütecekti diye düşünürüm.

Bir tanesi makbuzlarda tahrifat yaparak poliklinik muayene ücretlerini zimmetine geçirmişti. Görevden uzaklaştırıldı, savcılığa verildi, tutuklu olarak mahkemeye sevkedilmesi gerekirken, başka bir hastanede göreve girdi.

Mardin'de, ay sonunda İstanbul'da okuyan oğluna göndermek için, aybaşında yerine koymak üzere kasadan aldığı 50 lira yüzünden bir PTT memuru tevkif edilerek hapse atılmıştı. Aniden genel teftişe gelen müfettiş kasayı mühürleyince, memur durumu anlatmış, müsaade ederse parayı birinden ödünç alıp yerine koyacağını söylemiş, fakat sayın müfettiş kabul etmemişti. Bu Ankara'da olsa suç bile sayılmazdı.

Bir derdimiz de öğrenci memurlarımızdı. Her ülkede hem çalışıp, hem de okuyanlar vardır. Ama bizdeki gibi süreklilik isteyen ve sorumluluk gerektiren para, ambar, depo gibi görevlerde öğrenci çalıştıran ikinci bir ülke olacağını zannetmiyorum. Bunlar ne doğru dürüst öğrenci, ne de doğru dürüst memur olabiliyorlardı. Öğrencilikleri yıllarca sürdüğü için yeni geleceklerin önünü tıkıyorlar, görevlerini ise ihmal ediyorlardı. İki yönden de ekonomik olmayan bir uygulama idi. Bunlara burs verilse, iki, üçünün yerine bir memur alınsa hizmet ve ücret açısından daha avantajlı olurdu.

Ambar memurumuz hukuk üçüncü sınıf öğrencisi idi. Yıllarca memuriyet yapmanın sonucu olarak küçük memur havasına iyice girmişti. O düzeyde eğitim görmüş bir kimsede olması gereken dünya görüşüne sahip olamamıştı. Günlük gazete düzeyinde bile genel kültüre sahip değildi. Ambarın nöbetçi heyeti huzurunda kendisi tarafından açılıp tabelaya göre erzak çıkarması icap ederken, anahtarı aşçıya verir gidermiş. Bir gün bana geldi. Aşçının günlük ihtiyaçtan fazla et çıkardığını söyledi. Bunu söylerken kendisini şikâyet ettiğinin farkında değildi! Açığını dernekten kapattık ve görevini ciddiye alması için nasihat ettik. Yine aynı şeyleri yapmış, bunu farkedince ambara el koydum ve sayım yaptırdım, bir sürü açığı vardı. O sırada normal idari teftiş için müfettiş gelmişti. Tutturduğum tutanağı vererek gereğini yapmasını rica ettim. Bu müfettiş de çoğu bakanlık müfettişleri gibi kapsamlı düşünebilecek, değerlendirme yapabilecek yeteneği olmayan, bizim ambar memuru gibi ufak işlerde çalışarak bir yüksek okulu bitirmiş kapasitesiz birisi idi. İşini bitirip giderken, başta ben olmak üzere bütün doktor ve hemşirelerin, iaşe tabelasında imzalarımız olduğu için, sorumlu olarak ambar memuru ile beraber mahkemeye verileceğimizi, merak etmememizi, ambar memuru dışındakilerin beraat edeceğini söyledi. Bu hastanenin açılışından itibaren görev yapan bütün hemşire ve hekimlerin suçlu sandalyesine oturması demekti. Eblehliğin bu kadarı da görülmemiştir.

O tarihlerde Bakanlık Teftiş Kurulu Başkanı Doktor B. Taranoğlu ağabeyimizdi. Kendisine gittim, durumu anlattım. Dosyayı getirtti, yırtıp attı. İçlerinden en akıllısını çağırarak doğru dürüst bir teftiş yapılması için emir verdi.

Ambar memurunun davasının görüldüğü mahkemeye şahit olarak çağırıldım. Hakim öyle sualler soruyordu ki memurun bu suallerle mahkûm edilmesi mümkün değildi. Bu hususu usulünce belirterek gerekli bilgiyi vermeme müsaade istemeyi düşündüm. Aksi bir etki yaratırım diye vazgeçtim. Bu arada memur şefaat dilenir gibi hukuk fakültesinde öğrenci olduğunu söyledi. Bunun üzerine hakim "Ulan" dedi, "utanmadan bir de hukuk talabesi olduğunu söylüyorsun. Özürün kabahitinden büyük." Neticede ambar memurumuz beraat etti. Bu konuyu biraz da bu tür suçlar için özel ihtisas mahkemelerine ihtiyaç olduğunu vurgulamak maksadı ile aktardım. Bir inceleme yapılsa teftiş raporu ile zimmet ve ihtilas suçundan mahkemeye verilen memurların, pek azının mahkûm edilebileceği görülecektir. Onun için Memurin Muhakemat Yasası kaldırılmalı, bu suçlamaların hesabı doğrudan yargıda görülmelidir. Bunun için özel ihtisas mahkemeleri almalıdır.

Bu da Akıllısı...

Bizde bir laf vardır: "En akıllısı deli Hamza, o da direkte bağlı." Aklı başında, dürüst, terbiyeli, çalışkan bir döner sermaye muhasibimiz vardı. Bir Ramazan Bayramı sonrasında bizim muhasip kayboldu. Bayramın birinci günü Sadettin Bilgiç'in evinde kalabalık bir ziyaretçi grubunun bulunduğu sırada bir patlama olduğu hakkında gazetelerde haberler çıkmıştı. Suikast girişimi olarak değerlendirilen bu olayın büyük yankıları olmuştu. Aradan birkaç gün geçtikten sonra hastaneye gelen iki kişi benimle özel konuşmak istediklerini söylediler. Bizim muhasip Bilgiç'e suikast düzenlemekten tutuklanmış. Patlattığı bombanın hammaddelerini biyokimya laboratuvarımızdan temin ettiğini söylemiş. Onlar da şebekenin hastanedeki uzantılarının da tespiti için gelmişlerdi. Bu maddeler laboratuvarın günlük işlerinde kullanılan bikromat ve bazı asitlerdi. Muhafazası gereken maddelerden olmadıkları için devamlı açıkta duruyorlardı. Soruşturma birkaç gün sürdü. Bir sonuç çıkmadı. Sadece, muhasip 2 seneye mahkûm oldu. Neden böyle bir şeye tevessül ettiği mahkemede aydınlandı mı bilmiyorum, ama kamuya bu konuda bir bilgi yansımadı. Bu arkadaşımız cezasını tamamlayıp hapisten çıktıktan sonra beni ziyaret için evime geldi. Olayın nedenini sordum. Bu konuda konuşmak istemediğini söyledi. TRT dış yayınları dinleme servisinde çalışıyormuş. Burada görev alabilmesi de dikkati çekecek bir husustu. Olaylar bir araya getirildiği zaman birilerinin Sadettin Bilgiç'e gözdağı vermek için bir tertip yaptığı sonucu çıkıyordu. Ama açıklamaya muhtaç önemli bir nokta vardı. Bizim muhasip abdestinde namazında birisi idi. Aşırı dinci derneklerle ilişkili olduğunu biliyordum. Böyle bir kişinin aynı safta görünen bir kişiye karşı kullanılması enteresandı.

Karşımızdaki cephelerden birisi de Sağlık Bakanlığı idi. Andiçen Hastanesi deneyinde ağzı yanan Bakanlığı bu konuya ısındırmak gerekiyordu. Üst düzeydekilerin bir kısmı bu hastaneyi bakanın başlarına bela ettiğini düşünüyordu. Bir iki sene içerisinde Bakanlık da bizim cepheye katılmıştı. Çünkü ülke içinde de, ülke dışında da kendimizi kanıtlamıştık. Onkoloji Hastanesi de Haydarpaşa Kalp Cerrahi Merkezi gibi örnek bir müessese olmuştu. Bir Kanser Savaş Müdürlüğü ve Kanser Konseyi kuruldu. Konsey bu alanda tanınmış uzmanlarla, üniversitelerden gelen temsilcilerden oluşuyordu. Artık kanser savaşı da devlete mal edilmişti ve bilimsel esaslar çerçevesinde yürütülecekti.

Halk zaten bizi kabul etmişti. Ahmet Andiçen Kanser Hastanesi'nin yeniden hizmete girmesine rağmen istekleri karşılayamıyorduk. Ülkenin dört bir yanından hasta akınına uğramıştık. Üniversite hastanesi bulunan şehirlerden bile hasta geliyordu. İki senenin sonunda hastalara yatmak için gün vermeye başlamıştık. Hastalar bir an önce yatmak için Bakanlığa başvuruyorlar, milletvekillerini araya koyuyorlardı. Biz pek az istisnası ile sırayı bozmadan uyguluyorduk.

Bakanımız Vedat Âli Özkan kamuda yaratılan "jet bakan" imajı yüzünden fevkalâde popüler olmuştu. Kapısı sonuna kadar halka açıktı. Eline, bakanın üzerinde "sırasız, ücretsiz yatırılması ricası ile" yazılı kartını alan, kapımıza dayanıyordu. İstek artınca kart yerine özel olarak basılmış kâğıtlar kullanılmaya başlandı. Artık özel kalem müdürünün ve bakanın odasına giren çıkan belli olmuyordu. Her gün ortalık ana baba gününe dönüyordu. Özel Kalem Müdürü Kadri Bey hoş, esprili bir insandı. Genç yaşta vefat etti, rahmet olsun. Durumdan şikâyetçi olduğum zaman, "Doktorcuğum sen kendi halini biliyorsun, bir de benimkini sor. Ankara hastanelerinin bütün hastaları bizden geçiyor. Hepsini dinliyor, ilgili hastanelere sevk ediyorum. Bazen dinleyerek ayırım yapmak mümkün olmuyor, hastayı muayene etmek zorunda kalıyordum. Öyle ya adam basurum var der, göndeririz yanlış ameliyat yapılır. Böyle kuşkulu durumlarda hastayı soyundurup bakıyorum" demişti.

Hasta Simsarları

Sorunların çözümüne iyi niyet yetmez. İyi niyet sadece suiistimale yol açar. Bu işte de böyle olmuştur. Sırasız ve ücretsiz yatırılma emirleri Ankara'daki hasta simsarlarına kazanç kapısı olmuştu. Bazı kişilerin Bakanlık'tan aldıkları yazı ile sık sık hasta getirmeleri dikkatimi çekmişti. Bunların, hergele meydanındaki otellerden veya taşra otobüs terminallerinden hasta toplayan simsarlar olduğunu öğrendim. Onlara sorarsanız, bu işi insaniyet namına yapıyorlardı. Yalnız hemen yatırılmaları için doktorlara vermek üzere birkaç yüz liralarını da alıyorlardı! Bakanlığa gidiyorlar, Kadri Bey'in önceden bakana imzalattığı "sırasız, ücretsiz yatırılması" kâğıdını alıp geliyorlardı. Poliklinikte, getirdikleri hastanın yatmasına gerek olmadığı söylenince veya sıra verilince "Fukaranın kimsesi yok, ben hayrıma getirdim, şimdi bunu ne yapacağım?" diye bağırıp çağırıyorlardı. Bu da sonuç vermezse bakana şikâyetle tehdit ediyorlardı. Gerçekten fukara ve kimsesiz hastaların ve hasta sahiplerinin saldırgan hareket ettiğini görmedim. "Hastayı hayrıma getirdim" diye söze başlayanların bu işi hayırdan başka nedenlerle yaptıkları tecrübe ile sabit olmuştu. Ben bu memlekette kimsenin başkasının yaralı parmağına bedava işediğini görmedim. Bir milletvekilinin "hayrına" getirdiği hastanın sonradan babası olduğunu öğrenmiştik. "Hayra" olduğu için hem de ücretli odaya ücretsiz yatırmıştık. Onun için birisi "hayrına" dedi mi gerisini dinlemiyordum bile. Bunu hemşireler de öğrenmişti. Bana gelmek isteyen hasta sahiplerini "Başhekime sakın hayrıma getirdim deme!" diye tembihliyorlardı. Simsarlardan birisi hasta getirmiş, yatmayınca bana geldi. Vatan, millet, insaniyet, sıralayıp duruyordu. Aradığım fırsat elime geçmişti. Sükûnetle "Gel bir dakika" diyerek yanıma aldım. O saatte boş olan röntgen odasına doğru yürümeye başladık. Poliklinik için bekleyen kalabalığın arasından geçiyorduk. Mütemadiyen yüksek sesle konuşuyor, kimsesiz bir hastayı insaniyet namına getirmekten, dinden, imandan, vicdandan söz ediyordu. Maksadı beni tahrik ederek olay yaratmaktı. Ben onu sükûnetle dinliyor, "Haklısın, doğrudur" gibi sözlerle söylediklerini onaylıyor gözüküyordum. Röntgen odasından içeriye girdik. Teknisyenlere kapıyı kapayıp kilitlemelerini söyledim. Simsar kısa boylu, tıknaz posbıyıklı birisi idi. Bıyıklarının iki ucundan yakaladım:

"Kalabalığın arasında bülbül gibi ötüyordum. Şimdi konuş bakayım! Ağzını açarsan bıyıklarını yolarım. Yatıracağım diye fakir, fukaranın parasını çarpıyorsun. Ondan sonra da bize hayırdan, vicdandan, merhametten söz ediyorsun. Bütün simsarlara söyle, hepinizi tanıyorum. Bir daha hanginizi burada görürsem aşağıya kalorifer dairesine indirir, eşek sudan gelinceye kadar sopa çektiririm. Sonra da bize hakaret etti, kaçarken de merdivenden düştü diye zabıt tutarım. Bunu kafana sok ve kuyruğunu kıstır bas git!"

Dışarıdan sırayı bozmayı zorlayanlara: "Senin isteğini yerine getirebilmem için bir hastanın tedavisini kesip çıkarmam lazım. Böyle bir vicdansızlığı bizden isteyeceğinizi zannetmiyorum. Bu yola girersek bir başkasının hastasını yatırmak için de sizin hastanızı çıkarmamız icap eder" diyordum. Çok defa ikna oluyorlardı.

Simsarların ayağı kesilmişti. Bakana gittim. Olanları anlattım. Her kâğıt verdiklerini yatırmaya kalkarsak daha önce yatırdıklarımı kısa bir süre içerisinde çıkarmak zorunda kalacağımızı, o zaman da hastaneden çıkanların Bakanlık kapısına dayanacağını söyledim. Ve dedim ki: "Sizin özel olarak yatırılmasını isteyeceğiniz hastalar olacaktır. Bu takdirde Özel Kalem'den bize telefon ettiriniz veya ellerine kartvizitinizi veriniz." Kabul etti.

Perihan Çambel

Kanser, hekimler arasında sevimli bir konu olmadığı, serbest meslek uygulamasında fazla kazanç getirmeyeceği için hastanedeki eksik branşları tamamlamakta güçlük çekiyorduk. Bir ikisi dışında, hekim arkadaşlarımız, uyumlu ve çalışkan kimselerdi. Almanya'dan gelen Kulak-Burun-Boğaz Hastalıkları Uzmanı Dr. Osman Bititçi zaman zaman muziplikler yapardı. Çok nadir görülen bir tür kanser yakalamıştı. Dünyada üçüncü veya dördüncü vaka olarak İngiltere'deki bir tıbbi mecmuada neşredildi.

Sünnet dolayısı ile Müslümanlarda penis kanseri çok enderdir. Poliklinikte bir tane tespit edilmişti. Dr. Bititçi bunu duyunca hastayı kendi polikliniğine almış, KBB muayene koltuğuna oturtmuş. Delikli bir ameliyat çarşafı ile penisi delikten dışarıda kalacak şekilde hastanın önünü örtmüş. Patolog Perihan Çambel'i çok az görülen bir kanser yakaladığını, neşredeceğini söyleyerek hastayı göstermeye götürmüş. Dr. Çambel oradan çıkınca telaşla ve heyecanla bana gelmişti.

"Olmaz efendim, olmaz böyle rezalet. Kulak-burun-boğaz mütehassısı penis kanseri buluyor ve neşretmeye kalkıyor. Kulak, burun, boğaz nerede, penis nerede? Dünyaya gülünç olacağız, lütfen durdurun."

Osman Bey, Doktor Çambel'e çok takılırdı. Yemekte yanına oturur, "Şu ellerin güzelliğine bakın. Hocanım gençliğinde kimbilir ne canlar yakmıştır" gibi iltifatlarda bulunurdu. Hoca hanım bunları duydukça keyfinden dört köşe olurdu. Kızdığı zaman da bana sarkıntılık yapıyor diye şikâyet ederdi.

Dr. Perihan Çambel'e, taşıdığı profesör unvanı dolayısı ile

Hoca Hanım derdik. Bu unvanı nereden ve nasıl aldığı belli değildi. Amerika'dan dönünce kendisini o şekilde tanıtmış ve herkes tarafından da kabul edilmişti. Ben kendisini tanıdığım zaman bilim muhitlerinde ve devlet ricali arasında kabul ve itibar görüyordu. Patolog olarak bizimle çalışmaya başladıktan sonra profesörü olduğunu iddia ettiği patolojik anatomi dalında sıradan bir uzman kadar bile bilgisi olmadığını gördük. Yararlı olmadığı gibi işlerimizi de aksatıyordu. Hatta giderek zararlı olmaya da başlamıştı.

O zamanki konseptlere göre meme kanseri olduğu düşünülen hasta büyük ameliyat yapılacakmış gibi ameliyata alınır, önce biyopsi yapılır, parça çabuk teşhis için patoloji laboratuvarına gönderilir, gelen cevaba göre ameliyat yönlendirilirdi. Bir süre sonra bu tür acele biyopsileri, kabul edilmiş hızlı inceleme yöntemleri yerine, ne işe yaradığını bilmediğimiz steoroskobik bir mikroskopla inceleyip cevap vermeye başladı. Bu anlaşıldıktan sonra cerrahlar kendi deneyimlerine göre karar vermeye yöneldiler. Normal biyopsi sonuçları günlerce, hatta aylarca alınamıyordu. Cevapları çabuklaştırması istendiği zaman da "Burası boyacı küpü değil ki, daldırıp çıkarayım. Preparatı hazırlar, mikroskoba yerleştiririm. Ne zaman ilham gelirse o zaman incelerim" diye arkadaşları azarlardı. Arkadaşlar çareyi biyopsi materyalini ve incelenecek ameliyat parçalarını ikiye bölerek, yarısını hasta sahibi ile dışarıda incelemeye, yarısını da Perihan Hanım'a göndermeye başladılar. Bunu farketmiş, bir gün geldi. Kapıyı kapadı, "Başhekim bey, ameliyathanede bir hırsız var, parçaların yarısını çalıyor. Lütfen önlem alın" diye şikâyette bulundu.

İkide bir gelir, bir kitabını çaldıklarını söylerdi. Bir müddet sonra koyduğu yerde bulur, "Aramanıza lüzum kalmadı, hırsız yerine koymuş" derdi.

Kansere neden olan paraziti bulduğunu iddiaya başladı. Kanser âmili dediği, arpa uyuzu denen kaşıntılı bir cilt hastalığını yapan trombidia idi. Kanserli dokularda varlığını kanıtlamak için deneyler bulmuştu. Bu deneylerle trombidiyanın yediğimiz içtiğimiz şeylere kadar bulaştığını saptamıştı. Ekmeklerde, pastalarda bile bulunduğuna dair yazdığı bir yazıyı gazeteye vermesine güçlükle mani olduk. Buna rağmen *Milliyet* gazetesinde bu konunun haber olarak verilmesini sağlamıştı. Bu da basınımızın araştırmadan, incelemeden sağlıkla ilgili asılsız sansasyonel haber verme hastalığının bir örneğidir. Zakkumun kanseri tedavi ettiği iddiasında da aynı sorumsuzluklar yaşanmıştı.

Sayın Çambel taşradan hastanemize gelen biyopsi materyallerine yazdığı raporlarda da aynı iddiaları yazmaya başlamıştı. Raporun sonunda da, hasta için arpa uyuzu tedavisinde kullanılan tuzlu su banyoları öneriyordu. Türkiye'nin tek kanser hastanesinin profesör unvanlı patologunun raporu ciddiye alınabilirdi. Onun için dışarıya gidecek raporlara sansür koymuştuk. Trombidia saçmalıkları olan raporları göndermiyorduk. Durum gittikçe tehlikeli olmaya başlamıştı. Ama sorunun yasalarımıza göre çözümü bir hayli güçtü. Bakırköy Ruh ve Sinir Hastalıkları Hastanesi ile temas ederek, buluşu ile ilgili konferans vermek üzere çağırılması kararlaştırıldı. Sayın Çambel biraz kuşkulanmış olmalı ki, giderken; "Bana rapor, mapor düzenlemeye kalkmasınlar, hiçbir etkisi olmaz. Çünkü Aydemir olayında mahkeme kararı ile akli dengemin yerinde olduğuna dair Gülhane Askerî Tıp Akademisi'nden verilmiş kapı gibi raporum var" demek ihtiyacı duymuştu. Sözünü ettiği olay Talat Aydemir'in ayaklanma olayıdır. Bu olayda beyanname hazırlamaktan hüküm giymişti. O zaman emeklilik süresini tamamladığı için emekli edilmişti. Tekrar emeklilik işlemine gerek olmadığı için istifası üzerine otomatik emekli oldu. Rapor da işleme konmadı. Bakandan bana kadar olayla ilgili gördüklerine küfürler yağdırarak hastaneden ayrıldı.

Hastanelerde daha verimli çalışmanın nasıl yapılabileceğini bilmememiz, bilenlerin de bunu gerçekleştirecek olanakları elde edememesi yüzünden hastane kapılarında yığılmalar olmakta, hastalara tetkikler için uzak tarihlere gün verilmektedir. Sorunlarımız için doğru çözüm üretildiğini pek görmedim. Örneğin röntgen teşhis laboratuvarlarında işi hızlandırmak için uzman ve cihaz miktarı artırılır. Sonuç değişmez, ama yine de başka bir çözüm düşünülmez.

Almanya'da Saarbrücken bölge hastanesinde on gün kadar gözlemci olarak bulundum. Hastane 500 yataklı idi. Röntgen teşhis, röntgen tedavi ve ufak çaptaki nükleer tıp laboratuvarını bir Alman profesörle, bir Türk uzman arkadaşımız yürütüyordu. Bugünün işi de yarına kalmıyordu. Hekimin altında, teknik asistan denen bir meslek grubu yetiştirilmişti. Her işin başında bunlardan birer ikişer kişi vardı. Basit rutin işleri bunlar yapabiliyorlardı. Özellik gösteren ve anjiyografi ve bronkografi gibi müdahale gereken işlerde hastayı hazırlıyorlar, hekim gerekeni yaptıktan sonra filmler çekiliyordu. Türk arkadaşımızın zamanının çoğu odasında filmlerin okunması ile geçiyordu. Bulguları teybe söylüyor, sonra sekreter bantları yazıya döküyordu. Bölüm başkanı profesör günlük hastane işleri dışında bilimsel çalışmalara da zaman buluyordu. Ayrıca özel hastalarını da hastanede kabul ediyordu. Orada kaldığım süre boyunca hangi hastanın hocanın özel hastası, hangisinin hastane hastası olduğunu farkedemedim. Her iş, gününde sonuçlandırılıyordu. Bu kadar yoğun bir çalışma yapıldığı halde klinikler hiçbir hatalı çalışmayı mazur görmüyorlardı. Ben orada iken bir üroloji asistanı, çekilen ürografi filmlerini pek tatminkâr görmedikleri için eline almış geldi, bir süre bağırdı, çağırdı, Bizde böyle işler için asistanlar değil, servis uzmanları bile gelip bir başka bölümün uzmanına hesap soramaz.

Yıllarca hastanelerde çalıştım, radyologların, detayların kaybolduğu veya buğulu görünümlü akciğer filmlerini, omurların hayal meyal seçildiği belkemiği filmlerini nasıl değerlendirebildiklerini anlayamadım. Yabancıların yayınlarında ve dolaştığım hastanelerde röntgen filmlerinde dokuların yapısı bile en ince detaylara kadar görülebilmekteydi. Onkoloji Hastanesi'nde doğru dürüst film çekilmesi için çok uğraştım, sonuç alamadım. Röntgen uzmanı arkadaşımıza yabancı bir mecmuada çıkan omurga filminin resmini göstererek; "bizde niçin böyle bir film çekilemediğini" sordum. Cevabı hemen yapıştırdı: "Banyolar bayat da onun için."

Bunu söylediği zaman depomuzda bir yıl yetecek kadar banyo maddesi vardı. Bu teknik kusur yanında, hekimleri devlet memuru statüsünde çalıştırmanın da hizmet kalitesinde olumsuz etkisi vardır. Röntgenle ilgili yasa Nuh Nebi'den kalmadır. Çalışanları korumak için konan, o zamana göre doğru, bugünkü bilgiler ışığında aynen uyulsa çalışanların sağlıklarına büyük zararlar verecek olan hükümler yüzünden bir kişinin göreceği işi iki kişi yapmakta ya da bir günlük iş iki günde bitmektedir. Hastaların hastane kapılarında beklemelerinin bir nedeni de budur. Onkoloji Hastanesi'ne uzak yerlerden gelen, nerede kalacağını, nasıl gidip geleceğini bilmeyen ya da Ankara'da birkaç gün kalmaya yetecek kadar bile parası olmayan hastalara 3-5 gün sonrasına gün verilmekte idi. Röntgende çalışanların, beş saatlik çalışma düzenini bozmadan mesailerini iş saatlerine yaymak için envai cambazlıklar yaparak, filmlerin mümkün olduğunca bekletmeden çekilmesini sağlamaya uğraşıyordum. Bu şartlarda bir gün röntgen mütehassısı arkadaşımız bana "haftada iki gün Yenişehir Sağlık Koleji'nde derse gideceğini" söyledi. Film çekmek için hastalara gün verilirken, başka işlere zaman ayırmasının doğru olmadığını söyledim. "Görevi bana müsteşarımız verdi" dedi. O anda kontrolümü kaybettim:

"Kim olursa olsun, sana bu görevi bana sormadan veren eşeğin, hayvanın tekidir. Çık git" diye bağırdım. Gitti. Aradan yarım saat kadar geçmişti ki sekreter müsteşarrın telefonla beni aradığını söyledi. Ailece görüştüklerini biliyordum. Söylediklerimi kendisine ilettiği kesindi. Olan olmuştu. Geri adım atmaya niyetim yoktu. Nereden ince ise oradan kopardı. Ahizeyi aldım. Soğuk bir şekilde "Buyurun," dedim.

"Lütfücüğüm" diye söze başladı. "Dr. G.'ye sana danışmadan bir görev verdim. Eşeklik ettim, hayvanlık ettim. Sıkıntılarını biliyorum. Çocukların meslek dersleri boş geçiyor. Müsaade et de arkadaşımız bu görevi yapsın" dedi.

Ben ne bekliyordum, ne olmuştu! Bağırsa, çağırsa, hatta tehdit etse daha iyi idi. O anda uğradığım mahcubiyeti unutamam. Sadece "emredersiniz" diyebildim. Bu olay bana çok ciddi bir ders olmuştur. Bugün de o toleransı gösterecek amirler var mıdır bilmiyorum.

Dr. N. Diye Birisi

Hastanenin bazı branşlarına asistan yetiştirme yetkisi verilmişti. Günün birisinde Bakanlığın eğitim hastanelerinin birinde şef yardımcısı olan Dr. N.'nin bu branşlardan birisine şef olarak tayin kararı geldi. Şeflik için en az iki, üç ay süren zorunlu işlemler vardır. Bütün bunlar tamamlanmış, bizim hiçbir şeyden haberimiz olmamıştı. Bakanlık bizi emsali olmayan ve hiç hoşumuza gitmeyen bir emrivaki ile karşı karşıya bırakmıştı.

Dr. N. namı kendinden önce gelen yiğitlerdendi. Uzun yıllar gündemde kalan, öldüğü halde halen gündemde kalan meşhur bir şeyhin müridi olduğu söyleniyordu. Bize geldiği zaman dinle ve tarikatla pek ilgili değildi. O tarihlerde Dr. N.'nin hemşehrisi olan başhekim yardımcımızın anlattıklarına göre 27 Mayıs'tan sonraki seçimde memleketinden AP milletvekili adayı olmuş. Propaganda konuşmalarında ve sohbetlerinde Sayın merhum İ. İnönü'ye saldırır, zaman zaman da hızını alamaz, "Elime bir tabanca verseler vururdum" gibi laflar edermiş. Bunu duyan AP il başkanı, "Sen kimsin, İsmet Paşa'yı vurmak kim? Bir daha böyle laf ettiğini duymayacağım" diye azarlamış. Dr. N. milletvekili seçildikten bir süre sonra partisinden ayrılarak geri kalan süresini paşanın partisinde tamamlamıştı!

Bu arkadaşımız bize çok sorunlar yaratmıştır. Devamlı peşinde koşmak zorunda kalıyordum. Hastane içinde ayaktan hasta tedaviye aldığına, hastanenin ilaçlarını "Avrupa'dan özel getirttim" diyerek büyük paralar karşılığı bu hastalara verdiğine dair yaygın söylentiler vardı. Zaman zaman da bu yönde şikâyetler oluyordu.

Bizde göreve başladıktan sonra geldiği hastaneden doktorlar sık sık telefon ederek alacakları olduğunu söylüyor, ödettirmemi istiyorlardı. Borçlu gelmişti. Muayenehanesi olmadığı halde bir iki sene içerisinde ev ve araba sahibi oldu. Bunların parasını küçük bir memur emeklisi olan kayınpederinin verdiğini söylüyordu. Bakanımız Kemal Demir bu tiplere savaş açmıştı. Dr. N.'yi de başka yere nakletmek istedi. O sırada servisin şef yardımcısı Londra'da idi. Dr. N. alınırsa servis başsız kalacak, asistan yetiştirme yetkisi kalkacaktı. Sayın Demir'den arkadaşımızın Londra'dan dönmesinin beklenmesini rica ettim. Kabul etti. Dr. N.'de o kalış kaldı.

Büyük dayım çocukluğumuzda ukalâlık yaptığımız zaman, "Bunlar görmeden kaşif, okumadan alim" derdi. Sayın N. bu tipin çok güzel bir örneğidir. Nasıl elde etmişse devletin televizyonunda periyodik olarak dini, ahlâki sohbetler yapar, zaman zaman da aktüel tıbbi konularda bilgi verir, ahkâm keserdi. Kulaktan dolma bilgileri süsleyip satmasını iyi bilirdi. Tıptan anlamayanlar tıbbi konuşmaları için, Müslümanlığı yeterince bilmeyenler de dini konuşmaları için "ne kadar güzel konuşuyor" diye takdirlerini ifade ederlerdi. Konuları bilenler ise benim bunlara engel olmamı isteyecek kadar tepki gösterirlerdi.

Bir grip salgınında, branşı dışında olduğu halde griple ilgili bir televizyon konuşması yapmıştı. Bilimsel olmayan bir sürü laf kalabalığı konunun uzmanlarının tepkisini çekmişti. Bana telefon ederek açıklama yapmamı istiyorlardı. Bunların içinde Ankara Tıp Fakültesi'nin intaniye kliniğinin yetkililerinden birisi de vardı. Ona branşım itibariyle bu konuda söz söylemeye kendimi yeterli ve yetkili görmediğimi, konunun görevimle de ilgili olmadığını, onun için kendisinin müdahale etmesinin daha uygun olacağını söyledim. Ulusal karakterimiz midir; herkes elini yakmamak için bir maşa arar.

Dini konuşmalarına da tepkiler oluyordu. Saçmalığının en tipik örneği kalp kroner arterlerinin duruşunu Arap alfabesi ile Allah yazısına benzetmesidir! Bunu Tanrı'nın damgasını insan kalbine vurması olarak değerlendirirdi. Bir TV konuşmasında Müslüman olmuş Amerikalı bir matematik profesörünün, ismini de vererek, Kuranıkerim'le ilgili enteresan buluşlarından söz etmişti. Amerika'da bulunmuş Orta Doğu Teknik Üniversitesi öğretim üyelerinden birisi bu profesörün meşhur bir çizgi romanın kahramanı olduğunu basında ağır bir dille açıklamıştı. Ne yazık ki dini çevreler ve resmî dini otoritelerden hiçbir ses çıkmıyordu. Bay N. de büyük bir pişkinlikle "dini, ahlâki" konulardaki konuşmalarına devam ediyordu. Zamanın Diyanet İşleri Başkanı'na, hatırımda kaldığına göre

Sayın Tayyar Altıkulaç'tı, bir mektup yazdım. Bu mektupta matematik profesörü örneğini verdikten sonra Dr. N.'yi yakından tanıdığımı, televizyonda dini, ahlâki sohbetler yapmasının doğru olmadığını, bu yüzden yüce makamının ve şahsiyetinin rencide olabileceğini, engellenmesi gerektiğini yazdım. Bana verdikleri cevapta söz konusu programlarla ilgileri olmadığını, bunların TRT tarafından hazırlandığını bildirdiler. Bu birkaç yönden ibret alınacak bir olaydır.

Ben hastaneden ayrıldıktan sonra Dr. N. geldiği hastaneye şef olarak nakledildi. Hastanedeki caminin imamlığını da üstlenmişti. Cuma vaazları da oldukça ilgi çeker duruma gelmişti. Politikaya girişi büyük yankılar uyandıran Mehmet Yazar kendisi ile yapılan bir gazete röportajında Dr. N.'nin imametine ve vaazlarına duyduğu hayranlık dolayısı ile cuma namazlarına o hastanenin camiine gittiğini söylüyordu.

Dr. N. mesleki konularda çağdaşlarını aşmış bir insandı(!) Ne var ki buluşları deneysel çalışmalarla değil, ilhamlarla varılan sonuçlardı. Benim başhekimlikten ayrıldığım yıl, Kanser Haftası'nda halkın etkili bir şekilde uyarılması için yapılacakları saptamak üzere Kanser Konseyi'nin toplanacağı günlerin arifesinde konu ile ilgili bombayı patlatmıştı. *Hürriyet* gazetesinde yeni keşfettiği kanserden korunma yöntemleri manşet haber olmuştu. Bu haberde bol miktarda hıyar yiyenlerin kansere yakalanmadığını ve deve tabanı denen iri yapraklı saksı bitkisinin havadaki zararlı parçacıkları tutmak suretiyle solunum yolları kanserlerine karşı koruyucu etkisi olduğunu müjdeliyor, onun için de bol bol hıyar yememizi ve yatak odalarımızda deve tabanı saksıları bulundurmamızı öneriyordu. Mesele bu kadar basitti.

Gazete kupürlerini de alarak konseyin toplantısına gittim. Hacettepe Tıp Fakültesi Hastanesi'nin Çocuk Onkolojisi Profesörü, Sayın Dr. Namık Çevik başta olmak üzere beni görenler bu ne rezalet diye söz başlıyordu. Ben de kendilerine hak veriyor, toplantıda konuyu gündeme getirmelerini öneriyordum. Hepsi de, "Tabiî, tabiî" diyordu.

Dr. N. de toplantıya katılmıştı. Tartışmalar ilerlediği halde kimse konuya değinmiyordu. Burada da enayiliği üstlenmek bana düşmüştü. Başkanımız Hocam Prof. Dr. Bedii Gorbon'du. Burada rahmet ve saygı ile anarım. Söz aldım. Cebimden gazete kupürlerini çıkardım.

Sayın başkan, halkın kanserden korunmasına yardımcı olmak için konuşup duruyoruz. Bana göre boşuna zaman kaybediyoruz. Belki zat-ı âlinizin ve sayın üyelerin haberi olmamıştır. Şu gazete kupürlerinde göreceğiniz gibi bir arkadaşımız kanserden korunma sorununa çözüm getirmiş. Bulduğu yöntem de gayet basit. Bol bol hıyar yemek ve yatak odalarında deve tabanı saksıları bulundurmak buna yetiyor. Tanrı'ya şükür, hıyarımız bol, deve tabanı da bütün çiçekçilerden sağlanabilir" dedim.

Salona derin bir sessizlik çöktü. "Bu ne rezalettir" diyenlerde bile ses nefes yoktu. Gorbon Hocamız biraz tereddüt geçirdikten sonra, "Olayın bir yanlış anlaşılmadan kaynaklanmış olabileceği" gibi bazı yuvarlak laflarla topu dışarı çelmek istedi. Olayın kahramanı tüyoyu almıştı. Sözlerinin gazeteci tarafından tahrif edildiğini söyledi. Olay kapandı. Toplantı bitince Dr. N. yanıma gelerek beni sevgi ile kucakladı. Bunun ne anlama geldiğini hâlâ anlamış değilim.

Gerek tıbbi bakım işlerinde, gerekse idari birimlerde 200-250 lira ücretle yardımcı hizmetler sınıfına dahil insanları çalıştırmak zorunda bırakılıyorduk. Önemli sorunlarımızdan birisi de buydu. Bunların büyük çoğunluğu ilkokul mezunu, hepsi de vasıfsız işçi idi. Bir kısmının unvanı hastabakıcı, bir kısmınınki hademe idi. Bu ayrım fazla kadro alabilmek için yapılmış suni bir ayrımdı. Hademelik yapacak bir kişinin bile bir eğitime tâbi tutulması gerekirken, hademeler hastabakıcı adı altında aslında özel bir eğitim gerektiren ve hemşirelere mahsus olan hasta bakım işleri ile irtibatlandırılıyorlardı. Bu ayrım bir ara daha büyük sorunlara neden olmuştu. Mete Tan'ın bakanlığı döneminde tam gün çalışma yasasında değişiklik yapılırken, tam gün tazminatı alan sağlık sınıfı mensupları arasına hastabakıcılar da katılmıştı. Bu, ancak gerçekler dünyasının dışında yaşayanların yapabileceği örnek bir basiretsizlikti. Hademe denenler, hastabakıcı denenlerle aynı hizmet birimlerinde, aynı tür görevleri yaptıkları halde onlardan daha az maaş alır duruma düşürülmüşlerdi. Hademe unvanlılara bir iş söylendiği zaman, "Benden daha fazla maaş alan yapsın" diyorlardı. Bu, giderek idarecilerin çeşitli nedenlerle kayırmacılığına yol açtı. Bazıları etnik kökene, bazıları politik görüşlere göre ayrım yapıyordu. Hastanelere ikiliklerin girmesine neden olan bir uygulama olarak hatırlanacaktır. Genel Müdürlüğümde yataklı Tedavi Kurumları İşletme Yönetmeliği'ni değiştirirken, yardımcı hizmetler sınıfı personelini hastane hizmetlisi unvanı altında birleştirdik. Çünkü bunları hastanelerin her türlü hizmetinde çalıştırmak zorunluğu vardı. Buna kapasitelerinin çok üstündeki görevler de dahildi.

Hastanelerde ilk muhatap kapıcı ve santral memurlarıdır. İnsanlara devamlı muhatap oldukları için hizmet genelde bunlardan alınan izlenimlere göre değerlendirilir. Yani insanı hem vezir, hem rezil ederler. Personel ve ziyaretçi giriş kapılarındaki kapıcılara "Ziyaret saati dışında hasta ziyaretçisi almayınız" dersiniz. Bakanlık müsteşarına da kapıyı açmaz. "Vur dedikse öldür demedik" dersiniz, hastane yol geçen hanına döner. Hastane santraline koyduğunuz konuşmayı bilmez. Telefon açanları tersler, abuk sabuk sualler sorar.

Almanya'da bir pazar günü orada çalışan Türk doktorla görüşmek için hastaneye gitmiştim. Girişte dört tarafı canlı bir yerde oturan kapıcıyı kılık, kıyafeti ve davranışı ile hastanenin şef nöbeti tutan doktoru zannettim.

Petkim'de bir yakınım çalışıyordu. Telefonla aradığım zaman santral memurları "Günaydın efendim, burası Petkim, buyurun" diyorlardı. Sorduğum zaman hepsinin en az lise mezunu olduğunu, 1.500 lira civarında maaş aldıklarını söylediler. Biz bu işi 200, 250 lira aylıklı hizmetlilere yaptırıyorduk. Ne kadar uğraştımsa da bizimkilere ne arayanları, nasıl karşılayacaklarını, ne de kendilerinin aradıkları yerlere nasıl hitap edeceklerini öğretebildim.

Bir pazar günü Türkiye Yüksek İhtisas Hastanesi'ne gitmiştim. Girişte kimse yoktu. Telefon santralinin kapısı açıktı. Soracağımı orada bulunana sokmak için gittim. Santral odası idi, görevli yerinde değildi. Onu beklerken servisler tarafından telaşlı bir hanım geldi. Hasta refakatçisi imiş. Dışarı ile görüşmek istemiş, bağlatamamış. Santralci gelince başladı ona bağırmaya. "Başbakana hastamız hakkında bilgi vereceğim. Benden haber bekliyor. Sabahtan beri size bağlattıramıyorum. Bana böyle yaparsanız başkalarının isteğini hiç yapmazsınız."

Bu iyi bir fırsattı. Araya girdim. Kendimi tanıttım. Bu sorunun yalnız buraya mahsus olmadığını, hepimizin müşterek sorunu olduğunu söyledim. Petkim telefonu santrali operatörlerini anlattım ve dedim ki: "Hanımefendi bizim santral memurlarımız genelde hademe kadrosundan işe alınmış hizmetlilerdir. 200-250 lira maaşla bunlardan daha iyisini bulmak olanağı yoktur. Söylediklerimi lütfen sayın başbakana nakledin. Hastane santrallerine doğru dürüst insan alabilmek için kadrolar verilsin. Bu sorunun başka türlü halli mümkün değildir." Söyledi mi bilmem ama, hiçbir şey değişmedi.

Hademe veya hastabakıcı unvanı ile göreve aldığımız insanları da diğer memurlarda olduğu gibi hizmete uyum eğitimine tâbi tutmuyoruz. Onun için ne devlet memuriyetinin ne demek olduğunu, ne de görev ve sorumluluklarını biliyorlar. Onun için sık sık işyerlerinden ayrılıyorlardı. Son zamanlar bir de ibadete düşkünlükleri artmıştı. Namaz vakitleri servislerde, tuvalete gitmek için yardım isteyen erkek hastalara yardım edecek, sürgü verileceklerin altına sürgü verecek kimse bulunmaz, yemek dağıtmak ve diğer getir götür işleri de aksardı. Cuma namazı vakitlerinde işler daha da çok aksar, hizmet boşluğu daha fazla uzardı. Yakınımızda kontrplak fabrikasının camisi ve mescidi bizim personel için herkesin arayıp bulamadığı bir kolaylıktı.

Babam dini görevlerini aksatmadan yerine getiren bir insandı. Sabah namazlarını kaçırdığını hatırlayamıyorum. Ama memuriyet hayatında görevini bırakıp ibadete gittiği de vaki değildi. Bilinçli her Müslüman devlet memurunun böyle yapması gerektiğine inanıyorum. İkide bir arandığı zaman camiye gittiği söylenen personeli çağırır, yemin ettirerek sabah namazı kılıp kılmadıklarını sorardım. Hiçbirisinden olumlu cevap alamamışımdır. Bunların davranışlarının ne derece samimi olduğu düşünülecek bir husustur. Samimi inananlar için hastaya hizmet ibadet sayılır.

Bu zihniyetin olumsuz yansıması, hastaneler kadar dikkati çekmese bile bütün devlet teşkilâtı için söz konusudur. Ramazan'da "Yeter be, oruç kafa ile beni uğraştırma" veya "Oruç kafa ile seninle mi uğraşacağız" diye insanları azarlayan devlet memurları sanki orucu vatandaş için tutuyor. Bu kafa ile tuttukları orucun makbul olacağını zannetmiyorum. "Bir gönül yapmak, bin Kâbe yapmaktan yeğdir" diyen de bunu anlatmak istemiştir.

Habip Burgiba'nın bir Ramazan'da "Memur milletin kölesidir. Köleye ise ibadet farz değildir" diyerek devlet memurlarından oruç tutmamalarını istediğini gazetelerde okumuştum. Bizde ise "Onlar ki aleme verirler nizamat / Bin türlü teseyyüb bulunur hanelerinde." Bunun da bir nedeni var. Naima tarihinde okumuştum. Dini otoritelerden birisi o devirde moda olduğu üzere gençlerin bellerine renkli ipek kuşak bağlamalarının haram olduğuna dair fetva çıkarmış. Naima özetle diyor ki: "Hazretin rüşvet yediğini, onun bunun ırzında gözü olduğunu biliyorum. Durup dururken böyle bir yasak koymasına anlam veremedim. Gittim ve nedenini sordum. Bana 'Sen daha gençsin, böyle şeylere aklın ermez. Biz arada sırada böyle fetvalar çıkararak dikkatleri o tarafa çekeceğiz ki, bizim ne yaptığımızı kimse görmesin' dedi."

Müslümanlık ahlâk ve faziletle iyilik ve insanseverlikle Tanrı'ya ulaşılan yoldur. Hak yiyen, yalan söyleyen, ondan sonra da ibadet ederek Tanrı indinde makbul olacaklarına inananlar saf değillerse sahtekârdırlar. Bunlar ibadeti Hıristiyanlıktaki günah çıkarmak gibi kullanıyorlar. Kuranıkerim'e göre insanlar arasına nifak sokmak haramdır. İnsanları gerçek ve gerçek olmayan Müslüman diye ikiye ayıranlar, toplumu o tarikat, bu tarikat diye dilimlere bölenler ne yaptıklarını zannediyorlar? Camilerde bayram ve cuma namazlarında "Rujlarda domuz yağı vardır. Eşi ruj kullananlar domuz eti yemiş olurlar. Dinden çıkarlar" veya "İçki içenlerin karısı fahişedir" diyerek namaza gelenlerin bir kısmına hakaret edenler mi imamdır, yanı yol göstericidirler? "Kuran anayasamızdır" diyerek, yaşamı İslâmî kurallara göre düzenlemek isteyenler, acaba "Kuran'ı anlıyasınız, idrak edesiniz diye Arapça indirdim" ayeti kerimesini bilmiyorlar mı ki, küçücük çocuklara Kuran kurslarında Kuran'ı ezberletmekle yetiniyorlar. Tanrı'nın buyruklarını kendi anlayışlarına göre insanlara kabul ettirmeye uğraşmak, kendilerini Tanrı düzeyine çıkarmak, yani ona "Şirk" koşmaktır.

Dini konularda tartışmak zordur. Bu konularda konuşmak da artık riskli olmaya başladı. Bazıları hem demokrasiden yana olduklarını söylerler, hem de insanları Tanrı adına yargılar ve mahkûm ederler. Onlar, Tanrı'nın insana en büyük ihsanı aklı kullanmayı öğreninceye kadar da bu böyle sürüp gidecektir.

Dindar Bir Profesör

Bir gün Bakanlık'tan telefon ettiler. Türkiye'de kanserle ilgili bir inceleme yapmak üzere Dünya Sağlık Teşkilâtı tarafından gönderilen bir Mısırlı profesörü havaalanından aldırmak üzere birisini göndermemi söylediler. Dr. Korkut Akoğuz'u gönderdik. Geldiler; Akoğuz burnundan soluyordu, adamı odama bıraktı gidiyordu. Ben yeterince iyi İngilizce bilmediğim için gitmemesini istedim. "Adamın kanserle falan ilgisi yok. Havaalanından beri bana dini nutuk atıyor. Daha fazla dinleyemem" dedi. Dr. Korkut orucunu tutar, bayram namazlarını kaçırmaz. Oruçluyken de görevini aksatmadan düzenli olarak yerine getirirdi. "Oruç kafa" gibi devlet memurlarının kaytarmak için sığındığı mazeretin bir gün ağzından çıktığını duymadım. Erdemli, mesleğinde temayüz etmiş bir hekim olmasına rağmen emeğini kazanç aracı yapmaktan daima kaçınan bir insandı. Profesör onun bile tahammül sınırlarını yıkmıştı.

O gün günlerden cuma idi. Profesörün ilk suali cuma namazını nerede kılacağı oldu. Yanımızdaki kontrplak fabrikasının bir camisi, bir mescidi olduğu halde, işçilerden birisinin çalışanlardan her ay topladığı onar liralarla yapılacak caminin temel atma merasimi de vardı. Merasime Şevket Kazan, Fehim

Adak'la birlikte bazı Selamet Partililer gelmişti. Mısırlı'ya bunlardan söz etsem bizi bırakıp oraya gideceği kesindi. Selametçiler de bunu mükemmelen kullanırlardı. Namazını kılması için bir yer hazırlatacağımı söyledim. "Hastanenin mescidi ve camisi yok mu?" diye sordu. Olmadığını söyledim. "Bizim bütün hastanelerimizde vardır. Siz niçin yaptırmıyorsunuz?" dedi. Nedenini anlattım.

"Bildiğim kadarı ile Müslümanlıkta ibadet için özel bir yere ihtiyaç yoktur. Hastaların yerlerde namaz kılmamaları için kontrplaktan seccadeler yaptırarak koğuşlara koyduk. İsteyen rahatça ibadetini yapıyor. Hastanelerde cami olmadığı halde, özellikle hizmetli grubu personelimiz kendilerinin yardımına muhtaç hastaları, namaz bahanesi ile bırakıp gitmektedirler. Bizim insanımız henüz hastaya bakmanın da bir ibadet olduğu bilincine sahip olacak düzeye gelmemiştir. Sizde böyle sorunlar olmadığına göre kutlarım. Bir gün biz de o düzeye gelirsek, hastanelere cami yaparız."

Bay profesör cuma namazını kıldı. Hiçbir namazını kaçırmadığı ile övündü. Hatta Kiev'de iken bakmış öğle namaz vakti gelmiş, hemen şehrin göbeğinde kaldırımda namaza durmuş. Halk ne yapıyor diye seyre gelmiş. Namaz bitince mihmandar ne yaptığını sormuş. İbadet yaptığını söylemiş. Sokakta böyle dini gösteri yapamazsın diye mihmandar çıkışmış, "Doğru değil mi?" dedim. Sesini çıkarmadı. Yemeğini de yedi. Dünya Sağlık Teşkilâtı adına geldiğine göre yolluğu oradan almış olması gerekir. Kanserle ilgili bir kelime dahi etmeden, "Allahaısmarladık" dedi ve gitti. Görevini yerine getirdiğine dair nasıl bir rapor düzenledi bilmiyorum. Ama kendisine bile saygısı olmayacak kadar vicdani mesuliyet taşımadığı kesindi.

Kambur Kambur Üstüne

Ankara Tıp Fakültesi, Andiçen Kanser Hastanesi'ni işletememişti. Kanser Kurumu süresi bitince sözleşmeyi uzatmadı. Bize, aynı idare altında çalıştırılmak üzere hastaneyi Bakanlığa kirayı vermeyi düşündüklerini söylediler. Onkoloji Hastanesi ile arada 15 km mesafe vardı. Bunun mümkün olmayacağını bilirdik. Öneriyi Bakanlığa götürmüşler, reddedilmiş. Bunun üzerine kurum yönetimi durumu yazılı olarak Cumhurbaşkanımıza iletmiş, yardımcı olmalarını istemişler. Bakanlık da konuyu görüşmek üzere bizi çağırdı. Bunun imkânsızlığını gerekçeleri ile anlatmaya çalıştık. Cumhurbaşkanının yaptığı kendisine iletilen bir isteği ilgili yere havale etmekti. Bizde yöneticilerin yukarıdan gelen istek ve önerilerinin şartsız yerine getirilmesi gereken emirler olarak algılanması gelenek olmuştur. Bu yüzden Bakanlık, kendisi de istemediği halde reddetmeyi göze alamadı. Böylece bir dert üstümüze yüklendi.

Andiçen Hastanesi'ni radyoterapi ve kemoterapi yapılacak hastaları yatıracak şekilde düzenledik. Polikliniği de faaliyete geçirdik. Şehrin içindeki polikliniğe rağmen Etimesgut'taki bölümün polikliniğinde eksilme olmadı. Etimesgut'tan Andiçen'e gidecek hastaları araba ile gönderiyorduk. Bir süre kimse oraya gitmek istemedi. Bu hem hayret edilecek, hem övünülecek bir durumdu. Hastaları, Andiçen Hastanesi'nin artık bizim bir bölümümüz olduğuna, orada kendilerine aynı hekimlerin bakacağına zor inandırıyorduk. Bunun öğrenilmesi için 5-6 ay geçti. Haftada üç gün Etimesgut'ta, iki gün Andiçen'de çalışıyordum. Andiçen'de yönetici olarak devamlı bir başhekim yardımcısı ve hastane müdür yardımcısı bulunuyordu.

Yenişehir Sağlık Koleji'nde meslek dersleri öğretmenliğine bakan röntgen mütehassısı arkadaşımız istifa etmiş, Samsun'a gitmişti. Müdür Hasan Bey onun yerine benim gitmemi istiyordu. Bir süre direndim. Görevim itibarı ile sakınca yoktu. Ama bir de o işle uğraşacaktım. Sonunda beni razı etti. İlk önce ders programını inceledim. Hastalıklar, röntgen teknisyeni olarak yetişecek çocuklara, tıp fakültesinde öğretilenlerin özeti olarak verilecekti. Normal lise programı üzerine bir de meslekle ilgili dersler yüklenmişti. Genel kültür derslerinin hocaları, meslekten oldukları için, öğrencileri, derslerini ciddiye almayacakları endişesi ile aşırı derecede sıkıyorlardı. Çocuklar da ağırlığı o derslere veriyordu. Hemşire okullarındaki durum da bundan farklı değildi. Yani fizik, kimya, matematik, coğrafya ve benzeri lise dersleri okutarak sağlık personeli yetiştiriyorduk.

Vereceğim dersleri, öğrencileri gerektiği kadar bilgilendirecek şekilde programladım.

MHP Burnunu Sokunca...

Öğrenciler arasındaki siyasi gruplaşmalar Sağlık Koleji'ne de girmişti. Sınıflardaki sağcılar ve solcular belli oluyordu. Sağcılar derslerde daha az başarılı idiler. Aralarında ayrım gözetmediğim için beni severler, sayarlardı. Dersleri akıllarında kalacak şekilde günlük olaylarla ilgilendirir ve komik benzetmelerle süslerdim.

Cengiz Gökçek'in Sağlık Bakanı olduğu sene eğitimin başlamasından 2-3 ay kadar sonra 20 yaşın üstünde bir grup öğrenci geldi. Dışarıdan imtihanla ortaokul mezunu yapıldıkları söyleniyordu. Eğitim düzeyleri de bu söylentiyi kanıtlıyordu. Ondan sonra okul karışmaya başladı. Sağ-sol çatışmaları oluyordu. Niğde Talebe yurdu başta olmak üzere bazı yurtlardan gelen sağcı öğrenciler okulu basıyorlardı. Yeni gelen grup içerisinde eski bir milletvekilinin de oğlu vardı. Okula tabanca ile gelir, olay çıkarır, 3-4 gün kaybolurdu. Sayın Gökçek, Yenişehir Sağlık Koleji'ni de olayların içine çekmeyi başarmıştı.

Cengiz Gökçek, Sağlık Bakanlığı'nı politikanın içerisine batıran adamdır. Bakanlığı militanları ile doldurmuştu. Üst düzey görevlileri komitacı yöntemleri ile görevden uzaklaştırıyordu. Süresini dolduranın emekli işlemini yaptırıyor, kararı militanları ile göndererek baskı altında tebliğ ettiriyordu.

Bakanlığa başladıktan bir süre sonra Ankara'daki hastanelerin başhekimleriyle bir toplantı yaptı. Bakan gelmeden önce, büyük bir hastanenin bol kazançlı başhekimi, cebinden Alparslan Türkeş'in imzalı resmini çıkararak bize gösterdi. O kendini teminata almıştı. Bir diğeri de cebinden çıkardığı bir kâğıdı sallayarak, "Şuna bakın! Bir komünisti hastaneden atmak için yazılar yazıyorum, cevap bile vermiyorlar" diye ne kadar titiz bir milliyetçi olduğunu anlatıyordu. Bizim gibi ufak başhekimler de manzarayı ibretle seyrediyorduk. Burnu havada gezen ve köşeyi çoktan dönmüş olan bu yiğitlerin "başhekim" unvanı için nasıl küçüldüklerini görmek gerçekten üzücü idi.

Bakan geldi. Toplantı açıldı. Gökçek'in ilk sözü "Bugüne kadar bekledim, bizden olanlarla bizden olmayanların listelerini hâlâ vermediniz. Birisi zorla evinize girmek istese, siz de engel olmak için yumruk atıp gözünü kör etseniz hiçbir hakim sizi mahkûm etmez. Onun için ev sahibi ile zorbanın aynı kefeye konması mümkün değildir" oldu.

Bunu söyleyen adamın yakasında hukuk fakültesi rozeti vardı. Yirmi birinci asrın eşiğinde gündeme gelen "devlet içindeki çeteler" Gökçekler'in uzantısı olan, "biraz daha fazla vatansever"(!)lerin eseridir.

O sıralarda başhekimlerin hepsinin değiştirileceğine dair söylentiler çıkıyordu. Konuşmamda bu tür rivayetlerin hastanelerde otoriteyi sarstığını ve hizmeti olumsuz etkilediğini, böyle bir tasarıları varsa, sayın bakanın bunu telefonla bile söylemesinin yeterli olacağını zannettiğimi, başhekimliğin angarya bir yük olduğunu, şahsen her an bırakabileceğimi söyledim. Ondan sonra da hastanenin içinde bulunduğu durumu, sorunları anlattım ve önerilerimi bildirdim. Bakan da karşılık olarak böyle bir şey düşünmediğini söyledi. Beni ve benim gibi küçük bir hastanenin başhekimi olan Dr. Kemal Koçak'ı hastane hizmetlerinin iyileştirilmesi ile ilgili bir rapor yazmak üzere görevlendirdi. Bu görevi muhtemelen ikimizden başka bir görüş bildiren olmadığı için bize vermişti. Görevimizi yerine getirdik. Emsallerinde olduğu gibi o rapor da rafa kaldırıldı. Turgut Özal'ın ilk kabinesinde, Sağlık Bakanı'na müşavir olan bir öğretim görevlisi ağabeyimiz, nereden duymuşsa bu raporun bir örneğini bizden istemiş, bir kopyasını işe yarar umuduyla kendisine verdik.

Hükümetin düştüğü günün sabahı, Cengiz Gökçek'in Bakanlık'taki militanları buhar olup uçtular. Nereye ve nasıl gittiklerini anlamadık. Sayın bakan giderayak Bakanlığın açtığı devlet memuriyeti imtihanını kazanarak işe alınacakların listesini astırmıştı. Nasreddin Hoca'nın göle yoğurt çalma hesabı, belki tutardı.

Meşhur Mete Tan...

Hükümetin düşeceğinin iyice belli olduğu gün benim başhekimlik görevinden alınma kararım geldi. Karar 1,5-2 ay önce alınmıştı. Nedense o güne kadar bekletilmişti. Tebellüğ etmeyebilirdim. Nasıl olsa göreve iade edileceğim düşüncesi ile imzaladım. Çünkü Ecevit bu yönde bir karar açıklamıştı. Ne yazık ki öyle olmadı. Yani başbakanın tarih belirterek "O tarihten sonra görevden alınan ve başka yerlere nakledilen devlet memurlarının şartsız olarak eski görevlerine iadesi" ile ilgili yazılı emrine rağmen devşirme bakanlardan Mete Tan'ın; yerime gelen Haluk Nurbaki ile yakın ilişkileri yüzünden görevine iade edilmeyen tek kişi ben oldum.

Ben başhekimliği bırakmak niyetindeydim ama, başımıza dert olacak birisi gelmesin diye bu görevi arkadaşlarımızdan birisinin almasını istiyordum. Hiçbirisi de kabul etmiyordu. Demirel hükümetinde Bayındırlık Bakanı olan Selahattin Kılıç benim görevden alındığımı duyduğu zaman niçin kendisine bunu söylemediğimi sormuş ve sitem etmişti. Cengiz Gökçek "hırsızları görevden alıp namusluları göreve getirdiğini" söyleyip duruyormuş. "Demek sen hırsızsın, Nurbaki namuslu öyle mi? En azından bu suali ona sorardım" demişti. Böyle bir suçlanma ağrıma gitmişti. Göreve dönmek istememin bir nedeni bu idi. Göreve başladıktan sonra yerime birisini önerecek ve görevi ona bırakacaktım. Mete Tan, Numune Hastanesi'nde asistanlığımızdan beri tanıdığım bir arkadaşımdı. Bütün bunları ona anlattığım halde beni göreve iade etmiyor, Ankara Hastanesi veya Atatürk Sanatoryumu'nun Başhekimliklerini öneriyordu. Ben de artık başhekimlik yapmak niyetinde olmadığım için kabul etmiyordum. İsteğimde ısrarlı idim. Birkaç defa daha beni ikna için Bakanlığa çağırdı. Anlaşamadık.

Görevime iade edilmem için Danıştay'da açtığım davayı da geri aldım. Ondan sonra da Sosyal Sigortalar Genel Müdürlüğü'nde bir göreve naklimi yaptırdım. Çünkü Bakanlık'ta her şey çığırından çıkmıştı. Mete Tan, Cengiz Gökçek'in yaptıklarına tüy dikmişti. O da kendinden öncekilerin yöntemini uygulayacak olanları göreve getiriyordu. Çok heyecanlı ve ateşli bir arkadaşımız olan Dr. Turan Temuçin'i Personel Genel Müdürlüğü'ne, Bakanlık teşkilâtını hiç tanımayan, Türk Tabipler Birliği'ndeki sol hareketlerin içerisinde olmakla tanınan Sosyal Sigortalar hastanelerinden birisinin Diş Tabibi Tonguç Bey'i de müsteşarlığa getirdi. Gökçek'in müsteşarını il sağlık müdürlüğüne gönderdi. Dr. Münif İslâmoğlu da Tonguç'u doğuda bir devlet hastanesine diş tabibi olarak göndermişti. Müsteşarlık yapmış bir kişiye yapılan bu muameleyi çok ağır bir hakaret olarak düşünüyorum ve tasvip etmiyorum. Onlar ise bu görevleri kabul etmekle yapılan muameleye müstahak olduklarını bir bakıma göstermiş oluyorlardı.

Personel Genel Müdürlüğü'ne gelen Dr. Temuçin makamında ceketi ve kravatı fora etmiş, gömleğinin kollarını dirseğine kadar sıvamış, belinde iki çıplak tabanca ile görev yapıyordu. Kendisini tebrike gidince ikisini de çekerek masanın üstüne koymuş, "İşte böyle görev yapıyoruz ağabey" demişti. Ben orada otururken, bazı gençler geliyor, kulağına birşeyler söylüyorlardı. Encümen şube müdürünü çağırarak, "Falan yerdeki ülkücü kardeşlerimizi dağıtın" diye emir veriyordu. Bu durumda bir gün ülkücülerin gelip solcuları dağıttırması da mümkündü. Kendisine bunu söyledim. Aldırmadı.

Müsteşar, bir hanım eczacı arkadaşını Eczacılık Genel Müdürlüğü'ne getirmiş, bitişiğindeki lojmana yerleştirmişti. Ekip, başlarında bakan olmak üzere öğle yemeklerine Kent Otel'e gidermiş. Orada ense, tokat bir şamata ve laubalilikle yemek yemeleri dillere düşmüştü. Kırk yıllık sosyal demokrat bir seçmen olmama rağmen, değil bunlarla işbirliği yapmak, uzaktan seyirlerine bile tahammül edemiyordum.

Sayıştay'ın Azizliği

Hastanenin sağlık hizmetlerinin sosyalleştirildiği bölgede olmasının getirdiği ücret avantajının sağlık personeli bulmakta bir ölçüde kolaylık sağladığına değinmişti. Maaş dışında değişik adlar altında birkaç ödenek daha vardı. Bu ödenekler, az kesinti yapılması için, birleştirilmeden ayrı ayrı vergiye tâbi tutuluyorlardı. Günün birisinde bir Sayıştay Genel Kurul kararı geldi. "Maaş ve ödeneklerin birleştirilerek vergilendirilmesi gerektiğine, beş yıl geriye doğru giderek yapılan fazla ödemelerin tahsiline" karar verilmişti. Burada bir kusur varsa Maliye Bakanlığı'na aitti. Zamanında ayrı vergilendirme yapılabileceğini kabul etmiş, bütçelere karşılıklarını koymuşlardı. Sosyalleştirme bölgelerinde yıllardan beri çalışıp ayrılanlar ve çalışmakta olanlar, görevleri daha fazla ücret almak için tercih etmişlerdi. Atama işlemi devletle görevi alan arasında yapılmış şartları belli bir sözleşmedir. Devlet şimdi bu sözleşmeyi tek yanlı bozuyordu. Bu yetmiyormuş gibi bir de, çalışanları geriye doğru borçlandırıyordu. Devlet anlayışı ile telif edilebilir bir uygulama değildi. En azından güveni sarsardı. Ne yazık ki bu olay "Tasarruf Bonosu, Memur Yardımlaşma Kurumu (MEYAK) kesintileri" gibi devletin verdiği sözleri tutmama geleneğinin başlangıcı olmuştur. Bonoların pek az bir kısmı ödenmişti. MEYAK için kesilen paralar da iade edildiği zaman, toplamı bir aylık kesintinin satın alma gücünden bir parça fazla idi.

Sağlık hizmetlerinin sosyalleştirildiği bölgelerde çalışanların ücretleri, birleştirilmiş vergi uygulaması ile bir miktar kırpılmıştı. Bu, bir yandan da beş sene süre ile buralarda çalışan binlerce kişiden geri para alınması demekti. Onkoloji Hastanesi'nde en az borç ödeyecek bendim. Hemşirelerimiz arasında uzun süreler sosyalleştirilmiş yörelerde çalışanlar vardı. Bunlar doğal olarak Sayıştay kararından tedirgin oldular. Bu konuda Bakanlığın girişimde bulunacağına dair emare mevcut değildi. Ben ortaya atıldım. O zaman Gelirler Genel Müdürü olan Adnan Kafaoğlu ile beni görüştürecek bir milletvekili aramak üzere Türkiye Büyük Millet Meclisi'ne gittim. Beni toplantı salonunun önündeki hole götürdüler. Sık sık hasta getiren ve eskiden tanıdığımız milletvekillerinden gören yanımıza geldi. Gelen, "Bir emrin mi var?" diye soruyordu. İsteğimi söyledim. Çayını bitiren "bir dakika" dedi, kayboldu. Bir kişi ile kalmıştım. O sıradan oradan geçmekte olan Çorum Milletvekili Dr. Celal Sungur beni gördü. Tanışıklığımız lise yıllarına kadar gidiyordu. Yanımıza geldi. Tam adamını yakalamıştık. Kafaoğlu hemşehrisi imiş. Ertesi gün gitmek üzere bana randevu verdi.

Sayın Sungur, Kafaoğlu'na senatörlük zamanının geldiğini, yavaş yavaş hazırlanmasını, şimdiden Yozgat'a bir miktar kadro göndermesinin iyi olacağını söyledi. Böylece ön hazırlığı yapmıştı. Konuya girdi:

"Doktorun bir ricası var, sözünü kesmeden beş dakika dinlemeni istiyorum" dedi.

Konuyu anlattım. Sayın Kafaoğlu dikkatle dinledi.

"Allah, Allah" dedi, "Bu konuyu bana böyle yansıtmadılar. Başından beri bir endişem vardı. Türkiye'nin dört bir yanına dağılmış binlerce kişiye borç çıkarılacaktı. Onlar nasıl bulunacaklar, paralar nasıl tahsil edilecekti. Emeklisi vardı, öleni vardı."

İlgili şube müdürünü çağırdı. Sayıştay kararının geriye doğru uygulanması hususundaki emrin iptal edildiğinin telgrafla acele illere bildirilmesini söyledi. Bu sonucu Sosyalleştirme Dairesi Başkanı ağabeyimize ilettiğim zaman, "Haysiyetimizi kurtardın" demişti.

Bir Kazık da Maliye'den...

Sosyalleştirme, ikinci darbeyi 1970 yılında çıkarılan 657 Sayılı Devlet Personel Yasası ile yemişti. Yasanın hazırlıkları kapalı kapılar arkasında yapılıyordu. Ortalıkta yalan yanlış birtakım rivayetler dolaşıyordu. Gerçeği öğrenmek mümkün olmuyordu.

Konu üzerinde Maliye Bakanlığı Hazine Genel Müdürlüğü Başyardımcısı (ne hikmetse Maliye Bakanlığı'nda 'Baş' olmayan yardımcı yoktu), sonradan Turizm Bakanlığı Müsteşarlığı yapan Erciş Kurtuluş'un çalıştığını öğrendim. Onunla görüşmeye karar verdim. Kimseyi kabul etmediği söyleniyordu. Ayrıca benim bu konuları konuşacak konumda olmamam da görüşmenin önünde bir engeldi. Nitekim görüşmeye gittiğim zaman sekreterini "görüşme isteğimi iletmeye" bile razı edemedim. Bir fırsat yakalayarak içeri daldım. Ondan sonra kendisi ile birkaç defa daha konuştumsa da olumlu bir sonuç alamadım. Sosyalleştirmede çalışanların ve hekimlerin özlük haklarının korunması ile ilgili isteklerime karşılık vermiyordu. Sosyalleştirme Daire Başkanı ağabeyimize Erciş Bey'le görüşmelerimi aktardım. Genel müdürle görüşmemizi önerdim. Kabul etti. Sayın genel müdür Büyük Ankara Oteli'nde ikamet ediyormuş. Sabah 8 için randevu aldık.

Yakışıklı, şık, kıranta bir beyefendi idi. Makamına da yakışıyordu. Böyle bir adam, bizim sıradan genel müdürlerimiz gibi lojmanlarda oturacak değildi ya...

Bizi dinledi. Ben konuşurken daire başkanı ağabeyimiz, beyefendiyi gücendirmekten korktuğu için ikide bir arkadan ceketimin eteğini çekiştiriyordu. Yasa çıktığı zaman gördük ki hiçbir hakkımız korunmamıştı. Örneğin benim 4.400 lira civarında olan aylığım iki bin liraya inmişti. Yalnız bizim değil, birçok meslek gruplarının kazanılmış özlük hakları, yasanın çıktığı sırada çalışmakta olan personele de aynen uygulanması yüzünden ihlal edilmişti. Akıl alır bir şey değildi.

Hazırlanış şekli göz önüne alındığı zaman daha iyisini beklemek hayal olurdu. Çünkü bakanlıkların bile görüşleri alınmamıştı. Önemli konularda bile nasıl yalapşap bilgilerle yola çıkıldığının tipik bir örneğine şahit olmuştuk. Bir gün Bakanlığımız müsteşar muavinlerinden birisini ziyarete gitmiştim. Ben içeri girdiğim zaman telefonla görüşüyordu. Anlaşıldığı kadarı ile Maliye Bakanlığı'ndan birisi ile sağlık sınıfına girecek meslekler hakkında konuşuyordu. Söylediklerini dikkatle dinledim. Meslekleri saymaya başladı. Bizde radyoterapi bölümünde bir fizikçi çalışıyordu. Hizmetin tabiatı gereği zorunlu idi. Sıraladıkları arasında fizikçi yoktu. İlave etmesi için alelacele bir kâğıda "Radyasyon fizikçisi" diye yazdım, önüne ittim. O anda taktığım bu isim, yanlış-doğru, görevin yasal adı oluverdi.

Uygulama ile beraber yasanın yanlışları ortaya çıkmaya, gücü yeten, sesi çıkan haklarını almaya başladı. Devlette çalışanların özlük hakları arasındaki farkların giderilmesi, eşit işe eşit ücret gibi önemli ilkeleri gerçekleştirmek üzere hazırlanan yasa, çıkar gruplarının çabaları ve çelişkilerin kaldırılması, haksızlıkların telafisi gibi gerekçelerle delik, deşik edildi. Biz de bir heyet oluşturarak derdimizi anlatmak üzere Başbakan Demirel'e gittik. Özel Kalem ana baba günü idi. Heyetlerin biri çıkıyor, biri giriyordu.

Sayın başbakan el sıkmaktan, laf anlatmaktan kızarmıştı. Bu durumu gören bir hanım doktor arkadaşımız, "Sizin bu halinizi gördükten sonra katiyen Başbakanlığı kabul etmem" diye şaka yapmıştı. Gerçekten de o şartlarda salim kafa ile memleket meseleleri üzerinde düşünülmesi bir mucize idi.

Sözcümüz konuşmaya başladı. Demirel hemen araya girdi: "Sorunlarınızı biliyorum. Ankara Hastanesi'nin berberi birinci derecenin 4. kademesinden maaş alıyor, bir klinik şefi bu maaşı alamıyor. Yasanın her tarafı zımba ile delindi. Size de bir çare buluruz."

Buradaki en büyük hata yasanın, halen çalışanlara da aynen uygulanmasıdır. Oysa yasama memuriyete yeni girenlere uygulanması icap ederdi. Eskiler aleyhine doğacak çelişkiler intibaklarla düzeltilebilirdi.

Yanlışın birisi de memurların özlük hakları ile ilgili bir yasanın memurlara hazırlattırılmış olmasıdır. İnsanlardan hak ve yararlarının söz konusu olduğu durumlarda tarafsızlık beklemek eşyanın tabiatına aykırıdır.

Ben Amerika'dayken...

Onkoloji Hastanesi'ndeki başarımız, Bakanlığın elimizden tutmasını daha da kolaylaştırmıştı. Çabalarımız sonunda bir Kanser Savaş Müdürlüğü kuruldu. Bu girişim, ulusal kanser savaşını planlamak, politikasını ve bu politikanın nasıl uygulanacağını saptamak üzere "Kanser Konseyi" kurularak tamamlanmış oldu. Konseyi, kanser alanında çalışmış, bu alana ilgi göstermiş hekimlerle tıp fakültelerinin ve Bakanlık eğitim hastanelerinin temsilcileri teşkil ediyordu. Bizim hastaneden benimle Op. Dr. Korkut Akoğuz vardı. Konseyin, herhangi bir akademik unvanı olmayan birkaç üyesinden birisi bendim. Başkanımız İstanbul Üniversitesi Tıp Fakültesi Cerrahi Profesörlerinden merhum Bedii Gorbon Hocamız'dı. Sanatkâr yanı olan ciddi, ağırbaşlı, beyefendi bir insandı. Saygı ve rahmet ile anarım.

Önceleri toplantılarda değerli üyeler sözlerine daima "Ben Amerika'dayken" diye başlıyorlardı. Benim gibi Amerika'yı tanımayan Heybeliada Sanatoryumu Başhekimi Zülfü Sami Özgen ağabeyimizin "Union International Contre La Tuberculose"u vardı. O da "Bizim Union..." diye başlardı. Bendenizde hiçbirisi yoktu. Onun için başlangıçta pek ciddiye alınmıyordum. Aşağılık kompleksine uğramak üzere idim ki birçoğunun gerek kanserin tıbbi yönünden, gerekse kanser savaşından pek haberleri olmadığını fark ederek rahatladım. Çünkü gece gündüz bu konulara ait yayınları inceleyerek bir hayli yol almıştım. Yılmadan doğruları kabul ettirmeye çaba harcıyordum. Konunun içinde olanlar bizi destekliyordu. Fakat azınlıktık. Amerika görmüşler, Amerika'da kanser hastanesi olmadığını söylüyorlardı. Bazıları daha da ileri gidiyor, "dünyada yok" diyordu. Tartışmalar bu aşamadayken bizim hastanenin de içinde bulunduğu Uluslararası Kanser Rehberi geldi. Rehberde 800 kadar kanser hastanesi hakkında bilgiler vardı. Bunların 60-70 kadarı da Amerika Birleşik Devletleri'nde idi. Ondan sonraki ilk toplantıya rehberle beraber gittim. Yine aynı "vardı, yoktu" tartışmaları başladı. Söz aldım. Elimdeki rehberi göstererek: "Bu kitapta 800 civarında kanser hastanesi hakkında geniş bilgiler var. Bunun 70 kadarı Birleşik Devletler'de. Beyler, siz 20-30 sene öncesinin Amerika'sından söz ediyorsunuz. Şimdi ne Amerika o Amerika'dır, ne de Türkiye o Amerika'dır" dedim.

Böylece o sayfa kapandı. Biz de birinci raundu kazanmış olduk. Ondan sonra tartışmalar ilkeler üzerinde yoğunlaştı. Tıp eğitiminden kanser savaşına kadar her aşamada yapılacaklar gündeme geliyor ve sonuçlanıyordu. Her şeyi yerli yerine oturmuş, öğrenci ve asistan eğitimini üstlenmiş, kalabalık bir hekim grubuna çağın gerçeğini kabul ettirmiştik. O zamana kadar geçen 4-5 ay içerisinde bilenler bilmeyenleri eğitmişti. Büyük emek sarfı ile ülke çapında "Kanser Savaşı Master Planı" yapıldı. Her yıl kanser haftasında ele alınacak konular ve yapılacaklar tartışılıp karara bağlanıyordu. Bakanlık da Kanser Haftası'nda etkin olmaya başlamıştı. Böylece kanser haftaları daha düzenli ve yararlı geçmeye başlamıştı. Ana planda beş tane Bölge Onkoloji Hastanesi öngörülmüştü. Ankara'da ve İstanbul'daki hastaneler için arsalar bulundu. Binanın tıp ihtiyaç programını 6 ay uğraşarak hazırlayıp Bayındırlık Bakanlığı'na verdim. Ankara'dakinin ihalesine esas olacak mimari proje için yarışma açıldı. Yarışma jürisinde üye idim. İki gün bir gece çay ve simitle Milli Kütüphane'ye kapanarak çalıştık. İnşaatın ihalesi yapıldı. Ne yazık ki bitmesi çok uzun sürdü. Bitince de ortaya, inşaat mafyası sayesinde, fevkalâde düşük kalitede bir bina çıktı. Gördüğüm zaman ben bile tanıyamadım.

Tedavi Başarılı Ama Hasta Ölü

Açılacak hastanelerde çalışacak uzmanları yetiştirmek için öngördüğümüz projeyi Bakanlığa uygulatamadık. Tedavi Hizmetleri Genel Müdürü olduğum zaman Sağlık Bakanı Münif İslâmoğlu başsız kalan Kanser Müdürlüğü görevini de bana vekaleten verdi. Ankara Onkoloji Hastanesi'nin ekibi ve ekipmanı vardı. İstanbul'da inşa edilenin Onkoloji Hastanesi olarak açılması mümkün görülmüyordu. Aylarca uğraşarak hazırladığımız master plandan diğerlerini elimle çıkarmak zorunda kaldım. Nitekim İstanbul Cevizli'deki bitince Devlet Hastanesi olarak açıldı. Binanın Onkoloji Hastanesi'ne mahsus özel bölümleri için yapılan onca masraf toprağa gömülüp kaldı. O binaya yapılan masrafla iki devlet hastanesi yapılabilirdi.

Kanser Konseyi'nde savaş verdiğimiz konulardan birisi de onkolojinin ileri uzmanlık dalı idi. Normal olan, genel cerrahtan onkoloji cerrahı, iç hastalıkları ve çocuk hastalıkları uzmanlarından büyük ve küçük hastaların kemoterapisi için kemoterapi uzmanı yetiştirmekti. Bu konuda yapılan toplantılara Bakanlık, adeti olduğu üzere, işleri karıştırmak için tıp fakültelerinden temsilci çağırıyordu. Her temsilci kendi branşından da onkolog yetiştirilmesini istiyordu. Bir cildiye hocası bile, cildiye uzmanlarından onkolog olmasında ısrar etmişti. İstekler Millet Meclisi'nde liman yapılması üzerinde tartışmalar yapılırken, uyuyan İç Anadolu illerinden bir milletvekilinin uyanınca "Ben de isterim" diye iline liman istemesine dönmüştü.

Röntgen tedavi uzmanlığı daha önce mevcut olmadığı için röntgen teşhis uzmanlarından ilgi duyanlar bu işi yapmakta idiler. Konseydeki üyelerden birisi de bu şekilde radyoterapi uzmanlığı yapıyordu. Konu gündeme geldiği zaman, bir tıp fakültesinde hoca olan bu arkadaşımızın direncini kırmak mümkün olmuyordu. Tek endişesi ayrı radyoterapi uzmanı yetişirse bu işin elinden gitmesi ihtimali idi. Böyle düşünmese röntgen teşhis uzmanlığının bir laboratuvar uzmanlığı, röntgen tedavi uzmanlığının ise bir klinik uzmanlık olduğu, isim benzerliğinden başka aralarında hiçbir müşterekin bulunmadığını bilmemesi mümkün değildi. Ben iç hastalıkları uzmanı olarak bu gerçeği radyoloji uzmanına karşı savunmak zorunda kalıyordum. Aynı zihniyeti diğer konularda yapılan komisyon çalışmalarında da görüyorduk. Bazılarının kafası, alınacak önlemlerin, düzenlenecek yasal mevzuatın kendilerine ne getirip ne götüreceği hesabına kilitleniyordu. Bu tiplerin ikna edilmesi mümkün olmuyordu. Bazı üyeler de aksine, konuya aşırı sempati duyar olmuşlardı. Bir kısmı çalıştığı hastanede "Kanser Konseyi" kurarak kanserli vakaların bu konseyin kararına göre tedavi edilmeleri için çaba sarfetmiş, fakat süreklilik sağlayamamıştı. Bir özel dal hastanesi başhekimi olan Bakanlık Kanser Konseyi üyesi radikal kanser ameliyatlarını* denemeye ve bunları Türkiye'nin ilkleri olarak basında, televizyonlarda reklam aracı olarak kullanmaya başlamıştı. Böyle bir vakasını Ankara Numune Hastanesi'nde tebliğ edeceğini öğrendik. Dinlemeye gittik. Evvela hastanın radikal ameliyata uygun olmadığı anlaşılıyordu. Ameliyat sırf yapmış olmak için yapılmıştı. Ameliyatın sonuçlarının, blok halinde çıkarılan parçanın patolojik anatomik olarak özel incelemesi yapılarak değerlendirilmesi gerekirdi. Bu yapılmamıştı. Esasen aldıkları parça radikal ameliyat parçası değildi. Bu ameliyat bizde günlük rutin ameliyatlardandı. Bunları söyledik. Arkadaşımız yaptığının doğruluğunda ısrarlı idi. Ameliyat yapılalı 3-4 ay ancak geç-

---

(*) Radikal ameliyat, kanserli dokunun komşu dokular ve bölgesel lenf bezleri ile blok olarak çıkarılmasıdır. Tam veya uzun süreli iyileşme sağlamak için uygun görülen vakalarda yapılır.

mişti. Hastanın durumunu sorduk. Ölmüştü. Bundan sonra söylenecek söz kalmamıştı.

"Kanseri Tedavi Ediyoruz" Soygunu

Bazı kimselerin kanseri "tedavi" ettiklerine dair duyumlar alıyorduk. Önceleri ortalıkta gözükenler "müttabbip" olarak isimlendirilen meslek dışı tedavicilerdi. Sonra bunlara şarlatan hekimler katıldı. Bu konu ülkemizde insan sağlığının ticari amaçla kullanılmasının ve devletin buna seyirci kalmasının ibretlik hikâyesidir.

Tedavicilerin en meşhuru daha çok Ege taraflarında faaliyet gösteren "Kanserci Hamdi" idi. Bu zatın tedavi ettiğini iddia ettiği hastaların resimleri ve isimleri bulunan el ilanlarını görüyorduk. Bunlar, hastane iyice tanındıktan sonra iş elden gidecek diye telaşa düşmüş olmalılar ki, hastanenin desteğini alma çabasına düştüler. İlk gelen Hamdi olmuştu. İlacının denenmesi için bakana başvurmuş, bakan da bize göndermişti. Lüks arabası ile geldi. Özel şoförü, sekreteri ve muhafızı da yanında idi. Elinde, içinde kırmızı bir sıvı bulunan şişeler vardı. Bunları hastalarda denememizi istiyordu. Devletin gözü önünde insanlar kobay gibi kullanılacaktı. Bizim bu oyunlara alet olmamız mümkün değildi. Bu konudaki mevzuatı bilmiyorduk, ama bilimsel ve mantıksal olarak daha önc yapılması gerekli şeyler olduğunu biliyorduk. Onun için önce ilacının içerisindeki maddeleri bildirmesini istedik. Kabul etmedi. Bu bilgi olmadan insanlar üzerinde denememiz söz konusu olamazdı.

Bunun üzerine "el ilanında ismi geçen hastaların hangi hastanelerde tedavi gördüklerini bildirdiği takdirde, oralardan alacağımız bilgilerden bir sonuca varabileceğimizi" söyledik. Kabul etti. Hastanelerden bilgi topladık. El ilanlarında mide kanseri olduğunu söylediği hasta mide ülserinden tedavi görmüştü. Akciğer kanseri dediğinin hastalığının kanserle ilgisi yoktu. İçlerinden birkaç tanesi cilt kanserinden radyoterapi görmüş hastalardı. Röntgen ışınları kanser hücrelerini öldürürken normal dokuyu da tahrip eder. Onun için tedavinin bitiminde hastalığın yerinde geniş bir yara oluşur. Bu yaranın kapanması da birkaç ayı bulur. Hamdi hastaları bu dönemde tedaviye aldığı için tedavinin başarısı onun oluyordu. Tedavi ettiğini iddia ettiklerinin bir kısmı ise düpedüz ücretli çığırtkanlardı. Bunun üzerine şahitler getirmeye başladı. Bir tanesi hekimdi. "Babasının kanser olduğunu ve Hamdi'nin ilacı ile iyileştiğini" söylüyordu. Halbuki hastası Ankara Hastanesi'nde vefat etmişti. Bir diğeri büyük bir bankanın Samanpazarı şubesi müdürü idi. Yüksek İhtisas Hastanesi'nde "iyileşmesinin mümkün olmadığını" söyledikleri ilerlemiş bir kanser hastası olan eşinin ilaçtan yararlandığını söylüyordu. Hastası, bu tedaviyi görürken vefat etmişti. Bunların büyük bir ciddiyetle Hamdi'nin elinden tutmamız gerektiğini ısrarla istemeleri şaşılacak bir durumdu. Bunlar bakanın makamında, Hamdi'nin huzurunda delilli ispatlı ortaya konuldu. Toplantı sonunda Hamdi'ye artık bu işten vazgeçmesini, aksi takdirde hakkında kanuni kovuşturma açtıracağımı söyledim. "hiçbir şey yapamazsın" dedi.

Bir süre sonra hastalarımızdan birisi Hamdi'nin yeni el ilanını getirdi. İlan daha da büyümüştü. Kanıtları arasında benim ismim de vardı. İlacı hastanemizde denenmiş, başarılı sonuçlar alınmıştı. İzmir Cumhuriyet Savcılığı'na ilanı da ekleyerek suç duyurusunda bulunduk. Başvuruma yanıt gelmedi. Onun yerine lüks arabası ve ekibi ile Hamdi geldi. "Sen hapis değil misin?" diye sordum. "Beni kimse hapsedemez" dedi. Böylece kendisi ile uğraşmanın nafile olduğunu göstermek istiyordu.

Bir de Trakya bölgesinde çalışan kanserci vardı. O da geldi. Hamdi kadar zeki olmadığı için denememizi istediği ilacın ana maddesini söyledi. Halk arasında sıçan otu denen arsenik bileşiğini musluk suyuna katarak penisilin şişelerine doldurmuştu. Arsenik suda erimediği için şişelerin dibinde toz halinde duruyordu. Bunları hastaların damarından zerk ediyormuş. Sonucunu sorduk, "Hasta komaya giriyor, ölmezse iyileşiyor" dedi.

Günün birisinde bakan bizi çağırdı. Odasında şık bir hanımefendi oturuyordu. Resimli çocuk masalları yazan tanınmış bir hanım yazardı. Şiirleri de vardı. Şiirleri Mevlana Hazretleri'nin gece rüyasında kendisine okuduğunu, sabah kalkınca da onları kaleme aldığını söylüyordu. Mevlana Hazretleri bir gece "yılan zehirinin kanseri tedavi edeceğini" söylemiş. "Bu araştırmanın memleketimizde yapılmasını, şerefinin Türk hekimlerine ait olmasını istediğini" söyledi. O sıralarda Amerika'da her istenen bilginin elde edilebileceği bir bilgi bankası olduğunu öğrenmiştim. Bakana "oradan bilgi almadan denemeye kalkmanın doğru olmayacağını" söyledim. Kabul etti. Yazdık, aldığımız cevapta bu konuda 2.500 deney yapıldığı, tahammül edilebilir dozlarda hiçbir sonuç alınamadığı bildiriliyordu. Bunu bakana ilettik. Bu konu da böylece kapandı.

Cahil cüretkâr olur derler, doğrudur. Cahilin cüreti bir ölçüde mazur görülebilir. Mütetabbiplerin yaptığını doktor yaparsa bu şarlatanlıktan da öte ağır bir insanlık suçu olur. Bile bile insanları ölüme sürüklemek veya ömürlerini kısaltmak acaba bu işi silahla yapmaktan ne derece farklıdır?

Zakkumcu Ziya...

Bunların başında Zakkumcu Dr. Ziya geliyordu. Kendisinden önce "tedavi ediyorum" diye kıymetli zamanlarını yediği hastaları görmüştük. Tabiî hepsinin de bize geldikleri zaman şansları kalmamış oluyordu. Kendisi bu işi devamlı "hayrına yaptığını" iddia etmekte ise de '70'li yılların başlarında bir kür için 300 lira ödediklerini bizzat hastaları söylüyordu.

Dr. Ziya, o zaman Muğla Devlet Hastanesi operatörü idi. Domuz üretme çiftliği olduğundan bahsedilirdi. Basında tek tük adından söz edilmeye başlanmıştı. Kendisine yardımcı olmamız için bize başvurdu. İyileştirdiğini iddia ettiği hastalar hakkında bilgi istedik. Net bir bilgi veremiyordu. Bu hususta en ufak bir kayıt dahi tutmamıştı. Haklarında inceleme yapabilmemiz için birkaç hasta ismi ve adresi istedik, veremedi. Belgeye dayalı olmayan iddiaların geçerli olamayacağını bilemeyecek kadar geri zekâlı olamayacağına göre kanıt olacak hastası yok demekti. O da iddiasının kanıtlanmasından çok bizim adımızı kullanmak istiyordu. Buna rağmen araştırmanın ne şekilde yapılacağını kendisine anlattık. Bunu yapan hastalarla ilgili kayıtları, belgeleri ile getirirse ilgileneceğimizi söyledik.

Bir süre sonra yine ispatsız, belgesiz Sağlık Bakanı'na başvurmuş. Bakan ilacını denememizi istedi. Aslında belli aşamalardan geçmeden hiçbir şeyin insanda denenmesi doğru değildir. Dr. Ziya insanları yıllarca kobay gibi kullanmış, kötü bir etkisi görülmemişti. Biz de deneyebilirdik. O nedenle denenmesine güçlük çıkarmadık. Tedavi şansını kaybetmiş kırk kadar hastada denedik. En ufak olumlu sonuç alamadık.

Bu sonucu kendisine bildirdik. İlaç enjekte edildikten sonra hastaların ateşinin çıkıp çıkmadığını sordu. Birisi hariç ateş yükselmesi olmamıştı. Ateşi çıkmayan hastalarda etkisi olmadığını söyledi. O zaman, piro-terapi denen, hastanın ateşini yükseltmek sureti ile kanser tedavisi üzerinde yapılan araştırmaların sonuçları yayımlanmıştı. Geçici bir süre iyileşmeler görüldüğü bildiriliyordu. Bu amaçla hastalara damardan tifo aşısı veriliyor ya da sıtma naklediliyordu. Ciddi bir araştırmacının çalıştığı konu ile ilgili yayınları incelemesi, iyi sonuç alıyorsa kendi sonuçlarını bunlarla karşılaştırarak ilacının üstünlüğünü göstermesi gerekirdi. Onun bunlardan ne haberi vardı, ne de ciddi çalışma yapmaya niyeti. Ama insanlık adına kendisine destek veren aklı başında goygoycuları çoktu. Zakkumcunun daha sonraki yıllarda sahneye çıkışlarından birisinde ünlü bir avukatın himayesine bile mazhar oldu. Avukat bey televizyonlarda hiç aklının ermediği bu konunun tıbbi yönünü yetkili hekimlerle tartıştı. Laf ebeliği ile zakkuma bir hayli de puan topladı: Avukat beyin şimdi, şapkasını önüne koyup ondan sonra işlenen insanlık suçuna katkısının vicdani muhasebesini yapıp yapmadığını merak ediyorum.

Deneylerimizin sonuçlarını Bakanlığa bildirerek "zakkum uygulanmasına son verdirilmesini" istedik. Doktor Ziya birdenbire izini kaybettirdi. Hastalardan zakkumculuğa devam ettiği anlaşılıyordu. Bir ara İstanbul'da kanser uzmanı olan bir tıp fakültesi hocasının himayesinde denemelerine devam ettiğini, birlikte çalışmalarının iki yıl kadar sürdüğünü, hocanın, zakkumdan bir şey çıkmayacağını geç de olsa anlayarak ortaklığı bozduğunu duymuştuk.

Zakkumcu Ziya büyük basınımızın sayesinde uzun yıllar kendisini gündemde tutmayı başardı. Ne yazık ki uyarılara rağmen, içlerinden iyileşecek hastaların değerli zamanlarının boşuna harcanmasının vebaline ortak olmaya devam edenler oldu. Bunlar attıkları manşetlerin gerçek olmadığının ortaya çıkmasına rağmen yine de yanlışta ısrar etmişlerdir.

Bay Ziya en sonunda bir Sağlık Bakanı'nı arkasına almayı başardı. Sayın bakan, topladığı, konunun uzmanlarından kurulu etik kurulun iddianın geçerliliği bulunmadığına karar vermesi üzerine sözüm ona ikinci bir etik kurul kurarak, zakkuma beraat verilmesini sağladı. Bu himayenin altında, bir bakanın zakkum üzerindeki araştırmalar için Dr. Ziya'ya devletten yüklüce bir para verdirdiği vakıasının yattığı söyleniyordu. Sağlık Bakanı bu arkadaşını ibra ettirmiş oluyordu.

Zakkumcu Ziya son defa sahneye çıktığı zaman kendisine sütunlarını açan gazetelerden, iyileştirdiği hastalarına seslenerek kendisine yardımcı olmalarını rica ediyordu. Ne kadar gayri ciddi bir insan olduğunun bundan daha açık delili olur mu? Bu konuda benden görüş alan bir gazeteciye "Hastalardan boşuna yardım istediğini, çünkü mezarlıklardan cevap almasının mümkün olmadığını" söylemiştim. Nitekim bir hastası ortaya çıkıp da, "Bana falan hastanede şu teşhis kondu, tedavimin imkânsız olduğu söylendi, zakkumla iyileştim" demedi.

Aynı şekilde SSK Dışkapı Hastanesi'nin bakteriologu tam olarak bilimsel esasa dayanmayan bazı araştırmalarla, toprak basillerinde yaptığı aşı ile kanserli hastaları iyileştirdiğini iddia etmeye başladı. Çalışmalarının sonuçlarını getirdi. O da yardım istiyordu. Bir ölçüde bilimsel deneyler yapmıştı. Yalnız kanser tedavisinde spesifik olmayan bağışıklık sağlayarak iyileştirme üzerine çalışmalar yapılmış, sonuçları yayımlanmıştı. Bu iş için bazıları konsantre verem aşısı kullanıyordu. İsrailli araştırmacılar bu iş için korinobakterium denen bir bakteri kullanmışlardı. Bu araştırmalarda geçici olarak iyi sonuçlar alınmıştı. Arkadaşımızın bunlardan haberi olmadığı gibi, bunları anlatmamıza ve çalışmalarını kendi aşısının deneysel olarak diğerlerinden üstün olduğunu kanıtlamaya yönelmesini söylememize rağmen bildiğinden dönmedi. Amacı zakkumcunun pastasından pay almaktı. Sonunda sessiz sedasız kayboldu.

Bir ülkede bunlar devletin gözü önünde yapılabiliyorsa, o devlette insan hayatının öneminden söz edilebilir mi? Sağlık Bakanlığı yakın zamana kadar bu cinayetlere engel olacak önlemleri almayı bile düşünememişti. Şimdi insan sağlığı ile ilgili araştırmaları disipline edecek mevzuat geliştirildi mi bilmiyorum. Yasal önlemler alınmış, insanda kullanılacak ilaçların ruhsat alabilmesi için geçeceği aşamalar belirlenmiş olsa bile Sağlık Bakanlığı'nın bugünkü kuruluş ve kadrosu bu sorunu halletmeye yeterli değildir. Nasıl ki "özel hastaneler" rezaletini yasaya ve yenileştirilen tüzüğe rağmen halledemediler, bunu da halledemezler. Resmen bilinen özel tababet ve laboratuvarlar bile layıkı ile denetlenememektedir.

Amerikan Yardımı

Onkoloji Hastanesi ile ilgili anılarımı kapatmadan önce önemli saydığım iki anımı daha nakletmek istiyorum.

Amerikan yardımı ile ilk tanışmam Numune Hastanesi'nde asistanken sabah kahvaltısında verilen, yiyemeden tabaklarda bıraktığımız teneke kutulardaki acı sarı peynirle olmuştur. Andiçen Hastanesi'ne Amerikan yardımından kâğıt torbalarda süt tozu gelmişti. Sabah kahvaltılarında hastalara bundan hazırlanan süt verilir, Bakanlık emri ile yoğurt da bu süt tozlarından hazırlanırdı. Ama hastalar nedense sevmezlerdi. Etimesgut Onkoloji Hastanesi açılınca Andiçen'den Bakanlığa ait ne varsa getirilmişti. Bu arada kalan süt tozları da getirilmiş. Bir gün bu süt tozlarının kalorifer dairesinde torbalar içerisinde taşlaşmış olarak durduğunu söylediler. "İmha işlemi yapın" dedim. Amerikan yardımı olduğu için özel izin almadan imha edilemeyeceğini bildirdiler. Bakanlığa yazı yazdık. Cevap olarak iyi bir papara yedik. Bu iş öyle kolay kolay olmazmış. Yardım heyetinin görmesi lazımmış. Ayrıca da bir sürü ahret suali! Bunun üzerine bana değil, Ahmed Andiçen Hastanesi'nde süt tozlarının bu duruma gelmesine neden olanlardan hesap sormalarını söyledim.

Bir gün Amerikan yardım heyetinden "imhası istenen süt tozlarını görmeye geldiklerini" söylediler. Amerikalı bir sürü sualler sormaya başlayınca tercümana, "Benim, işe yaramaz hale gelmiş süt tozları ile uğraşacak vaktim yok. Gider bakar, ne bildiği varsa onu da yapar. Lütfen beye bunları söyleyin" dedim ve işimin başına döndüm. Lütfetmiş, imhasına müsaade etmişlerdi.

Maliye Bakanlığı'ndan bir görevlinin hastasına bakmıştık. Kendisi Amerikan yardımı motorlu araçların dağıtımı ile görevli olduğunu, bize de bir araç tahsis edebileceğini söyleyerek müracaat etmemizi söyledi. Personel trenle gelip gidiyordu. Özellikle hemşireler işe gelirken sabah kalabalığında büyük sıkıntı çekiyorlardı. Personel servisinde kullanmak üzere bir otobüse ihtiyacımız vardı. Başvurumuzu yaptık. Bir müddet sonra bir tomar belge göndererek tahsis edilen aracı aldırmamızı, ekli belgeleri doldurup iade etmemizi bildirdiler. Şoförü gönderdik. Boş geri geldi. Otobüs diye bize tahsis edilen aracın dört takoz üzerine oturtulmuş, lastikleri, kampanaları sökülmüş, kaputun altında sadece bir motor bloku bulunan, yerinden kıpırdatılması imkânsız bir hurda yığını olduğunu söyledi. Demek ki Amerikalılar çöpe atılacak araçları atma masrafından kurtulmak için yardım olarak veriyordu. Maliye Bakanlığı'na teşekkür ederek alamayacağımızı bildirdik. Aradan bir süre geçtikten sonra bir ilçe belediye reisi gelerek o otübüsü kendilerinin alacağını söyledi. Maliye Bakanlığı'ndan gelen evrakları istedi. Kendisine durumu anlattım. Buna rağmen almakta ısrarlı idi. Belgeleri verdim, sevinerek gitti. Ondan sonra art arda iki belediye reisi daha geldi. Daha önce verdiğimizi söyleyince büyük bir hayal kırıklığına uğruyorlardı. Kendilerine otobüsün halini anlatıyordum. "Olsun" diyorlardı. Doğrusu, belediye reislerinin bir hurdanın peşine koşmaları üzücü bir durumdu. Amerikalıların çöpe atacağı bir otobüsü kapışmaya kalkışmanın onur kırıcı olduğunu, onun için peşine düşmemelerini rica ediyordum. Yine de etkilenmiyorlardı. Bu hallere nasıl düştüğümüzü görerek üzülmemek mümkün değildi. Ulusal gururumuzu bu kadar yitirmemeli idik.

Buraya kadar anlattıklarımdan çıkarılacak bazı sonuçlar vardır. Ülkemizde hastane hizmetleri devletin diğer büro hizmetleri ile eşdeğer tutulmuş ve bu hizmetlere göre düzenlenmiş mali ve idari yasalarla yürütülmeye çalışılmıştır. Ayrıca aşırı merkeziyetçi yönetim anlayışı ile hizmetin günlük yönetimi bile Bakanlık tarafından yönlendirilmiştir. Bunlara bir de Bakanlığın kendine mahsus temel yasalarının otuzlu yıllardan kalma olduğunu ilave etmek gerekir.

Hastane canlı bir organizma gibi dinamik bir hizmettir. İhtiyaçları Devlet Satınalma Yasası'nın formalitelerinin yerine getirilmesini bekleyemez. Hizmetler uyumlu bir ekip çalışmasını gerektirir. İşleyişi dişli çark sistemine benzer. Her şey bu çarkların devamlı ve düzenli dönmesine bağlıdır. Bir çark bozulursa, hatta bir çarkın bir dişi kırılırsa sistem bütünü ile durur. Hastanede ne kadar birim varsa bunların her birisi bir çark, çarkların dişleri orada çalışan personeldir. Hastanede görev 24 saat durmadan devam eder. Verimli ve düzenli bir çalışma sağlamak için her şeyden önce uyumlu ekipler kurulması gerekir. Bakanlığın tayin ettiği personelle bunun sağlanması olanağı yoktur. Hastane idaresi bu konuda söz sahibi bile değildir, ama sonuçlarından sorumludur. Aşırı merkezi idare terk edilerek, günlük yönetim için yerel yönetim kademelerine yetki devri yapılmadıkça ve hastane yönetimi çalışacağı personeli kendisi seçmedikçe hizmetin daha fazla iyileşmesini beklemek hayaldir. Reform adı altında hastaneler işletmeye dönüştürülürken öngörülen yönetim, ipler yine Bakanlığın elinde olacak şekilde düşünülmüştür. Hasta giderlerinin, karşılığı olmayan devlet bütçesinden sağlandığı bir sağlık sisteminde işletmenin parasal kaynağı, üzerinde durulacak bir konudur. Çünkü gelirlerin büyük kısmı bugün, döner sermayede olduğu gibi devlet dairelerinin borcu olarak alacak hesaplarında duracaktır. Sağlık hizmetleri, özellikle hastanelerin işletme sistemi yamalı bohçaya dönmüştür. Yönetimi bir sistemden, parasal kaynağı başka bir sistemden, personel temini ve çalıştırılması başka bir sistemden alınarak nasıl bir işleyiş sağlanabilir ki?

Hastane başhekimliğinden alındım, Sağlık Bakanlığı'ndan da ayrıldım. Ama dış ülkelerdeki kurumlar beni tanıdıkları için kanserle ilgili kurum ve kuruluşlardan gönderilen her yazı benim adıma geliyordu. Kolileri postaneden alıp hastaneye veriyordum. Derneğimiz Uluslararası Kanser Birliği'nin üyesi idi. Benden sonra aidatları ödememişler, birlik benden istiyordu. Gelen tenkitlerden utanıyordum. Akılları almayacağı için görevden alındığımı ve hastaneden ayrıldığımı da bildiremiyordum. Bakanlığa geçtiğim zaman Kanser Dairesi Müdürlüğü de bana verilince, daha bir üst göreve naklettiğimi, bundan sonra gönderecekleri yazılar için yeni adresin doğrudan doğruya hastane başhekimliği olduğunu bildirdim.

Kısa Bir SSK Tecrübesi

Bir de SSK'yı Deneyelim...

Sağlık Bakanlığı teşkilâtından ayrılmaya karar verdiğimden daha önce söz etmiştim. Sosyal Sigortalar Kurumu'na geçmek istiyordum. Genel Müdür Yardımcısı Dr. Tonguç'la görüşmeye gittim (bu Tonguç meşhur eğitimci Hakkı Tonguç'un oğludur). Daha önce hiç karşılaşmamıştık. Beni gıyaben tanıdığını söyledi. Kurumun hastanelerinde iyileştirmek yapmak istediğini, bir ekip kurmaya başladığını, bunun için Almanya'da uzun süre çalışmış bir genel cerrahla, bir göğüs hastalıkları uzmanını ve bir kardiyologu aldıklarını, beni de ekibe dahil etmek istediğini söyledi. Böylece diğer arkadaşlar gibi ben de Sağlık Dairesi Başkanlığı'na müşavir olarak atandım. Bizde müşavirlikler üst düzey görevlilerin kızağa çekildiği yerlerdir. Bizde yönetimdeki herkes her şeyi bildiği için kimsenin bilene danışmaya ihtiyacı yoktur. Fıkra malûm. Kedinin birisi bahçe çitinin arkasında bir serçe görmüş. Pozisyonunu almış. Çitin üzerinden serçeye doğru atlayınca alt tarafta ne var ne yok, çite takılıp kalmış. Kedi başlamış ağlamaya. Bunu gören genç bir kedi niçin ağladığını sormuş. Aldığı cevap üzerine "Zararı yok, bana müşavirlik yaparsın" demiş.

Sayın Tonguç'un konuşmalarından müşavirlik değil de, aktif bir hizmet yapacağımı zannediyordum. Göreve başladığım zaman kardiyolog olan arkadaşımız Dr. Tonguç'un projesi üzerinde çalışıyordu. Diğer ikisi ise şube müdürlerinin yapması gereken işleri yapmakla görevlendirilmişlerdi. Daireden çıkacak yazıları yazıyorlardı. Adeta bir başkan yardımcısına bağlı birimin katipliğini yapıyorlardı. Başkanımız bu işi yapmak üzere beni askerî hekimlikten emekli başkan yardımcısına bağladı.

Başkanımızı öğrencilik yıllarından tanırdım. Bizden bir sınıf geri idi. Kadırga Yurdu'nda beraber olmuştuk. Çekingen, içine dönük bir kimliği vardı. Pratisyendi. Hastane ve hastanecilikle ilgisi olmadığı için bu konular hakkında bilgisi ve deneyimi yoktu. Oturduğu makamda, tanıdığı bir yönetim kurulu üyesi sayesinde kaldığı söyleniyordu. Emsali gibi o da kendisini aşan kimseyi etrafında görmek istemiyordu. Daima yerinden olacağı endişesi ile tedirgindi. Reform, organizasyon gibi ciddi çalışmalarla ilgisi yoktu. Onun için Dr. Tonguç projesini gerçekleştirme olanağı bulamadı.

Dr. Tonguç sonuç alamayacağını anlayınca, çareyi projesini unutmakta buldu. Genel müdür insanları siyasi kanaatlerine göre değerlendirenlerden olduğu için Tonguç'u pasifize etmişti. Kendisinin sağlık konuları hakkında bir fikri ve bilgisi olmadığı için hastane başhekimleri Sağlık Daire Başkanı'nın, içlerinden bazıları da genel müdürün üstüne çıkmıştı. Bir tanesi kurumun sağlık hizmetlerinde en yetkili olmuştu. Her hükümet değişikliğinde Ankara'ya gelir, SSK Genel Müdürlüğü'nde Sağlık Bakanlığı'na Müsteşarlık teklifi aldığını, Sağlık Bakanlığı'na da SSK Genel Müdürlüğü görevi verileceğini yayardı. Fakat bu hevesine bir türlü nail olamadı.

Bu durum SSK Hastanelerinde büyük yanlışlıklara yolaçıyordu. Kendi kuruluş amacı dışında hizmet üstlenen her kurumun başına gelecek olan SSK'nın da başına gelmişti. Çünkü bir kurumun kendi alanı dışında kalan hizmetleri yönetmesi, denetlemesi ve yönlendirmesi olanağı yoktur. Bunlar eninde sonunda dejenere olacaklardır.

Görevimi kısa zamanda öğrendim. Ben de, diğerleri gibi, müşavir unvanlı katip olacaktım. Yazılacak yazının müsveddesini yapıyorduk. Bu müsvedde 5 nüsha olarak daktilo ediliyordu. Önce tek bir harf hatasını bile elle düzeltmek yasaktı. Onun için ufak, büyük daktilo hataları düzeltilir, yazı yeniden yazılmaya gönderilirdi. Ondan sonra ilgili daire başkan yardımcısının parafına giderdi. Kendi kafalarındaki şablona uymayan bir ifade varsa düzeltir, geri gönderirlerdi. Yazıların çoğu bu aşamadan bir kerede geçmezdi. Çünkü Yeni Cami'nin ibrikçibaşının yaptığını yapıyorlardı. Fıkrayı bilenen hatırlaması, bilmeyenin öğrenmesi için naklediyorum. Adamın birisini Yeni Cami'ye ibrikçibaşı yapmışlar. Abdest almak için kullanılan sıralanmış ibriklerin başına oturmuş. Her ibrik alana aldığını bıraktırır, "Onu değil, şunu al" diyerek başkasını gösterirmiş. "Niçin bunu değil de öbürünü alacağım?" diye sorana, "Sen istediğini alacaksan, benim burda ne işim var" demiş. Yazının başkan yardımcısından dönmemesi için yazının başlangıcındaki açıklamanın "muvacehesinde" kelimesi ile bitmesi, yapılması istenen hususun arkasına "teminen" kelimesinin getirilmesi gerekiyordu. Bunlar olmayınca yazılar geri dönerdi. Bu yüzden bir nüshası gönderilmek üzere iki nüsha yazılması gereken bir yazı için ortalama 12 kâğıt kullanılırdı.

Göğüs hastalıkları uzmanı arkadaşımız bürokratik deneyimi olmadığı için yazıları yazmakta güçlük çeker, zaman zaman müsveddeyi benim yapmamı isterdi. Ben de "muvacehesinde" ve "teminen" kelimelerini kullanmadan müsveddeyi yapar verirdim. Yazıyı eline alır bu kelimeleri yerleştirmeye uğraşırdı. Ben de kendisine "Sen önce kâğıdın uygun yerlerine "muvacehesinde" ve "teminen" kelimelerini yerleştir, ben aralarını doldururum" derdim.

Daha önce bizim gibi müşavirlik yapmış bir doktor arkadaşımız bu görevi gayet güzel tanımlamış. "Biz," dermiş, "Üç önemli görev yapıyoruz: Müsevvitlik, müsahhihlik, mübeyyizlik" (müsvedde yapma, düzeltme yapma, temize çekme). Müşavirliği de aslında bu işleri yapması gerekenler yapıyordu.

Muavinlerin yazı beğenmeme alışkanlıkları insanı çileden

çıkaracak boyutlara geliyordu. Ben ayrıldıktan sonra müşavirlerden Dr. Hüsnü Bey ağabeyimiz, günün birinde, yazının beraberinde gidip gelen içi dolu klasörü "al daha iyisini kendin yaz," diyerek muavinin kafasına indirmiş ve daireyi terk etmiş.

SSK hastanelerle uğraşacağına sadece sosyal güvenlikle uğraşsa idi, şimdiye kadar toplumun bütün kesimleri sosyal güvenliğe kavuşmuş olurdu. Yanlışlığın neresinden dönülse kârdır. Ama Sağlık Bakanlığı sağlık sigortacılığını üstlenmeye gidiyor. Bu demektir ki SSK hastane işletmeciliğine, Sağlık Bakanlığı da sigortacılığa devam edecektir. Kurumun yaptığı işten memnun olduğunun delili, ileriye yönelik hastane tesisi için hazırladığı projelerden bellidir. Nitekim ben göreve başladığım zaman 2000'li yıllarda gerçekleştirilmek üzere Etlik'te 5 bin yataklı bir hastane kompleksi kurulması planlanmış, genel kuruldan geçirilmiş, projeleri üzerinde çalışılıyordu. Bazı hususların görüşülmesi için ilgili daire, bizim daireden bir uzman hekim gönderilmesini istemişti. Ben görevlendirildim.

Bu çapta bir hastanenin yönetimi mümkün değildi. Branşlara göre ayrı birimler halinde çalıştırılacak olursa hizmetin entegrasyon sorunları ortaya çıkacaktı. Binlerce personelin iş saatlerinde hastaneye ulaşması, on binlerce hasta ve ziyaretçisinin gelip gitmesi söz konusu idi. Bu yoğunlukta bir trafiği kaldıracak yol sorunu nasıl çözülecekti? Mimari projeye göre ana bina her birisi on katlı üç ayrı blok şeklinde olacaktı. Bu üç bölümün birbiri ile yatay bağlantısı sadece zemin katta vardı. Diğer katlarda binaların birbiri ile bağlantısı yoktu. Böylece bir hastanede bulunması gerekli hizmet bütünlüğü yok edilmişti.

Benim itirazlarıma karşılık projenin mimarları genel kuruldan geçtiği için değişiklik yapılmasının mümkün olmadığını söylüyorlardı. Bu durumda toplantı tutanağı ve hazırlanacak rapora muhalefetimi yazarak imzalayabileceğimi söyledim. Onu da kabul etmediler. "Toplantı yapılmamış olsun, siz yeni bir komisyon kurun" diyerek oradan ayrıldım. Bu olay küçük gerçeklerin büyük hayallere feda edilişinin bir örneğidir. Aradan geçen yıllar içerisinde, sağduyu sahiplerinin bu çelişkiyi görmüş olduğunu umarım.

SSK'nın sağlık hizmetlerinde yanlış bir değildi ki. Fizik tedavi servislerinde çalışan personel iyonizan ışınlara maruz kaldıkları gerekçesi ile, röntgen ve radyumla çalışanlara verilen hakları almışlardı. Bu akıl almaz uygulama yüzünden günlük mesaileri beş saatle sınırlı idi. Hastane personelinin işçi statüsünde olmasının yarattığı başka gariplikler de anlatılıyordu: Başhekimi döven hademeye toplu sözleşme gereği sadece kınama cezası verilebilmiş. Sendika toplu sözleşmeye personele, görevi dışında başka iş verilemeyeceği hükmünü koydurduğu için bir iki saatlik işlerde bile ayrı personel çalıştırılıyordu. Sağlık Bakanlığı hastanelerinde ortalama her hastaya bir personel düşerken, SSK hastanelerinde bir hastaya iki personel düşüyordu. Buna rağmen hizmet daha da kötü idi.

Bazı hastanelerde çalışan hekimlerin pervasızlığı akıl almaz derecelere varmıştı. Yurtdışından gelenler başta olmak üzere her isteyen işçiye haftası 3 bin liradan istediği kadar istirahat raporu veriliyordu. Bunu disiplin altına almak için, hastanelerden her ay, verilen raporlarla ilgili cetveller getirtilmeye başlanmıştı. Bu cetvelleri ben takip edip, değerlendiriyordum.

SSK Çorum Hastanesi tarafından Almanya'dan izinli gelen işçilere verilen raporların tamamı üroloji uzmanına aitti. Hepsinde teşhis "orşi-epididimit" idi. Bu, testisin üzerinde, epididim denen bölümün iltihabı demektir. Diğer illerden gelen listelerde böyle bir teşhis yoktu. Bir uyarı olur düşüncesi ile bu durumu belirterek, yurtdışından gelen işçilerin her ay 20-30 tanesinde orşi-epididimit olmasının nedeni hususunda bilgi istedik. Üroloğun verdiği cevap son derece küstahca idi. Yaptıklarının şimdiye kadar farkına varılmadığı için, her şeyi yutturabileceklerine inanmışlardı. Tabiî karşılığını aldı. Ondan sonra Çorum'dan bu tür rapor gelmedi. Ayrıldığım için bilmiyorum. Muhtemelen ertesi sene başka bir teşhis bulmuşlardır.

Açık şekilde yakıştırma olduğu anlaşılan raporların geldiği yerlerden biri de İzmit SSK Hastanesi idi. Buradan yurtdışından gelen işçilere verilen istirahat raporlarının tamamı fizik tedavi uzmanı tarafından düzenlenmişti. Bunun nedenini sorduk. Gelen cevaptan ne demek istediğimizin anlaşıldığı belli oluyordu. O sene fizik tedavi bölümünden bir daha rapor düzenlenmedi.

Bu olaylar o kadar doğal hale gelmişti ki, gizliliği kapaklılığı kalmamıştı. SSK'nın Orta Anadolu'daki hastanelerinden birisinde çalışan genç bir hanım meslektaşımız para karşılığı işçilere istirahat raporu veriyor diye şikâyet edilmiş. İncelemeyi yapan müfettişin sorduğu suale "Bunda ne var ki. Herkes alıyor, ben de alıyorum" diyerek hayretini belirtmiş. Doğal olmasa hastalardan fakültede hocası, ihtisasta şefi, çalıştığı yerde arkadaşları bu tür para alırlar mıydı?

SSK'nın Taşınmaz Mal Merakı

Kurumun sağlık tesisi kurmayı planladığı yerlerde uygun arsa seçimini yapmak veya kuruma taşınmaz mal satma önerilerini yerinde değerlendirmek için oluşturulan heyete sağlık dairesinden ben katılıyordum. Sonradan anladığım kadarı ile o zamanın Sosyal Güvenlik Bakanı Hilmi İşgüzar'ın mahkûmiyeti ile sonuçlanan olayların son dönemine tanık olmuştum.

İlk olarak Rize Çayeli'nde yapılacak dispanserin arsasına yerinde karar vermek için Çayeli'ne gittik. Bu konu kurumda sorun olmuştu. Daha önce iki kere gündeme gelmiş, her seferinde de ilçenin sanayi tesislerinin bulunduğu yere yakın, ulaşımı kolay bir arsa tercih edilmiş. Belediye reisi ise buna karşı çıkmış. Dispanserin, kasabanın doğusunda, uzak, yolu olmayan dağlık arazide yapılmasını öneriyordu. Bunda bir hesap olduğu kesindi, bu hesap kişi lehine mi, kamu lehine mi yapılıyordu, bilemezdik. Ama reisin istediği olsa hastaların gidip gelmelerinin çok zor olacağını biliyorduk. Buna benzer bir olayı Kars'ta yaşadık. Yapılması öngörülen hastane için önerilen yer şehirden uzakta, Allah'ın yazısındaki bir tarla idi. Her işte olduğu gibi bunda da bazılarının çıkar hesapları vardı. Heyet olarak reddettik.

Bir de kuruma satılmak istenen taşınmazları yerinde görerek yapılan değerlendirme çalışmaları vardı. Bunun için kurulan heyete dahil edildim. Yapacağımız iş bana anlamsız geliyordu.

Normal olarak kurumun bir yatırım planının olması gerekirdi. Önerilen taşınmazlar, plana göre değerlendirilerek bir ön seçime tâbi tutulabilirlerdi. Normali bu iken kurumun önüne gelenin satmak istediği bina ve arsaları nasıl değerlendiririm diye yersiz bir çabaya girmesi anlaşılabilir bir iş değildi. Bunların heyetle gidilip tek tek yerlerinde incelenmesi boşuna zaman ve para israfı idi. Doğal olarak kuşku uyandırıyordu.

Heyetle ilk görevimde İstanbul'a gitmiştik. Batıda Merter Çiftliği'nden başladık, Anadolu yakasında Polonezköy'den çıktık. Teklif edilenler arasında başlanmış, bitirilememiş oteller, ticari amaçla yapılmış ama kötü ve kullanışsız inşa edildiği için satılamamış apartmanlar, değerlendirilememiş işhanları vardı. Önerilen otellerden birisi de Polonezköy'de idi. Huzurevi olarak kullanılabileceği gerekçesi ile kuruma satılmak isteniyordu. Bina bitmişti, sadece üç dört odada üstlerinde kirli ve dağınık şilte ve yorgan bulunan birer karyola vardı. O gün dolaşmaya sabahtan başladığımız için iyice yorulmuştuk. Biraz dinlenmek ve varsa soğuk bir şey içmek için önümüze ilk gelen evin avlusundan içeri girdik. Bizi, önünde cepli küçük bir önlük bulunan şıpıdık terlikli tombulca bir hanım karşıladı. Genelev patronu olduğu her halinden belli idi.

"Galiba oteli görmek için geldiniz" dedi. "Evet" cevabımız üzerine devam etti: "Hiç tereddüt etmeden alın. Hafta sonları odalarımız yetmiyor. Oteldeki odaları kullanıyoruz. Size de yardımcı oluruz, iyi para kazanırsınız."

Heyette Genel Müdürlüğün İnşaat Dairesi Başkanı da vardı. Milli basketçilerdendi. Ağırbaşlı, efendi bir insandı. Yüksek mühendisti. Konuşma ve davranışlarından kendime yakın bulmuş olmalıyım ki görevin sonunda ona açıldım. Kurumun taşınmaz mal spekülatörü gibi arsa ve bina peşinde koşmasını yakışıksız bulduğumu, gördüğümüz yerlerin satın alınması istikametinde verilecek hiçbir karara katılmayacağımı söyledim. O da aynı görüşte olduğunu bildirdi ve geçmiş bir olayı anlattı.

"Bizim heyet olarak alımını uygun görmediğimiz taşınmazların alınması için yönetim kurulundan kararlar çıktı. Bunlardan birisi ilaç fabrikasıdır. Fabrikanın halihazır durumu yetersizdi. Arsası genişlemeye müsait değildi. Heyet olarak işimize yaramayacağına karar verdik. Buna rağmen yönetim kurulundan alınması istikametinde karar çıktı. Heyetten bedel takdiri istendi. 90 milyon lira değer biçildi. 120 milyona aldılar. Buna benzer birçok şeye karşı çıktım. Görevden alınmam yakındır."

Gerçekten de birkaç ay sonra görevinden alındı.

Benim katıldığım heyetlerin hiçbirisinde alıcı olma yönünde bir eğilim olmadı. Tartışmasız bütün önerilen taşınmazların alınmasına gerek olmadığına karar veriyorduk. Bir süre sonra Bakanlık'tan hiçbir taşınmaz alınmaması için emir geldiği söyleniyordu.* Demek ki ilgililer kokusunun çıkmaya başladığını hissetmişlerdi.

Kurumda benim bulunduğum dönemde enteresan tipler vardı. Başka bir Bakanlık'tan naklen gelen genel müdür yardımcısı metresini de beraber getirmişti. Hanımefendi önemli bir şubenin müdürü idi. Bir görev için İzmir'e gitmiştik. Onlar da vardı. Hanımefendi misafirhanede genel müdür yardımcısını yüksek sesle ismi ile çağırarak emirler veriyordu. Kim olduğunu orada öğrenmiştim. Dr. Tonguç bu hanımı görevinden almak için çok uğraştı ama başaramadı.

"İhtiyaç Fazlası" Cihazlar

O tarihler devletin, en yetkilisinin ifadesi ile "beş sente muhtaç olunduğu" dönemdi. Piyasada hastanelerin ihtiyacı olduğu alet ve cihazlar bulunmuyordu. Sayın Tonguç beni, yine Sağlık Dairesi'nden malzeme işlerine bakan eczacı hanımı ve bakım onarımla ilgili birimden yurt dışında biyo-mühendislik üzerine staj görmüş bir fizikçiyi, hastanelerin ihtiyaçlarını ve ihtiyaç fazlaları alet ve cihazları tespit etmek üzere görevlendirdi. Fazlalıklar ihtiyaç yerlerine kaydırılacaktı. Sadece Ankara, İstanbul ve İzmir hastanelerinde 800'ü aşkın kullanılmayan veya ihtiyaç fazlası alet ve cihaz saptadık. İçlerinde hiç kullanılmadan bir kenara atılmış olanlar vardı. Bir uzman için alınmış, o zaman

---

(*) O zaman Bakan Hilmi İşgüzar'dı. Yolsuzluklardan mahkûm oldu.

gittikten sonra yenisi bulunamadığı için kullanım dışı kalmışlar da vardı. Hiçbirisinin olduğu yerden alınıp da ihtiyaç olan yere aktarılması mümkün olmadı. Bunları bizzat yapması gereken dairenin başkanı sadece uzaktan seyirle yetiniyordu.

Bu çalışmaları yaparken daha başka şeyler de dikkatimi çekiyordu. Büyük, küçük bütün hastanelerin laboratuvarlarına bedeli doksan-yüz bin lira* olan çok hassas elektronik teraziler alınmıştı. Rutin laboratuvarlarında bu ihtiyacın hassas mekanik terazilerle karşılanması mümkündü. Elektronik terazilerin sarsıntıya hassas oldukları için özel yapılmış sağlam beton yerlere yerleştirilmesi gerektiğini biyo-mühendislik görevi yapan arkadaşımız söylüyordu. Birçoğu bu yüzden bir kısmı da arızalandığı için hizmet dışı kalmıştı!

O tarihlerde enerji tasarrufu için programlı elektrik kesintileri yapılıyordu. Sabahtan kesinti yapılan yerlerde ameliyatları öğleden sonraki çalışma döneminde yapmak mümkünken, jeneratör yok diye yapmıyorlardı.

Laboratuvarlara sabit ışık kaynaklı mikroskoplar alınmıştı. Elektrik kesintilerinde mikroskopla yapılan çalışmalar duruyordu. Bu çalışmaların kesintinin olmadığı mesait saatlerine alınması mümkünken alınmıyordu. Birçoğunun elinde ayrıca elektrikli ışık kaynağı yerine kutusundaki gün ışığının yansıtılmasını sağlayan aynayı takarak kullanılacak mikroskoplar vardı. Böyle bir imkânı bilmediklerini söylüyorlardı. Sürekli mikroskopla çalışan bir uzmanın bunu bilmemesi mümkün değildi. Bütün bu olanların altında her fırsattan yararlanarak zamanı para kazanmak için kullanma isteği yatıyordu. Ne yazık ki SSK'nın yapısı ve kadrosu bunları görüp hizmete işlerlik kazandırmaya uygun değildi. Olanların farkına varılmadığı için görevin sorumluluğunu taşıyan Sağlık Dairesi'nin başına işlerden anlayan birini getirerek ve daireyi bu hizmette etkili kılacak şekilde organize ederek sağlık hizmetlerini iyileştirmek, ekonomik ve verimli çalıştırmak kimsenin aklına gelmiyordu. Onun için Sağlık Dairesi sağlık yönetiminden habersiz insanla-

---

(*) O tarihlerde bir dolar 15 lira civarında idi.

rın elinde yetkisiz ve etkisiz kalmıştı. Yönetimde aşırı derecede merkeziyetçi bir zihniyet hâkimdi. İşimiz gücümüz lüzumsuz detaylar ve formalitelerle uğraşmaktı. Başmüşavir, birkaç şube başkanı sürekli yazı yazmakla meşguldük. Sağlık Dairesi yazı yazmaktan düşünmeye vakit bulamıyordu. Ciltler dolusu geçici ve daimi genelgeler vardı. Bu, oturmuş bir çalışma ilkesi olmadığının en büyük kanıtıdır. Umarım bugün boşuna dönen çarklar doğru dürüst hizmet üretilmesine çalışmaktadır.

SSK'nın sağlık hizmetlerinin astarı yüzünden pahalıya mal olmaktaydı. Bunu şundan biliyorum. Mardin'e 120 kişilik bir kara yolları işçi grubu gelmişti. Hastaneye yatan hastaları için günlüğü 5 lira olan üçüncü sınıf yatak ücreti ödüyorlardı. O zaman oturdum hesap ettim. Sağlık Bakanlığı hastanelerinde bir hastanın sadece yemek ve ilaç olarak günlük maliyeti ortalama 7-8 lira idi. Bu miktar SSK hastanelerinde 20 lirayı geçiyordu. Onun için SSK ile her gün için 15 lira üzerinden sözleşme yapmak istemiştim. Beni Bakanlığa şikâyet ettiler. Bu hususu Bakanlığa açıklayarak yaptığımı onaylatmıştım.

İsraf kurumun yalnız yataklı tedavi kuruluşlarında değildi ki. Sağlık hizmetlerinin her kademesinde vardı.

Ben Mardin'de iken Diyarbakır SSK teşkilâtında görev yapan Dr. Refik Erer ağabeyimizle yakın ilişkilerim vardı. Fevkalâde dürüst, çalışkan, bilgili, etik ve deontolojik kurallara saygılı bir hekimdi. Onun ısrarı üzerine yukarıda sözünü ettiğim işçi grubunun işyeri doktorluğunu üstlenmiştim. Başıma dert açıldı. Ben bırakmak istedikçe rica ediyor ve ücretime zam yaptırıyordu. Ücret dediğimde 300 liradan başlayıp 500 lirada çıkmıştı. Onun hatırına katlanmak zorunda kalmıştım. Görevi kabul ederken de daha önceki bölümlerde kendinden söz ettiğim eczacı Ömer Şatana ile anlaşmalarını şart koşmuştum.

İşyeri şehirden bir hayli uzaktı. 120 civarındaki işçinin her gün 20-25 tanesi başlarında bir sağlık memuru ile vizite çıkıyordu. Hem temaruz (simülasyon) yapıyorlar, hem de pahalı ilaç isimleri vererek yazmamı istiyorlardı. İstekleri yerine gelmeyince de olay çıkarıyorlardı. Sağlık memuruna sağlam insanları toplayıp vizite getirmemesini, getirdiği takdirde olayı resmiyete koyacağımı bildirdim. Grup daha önce Urfa'da imiş. Oradaki sözleşmeli doktor vizite gelenlere 40-50 liralık ilaç yazarmış, işçi reçeteyi eczaneye bırakır 10 lira alırmış. Üstünü de doktorla eczacı paylaşırmış. Bunları anlattıktan sonra "işçiler alıştılar, burada da aynı şeyi yapmak istiyorlar. Onun için engel olamıyorum" dedi. Olayın altında yatan gerçek neden anlaşılmıştı. Saldırganlıkları isteklerini elde edememekten kaynaklanıyordu. Bunun SSK sağlık hizmetlerinde bir uygulama olduğunu sonradan öğrendim.

SSK'da görev yaptığım sırada daire doktoru 4-5 gün izin almış, yerine bakmamı rica ettiler. Muayene gelenlerin % 90'ını sigortaya tâbi çalışanlar teşkil ediyordu. Bunların da çoğu ellerindeki reçeteyi veya 4-5 ilaç yazılı bir kâğıdı bana uzatır, ev halkından birisinin acilen hastalandığını, mahallesindeki bir doktorun veya polikliniğin o ilaçları verdiğini söyler, işyeri reçetesine geçirmemi isterlerdi. Genelde ilaçların hepsi de pahalı türden ilaçlardı. Onlara "ezbere sadece yumurta pazarlığı olur. Hastayı getir reçeteyi al. Başkasının koyduğu teşhisle ilaç yazamam" derdim. Söylenerek giderlerdi. Giden de gelmezdi. Bir kısmı, başta bel ağrısı olmak üzere, uydurma şikâyetlerle gelirlerdi. Bunları ciddi şekilde muayene eder, reçeteye jenerik ismiyle üç tane aspirin yazardım. Böylece gereksiz tartışmalardan kurtulmuş oluyordum. Bir-iki gün böyle çalıştıktan sonra hemşire bana "Doktor bey, buradan çıkan bana geliyor, sana küfür ediyorlar. Bunlar alışmışlar, siz düzeltemezsiniz. İstediklerini yapın" dedi.

"Sen üzülme hemşire hanım, sabahleyin işe başlarken 'bugün eczane ile başlarken kırışmak için reçete istemeye geleceklerle sahte istirahat raporu istemeye geleceklerin...' diyerek bana küfür edecekleri peşinen münasip şekilde anıyorum. Ödeşiyoruz" dedim.

Gerçekten hasta olarak gelenler de başka bir âlemdi. Yazdığım reçeteyi ellerine alır, şöyle bir incelerler, örneğin antibiyotik yazmışsak, "hani bunun vitamini?" akut anjin için ilaç yazmışsak, "hani bunun pastili?" gibi bilgiç laflar ederlerdi. O zaman da ben reçeteyi geri alır, reçete bloku ile kalemi önlerine uzatırdım.

Hastasının ilacını almakta zorluğa uğrayan insanların birden ücretsiz muayene olup, ücretsiz ilaç alma olanağı doğunca ne olur ne olmaz düşüncesi ile ihtiyatlara sahip olmak arzusuna kapılması doğaldır. Ne yazık ki bazı hekimler ve eczacılar işçinin bu masumane arzusunu kötüye kullanmak suretiyle yolsuzlukların kapısını açmışlardır. Onun için olanlardan işçileri sorumlu tutmak istemiyorum. Bunu belirtmek isterim. Yalnız yukarı kademeler olanların iyi niyet sınırlarını aştığını görmemişlerdi. Görseler ona göre önlemler alırlardı.

Sağlık Bakanlığı'nın "Tepeleri"

Yeni Bakanlıkta

1979 yılında CHP hükümeti düştü. Yeni hükümeti AP Genel Başkanı Sayın Süleyman Demirel kurdu. Hükümet resmen kurulmadan önce ortalarda bakan isimleri dolaşıyordu. Benim Sağlık Bakanlığı'ndan ayrıldığımı bilmeyen bir dostum Dr. Münif İslâmoğlu'nun Sağlık Bakanı olacağını söyledi. Münif Bey'e yakınlığımı bildiği için bana sevineceğim bir haber vermek istemişti. Bir buçuk yıl kadar önce Sağlık Bakanlığı'ndan ayrıldığımı söyledim. "İyi ki ayrılmışım, yoksa beni Ankara'dan sürerdi" dedim.

Sayın İslâmoğlu ile bir süre ailece de görüşmüştük. Bir bakan tarafından yapılan başhekimler toplantısında aramızda görüş ayrılığı olmuştu. Toplantıdan sonra Bakanlığın bahçesinde karşılaştık. Yüzüme bakmadı.

"Münif Bey, selamı da kestik mi?" diye sordum.

"Bana karşı çıkacağını hiç ummazdım. Sana teessüf ederim" dedi ve uzaklaştı. Bu son görüşmemiz olmuştu. Münif Bey sert tabiatlı, zaman zaman kırıcı olabilen bir tipti. Fazla konuşmaz, duygularını belli etmezdi. Sonra senatör seçildi. Bir tatsızlık çıkar endişesi ile kendisi ile temastan kaçınıyordum. Hiç de öyle bir insan olmadığını, yakından tanıdığım zaman gördüm. O sert ve müsamahasız görünümün altında yumuşak bir kalp taşıyordu.

Kabine kuruldu. Gerçekten de Münif Bey Sağlık Bakanı olmuştu. Özel saygı duyduğum Selahattin Kılıç da Bayındırlık Bakanı idi. Onu tebrike gittim. Başıma gelenleri biliyordu. Ayrılırken ne yaptığımı sordu. Sözlerinden uğradığım haksızlığın telafisini düşündüğü anlamını çıkardım. Dönüşte "Ne de olsa eski dostur, Münif Bey'e de uğrayayım" diye düşündüm.

Özel Kalem Müdürü Mukaddes Hanım bakanın bir toplantısı olduğunu, içeriye kimseyi almamalarını emrettiğini söyledi. Zaten pek istekli gelmemiştim. "Toplantı uzun sürebilir, vaktim yok" diyerek gitmek istediğimi bildirdim. "Biraz sonra içeri gireceğim, geldiğinizi söylerim. Birkaç dakika daha bekleyin" dedi.

Kısa bir süre sonra içeri girdi. Hemen geri geldi. Sayın bakanın beni kabul edeceğini söyledi. İçeri girdim. Beni kapıda karşıladı. Kısa bir hal hatır sorulmasından sonra "Şimdi neredesin?" dedi. Söyledim. "Çok önemli toplantım var. Seninle özel konuşmak istiyorum. Akşam sekizde gel" dedi.

Bu kadar yakınlık göstereceğini ummuyordum. Ayrılırken onun da bana yapılan haksızlığı telafi etmek istediğini düşündüm. Muhtemelen eski görevime dönecektim.

Akşam saat sekizde geldiğim zaman, Cengiz Gökçek tarafından görevden alınan birkaç genel müdürün de beklemekte olduğunu gördüm. Muhtemelen görevlerine dönmek isteyeceklerdi. Mukaddes Hanım geldiğimi bakana bildirdi. Ben içeri girerken bekleyen eski genel müdürler de peşimden içeri daldılar. Konuşma afaki konular üzerinde sürüp gidiyordu. Bakanın onların yanında konuyu açmak istemediği anlaşılıyordu. Ben, daha fazla kendilerini meşgul etmemek için izin isteyerek kalktım. Kapıya kadar benimle geldi. Yavaşça ertesi gün için randevu verdi.

O gece bazı tanıdıklar bakanın beni genel müdür yapacağını söyleyerek tebrik etmeye başladılar. Ben böyle bir görev düşünmemiştim. Teklif yapılırsa nazikane bir şekilde reddedebilmek için gerekçeler düşünmeye başladım. Çünkü idarede partizanlığın alıp yürüdüğü bir dönemden geçiyorduk. Bu koşullarda idari görev üstlenmek bana göre değildi. Bunu da açıkça söyleyemezdim.

Randevu saatinde geldim. Bana Personel Genel Müdürlüğü'nü önerdi. "Siz..." diye başladım, "Çok hızlı çalışırsınız, bu görevde size ayak uyduramam" diyecektim. Hızlı düşünen, hızlı karar veren bir insandı. Ne demek istediğimi anlamış olmalı ki sözümü kesti: "Anlaşıldı, anlaşıldı. Tedavi Kurumları Genel Müdürlüğü'nü vereceğim" dedi.

Yıllarca bu görevi hastanelerden yetişmemiş ağabeylerimizin yapmasından yakınmıştım. Bu konularda başhekimken Sayın İslâmoğlu ile de konuşmalarımız olmuştu. Bunu reddedecek mazeretim yoktu. Ayrıca kolayca uyum sağlayabileceğim bir görevdi. Kabul ettim. Ve dedim ki: "Yalnız sizden bir ricam var. Beraber çalışacağım kimseleri kendim seçmek isterim. Benim rızam dışında genel müdürlüğe atama yapılmaması hususunda desteğinize ihtiyacım olacak."

Söz verdi. Bakanlık'ta sıradan bir genel müdürden daha fazla yetkili ve söz sahibi olacağımı söyleyerek bana güvenini belirtti. Para işlerinde çok titizdi. Kendisine yanlış bilgiler verilmesinden çekiniyordu. Bu hususlarda yardımcı olmamı istiyordu. Sonra öğrendim ki içlerinde, hemşehrim ve yakın tanıdıklarımın da bulunduğu birçok kimse CHP yanlısı olduğumu söyleyerek bakanı fikrinden vazgeçirmeye uğraşmışlar, fakat vazgeçirememişlerdi.

Özel sohbetlerde "Bana partizanlık yapıyor diyorlar," beni göstererek, "Bakın bu adamı genel müdür yaptım. Bizim partiye bir kere bile oy verdiğini zannetmiyorum" der, "Öyle değil mi?" diye bana sorardı. ben de sadece gülümserdim. Çünkü doğruyu söylüyordu.

Bana büyük güveni vardı. Bunu sarsmamak için elimden geleni yaptım. Üstlendiğim görevin gereklerinden başka hiçbir şeye itibar etmedim. Münif Bey de bana verdiği sözü tek bir istisnası ile tuttu.

Genel müdürlükte ihtiyacın üstünde personel vardı. Yönetim hayatımda kendi kendime bir kural koymuştum: "Matematikte bir kişi bir işi iki günde yaparsa, aynı işi iki kişi bir günde yapar. Yönetimde bir kişinin iki günde yaptığı işi iki kişi hiç yapmaz."

Onun için ilk işim personel sayısını yeterli düzeye indirmek olmuştu. Fazlalıkları ihtiyaç olan yerlere nakletmeye başlamıştım. İçlerinde AP yandaşı tanınanlar da varmış. Bunlar için AP'li parlamenterler müdahale ediyorlardı. Bakan bana sadece nedenini soruyor, verdiğim cevapla yetiniyordu. Böylece kadroyu ihtiyaç düzeyine indirmiştim.

Günün birisinde bize bir genel müdür yardımcısı tayini geldi. Kararı elime aldım bakana gittim. Söze başlar başlamaz araya girdi: "Sana verdiğim sözü unutmuş değilim. Çok baskı altında kaldım, lütfen kabul et."

Bir müddet sonra yanıltıldığını anladı. Ve yanlışı düzeltti. Anlaşıldığına göre atamayı küçük bir siyasi parti ileri gelenleri yaptırmıştı. Arkadaşın işi gücü o parti çıkarlarına hizmet etmekti. Ben de buna fırsat vermiyordum. Bir işe yarayacak tip de değildi. Sonunu kendi eliyle hazırladı.

Geceleri geç vakitlere kadar çalışmak zorunda kalıyordum. Bir gece çalışırken yanıma geldi. Kastamonu'dan gelmişti. Orada çok sevildiğinden söz etti. Onun için Bakanlık'ta işi olan Kastamonulular devamlı kendisinden yardım istiyorlarmış. Bunları anlattıktan sonra ilave etti:

"Sayın bakana söyleyin beni personel genel müdürü yapsın. Kastamonululara daha yararlı olurum, bakanımız da seçmenlerinin kişisel işleri ile uğraşmaktan kurtulur." Bu sözlerini bakana ileteceğimi, hoş karşılayacağını zannetmediğimi, iyi düşünmesini söyledim. Bu uyarıma rağmen isteğinde ısrar etti. Ben de o gece bu isteğini bakana ilettim. Yüzü birden karardı. Sinirlendiği zaman öyle olurdu:

"Söyle, yarın sabah beni görsün" dedi. Gidiyordum, geri çağırdı, beraber gelmemizi istedi. Sabahleyin beraber gittik. İçeri girince ayağa kalktı.

"Ulan," dedi, "Sen kim oluyorsun da benim seçmenlerimin işlerini yapacaksın?"

Beklemediği bu çıkış karşısında ne diyeceğini şaşırdı. Ağzında birşeyler gevelemeye başladı.

"Efendim söylediklerim yanlış anlaşılmış" diye başladı. Bakan sonunu getirmesine fırsat vermedi. Yakasından tuttu.

"Şimdi de genel müdür yalan söylüyor de de ağzını yırtayım."

Bana döndü.

"Ne diyeyim, bu serseriyi senin başına ben bela ettim" dedi.

Bu olaydan sonra arkadaşımız fazla kalmadı. İstifa ederek ayrıldı. Halim selim, kendi halinde, hiç kimse için kötü bir şey düşünmeyen bir muavin arkadaşımız daha vardı. Giderken onu da ikna etmiş. Ortak bir market açtılar. 7-8 ay sonra iş battı, arkadaşımızın kırk yıllık emeğinin karşılığı olan emekli ikramiyesi de havaya gitti.

Münif Bey ben göreve başlayıncaya kadar bazı değişiklikler yapmıştı. Komünistleri uzaklaştırmış, yerlerine birkaç yakını ile vatanseverliği kendilerinin imtiyazında görenlerin empoze ettikleri birkaç vatanseveri getirmişti. Sayın İslâmoğlu'nun bu ikinci gruba gerçekten inandığını zannetmiyorum. Çünkü birkaç defa bunların başı olan genel müdüre:

"Ülkücüleri kayırdığın söyleniyor, doğru mu?" diye sorduğuna, onun aslı olmadığını söylemesi üzerine: "Böyle bir şey yaparsan karışmam" dediğine şahit olmuştum. Ama yeri geldiği zaman anlatacağım bazı olaylardan da anlaşılacağı üzere nedense AP ileri gelenlerinde ülkücülere göz yumma eğilimi hâkimdi. Müsteşarlığa 27 Mayıs'tan önce İzmir DP il başkanı olan, o nedenle Yassıada'ya götürülen Dr. Enver Şenerdem gelmişti. Enver Bey tümü ile iyi bir insandı. Personel genel müdürü ise Sayın İslâmoğlu'nun parlamentodan arkadaşı Dr. Tarık Ziya Baltan ağabeyimizdi. Sayın Baltan geniş yürekli rahat bir insandı. İşine sıkı sarılan bir tip intibaı vermiyordu. İşler, genelde Milliyetçi Hareket Partisi eğilimli iki muavinin elinde kalmıştı. Bunlardan Sayın İbrahim Mendilci'yi Yenişehir Sağlık Koleji'nden tanıyordum. Kültür derslerinden birisinin öğretmeni idi. Etliye sütlüye karışan bir tip olarak gözükmüyordu. Fakat Bakanlık'ta yanlı görev yapıyordu. Siyasetle ilgisi olmayan görevlileri bile, yerlerine kendi yandaşlarını atamak için hallaç pamuğu gibi savuruyordu. İçlerindeki AP yanlılarını milletvekilleri de kurtaramıyordu. Bakan böyle bir müdahalede naklin niçin yapıldığını sorduğu zaman cevabı hazırdı: "İleri derecede komünist efendim."

Bir gün Bay Mendilci'nin yanında otururken Sayın İslâmoğlu yine böyle birisinin niçin yerinin değiştirildiğini sordu. Ben varım diye olacak, masanın çekmecesini çekti, şöyle bir baktı, çekmeceyi kapadı, "Aşırı solcu efendim" dedi. Bilgisayarı olsa bu kadar çabuk cevap veremezdi. Bu arkadaşımız, yüksele yüksele Başbakanlık Başmüşavirliği'ne kadar gitti. Bir diğeri ben başhekimken Bakanlık'tan uzaklaştırılarak bizim hastaneye gönderilen eczacı idi. O daha mutedil çalışıyordu. Şimdi YÖK'te önemli bir görevi var.

Personel Genel Müdürlüğü'nde çalışan bir memur vardı. Kendisini 1965 yılından beri tanırdım. Siyasetle hiçbir ilgisi yoktu. Bir gün ağlayarak bana geldi. "Mete Tan'ın bakanlığında beni sağcısın diye dövüyorlardı. Şimdi de solcusun diye dövüyorlar" diye yakındı. İş için Personel Genel Müdürlüğü'ne gönderdiğim memurlar gitmek istemiyorlardı. Onları da bahçede kıstırıp hırpalıyorlarmış. Bu, normal yolla uzaklaştıramadıkları memurları yıldırarak uzaklaştırmak için kullandıkları yöntemdi. Zorlama kaba kuvvete dönüşmüştü. Personel genel müdürüne gittim, yardımcılarını çağırmasını rica ettim. Geldiler. Kendilerine duyduklarımı naklettim. Memurlarının bu çirkin hareketlerini önlemelerini rica ettim. Aksi takdirde sorunu bakanla çözeceğimi söyledim. Bu suretle memurlarımıza yapılan saldırılar bitti. Bu defa başka bir oyun başladı.

Bir gün İbrahim Mendilci bana bir liste verdi. Listede bizim memurların bir kısmının isimleri yazılı idi. "Bu ne?" diye sordum. Aşırı solcuların listesi olduğunu söyledi. İnceledim, en solcusu CHP eğilimli idi. İçlerinde AP'den milletvekilliği yapmış olanların çocukları da vardı. Listeyi yırttım, attım.

Bir müddet sonra Bay Mendilci müsteşarın verdiğini söyleyerek elime bir komünistler listesi tutuşturdu. Listede bizim 20 kadar memurun ismi vardı. vardı. Müsteşara gittim. "Bu listeyi Mendilci'ye siz mi verdiniz?" dedim. Aldı, inceledi,

"Hayır" dedi. "Bunlar bizim dairedeki komünistlermiş. Mendilci sizin kendisine verdiğinizi söyledi. Çoğunluğu AP tandanslı. Bunların amaçları böyle bahanelerle Bakanlığı boşaltıp yerlerine ülkücüleri doldurmak. Siz DP'li olarak Yassıada'ya kadar gittiniz. Davul sizin boynunuzda tokmak Hareket Partililerin elinde. Mütemadiyen altınızı oyuyorlar. Bir gün açılan boşluğa düşeceksiniz. Ben hiçbir yandan değilim. Devlet memuriyetinin gereklerini yerine getiren, görevine siyasi görüşünü karıştırmayan herkesle çalışırım. Nitekim en önemli şubemin başındaki arkadaşım ülkücü. Hem de kademelerinde yeri olan birisidir. (Bu arkadaşımız sonradan Boğazlıyan Belediye Başkanı seçildi.) Ama en güvendiğim memurumdur. Bunları bilmenizde sizin açınızdan yarar olduğunu düşündüğüm için size söylüyorum" dedim. Sessiz ve tepkisiz olarak beni dinledi. Hiçbir şey söylemedi. Söylediklerimi bakana aktaracağını düşünüyordum. O benden daha yakındı. Söylediklerimin ne derece doğru olduğunu tahkik imkânı vardı. Onun söylemesi her bakımdan daha inandırıcı olurdu. Gidişatta pek bir değişiklik olmadığına göre belki de işin içinde benim kavrayamadığım bazı nedenler vardı.

Cumhuriyetin kuruluşunda sağlık hizmetleri, çağdaş anlayışa uygun bir şekilde organize edilmişti. Tedavi hizmetleri yerel idarelere bırakılmıştı. Dünya bu sistemi benimserken biz tersine giderek yerel idarelere ait yataklı tedavi hizmetlerini devletleştirmiş, Sağlık Bakanlığı'nın yönetimine vermiştik. Böylece Sağlık Bakanlığı'nın yükü artmış, asli görevinden uzaklaşmaya başlamıştı. Bakanlık buna göre organize olmadığı için ipin ucu elden kaçmıştı. Ben görevi aldığım zaman insan sağlığı adeta bit pazarındaki ticaret metaı haline gelmişti. Sahipliği kime ait olursa olsun, yurt çapında, sağlık tesislerinin denetim ve yönlendirilmesi Sağlık Bakanlığı'nın asli görevi olduğu halde, kuruluş bakımından olduğu kadar, kadrosu bakımından da bu görevini yapacak halde değildi. Bakanlığa ait bütün yataklı, yataksız tesisler işlevlerini büyük ölçüde yitirmişti. Bu durumda başkalarına diyecek bir sözü olması mümkün değildi. Aklı eren, parası olan parayı yurtdışında arar olmuştu. Sokaktaki vatandaş ise mevcuda razı olmak zorunda idi. Ekonomik sıkıntılar ağır bastığı için bu sorunlara çare aramak olanağı da kalmamıştı. Bir yerde yozlaşma başladıktan sonra işin nereye varacağını kestirmek mümkün değildir. Kamu kurum ve kuruluşları imkân buldukça kendileri başlarının çaresine bakmaya başlamıştı. Kimisi hastane açıyor, kimisi kendi bünyesinde teşhis ve tedavi birimleri veya her ikisini birden kuruyordu. Memur zihniyeti iş rekabetini yok ettiği için hizmetin kalitesi de düşüyordu.

Kamu kurum ve kuruluşları, özel polikliniklerine tıbbi teşhis laboratuvarlarını da ilave ediyorlardı. Yüksek mahkemelerimizden birisinde fizik tedavi birimi kurulmuştu. Bunlar akıl almaz kaynak israfıdır. Hepsi de Sağlık Bakanlığı'nın kontrolü dışında çalışmaktadır.

Teftiş Değil, Tertip Kurulu

Yurt çapında, sağlık hizmetlerini denetleyecek Bakanlığın Teftiş Kurulu bu göreve uygun hale getirilememiş, giderek kendi sağlık tesislerini bile denetleyecek niteliklerini de kaybederek bakanların insan harcamasına yardımcı bir organ haline gelmişti. Ben Bakanlık'tayken teftiş kadrosu, hapishane müdürlüğünden gelen veya sağlık memuru olarak yıllarca çalışmış ve çalışırken bir yüksek okul bitirmiş elemanlardan ibaretti. Hiçbir mesleği ve meslek mensubunu küçümsemek istemiyorum. Her taş yerinde ağırdır. Ancak bilim ve teknolojiye dayalı hizmetlerin çağdaş anlamda denetimi, ki bu denetim özetle personeli yerinde eğitmeye yönelik olan denetimdir, ancak o hizmetin yetişmiş ve deneyimli uzmanları tarafından yapılabilir. Bundan başkası kusur aramaktan öteye geçen bir denetim olamaz. Bir hastane laboratuvarı ihtiyaca yeterli midir? Hizmete karşılayacak şekilde donatılmış mıdır? Yeterli ve uygun personeli var mıdır? Potansiyel kapasitesi ve mevcut olanakları yeterli ve verimli kullanılabliliyor mu? Yeterli ve verimli değilse nasıl iyileştirilir? Bu suallere cevap aranması gerekirken, bizim müfettişlerimiz laboratuvarda kullanılan kayıt defterlerinin sayfaları numaralanmış ve imzalanıp mühürlenmiş mi, ona bakarlar, bunlar yapılmamışsa tenkit olarak raporlarına yazarlardı. Bir görevleri de görevlilerde kusur ve suç arayarak cezalandırılmalarını istemekti. Suçlu aramaktan polis hafiyesine dönmüş müfettişler işi suç ve suçlu icadına kadar götürmüşlerdi. Nitekim mahkemeye verdirdikleri zanlıların hüküm giydiğini ne gördüm, ne de duydum. İçlerinde öyle çapsızlar vardı ki denetime gittikleri birimlerin amirlerini, kapıdan girer girmez "seni açığa alırım ha..." diye tehdit ederek aşağılık komplekslerini tatmine çalışırlardı. Bunu en çok yaptığı söylenen müfettişi sağlık memurluğu yaptığı yıllardan tanırdım. Sağlık memuru olmak ayıp değildir. Ayıp olan kişinin sahip olduğu meslek ve mevkiinin gerektirdiği, moral ve kültür seviyesine erişmemiş olmasıdır. Bu arkadaşımızın günlük gazete okuyucusu düzeyinde bile genel kültürü yoktu. Sağlık memurlarını teftiş edecek kadar meslek bilgisinden de yoksundu. Müşavir başmüfettiş gibi yüksek unvanlar kazanmış olan bu arkadaşımız bir gün bana Ankara Doğumevi'nin müdürü için "Namussuzun teki" dedi. Bunu bile bile niçin gerekeni yapmadıklarını sordum. Hırsızlığı, yolsuzluğu olmadığını, komünist olduğunu söyledi. Nereden bildiğimi sordum. "Allah'ı inkâr ediyormuş" dedi. Kendi memleketinde Yezidi'ler vardı. "Desene," dedim, "Senin memleketin komünist dolu. Eğer senin gibi düşünmeyen, senin inancında olmayan insanları engizisyon döneminde olduğu gibi ateşe atmaya kalkarsan, bir gün de seni ateşe atarlar."

Ne demek istediğimi anlayabildiğini zannetmiyorum.

Cengiz Gökçek tarafından göreve getirilen Teftiş Kurulu Başkanı başta olmak üzere, kurulu teşkil edenlere bir görev verilmek istense ancak hastanelere idare müdürü veya sağlık müdürlüklerine istatistik şube müdürü yapılabilirlerdi. Sağlıkla ilgili herhangi bir görev almalarına eğitimleri ve formasyonları uygun değildi. Tek hünerleri istediklerini kuyudan çıkarmak, istediklerini kuyuya atmaktı. Onun için bazı bakanlar tarafından devamlı kabul görmüşlerdir. Hiçbir bakan da sağlık hizmetlerine yaraşır bir teftiş sistemi kurmayı düşünmemiştir. Görevde kaldığım sürece teftiş kurulunun mevcut kadrosu ile idari denetimden başkasını yapması mümkün olmadığından yetkisinin bu alanla sınırlandırılması için çok çaba gösterdim. Sadece düşman kazandım. 12 Eylül dönemi bakanlarından Kaya Kılıçturgay göreve gelirken, yakınlarına bu çelişkiye son vereceğini söylediği halde, bir senenin sonunda "Neleri var, her dediğimi yapıyorlar" diyebilmişti. Halbuki kendisi bakanlığa yakışır ve örnek olacak denetimler yaptırmıştı. Bunlardan birisi özel kan bankalarının iyileştirilmesi için yapılan girişimdir. Bu konu ileride ele alınacaktır.

Gazetelerde Gemlik Körfezi'nin kirliliği ile ilgili haberler çıkıyordu. Haberin birisinde Kaya Kılıçturgay'ı, kirliliğin yoğun olduğu yerde denizin içinde gösteren bir de resim vardı. Bunun üzerine benimle Sağlık İşleri Genel Müdürü arkadaşımızı buradaki çevre kirliliği ve sağlık hizmetlerinin denetimine görevlendirdi. Raporun koruyucu tababetle ilgili bölümünü diğer genel müdür yazdı, hastanelerle ilgili bölümünü ben yazdım. Bakanın çok hoşuna gitti. Genel müdürleri toplayarak okuttu. Sonunda da "teftiş böyle olur" dedi. Bu laf üzerine orada hazır olan Teftiş Kurulu başkanının kasılmış çene kasları dışarıdan görülüyordu. Ankara'daki hastaneleri bana denetletti. Ama sonra bile müfettişlerin dediklerini yapmasını yeterli bulur hale geldi.

Teftiş Kurulu'nun yetersizliği bir yana, başkanları usulsüzlüklere karışmıştı. Bakanlığa yeni geldiğim günlerde Sayın İslâmoğlu Teftiş Kurulu başkanı hakkındaki şikâyetleri incelemek üzere bir bir heyet kurdu. Bu heyette ben de vardım. Haydarpaşa Numune Hastanesi'nin döner sermaye muhasibi ve veznedarı zimmet suçundan ikişer sene hapis cezası almışlar, bir süre yattıktan sonra aftan yararlanarak çıkmışlar. Çıkınca da Bakanlık'tan görevlerine iadelerini istemişler. Devlet Personel Yasası'nda, yüz kızartıcı suçlardan mahkûm olanların affedilseler bile devlet memuriyetine alınamayacaklarına dair hüküm vardır. Memur olma özelliği olmayan bir kimsenin eski görevine iadesi de söz konusu olamaz. Nitekim Bakanlık Hukuk Müşavirliği bu hükme dayanarak isteğe olumsuz mütalaa vermiş. Bunun üzerine Maliye Bakanlığı'ndan görüş istenmiş. Oradan da aynı yönde cevap gelmiş. Bakanlık da bunların behemahal görev almalarından yana birisi olmalı ki sonunda uygun görüş verecek merciyi bulmuşlar. Böyle bir yetkisi ve görevi olmayan Teftiş Kurulu'ndan görüş istenmiş ve olumlu cevap alınarak iki tescilli hırsızın eski görevlerine atamaları yapılmış. Bunun için Teftiş Kurulu başkanına rüşvet olarak bir araba verildiği suçlaması vardı. Kurul olarak bay başkanın görevini kötüye kullandığı sonucuna varıldı. Rüşvet iddiasının elle tutulur gözle görülür bir kanıtı olmadığı için üzerinde durulmadı. Ortada bir gerçek vardı. Heyetin diğer iki üyesi hekim olarak ondan çok maaş aldıkları ve yıllardır lojmanda oturdukları halde araba alamamışlardı. O ise yıllarca sağlık memuru ve Bakanlık'ta sıradan bir görevli olarak çalışmıştı.

Düzenlenen denetim raporu üzerine bay başkan görevden alındı. Danıştay kararı ile yine görevine iade edildi. Bu sonuçta, bakanlık adına savunma verenlerin yardımları olduğuna eminim. Sayın İslâmoğlu da bilmediğim bir nedenle bunu kabullendi. Bay başkan o dönemde milliyetçiliği ve vatanseverliği kendi inhisarında gören bir siyasi görüşten yana gözüküyordu. Gözüküyordu diyorum, çünkü Cengiz Gökçek zamanında solcular, Mete Tan zamanında da sağcılar müfettiş raporları ile sağa sola sürülmüşlerdi.

Bizans Oyunları

Münif İslâmoğlu Bakanlık'tan ayrıldıktan sonra bay başkan intikam peşine düştü. Başarılı da oldu. Bu hususta 12 Eylül'ü takiben bakan olan General Dr. Necmi Ayanoğlu'nun acemiliğinden yararlanmıştı. Kendisi hakkında soruşturma yapan komisyonun üyelerinden Dr. Hasan Çeçen'i Verem Savaş Haftası dolayısı ile çıkarılan posta pullarındaki hatadan dolayı yeniden basılmaları için ödenen bir milyon liranın hesabından sorumlu çıkardılar. İkinci üye Müsteşar Yardımcısı Dr. Nedim Coşkun'a, bir yakınını hakkı olmadığı bir yere tayin ettirmek suçu(!) yüklenmek istendi. Bakan sürekli işlenerek Dr. Coşkun aleyhine kışkırtıldı. O da ayrılmak zorunda kaldı. Bana da bir kulp buldu. Göreve geldiğim zaman bütçe yılının son ayları idi. Hastanelerde yiyecek ve ilaç parası bitmiş, piyasaya borçlanmaya başlamışlardı. Onun için ek bütçe istemiştik. Adet olduğu üzere ek bütçe Meclis'ten mali yılın son günü çıktı. Bunu bildiğimiz için önceden hazırlıklarımızı yapmıştık. İstekler hastanelerin yatak adedini dikkate alarak değerlendirilmiş, gönderilecek paralar için bir liste hazırlanmıştı. Bazı iller için gönderilecek para miktarları ile ilgili emirler vardı. Bunlardan Mersin Devlet Hastanesi'ne 20 milyon lira gönderilmesi için müsteşar emir vermişti. Oraya bizim tahsisten 10 milyon lira düşmüştü. Bütçe yılının son gününün gecesi paraları yıldırım telgraflarla illere gönderdik.

Bakanlığa, Mersin Hastanesi'nde bir alım dolayısı ile yapılan yolsuzluk hakkında bir şikâyet gelmiş. Güya hayali bir firmadan bir cihaz alınmış gibi gösterilerek parası yenmiş. Ben de Mersin'e para gönderdiğim için suça iştirakten bakan onayı ile sorgulandım. Değil Türkiye'de, dünyada bile emsali görülmemiş derecede zırva bir suçlama idi. Maksat bana güç gösterisi yapmaktı. Neticede bu işle görevlendirilen müfettişler heyeti, zurnaya kılıf bulamadı. Olayın faili olan zanlılar da sonunda mahkemede beraat ettiler. Bunlardan hekim olan arkadaşımız CHP hükümeti zamanında müsteşar muavinliği yapmıştı. Mersin Devlet Hastanesi'ne 20 milyon gönderilmesi için emir verdiren de o idi. Sonra Doğru Yol Partisi'nden aday oldu. Tekrar müsteşar yardımcılığına geldi. Kendisini hırsızlıkla suçlayan adamla birlikte görev yapmayı içine sindirdi. Bir süre birlikte çalıştılar. Çok konuşmayı bilen, fakat iş yapmayı beceremeyen tiplerden birisi idi. Zelzeleden sonra görevli olarak gittiği Erzincan'da, valiyi suçlayıcı bir beyanat verdi. Fakat bu defa kafayı kayaya vurdu. Vali Recep Yazıcıoğlu gibi birisine çatmıştı.

Bakanlık'tan ayrılmaya karar verdiğim zaman Bakan Kılıçturgay beni vazgeçirmek istedi. Kalmam için son defa personel genel müdürü sınıf arkadaşım Dr. Abdurrahman Koçer ile haber gönderdi. Dr. Koçer'e "Kaya Bey'in göreve gelirken Teftiş Kurulu başkanını uzaklaştırmak kararında olduğunu sen söylemiştin. Bu adam hâlâ yerinde oturuyor. Bakan sözünü tutarsa kalırım, yoksa gideceğim" dedim.

"Nesi var, ne dersem yapıyor" dediğini söyledi. Ben de "Öyle ise gidiyorum" dedim. Zalime kılıç görevi yapan bir adamla bir arada görev yapamazdım.

Gayem kişilerle uğraşmak değildir. Hizmete uygun olmayan bir sistem ve ehliyetsiz, liyakatsız kişilerle hizmetin yönlendirilmesinin mümkün olmadığı kanısında idim. Ve iyiden iyiye çağdışı denetimden şikâyetçi idim. Başını değiştirmeden denetime işlerlik kazandırmak mümkün değildi. Nitekim daha önce Bakan Ayanoğlu'nun emri ile bir hastane denetim kılavuzu hazırlamıştık. Uygulamadılar.

Yapabildiğim tek şey maksatlı denetim sonuçlarının uygulanmaması için girişimlerde bulunmaktan ibaretti. Haksız suçlanan memurlarım için gerekçeler göstererek yazı yazıyor ve haksızlıkları önlüyorum. Bu yüzden Kaya Kılıçturgay bir gün bana "Senin maiyetindekileri korumanı, kollamanı takdir ve gıpta ile izliyorum" demişti. Bakanlık'tan ayrılmamın bir nedeni de bu sözdür. Çünkü amirin memurlarını haksızlıklardan korumasını üstün bir nitelik olarak gören insanda birşeyler noksan demektir. Bu tiplerle çalışmak risklidir. Kendilerini kurtarmak için başkalarını kolayca ateşe atarlar. Bu düşüncemde ne kadar haklı olduğum da sonraki gelişmelerle ortaya çıkmıştır.

Genel müdürlük döner sermayesinden, hastanelerin ihtiyaçları için narkoz cihazları ihalesi açmıştık. Şartnameye konan bir hükme dayanarak, cihazların kalitesi ve kullanışları bakımından en iyisinin seçimini yapması için Numune Hastanesi Narkoz Şefi Dr. Bekir Mutlu'yu teknik üye olarak komisyona almıştık. İhaleye iki firma katılmıştı. Bekir Mutlu en fazla fiyat veren firmanın cihazını seçti. Kendisine bu seçim için sağlam gerekçeleri olması gerektiğini, pahalısını aldırdığı için şikâyet edilebileceğini söyledim. Tercihinin doğru olduğunda ısrar etti. Biz de onun kararına uyduk. Pazarlıkla fiyatta biraz daha indirim sağladık. İhaleyi onay için Sayıştay'a gönderdik. Diğer firma haksızlık yapıldığı iddiası ile Sayıştay'a başvurmuş. Bizden açıklama istendi. Gönderdik. İhale onaylandı. Bu firma ödeme aşamasında da Maliye Bakanlığı'na başvurmuş. Onlar da denetlediler ve ihalede herhangi bir usulsüzlük olmadığına karar verdiler. Buna rağmen Teftiş Kurulu Başkanı tahrik etmiş olmalı ki bakan benden bilgi istedi. Gerekli izahatı verdim. Şikâyetçi firmanın sahibi dostumdu. Bunu söyledikten sonra "Sayın bakanım, ben onların cihazını alsa idim, yine şikâyet edilecektim. Ortada bir de teknik üyenin kararı varken, ben kendimi nasıl savunacaktım?" dedim. Benden dosyayı aldı. İncelemiş, bir genel müdürler toplantısında bize ait dosyayı "Tamam" diyerek bana verdi. Bay Başkan Salih Çeyiz'in verdiği dosyayı da "kaldır bunu" diyerek önüne attı.

Ben Bakanlık'tan ayrıldıktan sonra Teftiş Kurulu başkanı, yasalara aykırı olarak iki müfettişine bu satın almayı yeniden denetletmiş. Hakkımda ihaleye fesat karıştırmak suçu ile fezleke düzenlenmiş ve savcılığa gönderilmiş. Ayrıca da beni Bakanlık Yüksek Disiplin Kurulu'na vermişler. Benim bunların hiçbirisinden haberim yoktu. Savunma alınmadan suçlamalar sonuçlandırılmaya uğraşılıyormuş. Savcının kovuşturma açabilmesi için bakan onayı gerekiyordu. Savcının bu isteğine verilen cevapta bir tarih ve numara belirtilerek bakan onayının ile gönderildiğinden söz ediliyordu. Sözü edilen tarih ve numara o sırada il emrinde bulunan suç ortaklarım hakkında gerekenin yapılması için dosyanın ile gönderildiği yazıya aitti. Buna rağmen savcı cevabı yeterli buldu. Olayın başından beri izlenilen yol, görevi kötüye kullanma suçu olacak nitelikte usulsüzlükler örneğidir. Olaya konu cihazlar yerlerine dağıtılmış, verdiğimiz yerlerden sağlam ve çalışır durumda alındıklarına dair tutanaklar gelmişti. Ankara Hastanesi'nin narkoz şefi arkadaşımız, hem bu tutanağı imzalamış, hem de sonradan narkoz cihazının çalışmadığına dair tutulan tutanağa imzalatmıştı. Dosyadaki belgelerden birisi de Numune Hastanesi narkoz uzmanının "bu cihazdan daha önce hastanelerine alındığını, ölüme neden olduğu için daha fazla kullanmadan hurda deposuna atıldığını" bildiren beyanına dairdi. Halbuki Numune Hastanesi'ne bu marka bir narkoz cihazı girmemişti. Bunlara rağmen sorgu hakimliğine, oradan Asliye Ceza Mahkemesi'ne, oradan da Ağır Ceza'ya gittik. Ağır Ceza Mahkemesi iki celsede beraat kararı verdi.

Adli işler devam ederken dosyanın Bakanlık Yüksek Disiplin Kurulu'nda incelenmekte olduğunu ve karar aşamasına gelindiğini öğrendim. Dosyada savunmam yoktu, onlar da lütfedip savunmamı almak zahmetine bile girmemişlerdi. Kurulun bir üyesi Bakanlık Hukuk Müşaviri, bir üyesi müfettiş, bir üyesi de Tedavi Hizmetleri Genel Müdürlüğü adına genel müdür yardımcılarından birisi imiş. Tedavi Kurumları Genel Müdür Yardımcısı Ali Tekin Çelebioğlu benim zamanımda Tıbbi İstatistik ve Propaganda Genel Müdür Yardımcısı, sağlık memuru kökenli bir arkadaşımızdı. Benden sonra tedavi hizmetlerine gelmiş. Kendisine telefon ederek lütfedip beri savunmamı isteseler, zahiren de olsa tertibe alet olmadıkları izlenimi verebileceklerini söyledim. Kendisi yetkili müfettişlerin tahkikatını suçun sabit görülmesi için yeterli buluyordu.

Hukuk müşaviri ile konuştum. Onun dönen dolaplardan hiç haberi yoktu. Dosyada savunmamın bulunmadığının farkında bile değildi. Bunlar disiplin cezası kararları veriyordu. Bu derece ciddiyetten uzak insanlara bırakılacak kadar hafife alınmış bir hizmet düşünmek bile herkesin harcı değildir. Son toplantıya Tedavi Hizmetleri Genel Müdürlüğü'nün hekim olan yardımcısı katıldı. İkiye bir ekseriyetle aklandık. Bu olaylar bir bakanlığın ve o bakanlığın üst kademelerinin böylesine bayağı oyunlara alet edilebildiğinin güzel bir örneğidir. Bakanı müsteşarı, oyuna seyirci kalmışlardı. Dahası düzmece dosya ile, düzmece bakan onayı ile Ağır Ceza'ya kadar beni gönderenlere müsamaha etmişler, hatta suçluları kollamışlardı. Bidayetten itibaren adaletin doğru tecelli edeceğine emindim. Sadece olayın basına intikal etmesinden endişeli idim. Çünkü konu haber olduktan sonra ortaya çıkan sonuçların temizlenmesi mümkün olmuyordu. En azından beni yakından tanıyanlar, "O da mı?" diyecekler ve bu şüpheyi silmek mümkün olmayacaktı. Neyse ki tertipçiler bunu akıl edemediler ya da mukabil davaya yol açmaktan çekindiler.

Teftiş Kurulu'nun sayın başkanı, Cengiz Gökçek'in Bakanlığa hediyesidir. Halil Şıvgın'ın has adamlarından olmuştu. Yıldırım Aktuna görevden aldı. O da Bakanlık'tan ayrıldı. Şıvgın'ın vakıflarında çalışmaktadır.

Hekimler Sağlık Memurlarına Emanet

Sağlık Bakanlığı'nda hekimlerin kaderi yıllarca o makamda olmaması gereken kişilerin eline bırakıldı. Personel Genel Müdürlüğü'nde yıllarca sıradan bir memur olarak çalıştıktan sonra Mete Tan tarafından aynı yere genel müdür yardımcısı yapılan bir sağlık memuru arkadaşımız hekimlerin tayin ve nakil işlerini eline almıştı. Hekim atamalarının ön çalışmalarını yapar, tayin ve nakil isteklerini bizzat değerlendirir, dosyaları koltuğunun altına sıkıştırır, müsteşara giderdi. Müsteşar da kendisindeki notlara göre kontrol eder, önemli hususlarda belki bakanın da görüşünü alırdı. Uzman hekim kararları dışındaki kararlar yazılır, ilgili genel müdüre imza ettirilirdi. Uzman atamaları ise, önceden kararları alındığı için, usule uyulması bakımından genel müdürlerden kurulan "atama encümeni"nin önüne getirilirdi. Kişileri tanımadığımız, evveliyatlarını bilmediğimiz için benim gibi yenilerin eğrileri, doğruları görmesi mümkün olmuyordu. Dosyaları önceden görsek, ona göre hazırlanırdık. Encümende sadece görevde en eskimiz olan ve sahada çalışanların birçoğunu tanıyan Dr. Hamdi Açan ağabeyimiz bazı müdahalelerde bulunurdu. Aslında iyi kurulmuş bir atama sistemi dejenere olmuş, hekimler bir kişinin iradesine terk edilmişlerdi.

Bu uygulamaya son vermek için durumu Bakanımız İslâmoğlu'na anlattım. Hastane hekimlerinin tayin nakil işlem ve isteklerinin bizim tarafımızdan değerlendirilmesinin, Personel Genel Müdürlüğü'nün o istikamette gerekeni yapmasının daha doğru olacağını söyledim. Kabul etti. Bu hususta emir verdi. Buna rağmen yanlış uygulamaya devam edildi. Ondan sonraki bakanlara da bu istikamette emir verdirdikse de sonuç alamadık. Gözümüzün önünde haksızlıklar yapılıyordu. Çünkü işin içinde çeşitli hesaplar vardı. Kimse bunu elinden kaçırmak istemiyordu.

Bakanlık'ta ilk göreve başladığım zaman üçlü imza ile ataması yapılacak kişiler, kararları ellerinde getirerek bize imzalatıyorlardı. Birçoğunun altında da kurşunkalemle yazılmış, "Sayın bakan" notu vardı. Bu bakanın isteği anlamına geliyordu. İnceleyince gördüm ki iş ayağa düşmüştü. Personel Genel Müdür Yardımcıları siyasi yandaşlarını böyle yerleştiriyorlardı. Giderek kademeler de atama kararlarına 50-100 lira karşılığı aynı notu düşmeye ve müracaatçıları kendileri dolaştırmaya başladılar. Ben de gelen kararları getirenlerin ellerinden alıp, kendilerini göndermeye başladım. Atama bizim genel müdürlük teşkilâtı ile ilgili ise gerekli incelemeye yapıyor, inceleme sonucu olumsuz olunca da gerekçesini yazarak reddediyordum. Bu da yetmedi. Personel Genel Müdürlüğü'ne giderek muavinlere söylentileri anlattım. Atama işlerinin gizliliğinin ihlal edildiğini, bu uygulamaya devam edilirse durumu bakana bildireceğimi söyledim. Bir daha bana elden karar gelmedi. O zamana kadar iradelerini başkalarına devre razı olan genel müdürlerin ne yaptığını bilmiyorum.

Her Şeye Maydanoz Olmak

27 Mayıs 1960 askerî darbesinden sonra Bakanlık planlama dairesine bir asker emeklisi başkan yardımcısı olarak atanmıştı. Mete Tan da onu müsteşar yardımcısı yaptı. Müsteşar yardımcılığı uygulama ile ilgili bir makam olmadığı halde bu bey genel müdürlüklere ait bazı görevleri de üstlenmişti. Bunlar arasında benim genel müdürlüğümle ilgili olanlar da vardı.

Yalova'daki Termal Otel'in mülkiyeti yasa gereği Tedavi Hizmetleri Genel Müdürlüğü'nündü. Otelin Turizm Bakanlığı'na devri hususunda bir protokol yapılmış. Bir gün Turizm Bakanlığı'ndan bununla ilgili bir yazı geldi. Buna cevap verebilmek için dosyasını istedim. Dosya yerinde yoktu. Nerede olduğunu da kimse bilmiyordu. Nihayet bir bilen çıktı. Dosyanın sözünü ettiğimiz müsteşar muavinin de olduğunu öğrendik. Arkadaşımız konuya sıkı sıkıya yapışmış, bırakmak istemiyordu. Otelde kendisine bir oda ayırtmış, işlemleri uzatıp duruyordu. Dosyamızı elinden alamadık. Benden sonra ne oldu bilmiyorum.

Bu bey bir yolunu bulur, her yere burnunu sokardı. Bakanların bizlerden istediği bilgileri, nasıl haberdar oluyorsa, alelacele ve yalan yanlış toplar bakana götürürdü. Bunları bakanların hoşuna gidecek şekilde rötuş yapar veya düzeltirdi. Milli Güvenlik Konseyi Genel Sekreterliği sağlık hizmetleri ile ilgili bir çalışma hazırlamıştı. Bu hünerini orada sık sık sergileme olanağı bulmuştu. Sağlık sigortasının uygulanmasına engel olan hususlardan birisi, yataklı tedavi kurumlarının coğrafi bölgelere dağılımındaki büyük anormallikti. Arkadaşımız bu sorunu basit bir şekilde çözmüştü. Coğrafi bölgeleri yatak dağılımını dengeleyecek şekilde yeniden düzenlemişti. Yatağın çok olduğu bölgelerden az olanlara eklemeler yapmıştı. Harita üzerinde bazı bölgeler kum saati gibi görülüyordu. Bazı bölgelerin arasına diğer bir bölgenin bir kısmı girmişti.

Tedavi Hizmetleri Genel Müdürlüğü'nde bir inşaat şubesi olmasına rağmen, bay müsteşar yardımcısı ayrı bir inşaat şubesi daha kurarak kendisine bağlamış, hastane inşaatlarını takip ediyor, alınan ödeneklerin dağıtım planını yapıp dağıtıyor, bina onarım isteklerini kendince değerlendirip önceliklerine göre sıralıyor, onarım ödeneklerini dağıtıyordu. İnşaat ve onarımlara verdiği öncelikler, gerçeklerle son derece çelişkili oluyordu. Ameliyathanesinin çatısı akan hastaneye para vermiyor, bir başka hastaneye bahçe duvarı yapılması için para veriyordu. Bunları Münif İslâmoğlu'na anlatmıştım. Emirlerine rağmen, hatta hakarete varacak kadar sert emirlerine rağmen bütçe ile genel müdürlüğüme verilmiş ödenekleri elinden alamadım. Daha sonraki bakanlar da bu zata müdahale ettiği halde bir türlü bu işleri bırakmıyordu. Kanunsuz işler de yapıyordu. Yerel hastane yaptırma dernekleri inşaatları için Bakanlık'tan para istedikleri zaman, mevcut hastane binasına onarım için para gönderiyor, bu paranın derneklerin inşaatta kullanılmasını sağlıyormuş. Bakanın, özellikle Sayın İslâmoğlu'nun haberi olsa böyle bir usulsüzlüğü kesinlikle kabul etmezdi. Ben de bunu 12 Eylül'den sonra öğrenmiştim.

Bu zatın tasfiyesi Kaya Kılıçturgay'a nasip oldu. Sayın Kılıçturgay'ın bakanlık döneminde yaptığı yararlı bir iki işten birisi budur.

Bir Alçak Ne Yapabilir?

Bakanlık'ta bir de başkalarını karalayarak mevkilerini koruyan tipler vardı.

O yıllarda piyasada kahve bulunmuyordu. Almanya'dan kardeşim gönderdiği için bende eksik olmazdı. Bunu bilen arkadaşlar bazen öyle yemeğinden sonra benim odama kahve içmeye gelirlerdi. Müsteşar Sayın Şenerdem, beyinde damar spazmı dolayısıyla yarım felç geçirmişti. Kahve içmeye gelen genel müdürlerden birisi müsteşar hakkında ileri geri sözler söylerdi. Bir keresinde de "bunamaya başladı" demişti. Bu tür konuşmalara katılmayı sevmem. Onu da "hı, mı" diyerek geçiştirirdim. Bir gün müsteşar, görüştüğümüz konunun öncesini söyleyerek "görüyorsun bunamamışım" dedi. Bunu bana niçin söylediğini sordum, cevap vermedi. Bana tarizde bulunduğu belli idi.

"Galiba ben böyle bir laf etmişim, birisi de bunu size aktarmış. Kimse bu arkadaş, lütfen çağırın, benim yanımda da tekrarlasın" dedim. Üzerinde durmamamı söyledi. Bunu söyleyeni tahmin ediyordum. Kendi söylediklerini bana mal ederek göze girmek istediği anlaşılıyordu. O sıralarda lojmanlarla ilgili mevzuatın ciddiyetle uygulanması için Başbakanlık'tan bir emir gelmişti. Bu arkadaşımızın hem dairesi olduğu, hem de lojmanda oturma süresini çoktan aştığı için çıkması gerekirdi. Sık sık müsteşarla kol kola dışarıda yemeğe gittiklerini görürdüm. Hakkı olmadığı halde lojmanda oturmaya devam ediyordu. Demek ki bir taraftan da kendi söylediklerini bana mal etmek suretiyle göze girmişti.

Müsteşar emekli oldu. İzmir'e gitti. Tabiî görevde iken peşinden ayrılmayanların hiçbirisi yanına uğramadı. Ben her İzmir'e gittiğimde ziyaret ederdim. Her bayram tebrik kartı gönderdim. Bir cevabında "Müsteşarlıktan tek kazancım senin gibi bir dost tanımak olmuştur" diyordu.

Göz Boyama Çare midir?

Genel müdürlüğün atölyelerinde ikmal ve bakım onarım işlerinin üstesinden gelecek, yetişmiş yeterli teknik eleman yoktu. 200-300 lira ücretle yardımcı hizmetler kadrolarına alınmış birtakım insanlarla arabaların, pahalı ve karmaşık cihazların bakım ve onarımının yapılmasına uğraşılıyordu. Bu durumda iş yapılmıyor, yapılıyormuş gibi gözükmeye çalışılıyordu. Yıllar "idare-i maslahat"la geçiştirilmişti. Onkoloji Hastanesi başhekimi iken bir arabamızı rektifiye için Bakanlık Ana Depo ve Tamirhanesi'ne göndermiştik. Birkaç ay sonra hazır olduğunu, aldırmamızı söylediler. Araba gelirken hastaneye birkaç yüz metre kala tekrar arızalandı. Yasak olduğu halde, dernekten parasını ödeyerek usta getirttim, motor açıldı. Karıncalanmış eski yataklar takılmıştı. Bunlara rağmen kendi işimizi kendimizin yaptırmasına da müsaade edilmiyordu. Bu durumdan devamlı şikâyetçi idik. Her vesile ile yetkililere de söylerdik. Bir gün Müsteşar Başmuavini Sayın Ahmet Üstünoğlu bana bu işlerin bağlı olduğu, o zamanki adı ile Donatım Genel Müdürlüğü görevini önerdi. Görevi kabul etmek istemiyordum. Dedim ki: "Ben görev alırsam atölyelerde çalışan iş bilmez, fakat kaşarlanmış personeli atarım. Yerlerine doğru dürüst usta kadrolar isterim. Kadro veremezsiniz, attığım adamlar yüzünden başınız ağrır. İdare-i maslahatçılığı da ben yapamam. Onun için mazur görün."

Tedavi Hizmetleri Genel Müdürlüğü'ne geldiğim zaman hastanelerdeki röntgen cihazları, blok sterilizatörler, elektrokardiyografi cihazları gibi önemli gereçlerin birçoğu arızalı olarak hizmet dışı kalmıştı. Bakanlığa verilen kısıtlı ödeneklerle satın alınan işe yaramaz malzemeler hastane hurda depolarına atılmış duruyordu. Aklı başında bir insanın yapacağı şey, hizmetin iyileştirilmesi için, gereken her şeyi saptayıp, bunlar yerine getirilmediği takdirde, "Bu işte ben yokum" demektir. Bunu diyemiyorsa yetersiz hizmetin sorumluluğunu kabul etmeyeceğini bildirir. Fakat işin başındaki arkadaşımız kendisinden mucize bekleniyormuş veya böyle bir gücü olması lazımmış gibi davranıyor, kendisine bir zarar gelir korkusu ile ağzını bile açmıyordu.

Bakım onarım işlerinin iyi gitmemesinden en büyük zararı hastaneler görüyordu. Elinizde döner sermaye gibi bir kaynak vardı. İlgiliye bizim bu olanağı kullanmak istediğimizi söylüyordu, rahatsız oluyordu. Bu yola gidildiği takdirde muhtemelen makamda kendisine ihtiyaç olmadığı kanısının uyanacağından endişe ediyordu. Sonunda hastanelerden arızalı elektrokardiyografi cihazlarını topladım, tamir ettirdim ve ihtiyaç yerlerine gönderdim. Bu yolla röntgen cihazlarını da tamir ettiriyordum.

Bakanımız Münif İslâmoğlu, teşkilâtı yakından tanımak, sorunları yerinde tespit edebilmek için ilgili genel müdürleri de yanına alarak sık sık denetime çıkardı. Bakım onarım işleri ile ilgili arkadaşımız, gidilecek yerlere önceden ekiplerini göndermek suretiyle alıştığı taktiği uyguluyordu. Her gittiğimiz yerde ekiplerini alet ve cihazların başında harıl harıl çalışır bulurduk. Biz oradan ayrıldıktan sonra teknik ekip de söküp dağıttıkları cihazları öylece bırakır dönerlerdi. Sayın İslâmoğlu bunu bir kere yuttu. İkincide bana "Söyle şu adama teftiş fırçası misali göz boyacılıktan vazgeçsin" dedi. Arkadaşımıza Münif Bey'in diğer bakanlara benzemediğini, gideceğimiz yere önceden ekip göndermekten vazgeçmesini, doğal hareket etmesini, hatta yerinde sıkıntılarını anlatmasını söyledim. Buna rağmen aynı şeyi yapmaya devam etti. Bakan da giderek sinirlenmeye başlamıştı. Vatandaşın isteklerini bize aktardığı zaman biz "Not aldık efendim" demekle yetinirdik. O ise "Başüstüne efendim" derdi. Bu suretle olmayacak şeyler için de istek sahipleri ümide kapılıyordu. Bir hastanede kalabalık bir grupla dolaşırken, yine "başüstüne"leri sıralamaya başladı. Münif Bey sabrı taşmış olmalı ki yüksek sesle, "Senin gibi genel müdürün..." dedi, "Ne biçim adamsın be! Başüstüne'den başka laf bilmez misin?" Tepkisi daha sonra bize dert yanmaktan ibaret kaldı. Daha sonraları da sık sık bakan tarafından hırpalanırdı. Bir gün bana: "Görevden ayrılsam lojmandan çıkmak zorunda kalacağım. Aldığım maaşla bir de kira ödeyerek geçinmem mümkün değil" diye dert yandı.

Bir genel müdür lojman için nelere katlanıyordu. Ne böyle genel müdür olur, ne de bunlara görev veren veya genel müdürlerini böyle küçük hesaplara zebun eden devlet...

Laf... Laf... Laf...

Bakanlık'taki genel müdürlerin bir kısmının laf üretmekten başka bir şey yaptıkları yoktu. Bazıları da siyasi görüşlerine hizmet etmeye uğraşıyordu. Eskilerden bir doktor ağabeyimiz her konuşmaya bir hususa kısaca değinmek istediğini söylemekle başlar, uzun cümlelerle devam ederdi. Ne dediği veya ne demek istediği çoğu kez anlaşılmazdı. 12 Eylül döneminde Konsey Genel Sekreterliği'nin organize ettiği sağlık sorunları ile ilgili çalışmalar yapılırken, bu ağabeyimiz de söz aldı. Toplantıyı yöneten paşa önce, şatafatlı cümlelerin anlamını kavrayabilmek için, öne doğru eğilerek dikkatle dinlemeye başladı. 3-5 dakika sonra bir anlam çıkaramayınca arkasına yaslandı, önünde birşeylerle meşgul oldu. Konuşma bitince yanımda oturan İzmir Tıp Fakültesi'nden bir hoca "Bu bey ne anlattı? Ben anlayamadım" dedi. "Şimdiye kadar bu ağabeyimizin konuşmalarında ne dediğini anlayan olmadı. Anlasa idiniz ilk olurdunuz" dedim.

Bir diğer ağabeyimiz ise sözüne "hasbelkader bu göreve gelmiş bir arkadaşınız olarak" diye başlar, deneyimlerinden örnekler vererek uzun uzun konuşurdu. Yaptığı elini ensesinden dolaştırmak sureti ile öbür taraftaki kulağını göstermekti.

İkisiyle beraber bir komisyon çalışması yapmak zorunda kalmıştım. Dört günde, üzerinde konuştuğumuz taslağın üçüncü maddesine ancak gelebilmiştik. İşlerimin yoğunluğundan söz ederek, kararlarına aynen uyacağımı bildirdim ve bir daha toplantılarına katılmadım.

Konuşmayı seven bir de genç arkadaşımız vardı. İyi bir hatipti. Ne var ki bilsin bilmesin her konuda söz alırdı. Bilmediği konularda ya konu dışına çıkar ya da yanlış şeyler söylerdi. Kendisine bu hatasını söylediğim zaman, "Sen yanıma otur, beni uyar" dedi. Bir kere lafa başladı mı ne uyarılması, ne de uyanması mümkündü.

Bir huyu da kendisini dinleyen bakanı bulunca seyahatlerde tesisleri gezerken bakanın sol tarafına yapışıp, kulağına sürekli onun gözünden kaçan eksiklikleri fısıldamaktı. Prof. Necmi Ayanoğlu paşanın hastanelerde ilk işi tuvaletleri görmekti. Girdiği tuvalette hemen rezervuarın zincirini çekerdi, su akmazsa başhekim ağzı ile kuş tutsa kıymeti yoktu. Arkadaşımız paşanın bu merakını öğrenmişti. Ondan önce tuvaletlere girer, zinciri çeker, gelir, "Paşam burada da rezervuar bozuk" derdi. Çoğu küçük illerde şehir suyu akmadığı için rezervuarlar iş görmezdi. Bir kısmında da tesisatı arızalı olurdu, fakat istedikleri ödenek Bakanlık'tan gönderilmediği için onarım yapılamazdı. Birkaç defa bu arkadaşımızı uyardım. Çünkü haksız yere, yokluklarla savaşan hekimlerimizin muaheze edilmesine neden oluyordu. Huyundan vazgeçmiyordu.

Hakkari'ye gitmiştik. Şehrin tek bir caddesi vardı, o da çamur içinde idi. Hastanenin girişinde sokağın çamurlarının içeri taşındığı belli oluyordu. Arkadaşımız hemen ilk yüznumaraya daldı ve bakana müjdeyi verdi. Rezervuarlar bozuktu. Bir haftadır hastaneye su gelmediğini öğrenmiştim. Sayın Ayanoğlu'na bunu ve ayaklarla taşınan çamurun temizlenmesinin mümkün olmadığını söyledim. Böylece denetim olaysız geçmişti. Bu arkadaşımız Muş'ta da aynı şeyleri yaptı. Hastanede tek bir doktor kalmıştı. Onun da kısa bir süre önce çocuğu balkondan düşerek ölmüş, fevkalâde üzüntülü idi. Hastane binasında tamiri gereken yerler vardı. Onarım için birkaç defa ödenek istenmiş, Bakanlık "isteklerinin ödenek sağlandığı zaman gönderilmek üzere kayda alındığını" bildirmiş. Buna rağmen meraklı genel müdürümüzün teşvikleri ile hastanenin hem baş, hem de son hekimi olan arkadaşımız da nasibini aldı. O ara bakan, ocak hekimlerini de payladı. Bunlara en azından teşekkür edip, isteklerini dinleyerek yardımcı olacağımızı söylememiz ve gönüllerini almamız gerekirken, bir de halkın içerisinde azarlatmıştık. Onlar da akşam valinin verdiği yemeğe gelmemek suretiyle bakanı protesto etmek istiyorlardı. Yapmamaları için çok uğraştım. İkna edemedim. Yemekte bakan hekimlerin niçin gelmediğini sordu. Tabiî gerçeği söyleyemedik. Çağırtılmalarını istedi. Vali getirttirdi. Ankara'da rahat oturup, sahadakilerin ne yokluklar ve sıkıntılarla görev yaptıklarını görmezlikten gelmenin sonuçları böyle olur. Üstelik onları yokluklara mahkûm edenler de bizlerdik. Ne veriyorduk ki ne alacağız.

Okulları Nasıl Bozdular?

Mesleki Öğretim Genel Müdürlüğü'ne Cengiz Gökçek'in personel genel müdürü, Mete Tan'ın müsteşar yardımcısı olan, biraz daha fazla milliyetçi ve vatanseverlerden eski asker bir tıp mensubu gelmişti. Bu zat benim başhekimlikten alınmamı tezgâhlayan müsteşar muavini idi. Göreve ilk başladığı günlerde burnu havada geziyor, gözü kimseyi görmüyordu. Bir müddet sonra Münif İslâmoğlu'nun beni tuttuğunu öğrenmiş olmalı ki bana karşı fevkalâde saygılı davranmaya başladı. Ağabeyisi olmuştum. Girdiğim yerde ayağa kalkar, ben oturmadan oturmazdı.

Gezilerimde sağlık kolejlerini de dolaşırdım. Kolej müdürlerinin çoğu siyasi bir akımın alâmeti farikası olan bıyıkları taşıyordu. Okul içerisinde bile, muhafızları olduğu anlaşılan 2-3 hademe peşlerinden ayrılmıyordu. Genelde kılık kıyafetleri pek düzgün değildi. Sayın genel müdür siyasi misyonunu layıkı ile yerine getiriyordu. 12 Eylül'den sonra da görevde kalmayı becermişti. O dönemde Bakanlıklarda irtibat subayları vardı. Diğerleri ne yapıyordu bilmiyorum ama, bizdeki, üst düzey görevlilerin hangi siyasi görüşün adamı olduklarını saptamaya çalışıyordu. Sayın Ayanoğlu bana bir gün yazılı yüzleri üste gelecek şekilde katladığı bir tomar kâğıdın üstte kalan sayfasının alt yarısını göstererek okumamı söyledi. Baktım mesleki öğretim genel müdürünün aşırı MHP'li olduğu yazılı idi. Sayfanın üst yarısına bakmak istedim, göstermedi. Sonra öğrendiğime göre o kısımda benimle ilgili görüş varmış. "Rengi belli değil" deniyormuş.

Bir akşam ben müsteşarın yanında iken bu arkadaşımız geldi. Ellerini önünde kavuşturdu. Hafifçe öne ve yana eğik ayakta duruyordu. Konuşurken de ellerini ovuşturuyordu. İktisat subayının kendisini Hareket Partili olarak jurnallediğini, halbuki Halk Partili olduğunu söyledi. "Bana yardım ederseniz minnettar olurum" dedi. Raporu veren irtibat subayı günlük işlere de karışmaya başlamıştı. Bakanın isteği ile alındı. Genel müdür arkadaşımız benim yanımda adeti olduğu üzere yüksekten atmaya başladı. İrtibat subayını nasıl Bakanlık'tan attırdığını anlatıyordu. Kendisini göreve getiren Cengiz Gökçek Bakanlık'tan ayrıldıktan sonra koridorlarda "Oh be! Artık Halk Partili olduğumu rahatça söyleyebiliyorum" diyerek dolaştığı anlatılmıştı.

Münif İslâmoğlu ile Konya'ya gitmiştik. Daha önce Van Sağlık Koleji'nde bayrak çekme töreni yapılırken öğrencilerin protesto mahiyetinde bazı olaylara neden olduklarını gazetelerde okumuştum. Bu öğrenciler Konya Sağlık Koleji'ne sürgün edilmişler. Bakan sınıfların birisinde bunlara hitaben politik içerikli bir konuşma yaptı ve sonunda dikkatli olmalarını, sürekli izlendiklerini söyledi. O günün şartlarında bu sözler söylenmese daha iyi olurdu. Nitekim öğrenciler tepki göstermeye başladılar. Kendileri ile konuşmalarımızda Konya'daki yaşantılarının fevkalâde zor olduğunu söylüyorlardı. Cumartesi ve pazar günleri 40-50 ülkücünün devamlı okulun bahçe kapısını tutarak dışarı çıkanı dövdüklerinden yakındılar, "Geldiğimizden beri burada hapis hayatı yaşıyoruz" dediler. Bu yüzden tatillerde memleketlerine dahi gidemediklerini, kimsenin de kendilerine sahip çıkmadığını söylediler. Bu durumu önceden bilmiyorduk, bakanın bildiğini de zannetmiyorum. Genel müdürün bunları bildiği muhakkaktı. Bakanı yanılttığını tahmin ediyorum. Biz oradan ayrıldıktan sonra bazı olaylar olmuş. Bakan mesleki öğretim genel müdürü ile beni durumu incelemek için gönderdi. Okula geldiğimizde Van'dan gelen öğrenciler askerî deyimle bir sıralı saf halinde bahçede sıralanmışlardı. Bavulları da yanlarında idi. Evlerine gitmek istiyorlarmış. Hepsinden yaşlı görünen kafası sıfır numara traşlı bir öğrenci sağa sola gidip gelerek onlara talimatlar veriyordu. Çocukların sinmiş bir hali vardı. Bu öğrencinin elebaşı olduğu belli idi. Onu oradan uzaklaştırıp öğrencilerle konuşmamız uygun olurdu. Genel müdür arkadaşımıza bunu söyledim, hiç o taraflı olmadı. Bizim bölücü değil, birleştirici olmamız icap ederdi.

"İsteklerini yerine getirirsek bunların her birisi bir köye gidecek, devlete emanet edilen bu çocukların ezilmiş, yıldırılmış olarak okulu terk etmeleri, ayrılıkçıların elinde koz olacak" dedim. Fakat genel müdür aksini yaptı. İsteklerini kabul etti. Dışarı çıkamadıkları için otobüsler okula getirtildi. Yüz küsur öğrenciyi köylerine göndererek bölücülüğe önemli bir katkıda bulunmuş olduk. Bakana yapılan yanlışlığı anlatabilirdim. Yapmadığım için bugün bile üzüntü duyuyorum. Nedenini kesin bilmiyorum. Belki de karşılarına çıkanları insafsızca ezip geçen bir zihniyete karşı durmayı göze alamadım. Neler yaptıklarını ve yapabileceklerini çok iyi biliyordum.

SSK Genel Müdürlüğü'nde çalışırken uzun süre görmediğim bir tanıdığa rastlamıştım. Nerelerde olduğunu sordum. Başına gelenleri anlattı. Necatibey Caddesi'ndeki bir lokalde geceleri kâğıt oyunları oynarlarmış. Oyun arkadaşlarından birisi benim de tanıdığım bir ülkücü imiş. Bir gece oyunda şakalaşırlarken, ülkücülerle ilgili biraz yakışıksız bir kelime sarf etmiş. Her gece eve taksi ile dönermiş. O gece sokağa çıktığı zaman kapının önünde kapısı açık bir taksinin beklediğini görmüş. Tanıdık bir şoförün kendisini götürmeye geldiğini zannetmiş ve binmiş. Binmesi ile kafasına bir silah dayanmış. Çankaya'nın arkalarında bir yerlere götürmüşler. İyice dövmüşler, öldü zannederek bırakmışlar. Sabaha karşı kendisini karların içinde bulmuş. Bir aydan fazla hastanede yatmış. 3-4 ay da evden çıkamamış. Bunları anlattıktan sonra kimseye söylemememi rica etmişti. Benzeri birçok hikâye dinlemiş olmam düşündüklerimi yapamamamın nedeni olabilirdi.

12 Eylül darbesinden sonra Konya Sağlık Koleji'nde bazı olaylar olmuş. Bunları yerinde incelemek üzere mesleki öğretim genel müdürü arkadaşla oraya gönderildik. Kolej müdürü bizimle gezerken muhafızları yanından ayrılmıyordu. Öğrenci yemekhanesi pislik içerisinde idi. Mutfağın zemini ve mutfaktan yemekhaneye yemek götürülen geçit, yemek yağları ile kaplı idi. Berbat şekilde kokuyordu. Müdür solcu tanınan öğ-

rencileri tasfiye ettirmiş. Askerlere karşı ülkücüleri koruma çabasında idi. Bu konuları görüşmek üzere Örfi İdare Komutanlığı'na gittik. Komutan Orgeneral Recep Ergun'du. Bizi iyi karşıladı. Bilgi vermesi için adli subayını çağırttı. Solcu militanları toplamışlar. Sağcı militanları tespite uğraşıyorlarmış. Genel müdür arkadaşımız bu hususta onlara yardımcı oldu. Yaptığı inceleme sonunda okuldaki tek ülkücü militanı tespit ettiğini, Ankara'ya dönünce görevinden uzaklaştıracağını müsterih olmalarını söyledi. O militan da mutfakta çalışan aşçı yamağı idi.

Bu da Bir Nevi Başarıdır

Bakanlık'ta tek tük de olsa yıllarca barınmasını bilmiş ağabeylerimiz de vardı. Bunların özellikleri suya sabuna dokunmamaktaki maharetleri idi. İçlerinden birisi uzun yıllar genel müdür yardımcılığı yapmış, genel müdürlüğe yükselmiş, Mete Tan tarafından müsteşar yapılmış bir hekim ağabeyimizdi. Ben Bakanlığa geldiğim zaman müsteşardı. Münif Bey müsteşarlıktan alarak bir önceki görevi olan genel müdürlüğe getirdi. Müsteşarlık makamı boşaldıkça bu göreve vekalet ederdi. Günlük işler dışında bir şeye el sürmez, bir fikir üretmez, bakan ve müsteşarın yanında, bir şey sormazlarsa ağzını açmazdı. Hizmetin iyileştirilmesi için yapılan toplantılarda bir öneri getirdiğini görmedim. Yıllarca sağlık hizmetlerinin üst kademelerinde görev yapmış, ama bir fikir sahibi olamamıştı. Bu da bir rekor olmalı.

Bakanlık'taki Halk Sağlığı Laboratuvarları kronik bir sorun haline gelmişti. Laboratuvarlar yeterince yaygınlaştırılamamış, açılanlar da işlevlerini yapabilecek hale getirilememişti. Her birisinde 8-10 eczacı ve kimyager maaş alıp oturuyorlardı. Odalarına kadar her taraf pislik içerisinde idi. Kaya Kılıçturgay bakan olunca bu sorunu ele aldı. Gündem ne olursa olsun her toplantıda bu konu anatomi masasına yatırılıyordu. Konunun asli sahibi yukarıda sözünü ettiğimiz emektar ağabeyimizdi. Fakat konu dışındaki tek kişi kendisi imiş gibi dinlemekle yetinirdi. Yıllardır sorumluluğunu taşıdığı hizmet yerden yere vurulurken en azından savunma refleksinin harekete geçmesi gerekirdi. O da yoktu. Nihayet bir toplantıda tenkitleri dinledikten sonra söz alarak, "Bu sorunun ele alınmasının zamanı gelmiş, geçmiştir. Bir an önce çözüme kavuşturulması gerekir" deyiverdi! Yaş haddine kadar bir ileri bir geri ine çıka hizmete devam etti. Ben Bakanlık'tan ayrılırken, "Sen kurtuldun gidiyorsun. Oturacak evim olsa bir gün burda kalmam" dedi. Ne füsünkâr imiş o lojmanlar ki, insanları aşkının esiri ediyordu. Hem de ödenen bedelin ev kirasından çok daha fazla olmasına rağmen...

Bir de iş yapmaktan ziyade, iş yapıyor gözükmek için başkalarının işlerine burnunu sokanlar vardı.

Hiç ilgisiz üç genel müdür, oturmuşlar hastanelerde kullanılan hastalarla ilgili formları yeniden düzenlemişler. Sonra, herhalde ayıp olur düşüncesi ile yaptıklarını göstermek için beni çağırmışlardı. Formlarda yanlışlar, eksikler, fazlalıklar vardı. Ben bunları söyledikçe hepsi birden itiraz ediyorlardı. İnceleyerek gerekli düzeltmeleri yapmak üzere formları bana vermelerini istedim, kabul etmediler. Medeni insanlara yaraşır bir tartışma ile sorunu çözmek mümkün değildi. Anlayacakları dilde konuşmak zorunda kaldım: "İçinizde bugüne kadar hastanede hasta müşahadesi almış ve muayene ederek bulgularını kayıtlara geçirmiş olan var mı?"

Soruya cevap veren olmadı. "Yıllarca gecem, gündüzüm hastanelerde geçti. Siz bu işleri benden iyi mi biliyorsunuz? Yaptığınıza haddini aşmak denir" dedim ve çıktım gittim. Sonra gönderdiler, düzeltmeleri yaptık.

İyi ve Değerli Adamlar

Bakanlık erkânı arasında başkalarının omuzuna basarak yükselen ve yerinde tutunan oportünistler vardı. Gerçekten oturduğu yeri dolduranlar istisna teşkil ediyordu. Bunlardan birisi Sosyalleştirme Dairesi Başkanı, Hacettepe Tıp Fakültesi'nde Halk Sağlığı Doçenti olan Dr. Doğan Benli idi. Dr. Benli, Sağlık Bakanlığı hizmetlerinde en uçtan başlayarak buralara gelmiş bir arkadaşımızdı. Bakanlık teşkilâtını köylere kadar yakından tanır ve hizmetleri çok iyi bilirdi. Devamlı surette daha iyiye ulaşmak için çalışırdı. Bakanlık'ta çevremdekileri daha yakından tanıdıktan sonra ona; "Doğancığım seninle ben burada fazla barınamayız. Ya bizi tasfiye ederler ya da biz kendimizi tasfiye ederiz" dedim. Müsteşarlığa layık bir insan olmasına rağmen, bakanlar ihtiyaç gördükleri üst mevkilere dışarıdan adam getirmişlerdi. Ben geldiğimde Doğan'ı yıkmak için Münif Bey'e komünist olduğunu söylemişler, hafiften hafiften de inandırmaya başlamışlardı. Sonunda o da, ben de kendi kendimizi tasfiye ettik.

Doğan Benli herkesi kendisi gibi zanneden saflardandı. Bir gün bana "Yahu," dedi, "Benim yazdığım raporları başkaları sahipleniyor, bana yaptırdıkları çalışmaları kendileri yapmış gibi makama takdim ediyorlarmış."

Kullanıldığını yeni fark etmişti.

Kaya Kılıçturgay bakanlığa başladığı günden gidinceye kadar toplantılar yaptı, komisyonlar kurdu. Önceleri birşeyler yapmak arzusu olduğunu zannediyorduk. O ise bakanlığı ve bakanlığın etki ve yetkilerini öğrenmeye uğraşıyormuş. Tam iş yapacak hale gelince de süresi bitmişti. Bu dönemde genel müdürlüklerin, konuşulacak konulara göre ön hazırlıklarını Sayın Benli yapar, komisyonların sonuç raporlarını o yazardı. Hatta başka genel müdürlüklerin bakana sunulacak hizmetlerinin tablolarını hazırlar, grafiklerini çizer, ellerine verirdi. Görevin sahipleri de "ben yaptım" diye caka satardı.

Gerçekten genel müdürlüğe yakışır bir ağabeyimiz, Verem Savaş Genel Müdürü Hamdi Açan'dı. Kendisinden daha yukarıda kısaca söz etmiştim. Çalışkan, işine hâkim, fevkalâde dürüst bir insandı. Eyyamcılık ve evet-efendimcilik onun kitabında olmayan şeylerdi. Pervasız çalışırdı. Vedat Âli Özkan bakanken, Hamdi Bey Amerika'daki bir kongreye katılmak istemiş. Yollukları devlet ve Veremle Savaş Derneği ödeyecek. Bir hava yollarının, yolcu adedi 25'i geçtiği takdirde önemli bir tenzilat yaptığını öğrenmiş. Bakanlık ve dernek, bu imkân varken fazla para ödemesin diye resmî görevliler dışında kalanların her türlü masrafları kendilerine ait olmak üzere kalifiye yirmi beş kişiye çıkarmış. Birisi basına Hamdi Bey Amerika'daki Uluslararası Verem Savaşı Kongresi'ne katılma bahanesi ile eşini dostunu devletin parası ile Amerika'ya götürüyor" diye bir haber uçurmuş. Birkaç genç gazete muhabiri Hamdi Bey'i uçağın merdiveninde yakalayarak bunu sormuşlar. Hamdi Bey'in karşılığı gayet kısa: "Hastirin serseriler!"

Onlar da duyduklarını haber yaptılar. Hamdi Açan dönüşte kendisini açıkta buldu. Pek acele kararları ile meşhur Vedat Âli Özkan gazetelerde çıkan haberler üzerine kendisini görevden almıştı. Başbakan Süleyman Demirel'in müdahalesi ile görevine iade edildi. Haberi veren genç muhabirler sonradan mesleklerinde ilerleyen, benim de dostlarım olan ve her vesile ile hastanemizle ilgili haberleri yayınlanan Orhan Gürdil (sonraları Sağlık Bakanlığı'nda basın müşavirliği yaptı), değerli dostum Can Pulak (*Günaydın* gazetesinde sorumlu görevler yaptı, Turgut Özal'ın basın müşaviri oldu, turizme katkılarda bulundu) ve bir ara Almanya'da basınla ilgili bir görevde bulunduğunu duyduğum, soyadını şimdi hatırlayamadığım İzzet Bey'di.

Hamdi ağabey dürüstlüğüyle ilgili hususlarda her zaman aşırı tepki göstermiştir. Hastanelerin röntgen cihazı ihtiyaçlarını piyasada mevcudu olmadığı için karşılayamıyorduk. Bu konuda Hamdi Açan'dan yardım istemiştim. Onun için sıkıntımı biliyordu. Bir gün bir firmanın yetkilisi gelerek ithal ettiği 15 kadar röntgen cihazının gümrüğe takıldığını söyleyerek, bunları çekebilmek için benden hastanelerimizde eğitim aracı olarak kullanılmak üzere getirtildiklerine dair belge istedi. Röntgen cihazına ihtiyacımız olduğunu öğrenmişti. Gümrükten çektikten sonra parasını ödeyerek alabileceğimizi söyledi. Benim bu röntgenleri 'aldım' diyerek almamın mümkün olmadığını pekâlâ biliyordu. Eğer mevzuatı bilmesem beni faka bastıracaktı. Aldım demem yeterli olsa bile yoklukta daha fazla para verene satacakları kesindi. Teklifi reddettim. Aradan bir müddet geçtikten sonra Hamdi ağabey bana, "Sana 15 kadar röntgen cihazı buldum" diye müjde verdi. "Bunlar falan firmanın getirtip gümrükten çekemediği röntgenler değil mi?"

dedim. "Evet" dedi. Ben uzun konuşmayı pek sevmediğim için kestirmeden gittim. "Sağolun, ama o çok dalavereli bir iş, bize gelmez" dedim. Sinirlendi. "Teessüf ederim, sen beni nasıl suçlarsın?" diyerek hızla yanımdan uzaklaştı. Arkasından koştum. Kendisini suçlamanın aklımdan bile geçmediğini, böyle bir saygısızlık ve küstahlığı yapabileceğimi nasıl düşündüğünü söyledim, tekrar tekrar özür diledimse de samimiyetime inandıramadım. Sayın Açan seyahatlerde, geceleri ufak ufak poker oynamayı pek severdi. Vakit geç de olsa kaldığımız yere dönünce bizi bırakmazdı. Bu olaydan sonra, heyet olarak bakanla beraber bir ile gitmiştik. O gece "poker oynayalım" demeden yattı. Ciddi şekilde alındığı anlaşılıyordu. Böyle bir insanı en hassas olduğu yerden yaralamanın üzüntüsünü 5-6 ay çektim. Benimle selamlaşmıyordu bile. Derken günün birinde odama geldi. Röntgen işinde sen haklı imişsin, gerçekten de üç kâğıtçı imişler. Senden özür dilerim" dedi. Elini öptüm, kucaklaştık. Bunu nasıl fark ettiğini sormadım.

Hamdi Açan Türkiye'de veremi alteden adamdır. Dünya Sağlık Teşkilâtı temsilcileri ile verem savaşının sonuçlarını görmek için sahada dolaşırlarken, dağ başında sürü otlatmakta olan bir çobana rastlamışlar. Dr. Açan, "Bunun bile aşısı vardır" demiş. Misafirler imkânsız deyince, çobanı çağırıp kolunu açtırmış; gerçekten de aşılıymış!

Ondan sonra onun görevini üstlenmek büyük talihsizlikti. En az onun kadar kararlı, azimli ve gerçeklerin bilincinde olmayı gerektirirdi. Hamdi Açan emekli oldu. Yerine gelen, genel müdürlüğün içinde yetişmiş ve genel müdür yardımcılığına kadar yükselmiş bir arkadaşımızdı. Ne yazık ki hocasından iyi ders almamıştı. Son yıllarda verem artmaya başlamıştı. Arkadaşımız inat ve ısrarla bunu kabul etmiyordu. Yüzünü gerçeklere döndürüp biraz yorulacağı yerde kolayına kaçıyordu. Verem hastanelerinin kendisine bağlanması için uğraşıyor, kendisini ilgilendirmeyen işlere karışıyordu. Gerçeği kabul etse en azından ortaya çıkan tablonun sorumlusunun kendisi olmadığını kanıtlardı. Yapması gerekenleri ve yapabileceklerini bırakıyor, yapamayacakları ile uğraşıyordu. Bakan "verem arttı" derken, gerçeği gözardı ederek artmadığını kanıtlamaya uğraşıyordu. Tipik Osmanlı artığı memur zihniyeti ile gerçeğin üstüne gideceğine üstünü örtmeyi tercih ediyordu. Bakan birkaç defa kendisini uyardı. Sonucunu nereye varacağının farkında bile değildi. Tabiî görevden alındı.

Hantal Yasalar

Yirmi birinci yüzyılın eşiğinde sağlık hizmetlerimiz 1930'lardan kalma yasalarla yürütülüyordu. Bunların içinde genç kuşakların isminin anlamını bilmedikleri yasalar vardı. "Tababet ve Şuabatı Sanatlarının Tarzı İcrasına Dair Kanun" buna örnektir. "Röntgen ve Radyumla İştigal Edenlere Dair Kanun"un ismi bile çağdışı kaldığının kanıtıdır. Keza halk sağlığı ile ilgili Hıfzıssıhha Kanunu ve Hususi Hastaneler Kanunu gibi önemli yasalar, el dahi sürülmeden oldukları gibi muhafaza edilmişlerdir. Sağlık Bakanlığı Teşkilât Kanunu gibi zaman zaman değişiklik ve ilave yapılan kanunlar bile günün ihtiyaçlarına cevap verecek durumda değillerdi.

Normal şartlarda yasa çıkarmak oldukça zor bir iştir. Ama Kenan Evren'in de bir vesile ile zamanın sağlık bakanına söylediği gibi bir günde kanun çıkan bir süreçten geçiyorduk. Bu düşünce ile bazı kanunlarımızın değiştirilmesi, yenilenmesi için çok uğraştım. Bakanı ikna ederek Umumi Hıfzıssıhha Kanunu yenileme çalışmalarını yapmak üzere bir komisyon kurdurduk. Bu yasanın en büyük eksikliği çıktığı zaman uluslararası ulaşımın daha ziyade deniz yolları ile sağlanması, sınırlardan toplu giriş çıkışların muhacerete dayalı olması, dolayısı ile hükümlerin bunlara göre düzenlenmiş olması idi. Artık hava ve kara yolu ile uluslararası ulaşım önem kazanmış, turizm hareketleri dolayısı ile hudutlardan giriş ve çıkışlar yoğunlaşmıştı. Her türlü hastalık bir ülkeden diğerine hızla atlayabiliyordu. Halk sağlığını tehdit eden her şey kolayca dünyaya yayılabiliyordu. Yurtiçindeki bulaşıcı hastalık salgınları için de aynı şeyleri söyleyebiliriz. Yasaya göre illerde hıfzıssıhha meclisleri var. Bu çok ileri bir görüşle getirilmiş zorunlu bir müessesedir. Fakat işlevi merkeziyetçi bir yönetime göre miştir. Günümüzde hızla önlem alıp uygulanmadı salgınlar ve sağlık için zararlı şeyler geniş bir alana Onun için hıfzıssıhha meclisleri hızlı önlemler alacak, uygulatacak ve her konuda etkin olabilecek bir duruma getirilmelidir. Günün şartlarına göre tüzük ve yönetmeliklere bırakılması gereken detaylar yasada hükümlere bağlandığı için halk sağlığı hizmetleri hantallaşmış ve etkinliğini kaybetmiştir. Gıdalar, gıda katkı maddeleri ve aşılarla ilgili hükümler örnek olarak verilebilir. Komisyona katılan yaşlı ağabeylerimiz bu yasanın ilişilmez olduğuna inanmışlardı. Onları ikna etmekte zorlanıyorduk. Sonunda "gerçeği görebilmek" için "1930'larda kalan kafaların günümüze gelmesi gerekir" demek zorunda kalmıştık. Ondan sonra bizim çizgiye gelmiş gözüktüler. Çalışmalara başladık. Öyle bir tasarı ortaya çıktı ki biz eskisine fit olduk. Hava ve kara ulaşımını deniz ulaşımının yanına koyduramadık. Deniz yolu ile ülkeye sağlığı tehlikeye sokacak hiçbir şeyin girmesine müsaade etmiyorduk. Buna mukabil örneğin Hindistan'dan trene binen koleralı hastanın veya kolera portorünün doğu hududumuzdan girip kolera basillerini saça saça Batı sınırlarımızdan çıkmasına karışmıyorduk. Neyse ki çalışma, komisyon aşamasından ileriye gitmedi.

Radyoloji ile ilgili yasa ve tüzükte, uygulanması bu konuda çalışanların aleyhine olan hükümler var. Bugün ışınların olumsuz etkilerinin izlenmesi, erkenden belirlenmesi için geliştirilmiş yöntemler kullanılmaktadır. Mevcut tüzüğe göre "bilfiil günde beş saat röntgenle iştigal edenlere, ayrıca başka iş verilmez ve senede bir ay izin verilir" hükmü getirilmiş. Manası, mantığı ve bilimsel dayanağı olmayan bir hüküm. Böylesine aleyhte bir hüküm, nasıl olmuşsa lehe çevrilerek, istismara açılmıştır. Bugünkü teknolojik gelişmeler dikkate alındığı takdirde çok daha uzun süreler zarar görmeden çalışmak olanağı varken, devlet bu işle uğraşanları yarım gün çalıştırarak, bir kişilik işin iki kişi tarafından yapılmasını kabullenmiştir. Bu uygulamada görev bilincine sahip olanlar sağlıklarını tehlikeye atarak ışın almaya devam ederken, dalgacılar ve tembeller hiç ışın almadan yarım gün çalışmakta, ayrıca senede bir ay da "röntgen izni" kullanmaktadırlar. Yani bu yasamız da tembele ve cahile prim veren bir yasadır.

657 Sayılı Devlet Personel Yasası'nın izinler bölümünde, röntgenle çalışanlar unutularak, nükleer tıp dalında çalışanlara radyasyon izni verilmek suretiyle bir de çelişki yaratılmıştır. Bugün "hastanede 5 saat çalıştım, yeterli ışını aldım" diyerek işyerinden ayrılanlar muayenehanede film çekmeye devam ederek ışın almakta bir sakınca görmemektedir. Özel teşebbüste çalışanların ise sağlıklarının korunması için hiçbir güvence yoktur.

Bu konu ile ilgili olarak Atom Enerjisi Komisyonu kurulmuş, yasal dayanağı olmadan çıkarılan bir tüzükle bu komisyona görev ve yetkiler verilmişti. Bu durumun neden olduğu sorun ve çelişkiler vardı.

Konuyu doğrudan ele aldım. Numune Hastanesi'nin röntgen şefi Sayın Dr. İbrahim İskeçe'yle birlikte çalışmaya başladık. Bir müddet sonra Sayın İskeçe, "Senin röntgen çalışanlarının şua izinlerini kaldırmaya çalıştığını söylüyorlar" dedi. Ben de kendisine bunu söyleyenlere ne dediğini sordum. İşin içinde olduğu için "gerçeğini" diyeceğini beklerken, gördüm ki o bile radyasyon izninin elinden gideceği zannına kapılmıştı. Ya da altından bir kazık çıkacağından endişe ediyordu. Bu durumda bir yere varmak mümkün değildi. Çalışmayı durdurdum. Fakat peşini bırakmak istemiyordum. Atom Enerjisi Komisyonu yetkilileri ile temasa geçtim. Bizim yasanın pek ilkel olduğunu, onlara ait görevlerin hâlâ Sağlık Bakanlığı'nda bulunduğunu, kendilerinin yasal dayanağı olmadan çıkarılmış bir tüzükle varlıklarını sürdürmelerinin doğru olmadığını, müşterek bir yasa taslağı hazırlayarak sonuçlandırılması için harekete geçmemizin uygun olacağını anlattım. Kabul ettiler, bir ön çalışma grubu kurarak işe başladık. 4-5 toplantıdan sonra bu şekilde çalışırsak sonuç almanın uzayacağı anlaşıldı. Sadece esaslarını ve ana ilkeleri saptayarak bu yönde bir taslak hazırlanmasını onlara bırakmayı uygun bulduk. Hazırlanan taslağa son şeklini müştereken kuracağımız komisyon verecekti.

Aradan birkaç ay geçtikten sonra hazırladıkları bir taslağı görüş almak için bize gönderdiler. İnceledik. Hazırlayanlar fizik mühendisi oldukları için hizmette kendilerini ön plana çıkarmaya dayalı bir çalışma ortaya çıkmıştı. Onlar da bu fırsattan yararlanarak kendilerinin merkez olduğu bir dünya yaratmaya heveslenmişlerdi. Tasarının sorunlara cevap verecek bir niteliği yoktu. Gerekçeleri ile taslağı uygun bulmadığımızı bildirdik. Bu fırsat da elden kaçmıştı.

Özel Hastaneler Rezaleti

Bektaşi'nin önüne iki ayrı şarabı koymuşlar, hangisinin iyi olduğunu sormuşlar. Birisinden bir yudum almış ve hemen tükürmüş, "öbürü iyi" demiş. "Ama ona bakmadınız" demişler. Tattığını göstermiş: "Bundan daha kötüsü olamaz."

Özel hastaneleri yakından tanıdıktan sonra bakanlığımızdakilere iyi demeye başlamıştım. Bunların büyük çoğunluğuna, aklı eren kimse sağlığını emanet etmezdi. Bir tanesi İstanbul Sağlık Müdürlüğü'nün burnunun dibinde bir "rezalet abidesi" gibi duruyordu. Gerisini ona göre hesaplayınız. Bir eşi de Ankara'da idi. Ne hazindir ki bunun sahibi ve işletmecisi Tıp Fakültesi'nde hoca idi. İş ruhsat laubaliliğinden ve denetimsizlikten tamamen çığırından çıkmıştı. Mevcut durum müktesep hak haline geldiği için iyileştirilmeleri mümkün değildi. Kapatmaya kalkışsak medyayı devreye sokacakları kesindi. Tilki tilkiliğini ispat edinceye kadar post elden giderdi.

Fizik yapı, işletme yetersizliği ve kusurları yanında başka şeyler de vardı. Bunların başında yatak ücreti oyunları geliyordu. Yatak ücretlerini Sağlık Bakanlığı adına biz veriyorduk. Bu ücretler her sene yenileniyordu. Hepsinin de günlük yatak ücreti, bizim hastanelerde bir hastaya yapılan, tedavi masrafları dışındaki giderin çok altında idi. Hiçbirisi artırılmasını istemiyordu. Biz artırdığımız zaman da karşı çıkıyorlardı. Kâr amacı ile kurulmuş bir işletmenin bu davranışının altında birşeyler olduğunu anlamak için kâhin olmaya gerek yoktu. Biraz inceleyince gerçek ortaya çıktı. Hastaların yatak ücretini faturalara tarife üzerinden yazıyorlar, ayrıca açıktan yemek parası diye yüklüce bir para alıyorlardı. Böylece Bakanlığı vergi kaçakçılığına alet ediyorlardı.

Yatak ücretlerinin tayini hiçbir objektif kritere dayanmıyordu. Zamanında verilmiş fiyata sembolik ilaveler yapılarak o günlere gelinmişti. Gerçekçi fiyat tespiti için önce özel hastanelerden maliyet hesapları istedim. Gelen bilgileri bizdeki pansiyon hizmetleri giderleri ile kıyaslayarak ortalama bir hastanın tedavi giderleri dışındaki günlük maliyetini hesaplattım. Yeni yatak ücreti tarifesini buna göre vermeye başladık. Tabiî birden bire ücretler birkaç katı arttı. Yeni tarifeyi alan karşıma dikiliyordu. Yasal olarak ücretsiz hasta kontenjanı ayırma zorunluluğuna rağmen örnek olarak bile bir tane fakir hasta tedavi etmemiş olanlar fakir fukaranın sağlığı ile ilgilenir oldular. Birkaç ilde özel hastanesi olan eski bir milletvekili meslektaşımız, beni zorlayarak sonuç alamayınca, Bakan Ayanoğlu'nu tanıdığını söyleyerek beni şikâyete gitti. Bakan da onu kapı dışarı etti. Sayın Ayanoğlu'nun iyi tarafı, güvendiği genel müdürleri her türlü dış baskıya karşı koruması idi.

Yalnız bir endişem vardı. Konu basına yansırsa aleyhimizde kullanılmaya müsaitti. Hastane sahipleri yatak ücretini ucuz tutmaya çalışıyordu, biz halkın aleyhine olarak artırıyor olacaktık. Dışarıdan görünüş bu idi. Bir şey olmadı. Ondan sonraki yıllar, özel hastanelerin yatak ücretlerini, Devlet İstatistik Enstitüsü'nden tüketim maddeleri yıllık fiyat artışlarını alarak ona göre ayarlıyorduk.

Lozan Antlaşması'na göre ülkemizde kalan yabancılara ait özel hastaneler ise verdiğimiz ücretleri az bularak zarar ettikleri gerekçesi ile artırılmasını istiyorlardı. Biz kabul etmeyince sefaretleri devreye soktular. Önce Avusturya Sefareti'nden, sonra da Amerika Sefareti'nden yetkililer gelerek zararın kapatılması için ücretlerin artırılmasını istediler. Kendilerine bu hastaneleri açık tutmalarının nedeninin devletlerinin propagandasını yapmak olduğunu, bunun karşılığı olarak da zararı kendilerinin kapatması gerektiğini, devletleri bunu kabul etmediği takdirde, hastaneleri bize devrederlerse bizim sorunu çözeceğimizi söyledim; bir şey diyemeden gittiler.

Bunların dışında yasaya tam uyulsa bile bugünün icaplarına uygun bir işletme sağlanması mümkün değildi. Bulundurulması gerekli cihaz, alet ve personel yetersiz kalıyordu. Yasaya göre yasak olduğu halde içlerinde poliklinik, dışarıya açık tahlil ve röntgen laboratuvarı açanlar vardı. Mevcutlarının iyileştirilmesi ve günün icaplarına uygun hale getirilmesi için mevzuatın yenilenmesinden başka çare yoktu. Bütün çabalarıma rağmen yasayı değiştirmek olanağı bulamadım. İstediklerimizin büyük çoğunluğunun tüzüğün değiştirilmesi ile mümkün olduğunu gördüm. Bu ise doğrudan bizim genel müdürlüğün yapacağı bir işti. İki sene uğraşarak tüzükte önemli ve köklü değişiklikler yaptık. Eskilere de buna uymaları için iki yıl süre tanındı. Buna rağmen tüzüğe ne eskiler uydu, ne de yeni yapılanların bir kısmı... Aradan on beş sene geçmesine rağmen Bakanlığın bu konu ile ilgilendiğine dair herhangi bir belirti yoktur. Bana göre tüzüğün hakkı ile uygulanabilmesi için işin başlangıcında, çevreyi detaylı olarak gösteren arsa krokisi, binanın inşaat projesi, hastanenin amacına göre görev kadrolarını, alınacak ekipman, alet, cihaz gibi tıbbi, cerrahi gereç listesine dayalı bir ön belge alınması zorunluluğu getirilmelidir. Tüzük değişikliği yaparken biz de bunun farkında olmamıştık.

Eczacılık

Eczacılık işleri çok eski bir farmakopeye göre yürütülmekte idi. Yeni bir farmakope yasası için yıllardır çalışıldığını biliyordum. Bir türlü sonuçlandırılamıyordu. Bu konudaki çalışmalara katılmak bana da nasip oldu. Sağlık Bakanlığı'ndaki yaratıcı kafalar her bakan değişiminde eski proje ve çalışmaları yeniden gündeme getirerek işe başlarlar. Farmakope yasası Münif İslâmoğlu'nun da önüne getirilmiş. O da kurulacak komisyona benim de dahil edilmemi emretmiş. Benim katıldığım ilk toplantıda kodekse uygun ilaç hammaddelerini imal veya ithal eden, satan, alıp kullananlar için uygulanacak ceza ile ilgili madde görüşüldü. Hatırımda kaldığına göre taslağı hazırlayanlar iki milyon lira ceza öngörmüşlerdi. Bakanlık hukuk müşaviri bu maddeye "bilerek" kelimesinin ilavesini istiyordu. Kimsenin hileli malı bilerek aldım veya kullandım demesi mümkün olmadığı için maddenin ne caydırıcılığı, ne de etkisi kalırdı. Bunları söyledim. Satın alanın veya kullananın aldığı hammaddenin saflık derecesini bilemeyeceği gerekçesi ile önerisinde ısrar ediyordu. Diğer üyeler de bu işin dışında imiş gibi sadece dinliyorlardı. Sonunda hukuk müşavirine "sen eğer bu gibi alım satımlarda kalite kontrol belgesi diye bir belgenin kullanıldığını bilmeyecek kadar cahil değilsen, başka bir maksadın olmalıdır" demek zorunda kaldım. Bu kadar basit bir gerçeği anlatamadığım bir yerde bulunmam boşuna zaman harcamam demekti. Çalışmanın eninde sonunda askıda kalacağı kesindi. Toplantıyı terk ettim, bir daha da katılmadım.

Bakanlık'ta halktan çok ilaç üreticilerinin yanında olan başkaları da vardı. Döviz yokluğunda Münif İslâmoğlu'nun hayati ilaçların ithali için binbir zorlukla bulduğu yüz bin doların amacına uygun kullanılmasını bile sağlayamadılar. İlaççılar doğal olarak çabuk ve çok kazanç için, sürümü çok olan ilaçları getirmek istiyorlardı. 12 Eylül askerî idaresi döneminde Konsey Genel Sekreterliği'nin düzenlediği sağlık sorunları ile ilgili çalışmalarda da Bakanlığın konu ile ilgili yetkililerinin ilaççılardan yana olduğunu ibretle izlemiştik.

Bakanlık sık sık içerisinde ana madde olmadığı için veya eksik olduğu için toplatılmasına karar verilen ilaç listeleri yayınlardı. Bu listelerde aynı firmanın ismine defalarca rastlamak mümkündü. Firmalar piyasaya ısrarla hileli ilaç sürüyor, devlet sadece bunların toplatılması için listeler yayınlıyordu. İşin ne kadar ciddiye alındığının bundan daha güzel göstergesi olmaz.

Hileli ilaç piyasaya sürülüyor, günlerce satılıyor, sonra her nasılsa farkına varılıyor, bunun belgelenmesi için günler geçiyor, o parti satılıp tükendikten sonra toplama sirküleri çıkıyordu. Böyle bir ilaç hakkında işlem yapılması için girişimde bulundum. Bozuk örneklerin Bakanlığa iletilmesi ve işlemin başlatılmasının zorluğunu yaşayarak gördüm. Cezasının ise incelenen örnek miktarının tutarının birkaç katından ibaret olduğunu daha sonra öğrendim. Kazanç kapısı böylesine açık olmasına rağmen ilaç üreticileri doğru dürüst ilaç yapıyorlarsa onların heykelini dikmek lazımdı. Bazı iyileştirmelere rağmen önlemlerin halen yeterli olduğunu zannetmiyorum.

Özel Kan Bankaları

Ciddi bir iş olması gereken özel kan bankaları iki sayfalık bir yönetmelikle açılmıştı. Tedavi Hizmetleri Genel Müdürlüğü'nde bunun için bir şube vardı. Ben göreve geldiğim zaman şubenin başında konuyla hiç ilgisi olmayan birisi çalışıyordu. Şube daha çok hastane kan bankalarının döner sermaye ve ayniyat işleri ile uğraşıyordu. Kuruluşu ve kadrosu bunun dışında başka bir hizmete uygun değildi. Kan işi, tıp fakülteleri hastaneleri dahil, hiçbir hastanede doğru dürüst halledilememişti. Boşluğu doldurmak görevi Kızılay'a düşmüştü. Onlar da normalin aksine askerlerden alıp sivillere veriyorlardı. Kaynak yaygınlaştırılamadığı için kalan açığı, o da büyük şehirlerde, özel kan bankaları karşılıyordu. Sağlık Bakanlığı'nın, diğer hizmetlerde olduğu gibi, yapılanması ve kadrosunun bu işe uygun olmaması yüzünden onlar da denetim dışında kalmışlardı. Ne yaptıklarını, nasıl çalıştıklarını dahi bilen yoktu.

Ben göreve geldiğim zaman bu işleri disipline etmek için Müsteşar Yardımcısı Dr. Nedim Coşkun ağabeyimiz konuyu ele almıştı. Benim de dahil olduğum bir komisyon kurdu. Üyenin birisi de Kızılay temsilcisi bir profesördü. Çalışmaya başladık. Kızılay temsilcisi işi çok geniş çapta ele alıyordu. Kan ve kan ürünlerinden sorumlu bağımsız bir genel müdürlükle, yurt çapında yaygın bir organizasyon öneriyordu. Bu genel müdürlüğün görevleri arasında seferi kan ihtiyacını stoklayarak, devamlı kullanıma hazır tutmak gibi ideal ama bizim düzeyimizdeki ülkeler için ütopik bir görevi de olacaktı. Bu kadar yüksekten uçarsak mevcut durumu bile aşmamız güçleşirdi. Onun için Dr. Coşkun ve ben sorunu daha basit ve gerçekçi bir yaklaşımla ele alıyorduk. Her şeyden önce insan kanını ticari mal olmaktan çıkarmak suretiyle bir ayıbı ortadan kaldırmak zorunda idik. Büyük hastaneler behemahal işin içine girmeli idiler. Fraksinasyon* sureti ile bir doz kanın birkaç çeşit ihtiyacı karşılayarak daha ekonomik tüketilmesi gerekli idi. Bunun için uzun tartışmalar oluyordu. Sonunda bizim istediğimiz şekilde bir yasanın çıkarılması sağlandı.

Bakanımız Prof. Dr. Kaya Kılıçturgay zamanında özel kan bankalarının ele alındığından söz etmiştim. Bakanlık Teftiş Kurulu'nun diğer sağlık hizmetlerinde olduğu gibi bu konunun da üstesinden gelmesi mümkün değildi. Onun için kan bankalarını denetleyecek nitelikte bir heyet kuruldu. Bu heyet özel kan bankalarını denetleyerek Bakanlığa bir rapor sundu. Bu rapora göre hiçbirisinin işe uygun çalışma koşullarına sahip olmadığı sonucuna varılmıştı. Denetime tâbi tutulan kan bankalarına eksiklikleri belirtilerek, bu eksiklikler tamamlanıncaya kadar kapatıldıkları tebliğ edildi.

Bir tanesinin sahibi arkadaşımdı. Özel kan bankacılığını icat eden de oydu. En büyük tip kan bankası onundu. İşlevleri arasında fraksinasyon yapmak da vardı. Kapatma medeni fraksiyon yapmaması idi. Süresi bitmeden açılma izni almak için bana geldi. O anda aldığı kanları ne yaptığını sordum. İçlerinden gama globülini (canlıda bağışıklık sağlayan madde) ayırdıktan sonra geri kalanını attığını söyledi. Bırakalım mevzuatı, vicdana sığar bir iş değildi. Açılması için ya girdiği sınıfın gereklerini yerine getirecek ya da durumuna uygun sınıfı seçerek ona göre organize olacaktı. Bunları kendisine anlattım ve bu belayı memleketin başına açmanın vebalini öbür dünyada da çekeceğini söylemekten kendimi alamadım. Kızdı, gitti. Birkaç gün sonra müsteşara gitmiştim. Bir kâğıt verdi, baktım bu arkadaşın beni şikâyet için yazdığı mektuptu. Müsteşara "bunu ne yapacağım?" diye sordum. "Yırt at" dedi.

Bugün ne değişti? Temel Sağlık Hizmetleri diye bir yasa Meclis'ten geçirildi. Kanun encümende görüşülürken, ben ve Yüksek İhtisas Hastanesi Başhekimi Dr. Kemal Beyazıt, "özel danışman" olarak çağırılmıştık. Benim çağırılma nedenim bir

(*) Kan ürünlerinden ayrılması işlemi.

süre önce hastanelerin iyileştirilmesi ile ilgili olarak *Milliyet*'te yayımlanan yazımdı. Dr. Beyazıt ise zannederim hastanelerin işletme haline getirilmesine uğraştığı için çağırılmıştı. Benim arzu ettiğim sistem gerçekleşmedi. Kemal Bey isteğine kavuştu. Tek müşterisinin, yaması yırtığını kapamayan bir devletin olduğu sistemde alacak hesapları ile hastanesini nasıl ayakta tutmayı başardığını bilemiyorum.*

Temel sağlık hizmetleri ile ilgili kanun orada gördüğüm kadarıyla iki ayrı zamanda yazılmış farklı anlayışların ürünü idi. Başlangıcı ismine uygun şekilde gayet güzel ve derli toplu hazırlanmıştı. Ondan sonrasının alelacele hazırlanıp metne eklendiği açıkça belli oluyordu. Çarpık bir zihniyetin eseri olduğu bazı maddelerden kolayca anlaşılıyordu. Mesleki ve kişisel niteliklerini kaybeden hekimlerin diplomasının Bakanlıkça iptal edileceğine dair hukuka ve mantığa uymayan bir madde vardı. Birisi gelecek "namaz kılmıyor" diye, birisi gelecek "namaz kılıyor" diye diploma iptal edecekti. Bu saçmalıklar taslaktan çıkarıldı.

Tedavi Hizmetleri Genel Müdürlüğü

Tedavi Hizmetleri, o zamanki adı ile Tedavi Kurumları Genel Müdürlüğü'nde 60-70 kişinin yapacağı iş için 120 memur çalışıyordu. Şube müdürlerinin formasyon ve geçmişi başında bulundukları şubenin hizmet alanı ile yakından uzaktan ilgili değildi. Örneğin hastaneler şube müdürünün başhekimlikten gelmiş olması gerekirken, bu görev Yüksek Ticaret Okulu mezunu genç bir arkadaşa verilmişti. İstatistik Şube Müdürü Dil-Tarih-Coğrafya Fakültesi mezunu idi. Bu konuda bir kurs dahi görmemişti. Kan şubesinin başındaki arkadaş sağlık idaresi mezunu idi. Değiştirdim. Onu hastane şubesine, mesleği ile hiç ilgisi olmayan bir şubede çalışan yüksek hemşire arkadaşı kan şubesinin başına verdim. Şube müdürlüğü düzeyindeki bir göreve hekim ve görevle ilgili meslek sahibi kalifiye bir ki-

(*) Bunlar yazıldıktan uzunca bir süre sonra Sayın Beyazıt emekli oldu. Yerine gelene bir yığın borç kalmıştı.

şinin getirilmesi mümkün olmuyordu. Bakanlık tarihinde bir kere hastane hekimlerinden şube müdürleri yapıldı. Onlar da bir-bir buçuk sene içerisinde bir yolunu bulup hastanelere atladılar. Ben hastane başhekimi iken müsteşarın aldığı maaşın iki katına yakın maaş alıyordum. Kimse daha az ücretle görev kabul etmez, ederse başka hesapları vardır. Sağlık Bakanlığı'nın teşkilâtı içerisinde çalışan hekimlerin bir üst göreve özenmesini teşvik edecek hiçbir avantaj yoktur. Yatay ve dikey ilerlemelerde ve ücret artışlarında ehliyet ve liyakat aranmaz. Üst kademelerde görev teminatı yoktur. Diğer bakanlıkları bilmem ama Sağlık Bakanlığı idari kademelerinde ehliyetli ve liyakatlı kimselerin çalıştırılması pek güçtür. Onun için de atılım, siyasetten gelen bakanların inisiyatifine terk edilmiştir. Onlar da popüler olacak işlere heveslenmekte, hizmeti günlük politik hesaplara feda etmektedirler.

Bu nedenlerle kendimize doğru dürüst bir muavin bulmak bile zor oluyordu. Ben göreve geldiğim zaman iki pratisyen hekim muavin vardı. Birisi yaşlı ve kalp hastası idi. Diğeri iyi niyetli, temiz kalpli efendi bir arkadaştı. Daha önce idari kademe olarak Verem Savaşı Genel Müdürlüğü'nde çalışmıştı. Makûl olanı orada ilerlemesi iken tedavi kurumlarına gelmişti. bu sık yapılan hatalardan birisidir. Yardımların en az birisinin hastane hekimliğinden gelmiş olması gerekir. Boş olan üçüncü kadro için çok uğraştım, böyle bir kimseye görevi kabul ettiremedim. Sosyal Sigortalar Kurumu'nda beraber çalıştığımız bir pratisyen arkadaşımız vardı: Dr. Yekta Tandoğaç. Görevi ona teklif ettim, güvence olmadığı için kabul etmek istemedi. O zamana kadar genel müdür yardımcıları ile oynama geleneği pek yoktu. Genel müdür olmaya özenmez ve genel müdür olmazsa kimsenin kendisine ilişmeyeceğini söyledim. Lojman vaat ettim. O şekilde kabul etti. Çalışkan, kolay öğrenen, kişilikli, dürüst bir arkadaştı. Çabucak adapte oldu. Üstümden büyük bir yükü kaldırmıştı. Zaman içerisinde kendi öğrettiğim konularla ilgili hususları bile ona danışmaya başlamıştım. Ne yazık ki, ANAP iktidarının ne oldum delisi bakanları idarede partizanlığı yine hortlattılar. Bu arkadaşımızı, doğumevi başhekim yardımcılığı gibi çok alt bir göreve atayarak Bakanlık'tan uzaklaştırdılar. Daha sonra tekrar vekâleten eski görevine iade edildi. Olanlardan çok üzülmüştü. Gazeteci, yazar Teoman Erel'in kayınbiraderi idi. Ondan yardım istemeyecek kadar da haysiyetli idi. Bakanlığa ikinci gelişinden kısa bir süre sonra enfarktüsten vefat etti. O gün bugündür "yerinden oynatmasa idim belki de genç yaşta hayatı terk etmezdi" diye düşünürüm.

Şubelerde ihtiyacın üstünde memur vardı. Aralarında hizmeti olumsuz etkileyecek düzeyde politik kutuplaşmalar vardı. Göreve başladığım günlerde duvarlara sloganlı afişler asılıyor, tuvalette aynalara sloganlar yazılıyordu. Memurları topladım. Kimsenin siyasi görüşü ile ilgilenmediğimi, daire içinde memura yakışır şekilde davranan ve görevine siyasi görüşümü karıştırmadan çalışanlara ilişmeyeceğimi ve iliştirmeyeceğimi, daire dışında olanlarla ilgilenmenin benim görevim olmadığını söyledim. O zaman Yozgat'a giden solcu ile Kars'a giden sağcıyı, otobüsten iner inmez bir güzel dövdükten sonra gerisin geri gönderiyorlardı. "Bakın, dedim, kimin sağcı, kimin solcu olduğunu öğrendim. Bu genel müdürlükte bir daha slogan yazıldığını görürsem sağcıları Kars'a, solcuları Yozgat'a gönderirim. Buna da kimse engel olamaz." Ondan sonra bir daha slogan yazılmadı.

Fazla memurları Ankara içerisindeki görevlere naklettim. Seçimde kullandığımız kıstaslar kısaca, işe yarayıp yaramama ve kişisel özelliklerdi. İlk nakledilenler arasında Adalet Partisi gençlik kollarında aktif olarak çalışan birisi de vardı. Hemen milletvekilleri harekete geçti. Bakan, nakil nedenini sordu. Söyledim. Ayrıca bu memur dürüst bir insan olarak tanınmıyordu. Bunu da ilave ettim. İşlemi uygun buldu. "Sayın bakanım, dedim, sizin milletvekili arkadaşlarınızla karşı karşıya gelmenizi istemem. Onun için bu memuru pasifize ederek yerinde bırakabilirim."

Kabul etmedi. "Gerisine sen karışma" dedi.

* * *

Hizmetle ilgili bazı iyileştirmeler yaptık. Hastaneler şubesinde hastanelere ait hiçbir bilgi yoktu. Birkaç ay uğraştıktan sonra, sağlık personelinin adedi, mesleklere göre dağılımları, yatakların branşlara göre mevcutları gibi çok çeşitli bilgiyi gerçeğe yakın olarak alabiliyorduk.

İstatistik şubesi, gelen cetvellerin yatay ve dikey toplamlarını kontrol ediyor, doğru olanları dosyalayıp kaldırıyordu. Şubede bu verilerin niçin toplandığını bilen bir kişi yoktu. Önce şube müdürüne verilerin ne anlama geldiğini ve nasıl değerlendirileceğini öğrettik. Hastane yataklarının yıllık işgal oranının, hastaların hastanede ortalama kalış günlerinin normal değerlerini son 5-6 yıllık istatistiklerdeki rakamlara göre hesapladık. Diğer ülkelerdeki karşılıkları ile mukayese ettik. Hemen hemen birbirine eşittiler. Daha önceleri olsa olsa usulü ile hesaplanan hasta yatağı ihtiyaçları, poliklinik kapasiteleri, hastane içinde branşlara göre yatak dağılımları sabit katsayılarla hesaplanabilir hale getirildi. Artık gelen istatistikler değerlendiriliyor, hataların kaynakları aranıyor ve önlem alma olanağı değişiyordu. Örneğin hastanelerde yatakların dağılımındaki dengesizlikten dolayı bir serviste yatağa ihtiyaç varken, bir diğerinde yatakların boş kalması gibi yanlışlar düzeltilebiliyor, planlanan hastanelerin kapasiteleri gerçekçi olarak hesaplanabiliyordu.

Yalnız hastane hizmetlerinin değerlendirilmesinde yıllardan beri yapılmakta olan bir yanlışlığın ben de o zaman farkına varmamıştım. Hastanelerde mevcut yatak kapasitesinin iyi kullanıldığının göstergesi yatak işgal oranıdır. Bu rakam genel hastaneler için ortalama % 70 olarak kabul edilir. Bizde hiçbir zaman % 50'yi geçmediği için devlet hastanelerinin en az üçte bir kapasitesinin kullanılamadığı kanısı yerleşmişti. Bu yüzden Devlet Planlama Müsteşarlığı'ndan yatak artırımı istekleri zor kabul görüyordu. Her işte olduğu gibi, bu oranı da Avrupa'dan almıştık. Oranı etkileyen faktör yıl içindeki tatil günlerinin miktarıdır. Bizde cumartesi ve pazar dışında bir sürü tatil günü vardır. Ayrıca Ramazan ayında gelen hasta adedi çok düşer. Yatan hastalar dini bayramlardan önce çıkarlar. Hasat mevsiminde köylerden çok ağır hasta dışında hasta gelmez. Bu nedenlerle bizde yıllık yatak işgal oranlarının % 70'e erişmesi olanağı yoktur. Taşra çalışmalarımızdan hatırlıyorum: Hastaları yatıracak yatak zor bulduğumuz halde bu oran % 55'leri geçmezdi. Fakat yukarıda saydığımız dönemlerde yatakların boş kaldığını hatırlamazdık. Onun için yatak işgal oranlarını mevsimlere göre ayrı ayrı değerlendirip ihtiyaçları bu rakamın en yüksek olduğu döneme göre hesaplamak gerekir.

Göreve geldiğim zaman bütçe gider hesaplarının ve ödenek dağıtımın bir prensibe göre yapılmadığını gördüm. Bütçe bir önceki sene rakamlarına biraz ilaveler yaparak hazırlanıyordu. Bunun bir kısmını, Maliye Bakanlığı'nın verdiği çerçeveye sığdırmak için, Bakanlık kısıyor; bir kısmı da Maliye Bakanlığı'nda kesilerek bütçe kuşa döndürülüyordu. Maliye Bakanlığı hesaplarını yatak başına global bir katsayıya göre yaptığı için Sağlık Bakanlığı fazla ödenek alabilmek amacı ile hastane yataklarını kâğıt üzerinde artırmıştı. Artırılmış rakamın adı "kadro yatağı" idi. Bu yüzden istatistiklerde fiili yatak adedi, diğer işlerde ise kadro yatağı rakamı kullanılıyordu. Aradaki fark, arta arta 20 bine dayanmıştı.

Ben gerçekçi hareket edersek inandırıcı olacağımızı düşünerek ona göre hazırlıklara giriştim. Böylece hastaneleri sıkıntıdan kurtaracağımı zannediyordum.

Genelde hastanelerin ilaç ve yiyecek giderleri 8-10 ayda biter, ilaçlar hastalara aldırılır, yiyecek maddeleri için piyasaya borçlanılırdı. Şimdi de farklı olduğunu zannetmiyorum. Hasta giyecekleri ve yatak takımları için verilen ödenekler ihtiyacın yarısını zor karşılardı. Hastaneler bu sıkıntıları bir ölçüde aşabilmek için dernekler kuruyordu. Her gelen bakan, verebilen poliklinik hastalarından derneğe alınan birer ikişer liranın alınmaması ve bağış toplanmaması için emirler çıkarırlardı.

Hastane eczanelerinde ilaç bulunmadığı için hastane polikliniklerinin kapıları karşısında sıra sıra eczaneler açılıyordu. Bu eczane sahiplerinin başta kapmak için yumruk yumruğa dövüştüklerini gördüm. Fakir fukaranın bu bakımdan büyük sorunları oluyordu. Şehirden uzak hastanelerde gece gelen acillerin ilaç ihtiyacının sahipleri tarafından sağlanmasının yarattığı güçlükler ve sorunlar yaşanıyordu. Giresun'da görev gezisinde bulunduğumuz sırada bir gece, hastanedeki kalacağımız yere dönerken, omuzundaki değneğe serum şişelerini takmış, ter içinde yokuşu tırmanmakta olan bir köylüye rastladık. Acil olarak getirdiği hastası için gerekli serumları almaya şehre gönderilmiş. Arabaya aldık. Bu suretle adama 10-15 dakika kazandırmıştık. Bunlar devlete yakışır işler değildir. Bir iş ya tam yapılır, ya hiç yapılmaz. Özellikle sağlık hizmetlerinde olduğu kadarı ile yetinmek mümkün değildir.

* * *

Göreve geldiğim zaman bütçe yılının sonuna yaklaşılmıştı. Yılbaşından itibaren verdiğim talimatlar çerçevesinde bütçe hazırlıklarını başlattım. Daha önceki yıllarda gerçekleşen kesin harcamalara göre bir hasta gününe isabet eden miktarları hesapladık. Bütçe teklifimizi bunlara dayanarak hesaplamaya başladık. Bölümlerin altına gerekçelerimizi ve hesapların nasıl yapıldığını açıkça yazdık. Buna rağmen gider bütçemizin bir miktarı müsteşarlıkta, bir miktarı da Maliye Bakanlığı'nda kesilerek kendilerine göre uygun hadde indirdiler.

Bütçe hazırlığı için kullandığımız kriterleri hiç olmazsa ödenek dağıtımında kullanacaktık. Bunun için katsayılarımızı bütçemizde yapılan kısıntı oranında küçülttük. Böylece dağıtımda adaleti sağlamış olacaktık.

Bize verilen ödeneğin % 10'unu ileride kullanmak üzere ihtiyat olarak bloke ettik. Geri kalanı hastanenin fiili yatak adedine göre elimizdeki katsayılara göre hesaplıyor, çıkan rakamı yatak işgal yüzdesi ile oranlayarak gönderiyorduk. Başkalarının haklarını da almaya alışkın bazı Ankara hastaneleri feryada başladılar. Hiçbirisini duymadık. Çünkü 12 Eylül askerî idaresi dönemine girmiştik. Parti iktidarları dönemi olsa idi ilkelerimizi tavizsiz uygulayabilir miydik, bilemiyorum.

Tedavi Hizmetleri Genel Müdürlüğü 700'den fazla hastaneden sorumlu işletmeci bir genel müdürlüktür. Mal olsun, hizmet olsun, üretim yapan bir işletmenin personelini atayan başkası, araç gerecini sağlayan başkası, binasını yaptıran başkası, binanın bakım onarımını yaptıran başkası olur, bunlar bir yöneticiye bağlı olmadan bağımsız hareket ederlerse, böyle bir işletmeden verimlilik ve kalite beklenmesi mümkün değildir. Tedavi Hizmetleri Genel Müdürlüğü'nün görev ve yetkileri bu şekilde dağıtılmıştı. Biz sadece bütçe yapıp para gönderiyorduk. Hastanelerin denetimleri meslekten olmayan ehliyetsiz, liyakatsız kişilerin ellerine bırakılmıştı. Onlar da hastanelerle istedikleri gibi oynuyorlardı.

Yatak kapasiteleri, işlevleri, hitap ettikleri toplumun demografik yapıları farklı olan bu kuruluşların hepsinin günlük yönetimleri Bakanlığın düzenlediği aynı yönetmelikle, Maliye'nin bütün devlet kurum ve kuruluşlarına uygulanan parasal mevzuatının dar kalıplarına sıkıştırılmıştı. Hastane canlı bir organizma gibidir. İhtiyaçları her an değişir, eksiklerinin hızla sağlanması gerekir. Satın alma ile ilgili yasa buna olanak vermez. Özetle söylemek gerekirse davul hizmetten birinci derecede sorumlu olan hastane idaresinin boynunda, çomak başkalarının elinde idi.

Hastane yönetimlerine mümkün olduğunca inisiyatif verebilmek için Yataklı Tedavi Kurumları İşletme Yönetmeliği'nde değişiklikler yapmak istedik. Bu maksatla Ankara'daki eğitim hastaneleri başhekimlerinin katıldığı bir komisyon kurduk. Toplantı saatini hastane mesaisinin bitiminden bir saat öne aldım. Bir saat kadar da başhekimlerin muayenehane mesailerinden almak suretiyle iki saat kadar çalışmayı düşünmüştüm. Haftada iki veya üç gün toplanmamız yeterli olacaktı. Buna rağmen toplanalı bir saat bile olmadan başhekimler muayenehaneye gitmek için prostat hipertrofili ihtiyarlar gibi oturdukları yerde kıpırdanmaya başlarlardı. Bu şartlarda çalışmanın verimli olması mümkün değildi. Komisyonu dağıttık. Muavinim Dr. Yekta Tandoğaç'la gece yarılarına kadar çalışarak bir taslak hazırladık. Hastanelere görüş almak için gönderdik. Ona bile ilgi pek az oldu. Böyle bir çalışmanın sonucu ne kadar yeterli ve yerinde olursa bizim yönetmelik de o kadar yeterli ve yerinde oldu. Aradan yıllar geçtiği halde hâlâ uygulamak zorunda olduğu yönetmeliği okumayan başhekimler gördüm.

Genel müdürlüğün günlük kırtasi işleri o kadar çoktu ki başka konularla uğraşmaya zor vakit buluyorduk. Bu yüzden gece yarılarına kadar çalışmak zorunda kalıyordum. Gelen yazıları inceleyip doğru dürüst cevap yazabilecek memur çok az olduğu için, bunlarla da ben ve yardımcım Dr. Tandoğaç uğraşıyorduk. Genel müdürlüğe günde yüzden fazla yazı geliyor ve gidiyordu. Akşam üzeri masamın üzeri imzalanacak yazıların bulunduğu karton dosyalarla doluyordu.

Göreve yeni geldiğim sıralarda önüme gelen evrağı, ne olduğunu sorar, imzalardım. Kızılay'ın kan satış ücretlerini biz veriyorduk. İlk yıl için kan fiyatını bildiren yazıyı okumadan imzaladım. Birkaç gün sonra Kızılay Genel Başkanı Kemal Demir telefon etti: "Bir meslektaşınızım ve Bakanlığınızı yaptım. En azından bana karşı daha saygılı davranabilirdiniz. Öyle bir fiyat bildiriyorsunuz ki bir küfür etmediğiniz kalmış."

"Rutin bir iş olduğu için okumadan imzaladım. Ama bu beni mazur göstermez. Özür dilerim. Hatamı düzelteceğim" dedim.

Yazının örneğini getirttim. Kemal Demir haklı idi. Yazı bir zamanlar İstanbul Örfi İdare Komutanı Nurettin Aknoz Paşa'nın yayınladığı günlük emirler gibi yazılmıştı. Adeta "Bir şişe kanın fiyatı şu kadardır. Sakın fazlaya satmayın, satarsanız karışmayız ha," demiştik. Şube müdürünün mazereti, yıllardır aynı yazının sadece ücret kısmı değiştirilerek yazıldığı idi. Yazının Kızılay'a giden örneğini getirttirdim. Yenisini yazdırdım ve aynı tarih ve sayı ile gönderdim. Sonucu da Sayın Demir'e ilettim. Umarım benden sonra da yanlışlıkla ilk şablona dönülmemiştir.

İhale Yolu ile Soygun

Hastanelerin bütçeden verilen ödeneklerle yaptıkları ihalelerin ve 30 bin lirayı geçen döner sermaye alımlarının bizim tarafımızdan onaylanması gerekiyordu. bu onayları önüme getiren şube müdürlerine uygunluğuna nasıl karar verdiklerini sorduğum zaman bunun usulen yapılan bir işlem olduğunu söylediler. Sadece belgelerin tam olup olmadığına bakıyorlarmış o kadar. Kendilerine usulen onay olmayacağını, bir şey onaylanıyorsa, onaylanmamasının da söz konusu olduğunu, fiyat dahil, gelen satın almaların her yönü ile incelenmesini ve altına usul ve fiyat bakımından uygun olduğu yazılıp imzalanarak bana getirilmesini söyledim. Usul incelemesi kolaydı, fakat bedel için ellerinde fiyat yoktu. Çoğunlukla da müteahhitler evrağı elden getiriyorlar ya da peşinden kendileri de geliyordu. önce bunu yasakladık. Çok alınan malzemelerin ve eşyanın fiyatlarını piyasadan tespit ettirdim. Donatım Genel Müdürlüğü'nün o yılki ihalede alıma esas olan fiyatlarını getirttim. Büyük şeylerde ve cihazlarda telefonla kimlik belirtmeden teklif almalarını söyledim. Onay işleri de bir disipline girmiş oldu.

İnceleme ile beraber anormallikler de yakalanmaya başladı. Genel müdürlük olarak 65 bin liraya aldığımız otoklavı aynı firma Sinop Devlet Hastanesi'ne 350 bin liraya satmıştı. Müdahale ederek ödemeyi 65 bin liradan yaptırdık.

Batı Anadolu'da 8-10 hastanenin ilaç ihalesi depo fiyatından % 3 indirimle aynı ecza deposunda kalmıştı. İlan küçük bir mahalli gazetede yapılmak suretiyle sadece yöredeki ecza deposunun katılımı sağlanmıştı. Aynı dönemde % 10'un üzerinde indirimle sonuçlanmış ihaleler vardı. İndirimin yeterli olmadığı gerekçesi ile % 3 indirimle gelen ihaleleri onaylamadık. Ses bakandan geldi. Tabiî ihaleleri maksatlı olarak reddetmiştik. Gerekçeleri de oldukça kuvvetli idi. İlaç fiyatları sık sık arttığı için yenisi sonuçlanıncaya kadar yapılacak zamlar ileride kırılması düşünülen miktardan fazla olacağı için Hazine'yi de zarara sokacaktık.

İlaç zamlarından haberdar olmuyordum. Bakan Kılıçturgay'a ret nedenlerimizi anlattıktan sonra zamlar yapılmadan evvel miktar ve zaman olarak bilgim olursa onu da dikkate alabileceğimizi söyledim. İhaleler yenilendi, biz kârlı olduk.

Genel müdürlük çalışma düzeninde iyi kötü yaptığımız düzeltmelerden geriye pek bir şey kaldığını zannetmiyorum. Yanılmış olmayı isterim.

* * *

2490 sayılı ihale ve satın almalarla ilgili yasa, uygulamada Maliye'nin "devletin yararlarını gözetme" ilkesi ile çelişki halinde idi. Büyük bir yüzde ile alımlar normalden daha pahalıya geliyor, ucuz olduğu zaman da kullanılamayacak kadar kötü şeyler alınıyordu. Yasada yapılan değişikliğe rağmen sonucun değiştiğini zannetmiyorum. Bu yasa iyi niyete köstek, kötü niyete destek olmuştur. Yaşanmış çok örnekleri vardır. Birkaçını vermekle yetineceğim.

Yasaya göre, ihaleye Ticaret Odalarından alınan tahmini bedelle çıkılır. Başhekimler Onkoloji Hastanesi iki tane immünoesey cihazı almak için Ankara Ticaret Odası'ndan bedel istedik. Bir milyonun üstünde bir bedel verdiler. Arkasından karşımıza aynı cihazları pazarlayan Kıbrıslı bir işadamı çıktı. Cihazlarını, bizim şartnamemizdekinden daha kaliteli olmalarına rağmen 600 bin liraya sattıklarını söyledi. Ticaret Odası piyasa yoklaması yaparken niçin fiyat vermediklerini sordum. O aşamada haberdar olmadıklarını söyledi ve dedi ki: "Ticaret Odası'nın her konuda fiyat aldığı muayyen firmalar vardır. İstenen bedeli onlardan alırlar."

Bunun üzerine durumu bildirerek, Ticaret Odası'ndan yeniden piyasa bedeli istedik. Sonradan öğrendik ki, cihazları isteyen uzman arkadaşımız teknik şartnameyi önceden anlaştığı bir firmaya göre hazırlamış. Biz tezgâhı bozmuşuz. İhaleyi ikinci bedelden yaptık. Teslimden önce ben görevden ayrıldım. Cihazların birisi alınmış, ikincisi için gümrükte kullanılmaz hale geldiğine dair işlem yapılmış, yeniden ihaleye çıkılmış ve ikisinin ihale bedelinin toplamı kadar bir fiyat alınmış. İkisinin de kullanılmadan bir tarafta durduğu, eksik parçaları olduğu için kullanılmalarının mümkün olmadığı bize bildirildi. Ankara Doğumevi bunları istedi. Onlara devrettirdim. İhbar dolayısı ile konu teftişe intikal etti. Bir sonuç çıkmadı.

Onkoloji Hastanesi'ne ameliyat aletleri alacaktık. Pensler için Ticaret Odası 70-80 lira gibi bir bedel bildirmişti. Hatırımda kaldığına göre bir firma 60 lira teklif etmişti, uygun görüldü. Verdiği pensler yıl bitmeden kullanılamaz hale geldi. Bunların, Pakistan'dan ithal edilmiş ve piyasada 50 liraya satılan pensler olduğunu öğrendik. Elimizde yıllarca kullanılmış pensler vardı. Bunlar piyasada bulunuyordu. Tanesi 150 liradan satılıyordu. Tahmini bedel düşük olduğu için satıcıları ihalelere giremediklerini söylediler. Ertesi sene Ticaret Odası'ndan fiyat isterken bu hususları da belirttik. Bu defa piyasa rayiç değeri olarak 150 lira verdiler. Bu tahmini bedel üzerinden ihaleye çıktık. Bir firma 100 liraya kırdı. Yine önümüze Pakistan'ın 50 liralık penslerini koydu. İhtiyacımız vardı. Müteahhitle vereceği penslerin toplam parasına karşılık gelecek kadar kaliteli pens getirmesi için anlaştık. Eksik kalan miktarı da dernekten tamamladık.

Bir sene Maliye'nin temsilcisi bizi, ucuz teklif edilen flasterleri almaya mecbur etti. Bunlar, alındıktan birkaç ay sonra yapışma özelliklerini kaybettikleri için servisler kullanamadılar. Döner sermayeden ayrıca kalitelisini alarak yılı geçirmek zorunda kaldık. Aynı firma ikinci sene de en ucuz teklifi verdi. Pahalısını almaya Maliye temsilcisini ikna edinceye kadar akla karayı seçtik. Bu defa firma temsilcisi beni şikâyet etmekle tehdit etti. Flasterlerinden özel olarak sakladığımız örnekleri kendine gösterdim. Bu durumda istediğini yapabileceklerini söyledim. Bir şey yapamadılar.

Kuru gıda ile yaş sebze ve meyve ihalesini bütün hastaneler için sağlık müdürlüğü yapıyordu. Bu suretle ilan gibi müşterek giderlerden tasarruf edileceği düşünülmüştü. İki sene üst üste bizim ihale Mehmet Efendi denen, üstü başı dökülen, ne idüğü belirsiz, yersiz yurtsuz birisinde kaldı. Ne kadar pazar ve hal artığı varsa toplayıp getiriyordu. Bunlara bir de yağ, et ilave ederek pişiriliyor ve çoğu yenmeden dökülüyordu. Yasaya göre uygun olmayanların iadesi ile yenisini istemek mümkündür. İade ediliyor, yine aynen geri geliyor. İhtiyaç, müteahhit adına piyasadan sağlanabilir. Fakat ikinci partiyi iade edip iyisini almaya zaman kalmıyor, zaman kalsa veresiye alacak satıcıyı bulmak çok güç oluyordu. Onun için ambardan kuru erzak çıkarmak zorunda kalınıyordu. Onkoloji Hastanesi'nde iki yıl böyle bir savaş içerisinde geçti. Biz bunlarla uğraşırken MKE, hastalarının ihtiyacını günlük olarak toptancı halinden en iyisini alarak karşılıyordu. Şartnamede gıda maddelerinin hastaneye teslim şartı vardı. Fakat biz araç göndererek aldırıyorduk. İkinci sene bu şartı baskı aracı olarak kullanmak suretiyle arada sırada iyi sebze ve meyve alabiliyorduk. Kısaca müteahhitten yenebilir sebze ve meyve almak için işi gücü bırakıp bu işle uğraşmak gerekiyordu. Başka çareler de aramak zorunda idik. Ondan sonraki sene ihaleye çıkıncaya kadar geçen sürede ihtiyacın pazarlıkla piyasadan alınması ile ilgili hakkıma dayanarak bir manavla anlaştım. Daha önceki yıllar bu alımlar da önceki müteahhitten yapılıyordu. Biz yerleşmiş kuralı bozunca ilk ses muhasebe müdürlüğünden geldi. Müteahhit Mehmet Efendi daha ucuza verdiği halde dışarıdan almamız hoş karşılanmadı ve ödemelerde güçlük çıkarılmaya başlandı. Bu usul ilgili memurlarımızın da hesabına gelmediği için onlar da direnç gösteriyordu. Manav da parasını almak için çektiği sıkıntılardan dolayı bizar olmuştu. Bunun üzerine, uzun bir uğraştan sonra, yaş meyve ve sebze ihtiyacımızı sağlamak üzere pazarlıkla alım kapsamına giren o zamanki Arı Sineması'nın sahibi olan Tarım Satış Kooperatifi ile anlaşma yaptım. Bu defa sebze ve meyveyi getiren şoför beni caydırmak için sürekli olarak kooperatifte karşılaştığı güçlüklerden yakınıyordu. Yani herkesin amacı beni sebze ve meyveyi Mehmet Efendi'den almaya mecbur etmekti. Ama yılmadım.

Kuru gıda müteahhitleri de hastaneleri aralarında paylaşmışlardı. Onlarla da sürekli savaş halinde idik. Günlük perakende ihtiyaçları sağlamak ayrı bir sorundu. Pazarlıkla alım limiti 1.500 lira içerisinde ödeme yapmak zorunluğu vardı. Toplam 1.500 lira oluncaya kadar veresiye verecek dükkân bulmak zordu. Piyasayı bizzat dolaştım. Ciddi müesseseler devletle bu tür iş yapmak istemiyorlardı. Çünkü önce malı alanlar kendileri ile ortaklık kurmaya çalışıyordu. Sonra da ödeme emrini almak için satın alma memurunun peşinde koşacak, muhasebenin payını almak için çeşitli bahanelerle gitgelle uğraşacaktı. Kabul edenler fiyatları katlayarak fatura düzenliyordu. Faturayı elime alıp piyasayı dolaşarak bu durumu tespit ettiğim zaman "namussuz tezgâhtar, patrondan habersiz bu işi yapmış" oluyordu. Fazlalık kârlığında ihtiyacımız olan şeyleri alabileceğimizi söylüyorlar, alıyorduk. Ama her faturanın peşine benim koşmam mümkün değildi. Bunu yaptığım zaman da memurlar kapımın önünde "muhasebe müdürünün alışverişleri niçin başhekimin yaptığını sorduğunu" söyleyerek imalı konuşmalar yapıyorlardı.

İş yaptığımız tek tük dürüst insanlar vardı. Bunlar muhasebeden paralarını alabilmek için kendilerinden para istendiğini, vermeyince de ödenek yok diye savsaklandığını söyler yardım isterlerdi. Ben de muhasebe müdürüne telefon eder, "Sayın müdürüm, şu işimizi yapan arkadaşa memurlar ödenek kalmadığını söylemişler. Ödeneğimiz var. Herhalde işleri çok olduğu için defterleri inceleyemediler, lütfederseniz gelsin alacağını alsın" derdim. "Başüstüne" der, ödetirdi. Bunu duyan herkes bana gelmeye başladı. Sıradan olanlara "beni ilgilendirmez, istediklerini yapın, paranızı alın" derdim. Her ödemenin hediyesinin 150 lira olduğu söyleniyordu. Böylece muhasebe ile aramızda zımnen bir anlaşma kurulmuştu. Ankara valilerine hoş geldine gidemezdim, ama her yeni muhasebe müdürüne bir kutu çikolata ile giderdim. Bayram hediyelerini de ihmal etmezdik. Bizim satın alma memurumuz da ödeme emrini düzenlemek için acele edenlere "İşim çok, acele ediyorsanız pazar günü gelip yapayım" derdi. Gel git yol masrafı ve fazla mesai için ödeme emri başına, fazla değil, 50 lira alıyordu. Tabiî her türlü ilave giderler de devletten çıkıyordu. Dr. Kemal Bekir bakanken bir konuşmada söz yolsuzluklardan açılınca, "Hastane idare müdür ve memurları arasında en fakiri bizimki, onun da Telsizler'de bakkal dükkânı var" demiştim. Bizdeki yasalarla ve yasa yapma anlayışı ile suiistimal ve yolsuzlukların önlenmesi mümkün değildir. Hizmete en yakın yöneticiye adamını seçme ve sarf yetkisi verilmedikçe ve aksine hareket edenler hızla ve ağır biçimde cezalandırılmadıkça bu böyle sürüp gidecektir. Bir kişiye güvenmemenin sonucu, 3-5 kişiyi ortak harekete zorlayarak yenen paranın miktarını artırmaktan ibarettir. Satın alma komisyonlarında olduğu gibi sorumluların miktarını artırdıkça hesap sormak da güçleşmektedir.

Yasal olarak acil ihtiyaçlar için bir miktar avans bulundurarak bu ihtiyaçları sağlamak mümkündür. Memurlardan birisine asli görevine ilaveten avans memurluğu görevi verilir. Sorun daha bu aşamada başlar. Görev birisine verilir, diğer memurlar avans memurluğunun ondan alınarak kendilerine verilmesi için yarışa girerler. Herkes görevlendirileni karalamaya başlar. Kendi asli işinden kaçmayı marifet sayan memurların angarya bir görev için hevesli olmalarının önemli bir nedeni vardır. Bu nedeni Onkoloji Hastanesi Başhekimliği'nde öğrendim: Avans memurumuz aldığı şeyler için, bedeli avanstan ödenmiş gibi fatura almış, ayrıca da pazarlıkla alım yapmış gibi işlem yaptırmış. Böylece bir mal için iki kere ödeme yapılıyor, birisi alınan yere, birisi de cebe gidiyordu. Sorunu Hazine zararı karşılanacak ve memura da zarar gelmeyecek şekilde hallederek, görevi başkasına verdik. Yersiz acıma duygumuz birçok yolsuzluğun kapısı olmaktadır. Bu zaafımızı ilkokuldan başlayarak kafalardan silmemiz lazım.

Güya sıkıntılara çare bulmak için Devlet Malzeme Ofisi kurulmuş. Parasını bütçe ödeneğinden vererek hastaneye buradan tanesi 60 liraya sandalyeler aldık. Bir aya varmadan hepsinin ayakları koptu. Bizim atölyede yeniden kaynak yapıldı, ara atkılar kondu, öyle kullanıldı. Sadece 5 lira fazlası ile döner sermayeden parasını ödeyerek bir özel firmadan aldığımız sandalyeler ben ayrılıncaya kadar sağlam olarak kullanılıyordu. Hastanelere köpürmeyen deterjanlar sattılar. Bu konu gazetelerde haber olmuştu. Kendilerinde olmayan veya mevcudu biten malzemeyi dışarıdan alabilmemiz için olmadığına dair belge vermeyerek, gelecek diye bizi oyalamak suretiyle hizmetlerimizi aksattılar. Genel temizlik, çamaşır ve bulaşık deterjanlarını dernekten temin ettiğimiz zamanlar oldu. Devlet Malzeme Ofisi imalatçılardan iyisini ucuza alarak tasarruf sağlamak yerine 2490 Sayılı Yasa ile alım yapıyor, olmayan malzemeler için yok kâğıdı vermeyerek güya tasarruf sağlıyordu. Şükür ki en büyük tasarrufun hiç ödenek vermemek suretiyle sağlanabileceği maliyecilerin aklına gelmiyordu.

Mali mevzuatın yarattığı sorunlar bu kadarla bitmiyordu. Bina ve tesisat onarımı için önce Bayındırlık Müdürlüğü keşif yaptırılacak; en iyimser bir tahminle sonuçlanması 15 gün alır.

Gelen keşif ödenek isteği için Sağlık Müdürlüğü kanalı ile Bakanlığa gönderilecek. Bakanlık'tan gelecek cevap değişmez, klişe bir cevaptır: "Ödenek kalmadığından isteğiniz, gelecek bütçe yılında gönderilmek üzere nota alınmıştır."

Olumlu cevap gelse bile ödeme emri Sayıştay vizesine gidecek, vizeden gelecek, vilayete gönderilecek, bize de bilgi verilecek. En az bir ay da bu çeker. Ana su borusu patladı, kanalizasyon tıkandı, kışın ortasında kalorifer kazanı delindi, nasıl yapılacak? Bu sorunu derneği zengin olanlar dernekten, döner sermayesinde para bulunanlar kitabına uydurarak döner sermayeden halledebilir. Bu olanağı olmayanların yapacağı şey hastaları çıkarıp personeli evlerine göndermektir. Çünkü kimseye niye derneğin yok, ya da dernekte paran yok veya niçin döner sermaye gelirin az diyemezsiniz. Biz bu sorunlarımızı başka şekilde halletmiştik. Bayındırlık Bakanlığı'nın Beşinci Bölge Müdürlüğü'nde bu işlere bakan bir dost edindik. O da bizi her türlü tesisat arızalarımızı, resmî işlemlere başvurmadan hemen yaptırabileceğimiz bir müteahhitle tanıştırdı. Yapılan işlerin formalitelerini kendisinin sonradan halledeceğini söyledi. Müteahhidimiz Ruhi Bey (gerçek ismidir) fevkalâde bir insandı. Bir kış kalorifer kazanımız delindi, çağırdık, geldi, tamiratını bir buçuk günde bitirdi. Bir keresinde hastaneye su getiren ana boru boydan boya çürümüş, patladı, susuz kaldık. Olay cumartesi olmuştu. Haber verdik, pazar günü adamlarını toplamış malzemeyi getirmiş, boruyu değiştirmişti. Bunları beşinci bölgedeki dostumuza haber verdik. İşlemleri sonradan tamamlattı. Müteakip bütçe yılından ödenek geldi. Onarım o zaman yapılmış gibi gösterilerek müteahhidin alacakları ödendi. Görünürde yapılmamış bir iş yapılmış gibi para sarfediliyordu. Bu, yasaya göre suçtu. Kimse de "aferin, hem hizmeti aksatmadın, hem de başkalarının yaptıracağının yarı fiyatına yaptırdın" demezdi. Numune Hastanesi'nde asistanken komşumuz Koyulhisar kazasında hükümet tabipliği yapmış bir arkadaşımız vardı. Dispanser binasının çevre duvarı olmadığı için köylüler eşeklerini-atlarını dispanser binasının duvarının dibine bağlarlarmış. Pisliklerini temizlemek de dispanser personeline kalırmış. Bundan kurtulmak için halktan, para ve malzeme yardımı sağlayarak ihata duvarını yaptırmış. Gelen müfettiş, arkadaşımız hakkında görevini kötüye kullanmaktan işlem yapmış. Aradan iki yıldan fazla bir zaman geçtiği halde mahkemesi hâlâ devam ediyordu.

Taşrada olsun, Ankara'da olsun, başhekimlik yaparken çektiğimiz sıkıntılar üzerinde düşünmüş, çareler aramışımdır. Genelde önümdeki yasal engelleri aşarak hizmeti yürütmenin yollarını buluyordum. Ama bunlarla kendimi riske attığımı da biliyordum. Devlet memurlarından kendisini riske atarak hizmet yapmasını kimse isteyemez. Müesseselerin başına daima üstün yetenekli yöneticiler bulmak da mümkün değildir. Devletin görevi, her normal düzeydeki yöneticinin görevini en iyi şekilde yerine getirebileceği bir düzen kurmaktır. Hastane başhekimleri ne kadar becerikli olursa olsun, bir sürü teferruatla uğraşmaktan ve hizmeti engelleyen mevzuatla savaşmaktan hizmetini daha üst düzeylere çıkarmak için zaman bulamamaktadır.

Genel müdür olunca elime geçen fırsattan yararlanarak ihale ve satın alma mevzuatı gibi hastaneleri köstekleyen hususların haline çare bulmaya heveslendim. Bu iş için Bakanlık satınalma ve ikmal işlerine bakan genel müdürle Maliye Bakanlığı'na gittik. Maliye Bakanlığı genel müdürleri bizim gibi sıradan genel müdürlerin çok üstünde oldukları için, ilgili genel müdürlüğün genel müdür yardımcıları ile görüşebildik. Maliye Bakanlığı'nda randevu ile de gitsek, kendileri de çağırsa daima karşımıza yardımcılarını çıkaracak kadar en azından resmî adaba uymayan bir davranış sergilenirdi.

Bizi bir genel müdür yardımcısının odasına aldılar. Kendisine geliş nedenimizi söyleyince diğer yardımcılar da çağırıldı. 2490 sayılı yasanın sağlık hizmetlerini nasıl açmazlara düşürdüğünü örnekleri ile anlattık. Ben hastanelerden örnek verdim, arkadaşımız Bakanlık alımlarından örnekler verdi. Bir tanesini hiç unutamıyorum. Dişçi koltuğu ihale etmişler. İhaleyi kazanan firma mali yılın son günü koltukları getirmiş. İhalelere mal vermekten ziyade, çeşitli oyunlar çevirmekle tanınan firma sahibi aşırı fiyat kırarak aldığı ihalenin yükümlülüğünü teknik şartnameye uygun kaliteli fotöyleri vererek yerine getirince şaşırmışlar. Muayene komisyonu muayeneyi yaparken başlamış getirdiği fotöyleri kötülemeye. Bu suretle kabulü durduramayacağını anlayınca cebinden çıkardığı çakı ile hepsinin döşemelerini kesmiş ve böylece kabulü önlenmiş. Sonra süresinde taahhüdünü yerine getirdiği halde tesellümün yapılmamasından Bakanlık aleyhine tazminat davası açmış ve kazanmış!

Biz sorunları anlattıkça hepsine bir çözüm yolu buluyorlardı. Sonra her sorunun cevabının içinde bulunduğunu söyleyerek bize, kendilerinin yazdığı 2490 sayılı yasanın uygulanması ile ilgili kalınca bir kitabı hediye ettiler. Kendilerine o ana kadar hiç ihale veya devlet adına alım yapıp yapmadıklarını sordum. "Hayır" dediler. Teşekkür ederek ayrıldık.

Döner Sermaye

Hastaneleri 2490 sayılı yasadan bir ölçüde olsun kurtarabilmek için bir kanunla döner sermaye kurulmuştu. Fakat döner sermayeyi bile maliyecilerin elinden kurtaramamışlardı. Her ne kadar satın alma işleri 2490 sayılı yasanın kapsamı dışına çıkarılmışsa da muhasip yolu ile ipin bir ucu Maliye'nin elinde kalmıştı. Kazandığımız paraları ihtiyacımıza kullanmamıza engeller vardı. Para bankada birikip duruyordu. Gelir hizmete göre çok küçük oluyordu. Çünkü memurların tedavi ücretleri, devlet dairelerinden alacak olarak defterde kalıyordu. Döner sermaye alımlarında da yolsuzluklar eksik değildi. Yalnız alımları doğrudan kontrolümüze daha müsait idi. Ama işi gücü bırakıp bunun peşinde koşmak gerekirdi. O zaman da çirkef atılıyordu. Sonunun nereye varacağı belli olmazdı. Gümrük ve Tekel Bakanlarından İhsan Birincioğlu bunu bir vesile ile "Gümrüklerde ne kadar namuslu memurumuz varsa hapiste, hırsızlar işbaşında" sözleri ile ifade etmişti. Benim tek yapabildiğim, belli bir rakamın üstünde yapılacak alımlar için önce telefonlarla fiyat araştırması idi. Doğru fiyat alabilmek için de, "kişisel ihtiyacım için sorduğumu" söylemem gerektiğini tecrübe ile öğrenmiştim. Döner sermayeye alım emri verdikten sonra marka ve özellik belirterek şu fiyattan daha aşağı veren yer bulamazsanız falan firmadan alırsınız diyordum. Yine de karşımıza çıkan sorunlar çoktu.

Bakanlık merkez döner sermaye müdürü bana bizim hastanenin döner sermaye muhasibinin başka yere nakledileceğini söyledi. Ben de "iyi olur, beni bir dertten kurtarırsınız" dedim. Nedenini sordu. "Güvenilir olmadığını" söyledim. Bu konuşmadan uzun bir süre geçtiği halde nakil yapılmamıştı. Nedenini sorduğum zaman vazgeçildiğini söyledi. Demek ki ilişkileri düzelmişti.

Genel müdürken Ankara'nın büyük hastanelerinin birisinin başhekimi ile bir konuyu konuşmaya gitmiştim. O sırada döner sermayelerinin muhasibi geldi. Başhekim "Falan şeyin tanesini 7 liradan almışsınız, halbuki 5 lira imiş" dedi. Muhasip bazı nedenler söylemeye başladı. Dışarı çıkmasını istedim. Başhekimin elindeki faturadan alımın yapıldığı müessesenin telefon numarasını alarak telefon ettim. Sıradan bir müşteri gibi fiyat sordum. Tanesinin 4 lira olduğunu söylediler. Alım 3-4 ay önce yapılmıştı. Tabiî o zaman daha ucuzdu. Bunun üzerine başhekimi muhasibine dikkat etmesi hususunda uyardım. Merkez muhasebeye de bu hastanenin alımlarında dikkatli olmalarını tembih ettim.

Bir gün ilgili memur bu hastaneden onaya gelen basılı evrak muamelesini getirdi. Uzunca bir ihtiyaç listesi vardı. Her kalemin karşısında miktar tahmini bedeli onun yanında da firmaların her kalem için teklif ettikleri fiyatlar yazılı idi. Her iki sütunun toplamları yapılmış, bu toplamlardan yüzde olarak indirimler hesaplanmış, iş en fazla kıran firmaya verilmişti. İndirim miktarı % 30, 35 gibi yüksek bir rakamdı. Sütunlar incelendiği zaman enteresan bir durum ortaya çıkıyordu. Örneğin en çok sarf edilen reçetenin bloku için on lira olan tahmini bedelden on kuruş kırılmış, buna karşılık çok az sarf edilen refakatçi kartının fiyatı tahmini bedelin onda birine indirilmişti. Reçetenin istenen miktarı yıllık ihtiyacı ancak karşılayacak kadarken, refakatçi kartının miktarı ise en az yüz sene yetecek kadardı. Aynı şekilde çok kullanılan basılıların miktarı az, indirimi az, az kullanılanların miktarları astronomik, indirimi mikroskobikti. Böylece toplamdan yapılan indirim yükseltilmişti. Hem hastaneye, hem de devamlı o hastanenin işlerini yaptığı anlaşılan matbaaya bir ders vermek istiyordum. Bunun için yapılacak şey ihaleyi onaylayıp, listedeki miktarların hepsinin depoya girmesini sağlamaktı. Bunları müsteşarımıza anlatarak ihaleyi onaylayıp gönderdik. Başhekime telefon ederek basılılar gelince bana bildirmelerini, sayımlarında merkezden birini bulunduracağımı söyledim. Böylece hayali miktarlarda ihtiyaç gösterilen basılılar tamamen yapılıp teslim edilecekti. Bu konuşmadan sonra bu hastanenin döner sermaye muhasibi geldi. Genel müdürlükteki arkadaşların kendisinden rüşvet istediklerini, vermediği için bu oyunu oynadıklarını söylüyordu. Yaptığı iş doğru ise telaşa lüzum yoktu. Ama o bunu bile, şeklen öyle gözükmek için de olsa, düşünememiş, telaşlanmıştı. Bu adamın, yıllık geliri milyonları bulan bir hastanede çalışması doğru olmazdı. Çok az döner sermaye geliri olan Seyranbağları Huzurevi'ne nakline karar verdim. Huzurevi muhasibi hakkında iyi şeyler söyleniyordu. Onu da hastaneye nakledecektik. Gereği için Maliye Bakanlığı'na yazdık. Aradan birkaç gün geçtikten sonra Maliye Bakanlığı'nın ilgili genel müdürünün birisi hanım, birisi bey iki yardımcısı geldi. Hastane muhasibinin çalışkan ve dürüst birisi olduğunu, yerinde bırakılmasını istediklerini söylediler. Bu hususta hastane başhekiminin genel müdürlüklerine yazılı teklifi de varmış. Başhekimin bu yaptığı, idari yönden suçtu. Muhasibe sahip çıkmakla kendisini de zan altına soktuğunu fark etmeyecek kadar akılsız değildi. Bu kadar ileri gitmesinin önemli bir nedeni olmalı idi. Her şeye rağmen kendilerine olanları ve bunlardan çıkan sonuçları anlattım. Yine de isteklerinde ısrarlı idiler. İstediklerini elde edebilmek için yerine vereceğim huzurevi muhasibinin şaibeli olduğunu söylediler. Kanıt istedim. Bakanlık kontrolünden kaçmak için otuz bin lirayı aşan alımları kasıtlı olarak böldüğünü söylediler. Her iki muhasibin de Bakanlık onayı almadan yaptıkları alımların miktarını istedim. Bu tür alım huzurevinde iki senede iki defa, hastanede ise defaatla yapılmıştı.

İsteklerinde ısrar ve inatları kuşku çekici idi. Kendilerine; "Ben teklifimi yaptım. Doğru yaptığıma da inanıyorum. Kabul etmek zorunda değilsiniz. Gerekçe göstererek reddedebilirsiniz" dedim. Gittiler. Bu konuşmanın ertesi günü bizim Teftiş Kurulu kendiliğinden hastane muhasibinin işlemlerini denetlemiş ve kuyudan çıkarmak üzere saçmasapan bir teftiş raporu düzenletmiş, bize göndermişti. Ayrıca da olayı ortaya çıkaran memurum hakkında uydurma bir nedenle gözdağı denetimi yaptılar. Tabiî istedikleri sonucu alamadılar, ama benden sonra döner sermaye merkez müdürünü, muhasibini ve benim atamasını yaptırdığım Onkoloji Hastanesi'nin dürüst ve çalışkan muhasibini teftiş raporu ile Ankara dışına naklettirdiler.

Yukarıda sözünü ettiğim olaylar olurken bakan değişti. Maliye Bakanlığı'nın ilgili genel müdürünün imzası ile yeni bakana şikâyet edildim. Konunun aslını belgeleri ile anlattım. Bir sonuç alamadılar. Planlanmış bir şikâyet üzerine kontrolü yapan memurlarımızı rüşvet istemekle suçlayan düzmece bir teftiş raporu hazırlanarak gereği için Personel Genel Müdürlüğü'ne gönderilmiş. İddianın şahitleri, iddiacının kendisi ve onun "benden falanca rüşvet istedi" dediği kişi idi. Personel Genel Müdürlüğü'ne bu düzmece raporun işleme konmaması için gerekçeli bir yazı yazdım. Bu girişimleri de sonuçsuz kaldı. Bütün bunar ilişkilerin boyutlarının nerelere kadar vardığının delilleridir.

Siyasetle ilgili bir dostumla bu konuları konuşurken marjinal bir siyasi partinin adını vererek, "Bu görüşün hapisteki militanlarının ihtiyaçları nasıl karşılanıyor?" demekle yetinmişti. Demek ki devletin cebine girmeyen el kalmamıştı.

Kaya Kılıçturgay bir gün bana "Biliyor musun, ... Hastanesi döner sermaye muhasibinin bir dairesi ve bir lüks otomobili varmış?" dedi. "Hepsi o kadarcık mıymış?" dedim. Bu muhasip daha sonra görevi bırakarak Ege taraflarında bir ilde oldukça sermaye isteyen ticari bir iş kurdu.

Hakkında iyi izlenimlerim olan zeki ve çalışkan eski bir memurumu İstanbul'un büyük hastanelerinden birisine döner sermaye muhasibi olarak önermiştik, ataması yapıldı. Aradan daha bir sene geçmeden hastanenin başhekiminden şikâyetler geldi, ihtimal vermedim. Bir sene daha çalıştı, ayrılarak tıbbi malzemeler üzerine bir ticarethane açtı. Sermayeyi kayınpederinin verdiğini söylüyordu. Sonunda anladık ki haddinden de fazla zeki(!) ve çalışkanmış. Memuriyet hayatım boyunca bu tiplere ilişildiğini görmedim. Bunlara ilişilmedikçe ve özel iş kuranlara "nereden buldun?" diye sorulmadıkça yolsuzlukların önünün alınması mümkün değildir. Kimse de buna yanaşmamaktadır. Bundan vazgeçtik. Bir eli Hazine'nin içinde olanların, taltif edilircesine daha fazla para harcanan yerlere getirildiklerine şahit olduk. Buna örnek olmak üzere enteresan yönleri olan başka bir olayı nakletmek istiyorum:

Onkoloji Hastanesi başhekimi iken Sağlık Müdürlüğü'nün satın alma memuruna Milli Piyango'nun aylık çekilişinde 500 bin lira çıktığını gazetelerden öğrenmiştik. Olayda bir fevkalâdelik yoktu. Yalnız etrafta mal mülk sahibi olduğu rivayetleri dolaşırdı. Onun için "Şansa bakın, adama ikramiye çıkıyor, şaibe altında kalmaktan arınacak" diyorduk. Derken birkaç ay sonra bir 500 bin lira da sağlık müdürüne isabet etti. Bunun üzerine Sağlık Müdürlüğü görevlerinin memurlarına uğur getirdiğine inanmaya başlamıştık.

Tarih Bakanlık müsteşarının 2 bin lira aylık aldığı yıllardı. Nerede ise müdürlükte bir göreve naklini isteyecektik. Milli Piyango ikramiyelerinin kara para aklamada kullanıldığı Sağlık Müdürlüğü'ndeki olayın da bundan ibaret olduğu söylentileri yayıldı. Bunun için büyük ikramiyelerden birisinin çıktığı bileti bir miktar fazlasını verip satın almak yeterli oluyormuş. Bunun ispatı mümkün değil. Nitekim Bakanlıkça yaptırılan teftişten bir şey çıkmadı. Müdür bey emekliliğini istedi ve ticari bir şirket kurdu. Satın alma memurunu da Bakanlık, kendilerine de uğur getirebilir düşüncesi ile olacak, Türkiye çapında alımların yapıldığı, o zamanki adı ile, Donatım Genel Müdürlüğü'nde bir göreve getirdi.

Daha önce Bakanlığın merkezdeki bakım onarım biriminde röntgen cihazlarını tamir edebilecek nitelikte eleman olmadığından söz etmiştim. Arıza bildirilen yere gönderilen teknisyenler cihazları söker, dağıtır, gelirlerdi. Bu işleri önemine ve aciliyetine binaen döner sermayeden yaptırmaya karar verdim. Güvenilir birisini bulamıyordum. Araştırma yaparken bana Bayram isminde astsubay emeklisi bir röntgen teknisyeni tavsiye edildi. Gülhane Askerî Tıp Akademisi'nin röntgen cihazlarının bakım, onarım işlerini yaparmış. Emekli olunca bir işyeri açmış. Çağırdım. Hastanelerin röntgen cihazlarının yerinde tamiri için anlaştık. Bundan tedirgin olacaklar vardı. Şikâyet edilecektik. Onun için Bayram'dan, yaptığı işlerin muntazam kaydını tutmasını, arızayı, kullanılan parçaları, onarımın başlangıç ve bitim tarihlerini kayda geçirmesini, çalışır durumda teslim ettiğine dair hastaneden belge almasını söyledim. Ücret detaylı bir fatura ile iş bitiminde ödenecekti. Yaptığı işlerden ve aldığı ücretten çıkacak her türlü sorunu karşılayacağına söz verdi. Yaptığı işlerin düzenli olarak kayıtlarını tutuyordu.

Hatırımda kaldığına göre Karadeniz Ereğlisi Devlet Hastanesi'nde birkaç yıldır çalışmayan bir röntgen cihazı vardı. Firması, tamiri mümkün olmadığı için, yenisinin alınmasını önermişti. Bayram'ı gönderdik, çalıştırdı, geldi. Ben görevde kaldığım sürece de hastaneden herhangi bir şikâyet gelmedi. Ödenen tamir ücreti yenisinin 15-20'de biri kadardı.

Çorum Devlet Hastanesi'nin röntgeni de uzunca bir süreden beri kullanım dışı kalmıştı. Firmasından tamiri istenmiş, firma tutarı yüz bin lirayı aşan dökümlü bir proforma fatura vermişti. O yüzden tamir ettirilememişti. Bayram'ı gönderdik, cihazı onardı. Hatırladığım kadarı ile kendisine 20 bin lira civarında bir para ödendi. İki fiyat arasında bu kadar farkın nereden geldiğini sordum. Firmanın verdiği proforma faturada gösterilen arızaların çoğunun olmadığını, uydurma ilaveler bulunduğunu söyledi. İşçilik de şişirilmişti. Firmanın proforma faturasında "soket bilmem neleri" diye bilmediğimiz birtakım kelimelerle dolu sütunu gösterdi. Karşısında dört sıfırlı büyükçe bir rakam vardı. Bunun ne olduğunu bilip bilmediğimi sordu. Bilmiyordum. Bir lambanın ayaklarının basit lehimle tutturulması imiş.

Bayram nereye dedikse gitti, geldi. Daha önce istenenlere ve emsallerine göre cüzi denecek paralarla röntgen cihazlarını işler hale getirdik. Beklediğim olmuştu. Bir gün Bakan Ayanoğlu bana "Bayram adında birisi varmış, kimdir bu?" diye sordu.

"Bayram, Gülhane Askerî Tıp Akademesi röntgen cihazları, bakım onarım teknisyenliğinden emekli birisidir. Yüklüce komisyonlar alarak hastanelerimizin arızalı röntgen cihazlarını ona tamir ettirdim" dedim. Güldü, "işine bak" dedi.

Bayram sonra işini büyüttü. Bir Japon firmasının Türkiye temsilciliğini aldı. Askerî hastahenelere bir parti röntgen cihazı sattı. Ondan sonra onarım işlerini bıraktı. Benim ricam üzerine bizim bazı önemli işlerimizi yapıyordu. Ayrılmama yakın tarihlerde bana firmasının reklam olarak dağıttığı Casio marka bir küçük cep hesap makinesi verdi. Ayanoğlu görevde iken getirse idi, kendisine bu rüşveti gösterirdim!

Bozuk Bir Sistem

Hastanelerin işletilmesinde çarpıklık bir değildi. Mete Tan'ın bakanlığında Tam Gün Yasası'nda yapılan değişiklikle hastane hekimlerine tam gün çalışma zorunluğu getirilmişti. Bu uygulama ile birlikte toplam uzman ihtiyacımızın 3.500 civarında olmasına karşın görevde sadece bin kadar hekim kalmıştı. O yıllarda özel yüksek okullar sayesinde eczacı ve diş tabibi bolluğu yaşanıyordu. Küçük hastaneler bunlara kalmıştı. Bazılarında da baş olarak hastane müdüründen başka kimse yoktu. Bu hastanelerde bir sürü hemşire, memur ve hizmetli boş oturuyordu. Bunlar, başsızlık ve işsizlikten kendilerini politik akımlara vermiş, birbirleri ile uğraşıp duruyorlardı.

12 Eylül'den sonra Prof. Dr. Necmi Ayanoğlu'nun emri ile hasta yatmayan hastanelerde personele yemek çıkmasını yasakladık. Bunlar genelde sonradan hastane kapsamına alınmış, 10-15 yataklı sağlık merkezleri idi. Bu emirden sonra, yemek çıkması için görevliler birer ikişer hasta olup hastaneye yatmaya başladılar. Döviz yokluğundan piyasada ne doğru dürüst ilaç, ne de tıbbi-cerrahi gereç bulunuyordu. Biz görev aldığımız zaman bu nedenlerle hastaneler işlevlerini yitirmiş, artık hizmet vermez bir duruma gelmişti.

Yürürlükteki Tam Gün Yasası ölü doğmuş bir yasa idi. Beklenilenin tam aksine sonuç getirmişti. Her şeyden önce sağlık sınıfına ek avantajlar sağladığı için diğer devlet memurlarının husumetini çekiyordu. Yasa yapılırken daha önceki uygulamalardan ders alınmamış, sanki sorun sadece hastane hekimlerinin muayenehanelerini kapamakla halledilebilecekmiş gibi hareket edilmişti. Bu yasa ile de 657 Sayılı devlet Personel Yasası'nda olduğu gibi çalışanla çalışmayan, yetenekli ile yeteneksiz, becerikli ve beceriksiz haklar bakımından aynı kefeye konmuştu. Böylece çalışanlar tembelliğe ve nemelazımcılığa özendirilmekteydi. Yasanın hazırlayıcıları, sözümona inandıkları davaya olduğu kadar tam gün çalışmanın inançlı taraftarlarına da ihanet etmişlerdi. Sosyal demokratlığı gözden düşürmek için daha iyi bir neden bulamazlardı.

Bize göre o şartlarda yapılacak iş, zamanının çoğunu muayenehanelerde boş geçiren serbest hekimlerden yararlanmak olmalı idi. Örneğin bunların sözleşmeli olarak yarım gün çalışmaları sağlanabilirdi. Bu hekimlere özel hastalarını hastaneye ücreti karşılığı yatırma ve orada tedavi etme olanağı da verilebilirdi. Çünkü bu hizmetten, hastane polikliniklerine gelen hastalar kadar, hastane hekimlerinin hastaları ve özel muayeneyi tercih edenlerin de yararlanma hakları vardır.

Hastane hizmetleri köklü bir iyileştirmeye muhtaçtı. Sağlık kurulları gibi dünyada emsali olmayan yanlış bir uygulama kaldırılır, teşvik edici önlemlerle birinci basamak hekimliği cazip hale getirilebilir ve böylece önüne gelenin hastaneye başvurması önlenerek bu kurumların üzerindeki yük hafifletilebilirdi. Sağlık kurulu, o dönemlerde öğrenciler ve işe girecekler için poliklinik kapılarında çekilmez işkence halini almıştı. Çoğu illerde insanlar, tam teşekküllü (ne demekse) sağlık kurulu olan hastane bulmak için günlerce evinden ocağından ayrılıp hastane kapılarında sürünüp duruyorlardı. Kimsenin de bu saçmalığa tepkisi olmuyordu.

Daha önce, bunun kaldırılması için girişimde bulunduğumu ve başaramadığımı anlatmıştım. Hastaneler işletme yönetmeliğinde değişiklik yaparken, emrivaki olarak sağlık kurulunu kaldırmak mümkünken bunu düşünememiştik.

Hastane hekimleri, karar vermek için yüzlerce kurum ve kuruluşun özelliğine göre önem taşıyan özel kurulları bilemez. Doğrusu, hepsinin kendi hekimleri aracılığı ile seçimini yapmasıdır. Bunlar, sağlık hizmetleri dışındaki devlet hizmetlerinin gerektiği gibi olduğu anlamına gelmez. Ülkede nasıl sağlık başıboş kalmışsa, örneğin milli eğitim de başıboş kalmıştı. Sistem çarpıklığı ilk eğitimden başlıyordu. Yüksek öğrenimin memleket ihtiyaçlarına cevap verecek ve günün şartlarına uygun hale getirilerek yürütülecek bir ana planı yoktu. Her şeyde olduğu gibi bu konuda da devlet halkın hak ve menfaatinden önce kişilerin hak ve menfaatlerini düşünmüştü. Ticarete aklı erenler bundan yararlanmak suretiyle en çok ilgi çeken diş tababeti, eczacılık ve mühendislik konularında kitabına uydurup "yüksek okul" adı ile fakülteler açmıştı. Böylece devletten başkasının ilgi göstermediği meslek sahipleri devlete kapılanmak için yığınlar oluşturmuşlardı. Bu tablonun olumsuz sonuçlarından Sağlık Bakanlığı da nasibini almıştı. Hastaneler eczacı ve diş tabibi ile dolmuştu. Eczacıları hastanenin ihtiyacı olan bazı konularda eğitime tâbi tutarak değerlendirmek mümkündü, fakat oldukları yerde maaş almak varken, çalışacak bir alana kaymayı istemiyorlardı. Ayrıca meslek odaları da onlardan yana çıkıyordu. Hepsi de çalışmadan maaş almayı, bir iş yapmaktan daha onurlu bulunuyorlardı. Sağlık Bakanlığı da gırtlağına kadar battığı politika çukurunda debelenmekten sorunlara çare aramaya vakit bulamıyordu.

Büyük hastanelerde onlarca diş tabibi vardı. 10 yataklı sağlık merkezlerine kadar diş tabibi atanmıştı. Hepsinin elinde birer daviye,* gelenin dişini çekmekle meşguldüler. Küçük yerlerdeki diş hekimlerine "gelenin dişini çeke çeke birkaç sene içerisinde kasabada ağzında diş olan kimse kalmayacak, ondan sonra yapacak iş bulamayacaksınız" diye takılıyordum.

Halbuki bunların dolgu, köprü gibi bazı işleri yapmaları, okullardaki öğrencilerin diş sağlığı konuları ile meşgul olmaları mümkündü. İsteseler daha başka konularda da yararlı olma-

(*) Diş çekmekte kullanılan kerpeten.

nın yolunu bulabilirlerdi. Fakat hiç o taraflı değillerdi. İl merkezlerindeki her sağlık kurum ve kuruluşunda bir veya daha fazla diş tabibi, birer ikişer de diş ünitesi vardı. Böylece bir işe yaramayan atıl kapasiteler teşekkül etmişti. Bizden önce bir genel müdürlüğün, teşkilâtına dağıtılmak üzere önemli bir miktar diş üniti ve koltuğu ihale edilmişti. Bunlar Bakanımız Dr. İslâmoğlu'nun emri ile bize devredildi. Mevcut potansiyelin hizmete dönüştürülmesine karar vermişti. Bunun için büyük illerdeki diş tabiplerini ve mevcut gereçlerini bir yerde toplayarak diş tedavi ve protez merkezleri açılacaktı. Diğer illerdeki diş tabiplerini yer ve imkânı olan bir sağlık kuruluşunda toplayarak diş tedavi ve protez birimleri kurulacaktı. Ankara Hastanesi'nde, İzmir eski Devlet Hastanesi'nde ve Şişli Etfal Hastanesi'nde kurulan büyük çaplı diş tedavi ve protez merkezleri bu projenin eseridir. Yokluklara ve güçlüklere rağmen başarılmış işlerden birisidir. Münif Bey gösterişi sevmeyen bir bakandı. Açılış merasimleri istemezdi. Mecbur olduklarına da katılmaz, ilgili genel müdürü gönderirdi. Şahsen ben de böyle şeylere sempatiyle bakmamışımdır. Bizim sessiz sedasız hizmete koyduğumuzu diş tedavisi ve protez merkezlerinden birisi için, bizden sonra bir çivi dahi çakılmadığı halde 12 Eylül dönemini takip eden siyasi iktidarın ilk sağlık bakanı törenle açılış yaptı.

Sağlık Ocakları ve Yerel Birimler

Sağlık ocaklarında da hekim yoktu. Olanlar ise ne yapacaklarını bilmiyorlardı. Ana çocuk sağlığı, nüfus planlaması, verem savaşı, sıtma savaşı daha pek bir varlık göstermiyordu. Birbirlerinin olanaklarından yararlanamıyorlardı. Bazıları birbiri ile rekabet halinde idi. Bir ilçede verem savaş dispanserinde röntgen varken, sağlık ocağı basit bir düz film için hastaları il merkezine gönderiyordu. Nüfus planlamasının başındaki arkadaşımız bir punduna getirmiş, Ana Çocuk Sağlığı Genel Müdürlüğü'nü yutmuştu. Bu arkadaşımız hekim de değildi. Amerikan John Hopkins Hastanesi ve onunla senli-benli olan Hacettepe Üniversitesi'nin ilgili birimi ile birlikte hareket ediyordu.

Kendisi iktisat mezunu idi. Nüfus planlaması konusunda Hacettepe Tıp Fakültesi'nden Dr. unvanı almıştı. İşi gücü, büyük yerlerdeki hastanelerde bir birim açmak, bir birimi olan illerde ikinci, üçüncüyü açmaktı. Tabiî bu tür aktiviteler medyada haber konusu oluyordu. Ama ücra yerlerde onca istek ve ihtiyaca rağmen bir birim açmaya niyeti yoktu. Ankara'da bilmem kaçıncısı için yer istediği zaman "buralara köylerden gelenler bile kısa bir süre sonra aile planlamasının nasıl yapıldığını öğreniyor, sen bunları bilmeyen ve bilinçsizce çoğalan illere, kazalara git hastanelerde sana istediğin kadar yer vereyim" diyerek, isteğini reddetmiştim. Hiç unutmuyorum, bir seyahatimde Siverek halkı benden nüfus planlaması dispanseri istemişti. Hastanede yer verdiğim halde sayın genel müdür bu işe yanaşmamıştı. Çünkü medyatik olmazdı.

Her sene John Hopkins'ten nüfus planlaması uzmanları gelir, onlarla Türkiye'nin turistik yörelerindeki lüks otellerde toplanır, 3-4 gün yer içer, bir de rapor yazardık. Yazılan raporların uygulamaya konulduğunu görmedim. Ertesi sene yine Amerika'dan aynı uzmanlar gelir, haydi, yeniden aynı şeyler. Masraflar John Hopkins çalışma grubunun bu iş için federal devletten aldığı ödenekten karşılanırdı. Bunlar hiçbir zaman bir önceki kararların uygulama sonuçlarını sormazlardı. Onların da, yurtdışı nüfus hareketleri araştırmaları için federal devletten aldıkları ödeneklerin gereğini yerine getirmiş olmak için bu işleri sürdürdükleri anlaşılıyordu. Bu dolarlar, bir de denk gelirse, yeni bakanları yurtdışındaki uluslararası aile planlaması toplantılarına götürerek gözü açılmadan kafakola almaya yarıyordu. Bir bakanı Güney Amerika'daki böyle bir toplantıya götürmüşlerdi. Toplantıya diğer ülkelerden değil bakan, müsteşar düzeyinde bile katılan yoktu. Bu zatın gayretleri semere vermiş olacak ki, Sağlık Bakanlığı'nın hekim olmayan ilk müsteşarı olma başarısını da gösterdi ve bir süre bu görevi yürütmeyi becerdi.

Sağlık hizmetlerinin kurtuluşu il düzeyinde dirayetli ve yetkili sağlık müdürlerine bağlı idi. Bu konu sürekli gündemde idi ve tartışılıyordu, fakat bir türlü olumlu bir adım atılamamıştı. Çok önemli bir yer olmasına rağmen yanlış politikalar yüzünden değerini tamamen kaybetmişti. Bu görevin asaleten yapıldığı il birkaç taneyi geçmiyordu. Çoğu yerde yeni mezun arkadaşlarımız sağlık müdürü vekilliği yapıyordu. Tecrübesizliğin ve gençliğin verdiği cesaretle yanlışlar yapıp duruyorlardı. Hiç unutmuyorum; doğuda önemli bir ilimizin sağlık müdür vekilliğini yapan genç arkadaşımız, kafayı çekmiş ve geceyarısı hastaneye bağlı hemşirelik kolejinin yatakhanesini teftişe kalkmıştı. Sahada hizmet giderek gerilemiş, zaten merkeziyetçi olan yönetim daha da ağdalı olmuştu. Bu yüzden yerel olanaklar ve kaynakları koordine ederek daha verimli ve etkili hizmet verme olanağı kalmamıştı. Bazı genel müdürlüklerin taşra teşkilâtları çoğu yerde aktivitelerini kaybetmişti.

Bu yerel boşluk dolayısı ile yakın denetim de kalmamıştı. Bakanla gittiğimiz köylerde sağlık evi veya ocağını, kadrosunda ebe veya hemşire olmasına rağmen, kapalı buluyorduk. Sorulduğunda kasabada oturduklarını, arada sırada geldiklerini söylüyorlardı. Bu duruma köylüler alışmış, olağan sayıyordu. Köylüye giyim kuşam ve yaşamı ile örnek olacağı yerde onların yaşamını aynı ile benimsemiş ebeler, hemşireler gördük. İçlerinde öyleleri vardı ki önünde pis bir peştemal, başında yazma, burnundan akan sümük çenesinden damlayan, pislik içerisinde, birisi kucağında, birisi karnında, ikisi yalın ayak yanında, çocukları ile dolaşıyordu. Bir baş olsa bunların hiçbirisi olmazdı. Ama sağlık müdürlüğünü kimse istemiyordu. Bir tayin encümeni toplantısında birisinin oldukça önemli bir ile sağlık müdürü olarak atanması önerisi gelmişti. Sosyalleştirme Dairesi Başkanı Doç. Dr. Doğan Benli bu arkadaşımızı tanıyordu, "Ondan sağlık müdürü olmaz, kafasızın tekidir" deyince, "O halde iyi bir genel müdür olur" diye takılmıştım. Çünkü kafası olanları genel müdür yapsak, içinde bulunduğumuz durumlara düşmezdik. Bakanlığımızın merkezde olduğu gibi sahadaki teşkilâtları da birbirinden habersiz ve kopuk hizmet görüyordu. Nasıl bir düşünce ya da düşüncesizliktir ki, bir il merkezinde aynı genel müdürlüğe bağlı ama devlet, çocuk, göğüs hastanesi ve doğumevi adı altında idareleri birbirinden ayrı iki, üç, dört tane birbirinden bağımsız hastane kurulmuştu. Bir kere bir hastanede, ne kadar küçük olursa olsun, mutfak, kapı, kalorifer, santral ve idare için en az 20-25 kişinin bulunması gerekir. Hizmet pavyon şeklinde olursa birisinin dışındakilere ihtiyaç olmaz. Bunların bir kısmı aynı bahçe içerisinde yanyana yapılmıştı. İşletmeyi pahalıya mal etmek bir yana, aralarında işbirliği dahi yoktu. Birisinde hastaya yatak bulunamazken diğerindeki yataklar boş duruyordu.

Örneğin Manisa'da bir devlet, bir de çocuk hastanesi vardı. Çocuk hastanesinde iki çocuk hastalıkları uzmanı, devlet hastanesinde de bir çocuk hastalıkları uzmanı görev yapıyordu. Çocuk hastanesinde yönetmeliğe göre nöbet yoktu. Mesai bitince kapıları kapatılıyordu. Çocuk acil hastaları, devlet hastanesine götürülüyor ve her gece çocuk hastalıkları uzmanı birkaç kere acile çağırılıyordu. Önemli devlet yolları güzergâhlarında büyük yatak kapasiteli trafik hastaneleri planlanmıştı. Benim görev yaptığım dönemde Konya'daki, Adapazarı'ndaki ve Afyon'dakiler bitirilmiş, Bakanlık teslim almıştı. Bunlar atanacak ortopedist ve nöro-şirürjiyen bulunamadığı için hizmete açılamamışlardı. Hatırımda kaldığına göre 150 yataktan aşağısı yoktu. Yataklarının trafik hastanesi olarak doldurulmaları için görev alanları içerisinde günde ne kadar ağır trafik kaza olması gerekirdi, bunu kimse düşünememişti. Mevcutlara ilave bir atıl kapasite daha yaratılmıştı. Afyon ve Düzce hastaneleri yetersiz ve kullanışsız binalarda olduğu halde yanlarındaki trafik hastaneleri bomboş duruyordu. Onların bu sıfatını kaldırarak Devlet Hastanesi'nin pavyonu haline getirdik. Konya'daki Sayın İslâmoğlu zamanında bitmişti. Beraber Konya'ya gitmiştik. Hastanenin yapılmasına büyük katkıları olan bir gönüllü kuruluş vardı. Bakan onları ikna etmek suretiyle binanın doğumevi olarak kullanılmasını sağlamıştı. Böylece boş kalacak ve Bakanlığın başına dert olacak bir bina Konya'ya modern bir doğumevi olarak kazandırılmış oldu. Eski doğumevi de bir apartman dairesine sıkışıp kalmış olan Sağlık Müdürlüğü'ne verildi.

Planlamalarda fiziki yapıdan daha önemli olan para, insan gücü kaynakları ve pahalı araç gereç ihtiyaçları dikkate alınmadan bir sürü yeni inşaata başlanmıştı. Biz göreve geldiğimizde

69 tanesinin yapımı devam ediyordu. İçlerinde 15-16 sene önce başlananlar vardı. Her sene birer parça ödemekle inşaatların azar azar devamı sağlanmıştı. Örneğin Van'da başlanan Verem Hastanesi bittiği zaman, ona ihtiyaç kalmamıştı. Teslim alınmış, öyle duruyordu. Eğitim merkezi yapalım dedik, kabul etmediler. Sonra bir fakülteye vermişler. Dr. İslâmoğlu'nun deyimi ile "iskelet halindeki inşaatlar devletin aczini simgeleyen birer abide gibi" duruyordu. Master plan zaten siyasi otoritenin politik amaçlı tercihi yüzünden tamamen çarpıtılmıştı. Bu inşaatlar da aynı etkinin sonucu ile seçmen avutma aracı olmuştu.

Münif Bey, aklın gereğini yerine getirmek suretiyle inşaatları önceliklerine göre değerlendirerek bir kısmının bitmesini sağlamıştı. Bunların açılabilmeleri için ihtiyaç olan ekipmanı alacak para bulunamıyordu. Olanı kadar ile alınabilecek cihazlar da piyasada yoktu. Yeni hizmete açılacak hastanelerin ihtiyaçlarına 12 Eylül'den sonra bir de zorunlu hizmet yasası ile atanan uzmanların ihtiyaçları eklenmişti. Boşluğu doldurmak için kapkaççı firmaların işe yaramaz mamulleri satın alınarak paralar çarçur ediliyordu.

Yine İsraf

Zamanında bilmediğim bir nedenle alınmış ve ikide bir ilgili genel müdürün ihtiyaç olmadığı halde dağıtmamı istediği bin kadar bebek karyolasından bir kısmını inşaatı biten Bursa Doğumevi'ne göndertmiştim. Bir gezimde bizim meşhur çocuk karyolalarını görmek istedim. Hepsini depoya atıp bağışlarla yenilerini aldıklarını söylediler. Birisini getirttirdim; leylek bacağı gibi dört ince uzun demir ayak üzerine yerleştirilmiş adi, basit bir şeydi. O kadar yüksekti ki kullanılması mümkün değildi. Başhekim ayniyata esas olan fiyatını söylediği zaman şaşkınlığım bir kat daha artmıştı. Çünkü alım fiyatı normal iki kişilik metal bir karyolanın iki misline yakındı. Tıbbi malzeme satan bir dostumdan dinlemiştim:

Nereden aklına geldi ise her irtifada 100 derecede kaynayan bir sulu sterilizatör tasarlamış. Zamanın müsteşarına giderek, bunların her yerde güvenli olarak kullanılabileceğine ikna etmiş. Bakanlık da bunlardan bin tane almış. Mucide "Bakanlık bunlardan nasıl yararlandı bilmiyorum ama, ben iyi para kazandım" diyordu.

Günün gelişmelerine ayak uydurmak için Bayındırlık Bakanlığı ilçe hastanelerine bile mutfak, ısıtma, havalandırma için modern tesisatlar yaptırıyordu. Hastanelerinin asansörleri doğru dürüst çalışmayan bir ülkede bunlar tümden fantazi şeylerdi. Havalandırma sistemi yüzünden her tarafı kapalı olarak tasarlanmış bazı ameliyathanelerde havalandırma çalışmıyordu. Sıcak ve havasız bir atmosferde çalışmak zorunda kaldıkları için günde birden fazla ameliyat yapamıyorlardı. Bunlar özel yüksek okullardan yetişmiş, memleketinin teknik olanaklarından bihaber mühendis ve memurların marifetleri idi. Demek ki teknik gelişme eldeki imkânları aştığı zaman faydalı değil, zararlı oluyordu.

İstanbul Bakırköy Rehabilitasyon Merkezi, geniş bir alanda tek katlı ve birbirlerinden ayrı 3-4 bina halinde inşa edilmişti. Üstleri çatısız açık teras halinde idi. Tavan akıntıları bir türlü kesilmiyordu. Üstleri açık olduğu için ısıtılmaları da güçtü. Bakırköy'de bir de kreş vardı. O da bağımsız ayrı binalar halinde idi. Cepheleri baştan aşağı vitrindi. Onları da ısıtamıyorlardı. Bayındırlık Bakanlığı'na Bakırköy'ün rüzgârlara açık yöresinde iklim koşullarını dikkate almadan bunların nasıl böyle tasarlandığını sordum. İsrail'deki benzerlerini örnek almışlar. İsrail iklim koşulları ile İstanbul'un iklim koşulları arasındaki farkı bile bilmeyen bir teknokrat kuşağıyla gelinen yer burasıydı.

Başımızda bir de sonradan hastane statüsüne alınmış sağlık merkezleri sorunu vardı. Sağlık merkezleri Behçet Uz tarafından gerçekçi bir yaklaşımla, küçük yerleşim yerlerinin ihtiyaçlarına cevap verecek şekilde planlanmışlardı. Buralar için pratisyen doktorlardan, hastanelerde iki sene süre ile genel cerrahide, iç hastalıklarında, çocuk hastalıklarında rotasyonla çalıştırılarak her türlü doğumu yapabilecek, akut apandisit, bağırsak tıkanması, önemli kanamalar gibi vakalara müdahale edebilecek nitelikte hekimler yetiştirilecekti.

Ben ihtisas yaparken bu amaçla gelen arkadaşlar, asistanlık imtihanından da geçmeden, dahiliye grubuna başlayanlar dahiliyede, hariciye grubunda başlayanlar cerrahide uzman olmak üzere otomatik olarak asistanlık statüsüne alındılar. Bu kendiliğinden olacak bir iş değildi. İltiması kuvvetli birinin müdahale ettiği kesindi. Böylece ideal bir projeye ağır bir darbe indirilmişti. O günden beri kırsal alanlarda ve kasabalardaki sağlık hizmetlerinin organizasyonu çözülmesi mümkün olmayan bir sorun olarak sürüp gitmektedir.

Sağlık merkezi binaları halktan gelen baskılarla zaman içerisinde hastane statüsüne alınarak Tedavi Kurumları Genel Müdürlüğü'ne bağlanmıştı. Bunların 10 ve 15 yataklı olanları, yapı itibarı ile ameliyat yapmaya uygun değildi. 25 yataklı olanlarda ameliyathane vardı. Bunların da pek azında uzman hekim çalıştırılabilmişti. Yıllardır pratisyen hekim bile görmeyen yığınla sağlık merkezi vardı. Buralarda ebeler, hemşireler ve diğer personel yiyip içip oturuyorlardı. Diğer taraftan sağlık merkezi bulunan yerleşim yerlerinin çoğunda koruyucu tababet hizmetlerinin ne yeri, ne personeli vardı. Bazı büyük ilçelerdeki sağlık merkezi binalarından aile planlaması ve ana-çocuk sağlığı birimleri de yararlanıyordu. Bu birimlerin bir kısmında hekim vardı, hemşire yoktu. Hekim ve hemşireler bir araya gelmedikleri için iki hizmet de görülmüyordu. Sağlık merkezi personelinin hekimin emrinde çalışması ve mümkün olduğunca ilçenin sağlık gereksinimine cevap verilmesi hususunda sözlü emir veriyordum. Ne kadar uyduklarını bilemiyorum. Yerel kontrol olmadığı için uyduklarını da zannetmiyorum.

Kaya Kılıçturgay zamanında bu konuyu ele aldık. Yapılan hesaplara göre o tarihlerde sağlık merkezlerinde yazılan her reçete devlete bin liraya mal oluyordu. Bu hastaların özel hekim ve ilaç paralarını devlet ödese, acillerinin hastanelere nakli için helikopter kullansa hizmet daha ucuza gelecekti (100 liraya hasta muayene oluyordu).

Sağlık hizmetlerinin sosyalleştirilmesi ilkelerine göre, uygulamaya geçildiği zaman grup hastanesi kurulacak yerlerdeki sağlık merkezlerini bu görev için muhafaza edilerek diğerlerinin hastane statüsünden çıkarılmasını ve personeli ile birlikte koruyucu tababet hizmetlerine bırakılmalarını uygun gördük. Buna göre hazırlıklar yapıldı. Bakan başkanlığındaki bir toplantıda slaytlarla geniş bilgiler verildi ve öneri kabul edildi.

Koruyucu sağlık hizmetleri ile ilgili genel müdürlüklerin yapacakları, mevcut hemşireleri aralarında paylaşarak açacakları kurslarla eğitmek ve bu yörelere hizmetlerini götürmekti. Böylece sağlık hizmetlerinden tümü ile mahrum olan insanlar ayaklarında Bakanlığı görecekler ve birçok sağlık hizmetinden yararlanacaklardı.

Hiçbirisini yerinden kıpırdatmak mümkün olmadı. Halk bu uygulamadan bir yarar görmediği gibi, ümit olarak gördüğü hastanesinden de mahrum olmuştu. Tembelliğe alışmış ve yemekten de mahrum kalan personelin ve çıkarı bozulan tek tük hekimin tahriki ile feryatlar başladı. Hastanesini geri isteyenler harekete geçtiler. Bunun için bazı kaymakamlar heyetlerle Bakanlığa kadar geliyorlardı. Bunlara sağlık merkezlerinde şimdiye kadar kaç uzman çalıştığını soruyordum. "Hiç" diyorlardı. Hatta yıllardır pratisyen bile görmemişlerdi. Hastane statüsünde oldukları için bunlardan koruyucu tababet hizmetleri olarak da yararlanamıyorlardı. Bundan sonra bu binalarda verilecek hizmetleri anlatıyordum. Böylece pratisyen de olsa en az bir hekimleri olacaktı. Bunları dinledikten sonra heyetler yanıldıklarını söyleyerek gidiyorlardı.

Valilerin harekete geçirildiği yerler de vardı. Balıkesir Havran'ın 10 yataklı sağlık merkezinde bir operatör çalışıyordu. Evvela kendisi yazı ile bize başvurarak acil vakalarda hayat kurtardığını bildiriyor, "halkın bu imkândan mahrum edilmemesini" istiyordu. Bunun üzerine hangi tür acil cerrahi müdahaleler yaptığını, bunların son üç yıldaki sayısını, kan nakli gereken hastalara kanı nasıl sağlayıp verdiğini sorduk. Cevap validen geldi. Vali aynı şeyleri bakana telefonla bildirmiş; bakan bilgi istedi, birkaç senelik istatistiklerini çıkardık. Hayat kurtarıcı ameliyatların yapıldığı bu hastanede ortalama hasta yatış günü bir gündü. Halbuki bu rakam cerrahi servislerinde ortalama 7-8 gündür. Bu durumda bu cerrahın tırnak söküp apse açmaktan başka bir şey yapmadığı anlaşılıyordu. Havran'dan asfalt yolla kolayca erişilebilecek 40-50 km. mesafelerde 2-3 doğru dürüst hastane vardı. Acil de olsa hasta nakli kolayca mümkündü. Bunlar anlatıldı, konu da kapandı. Tepkiler, sağlık merkezi mensuplarının halkı tahriklerinden kaynaklanıyordu.

Akıl Hastaneleri ve Yıldırım Aktuna

Müzmin sorunlarımızdan birisi de akıl hastanelerinin durumu idi. Bunlar, bir asır önceden kalma tımarhane zihniyeti ile insanlıkdışı inanılmaz şartlarda hastaların kapatıldığı yerlerdi. Daha önceki başhekimler bu rezaletin üstünü örtmeyi iyi becermişlerdi. Münif Bey, Ruh Sağlığı Müdürlüğü'nü de bana bağlayınca Hacettepe Tıp Fakültesi Psikiyatri Bölüm Başkanı sınıf arkadaşım Prof. Dr. Öztürk benimle temasa geçmişti. Daha önce Bakanlık Ruh Sağlığı Müdürlüğü yapmış olan Numune Hastanesi Psikiyatri Klinik Şefi Dr. Nejat Candan tarafından programlanmış ve Ankara Gölbaşı'nda inşasına başlanmış büyük bir Ruh Sağlığı ve Akıl Hastalıkları Merkezi'nin bazı birimleri bitmiş, yapılan bir protokolle Hacettepe Tıp Fakültesi bunları işletmeye açmıştı. Burası delilerin kapatıldığı bir tımarhane değil, tedavisi mümkün olanların iyileştirilmesi için kullanılan modern bir hastane olarak çalışıyordu. Prof. Orhan Bey bu görevin daha iyi yerine getirilebilmesi için hastanenin önünde ve hastanenin arkasında hizmet verecek ruh sağlığı dispanserlerinin zorunlu olduğunu söylüyordu. Ankara'da bir tane vardı. 3 hekim, 5 personelle günde ortalama iki hasta bakıyorlardı. Hiçbir yataklı kurumla ilişkileri yoktu. Orhan Bey'le oturduk, bu konuda ileride başka yerlerde de uygulanacak şekilde Ankara için bir proje hazırladık.

Yataklı birim Gölbaşı'ndaki binalarda olacaktı. Diğer binalar bittikçe kapasite artırılacak, eğitim birimleri, rehabilitasyon hizmetleri de kurulacaktı. Numune Hastanesi'nde sadece poliklinik ve poliklinikle ilgili hizmetler faaliyetine devam edecekti. Dispanserler için yerler tespit edildi. Bütün hekimler, haksızlık olmasın, klinik çalışmalardan uzak kalmasınlar diye her hizmet yerinde sırayla rotasyonla çalışacaklardı. Bu esaslar içerisinde bir protokol taslağı hazırlandı. Numune Hastanesi Psikiyatri Şefi Dr. Candan buna karşı çıktı. Hacettepe ile mevcut protokol süresi bitince uzatmayalım, binamızı alıp işletelim, dedik. Bu arkadaşımız şehirden uzak diye onu da kabul etmiyordu. Bu muazzam tesisin orada kurulmasını isteyen kendisi idi. Böylesine çelişki içinde olmasının bir nedeni olmalıydı. Bu konuda müsteşar başkanlığında yaptığımız bir toplantıda da saçmasapan gerekçelerle projeye karşı çıktı. Müsteşar da projeden yana idi. Bu defa Numune Hastanesi'nin başhekimini, "Senin başhekimlik elden gidiyor" diyerek tahrik etti. Başhekim Dr. Kemal Gavuzoğlu'na protokolun taslağını göndererek incelemesini ve görüşlerini bildirmesini istedik. Görüş yerine Dr. Candan'ın kendisine söylediklerini tekrarlamakla yetindi. Dr. Candan bir iki yıldır araları açık olduğu için konuşmadığı, uzman arkadaşı ile artık kol kola dolaşıyordu. Bu savaşta müttefik olmuşlardı. Toplantılara da beraber geliyorlardı. Bakana durumu anlatıyor, yardımını istiyordum. Başhekimi ikna etmemi söylüyordu. O da ikna olmamakta ısrarlı idi. Böylece proje yattı. Ülkemizde büyük işlerin ufak şeylere ve kişisel hesaplara feda edilmesi adeta kader olmuştur. Bu olay buna tipik bir örnektir.

Aynı dava için Bakırköy Hastanesi Başhekimi Dr. Yıldırım Aktuna da savaşa başlamıştı. Vakıf kurmuş, Bakırköy Akıl Hastanesi'nin arazisi üzerinde inşaatlara başlamıştı. Her çalışana olduğu gibi, onu da köstekleyenler vardı. Nitekim emekli olan selefi pisliğin ortaya çıkmaması için hastaneyi kontrol altında tutmanın yolunu bulmuştu. Bakanımız Münif İslâmoğlu'nu, İstanbul Sağlık Müdürlüğü'nde, ruh sağlığı ve akıl hastalıkları ile ilgili ve yetkili danışman olarak görevlendirilmesi için ikna etmişti. Böylece Bakırköy Ruh Sağlığı ve Akıl Hastalıkları Hastanesi'ni istediği gibi kontrol altında tutma olanağı bulacaktı. Amacı rezaletin ortaya çıkmasına engel olmaktı. Bakana bunlar anlatıldı. O da kararını kaldırdı.

Bu olaydan önce geniş bir denetim için İstanbul'a gitmiştik.

Bakırköy Hastanesi'ne giderken bakan beni arabasına aldı. "Yıldırım Aktuna için komünist diyorlar. Pavyonların birisinin bodrumunda bir matbaa kurmuşlar, sabaha kadar komünist afişleri bastırıp dağıtıyorlarmış" dedi. Buna pek inanmış görünmüyordu, ne diyeceğimi sordu. Bu iddianın akıl ve mantıkla alakası olmadığını, tereddüt ve şüphelerini bizzat Dr. Aktuna ile görüşmesinin daha iyi olacağını söyledim.

Hastaneye gidince bizi karşılayan Aktuna'yı yanına alarak konuşmak üzere ayrı bir odaya götürdü. Döndüğünde ikisi de anlaşmış olmanın rahatlığı içerisinde idi. Önce eski hasta pavyonlarını dolaştık. Gördüklerimiz inanılır gibi değildi. İçeri girer girmez yemek artıkları ile insan idrar ve dışkısının karışımının verdiği iğrenç bir koku yüzünden güç nefes alınıyordu. Sonra diğerlerini gezerken bu kokunun bizim tımarhanelerin hepsinde aynen mevcut olduğunu gördük.

Hastalar çırılçıplak pislik içerisinde kalmış, yerlerde sürünüp duruyorlardı. Görülmesi insana dehşet veren bir manzara idi. Koğuşlarda eğri büğrü somyalarda yüzü yırtılmış, pamukları etrafa savrulmuş şilteler vardı. Bu pisliği daha öncekiler pek güzel örtmeyi becermişlerdi. Başhekimlerden birisi her yıl şenlikler düzenler, kıyafetleri düzgün hastalara spor hareketleri yaptırır, TV'de yayınlatırdı.

Bunları gördükten sonra yeni yapılmış olan, uyuşturucu bağımlılarının bulunduğu modern ve bakımlı binayı gezdik. Oradan yapılmakta olan inşaatlara gittik, hastane bahçesi şantiyeye dönmüştü. Yolda yanıma uzun boyluca esmerce bir hekim yaklaşarak hastanede geceleri komünist afişleri basılması işini anlattı ve "bunları bakana söylesem olur mu?" dedi. Ben de pekâlâ olabileceğini, inşaatları dolaştıktan sonra konferans salonunda toplantı yapılıp sorunların dinleneceğini, orada bildiklerini dile getirebileceğini söyledim. Nedense, toplantıda sessiz kalmayı tercih etti. Ayrılacağımız zaman bakanın arabasına yanaştı, kafasını kapıdan içeri soktu, birşeyler söylemeye başladı. Sayın İslâmoğlu adamın lafını ağzına tıkamış olmalı ki hemen geri çekilip oradan hızla uzaklaştı.

Dr. Aktuna gerçekten de Bakırköy Hastanesi'nde büyük bir

reform yapmıştı. Önceki durumu görmeyenlerin yapılanların önemini kavraması mümkün değildir. Biz de kendisine destek verdiğimiz gibi akıl hastalıkları sorununu ülke çapında ele aldık. Sonradan İstanbul'a bir gidişimde gece 21.00'de hastaneyi ziyaret ettim. Lalettayin bir pavyonun kapısını açtırıp içeri girdim. İki hemşire 15-20 hastayı bir masanın etrafında toplamış onlarla meşgul oluyordu. Hastaların kılık kıyafetleri düzgündü. Yatak odalarının kapısını açtım, yataklar muntazamdı, hepsinde de temiz beyaz yatak takımları vardı.

Sonra Aktuna ile beraber neler yapılacağını tespit için Samsun'a, Manisa'ya, Elazığ'a gittik. Akıl hastalıkları hastanelerini inceledik. Hepsi de ilkel koşullarda çalışıyordu. Özellikle Elazıg Hastanesı ınsanlıgın yuz karası ıdı. Çatısından gökyüzü görülen, uçak hangarı gibi bir pavyona doldurulan yarı çıplak hastalar, soğuktan mosmor olmuşlar, yanmayan iki demir sobanın etrafına üşüşmüşlerdi. Bazı kadın hastaların kucaklarında bebekler vardı. Birisine kaptırmamak istercesine sıkı sıkıya bağırlarına basmışlardı. Bu bebekleri yuvaya göndermeyi bile akıl etmemişlerdi. İldeki komutanın girişimi ile yeni bir yer yaptırıldı. Hangar yıkıldı. Diğerlerinde de iyileştirmeler yapıldı. Dr. Yıldırım Aktuna iyi bir akıl hastalıkları hastanesi başhekimi olduğunu kanıtlamıştı. İyi bir belediye reisi de oldu. Sonra iyi bir başhekim ve iyi bir belediye reisi olmanın iyi bir bakan olmaya yetmediğini kanıtladı. Bunları *Cumhuriyet* gazetesinde yazdığım için de bana darıldı.

Aktuna ile seyahatlerimin bir de enteresan anısı vardır. Müsteşarımız Dr. Aktuna'ya pek sempati beslemezdi. Zaman zaman da ona karşı Aktuna'yı savunmak zorunda kalırdım. Sonradan öğrendim ki Aktuna müsteşarlığa özenirmiş. Müsteşar, adı geçtiği zaman "senin Yıldırım" derdi. Manisa dönüşümüzde müsteşara çıkmıştım. Birdenbire "Senin Yıldırım için homoseksüel diyorlar" dedi. Şaşırdım kaldım.

"Pes efendim, ben ne bileyim homoseksüel mi, değil mi?" dedim.

Bunu Dr. Aktuna'ya naklettim. Sinirlenecek diye beklerken rahat ve uzun bir kahkaha attı. Bu konu bakan olduğu zaman günlük gazetelerde de yansımıştı. Onun için burada anlatmakta sakınca görmedim.

Gecekondu Tıp Fakülteleri

Karşı karşıya kaldığımız sorunlardan birisi de tıp fakülteleri açma furyasının Sağlık Bakanlığı'na yansıyan tarafları idi. Tıp fakülteleri amip gibi şişiyor ve ikiye bölünerek çoğalıyorlardı. Her ne kadar memleketin hekim açığını kapamak gibi ulusal bir görev anlayışı ile yola çıkıyorlarsa da gerçek neden, aynı fakültede yığılan öğretim üyelerinin kendilerine yeni yaşam alanları yaratmak isteği idi. Açılan fakülteler hiç de memleketin hayrına olmuyordu. Çünkü yeni açılan bir fakültenin sadece sahadan çektiği hekimlerin yarattığı boşluğu doldurması için 10 seneden fazla bir zamana ihtiyaç vardı. Daha da fenası, mevcutların bile ihtiyacını karşılayacak kadar temel tıp bilimleri hocası yoktu. Bu fakültelerde hekim nasıl yetişecekti? Nitekim kadavra görmeden bir sürü hekim mezun oldu. Bu furyanın öncülerinden İhsan Doğramacı bile günün birisinde "karaciğerin yerini bilmeyen doktorlar var" demek zorunda kalmıştı.

Mevcut fakültelerin fazlalıklarından birkaç tane klinik ders hocası harekete geçiyor, Sağlık Bakanlığı'ndan hastane istiyordu. Kopardılar mı da fakülte açılıyordu.

Dr. Münif İslâmoğlu ile birlikte gittiğimiz İzmir gezisinde mevcut tıp fakültesinden kopan bir grup kendilerine hastane vermemiz için peşimize düştü. Bakan sağduyu sahibi idi. Onlara, hastane tahsis edemeyeceğini, ancak uzman açığımız olduğunu, isteyeni klinik ve laboratuvar şefi olarak atayabileceğini, bu suretle fakülte için eğitim yapılırken bizim de hastane hizmetlerimizin yürütülmüş olacağını söyledi. Kabul ettiler. Hazırladığımız protokol taslağına görüşülüp imzalanması için yapılan toplantılara katılmadılar. Sonradan anlaşıldı ki bu teklif işlerine gelmediği için yan çizmişler ve bir fırsat için pusuya yatmışlardı. 12 Eylül gelince yeniden harekete geçtiler. Bu defa askerî cenahı zorlamaya başlamışlardı. İzmir örfi idare komutanının basiretli davranışı sayesinde bu defa da amaçlarına erişemediler. Paşanın bu konuda en büyük kozu mevcut tıp fakültesinin 1.100 yatağının yarısının bile kullanılamaması idi. Yenisinde ayrıca bir o kadar yataklı hastane yapılacaktı. Devlet hangi akıllıya uydu ise fakülteler için tip olarak 1.100 yataklı hastane öngörmüştü. Bu yüzden açılan fakülteler yurt düzeyinde yatak dağılımının da aşırı derecede bozulmasına yol açıyordu.

Rıdvan Ege'ye "Vatanperverlik" Dersi

Böylece büyük atıl kapasiteler yaratılıyordu. Halbuki bizim koşullarımızda halk sağlığı bakımından tıp fakültelerini bölge merkezlerine dağıtmak, bunlardan referans hastaneleri olarak yararlanabilmek için 300-350 yataklı olarak düzenlemek gerekirdi. Bütçeleri devletten çıktığı için sağlık master planı içerisinde bu şekilde düşünülmesi yasal olarak da mümkündü.

Fakültelere verilen hastanelerde iki başlı, üç başlı idareler yaratılmıştı. Onların sıkıntılarını çekmek bize düşüyordu. Bunun en güzel örneği Trafik Vakfı'nın yaptırdığı hastanedir. Trafik Kazaları Vakfı Ankara'nın Balgat Köyü'nde 150 yataklı bir hastane yaptırmış, emsallerinde olduğu gibi onlar da istememiş, bir protokolle işletmesini Sağlık Bakanlığı'na vermişlerdi.

Bakanlığımız hastanelerinde, dışarıdan akademik unvan almış klinik şefi arkadaşlarımızın da katılımı ile Ankara'da üçüncü tıp fakültesinin açılması için çalışmalar başlamıştı. Sonradan yapılan üçlü bir protokolle bu fakülte de hastane işletmesine girmişti. Bina Trafik Vakfı'nın, araç gereçlerin çoğu, personel ve bütçesi Sağlık Bakanlığı'nın, hizmet ise tıp fakültesinindi. Böylece birbirleri ile sürekli sürtüşme içerisinde olan üç başlı garip bir hastane ortaya çıkmıştı.

Anayasa'nın açık hükmüne rağmen, yeni fakülte, bağlanacağı bir üniversite olmadığı için İktisadi Ticari İlimler Akademisi'nin himayesine girmişti. Onun için açılan bir dava üzerine bu fakültenin kuruluşu Danıştay kararı ile iptal edilmişti. Ankara Tıp Fakültesi haklı olarak bu kararın uygulanmasını istiyordu. Bizim yapacağımız tek şey, taraflardan birisi taraf olma nedenini kaybettiği için protokolü feshedip yenisini yapmaktı. Öyle de yapıldı. Bu husus taraflara tebliğ edildi. Yeniden protokol hazırlamak için çağırıldılar, ne geldiler ne de cevap verdiler. Bu kanunsuzluğa Bakanlığı da alet ediyorlardı. Bunun üzerine Bakan İslâmoğlu, "Arabaları gönderin, bize ait ne varsa yükletip getirin. Oradaki personelimizi de ihtiyaç olan yerlere nakledin" diye emir verdi. Gerçi yasal olarak bunu yapabilirdik, fakat konu istismara açıktı, gerek protokolde gerek işletmede çeşitli kanunsuzluklar vardı. Verdiği emrin sakıncalarını bakana anlattık. Bakan da kabul etti. Ne yazık ki başkentte yüksek mahkemenin kararı uygulatılamıyordu.

Bu hastanenin işletmesi de ekonomik değildi. 50 kadar yatağı kullanılan 150 yataklı hastaneye, kısıtlı bütçemizden 300 yataklı hastane ödeneği kadar ödenek veriliyor, 300 personele maaş ödeniyordu.

Hastanenin içerisinde vakıf için bir idari birimle, özel hastaları için lüks bir yataklı birim ayrılmıştı. Buraya yatan hastaların bakım ve tedavi giderleri bütçeden yapılıyor, geliri vakfa alınıyordu. Bakanlığın hastaneye başhekim olarak atadığı arkadaşımız, şoför adaylarına sağlık kurulu raporları vermek üzere vakfın açtığı trafik dispanserinde başhekimlik yapıyordu. Gelenlerden bu arkadaşın sorumluluğu altında alınan ücretler, vakfa gidiyordu. Bu dispanserin başhekimi olarak vakıftan maaş alan eski İstanbul milletvekili Doçent Dr. Haluk Berkol ağabeyimiz, devlet memuru olmadığı halde, Sağlık Bakanlığı bütçesinden verilen ödeneklerin sarflarına imza atıyordu. Yani devlet hastanesini, bir vakıf görevlisi yönetiyordu. Fakülte yönetimi ile vakıf yönetimi devamlı sürtüşme halinde idi. Onun için bu kanunsuz uygulamayı dekan Sayıştay'a şikâyet etmişti. Sayıştay'ın yapılan ödemeleri arkadaşımıza zimmet çıkaracağı kesindi. Durumu öğrendiğimiz zaman, ilgilenmesi için Dr. Berkol'u uyardık.

Bu sorun ben görevde kaldığım sürece devam etmişti. Vakıf, Bakanlığa koroner bakım ünitesi kurmak için monitörler aldırmış. Vakfın Bakanlığın sırtından bir sürü kazancı olduğu halde bunların montaj gideri olan 10 milyon lirayı da Bakanlık'tan istiyorlardı. Verip de kanunsuzluklara bulaşmamak için vermiyordum.

Vakıf idaresi hem bir sürü kanunsuz uygulamanın içinde idi, hem de hiç çekinmeden yeni sorunlar yaratıyordu. İsteklerine ulaşmak için de her çareye başvuruyorlardı. Kirli çamaşırlar ortaya çıkar diye bir endişeleri bile yoktu.

Bir gün Bakan Necmi Ayanoğlu bana bazı yazılar verdi. İçlerinde bir de konsey üyesi Oramiral Sayın Nejat Tümer tarafından kendisine yazılmış uzunca bir mektup vardı. Gayet nazikâne bir şekilde Trafik Vakıf Başkanı Profesör Rıdvan Ege'nin bizden şikâyetçi olduğu bildiriliyor, bakanın bu hayırlı girişime çıkarılan güçlükleri önlemesi rica ediliyordu. Cevap yazılması için bana verildiğini zannettim ve olan bitenleri, yanlışları ve kanunsuzlukları ile özetledim. İmza için bakana götürdüm. Kendisi bu mektubu cevapladığını, bana dosyasına konması için verdiğini söyledi. Ne yazdığını bilmiyordum ama sayın amiralin isteğine sıcak bakmadığı anlaşılıyordu. Bu durumda yazdığımın gönderilmesine gerek kalmadığını bildirdim. Buna rağmen yazıyı okumak için aldı. Ertesi gün "Cevap çok güzel olmuş" diyerek yazıyı özel bir kurye ile Sayın Tümer'e gönderdi.

Vakıf yönetimi ile fakülte yönetimi her yeni bakana birbirlerini ve beni şikâyet ediyorlardı. Yeni geldiği zaman Sayın Ayanoğlu'na da şikâyet etmişler. Beni çağırmış, kısa bir bilgi almıştı. Konu ile fazla ilgilenmemişti. Günün birinde bana Trafik Hastanesi'ne hiçbir şey vermememi emretti. Sonradan vakıf başkanının sağlık bakanı olma girişimleri olduğu için onlara karşı tavır aldığı söylentisi çıkmıştı.

Kaya Kılıçturgay bakan olunca yine birbirlerini şikâyet etmişler. Bakan benden bilgi istedi. Durumu detaylı olarak anlattım. Bana, "Bunları, onların yüzüne de söyler misin?" diye sordu. Doğruyu nerede olsa söylerdim. Tereddütsüz "tabiî" dedim. Birkaç gün sonra dosyayı alarak beraber Trafik Hastanesi'ne gittik. Toplantıda Rıdvan Ege uzunca bir konuşma yaptı. Konuşmanın ağırlık merkezi bendim. Vatan-millet için verdikleri uğraşıları anlattı. Benim bu gayretlerini köstekledğimden söz etti. Koroner bakıma alınan monitörlerin montajı için lazım olan parayı vermediğimi söyledi. Söz buraya gelince ipin ucunu kaçırdı. "Bu hizmetlere para vermemek vatan hainliğidir" dedi. Beni, kendilerini bakanlara gammazlamakla suçladı. Arkasından başhekim söz aldı. Babası biz anatomi derslerine başladığımız zaman fakültede anatomi hocası idi. Oldukça yaşlı idi. Sadece birkaç dersimize gelmişti. Ama okuduğumuz anatomi ders kitapları onun eseri idi. Bu nedenle Baba Berkol'e saygımız büyüktü. Kendisine de bu yüzden özel bir sempatim vardı. Güçlüklerine yardımcı olmaya çalışırdım. O da, daha nazikâne de olsa, beni taşlıyordu. Konuşmaya sırası bana gelince Haluk Bey'in konuşmasını durumu itibariyle mecburi yapılmış bir konuşma olarak kabul ettiğimi, kendisine olan özel hissiyatım dolayısıyla cevap vermeyeceğimi söylemekle yetindim. Bakana, müsaade ederse Sayın Ege'ye* cevap vermeden önce kendisine bir sual sormak istediğimi söyledim. Kabul etti.

"Trafik Hastanesi sorununu ben mi size getirdim. Siz mi beni çağırarak bilgi istediniz?" dedim.

Kendisi bilgi istediğini söyledi.

"Gördüğümüz gibi daha işin başında gerçekleri çarpıtıyorlar. Bunlar her bakana birbirlerini şikâyet etmeyi adet haline getirmişlerdi. Benim kabahatim bakanlara doğru bilgi vermektir. Onun için sorulunca doğal olarak bilgi verirken protokoldeki yasadışı hususlarla, yasalara aykırı olan uygulamaları da açıklıyorum. Hiçbir şekilde kanunsuz işlere karışmam ve alet olmam. Herhalde size yanlış bilgi vermemi hoş karşılamazsınız" dedim. Yolsuzlukları ve yanlışları tekrar anlattım.

"O kadar pervasızca kanunsuzluk yapıyorlar ki, benim yardımcımın teyzesini özel odaya yatıracaklarını söyleyerek vakfa ait bölüme yatırdılar. Her şeyi bakanlık bütçesinden karşılanan bu hastadan bile yasal ücretlerden ayrı vakfa 40 bin lira aldılar."

"Biz kısıtlı ödeneklerle hastanelerimizin zorunlu ihtiyaçlarını karşılayamıyoruz. Monitörlerin montajı için istedikleri pa-

(*) Okuduğum dönemde fakültemin hocalarından başkasına "Hocam" diye hitap etmemişimdir. Koskocaman Bakanlık erkânının kendilerinden çok küçük doçentlere bile "hocam" diye hitap etmelerini yadırgardım.

ranın ait olduğu bölümdeki ödenekle, zorunlu hizmet için atanan operatörlere ameliyat masası alamıyoruz. On milyona on ameliyat masası alırım. Sayın Ege'nin beni vatana ihanetle suçlamasının, vatanı içinde bulundukları Balgat Köyü'nden ibaret zannetmesinden kaynaklandığını düşünüyorum. Eğer on milyonu buraya verirsem o zaman vatana ihanet etmiş olurum."

"Yüksek İhtisas Hastanesi'nde çok daha büyük kapasiteli bir koroner bakım ünitesi kurulma çalışmaları sürmektedir. İmkânlarımızı doğal olarak buranın bir an önce hizmete girmesi için kullanıyoruz. Şehrin merkezinde böyle bir hizmet varken şehrin yerleşim yeri dışında kalan bu hastaneye kim gelir?"

O zaman hastanenin etrafı boş arazi idi.

Tabiî verecek cevapları yoktu. Akademik unvan taşıyan kişiler Bakanlık ileri gelenleri ile istedikleri gibi oynamaya alışmışlardı. Her söyledikleri ilmin gereği, her yaptıkları en doğru kabul edilirdi. Onun için Sayın Ege'nin benden böyle bir darbe geleceğini düşünmeden konuşmuş olması muhtemeldir.

Ondan sonra Bakanlık olarak, sözü edilen monitörleri vakfa devredip kurtulmak istedik. Maliye Bakanlığı'ndan bu hususta görüş istedik. Aradan iki üç ay geçmesine rağmen cevap gelmeyince, ilgililere telefon ederek görüşlerini sordum. Devlet bütçesinden alınanların devlet bütçesinden yararlanmayan kurum ve kuruluşlara devredilemeyeceğini söylediler. Bu görüşlerini yazıya dökmelerini söyledim. "O zaman da Sayın Ege'den çekeceğimiz var" dediler. Yani Rıdvan Bey'den korkuyorlardı. Israrım üzerine o istikamette görüş gönderdiler. Hatırımda kaldığına göre biz de bunları Tıp Fakültesi'ne devrettik.

Versen Dert, Vermesen Dert...

Tıp fakülteleri hastanelerimizi alınca bir çeşit, çıkarken bir çeşit sorun yaratıyorlardı.

Erzurum Tıp Fakültesi Bakanlık Numune Hastanesi'nde doğmuş, gelişmiş, hastanelerinin inşaatı bitince sonucunu düşünmeden bir gün içerisinde her şeyi alıp gitmişlerdi. Geride 3-4 hekim, bir miktar hemşire ve memur ile harabe halini almış bir bina kalmıştı. Ellerine geçen cihaz ve aletlerimizin bazılarını da beraber götürmüşlerdi. Geri kalanlar işe yaramaz halde idi. Yılların Numune Hastanesi'nin poliklinik yapabilecek hali bile kalmamıştı. Fakülte şehirden uzak olduğu için halk sıkıntıya düşmüştü. Çıkacaklarını önceden haber verselerdi, kademeli bir boşaltma planları yapılır, hizmet aksatılmazdı. Onlar muhtemelen halkın ayağını zoraki kendi hastanelerine alıştırma hesabına düşmüşlerdi. Tabiî hastanenin eski haline getirilebilmesi için bir hayli sıkıntı çekildi. Ama kısa sürede eksikler tamamlandı. Şehrin içindeki hastane hizmete başlayınca fakülte hocalarının bazıları umduklarını bulamamış olmalılar ki, bir ayaklarını da Numune Hastanesi'ne atmaya niyetlendiler.

Sayın Ayanoğlu bir gün bana gereği yapılması için Erzurum Tıp Fakültesi hocalarından birisinin kendisine yazdığı bir mektubu verdi. Mektubu yazan yakından tanıdığım bir cerrahi profesörü idi. Hastanede çalışan operatörlerin genç ve tecrübesiz olduklarını, yetiştirilmeleri gerektiğini, kendisinin zamanının müsait olduğunu anlatıyor, "Müsaade edilirse ameliyatlarının bir kısmını orada yapmak suretiyle bu arkadaşları yetiştirmek istediğini" söylüyordu. Kolay yutulacak bir teklifti. Ama yutmadık. Kabul edersek hem kendimizi inkâr, hem de hekimlerimizi aşağılamış olacaktık. Kaldı ki bu arkadaşın niyeti kendisine kliantel sağlamaktı. Bakana durumu anlattım. "Usulünce red cevabı yaz, imzalayayım" dedi.

Profesör cevabı alınca bana telefon ederek bir kere daha ulvi maksadını anlattı. Ben de iki hastane arasında koşuşturmasına gönlümüzün razı olmadığını, bizim operatörlerin, imkân buldukça ve uygun vakalar çıktıkça fakültedeki ameliyatlara katılmalarının daha iyi olacağını söyledim. Kabul etmedi ve ağzından baklayı çıkardı. "Bunda benim bir menfaatim olmaz ki" dedi.

Diyarbakır Tıp Fakültesi oradaki yataklı tesislerimizin hepsini işgal etmişti. Hastane inşaatlarının bitişi 12 Eylül idaresi dönemine rastlamıştı. Bu hususta Kenan Evren'in onlara büyük yardımı olmuştu. Açılışına da katıldı. Bu açılışı herhalde ayıp olmasın diye yapmışlardı. Çünkü bir türlü bizim hastaneleri boşaltıp kendi hastanelerine geçmiyorlardı. Fakülte şehre uzaktı. Bunu mazeret olarak ileri sürüyorlardı. Yolun kısaltılması için Dicle üzerine bir köprü yapılması gerekiyordu. Bunun yapılmasını istiyorlardı. Bu da biraz uzun vadede gerçekleşecek bir işti.

Örfi İdare Komutanı, politik maksatlı açılışlara akıl erdiremediği için olacak, fakültenin hâlâ hastanelerini faaliyete geçirmemesini kabul edemiyordu. Muhtelif uyarılarına rağmen sonuç alamayınca vali ve fakülte yetkilileri ile bir toplantı yaparak sorunu çözmek istemiş. Bunu haber aldım, toplantıya katılmak üzere yardımcımı gönderdim. Onun anlattığına göre, binaları harabeye çevirmişlerdi. Kırılan camları bile taktırmamışlar. Paşa konuşmaya buradan girmiş, derhal gerekli onarımları yaptırmalarını söylemiş. Bu iş için ödenek olmadığını bildirmişler. Komutan, döner sermayelerinde 35 milyonları olduğunu öğrenmiş, "onu kullanın" demiş. O sırada çıkmak üzere olan bir yasa ile döner sermayeden öğretim üyelerine ek ücret verilmesi söz konusu idi. Parayı onun için tuttuklarından harcamak istemiyorlardı. Tabiî bunu söyleyemedikleri için gayri ciddi mazeretler ileri sürüyorlarmış. Paşa evvela kırılan camları taktırmaları için emir vermiş, parasını da cebinizden ödersiniz demiş. Ondan sonra da taşınmaları için kesin talimat vermiş. Onlar da giderken işlerine yarayan her şeyi götürmüşlerdi. Bu işten zarar gören tabiî yine halk oldu. O sıralarda Bakanlığa ait 500 yataklı hastanenin inşaatı da bitmişti. Fakülte bu binada bize işbirliği öneriyordu. Kabul etmedik. Eski binaların bir kısmı yıkılacak, bir kısmı onarılacaktı. Onarılacakların bir kısmını diğer sağlık hizmetlerine verdik. İnşaatta ayrı bir trahom hastanesi öngörülmüştü. Emsali gibi inşaat bittiği zaman böyle bir ihtiyaç kalmamıştı. Bu binanın yarısını sağlık müdürlüğüne tahsis ettik. Yarısını da eğitim merkezi ve misafirhane yaptık.

Konya hastanemizden kendi binasına taşınan Tıp Fakültesi yeni olarak aldığı binaya çıkarken yangın yerine çevirmişti. Karyolaları pencerelerden aşağılara savurmuşlar, camlar, çerçeveler kırılmıştı. Kapılar parçalanmış, hatta bazı bölme duvarları yıkılmıştı. Durumu Bakan Ayanoğlu'na ilettim. Ağır bir yazı ile "onarılıp, öyle teslimini" istedi ve onarmak zorunda kaldılar.

Bir gün Gençlik ve Spor Bakanlığı'ndan bir yazı geldi. Beykoz Devlet Hastanesi'nin İstanbul'daki Spor Akademisi'nin uygulama alanı olarak kullanılmak üzere kendilerine devrini istiyorlardı. Devri kabul etmedik. Hizmeti aksatmamak kaydı ile yararlanmalarına imkân verecek şekilde bir protokol yapmak üzere toplantı önerdik. Toplantı günü Spor Bakanlığı'ndan bir yetkili ile akademi öğretim üyelerinden bir grup geldi. Heyette Ankara'dan tanıdığım, her taşın altından çıkan, ağzı kalabalık, laf yapmasını iyi bilen bir diş tabibi de vardı. Diğerleri çeşitli nedenlerle tıp fakültelerinden ayrılmış, Spor Akademisi'ne kapağı atmış hekimlerdi. Bazılarını tanıyordum. Karşılarında beni görünce keyifleri kaçmıştı.

Toplantıda akademide öğrencilere verilen ve "hastanede staj yapmayı" gerektiren derslerin neler olduğunu sordum. Tabiî böyle bir ders yoktu. Konuşmalar uzadıkça açmaza düşüyorlardı. Çünkü asıl amaç başka idi. Kendileri için bir uygulama alanı arıyorlardı. Boğaziçi Üniversitesi'nin tıp fakültesi yoktu. Hastaneyi alarak Boğaziçi Üniversitesi ile pazarlığa oturacaklardı. Bu memleket böylesine fırsatları kendi çıkarları doğrultusunda kullanmak isteyenlerle doludur.

Sonunda Spor Bakanlığı temsilcisine bu hastanenin gerek masraf, gerekse yönetim bakımından kendilerine açacağı sorunları anlattım. Hastaneden okullarına "sporla ilgili sağlık yardımını her zaman sağlayabileceğimizi" söyledim. Sonunda o da oyuna getirilmek istendiğini anlamıştı.

İllerden birisine tıp fakültesi açacaklarmış. Bizden devlet hastanesini istiyorlardı. Bakan, Prof. Kaya Kılıçturgay'dı. Kendisine sakıncaları anlattım ve "bu isteği kabul etmememizi" önerdim. Buna rağmen isteği olumlu karşılıyordu.

Bizim hastanelerin birinde uzman olarak çalışan, dışarıdan doçent unvanı almış, çalıştığı sürece de sorunlar yaratan bir arkadaşımız vardı. Bir gün bakanın yanına gittiğimde telefonda birisi ile konuşuyordu. Karşısındakine bu arkadaşın çalıştığı hastaneye başhekim yapılmasını söyledi. Konuşma bitince bu atamanın yanlış olacağını ve nedenlerini söyledim. Kendisini tanımadığını, isteğin eski Demokrat Parti'nin ileri gelenlerinden ve o dönemde de aktif politika içinde bulunan bir arkadaşından geldiğini söyledi. Uyardığım için teşekkür etti ve telefon açarak "emrinden vazgeçtiğini" söyledi. YÖK Başkanı Doğramacı bu arkadaşın bir gece bir taşra tıp fakültesinde profesör olmasını sağlamış, ertesi gün açılacak yeni fakülteye dekan yapmıştı. Bunu öğrenince prensip kararımızın niçin bozulduğunu anlamıştım. Sayın Doğramacı'nın Türk yüksek öğrenimine çok olumlu katkılarına(!) hizmetin aleyhinde de olsa, bir yenisi daha eklenmişti.

Sözünü ettiğimiz bu fakülte de açıldı. Hastaneye adımlarını atar atmaz halktan şikâyetler gelmeye başladı. Gece bakanı uykudan uyandırıyorlardı. Yaptığına o da pişman olmuştu. Bu sorunu nasıl halledeceğimizi sordu. Bana göre tek çare hastaneyi tamamen fakülteye devretmekti.

Tabiî Bakanlığın bir sürü açmaz içerisinde bocalamasının nedeni atılım yapabilecek bir bakana kavuşamaması, atılımcı ve cesur olanların da Bakanlıklarının özellikle 27 Mayıs askerî darbesinden sonra kısa ömürlü olmasıdır.

Üç bakanla çalıştım. Dr. Münif İslâmoğlu gözüpek, hizmet çıkarlarını siyasi çıkarlarının üstünde tutan bir kişiliğe sahipti. Kısa görev süresinde hekimsiz bırakılmış hastanelerde, döviz yokluğunun olumsuz etkilerine rağmen oldukça önemli atılımlar yapılmıştır.

Ve 12 Eylül

12 Eylül gelmese daha da büyük işler yapabilirdik, belki de ciddi bir sağlık politikasının temellerini atabilirdik diye düşünüyorum. Böyle düşünmemin nedenlerinden birisi Münif İslâmoğlu'nun dürüst, atılımcı bir insan olması idi. İkimiz de teşkilâtın içinden yetişmiş, yıllarca başhekimlik yapmış kişiler olarak sorunlara aynı açıdan bakmanın avantajına sahiptik. Ne yazık bir gece aniden 12 Eylül darbesi geldi. Aslında benim için pek de ani gelmedi. Çünkü o gecenin akşamında komşum olan polis koleji kriminoloji hocası dostum dairesine çıkarken bizim kapıyı çaldı, gülerek, "gece 12'den sonra televizyonu aç-

mamı" söyledi. "İhtilal mi var?" dedim. "Şaka şaka!" dedi ama askerî darbe olmuştu. O gece sabaha kadar oturduk. Gün aydınlanırken giyindim, pencerenin önünde beklemeye başladım. Sokağa çıkma yasağı vardı. Beni ya görev başında olmam için ya da tutuklu olarak götüreceklerdi. Karşımızda oturan bir Urfa milletvekili vardı, o da giyinmiş, kuşanmış pencerenin önünde olacağı bekliyordu.

Saat sekiz sıralarında kapı çalındı. Eşim açtı, beni çağırdıklarını bildirmek için seslendi. Heyecanlı ve telaşlı idi, rengi bembeyaz olmuştu. Ben yaklaşırken dışarıdan birisi "abla telaşlanacak bir şey yok" diyordu. Baktım konuşan bakan şoförü idi. Yanında da ellerinde otomatik silahlar iki seferi kıyafetli er vardı. Bana "Müsteşarın göreve getirildiğini, onun da beni beklediğini" söyledi. Aşağı indik, kapının önünde bir askerî araba duruyordu. Birisi arabanın ön tarafında, birisi arka tarafında yüzleri karşı tarafa dönük ellerinde uzun numlulu tüfek bulunan iki er de güvenlik önlemi almış bekliyordu. Tabiî bütün komşular pencerelere üşüştüler. İçimden "bu domuz da kimbilir ne yaptı ki götürüyorlar, diyenler oluyordur" diye geçirdim.

O gün müsteşarla beraber hastanelere ilaç, yiyecek gibi günlük acil durumlar için gerekli personeli getirttik. Hastaneler de hizmete devam ettiler.

Arkasından 12 Eylül idaresi Profesör General Dr. Necmi Ayanoğlu'nu sağlık bakanı yaptı. Sayın Ayanoğlu ununu elemiş, eleğini aşmış aktivite yetenekleri kısıtlı bir ağabeyimizdi. Hizmeti askerlikte geçtiği için Sağlık Bakanlığı'nı ve Bakanlığın saha teşkilâtını tanımıyordu.

Sayın Ayanoğlu ilk geldiği günlerde idi, beni kanserle ilgili bir konu için çağırmıştı. Söylediklerimi fazla iddialı bulmuş olacak ki sert bir şekilde "Sen doktor musun?" diye sordu. Herhalde Bakanlık'ta doktor olması gereken görevlerde meslek dışı kimselerin çalıştığını duyurmuştu. Cevabım "evet" olunca yine aynı tonda "uzman mısın?" dedi. Ben de aynı tonda cevap verdim: "Evet uzmanım. Ayrıca ülkemizde bu konuda söz sahibi olan üç kişi varsa biri de benim."

Bu cevap üzerine "Tanıdıklarım var. Onlara sorar, öyle mi,

değil mi öğrenirim" dedi. Ben de "İstediğinize sorarsınız" diyerek odaya çıktım.

İki gün sonra başka bir konu için çağırdı. Bu defa beni ayakta karşıladı. Konuşurken babacan bir tavırla yanaklarımı okşuyordu. Ondan sonra has adamı olmuştum. Sayın Ayanoğlu aktif bir kişi değildi. En iyi tarafı güvendiği genel müdürlerin kararlarını katiyen değiştirmemesi idi.

Çabuk sinirlenir, sinirlenince de kıpkırmızı olurdu. Bir konuda kendinden karar istenmesini hiç sevmezdi. Böyle durumlarda dışarı vurmazdı, ama sinirlendiği kızarmasından belli olurdu. Bu huyunu öğrenmiştim. Bir şey söyleyeceğim zaman "Paşam siz bizim hocamızsınız. Babamız yerindesiniz. Üzülmenizi istemeyiz. Sinirlenmenize neden olursam çok üzülüyorum. Onun için sinirlenmeyeceğinize söz verirseniz söyleyeceklerim var" derdim.

Bu lafım çok hoşuna giderdi. Söz verirdi. Anlatmaya başlayınca yavaş yavaş kızarmaya başlardı. "Paşam yine sinirlendiniz, vazgeçtim" der, müsaade alır giderdim. Konu kendisine pek karmaşık gelmezse sükûnetle dinler, kısa bir süre sonra ders çalışmaya zorlanan tembel talebeler gibi esnemeye başlardı. O zaman da "bugün yorgunsunuz galiba, başka zaman gelirim" diyerek ayrılırdım.

En çok sinirlendiği şeyler Bakanlık koridorlarında sigara içilmesi, şoförlerin arabaları durdukları yerde çalıştırmaları idi. Gidinceye kadar onlarla savaştı. Kravatın altında gömleğin üst düğmesinin açık bırakılmasını da sevmezdi. Çarpık bir kravat görürse eliyle düzeltirdi.

Sahte rapor verilmesine savaş açmıştı. Rapor veren birisini duyarsa uzak yerlere sürerdi. Yurtdışına tedaviye gitmek için bu konuda yetkili bir hastane sağlık kurulundan "lüzum" raporu almak gerekiyordu. Raporun işleme girmesi için de bizim tarafımızdan onaylanması lazımdı. O sıralarda yurtdışında tedavi olmak yukarı tabakada tutku olmuştu. Başı ağrıyan soluğu Londra'da alıyordu. Parası olan ağır hastalar da İngiltere'de, Amerika'da ölmeye gidiyordu. Onay bizim genel müdürlükten geçiyordu. Bu işi sıkı tutuyordum. Reddettiklerimiz bakana başvurmaya başlamıştı. Ayanoğlu da bu konu ile yakından ilgilenmeye başladı. Her raporu görmek ve kendisi karar vermek istiyordu. Bu benim bir sıkıntıdan kurtulmam demekti. İşi sıkı tutmak için yurtdışı rapor verecek hastaneler sınırlandırılmıştı. Yurtdışında tedavi kararı verilen raporları bir diğerine "kanaat belirtmeleri" için gönderiyordu. Öyle bir durum ortaya çıktı ki hastaneler birbirinin kanaatlerini kontrol eder hale geldi. Bakana böyle giderse hastanelerin ya anlaşacaklarını ya da birbirlerine düşeceklerini, hangisine güveniyorsa bütün raporları bizim adımıza onun incelemesinin daha iyi olacağını söyledim, kabul etmedi.

Raporları kontrole göndermek için yazılan yazıları da bizzat kendisi imzalıyordu. Uygulama beni rahatlatmıştı. "Bakanın emri böyle deyip işin içinden çıkıyordum. Ayrıca bakanın imzasının bir değeri olmalı idi. Bakan hastanelere muhatap olmamalı idi. Bunları nazikâne bir şekilde anlattım. Hekimlere karşı bir tutum içinde gözükmemesi için yazıları benim imza etmeme müsaadesini istedim. Bu isteğimde samimi idim, onu da kabul etmedi. Bu konuda kimseye taviz vermiyordu. Yıllar sonra ben Emekli Sandığı'nda iken bir gün bana geldi. Hastalanmış, aylardır teşhis konamamıştı. Emekli olarak yurtdışı tedavi giderlerinin ödenip ödenmeyeceğini soruyordu. Ödenmediğini söyledim. Bu da çok ters bir uygulama idi, o da ayrı... Devlet emeklisini insandan saymıyordu. Sokaktaki adamın da yurtdışında ölme hakkı yoktu. O sıralarda önemli mevkilerde bulunmuş, masraflarını kendileri ödemek durumunda olan bazı kimselerin yurtdışı tedavilerinin Başbakanlık tarafından karşılandığını biliyordum. Herhalde örtülü ödenekten ödeme yapılıyordu. Başbakan Turgut Özal ile görüşürse bu imkândan yararlanabileceğini söyledim. Kendisi sağlık bakanı iken Başbakan Yardımcısı olan Turgut Özal'ın bir tanıdığı için yurtdışı tedavi raporunun tasdikini istediğini, onun bu isteğini reddettiğini, onun için Özal'ın isteğini kabul etmeyeceğini söyledi.

Sayın Ayanoğlu ile bir sene kadar beraber çalışmıştık. Sadece bir defa isteğini reddettiğimiz bir yakını için beni çağırdı. Neden reddettiğimizi açıkladım. İkna olmadı, isteği yerine getirilir nitelikte görüyordu. "Kanunsuzdur ama siz emrederseniz yaparız" dedim. Açığımı yakalamıştı.

"O nasıl iş, hem kanunsuz diyorsun, hem de ben emredersem olacağını söylüyorsun."

"Paşam ben teknik adamım, sizin adınıza iş görüyorum. Görevim size doğrusunu söylemektir. Siz benim izahatımla tatmin olmazsanız gereğinin yapılmasını isteyebilirsiniz, biz de yaparız, yalnız bir şartla, bu evrakın altına emrinizi yazar, tarih atar, imzalarsınız."

Bir an durakladı. "Tamam tamam, gidebilirsiniz" dedi.

Ondan sonra Kaya Kılıçturgay geldi. Gelir gelmez Teftiş Kurulu, acemiliğinden yararlanarak bir sene önceki bir ödenek dağıtımı dolayısı ile Mersin'deki bu yolsuzluğa ortak olmaktan hakkımda tahkikat açılması için onay aldı. Bu konunun detayını yukarıda nakletmiştim. İfade verdikten sonra müsteşar vekilliği yapan eski müsteşar yeni genel müdüre uğrayarak, "bakanın öküzün altında buzağı aramasına gerek olmadığını, benimle çalışmak istemiyorsa mertçe söyleyebileceğini, bu şekilde bir yere varamayacağını söylemesini" istedim. Söylediğini zannetmiyorum. O kadar cesur birisi değildi. Sonunda da "beni yolsuzlukla itham edenlerle her şeyi göze alarak savaşırım, bunu biliniz" dedim.

Sayın Kılıçturgay kendisine bir şey anlatırken gözlerini konuşana diker, maske takmış gibi ifadesiz, donmuş bir yüz ile dinlerdi. Söylenenlere tepkisi katiyyen anlaşılmazdı. Onun için adını sfenks takmıştım.

İlk geldiği günlerde bana bir iki defa "Ben kimsenin lafına bakmam, insanlar hakkında kendim karar veririm" demişti. Ferasetli düşünemediğim için jeton biraz geç düştü. Bir daha söyleyince bana niçin böyle söylemek ihtiyacı duyduğunu sordum. Sfenks gözlerini bana dikti:

"Ben bu sözlerinize bir anlam veremedim. Birisinden himaye mi istemiştim? Bunu yapmam. Benim ne kimsenin referansına, ne de tezkiyesine ihtiyacım var" dedim.

Hiçbir ses ve hareket yoktu. Sonra öğrendim ki konseye kendisini tavsiye eden Gülhane Askerî Tıp Akademisi komutanı sınıf arkadaşım, dostum General Prof. Dr. Necati Kölan benden bahsetmiş. Biz de sınıf arkadaşım ve hemşehrim Dr. Özer Işık müsteşarlığın vekaletle yürütüldüğü günlerde, bakanın uygun bir müsteşar bulamadığını zannederek, "Ne arıyorsun, müsteşar burnunun dibinde duruyor" diyerek beni anmış. Halbuki adamcağız yokluğunda yerini kapmasın diye doçentinin müsteşarlığa atanmasına uğraşıyordu. Bakanın niçin kendi kanısını üstün tuttuğunu, bunları öğrenince anlamıştım.

Sayın Kılıçturgay, beraber çıktığımız birkaç seyahatten sonra kanaatini belirlemiş olacak ki beni has adamı olarak ilan etti. Yüzüme karşı da takdirlerini bildiriyordu. Bir defasında bana,

"Sen nasıl adamsın, ne makamda, ne mevkide gözün var" dedi.

Ben de bu makamın benim için fazla önemi olmadığını, buraya geldiğimden beri geçmişimi harcamakta olduğumu, Onkoloji Hastanesi başhekimi iken bütün Türkiye'nin beni tanıdığını, yurtdışında da bir ismimiz olduğunu, genel müdür olarak olsa olsa sadece il sağlık müdürlerinin ismimi bildiğini söyledim ve "Temennim devletin bütün genel müdürlerinin benim gibi olmasıdır. Yoksa lojmandan mahrum kalırsam halim nice olur diye uykuları kaçan genel müdürlerle bir yere varılmaz" dedim.

Konseyden Bakanlıklarda reform yapılması ile ilgili olarak müsteşarın ifadesi ile "başemir" gelmişti. Reformun çerçevesi de çizilmişti. çalışmalara başladık. Verilen çerçeveyle istenen sonuca varılması mümkün değildi. Bazı genel müdürlükleri küçültmek ve daire başkanlığı yapmak, bazılarını büyütmek, bazılarının ismini değiştirmekle reform olmazdı. Toplantılarda bunu savunuyordum.

Genel müdürlüğüm için reform niteliğinde değişiklikler öneriyordum. Sonuç alınamıyordu. Tedavi Kurumları Genel

Müdürlüğü'nün adı, Tedavi Hizmetleri Genel Müdürlüğü oldu. O kadar. APK (Araştırma, Plan, Koordinasyon) Daire Başkanlığı diye bir başkanlık icat edildi. Bu birim ileride üst görevlilerin sürgün yeri olarak kullanıldı.

Sağlık Bakanlığı'nda da aynı işe yaramaktadır. Başemirde "Komptrolörlük" diye nemem şey olduğunu bilmediğimiz ve dilimizin dönmediği bir birim ihdası istemiyordu. Bunun Fransızcadan dilimize giren kontrolörlük kelimesinden mi geldiğini, yoksa Fransızcada Compter yazılıp, "konte" okunan hesaplama ile ilgili kelimenin İngilizce okunuşundan mı çıktığını hâlâ bilmiyorum. Çapsız insanların yüzünden böyle bir fırsat da kaçırılmıştı. Ben de giderek Bakanlık'taki yolun sonuna gelmıştım.

Bakan Kılıçturgay'la İzmir'e gitmiştik. Geç vakte kadar beraber dolaştık. Ben özel hastaneleri de görmek istiyordum. Özellikle bir tanesi enteresandı. Devlet hastanesi hekimleri hastanenin bitişiğinde denecek kadar yakınında özel hastane açmışlardı. Onu denetlemek istiyordum. Sabah Ankara'ya hareket edeceğimizden vakit yoktu. Bakanla beraber yemeğe gidecektik. kendisine müsaade ederse özel hastaneleri gördükten sonra yetişebildiğim yerde yemeğe katılacağımı söyledim. Yemekte "genel müdür dediğin böyle olur" diye beni methetmiş.

Emekli Sandığı Sağlık Kurulu Başkanı, örnek insan Dr. Nadir Bey emekli olacağını söyleyerek yerine benim gelmemi istiyordu. Görevin rahat olduğunu kabul ederek yorgunlukları unutacağımı söylüyordu. Ben de tereddüt ediyordum. O gün kendi kendime "demek ki ayağımız kaysa bir tekme de bu adam vuracak" diye düşündüm ve pazartesi günü dilekçemi Nadir Bey'e göndermeye karar verdim. Bakandan çıktım, merdivenlerde Sosyalleştirme Daire Başkanı Dr. Doğan Benli'yle karşılaştım. Ayrılmayı düşündüğümü o da biliyordu. "Karar verdim, ayrılacağım" dedim.

Nedenini sordu, bakanın sözlerini tekrarladım. "Bunda ne var ki?" deyince, ne olduğunu anlattım. Dilekçemi verdim. Bakan personel genel müdürü ile kararımdan vazgemem için haber gönderdi, kabul etmedim. Böylece Bakanlık'tan ayrıldım.

Bu bölümü kapamadan önce bir iki hususu daha nakletmek istiyorum.

12 Eylül askerî idaresinden sonra gelen sağlık bakanları hepten boş insanlardı. Birisi meslekten değildi. Gıda kontrolü ile ilgili derleme bir kitap yazmış, kendisini sağlıkta otorite zannediyordu. Bakanlığını tebrike giden çok eski bir dostuna, kendisiyle başbaşa iken bile "sayın bakanım" diye hitap etmesine rağmen, "bana başkalarının yanında sakın ismimle hitap etme" diyecek kadar bulunduğu yerde iğreti kalan birisi idi.

O gitti; gelen, sağlıkta her şey yolunda imiş gibi, sigara ile uğraştı. Sigara kullanımını önemsiz kabul ettiğim için böyle söylemiyorum. Ama zamanlama yanlıştı. Sonra gördüm ki yetenekli ve yerinde kullanılsa yararlı olacak bir tipti. Ne yazık ki yanlış yere gelmişti. Meslekten birisi olan Sayın Yıldırım Aktuna iki kere bakan oldu. Bakanlığı, gündemde kalmak için içine düştüğü küçük hesaplara feda etti. Meslekten olan bir başkası geldi: Dr. Doğan Baran. Babası ailece tanıdığımız, Atatürk döneminin dirayetli valilerinden Bekir Baran'dı. Soyadını da Atatürk vermişti. Dünyaya yarı uykulu gözlerle bakan Sayın Baran'ın yaptığı tek şey hastanelerde hastalara dini telkinlerde bulunmak üzere imamlar, hatipler, müezzinler ve imam hatip öğrencilerinden yararlanılması için teşkilâta bir genelge yayınlamak oldu. Olayı Baran soyadı ile bağdaştıramadığım gibi, hizmetle de ilgisini kuramadığım için kendisine bir mektup yazdım. Cahil müezzinler, kendileri dini telkine muhtaç imam hatip öğrencilerinin hastalara nasıl dini telkinlerde bulunacağını anlamak mümkün değildi. Ayrıca devlet kurumlarında devlet memuru olmayanlara görev verilemezdi.

Partilerine oy getireceğini zannettikleri bu tür girişimlerin dinci partilere hizmetten başka işe yaramayacağını bile idrak edemiyorlardı. Mektubun sonunu "böyle bir genelgenin altında Bekir Bey gibi bir valinin soyadının bulunması tarihin hazin bir tecellisi olmuştur" cümlesi ile bağlamıştım. Bana alelacele bir cevap göndermiş. Pek ilkel bir din dersi veriyordu. Onun da cevabını aldı.

Emekli Sandığı

Kısa Bir Dinlenme ve Yeni Angaryalar!

1982 sonbaharında Emekli Sandığı'nda işe başladım. Büyük bir savaştan çıkmış gibi yorgun ve bezgindim. Yeni işim çok rahattı. Kısa bir sürede kendime geldim.

Sağlık Kurulu yasaya göre sandığın organlarından birisi idi. Hem bu statü, hem de önceki Sağlık Kurulu Başkanı Nadir Bey'in kişiliği ile sağladığı saygı dolayısı ile bizden büyük olanlar bile bize de onun gibi "ağabey" diyorlar ve işimize karışmıyorlardı.

Çenemi tutamamam yüzünden daima angarya işler yüklenmişimdir. Burada görevimle ilgili olmayan hiçbir konuda ağzımı açmamaya karar vermiştim. Ancak bir sene kadar sabredebildim.

Beraber çalıştığımız Dr. Kemal Koçak, devlet memurlarının malûlen emeklilik raporlarını inceleyen kurulun başkanlığını yapıyordu. Ben de 2022 sayılı yasaya göre yaşlılık, hastalık ve sakatlık dolayısı ile çalışarak hayatını kazanamayacak durumda olan ve geliri bulunmayanların raporlarını inceleyen kurulun başkanlığını yapıyordum. Dr. Koçak emekli olduktan sonra ben onun görevini yüklendim. Her iki sağlık kurulunda birden görev yapan, biri asker, birisi Sosyal Sigortalar Genel Müdürlüğü temsilcisi iki uzman hekim üye daha vardı.

İlk anda dikkatimi çeken, bazı hastane sağlık kurullarının, çok defa, geniş kapsamlı ve genel bir teşhise dayalı rapor vermeleri idi. Bir tanesi her yaşlıya "koroner kalp hastalığı" teşhisi koyuyordu. Bu bir grup hastalığın bölüm başlığı olabilecek bir terimdi. Bu şekilde kuşkulu rapor veren hastanelerden nazikâne bir şekilde açıklama istedik. Koroner kalp hastalığı teşhisini kullanan hastanenin başhekimi bize cevap olarak "Sağlık Kurulu'ndan aldığı kararı" göndermişti. Genelde geri hizmet yapan hekimlerin bilgisiz ve meslekte başarısızlar olduğu kabul edilir. Bizi de bu kategoriye dahil etmiş olmalılar ki kararlarında cehaletimizi yüzümüze vuruyorlardı. Tutumlarını değiştirmedikleri için bu hastaneye kendim gitmek zorunda kaldım. Sağlık Kurulu toplantılarına katıldım. Raporun yazılışı ve yaptığımız değerlendirmelerle ilgili bazı açıklamalar yaptım. Koroner kalp yetmezliği gibi geniş kapsamlı bir teşhisle karar veremediğimizi söyledim. Bu teşhisi kullanan iç hastalıkları uzmanı sert bir şekilde kararının doğruluğunu savundu. Konuşması bitince dahiliye uzmanı olduğumu, bir kısmı yurtdışında olmak üzere iki seneye yakın kardiyolojide çalıştığımı, bu konuları iyi bildiğimi söyleyerek gerekli açıklamaları yaptım, sorun böylece çözülmüş oldu.

Aslında tam teşekküllü bir hastaneden rapor almak zorunluğu yanlış ve anlamsız bir uygulamadır. Her şeyden önce "tam teşekküllü" deyimi tartışma konusudur. Raporları ise ancak tek tabip raporu kadar güvenilirdir veya o kadar da güvenilir değildir. Çünkü kurul kararını, teşhisi koyan hekim yönlendirmektedir. Diğer hekimler bunun gerçeğe uyduğunu veya uymadığını kanıtlayacak durumda değildir. Onun için iyi niyetli olmayanlar sağlık kurullarını rahatça kullanabilmektedirler. Böylece sorumluluklarını kolektifleştirmek suretiyle daha rahat hareket olanağı kazanmış olmaktadırlar.

Sağlık Bakanlığı'ndayken bu saçmalığa son vermek için Başbakanlığa gerekçeli bir yazı yazdım. Çünkü doğrudan buna karar vermek ve uygulamak bütün Bakanlıkların mevzuatına kazılmış bir konu olduğu için, sıkıntılara yolaçabilirdi. Başbakanlık, Bakanlıklardan topladığı görüşleri bize gönderdi. Hiçbirisi de kaldırılmasından yana değildi. İlgililerin dikkatini çekmek amacıyla, niçin yanlış bir uygulama olduğunu bir kere de burada tekrarlamak istiyorum.

İşe girmek, yatılı okula kabul edilebilmek gibi durumlarda sağlamlığın kanıtlanması için sağlık kurulu raporu istenir. Bu, her şeyden önce hastanelerin polikliniklerinin kapıları önünde insanların yığılmasına neden olmakta; hekimler, hastalara ayıracakları zamanları hiç de görevleri olmayan bir işe ayırmaya mecbur edilmektedir. Rapor alacaklar günlerce bu işin peşinde koşmaktan bizar ve perişan olmaktadırlar. Ayrıca işe engel hastalık ve sakatlıklar her meslek ve görev için farklıdır. Örneğin yüzünün bir tarafı doğuştan mor görünümlü hemanjiyomla kaplı kişi, öğrencilere etkisi bakımından, ilkokul öğretmeni olamayabilir, kanama riski dolayısı ile polis olamayabilir, ama pekâlâ başka görevlere alınabilir. misalleri çoğaltmak mümkündür. Her kurum ve kuruluşun beden yapısı ve sağlık koşullarını da kapsayan bir atama yönetmeliği vardır, yoksa olmalıdır. Alacakları kişileri kendi hekimlerinin sağlık kontrolünden geçirmesi hem daha aklidir, hem de sorumluluk açısından önemlidir. Bunu bir örnekle açıklamak isterim. Peraplejili bir hukukçu savcı olarak atanmış. Bir müddet çalıştıktan sonra Adliye Bakanlığı, görev yapması ile ilgili olmayan nedenler dolayısı ile, "Savcılık yapabilir" raporuna rağmen sağlık nedeni ile görevine son vermiş. İş uzamış, bazı sağlık kuruluşları "görev yapar" bazıları "yapamaz" diye rapor vermişler. Karar için konu Sağlık Bakanlığı'na sorulmuştu. Sonu ne oldu bilmiyorum ama bu raporların bir kısmı doğru ise bir kısmı yanlıştı. Kimse de bu konu üstünde durmuyordu. Ortada uyulması zorunlu sabit bir kıstas olmadığı için, hepsi de kendisini "benim kanaatim bu" gibi sübjektif bir kriterle savunabilmekte ve de haklılığını kabul ettirebilmektedir.

Emekli Sandığı'nda göreve başladığım zaman bir sorunla karşılaştım. Büyük illerden birisinin devlet hastanesinden, 2022 sayılı yasadan yararlanmak isteyen sağlamlara para karşılığı Sağlık Kurulu raporu verildiği, hususunda şikâyet yapılmış. Müfettişler her tarafı sağlam insanlara uzuv kaybı teşhisi ile işlem yapılarak maaş bağlandığını saptamışlar. Emekli Sandığı da buna dayanarak o ilde maaş almakta olan 20 bin civarındaki insandan yeniden Sağlık Kurulu raporu istemiş. Bu raporları incelemek zorunda kaldım. Hak sahiplerinin fakirler olması dolayısı ile yine aynı hastaneye başvurmaları doğaldı. Yeni raporlara göre birçoğunun sakatlığı maaşa hak kazanacak derecede olmadığı, bir kısmı da sağlam olduğu için maaşları kesildi. Aradan birkaç ay geçtikten sonra maaşları kesilenler yeniden başvurarak aynı sakatlık nedeni ile bu defa "maaşa hak kazanacak derecede sakat" raporu almış ve yeniden talepte bulunmuşlardı. Raporlar bize tahsis dolayısı ile geldiği için her şey açıkça gözüküyordu. Bu üç sağlık kurulu raporunun altında da aynı uzmanların imzası vardı. Bu defa hak sahipleri haktan mahrum edilerek zorlanmışlardı. O tarihlerde genel müdürlükten yeni ayrıldığım için başhekimler beni tanıyordu. O hastanenin başhekimi ile telefonla konuşarak durumu anlattım ve topladığım 15-20 örneği gönderdim. Sorun öyle çözüldü. Konu mahkemeye intikal etmişti. Bir sonuç çıktığını zannetmiyorum. Bu örnek Sağlık Kurulu raporlarının ne kadar güvenilir olduğunun kanıtıdır. Nitekim o zaman Başbakanlık Müsteşarı H. Celal Güzel'in gazetelerde Sağlık Kurulu raporu rezaletine son verileceği hususunda bir beyanatı çıktı. Onun arkasında sorunu halletmek için bir komisyon kuruldu. Bu komisyona Emekli Sandığı'ndan bir daire başkanı ile diğer Sağlık Kurulu başkanı arkadaşımız katıldı. Ne yazık ki sakıncalarını her gün yaşadıkları bir uygulamanın kaldırılmasına karşı çıktılar. Bir fırsat da böylece kaçırılmış oldu.

2022 sayılı yasadan yararlanabilmek için hastalık ve sakatlığın en az % 40 işgücü kaybına yol açması gerekiyordu. Her ne kadar sandığın uygulama yönetmeliğinde bir sakatlık barem cetveli varsa da bu herkes tarafından kabul edilmiş objektif kriterlere dayalı olarak hazırlanmış değildi. Raporlarda sadece teşhis ve karar yazılıyordu. Teşhis doğru olsa bile sakatlığın derecesi hakkında bir fikir sahibi olmak mümkün değildi. Onun için hastanelerin verdikleri karara uymak zorunda kalıyorduk. Aynı teşhis için her hastaneden başka bir değerlendirme geliyordu. Hastalığın ve sakatlığın derecesine göre aralarında fark olması doğaldır. Ancak hangisinin gerçek duruma uygun olduğunu anlamak mümkün değildi. Onun için bizim çalışmalarımız biraz anlamsız kaçıyordu. Emekli Sandığı sağlık kurulları ve diğer benzeri kuruluşlar hastane sağlık kurullarının raporlarının kontrol mercii değildir. Onların kararlarını ret veya kabul yetkisi olamaz. Bizim görevimiz raporları kim düzenlerse düzenlesin objektif kriterlere göre aynı tür ve derecedeki hastalık yahut sakatlıklar için aynı kararı vererek hakkaniyeti sağlamak olmalıdır.

Uluslararası bir organizasyonun Türkiye grubu tarafından, yurt çapında uygulanacak bilimsel bir sakatlık baremi hazırlanması için Sağlık Bakanlığı'nda toplanan komisyona sandık adına ben katıldım. Günlerce çalışılarak objektif kriterlere dayalı güzel bir sakatlık baremi hazırlandı. Bu vesile ile 2022 sayılı yasanın uygulama yönetmeliğinde değişiklikler yapmak için çalışmalara başladım. Yanlışları düzelttik, eksiklerini tamamladık. Arkasına da, güvenilir bir yol gösterici olarak bu barem cetvelini ekledik. Yaptığımız yeni yönetmelik kabul edilerek bütün hastanelere birer örneği gönderildi. Bu baremin yurt çapında kullanılması için herhangi bir girişim yapıldığını duymadım.

Hastanelerin kullanacağı rapor formları bastırılmış ve bütün illere gönderilmişti. Müracaatlar hastaneye bu örneklerle gidiyor, hastaneler, kendi mevzuatlarına göre kullanmak zorunda oldukları formla hiç alâkası olmayan bu formu paşa paşa dolduruyorlardı. Yataklı Tedavi Kurumları İşletme Yönetmeliği'ni değiştirirken askerî hastanelerin sağlık kurulu raporlarından esinlenerek, ileriki aşamalarda gerekli olacak bilgileri içerecek şekilde yeni rapor formları yapmıştık. Bu formlara göre sağlık kurulu raporlarında teşhisin yanısıra teşhise götüren klinik bilgi ve bulgularla röntgen ve laboratuvar sonuçları da bulunacaktı. Buna benzer bir rapor örneğini 2022 sayılı yasa için kullanılmak üzere hazırladık. Arkasına da raporların doldurulması ile ilgili hususları koyduk. Makamın onayı ile basılmak üzere ilgili daire başkanlığına gönderdik. Bir türlü basılıp dağıtılmasını sağlayamadık. Aradan on beş sene geçti. Halen kullanıma girmemiştir. Sağlık kurullarının körlemeden karar veren ve hastanelerin raporlarını onaylayan bir merci gibi çalıştırılmasının nedenini anlamış değilim.

Uyanıklar...

Emekli Sandığı yasasında fiili hizmet zammı ile ilgili bir bölüm vardı. Bundan asit imali ve asit depolaması gibi asit buharlarının yoğun etkisine maruz kalınan işyerlerinde çalışanlar da yararlanıyordu. Yasada işyerleri belirtilmiş olduğu halde, her elini asit şişesine değdiren veya kendine göre zararlı buharlar soluduğunu iddia eden, "fiili hizmet zammı" istemeye başlamış. Bir tıp fakültesinin biyokimya laboratuvarında çalışan açıkgözler bu hakkı alarak emsal teşkil etmişler. Yasada görevi olmadığı halde istekleri değerlendirme işini sandık üzerine almış. Tıp fakültesinin isteğini değerlendirmek için bir heyet gönderilmiş. Biyokimya laboratuvarında çalışanlar miyar yapımında kullanılan asit şişelerinin kapaklarını açarak heyet üyelerine koklatmışlar. Onlar da asitlerin solunum yolları için fevkalâde zararlı olduğunu anlamış, arada çalışanların fiili hizmet zammından yararlanmaları gerektiğine karar vermiş.

Bilmeyenler için açıklamak istiyorum: Bu, hizmetin tabiatı itibariyle aşırı yıpranmaya yol açan ve sağlığa zarar veren işlerde çalışanların fiili hizmet sürelerine yapılan ilavedir. Bu ilave her yıl için 2 aydır, toplamı iki yılı geçemez.

Örneğimizde olduğu gibi istekte bulunanların işyeri yasada gösterilen işyerlerinden olmadığı için başvuruların doğrudan reddi gerekirken, hepsinin de incelenmesi usul haline gelmişti. Bu da yetmemiş, yasanın ilgili maddesi yapılan ilavelerle amacından tamamen saptırılmıştı. Örneğin Riyaseti Cumhur Orkestrası'nın elemanlarının ücretlerini biraz daha artırabilmek için onlar da yasanın bu maddesinin kapsamına alınmışlar. Ben onların ücretlerinin artırılmasına karşı değilim. Sanatın ve sanatçının hakkı sanatçının yeteneği ile belirlenir, onu da kendisi saptar. Bunun nedeni 657 Sayılı Personel Yasası'dır. Yetenek, çalışkanlık gibi üretiminin nitelik ve niceliğini etkileyecek faktörler dikkate alınmadan herkes aynı kefeye konunca olacak budur. İnsanların önlerine konan pastadan daha büyük pay alma istemeleri doğaldır. Uygulamadaki yanlışlıklar başka yanlışlıklara kapı açmaktadır.

Sağlıksız ortamlarda çalışmaya mecbur edilenler bu durumdan kurtarılmalarını isteyecekleri yerde fiili hizmet zammından yararlanmayı yeğliyorlardı. Başladık bu istekleri değerlendirmeye. İstanbul Güzel Sanatlar öğretim üyelerinin böyle bir istekleri olmuş. Çalışma koşullarını incelemeye gittik. Uygulamalı ders atölyeleri bodrum katlarına yerleştirilmişti. Havalandırma, zararlı madde buharlarını atmak için çeker ocak veya vakum sistemleri yoktu. Buralarda çalışanların sağlıklarından çok şey kaybedecekleri ortada idi. Üniversite yönetimi burada çalışan hocaların ve öğrencilerin iş güvenliğini sağlamadığı için hocalar hiç olmazsa kendilerine zarardan bir parça yarar sağlamak için harekete geçmişlerdi.

Fiili hizmet zammı isteyenlerin çalıştığı fabrikalara gidiyorduk. Hiçbirisi yasada belirtilen işyeri kapsamına girmediği gibi, yaptıkları işte zararlı etki yapacak maddelere de maruz kalmıyorlardı. Buna rağmen daha önce bir gübre fabrikasında çalışanlara bu hak yanlış olarak verildiği için, isteği reddedilenler bunu emsal göstererek Danıştay kararı ile hak alıyorlardı. Bunlara arada sırada karşı durduğum oluyordu. Reddin pratik bir anlamı olmadığı için sonunda onları da imzalıyordum. Çünkü sandığa bir de mahkeme masrafı ödetmenin anlamı yoktu. Buna mukabil gezdiğimiz işyerlerinde çok gürültülü alanlar vardı. Bu alanlarda çalışanların ses travması dolayısı ile işitme kaybına uğrayacakları kesindi. Buna rağmen yasaya konmadığı için bu insanlar fiili hizmet zammı alamıyor, öte yanda kapalı bir odada elektronik bir panodan işlemleri takip eden görevli alıyordu. Bu tablo, yasaları hazırlayanların konunun uzmanlarına danışmak zahmetine katlanma istememelerinden ya da her şeyin iyisini kendilerinin bildiğini zannetmelerinden kaynaklanmaktadır.

Aslında çalışanların fiili hizmet zammına hak kazanıp kazanmadıklarına karar vermek Emekli Sandığı'nın işi değildir. Yasadaki koşulları taşıyan yerlerde ve işlerde çalışanların durumunu kendi yönetimleri değerlendirecektir. Bunların isimleri dosyalarına işlenmek üzere sandığa bildirilir. Her ay ücretlerinden bunun için gereken ek emekli keseneği de kesilerek sandığa gönderilir. Yapılan işlerde usulsüzlük varsa işyeri idaresi bunun hesabını kendi üst kademelerine verir. Ayrıca gereksiz yere ödeme yaparak Hazine'yi zarara sokmaktan Maliye de gerekeni yapar. Bu konuda sandığın hiçbir şekilde taraf olması söz konusu değildir. Sandık sosyal güvenlik kuruluşudur. Primini alır, zamanı gelince karşılığını verir. Aslında işyerleri yasayı bilseler sandık temsilcilerinin inceleme yapmasını kabul dahi etmezler. Yapılacak iş yasada gerekli değişiklikleri yaparak bu açık haksızlıkları önlemektir. Devlete yakışan da budur. Emekli Sandığı Genel Müdürlerinden Ercal Bey'in her ay yaptığı toplantıların birisinde bu görüşlerimi dile getirdim, kabul görmedi. Uygulayıcılar aktif olmazlarsa bozuk düzen nasıl iyileştirilecektir?

Fiili hizmet zammı iyonizan ışınlarla (röntgen gibi) çalışanlara da uygulanmaktadır. Bizdeki, herkesin her işe burnunu sokma adeti Emekli Sandığı'nda da revaçta olduğu için bunlardan birisi fiili hizmet zammından yararlanabileceklerin yıllık röntgen izinlerini kullanmış olmaları şartını getirmiş. Bu konu ben genel müdürken bana intikal etmiş, sandık yetkilileri ile temasa geçerek yanlış ve haksızlıklara yol açan bir uygulama olduğunu anlatmıştım. Düzeltildi zannediyordum. Emekli Sandığı'nda iken bir gün Numune Hastanesi'nin Radyoterapi Şefi Dr. Kâzım Batur geldi. Emekli olmuş, fiili hizmet zammını hesaplamak için hangi yıllarda röntgen izni kullandığı sorulmuş. Verilen cevapta sadece süresi içerisinde röntgen izni kullandığı yıllar hesaba katılmış, böylece 4-5 senesi sayılmamıştı. Akla, mantığa ve hakkaniyete uymayan bu sonucun düzeltilmesinde yardımcı olmamı istedi. Ne yazık ki Emekli Sandığı bu saçma kararında devama ısrarlı olduğu için bir sonuç alamadık. Bir devlet memurunun yasal hakkını kullanmadığı ve hizmet yaptığı için cezalandırılması akıl alır bir tutum değildi. Nitekim bu konuda Danıştay'a dava açanlar kazanmışlar. Buna rağmen Danıştay kararları ferdi haktır diyerek genellemek istemiyorlardı. Ama böyle bir kararı fabrikalara genellemişlerdi. Bunu öğrenince fabrikalar için olumlu yönde yazdıkları kararları imzalamamakta direnmeye başladım. Bu yolla röntgen çalışanlarına yapılan haksızlığı önleyeceğimi düşünüyordum. Sonuç alamadım. Bütün sorun bu uygulamayı yönünden saptıran bir görevlinin başı altından çıkıyordu. Belki de kişisel olarak zarar göreceği endişesi ile üst kademeleri yanlış yönlendirmeye devam ederek açıkça çifte standart uygulanmasına neden oluyordu.

Bozuk düzen böyle bir sürü ufak tefek yanlışların bir araya gelmesi ile ortaya çıkan bir sonuçtur. Bu düzende ne haklarda, ne sorumluluklarda eşitlik vardır. Bozuk düzenin çeşitli yansımalarını her gün her tarafta görmekteyiz. Akılcı bir gider bütçesi yapmak için kaynak yaratmak, mevcut kaynaklardan iyi yararlanmaya gayret sarfetmek yerine tasarruf adı altında olmayacak kısıntılara gidilmesi Maliyemizin değişmez kuralı olmuştu. Yerden mantar gibi biten tıp fakülteleri hastaneleri başta olmak üzere, ödeneği yetmeyen yataklı tedavi kurumları o tarihte parası olan ve kolayca ödeyen Sosyal Sigortalar Kurumu, Emekli Sandığı gibi kuruluşları tokatlamak suretiyle açıklarını kapatıyorlardı. Tabiî böyle bir furyanın bazılarının aylık giderlerinin tamamlanmasına, ev bark sahibi olmalarına da katkısı oluyordu. Böyle durumlardan kurtulmanın daha kolay ve daha etkili çareleri varken sağlık hizmetlerini bizzat üstlenmek yolunu seçmişlerdi. Daire doktorluğunu dahi yeterince yararlanılır hale getiremeyenler daha ileri kademelerde sağlık hizmetleri organize etmek suretiyle yanlışı başka bir yanlışla düzeltmeye gitmişlerdi. Dışarıdan hizmet satın alanlar az ücret alanları seçmek suretiyle ya maddi sıkıntı içinde olan meslektaşları sömürmeye, ya da yetersiz ve ileri dönük hesaplar içerisinde olanları çalıştırmaya başlamışlardı. Sonuçta da gereğinden pahalı ve kalitesiz bir sağlık hizmeti sağlanmış olmaktadır. Bunun başlıca nedenlerinden birisi kurumlardaki, çalışanlarının sağlıkla ilgili işlemler için kurulmuş olan birimlerin, sağlık hizmetlerini de bizzat yüklenmeleridir. Bu birimler meslek dışında kişiler tarafından yönetildiği, kuruluşun, kadro ve yapısı sağlık hizmetleri vermeye ve bu hizmeti verimli ve yeterli çalıştırmaya uygun olmadığı için verilmek istenen sağlık hizmeti çok çabuk karakter değiştirmekte ve ekseninden sapmaktadır.

Daire Doktorları

Ben, varlığının gereğini yerine getiren pek az daire doktoru gördüm. Çoğunluğu personelin çeşitli nedenlerle istediği ilaçları yazmak ve gelenleri hastanelere sevk etmekten başka bir iş yapmamaktadırlar. Bunlar görevlerini hakkı ile yapsalar, hem kurumlar parasal tasarruf yapacak, hem de hastanelerden önemli bir yük kalkacaktır. Görev bu kadar basite indirgenince avantacılar için cazip hale gelmiş, bu yüzden dost kayırma yeri olmuştur.

Ankara'ya geldiğim zaman geçinebilmek için daire doktorluğu aramaya başladığım için biliyorum: Bu işler de kazancı yerinde, büyük isimlerin tekeline girmişti. Nereye gitsem aynı kişiler karşıma çıkıyordu. Haftada bir iki gün günde yarım-bir saat şöyle bir işyerine uğrayıp gitmek yeterli oluyordu. Su başlarını devlet tuttuğu için iltimaslara rağmen bir daire doktorluğu bulamadım. Hem de üç beş hekime verdiklerinin yarısı kadar ücretle her gün öğleden sonra gelerek hepsinin yaptığı işi tek başıma yapacağımı söylememe rağmen...

İş o kadar dejenere olmuştu ki bir pratisyen hekimin veya iç hastalıkları uzmanının yapması gerekirken, bu işler psikiyatri, cildiye gibi çok özel branş uzmanlarına yaptırılıyordu. Şimdi de pek bir şeyin değiştiğini zannetmiyorum.

Emekli Sandığı yasasına göre memurlardan kesilen % 2'lerle dönen bir de Sağlık Yardım Sandığı vardı. Bu önemli bir avantajdı. Ne yazık ki genelde olduğu gibi Emekli Sandığı İşleri Dairesi'ne, personelin sağlık işleri de yüklenmişti. Başındaki zat hekim olmadığı için bu imkân iyi kullanılamamakta idi.

2-3 kadrolu daire doktoruna ilave olarak ücretleri Sağlık Yardım Sandığı'ndan ödenmek üzere çok düşük ücretlerle çalışmayı kabul etmiş sözleşmeli uzmanlar ilave ederek bir poliklinik kurulmuştu. Sözleşmeliler sırası ile haftada iki gün ikişer saat gelmekte idiler. Bu tür çalışmanın tabiatı gereği gel gitler yüzünden fiili çalışmaları bir saati geçmiyordu. Bunların bir kısmı da mümkün olduğunca az hasta ile oyalanarak saatini dolduruyordu. Tabiî iki saatten fazla çalışarak bihakkın görevini yapanlar da vardı. Hemen hemen hepsi her hasta için röntgen ve laboratuvar tetkikleri istiyordu. Basit anjin için antibiyotik rezistan testi istenen bizim daire personeli gelir benden reçete alırdı. Ben göreve geldiğim zaman röntgen ve laboratuvar işleri için dışarıda sözleşmeli yerler vardı. Bunlar da en ucuz hizmet satan kuruluşlardı. Kurulan düzenin sonucu personelin sağlık işlerinin astarı yüzünden pahalıya geliyordu.

Ayrıca teklif almak suretiyle çeşitli branşlardan hekimlerle ve diş tabipleri ile hasta başına ücret üzerinden sözleşmeler yapılmıştı. Tabiî bunlar da en ucuz teklifi verenlerdi. Bizde bir atasözü vardır: "Pahalıdır vardır hikmeti, ucuzdur vardır illeti." Sağlık Kurulu başkanı olarak Sağlık Yardım Sandığı Yönetim Kurulu'nun doğal üyesi idim. Toplantılarda, sözleşmelerin yenilenme dönemlerinde hizmetin ekonomik ve verimli olması için yapılması gerekenleri anlatıyor, kabul ettiremiyordum. Düşük fiyatlarla hasta bakmayı kabul edenlerin tabiî bir hesapları vardı. Bunların neler olduğunu açıkladığımız halde hatalı uygulama sürüp gidiyordu.

Sözleşmesi biten diş tabiplerinin sözleşmelerinin yenilenmesinin gündeme geldiği bir toplantıda, ilgili daire başkanı arkadaşımız aldığı teklifleri değerlendirmiş, en ucuz teklif yapanlarla anlaşmayı önerdi. Teklifleri alıp inceledim. O tarihlerde bir diş dolgusu on liraya yapılıyordu. Uygun görülen teklif beş lira idi. Yalnız beş lira teklif edenlerin listesinde bir de "tartar temizleme ve jinjiva bakımı" vardı. Karşısına 10 lira yazılmıştı. Tartar temizleme dişlerdeki taşların kazınması idi, jinjiva bakımı da diş etleri bakımı. Bunlar pek basit ve birbirlerine bağlı işlerdi. Bunun üzerine bu teklifi yapan diş tabiplerinin faturalarına baktım. Tahmin ettiğim gibi her diş dolgusunun yanında bir de tartar temizleme ve jinjiva bakımı için on lira verdi. Yani on liralık diş dolgusu için sandık 15 lira ödüyordu. Bunu ortaya koydum. Başkanımız olan, Sağlık Dairesi'nin bağlı olduğu genel müdür yardımcısı da daire başkanından yana idi. Memur temsilcisi olan dördüncü üye ise amirlerinin istediği yönde oy kullanmak zorunda idi. Bu oyuna da engel olamamıştım.

Astarı Yüzünden Pahalı

Sandık, emeklilerinin ve bakmakla yükümlü olduklarının tedavi giderlerine anormal derecede büyük paralar ödüyordu. Beraber çalıştığım son genel müdür bu konuda yardımcı olmamı istedi. Görevim olmadığı halde kabul ettim. İlgili daireye emir vermiş olmalı ki yüklü faturaların geldiği dosyaları inceleyip ödenmesi ile ilgili görüşümüzün almak üzere bir sürü dosyayı önüme yığdılar. Bu adeta "madem istiyorsun buyur karar ver" der gibi bir şeydi. Dosyalara bir göz attım. İçlerinde yüksek İhtisas Hastanesi'nde 8-10 milyon liraya yapılan koroner by-pass ameliyatları için 20-25 milyon liralık faturalar vardı. Bu faturayı verenlerden birisi Ankara'daki tıp fakültesi hastanelerinden birisi idi. Dosyaları aldım, arkadaşım olan fakülte dekanına gittim. Durumu söyledim. İlgili kliniğin yetkilisini çağırdı. Ben yumuşak bir şekilde yaptığım karşılaştırmayı söyledim. Kendilerinin faturalarının diğer hastane faturalarının ortalamasının iki katı kadar olmasının nedenini sordum. Hemen beni hafife alır şekilde yüksekten atmaya başladı. Geçmişimi bilmediği anlaşılıyordu. Sözünü kestim. Bu konuları iyi bildiğimi, çalışmalarımı özetleyerek anlattım. Üstelik by-pass ameliyatı geçirdiğimi söyledim. "Bu konuyu iyi bilirim" dedim. Toparlandı, daha başka bir teknik kullandıkları gibi birtakım gerekçeler geveledi. "Bundan sonra ben de Yüksek İhtisas Hastanesi'nin tekniği ile yapacağım" dedi. Sırf bu klinikte yılda 25-30 emekli by-pass ameliyatı oluyordu. Genel müdürle konuştum. Gelen faturaları inceleyip fetva vererek "ödeme yaptım" veya "şu kadarını kabul etmeyin" gibi önerilerle bu işin yürümeyeceğini, Ankara'daki ön incelememe göre büyük bir kaçak olduğunun anlaşıldığını, örnek dosyaları alarak İstanbul ve Ankara'da başka incelemeler yapıp, sorunun nereden kaynaklandığını saptayarak öneriler getirmemizin daha doğru olacağını söyledim. Kabul etti. İstanbul fakülte hastanelerinde ve ilgili firmalarda incelemeler yaptım.

Her açık kalp ameliyatı yapan hastanenin devamlı malzeme aldığı bir firma vardı. Hasta ameliyat için yatacağı zaman eline kullanılacak malzemelerin listesi veriliyor, iş yaptıkları firmaya gidip getirmelerini söylüyorlar. Hasta emekli ise firma para almıyor. Sonradan hastaneye adamı ile bir noter göndererek hastadan, malzeme parasının tahsiline yetki veren bir vekaletname alıyorlar. Bu alacaklar biriktirilerek toptan tahsil işlemine konuyordu. Firmalarda, kendileri ile iş yapan hastanelerin açık kredisi vardı. Başka ihtiyaçlarını da o hesaptan alıyorlar, sonra o alacaklar emeklilerin faturalarındaki malzeme fiyatlarına ekleniyor veya fazla malzeme alınmış gösteriliyordu. Ayrıca görülmeyen kalemler ve firmanın noter masrafı, ödemeler geç yapıldığından muhtemel fiyat artışları da sandıktan alınıyordu. Bir fakülte hastanesi 100 milyon liralık bir cihazın parasını da bu yolla Emekli Sandığı'na ödetmişti.

Elimdeki dosyaların birisinde enteresan bir fatura vardı. Bu fatura ortopedik protez yerleştirilen bir hastaya aitti. Faturada protezden ayrı bir de "alet kirası" diye yüklüce bir kalem vardı. Bu firma ile bunun ne olduğunu konuşmaya gittim. Anlattılar. Özellikle fakülte hastanelerinde parasızlıktan ortopedik cerrahi aletleri alamadıklarını, ameliyat için protezi verirken o ameliyatta kullanılacak aletleri de birlikte gönderdiklerini, onun kirasının alınmasının gelenek olduğunu söylediler. Emekli Sağlık İşleri Dairesi, böyle bir fatura ile ilk defa karşılaştıkları için bana göndermişti. Bunu söyledim. Verdikleri cevaptan kira parasının normal olarak protezlere eklendiği, o faturada gözükmesinin faturayı kesenin acemiliğinden kaynaklandığı anlaşılıyordu.

İş o derecelere varıyordu ki yakın tanıdığım arkadaşlarım, hemşirelerin kozmetik ihtiyaçlarını, yatan emekli hastaların reçetelerine ilaç olarak yazdırarak eczanelerden sağladıklarını söylüyorlardı.

Bu işleri ciddi tutan hastane Yüksek İhtisas Hastanesi idi. Açık kalp ameliyatı için gerekecek malzemelerin listesini yapmışlar, ameliyathane başhemşiresine vermişler. Yılbaşında bunların fiyatlarını tespit ediyorlar, döviz artış oranlarına göre her ay düzeltme yaparak hastalara malzeme listesi ile ödenecek bedeli veriyorlardı. İncelemeleri yaparken Haydarpaşa Göğüs Cerrahi Merkezi, firma temsilcisi ve noter katibinin ellerinde çantalarla hastane içinde ameliyat olacak hastaları dolaşarak vekalet toplamalarından şikâyetçi olmuştu.

Maliye Bakanlığı hastanelerden kısıyor, hastaneler açıklarını Emekli Sandığı'ndan kapatıyor, Maliye de Emekli Sandığı'nın açığını kapatıyordu. Ama Hazine'den, yapılmak istenen tasarrufun kat kat fazlası çıkıyordu.

Sorunun tümü ile çözümü mümkündü. Alınabilecek önlemlere örnek olarak birkaçını sayabiliriz: Sandık, firmalarla, Yüksek İhtisas Hastanesi'nin kullandığı yöntemle sene başlarında anlaşma yapabilirdi. Ödemeleri, parası hazır olduğu için, bekletmeden yapabilirdi. Büyük ameliyatlar için her sene sabit fiyat üzerinden anlaşmalar yapılabilirdi, vb...

İncelemeleri tamamladıktan sonra genel müdüre etraflı bir rapor yazdım. Bu rapora koymadığım, genel müdürlük içinde alınacak önlemler de vardı. Sağlıkla ilgili dairenin başında hastanelerde çalışmış, deneyimli bir hekim bulunsa ya da kontrolleri yapacak hekimleri olsa en azından hastanelerin emekli hastalara aldırdıkları 40-50 hastaya yetecek miktarda ameliyat ipliği, katater gibi tüketim malzemelerinin fazlalarını ödemekten kurtulurlardı.

Genel müdür verdiğim raporu incelemiş, Sağlık Dairesi başkanı ve onun bağlı olduğu genel müdür yardımcısı ile toplanarak önlemleri maddeler halinde toplamamızı rica etti. Bu emri onlara aktardım ve ben her zaman hazır olduğumu söyleyerek toplantı gün ve saatlerini tespit etmelerini söyledim. Hiç sesleri çıkmıyordu. Birkaç kere hatırlattım. Ama ilgilenmediler. İş uzayınca, konu ile ilgili sorusu üzerine, genel müdüre arkadaşlar henüz ayıracak zaman bulamadıkları için toplanamadığımızı söyledim. Aylık toplantıların birisinde yine raporla ilgili toplantıyı sordu. "Arkadaşlar henüz vakit ayıramadılar. Onun için toplanamadık" dedim. Sinirli bir şekilde "ben ayıracak vakit bulurum" dedi. Daire başkanını görevden aldı. Benim rapor sadece bu işe yaramıştı.

Diğer taraftan eczaneler harıl harıl denetleniyor, bir tüp verip iki tüp parası alınması gibi, sahtecilikten çok, başka nedenlere dayalı fazla ödemeler saptanıp, sözleşmeler feshediliyor, eczacılar mahkemeye veriliyordu. Bunları, Ankara'da bir eczacı dostuma, İstanbul'da da bir arkadaşımın eczacı eşine yapılan işlemlerden yakinen biliyorum. Sandığın bu tür işler için bir müfettişler ordusu vardı. Sistem her yerde olduğu gibi işlerin düzenli ve güvenli yürümesi için önlemler almak yerine suçların işlenmesini bekleyip bunları yakalamaya dayalı idi. Tasarruf söz konusu olunca açıkça görünmeyen giderler yüzünden daha pahalıya mal edilecek ama gösterişli çözümler özeniliyordu. Emekli Sandığı'nda röntgen laboratuvarı kurmaya kalktılar. Cihazın amortismanını, kurşunlu oda gibi tesis masrafını, personele ödenecek maaşları, film paralarını hesaba katmadıkları için sandığın kârlı çıkacağını söylüyorlardı. Kaldı ki yasalara uygun olarak sürekli uzman çalıştırma olanağı da azdı. Filmleri bir teknisyenin çekeceği, bir uzmanın haftada iki gün gelerek bunları okuyacağı, bunun da yeterli olacağını sanıyorlardı. Poliklinikte çalışan hekimler de girişimi uygun bulmuşlardı. Hizmet ayaklarına gelince çekilen film adedi de artacaktı. Mide, böbrek, safra kesesi gibi müdahaleli çekimlerin muntazam yapılması da mümkün olmayacaktı. Genel müdür görüşümüzü sordu. Gerekli açıklamaları yaptık. Öneriyi kabul etmedi. Ama bir biyokimya laboratuvarı, bir bakteriyoloji laboratuvarı ile diş tedavi birimi açıldı. Ne derece verimli çalışmaktadırlar ve sandığa ne tasarruf sağlamışlardır, araştırılıp ortaya çıkarıldığını zannetmiyorum. Bugün bile, 2.500 çalışan için kurulan hizmet ağının ve dışarıdan kişi ve özel kuruluşlardan perakende satın alınan hizmetlerin maliyeti hesaplanarak, bu sistemden vazgeçip çoğalan kaliteli özel hastanelerle anlaşarak onlardan hizmet alınması halinde hizmetlerin maliyeti arasındaki farka göre bir karar vermek mümkündür. İkincisinin daha kârlı olacağını zannederim.

Genel müdüre sandığın emekliler için eczane açması önerilmişti. Maliye Bakanı Adnan Kahveci de emekliler için poliklinikler açması hususunda emir vermiş. Bu iki konu için benden rapor istedi. İkisinin de burada anlatılması sayfalar tutacak sakıncaları vardır. Bunlardan bahisle doğru olmadığını bildiren oldukça uzun bir rapor düzenleyerek genel müdüre sunduk. O da bakana vermiş, her iki projeden de vazgeçildi. Eğer genel müdür sağduyulu, aklı başında birisi olmasa idi sandığın başına altından kalkılmaz gaileler açılacaktı. Herkesin, aklına geleni aklına geldiği gibi veya verilen emirleri irdelemeden "başüstüne" diyerek görev yaptığı bir ülkede bu olay büyük bir basiret örneğidir.

Son Söz

Yönetim giderek politize olmuş, idare yeteneksiz evet efendimcilerin eline geçmiştir. Önce her iktidar değiştikçe, daha sonraları küçük partili koalisyonlar yüzünden, hükümetler veya Bakanlar Kurulu üyeleri değiştikçe yönetim kadroları dağıtılmak ve yeniden kurulmak suretiyle hizmetin sürekliliği ve kalitesi yok edilmiştir. Siyasi otorite Osmanlı dönemindeki yabancı sefirler gibi yandan dürterek hizmeti yönünden saptırmaktadır. Devlet olanakları, cahil kitlelere hoş görünerek oya çevrilmeye gayret edilmektedir. Ortaya parlak projeler atılarak popülarite kazanılmak arzusu ön plana çıkmıştır. Bunların etkisi çok çabuk geçer. Köklü ve kalıcı birşeyler yapmak uzun vadeli prestij ve puan kazandırır. Her şey artık günlük siyasi hesaplara feda edilmektedir. Siyasi meydanlarda "ceğiz"-"cağız"lı nutukların etkisi giderek azalmaktadır. Millet bunları yuttuğu müddetçe politika çapsız liderlerin elinde kalacaktır. Hepsi de iyisini kendisinin bildiğine, en iyisini kendisinin yapabileceğine inanmak gibi narsist bir düşünceye saplanmışlar. Bir avukat yazıhanesine şu özdeyişi asmış: "Herkes aklının hayranıdır." Bunun başına "biz de" kelimesini eklemek lazım. Politik arena şizoit karakterli insanlarla dolu. İnsanın içinden meydanlara çıkıp "Bu memlekette aklı başında kimse kalmadı mı?" diye bağırmak geliyor.

Toplumların kurum ve kuruluşları o toplumun düzeyini aşamaz. Toplumlar başlarındaki yönetim düzeyini eninde sonunda kendi düzeylerine uygun hale getirirler. İngiliz yazar Samuel Smil, *Kendine Yardım* isimli kitabında bunu çok güzel anlatmaktadır. Ne yazık ki toplumu doğru tarafa yönlendirmek görevi politikacılara ve yöneticilere düşmektedir. Onun için bizim gibi toplumların içine düştükleri sirkülus visiyozis'ten (fasit daire) çıkmak biraz Allah'a kalmıştır. Ya da halkın ayılmasına...

Başından beri hep olumsuzluklardan söz ettik. "Bu memlekette doğru olan hiçbir şey yok mu?" diyecekler olacaktır. Olmaz olur mu? Olmasa nasıl hâlâ ayakta kalacağız. Sadece iyilerden ve doğrulardan söz edilirse toplum her şeyin yolunda gittiği sanısına kapılır. Bu, memleketin güllük gülistanlık olduğuna toplumu inandırmak isteyenlerin yöntemidir. Ben yanlışları ve kötüleri ortaya koyarak iyiye, doğruya giden kapıyı açmak istedim. Bu memlekete yapılacak en büyük iyilik, geçmişte olduğu gibi yanlışların üzerlerini örtmek değil, yılmadan, çekinmeden bunların üstüne gitmektir. Bugün usulsüzlükler meşruiyet sınırlarını zorlayacak boyutlara gelmiştir. Ve hâlâ "vatan, millet, Sakarya" ambalajları içerisinde yutturulmaya çalışılmaktadır. Rejimi ve demokrasiyi yıkmak isteyenler rejim ve demokrasinin en büyük savunucusu postuna bürünerek, kazma kürek yıkmaya uğraşmaktadırlar.

Bu noktalara kadar gelen bozuk düzene karşı savaşacaklara bir ışık tutabilmişsek ne mutlu.

Aile hatırası. Köselioğlu ailesinin "bir bölümünü" biraraya getiren bu fotoğraf 1930 tarihini taşıyor. Ön sıra soldan sağa: Rahime Hanım, Lütfü Köselioğlu'nun küçük ardeşi Sabri, babaanne, Lütfü Köselioğlu, yenge Nedime Hanım. Arka sıra soldan ğa: Bakıcı Nevres abla, amca Akif Efendi, aile dostu Neşe Hanım.

Kâzım Köselioğlu, 1929 yılında Ankara'da bankacılık stajı yaparken.

Mesudiye İlkokulu'nun 19 Mayıs gösterileri için seçilen öğrencileri öğretmenleri ile birlikte. Önden ikinci sırada, soldan beşinci Lütfü Köselioğlu.

1934 yılında Mesudiye İlkokulu 2. sınıf öğrencileri öğretmenleri Tevhide Ege ile ikinci sırada soldan birinci Lütfü Köselioğlu.

Ortaokuldan bir anı; 1939-40 ders yılında İftihar Kitabı'na girenler okul müdürü ile. Ön sırada sağda Lütfü Köselioğlu.

Ordu Milletvekili Hüseyin Ekşi'nin Ankara'daki hane halkı: Eşi, annesi, beş oğlu, yeğeni Lütfü Köselioğlu ve Hüseyin Ekşi'nin küçük kardeşinin kızı: Arka sırada sol baştaki Lütfü Köselioğlu, ön sırada sağ baştaki Oktay Ekşi.

Lütfü Köselioğlu, Tıp Fakültesi'nde 3. yıl öğrencisi olduğu 1947'de Kumkapı'daki Kadırga Yurdu'nun bahçesinde iki arkadaşıyla.

Tıp Fakültesi öğrencileri, 1948'de Halk Partisi Yurdu'nun bahçesinde.

Sungurlu Sıtma Savaş Tabibi iken. Yıl 1954.

Mesudiye'nin yeni açılan ortaokulunun öğretmenleri birarada; yıl 1951. Soldan sağa: Lütfü Köselioğlu, avukat Memduh Ekşi (sonradan Ordu milletvekili) müdür Saadettin Özdoğu ve öğretmen Ahmet Arlı.

Lütfü Köselioğlu Zonguldak Devlet Hastanesi'nde asistan iken, şefi Hilmi Necati Ülgen, diğer asistan arkadaşı ve servis hemşireleri ile.

1958 yılında Mardin Devlet Hastanesi'nin bütün çalışanları birarada. Ön sıra, sağ başta, göz hastalıkları uzmanı, sonradan Mardin Senatörü Abdülkerim Saraçoğlu.

1961 yılında Köselioğlu ailesi: Sevin Hanım, kızları Bengi ve Nazlı, Lütfü Köselioğlu.

Onkoloji Hastanesi başhekimi iken.

Ankara Onkoloji Hastanesi'nin açılış töreninde (9 Ağustos 1967) devrin Başbakanı Demirel, eşi Nazmiye Hanım, Sağlık Bakanı Vedat Ali Özkan ve Lütfü Köselioğlu.

1969 yılındaki Romanya ziyaretinde Onkoloji Enstitüsü Direktör Yardımcısı Dr. O. Popovici ile Bükreş'te.

Ankara Onkoloji Hastanesi Yardım Derneği üyeleri. Ayaktakiler: Türkiye Yüksek İhtisas Hastanesi'nin kurucu başhekimi, daha sonra Ankara Hastanesi Başhekimi Dr. Turan Gönen (soldan ikinci), derneğin hamisi Tuzcuoğlu Nakliyat Şirketi'nin sahibi Mehmet Ali Tuzcuoğlu (soldan sekizinci), Baştabip Dr. Lütfü Köselioğlu (sağdan altıncı).

Lütfü Köselioğlu, Hekim ve Eczacılar Sendikası Yönetim Kurulu üyesi iken bir onursal üyelik merasiminde.

1950 yılı mezunlarının Adana'daki sınıf toplantısında halen yakın ilişkiyi devam ettiren arkadaş grubu eşleri ile. Ayaktakiler: Ankara Tıp Fakültesi Cerrahi Bölüm Başkanı Prof. Dr. Şadan Eraslan (soldan üçüncü), Op. Dr. Müfit Aksoy (soldan dördüncü), İçhastalıkları Uzmanı Dr. Muhittin Özbenli (sağdan ikinci), Yedikule Hastanesi Göğüs Hastalıkları Şefi Dr. Adnan Ekmekçioğlu (sağdan birinci). Oturanlar: Ankara Tıp Fakültesi dekanlarından Prof. Dr. Hayati Ekmen (soldan birinci), Dr. Lütfü Köselioğlu (sağdan birinci).

1980 yılında Tedavi Hizmetleri Genel Müdürü olarak Bakan Dr. Münif İslâmoğlu ile bir denetim gezisinde. Ön sıradakiler: Dr. Münif İslâmoğlu (soldan dördüncü), Müsteşar Dr. Enver Şenerdem (soldan ikinci), Lütfü Köselioğlu (sağdan ikinci).

Ankara Mesudiyeliler Derneği'nin ilk yemekli toplantısında protokol masası. Sol taraftakiler: Mesudiye Kaymakamı ve eşi, Oktay Ekşi, Memduh Ekşi. Sağ taraftakiler: Dernek Genel Başkanı Dr. Lütfü Köselioğlu ve eşi, Anadolu Ajansı Genel Müdür Behiç Ekşi, bir misafir, işadamı Salih Mesudiyeli.